院士叢書

二二八事件真相考證稿

黃彰健◎著

自序

二二八事件迄今仍影響海峽兩岸中國人的福祉。中華民國的史學工作者有責任釐清它的眞相。

本書計包含四卷，十八篇論文。卷一並分卷上及卷下。

卷一第一篇爲〈彭孟緝與高雄事件眞相〉。我發現：彭孟緝《臺灣省二二八事件回憶錄》所收彭與台灣省行政長官公署長官兼警備總司令陳儀的來往電報四通竟是假的。

彭《回憶錄》並隱諱彭的政治解決主張不提。

排比警總檔案所收民國三十六年三月一日至四日、六日至七日，彭陳來往眞電報，仍可了解彭的出兵平亂是正當的。

警總檔案已印入中央研究院近代史研究所所編《二二八事件資料選輯》第一、三、四、五、六等冊。檔案印行時，不便更動其分類及次序，故所收彭陳來往電報的次序是亂的。

我由《選輯》第四冊，找到三月五日彭呈陳的電報，塡補了此一重要缺口，遂使我動念寫本書第二篇論文〈再論彭孟緝與高雄事件眞相〉的初稿，嘗試根據警總檔案及《選輯》第二冊所收蔣中正總統《大溪檔案》，深入探討高雄事件的經過。

我仍沿襲清初黃宗羲及萬斯同整理明代史料的方法，「國史(包含檔案)取詳年月，野史(包含口述歷史、回憶錄)取詳是非，家史取詳官歷」，以野史家乘補檔案之不足，而野史的無稽、家乘的溢美，以得於檔案者裁之。

舉例來說，彭孟緝於民國三十六年三月六日收復高雄市政府，其時任國軍班長的陳錦春的〈訪問紀錄〉說：「我們到了市府，要他們趕快下來。但他們不走，卻用機槍從市府上面向下掃射。國軍乃發動反擊，投以手榴彈，然後衝入市府，看到了人就打，不是你死，就是我活。」而其時留在市府開會的高雄市參議員郭萬枝的〈訪問紀錄〉則說：「市府樓上拼湊了兩挺機槍，但沒有子彈。」

證以三月六日彭收復高雄市府、憲兵隊、火車站的告捷電：「此次戰役計俘獲主犯八名，從犯百餘名，重機槍一挺，步槍十三枝，本部官兵傷亡十五名。」則官兵傷亡十五名，應係暴徒用重機槍從市府樓上向下掃射所致。〈陳錦春先生訪問紀錄〉所記可信。

彭收復市府，能俘獲那麼多人，係因在市府等候涂光明上山與彭談判結果的高雄市二二八事件處理委員會的委員、民間代表、區長、處委會職員、老百姓及暴徒，聽見槍響，躲在市府的防空洞內。這需參考時任國民黨高雄市黨務指導員陳桐的〈訪問紀錄〉。

三月六日彭派守備大隊陳國儒部收復高雄市政府、憲兵隊，派整編國軍二十一師獨立團何軍章團第三營第七連王作金連收復高雄市火車站及高雄第一中學。

彭三月十一日呈陳儀電：「高雄平亂，當場由兩營搜逮約四百餘人。」彭三月十日酉時呈陳電：「高雄俘獲人犯三百名。」以四百餘名，減去三月六日「收復高雄市政府俘獲主犯八名，從犯百餘名」，故知此俘獲人犯三百名，係指收復高雄火車站所俘獲人數。

以〈許丁復訪問紀錄〉證之，此「三百名」是三月六日國軍收復火車站時，暴徒及旅客躲在火車站前站聯結後站的地下道內，「黑壓壓一大片，好幾百人」。在七日上午，國軍收復高雄第一中學，下午四點多高雄要塞司令部始派員清點地下道所俘獲人數，將老弱婦孺放走，計俘獲男丁三百名。

〈李捷勳口述歷史〉則說，他三月八日坐火車到市府上班，「見火車站地下道盡是屍體，好幾百人，連女人小孩都不能倖免」，「這都是守在地下道出口處的國軍掃射而死」，「牆壁上還留有許多彈孔」。李捷勳所述與警總檔案不合，與〈許丁復訪問紀錄〉不合，很明顯的係有意扯謊。

《二二八事件研究報告》定本則因存心抹黑彭孟緝，於是記述國軍收復市府，不採信陳錦春所說暴徒先開槍，而採信郭萬枝所說，暴徒機槍係拼湊。記述國軍收復火車站，則採信李捷勳口述。《研究報告》定本即忽略：口述歷史之無稽，是需利用檔案裁正之的。

〈陳錦春先生訪問紀錄〉說，到市府，「要他們下來趕快走」，此即係「陣前喊話」；〈王作金訪問紀錄〉說，他們到火車站前，沿路「朝天鳴槍」。此即說明彭的用兵策略是想將市府老百姓及火車站旅客，與暴徒一同驅離危險現場。但這得冒暴徒先開槍的危險，致收復市府，「國軍俘獲重機槍一挺，傷亡官兵十五名」；收復火車站，「俘獲輕機槍二挺，國軍傷亡官兵八員名」。

彭三月九日〈告高雄市民眾書〉說，他下令「驅逐暴民，恢復秩序」。他用「驅逐」二字，正與他的用兵方略相合。《二二八事件研究報告》定本將彭的善意苦心都忽略了。

《報告》定本並掩飾暴徒的罪行，否認暴徒圍攻高雄一〇五後方醫院；否認在國軍進攻高雄第一中學前，暴徒將外省人綁在窗口作沙包；否認市長黃仲圖、議長彭清靠係被迫上壽山；並謂涂光明和平條件係黃市長提出；涂光明上山談判，未攜帶手槍。

而最重要的是，《研究報告》定本對涂光明所提和平條件九條卻隱諱其內容不提。

這九條，前三條係要求國軍停戰撤退，國軍繳械，並交出可裝備日軍六師團之鳳山軍械庫。

試想：中華民國憲法規定主權屬於全中國人民，由國民大會代表行使。故民國三十五年制定憲法，台灣省即選出十七位制憲國大代表參加。憲法爲國家根本大法，台灣省爲中華民國的領土，國軍守土有責，彭怎可接受涂所提出的條件？何況鳳山軍械庫，陳儀在三月四日酉時即電令彭，守庫員兵需與倉庫共存亡，否則以軍法論處，彭根本不可能接受涂所提條件。

陳三月四日辰時電令彭，「應設法以政治解決，應致力領導民眾，以民眾克服民眾」。故四日未時，彭即電呈陳，「職決以政治方法處理，會同市府及參議會，商討善後辦法中」。五日彭並與左營海軍司令部商議，確守壽山、左營及各地倉庫；以兵力不足二千，寄望於政治解決。五日戌時彭並電呈陳：「今日與黃市長設法晤商，共謀以政治方法解決。」七日電呈陳：「屏東暴亂，已面囑黃縣長以政治方法處理。」凡此，均可證彭之六日出兵平亂，完全是被迫。

如果彭屈從涂的要求，讓暴民獲得武器裝備，則將使暴亂延長，台灣人民所受傷害更大。在抗戰末期，日本政府在大陸的派遣軍已非國軍新一軍、新六軍的對手。涂光明大概只看見來台已調走的七十軍、六十二軍這些雜牌軍，遂輕視接防的國軍，這亦係大錯。

我們仔細閱讀警總檔案，即可發現：彭孟緝處理高雄事件並未犯錯。高雄歷史博物館對二二八高雄事件所作簡介，完全根據《二二八事件研究報告》定本，誤導台灣人民，實在應改寫。

彰健〈再論彭孟緝與高雄事件眞相〉初稿，文章太長，因參加2003年11月

「大高雄地區百年文化變遷研討會」，遂改寫第二稿，以便在會中宣讀。由於〈初稿〉的內容並未全部納入，故此次印《二二八事件眞相考證稿》，遂將〈初稿〉、〈二稿〉均收入。

彰健自認爲〈初稿〉、〈二稿〉考證相當精密，但文章寫成以後，中央研究院近代史研究所朱浤源教授訪問彭孟緝將軍之子彭蔭剛先生，彰健遂獲見高雄事件新資料，可糾正拙文不少的錯誤。

例如：我說，高雄要塞司令部無軍法處，其審判涂光明等人，應由逃到壽山高雄要塞司令部的高雄地方法院院長孫德耕主持軍法審判。今由新資料，知彭三月六日在台灣南部防衛司令部內設軍法處，主持軍法審判的乃陸軍中校鄭瑞之。

又如，我見黃仲圖〈高雄市二二八事件報告〉及李佛續〈訪問紀錄〉均未說黃李二人三月五日曾上壽山，遂認爲黃仲圖五日未上山。今由新資料證之，則黃五日確曾上山。黃仲圖〈報告〉並無提五日上山的必要。

拙文推測：林界係在六日下午在市府被俘。今由新資料證之，林界在六日上午與涂光明一同上山。由於新資料說，林界係「公選代表」，反可證成，我說林因四日爲公選代表，逼同黃市長，強迫憲兵隊繳械，六日爲憲兵隊長及黃市長檢舉，因而被捕。

在簡介新資料時，我仍說李佛續五日未曾上山。今由三十六年四月六日南部防衛司令部代電，知李佛續於三月五六日上山，商量員工食糧及供電問題，則〈李佛續先生訪問紀錄〉未說他五日上山，亦係因他無提五日上山的必要。

傅斯年先生在世時曾說，考訂史料，史料已說的可以利用，史料未說的，僅憑臆測疏解，即易發生錯誤。這確實是我應反省檢討的。郭沫若的名著《殷契粹編》在晚年重印時，僅於書眉註明他的新意見，而不修改他的舊作，也因此，我將這些可以訂正舊作的文章，本書第五、六、七篇印入本書卷一之下，而在卷一之上的〈再論〉二稿加註，請參看卷一之下我對此問題的新意見。也因此，我將我的書原名《二二八事件眞相考證》加一「稿」字。

當我寫完本書第二篇初稿，我即開始對台北發生的二二八事件，作深入研究。

我利用《大溪檔案》三月六日陳儀呈蔣函，「曾有兩電報告」，而指出《二二八事件研究報告》定本不必引用野史，陳儀請兵有一日、二日、三日三說。這收入本書卷二，爲本書第八篇。

對蔣處理二二八事件最高指導方針，柯遠芬最初說是三月六日蔣來電，其後改說是二二八下午由飛機帶來的蔣的手諭。《研究報告》定本不信此說。而我則認爲：此係二二八暴亂，群眾衝向長官公署後，陳儀以電話向蔣報告，蔣遂指示陳處理事件的四個原則。因蔣指示「政治上可以退讓，儘可能採納民意」，陳儀遂隱瞞至三月五日，始向柯遠芬提及。此爲本書第九篇。

因蔣指示，處理事件，應儘可能採納民意，本書第十篇遂利用大溪檔案及新出薛月順所編輯的貿易局檔案、長官公署檔案，指出：陳儀欲「在台實驗民生主義」，將日本人在台灣所經營的公私營企業沒收，改爲公營，所生產貨物交所設貿易公司負責銷售，所賺錢用以建設台灣。陳儀的動機是良善的，但施行的結果，則爲民營企業「不得不以賤價出售其生產品，以貴價買入消費品，公司工廠停業，造成廣大之失業群」，恰巧台籍日本兵及台籍浪人大量歸來，他們找不到職業，遂成爲參加二二八暴動的主要人物。

台籍日本兵固有在海南島陣前起義者，但不少皇民化的台籍日本兵及台籍浪人，在大陸倚仗日本勢力，爲虎作倀，欺侮大陸人民。日本無條件投降，大陸人民遂將這些人視爲漢奸戰犯，沒收其財產，將其下獄，其後因人數太多，政府遂將這些人犯，從寬釋放，「僅受理直接有暴行，而經人民檢舉之案」。

二二八事件爆發，這些由內地遣回之浪人及士兵，遂遷怒報復，「虐殺毆傷侮辱」無辜的來台大陸同胞。而台籍浪人及日本兵又遍布於台灣全島，這也是二二八事件爆發迅速惡化蔓延於全島的原因。

《二二八事件研究報告》定本即隱諱此一重要原因不說。

對於陳儀接收台灣仍使用台幣，不使用法幣，我認爲：係受李友邦九月十八日電報的影響，而非陳儀預見大陸經濟惡化。這也是本書第十篇的新看法。

由於陳儀將二二八事件歸咎於共黨，本書第十一篇遂舉證證明二二八事件係突然爆發，非共黨預謀。

本篇仍相信國防部長鄭爲元所舉證據，民國三十五年十月，中共「台灣省工委會」所定「目前具體綱領」爲三十六年三月六日王添灯起草「處理大綱」所本。

此一「目前具體綱領」，及吳克泰《回憶錄》所稱《新認識》第一期，仍待訪求。

本書第八、九、十、十一篇，爲本書卷二。本書卷三遂討論二二七緝私血案的發生經過及其後續的發展。

卷三第十二篇爲〈二二七緝私血案發生經過考實〉，我爲〈楊亮功調查報告附件一〉、〈鮑良傳調查報告〉所附筆錄及抄件一冊計十八件，編一簡目，指出今存各本俱不完備。

根據鮑良傅報告所附調查筆錄及供詞，仍可糾正《二二八事件研究報告》定本的錯誤。

最重要的是，我發現二月二十八日《新生報》【本報訊】所載：「警察局長陳松堅，帶領肇事警員四人送局訊問。」係受群眾逼迫刊載，與史實不符。

由於此一新的發現，加以我得見新近印出的二二八當天的行政長官公署第六十四次政務會議紀錄，及二二八當天《新生報》出版的「號外」，我們可以了解陳儀對緝私血案自始即主張交司法處理，而柯遠芬則主張軍法處理。柯所撰〈事變十日記〉及〈台灣二二八事件之眞象〉即隱諱柯之曾進行軍法審訊不說。柯所記二二八當天史事矛盾衝突，多虛妄不實，此爲本書第十三篇所討論之問題。

《新生報》二二八當天第二號外所記「本日下午二時市參議會召開緊急會議」，其所記時間與戒嚴令下的時間衝突，我遂據中央社二二八午夜發參考電：「戒嚴令下之後，公署同時召集參議員、參政員開會。」及周夢江〈二二八事變見聞記〉所記，「市參議會在二二八上午亦曾開會，下午集體向陳儀請願，而公署大門緊閉，密集的槍聲響」，遂未見到陳儀。我遂認爲：在二二八當天，市參議會開了兩次會，一次在上午，可能如林木順《台灣二月革命》所記，係應群眾代表五人的要求；一次在下午三時半，可能如中央社記者所記，係應公署的要求，要民意代表「分區勸導市民」。

《新生報》第二號外係受群眾威逼，故所記市參議會集會時間有誤。

後此三日《新生報》所發號外〈二二八事件的經過〉，及四月十日翟羽所撰〈台變十日記〉即均將第二號外「下午二時召開緊急會」省略不提。

對《新生報》第一號外、第二號外，後此諸書所記亦多可商，本書第十四篇亦附帶予以討論。

公署要求民意代表，分區勸導市民，同時也要求台北市商會理事長、台灣政治建設協會首席常務理事蔣渭川出面收拾危局，平息暴亂。彰健遂寫本書第十五篇。我根據《新生報》【本報訊】張晴川三月二日在處委會中所作報告，三月二日〈台灣政治建設協會急告〉，三月六日《中外日報》【本報訊】，及中央社【台北六日下午一時參電】，訂正蔣渭川〈二二八事變始末記〉所記。

《二二八事件研究報告》定本謂陳儀之請蔣渭川，係欲分化處委會，而不知陳儀係欲利用蔣渭川「加強處委會陣容」。

而蔣渭川之建議免除二二八人犯之刑責，及選民間代表參加處委會，正係要民眾代表在處委會中提出改革要求，當民間代表可在會中述訴怨恨不滿，提出改革要求，則暴動亦自可平息。由於民間代表之參加處委會，係因蔣渭川的建議，故後此民間代表向陳儀交涉，遂亦擁蔣出面。蔣在三月五日，成立台灣自治青年同盟，「宣言」廢長官公署、貿易局及專賣局，並召集退伍台籍海陸空軍，分別按指定地點集合。遂迫使三月五日晚，陳儀遣憲兵第四團團長張慕陶，告知蔣渭川：陳儀已同意改長官公署爲省政府，其餘於六日詳談。在六日，陳儀更允許成立省政改革委員會，檢討貿易局與專賣局存廢問題。

二二八事件本可和平解決，不意蔣渭川在三月五日晚廣播陳儀所應允。遂使處委會王添灯以爲陳儀已勢窮力迫。三月六日遂提出處理大綱三十二條，其第一條即要求國軍繳械。

陳儀三月六日晚八時半廣播他與蔣會談的內容，三月七日並致函處委會，希望處委會能斟酌各方意見。而王添灯一意孤行，三月七日所通過四十二條，其第一條仍爲國軍繳械。

由於王添灯闖禍，故共產黨員林木順《台灣二月革命》、莊嘉農《憤怒的台灣》，即均隱諱蔣渭川之與陳儀會談內容不提。《研究報告》定本亦因襲其誤，本書第十五篇〈論蔣渭川與二二八〉，即揭發此一重要眞實史事。

本書第十六篇〈揭穿王添灯欺騙台灣人民〉指出：王添灯已知闖禍，爲了卸責，遂在三月八日《人民導報》魚目混珠，移花接木，刊出內容不同的三十二條，並以此告知英美在台領事館，在三月八日王添灯並向長官公署另提出三十二條。

美在台副領事Kerr，他看見三月八日《新生報》所載四十二條，卻隱瞞不以此告美國駐華大使。他所著《被出賣的台灣》仍沿襲此一錯誤。而美國對華白皮書所報導三十二條，仍沿襲Kerr的錯誤。

王添灯的〈處理大綱〉實貽禍台灣不淺。

第十二、十三、十四、十五、十六篇爲本書卷三。卷四第十七篇則論三十六年三月三日台北處委會函請美國領事館報導二二八眞相，同日，台灣人民807人由141人簽名代署，請轉致美國國務卿馬歇爾請願書，要求聯合國託管一直至台灣獨立。

這也是《二二八事件研究報告》定本所隱諱不提的。

我指出Kerr竄改請願書；造謠、誣指台北二二八事件，「台胞已有三四千人殞命」；Kerr改竄馬尼拉電台廣播；誣指國軍使用達姆彈，均意在引起國際干涉。

我指出Kerr竄改請願書，幸賴他的檔案已賣給台北市和平公園二二八紀念館，紀念館所印《葛超智先生相關書信集》，我得據以證實我的推斷。

三月八日的《人民導報》，亦係葛超智所藏，我得據以證明Kerr欺騙美國人民及政府。這眞是天理昭彰，天網恢恢，疏而不漏。

請願書係William Huang所草擬，我第十七篇正文曾推測這是林茂生所撰，並謂這是處委會玩弄兩面手法，亦幸賴此一書信集，可據以改正我的推測。

要求託管一直至台灣獨立，這正是陳儀對二二八事件人犯要以軍法懲治的理由。

本書第十八篇〈論陳儀對二二八事件人犯的處置，並論其欺騙白崇禧及蔣〉，我指出：陳儀處理二二八事件人犯，因其歸咎於共黨，故最初係依《危害民國緊急治罪法》，其後以二二八事件人犯有些人非共黨，但企求託管獨立，乃請改採戒嚴法第九條處治。

「其殺九十九個暴徒，只要殺死一個眞的共產黨就可以」，恐不符合蔣「共黨份子，不可遺留一個細胞」的原意。其請改依軍法處治非共黨二二八事件人犯，亦不合蔣三月十七日的廣播，「除共黨煽動暴亂者外，概不追究」。

白崇禧宣慰台灣，以奉蔣命，可視實際情形，權宜處理，故白來台，即對陳儀採用戒嚴法的簽呈，權衡再四，准如所請。

陳儀並不知三月十日中央採納台灣眞民意，制定《處理台灣事件辦法》，故當三月十一日白允許台灣人民團體代表十三人搭國防部專機來台協同白宣慰，陳儀即將此十三人原機遣回，並請白延期來台。

陳儀請蔣允許以軍法處治非共黨二二八事件人犯，陳儀原以爲蔣會允准，遂擬在白來台以前，將二二八重要人犯處理完畢，他沒有想到三月十七日蔣廣播作此一重要宣布。

陳儀三月二十九日所制定自新自首辦法，仍然是對蔣的廣播的尊重。

蔣以政府施政有缺失，故未允許陳儀以軍法懲治非共黨二二八事件人犯。故三月十七日白來台，詢問陳處理二二八事件人犯情形，三月二十三日陳即隱瞞所殺陳炘、林茂生、宋斐如不報。

白發現被騙，遂下令陳儀，逮捕人犯需由警總下令，重要案件需呈請國防部核准施行；處決人犯應宣布罪狀，公開執行。而國防部所覆判，雖較陳儀警總爲輕，但較五月十六日，彭孟緝下令，陳儀警總所未審結各案移送司法審判，法官多體中央德意，諭知無罪或減刑緩刑，國防部覆判仍失之重。故後來政府下令，二二八事件已入獄人犯，凡判刑五年以下者一律保釋，五年以上者有四十八人准予交保釋放。

陳儀秘密處決二二八事件人犯，三月二十九日蔣曾下令徹查。陳儀呈復，「二二八日至三月二十五日止，全省陷於混亂，奸宄暴徒仇殺狙擊，無法防止」，此固係實情。但其處死陳炘，見今存警總檔案，正可證實陳儀之秘密處決人犯。四月十九日將已處決之人犯七人列名通緝，此亦其秘密殺人、欺騙政府的證據。

二二八事件受害遺屬並不知二二八事件原委。據本書所考，則二二八事件，政府、處委會與暴徒都有過失，都有責任。

本書第一篇曾刊布於二〇〇二年《高雄研究學報》。本書第一、第二及第十七篇文稿，曾檢呈李遠哲院長及劉翠溶副院長。

本書第一、二、三、四、八、九、十二、十三、十四、十七等篇，係由史語所歷史學門羅麗芳小姐打字輸入電腦。

這些打字稿，承朱浤源教授校閱，不以爲謬，在民國九十三年見彰健因血壓高，研究工作停頓，九十四年元旦成立「二二八研究報告增補小組」，由彰健口述，由小組成員吳銘能、楊欽堯、高偉文三先生紀錄整理，寫成本書第五、六、七、十一、十五、十六等篇，及第十七篇的後記、續記。吳銘能博士九十四年十月出任國立四川大學副教授，楊欽堯先生進博士班研讀，這些補撰文稿均由高偉文先生打字輸入電腦。

彰健血壓近日已能控制，遂繼續寫第十篇、第十六篇後記，及第十八篇，也均由高偉文先生打字輸入電腦，並由他編頁碼，將全書製成光碟。在寫第十一篇時並承偉文先生利用Google，搜尋有關資料，幫我解決問題。這可見研究團隊的重要。

我得對朱浤源教授、羅小姐及吳、楊、高三先生表示感謝。

彰健年滿七十，在史語所退休。退休以後，寫了三本書：

(一)《中國遠古史研究》

(二)《周公孔子研究》

(三)《武王伐紂年新考，並論殷曆譜的修訂》

均印入史語所專刊。正撰寫第四本《論衣禮與經傳所記禘祫》，已寫第一章及第四章，以憂心時局，遂擱置，而寫《二二八事件眞相考證稿》。

記得民國三十七年傅斯年先生由美國回國，在史語所大門前晤談，傅先生說，他有許多書要寫，因憂心時局，不能不過問政治。我現在正是這種心情。

在對日抗戰時，我正在重慶中央大學就讀，1943年畢業，次年即入史語所任職。在國家危難時，對國家毫無貢獻，常感覺愧疚。這本書如能使二二八事件受害家屬明瞭事件眞相，減少其對中華民國政府的怨恨，減少未來海峽兩岸和平統一的阻力，也許可以說是我對中華民族的貢獻吧。

本書文責自負。本年九月承劉副院長惠允印入院士叢書，並承聯經出版公司編印出版，均此致謝。

民國九十五年十二月二日黃彰健謹序於南港舊莊，時年八十有八。

目次

卷三

卷四

卷一

之上

一、彭孟緝與高雄事件真相

研究民國三十六年三月六日高雄事件，需參考彭孟緝所撰《臺灣省二二八事件回憶錄》及彭幕僚所撰〈二二八事變之平亂〉。沒有人想到彭《回憶錄》及〈平亂〉所載彭與陳儀來往電報竟係假的。

〈平亂〉所收僞電的僞造，早於《回憶錄》的僞電。

〈平亂〉及《回憶錄》均強調彭之平亂係「專斷獨行」、「將在外，君命有所不受」，並責備陳儀之「政治解決」、「軟弱怕事」，故均隱諱彭在平亂前之主張政治解決不言。

排比警總檔案所載彭陳來往眞電報，仍可了解彭之出兵平亂是正當的。

1

彭孟緝《臺灣省二二八事件回憶錄》載有四通電報：

(1)民國三十六年三月六日彭收復高雄市政府、憲兵隊及火車站後，給臺北警備總司令陳儀的電報。

電報全文是：

數電報告高雄亂象，迄未奉覆，深爲焦慮。此間自三日晚公開暴動以來，殘殺內地人民，搶劫內地人民財物，霸佔市政府及各交通機關，組織青年學生軍，設大本營於第一中學，並劫奪各倉庫廠站武器彈藥。警察全部逃散。截至魚(六)日上午止，僅壽山要塞、左營海軍基地、鳳山營房及考潭、五塊厝兩倉庫，尚由我軍固守外，餘悉被暴徒所侵據。

魚(六日)以涂光明爲首之僞和平代表團來部，陽談和平，實際迫我海陸軍投降繳械，甚至懷槍行刺，險遭毒手。

職分屬革命軍人，個人生死事小，軍人榮辱事大；毅然于魚(六日)未開始武裝平亂。仰仗德威，已先後攻下市政府、憲兵隊及火車站。預定明日攻下第一中學後，即分向屏東臺南行動。大局或可挽回於萬一。

臺北情況如何？全省情況如何？鈞座平安否？盼即電示。

(2)半夜得陳儀「限電到即撤兵回營」的電報。

電文是：

此次不幸事件，應循政治方法解決。據聞高雄連日多事，殊爲隱憂。限電到即撤兵回營，恢復治安，恪守紀律。謝代表東閔到達後，希懇商善後辦法。否則該員應負本事件肇事之責。

(3)三月七日午後四時，彭電陳，「將在外，君命有所不受」的電報。

電文是：

虞(七日)電奉悉，自應遵命。惟認定事件已非政治途徑可以解決，軍事又不能遲緩一日。行動愈遲，則叛強我弱，欲平恐不可能。故毅然下令平亂。詳情如魚(六日)電。

虞(七日)午收復第一中學，並釋回僞和平代表之市長議長等返任安民。暴徒首領涂光明、曾豐明、范滄榕等三人，請准從權就地正法。

士氣高漲，人心振奮，預計明日當可敉平屏東、臺南兩地。

職不知「將在外，君命有所不受」，是否此正其時也。爲功爲罪，敬候鈞裁。

(4)三月八日，陳來電嘉獎。

電文是：

(一)貴司令認識正確，行動果敢，挽回整個局勢，殊堪嘉獎。捷電傳來，曷勝佩慰。

(二)嘉義形勢最險惡，希海陸併向嘉義急進。

(三)臺北即有空運部隊援嘉義，貴屬部隊到達時，須切取聯絡。

(四)已另電馬公要塞守備大隊(欠一個中隊)，即開高雄，歸貴官指揮。

(五)將貴屬出力官兵，報請獎勵。

(六)先發臺幣拾萬元，以撫恤傷亡。

(七)涂光明、范滄榕、曾豐明三暴徒准就地正法示眾。

不著撰人〈二二八事變之平亂〉無第一通電文。第(2)、第(3)、第(4)電文則文辭內容與《回憶錄》所載不一樣。

該文記三月七日中午接臺北陳長官電：

高雄要塞司令：臺灣問題應由政治途徑解決。聞高雄連日多事，該司令輕舉妄動，應負此次肇事之全責。著自電到之日起，全部撤兵回營，聽候善後解決。茲派代表親赴高雄，與貴司令會商善後。仰即體念大局，靜候指示辦理爲要。陳儀親。

三月七日，彭電陳，「將在外，君命有所不受」。

電文是：

「親電奉悉。

A.職默察臺灣事變已騷亂六日，絕非政治途徑所可解決。交通通訊中斷，無所稟承；斷然於三月六日午開始平亂。仰蒙鈞座德威，本(七)日高雄全部底定，正分向臺南屏東急進。臺南得手後，即沿縱貫線向臺北猛進。

B.已嚴令官兵，非自衛，決不妄傷一人

C.平亂一早，則易予暴徒藉口。愈遲則叛強我弱，欲平亦不可能。爲功爲罪，悉聽鈞裁。職不知將在外君命有所不受，是否此正其時也。

D.鈞座平安否？全臺狀況如何？X 電台是否鈞座親批？懸懸不已。職……」

三月八日接陳行政長官電：

A.貴司令英明果敢，當機立斷，打破和戰苦悶，迅速平定高雄屏東臺南嘉義等地，全省因而底定。功在國家，可欽可慰。

B.著賞十萬元，仰即撫恤傷亡官兵。

C.我整廿一師先頭團，即空運嘉義，與貴部會師。我 205 師正由廣州向高雄海運中，希確保嘉義及高雄港口安全。

D.另調澎湖步兵一營增援貴部。貴部可止於以嘉義爲目標會師。

彭孟緝《二二八事件回憶錄》及不著撰人之〈二二八事變之平亂〉，均印入中央研究院近代史研究所所編《二二八事件資料選輯》第一冊，因此第一冊序文即指出：

〈二二八事變之平亂〉高雄部份，有與〈回憶錄〉所載不同之處，可相互參考。

2

《二二八事件資料選輯》第一冊印行於民國八十一年二月；第三冊印行於八十二年六月。彭健讀第三冊所收警備總部檔案，發現《回憶錄》所載第一通電報、第四通電報與警總檔案所載不同，檔案所收才是眞的，《回憶錄》及〈二二八事變之平亂〉所載則屬僞造文書。

今將警總檔案所載彭〔寅(三月)魚(六日)電〕複印刊布於下：(見頁8-9)

彭孟緝〔寅(三月)魚(六日)電〕應發於三月六日午後二時以後[1]。警備總部將彭電文譯就係在三月七日21時15分，於三月七日呈閱。

因係三月七日譯就，故譯電員將電文謄正時，誤於「本晨」的「本」字下，用括弧註一「七」字。電文「本日下午二時」，因電文係魚(六)日發出，故譯電員在「本日」的「本」字下，用括弧註明「六」字。他未發現：在彭〔寅魚電〕文中，「本晨」、「本日」都應指六日。

這個電文是七日下午21時15分亦即該日亥時譯就，三月七日呈閱的。陳儀及警總參謀長柯遠芬看到此電報，即發出〔寅(三月)虞(七日)亥總戰一〕電報，嘉獎彭。

警總檔案存有陳儀「寅(三月)虞(七日)亥總戰一」電稿。該電稿以《大溪檔案》所收柯遠芬上白崇禧書證之，知係警總參謀長柯遠芬筆跡。今將其複印刊布於下(見頁10-11)。

電稿係草書，「貴官」的「貴」字即不容易認識。因此，我爲此電稿作釋

1 彭〈寅魚電〉未註明發電時間。由於午後2時始克復高雄市政府等要點，而彭與市長商議防務，整頓補充憲警，清點俘獲主犯從犯，及擬電文文稿，並根據密電本，將電文每個字譯爲4個阿拉伯數字，均需不少時間，故我判斷此電文之發出應在三月六日晚六時左右。

文：

> 限即到。高雄彭司令：寅魚電悉。‧6226‧密機密。貴官處置適宜，殊堪嘉慰。傷亡官兵，希優予醫恤。並積極搜捕奸僞份子。並飭何團，迅速收復屏東，並由貴部迅速增援台南嘉義(嘉義駐軍現在飛機場苦戰，須速援救。)以鞏固南部。俘犯可爲人質，如再來犯，即先行槍決主犯，再及其他。所擬處理辦法甚是，刻正積極準備中。特復。陳○寅(三月)虞(七日)亥總戰(一)。

電文言：「魚電悉」，故陳〔寅虞亥電〕即彭〔寅魚電〕的覆電。

電文中的「何團」指廿一師獨立團何軍章團。在二二八事件爆發的次日，亦即三月一日，陳電令高雄要塞司令彭孟緝，負責嘉義以南治安指揮。彭〔寅魚(六日)電〕「已遵鈞命，就臺灣南部防衛司令職」，故陳〔寅虞(七日)亥電〕命彭「轉飭何團，迅速收復屏東」。

陳電文言：「所擬處理辦法甚是，刻正積極準備中。」此即對彭〔寅魚電〕「請中央迅派勁旅增援」的答覆。

彭〔寅(三月)魚(六日)電〕於三月七日21時15分亥時譯就，而陳於七日亥時立刻覆彭〈寅魚電〉，並嘉獎，此即可證明陳在七日根本沒有發出限彭「即刻撤兵回營」的電報，而彭也無七日午後「將在外君命有所不受」的電報。

彭三月七日給陳的電報也見於警總檔案。今複印刊布於下：(見頁13)

彭〔寅(三月)虞(七日)電〕電文說：「寅魚電計呈。」則彭〔寅虞電〕文發出時，彭還未收到陳〔寅虞亥〕的電報。

由「寅魚電計呈」，知彭〔寅虞電〕是彭於〔寅魚電〕發出後接著發出的電報，中間也未有彭〔寅虞電〕「將在外君命有所不受」的電報。

3

上引《回憶錄》及〈二二八事變之平亂〉所載電報既是假的，而且陳儀一得彭〔寅魚電〕即覆電嘉獎，則〈回憶錄〉所載警總第四處熊克禧處長爲彭鳴不平的電報：

> 武裝平亂，弟極贊同。今兄之放膽作爲，竟不能見容於上司，苦痛自

第三處

呈

35 字第02146號

臺灣省警備總司令部來電

發電地址	高雄
姓名或機關	彭孟緝
電尾日期	寅魚
摘由	電報收復高雄市區治安情形。
發出日期	年 月 日 時 分
收到日期	年 月 日 時 分
譯就日期	36年3月7日 時15分
譯電員簽名	
擬辦	
批示	

限即到台北警備總司令陳鈞鑒（一）高雄暴徒槍殺平民強佔機關憲警無法行使職權紛紛退入本部職原本鈞座指示忍認處理本（七）晨該暴徒首領要挾黃市長等竟向職提出接收鳳山倉庫及軍械無異要求繳械同時持槍竟圖行刺職隨機應變為防不測故不得不作斷然處置本（六）日下午二時收復城區

第二頁

各要點如市政府憲兵隊火車站并宣佈緊急戒嚴(二)高雄市
區能控制市區由黃市長負責憲警經職整頓補充亦已開始
回原防執行任務工商首長亦已歸還處理業務(三)此次戰役
計俘獲主犯八名從犯百餘名重機槍一挺步槍136枝戰刀二
把并將市區恢復原狀態本部傷亡官兵15名(四)暴徒毫無嚴
密組織一經接觸即行崩潰據查此次事變完全出於鼓動實
際暴徒實力極為薄弱但地區廣泛危害政權及良民至鉅以
非增強駐防兵力難求鎮壓之功擬請迅電中央迅派勁旅增
援必可迎刃徒靠談判恐致誤事(六)職已遵鈞命就台灣南部
防衛司令職請核備職彭孟緝寅魚印

0275

一理 秘書

臺灣省警備總司令部稿

事由	來文 字第 號
司令 機 三七	文別
副總司令	送達機關
參謀長	類別
副參謀長	附件
主任 處長 課長 擬稿	
年 月 日繕寫	年 月 日校對
年 月 日監印	年 月 日封發
年 月 日核稿	發文 字第 號

電

限即刻高雄彭司令官（兵）密（悉）。官兵將偽（份）子暨部並

貴官負責通令所屬嚴督部隊搜

捕奸偽份子並仍向岡山迅速收復屏東

並由鳳山增援台南並加強嘉義（嘉義駐軍）

二二八事件資料選輯（三）

二二八

臺灣省警備總司令部稿

況乘飛機（協）來戰，盼速援救）以學困南部

俘虜子為人質，另再乘虜即先行殺害主虜

員及其[illegible]所拘留[illegible]理[illegible]情甚是剝正積

極準備中。特陳。○宣[illegible]戰叩

在意中。幸自高雄勝利平亂以來，大局已見曙光，臺北意見亦逐漸於兄有利。尚祈繼續戡亂，勿爲愚昧所阻擾。敬佩賢勞，佇候捷音。

此電報亦係揑造。

這些假電報僞造的技巧亦極拙劣。如〈二二八事變之平亂〉僞造三月八日陳嘉獎彭電，電文說：「全省因而底定。」三月八日嘉義、臺中都尚未平定，怎可說「全省因而底定」呢？

《回憶錄》僞造的三月八日陳嘉獎彭電，說彭「挽回整個局勢」，這就比「全省因而底定」妥貼。但與三月七日眞的電報比較，眞的電報僅說「貴官處置適宜，殊堪嘉慰」，就比《回憶錄》的僞電行文得體。而且三月八日臺中嘉義亂黨尚未平定，說彭「挽回整個局勢」也失之太早。

這樣看來，〈二二八事變之平亂〉之僞電僞造在前，而《回憶錄》之僞電，僞造在後。

《二二八事件資料選輯》第一冊序言說，〈二二八事變之平亂)係「彭任警備司令時幕僚所寫」。而〈二二八事變之平亂〉開端言，該文寫作，距三十六年二月二十八日，「已事隔二十餘年」，則該文之寫作最早在民國五十七年或五十八年。

《回憶錄》有民國四十二年四月彭自序，謂係奉蔣之命而撰寫。自序末有六十九年三月彭氏〈補述〉，言：

本回憶錄係於二十七年前撰寫。長年擱置，日久塵封。此次係應中國國民黨黨史委員會秦主任委員孝儀之請提供。特予檢出送黨史會存卷者，用佐史釆。

〈回憶錄〉僞電僞造在後，則自序言《回憶錄》撰於民國四十二年四月，其說不足信。

〈二二八事變之平亂〉文章開端言：

爰就確切之史實，作平實之説明，與扼要之檢討，期有助於惡意誣蔑之澄清，與眞相之大白，以及我今我後對不意事件之防止。

閱

第三處

臺灣省警備總司令部來電

36 字第 0711 號

發報地址	高雄
姓名或機關	彭孟緝
日期	寅虞
摘由	報告高雄情況
擬辦	閱呈
批示	儀 七、八

發出日期	年 月 日 時 分
收到日期	年 月 日 時 分
譯就日期	年 月 日 時 分
譯電員簽名	

急。兼總司令陳 6226 密。寅魚電計呈。(一)高雄變亂戡平正辦理善後中，俟稍解嚴。(二)鳳山亦已懾服，屏東聞尚在動亂中。高雄黃縣長今午來部，已面囑以政治方法處理，或能鑒於高雄殷鑑，得告無事。詳情續呈。職彭孟緝叩。寅虞秘蒖印

《回憶錄》自序言：

> (蔣中正)總統指示說：二二八事件的發生和處理，極具價值。你應該把這些事寫下來，留作他日的參考。

則〈二二八事變之平亂〉應係彭奉蔣命，而由彭命幕僚撰寫。蔣閱後，交黨史會典藏。故《二二八事件資料選輯》即言，此係黨史會所提供。因係幕僚撰寫，故黨史會於此文作者，「不著撰人」。

民國六十九年黨史會主任委員秦孝儀請彭提供《回憶錄》，彭遂參考〈二二八事變之平亂〉整個改寫，並改正〈二二八事變之平亂〉若干錯誤。彭《回憶錄》〈補述〉遂言：此回憶錄係「二十七年前撰寫……特予檢出，送黨史會存卷者，用佐史采」。

此改寫之《回憶錄》應入藏黨史會。而《二二八事件資料選輯》第一冊序言謂：《回憶錄》爲總統府提供。很可能民國八十年一月十七日行政院遵依李登輝指示，成立「二二八事件研究小組」，李係國民黨主席，遂問黨史會有無彭孟緝有關資料，而黨史會遂以彭《回憶錄》遞呈總統府。總統府將它發交行政院「二二八事件研究小組」，遂得印入中央研究院近代史研究所所編《二二八事件資料選輯》。

《回憶錄》自序說：

> 四十二年三月，……奉命以後，我翻閱了當年的日記，並從高雄調閱部份檔案，平實地寫下了這本〈回憶錄〉。

按民國三十六年彭任高雄要塞司令，距民國四十二年三月已有七年。行政院版《二二八事件研究報告》附〈彭孟緝將軍訪問錄〉記：

> 彭接警備司令時，柯(遠芬)把司令部有關二二八檔案全部帶走。軍隊資料只保存五年，過後即燒毀，如在高雄要塞司令時，他保有審判涂光明的文件。但後來因高雄要塞司令部裁撤，全部資料亦喪失[2]。

2　由本書卷一之下，〈簡介高雄事件新資料八種〉，知彭仍保存審判涂光明部分文件，而軍事判決書所註明「標語附卷」，則該「標語」即未保存，僅保存

則在民國四十二年三月時，彭根本無從向高雄要塞司令部調閱檔案。彭認爲：柯遠芬把二二八檔案全部帶走。檔案既不存，他的幕僚遂放心地在〈二二八事變之平亂〉中僞造彭陳電文，而彭在《回憶錄》中遂放心地改寫，並改正〈二二八事變之平亂〉中的一些錯誤。他未想到：警總有關陳儀與中央來往檔案可能爲柯遠芬帶走，而陳儀與部屬彭孟緝、史宏熹等人來往電報仍存於警總。讓我發現：〈二二八事變之平亂〉及彭《回憶錄》所載彭陳來往電報係僞造。

4

〈二二八事變之平亂〉爲甚麼要僞造彭「將在外君命有所不受」的電報？〈二二八事變之平亂〉記：

> (三十六年)三月二十日，國防部白部長宣慰至高雄，聽取平亂經過簡報後，召集全省上校以上軍官在左營訓話。其要點如左：
> 操典上告訴我們要「獨斷專行」。戰術上告訴我們要「慧眼識破好機」。古人所謂，「將在外君命有所不受」，說容易，做到很難。一個軍人，一生不一定遇到一次。這次臺灣事變當中，高雄的司令做到了恰到好處，功勞很大。我回去要報告委員長。

白崇禧所聽到的平亂經過，如果依照警總檔案，則實情將是：

> 陳三月一日，陳電令彭負責嘉義以南治安指揮。
> 彭電覆：「已擬具警戒計劃，轉飭各部隊暨憲警有關機關遵照。」並於三日電呈陳：「高雄警戒已部署妥善。鳳山、岡山、屏東、東港等處之軍械彈藥庫，亦已分別派隊固守。」三月三日，陳據報，暴徒有竄臺南擾亂之勢，著彭即率所要兵力，赴臺南，妥爲注意防範。
> 三月四日辰時，陳電彭：嘉義市江(三)日亦發生暴動，希速設法平息，恢復秩序，並應設法以政治方法解決，以免爲奸黨所乘，造成大規模民變。故目前應致力領導民眾，以民眾克服民眾，始有效果。其他南部希即設法防範，以免漫延爲要。

(續)

〈審訊涂光明筆錄〉，未保存審訊范滄榕、曾豐明筆錄。

陳寅(三月)支(四日)巳時，電令彭：據報，嘉義十九軍械庫爲暴徒所奪，深恐奸黨以此武器組織武力，希即派有力部隊，進駐嘉義市，並嚴令暴徒繳出奪取之武器，爲要。

三月四日，(港務局局長)林則彬、(海關稅務司)張甯(申)福、(鐵路局高雄辦事處處長)華澤鈞[3]、(高雄火車站站長？)周慈森，電陳：「高雄三日晚，秩序紛亂，臺銀曾經理、專賣局局長重傷，內地人員死傷甚重。宿舍多被搶劫。港務局、臺南關、鐵路員眷一部三百人，撤避要塞區。水泥廠遭包圍。其他工廠情況不明，事態嚴重，敬祈速賜援救。」

彭寅(三月)支(四日)未時電呈陳，報告高雄臺南暴徒騷動情況，「職決以政治方法處理。會同市政府、市參議會，安定秩序，處理善後辦法中，……」。

陳寅(三月)豪(四日)酉時電令彭：(一)據報，南部倉庫損失極多。臺南三分子、鳳山五塊厝及考潭各軍械庫，仰加強兵力，萬不可失。(二)仰轉飭該區海陸空軍各庫員兵，必要時與倉庫共存亡，否則以軍法論處。仰遵照。

三月六日彭寅魚電，報告收復高雄市區治安情形，電文說：「高雄暴徒槍殺平民，強佔機關，憲警無法行使職權，紛紛退入本部。職原本鈞座指示，忍認(讓？)處理。本晨該暴徒首領要挾黃市長等，竟向職提出接收鳳山倉庫及軍械，無異要求繳械。同時持槍竟圖行刺。職隨機應變，爲防不測，故不得不作斷然處置。……」

對高雄騷亂，彭本來遵依三月四日陳電令，以政治解決「忍讓處理」，此可參看上引彭三月四日給陳的電報。但鳳山軍械庫，陳已電令彭與倉庫共存亡，否則以軍法論處，故彭對三月六日暴徒所要求，不得不拒絕，不得不作「斷然處置」，此「斷然處置」，即白崇禧所說「獨斷專行」，出兵平亂。而且事機緊迫，兵貴神速，來不及向陳請示。

---

3 彭《回憶錄》稱華澤鈞爲鐵路局段長。簡文發〈奉命恢復鐵路交通經過〉稱華氏爲鐵路局高雄辦事處處長。簡氏爲國大代表，負責恢復鐵路交通，則簡氏稱華氏職銜應較彭《回憶錄》爲可信。簡文見《二二八事件文獻續錄》，頁648。

彭於三月三日電陳，「高雄市警戒部署已妥善」，其部署情形則當參考彭《回憶錄》所記。在二日，除司令部原有的數百人，又集中一個步兵大隊的兵力於壽山司令部。並改編二十一師獨立團輸送營爲步兵營，命鳳山五塊厝軍械庫補充此一步兵營步槍五百枝、重機槍十六挺、輕機槍三十六挺、迫擊砲八門及必要的彈藥。在三日並將要塞砲兵，亦編成步兵部隊。並於就任南部防衛司令後，聯絡左營海軍司令，請其控制港口，以便外地援軍登陸。

彭已部署妥善。彭的部隊係有組織有訓練的武力，而高雄暴徒人數雖多，但係烏合之眾，組織不嚴密。雖然有些人在日本軍隊中當過兵，但沒有當過軍官，未受指揮作戰的訓練，因此，「一經接觸，即行崩潰」了。

白崇禧在高雄宣慰時，稱讚彭的斷然處置「專斷獨行」，這對彭「原本鈞座指示」、「忍讓處理」言，係「將在外君命有所不受」，因此彭的幕僚即僞造陳電令彭「電到即撤回兵營」及彭「將在外君命有所不受」的電報。

「將在外，君命有所不受」，係孫子的話，見今存《孫子兵法》及《史記・孫子吳起列傳》。

《漢書・終軍傳》：

> (武帝)元鼎中，博士徐偃使行風俗。偃矯制，使膠東魯國鼓鑄鹽鐵。……御史大夫張湯劾偃矯制大害，法至死。
> 偃以爲《春秋》之義，大夫出疆，有可以安社稷，存萬民，顓之可也。湯以致其法，不能詘其義。
> 有詔下軍問狀。軍詰偃曰：古者諸侯國異俗分，百里不通，時有聘會之事，安危之勢，呼吸成變，故有不受辭造命顓己之宜。今天下爲一，萬里同風，故《春秋》王者無外。偃巡封域之中，稱以出疆，何也？

終軍詰徐偃的話，非常精彩，我這裡未全部徵引。

在古代，天子與國君至尊。在君權至上的時候，將在外，君命有所不受；大夫出疆，有可以安社稷，存萬民，則專之可也。但此畢竟係難能可貴之事。也因此爲人所欣賞樂道。

彰健最初讀彭《回憶錄》，也非常欣佩彭的「將在外君命有所不受」，認爲這可以編爲電視劇。等我發現此電文係僞造後，爲之惘然若失。

眞的彭〔寅(三月)魚(六日)電〕說：「職原本鈞座指示，忍讓處理。……

暴徒首領提出接收鳳山倉庫及軍械，無異要求繳械，……故不得不作斷然處置。」彭說明「斷然處置」的理由，簡明清楚，詞氣平和。而僞的彭〈寅虞電〉說：「職不知將在外，君命有所不受，是否此正其時。爲功爲罪，敬候鈞裁。」則語氣桀驁不馴，不是下屬對直屬長官應有的口氣。就文章論，就遠不如眞的彭〈寅魚電〉。

由於強調「將在外君命有所不受」，故〈二二八事變之平亂〉該文即強調陳儀「以政治解決」此一策略的錯誤，責備陳儀「軟弱怕事，坐視事態之擴大」。

〈二二八事變之平亂〉及彭《回憶錄》絕口不提我上文所引陳三月四日前與彭電文，並隱諱彭之主張政治解決不說，這也是爲了要坐實陳「政治解決」、「軟弱怕事」，遂故意省略不述。彭及彭的幕僚大概不知道，政治解決，陳係奉蔣的指示[4]。

5

〈二二八事變之平亂〉說：涂光明提出和平談判十一條，而《回憶錄》作九條。因《回憶錄》寫作在後，並曾改正僞電的錯誤，故此處應以「九條」爲正。

彭《回憶錄》說，涂光明持槍圖行刺。前幾年，報載：涂光明之子否認其父帶槍。今考警總檔案所收眞的彭〈寅魚電〉，亦正言「暴徒首領持槍竟圖行刺」。

行政院版《二二八事件研究報告》附錄二有〈李佛續先生訪問記錄〉。李氏係臺灣電力公司高雄辦事處主任，三月六日隨同涂光明至彭司令部。李在會議室中聽見士兵高喊「有刺客」、「有槍」，後面的兵全擁向涂光明，……大喊：「槍斃他」、「竟然帶槍要刺彭司令」，則彭〈寅魚電〉所記可信。彭在眞的〔寅魚電〕文中也無扯謊的必要。

涂要刺彭的槍，其後爲彭所保存，並曾在電視上亮相。《二二八事件研究報告》對涂持槍一事竟予存疑，這是不必的。

彭是高雄要塞司令兼臺灣南部防衛司令，故二二八變亂，嘉義以南，主要由彭平定。嘉義臺中則爲增援國軍二十一師所平定。而當時政府論功，以彭居

4　請參看本書卷二對蔣處理二二八事變方針之討論。

首。

在陳儀爲臺灣省行政長官公署長官時，陳兼警備總司令。長官公署改爲省政府時，由魏道明任省主席，而警備總司令則改爲警備司令。

警備司令人選，國防部長白崇禧推薦陸軍總部副參謀長冷欣及彭，參謀總長陳誠保薦次長林蔚。蔣核定由彭出任。

彭後來升參謀總長，民國五十四年七月任期屆滿，調任總統府參軍長。總統召見，並面諭：「爲表揚汝參謀總長九年任內，對國軍頗有貢獻，及處理臺灣二二八事變，卓著功勳，特授汝青天白日勳章，由國防部長蔣經國代授。」

《二二八事件研究報告》(行政院版下冊，頁365)說：

> 當時陳儀曾命彭氏循政治方式解決，並嚴令「限電到即撤兵回營，恢復治安，恪守紀律，否則該員應負本事件肇事之責」。然彭氏則視當時之民間代表至要塞司令部要求繳械，爲軍人之奇恥大辱，並不了解此次事變只是「部份臺胞的一時衝動」。事件過後，政府竟拔擢其爲臺灣警備司令，因而造成民間更深的不滿與怨懟。

《研究報告》的作者未發現「限電到即撤兵回營」此一電報係僞撰，不可信。而且也忽略三月四日陳致彭電，言及政治解決，以民眾克服民眾，彭也正依從陳電令，欲利用市長議長與處委會暴徒接洽的。而六日涂光明要求接收鳳山軍械庫，則是陳儀已有明令，守庫員兵需與倉庫共存亡，否則以軍法處置，彭根本不可能接受涂此一條件。而且涂懷槍，竟圖行刺，則涂意圖強迫彭接受此一條件。

民國三十六年二月二十七日，因香煙緝私，擊傷販煙老婦，並死路人一人，引起臺北市民聚集，要求懲兇，這可以說是「一時的衝動」。但後來的搶劫軍警武器，到處殺害無辜的外省人，強占政府機關，圍攻機場，要繳國軍的械，就不可以說這也是「一時的衝動」。國軍守土有責，所以我本文特錄林則彬、張甯(申)福、華澤鈞、周慈森三月四日上陳儀求救的電報，使人理解，彭的出兵平亂是正當的，而且除此一途也別無他法。

在二二八事件爆發後，陳儀主持肅奸、綏靖、清鄉工作，臺胞的確有無辜受難的。但史家論述二二八事件，仍應將當時史實，說清楚，講明白，不可曲意阿徇。

二、再論彭孟緝與高雄事件真相(初稿)

本書第一篇〈彭孟緝與高雄事件眞相〉僅意在證明彭《回憶錄》所收陳儀與彭來往電報係僞造；並據警總檔案所收三月一日至四日、六日至七日電報，簡單說明彭之出兵平亂是正當的。

頃於《二二八事件資料選輯》第四冊(頁521)，找到彭三月五日給陳儀的電報，填補了這一重要缺口，遂使我動念，根據警總檔案、大溪檔案，深入探討高雄事件的經過。我發現：有些人的口述歷史可以補檔案之不足，有些人的口述歷史則與檔案牴觸，顯係錯誤。有些錯誤係記憶有誤，有些則由於所得資訊自始不完整，有些則由於隱諱、歪曲、有意不忠實。

彭係高雄事件重要當事人。其時柯遠芬任警總參謀長，而白崇禧係國防部長，奉蔣之命來台宣慰，故彭的《回憶錄》及其幕僚所撰〈二二八事變之平亂〉，柯的〈事變十日記〉，及彭、柯、白三人的口述歷史、訪問紀錄，亦均需用檔案來仔細審核。

至於野史，如史明的《臺灣人四百年史》，其論及高雄事件處，自亦在檢討之列。

行政院八十一年二月出版的《二二八事件研究報告》，經原著作人修訂，其定本於八十三年二月由「時報文化出版企業公司」出版(定本有八十二年十二月總主筆賴澤涵序)。行政院版《研究報告》在寫作時，已徵集到警總檔案及大溪檔案，並「結合政府、民間、學界的力量，針對二二八事件進行大規模的調查研究」；在寫作時又「本著學術良心超黨派立場」，因此，我對此一《研究報告》定本論及高雄事件處，也不憚辭繁，詳加徵引，商榷檢討。

1

由於彭三月五日的電報的發現，使我想根據《警總檔案》及《大溪檔案》，探討高雄事件的始末、眞實經過。今將該電報抄錄於下：

急。臺北兼總司令陳6226，密，寅(三月)支(四日)電計呈。

(一)事變日益擴大，竟公舉代表，逼同市長至憲兵隊，威脅繳槍。經許(？)[1]隊長拒絕。支(四日)晚圍攻該隊，竟夜不逞。微(五日)突圍，集結本部。

(二)此間政權，除黃市長及臺籍主官人員外，已落暴徒之手。

(三)職現擬固守壽山、崗山、岨(？)山、半山山等(？)市區要點，及各重要倉庫。因良莠分別、撲滅困難，擬懇速謀有效解決。

(四)今日與黃市長設法晤商，共謀(？)政治方法解決此事。祈電示遵。

職彭孟緝叩。寅(三月)微(五日)戌・參印。

這一電報，彭於三月五日戌時發出，警總於三月七日十時卅分，譯出呈閱。在「批示」欄，有「斷然處置・儀、三、七」七字。

在電文這一頁的右上角有「徐參謀辦」四字，旋圈掉，在其下有「三、八、梁參謀存」六字。

陳儀命徐參謀照陳批示，草擬覆電，電文擬妥後，照例應由陳覆判，然後交機要室譯電組依據密電本，譯爲密碼發出，這一流程需花不少時間。而彭三月六日收復高雄市政府、憲兵隊及火車站的電報，警總於三月七日二十一時十五分譯出呈閱，陳儀在亥時立刻覆電嘉獎，因此，「斷然處置」的覆電就無需發出。在三月八日由梁參謀將彭三月五日電報存檔，而「徐參謀辦」四字則被圈掉。

彭三月四日有電呈陳儀，報告高雄騷亂情況，並說：「職決以政治方法處理，會同市政府、參議會，安定秩序，處理善後辦法中。」由「處理善後辦法中」，即可知此一善後辦法尚未獲得，而且不容易獲得。彭三月四日的電文即含有向陳儀請示的意思。在該電文發出之後，彭又獲得陳寅(三月)豪(四日)酉時「鳳山軍械庫員兵需與倉庫共存亡，否則以軍法論處」的電報，故在五日戌時彭電文遂說他將固守壽山及各重要倉庫，並請陳儀指示對策。彭電文說：「因良莠分別，撲滅困難，擬懇速謀有效解決。今日與黃市長設法晤商，共謀政治方法解決，祈電示遵。」

彭三月四日的電報，警總三月五日譯出呈閱，陳儀未批示。彭三月五日的

1　疑問號(？)均係譯電員所添註。

電報，警總三月七日十時卅分呈閱，陳儀則批示：「斷然處置。」這是由於國民政府蔣主席在三月五日十八時十分有電報給陳儀。「已派步兵一團及憲兵一營，限七日由滬啓運。」以政治方法解決高雄叛亂，陳認爲：已根本不可能，只有「斷然處置」一途了。

由於彭四日、五日、七日的電報均言及政治解決，此可證彭於六日出兵平亂，主要由於高雄處委會暴徒涂光明、范滄榕、曾豐明，要求彭繳械，及交出鳳山軍械庫，彭是被迫而出此。

彭五日的電報已提到：用兵「良莠分別，撲滅困難，擬懇速謀有效解決」，而六日的局勢使他不能等候陳儀的覆電指示，就「獨斷專行」、「斷然處置」，出兵平亂了。

彭五日的電報，七日陳批示「斷然處置」，而彭六日收復高雄市政府、火車站的電報也提到：「爲防不測，不得不作斷然處置。」此可證七日陳見到六日彭收復高雄市政府、火車站的電報，不可能發出彭〈回憶錄〉所載陳「限彭電到即刻回營」的電報。彭「將在外君命有所不受」的覆電，由彭五日的電報及陳儀批示的發現，也可證明它是假的。

2

《二二八事件研究報告》(行政院版，下冊，頁365)說：「要求彭繳械，彭不了解這只是部份臺胞的一時衝動。」該報告作者也自知不妥，遂在該《報告》定本(頁410)將它刪掉，不提暴徒要求彭繳械，而改責「彭氏下令鎭壓，無差別的掃射」。今由彭五日電，知彭在用兵前，即已考慮到「良莠分別」。

據《警總檔案》，三月一日陳即電令彭負責嘉義以南治安指揮。據《警總檔案》〈陸軍整編第廿一師對臺灣事變戡亂概要〉，知三月一日警總即電令該師獨立團何軍章團歸彭節制[2]。該團守衛高雄一〇五後方醫院的第七連，奉彭命令，「於三月六日十三時由醫院出擊」，於「十四時佔領高雄火車站」，該連「傷亡官兵八員名，奪獲輕機槍兩挺，步槍五枝，十九軍械庫彈藥三車」[3]。

三月六日午後一時[4]，彭命令守備大隊長陳國儒，分兵三路，每路一

2 《二二八事件資料選輯》(一)，頁189。

3 同上，頁195。

4 此處係根據〈二二八事變之平亂〉，因其與〈戡亂概要〉合，所以我採用。

排[5]，由壽山高雄要塞司令部出發，去收復高雄市政府。據彭三月六日給陳儀的電報，市政府於下午二時收復。「俘獲主犯八名，從犯百餘名，重機槍一挺。……本部傷亡官兵十五名。」

彭決定下午一時出擊，這是由於士兵出發前，應先吃飽，以便作戰。而且這時是對方午飯後休息的時間，這時出擊也可以出其不意。

彭三月五日的電報提到：「良莠分別，撲滅困難，擬懇速謀有效解決。」則彭出兵前的勤前教育，自需囑咐所部，「陣前喊話」，或「朝天鳴槍」。

民國八十年七月，許雪姬教授訪問當年在收復高雄市政府的陳國儒守備大隊中任班長的陳錦春。〈陳錦春先生訪問紀錄〉說：

> 當軍隊從壽山下來時，佔領市政府的流氓將東西都搶走了。我們到了市府，「要他們趕快下來」，但他們不走，還在上面安了日本三八式的機關槍。軍隊一看見機關槍從上面掃射下來，就發動攻擊。先丟手榴彈，然後看到人就打。不管他是流氓或是老百姓，因爲不是你死，就是我活。[6]

陳錦春說：到了市府「要他們趕快下來」，這就是陣前喊話，要他們下樓來趕快走，趕快離開，不願意無辜的善良的老百姓受害。

但他們不走，反用機關槍從上面向下掃射，致陳國儒部「傷亡官兵十五名」，於是國軍就發動攻擊。(由於喊話，兩軍距離很近，因此)，「先丟手榴彈，然後看到人就打」，「不管他是流氓，或是老百姓。因爲不是你死，就是我活」。

陳錦春說：他們到了市府，暴徒用機關槍從上面向下掃射。而〈郭萬枝先生訪問紀錄〉則說：

> 我們(郭與市參議員張啓周)在市府等候談判消息。……時市府樓上曾拼湊了兩枝機槍，但沒有子彈，只能說是裝腔作勢。但彭孟緝司令就認爲市府有武裝要造反，因此軍隊到市府時，先丟手榴彈進來，聲音

---

5 〈陳錦春先生訪問紀錄〉，《高雄市二二八相關人物訪問紀錄》上冊，頁169，民國八十四年二月中央研究院近代史研究所出版。

6 《高雄市二二八相關人物訪問紀錄》上冊，頁169。

> 非常大。不知丟了幾顆後，士兵才開槍進來。有一位陳金能律師，……坐在椅子上，……被子彈射殺。有人看到他的死，嚇得爬進市府辦公室躲起來。
> 有許多人是在市府後面防空壕打死的。有的是跑到市府後面途中被打死的。……副議長林建綸跳過市府後面的籬笆，躲到妓女戶的床底下，躲到三月七、八日，局勢較穩定時才出來。
> 在市府被槍打死的的有王石定、黃賜、許秋粽三位市參議員。……王石定……沒到籬笆就中槍了。……
> 我們從市府被綁到憲兵隊。……後來被送上山(高雄要塞司令部)收押。[7]

郭萬枝說：「市府樓上有兩枝機槍，沒有子彈」；〈陳桐先生訪問紀錄〉則說：「聞因子彈卡住，不能使用。」[8] 均未說：市府暴徒開鎗從上向下掃射。

民國八十二年四月八日，賴澤涵教授與許雪姬教授訪問彭孟緝[9]，言及此事。許雪姬說：「市府確有機槍三挺。」彭說：「確有四挺。」而彭《回憶錄》也說有四挺。即令有二挺如郭萬枝說「無子彈」，或如陳桐說「聞被子彈卡住」，但總有一挺機槍可以使用；否則，要彭「本部官兵傷亡十五名」，是不可能的。這樣看來，郭萬枝及陳桐未說市府暴徒開槍，是由於獲得的資訊自始不完整。

《二二八事件研究報告》(行政院版，頁105)說：

> 市政府樓上架設機鎗，軍方乃認定在市政府的是暴徒，因此，到市政府後，先丟入手榴彈，然後見人就殺。

這是採信〈郭萬枝先生訪問紀錄〉。

行政院版《二二八事件研究報告》刊行於民國八十一年二月。八十一年四

7 〈郭萬枝先生訪問紀錄〉，許雪姬編，《高雄市二二八相關人物訪問紀錄》下冊，頁40。

8 〈陳桐先生訪問紀錄〉，《高雄市二二八相關人物訪問紀錄》下冊，頁225。

9 〈彭孟緝先生訪問紀錄〉，《高雄市二二八相關人物訪問紀錄》上冊，頁112。

月許雪姬訪問王作金。王是何軍章團防守高雄一〇五後方醫院的第七連連長。王奉命由醫院出擊，去收復高雄市火車站。〈王作金先生訪問紀錄〉說：

> (我們)一路上以機槍向天空開槍。嗒！嗒！嗒！以產生恐嚇驅散作用。[10]

八十二年四月八日，賴澤涵與許雪姬訪問彭孟緝。彭說：

> 行前，我與獨立團團長(何軍章)通電話，我叫他「朝天空開槍」。……
> 勤前教育，(我)對(陳國儒守備大隊)士兵說：「市政府被暴徒佔領，你們去收復市政府。但是你們向天開槍，以不打死人爲原則，能夠收復市政府是第一。」後來士兵受傷之後，不能不還擊。[11]

彭所說「朝天開槍」，與〈王作金先生訪問紀錄〉所說相合，因此，八十二年十二月寫成的《二二八事件研究報告》(定本，頁119)就採信彭所言，而將原《報告》此處改爲：

> 到市政府後，並未遵命，對空鳴槍示警，而是先丟手榴彈，然後見人就開槍。

《研究報告》(定本)責備彭孟緝的士兵「未遵命，對空鳴槍示警」，不說暴徒向下開槍掃射，不採信〈陳錦春先生訪問紀錄〉所記，這也是與彭三月六日的電報「俘獲重機槍一挺，本部傷亡官兵十五名」不合的。

賴澤涵與許雪姬訪問彭孟緝。許雪姬說：「市府沒有開槍。彭的兵或許死在火車站，而不是死在市政府。」彭答以：「我的兵死傷是眞的。假如沒有開槍，我的兵怎會死掉呢？我的兵都是在市政府前死傷的，因爲火車站及第一中學是由二十一師獨立團團長負責。」[12]

---

10 〈王作金先生訪問紀錄〉，《高雄市二二八相關人物訪問紀錄》下冊，頁251。
11 〈彭孟緝先生訪問紀錄〉，《高雄市二二八相關人物訪問紀錄》上冊，頁113。
12 《高雄市二二八相關人物訪問紀錄》上冊，頁113。

彭的答辯，由彭三月六日的電報，及〈警總檔案〉〈二十一師臺灣事變戡亂概要〉看來，是有理由的。而《研究報告》的定本此處即不理會彭的辯解，仍偏袒暴徒，不言暴徒開槍。如果承認暴徒先開槍，那暴徒將負衅自我開的責任，而彭的部隊係自衛還擊，就不能責備他們「無差別的掃射」了。

彭的《回憶錄》說：

> 戰鬥結束之後，部隊共傷亡副連長兩員，士兵三十四員。其中多數係盤據市政府的暴徒在屋頂上架設的四挺重機槍所殺。[13]

收復市政府，彭部隊傷亡的人數自應以彭三月六日的電報所記爲正。

前引〈郭萬枝先生訪問紀錄〉說：

> 有許多人是在市府後面防空壕打死的。有的是跑到市府後面途中被打死的。

《二二八事件研究報告》(定本，頁181)引〈許國雄先生訪問紀錄〉：

> 當日下午兩點左右，聽到軍隊射擊的聲音，家父立即拉著我衝出大禮堂，急忙想躲進市政府旁的防空洞，但防空洞已躲滿了數十人。我們無法擠入，大家分路逃跑，此時來不及想該怎麼辦時，軍隊已衝至防空洞前，先對著洞口處十五人開槍，家父(許秋粽參議員)立即頭部中彈倒地。我未中彈，被家父肥胖的身軀緊緊壓在下面。家父黃色的腦漿，從他身上汩汩流出，另挨在旁邊的一名學生的腸肚全部外流，尚未斷氣，哀嚎不已。(按：此「學生」應屬「學生軍」的一員)

同頁又引康壬貴訪問紀錄，據服務高雄市政府行政股長康壬貴的證言，在高雄市政府至少死了五六十人。據王瑞麟的證言，他於三月九日到市政府收殮其父時，親見屍體重疊，大約死亡者有五十二人。因此，《研究報告》(定本，頁181)認爲，「〈陳桐先生訪問紀錄〉說，在市政府死傷的只有四、五個，而且有三名是國民黨忠貞黨員，如許秋粽、黃賜、王石定。陳桐這一看法恐需修

---

13 《二二八事件資料選輯》(一)，頁70。

正」。

今按：〈陳桐先生訪問紀錄〉說：

> 六日當天，軍隊下山，來到市政府，立刻包圍，封鎖出入口，但暴徒已在市府陽台上面安置兩挺機關槍，聞因子彈卡住，不能使用，軍隊官兵則因突發狀況，被逼開槍。在市府大門左邊有個地下室防空洞出入口，許多參與開會的民意代表及老百姓都躲在那裡。軍方的一位排長站在洞口對他們喊話，要求他們雙手抱頭走出來。當時有許多人依言照行。可是沒想到其中有一個暴徒在背後藏著一把武士刀，趁機砍傷那位排長的手臂。排長在情急之下只得開槍自衛，霎時槍聲大作，許多人都往後面那塊地瓜園方向逃避。可是，那兒也有士兵把守，士兵叫他們不要跑，但這些人不聽士兵的指揮，還是一直跑。如果他們聽話，我想一個也不會死。……事後，這位排長被送到省立高雄醫院蔡國銘外科博士治療。其生死下落就不得而知。[14]

陳桐說「暴徒未開槍」，上文我已指出他這說法的錯誤。但〈訪問紀錄〉此處所記，軍方的一位排長在防空洞口喊話，「要他們雙手抱頭走出來」，有多人「依言照行」，則與上引〈許國雄先生訪問紀錄〉所記「防空洞裏擠滿了人」相合，也與彭三月六日的電報「俘獲主犯八名，從犯百餘名」相合。暴徒當然也可藏身防空洞內。只有在這種情況下，軍方才可俘獲這麼多的人。

〈陳浴沂先生訪問紀錄〉說：

> 當時很多人都躲到市府進門左邊的防空壕裡，認爲那裏最安全，我因來不及，就躲在防空壕旁。……軍人一攻進市政府後，就先對防空壕掃射，躲在裡面的人幾乎都犧牲了，我則躲過這場浩劫。而機槍掃射沒死的，軍人的刺刀馬上刺過來。我就見到一位長得高大挺拔如山的陳拔山[15]，在機槍掃射以後，隨即應聲而倒，沒多久，又遭刺刀刺

---

14 《高雄市二二八相關人物訪問紀錄》下册，頁225。

15 《二二八事件資料選輯》(六)，頁451，「陳拔山，二八歲，台中縣人，高雄要塞司令部以陳意圖以暴動之方法顚覆政府，而著手實行，減處有期徒刑三年」。五月十六日解除戒嚴，彭警備司令部以「事實未明，撤消原判，移送法院辦理」，則〈陳浴沂先生訪問紀錄〉此處係記憶有誤。

殺。……軍人轉過來對著我，我則趕緊舉起雙手做投降狀。迨掃射告一段落後，軍人將所有躲在市府裡面未受槍傷的人全叫出來，集中在一起。……

以〈許國雄先生訪問紀錄〉互證，則陳浴沂躲在防空壕旁，未遭掃射；陳浴沂幸未受傷，舉手投降，乃未被殺。他並不清楚，躲在防空洞裡面的人後來都做了俘虜。

以情理判斷，軍隊一進市府，即開槍，這是保護自己生命的安全，制敵機先。但一等到局勢已控制，自然要活捉，無濫殺的必要。對藏在防空洞裏的人可要他們「抱頭走出」，對藏匿市府別處幸未受傷的人可「全叫出來，集中一起」，不如此，是不可能「俘獲主犯八名，從犯百餘名」的。彭三月六日眞電報的發現，對了解當時戰役的眞實情況很有幫助。

彭三月六日的電報說：「此次戰役，計俘獲主犯八名，從犯百餘名，重機槍一挺，……本部傷亡官兵十五名。」此「本部」指高雄要塞司令部所轄守備大隊陳國儒部，不指二十一師獨立團何軍章部，這一點是我們應分辨清楚的。

彭三月六日的電報提到：「暴徒毫無嚴密組織，一經接觸，即行崩潰。」電文旁加有單圈。「徒靠談判，恐反誤事」，電文旁加有雙圈。這應是陳儀所爲，表示他對彭的意見的欣賞。

三月六日彭的電報未提擊斃暴徒人數，這是由於分不清誰是暴徒，誰是善良的老百姓，而且在六日這天，高雄第一中學尚未收復，尚需積極準備作戰，也沒有工夫清點此一戰役對方死亡的人數。

〈陳錦春先生訪問紀錄〉說：「三月六日晚上，他負責在市府駐紮，睡到半夜，聽到防空壕地下室內有人交談的聲音，請示上級後，決定投下手榴彈，因此，地下室的人被炸成碎片。」防空洞內有聲音，這恐係晚上又有人逃到防空洞內躲。人數應不會太多。

〈陳錦春先生訪問紀錄〉說：「隔天一早，我們負責查看是否仍有流氓徘徊。看見愛河水面上有氣泡，仔細一看，知道有人躲在水下面，那些人已經躲了一個晚上。看見沒人，就浮出水面呼吸。遂又開槍掃射。」這樣死掉的人也應該不會太多。

3

上節討論收復高雄市政府的戰役。本節討論收復高雄火車站及高雄第一中學的戰役。

討論此一戰役，我們應首先審核當時領兵收復高雄火車站及第一中學的部隊長何軍章團第七連連長王作金先生的〈訪問紀錄〉。

王作金在〈訪問紀錄〉中說，他領兵出發是在下午兩三點[16]，這是與彭三月六日的電報收復火車站在三月六日下午二時不合的。而且《警總檔案》〈二十一師臺灣事變戡亂概要〉也說「佔領火車站在下午十四時」。〈戡亂概要〉記高雄火車站的收復自係據當時王作金呈交何軍章團團部的報告。〈戡亂概要〉係由二十一師師部參謀課執筆[17]，應係據何軍章團呈交師部的報告撰寫。王作金在〈訪問紀錄〉中所說是與他當年給團部的報告不合的。

最可訝異的是，王作金在〈訪問紀錄〉中竟說，他收復火車站沒有打死暴徒，僅有七、八個老百姓因他的部隊向天空鳴槍，而爲流彈打傷。

〈王作金先生訪問紀錄〉記這一戰役經過：

> 三月三日以後，每天都有幾百個人聚集在火車站的前面，火車全部被他們控制了。所以我們接到命令，驅散火車站的暴民，維持火車站的治安，並且保持高雄到臺南交通的暢通。當時暴民手中，握有武器如日本武士刀及日本三八式步槍，我想幾十枝一定有。……
>
> 連部奉到團部命令後，便於三月六日上午派了一名指導員至壽山要塞，與之商討派兵事宜。
>
> 該日下午兩、三點時，即由一〇五後方醫院調了三個班，……
>
> 我負責指揮一輛卡車，裝載兩個班的兵力，由醫院出發，……向火車站前進。
>
> 另一個班則從醫院後面徒步至火車站前面……
>
> 一路上以機槍向天空開槍。嗒！嗒！嗒！是希望聚集在火車站的民眾

16 〈王作金先生訪問紀錄〉，《高雄市二二八相關人物訪問紀錄》下冊，頁251。

17 〈戡亂概要〉「附圖五」爲二十一師司令部參一課所繪製，《二二八事件資料選輯》(一)，頁222。

散開。軍隊不可能無緣無故地打人。有人受傷是因發射後流彈落到火車站前廣場，自然傷及民眾。

到了火車站，我看到機槍兵見廣場有很多人向火車站那邊走，於是機槍兵的機槍也對準那個方向，這時我聽到排長喝令：「絕對不准開槍！」因爲機槍最容易傷人。而後機槍兵就對高雄第一中學方向佈署待命。另有一班移至高雄至臺南之間的鐵路陸橋附近，以防臺南方面的暴民支援火車站。

部署完畢後，即至高雄火車站的地下道查看。因爲在驅散火車站前暴徒時，有老百姓躲到地下道去。我去查看時，親見大約一百多人在地下道。也看到鐵路醫院的護士兩人替傷者包紮。我問護士說：「有幾個人受傷？」她說：「大概有五六個受傷。只有一個傷勢比較重，也都已包紮了。」

當軍隊至高雄火車站時，暴民持槍退回高雄第一中學。這些暴民多是過去日本派赴南洋戰後遣回來的。據說多爲中部、嘉義人。他們把持高雄第一中學，成立南部指揮部。高雄第一中學的教室有兩層高，而且火車站和中學之間並未蓋房子。暴民居高臨下，這時本連顏副連長帶部隊在今火車站右側放哨，正好對著中學左側。顏副連長著制服，個子很高，人家一眼就可以看到他，暴徒在中學樓上對他狙擊，子彈……穿進……肺部，……第二天就死了。

我們另一個班看到了這情形，就想繞過鐵路右邊接近中學，而盤據高雄第一中學二樓的人仍可居高臨下看到我們的一舉一動，部隊還沒走到半路，就有人中彈，結果兩個人陣亡，一個是上等兵機槍兵(安徽含山人)，另一個是中士賴班長，就是正和醫院裡一個護士論及婚嫁的。另外有幾個人受傷。例如某上士班長頭部受傷。……

由於中學樓房較高，他們能打到我們，我們打不到他，……連部當即傳令，調……迫擊炮前來支援。……當時天已漸黑，彎月當空，我們用六〇砲(口徑較小)向中學打了五、六發。高雄第一中學方面就沒有發出槍聲了。隔天七日早上，團部調來兩門美式八一式迫擊砲來，要塞部則調了一門要塞砲來。……我們於早上六點多各開了兩砲，過了幾分鐘，要塞砲也開了兩砲，對方沒有反應。……

軍隊進入高雄第一中學，並未發現傷亡，亦未發現暴民，更未發現有學生。……有老百姓出來告訴我們，裡面的暴民在六日晚上趁著天

> 黑，向北方走掉了。……
> 也沒有看到有外省人被綁在窗口。以後便撤退回火車站。[18]

依據王作金所說：收復第一中學時，對方已逃跑，故沒打死暴徒，則〈戡亂概要〉所說：「奪獲輕機槍兩挺，步槍五支，我方傷亡官兵八名」，應係三月六日事。既奪獲對方武器，我方亦有傷亡，則應發生戰鬥，怎麼會不打死對方的人呢？

依據〈陳錦春先生訪問紀錄〉，他是陳國儒部下班長，在三月六日下午收復高雄市政府後，有人通知他，去高雄火車站修機關槍。「他到了車站現場，他到二樓，一看底下一大堆學生，有些拿著棍子。……高雄中學是他們的本部，他們想攻下火車站，……想一直衝進二樓來搶機關槍，又不敢妄進。機關槍可以發射後，他們就跑了。[19]」

火車站是在午後二時收復的，發砲攻擊高雄第一中學在午後六時以後，在這段時間，高雄中學的學生想「攻下高雄火車站」，應係何軍章團第七連收復火車站後發生的事。雙方爭奪火車站，也得打死人，而王作金〈訪問紀錄〉即隱諱這段史實不說。

王作金在接受訪問前，已看到行政院出版的《二二八事件研究報告》，該《報告》即附有彭《回憶錄》。《回憶錄》說：

> (三月)七日晨，我命令攻擊部隊的兩個營冒著大雨，繼續進擊第一中學，並用迫擊砲四門架設在火車站屋頂上，向第一中學的操場中心發射。目的在於希望減少傷亡，只想威脅暴徒發生恐嚇作用，同時要塞也作待命射擊的準備。
> 當部隊推進至距離第一中學五百公尺時，發現校舍各窗口，都有人被綁在上面，更有人用白手帕向外搖動，表示投降。攻擊部隊戒備著前進，當進入第一中學時，發現……暴徒們已於昨晚偷偷逃掉了。剩下被拘禁的外省人，關在房子裡。
> 在逃跑前，將部份外省人綑在窗欄上當沙包。被集中禁閉在房子裡的

18 《高雄市二二八相關人物訪問紀錄》下冊，頁251-254。
19 《高雄市二二八相關人物訪問紀錄》上冊，頁170。

外省人，有兩千多，高雄郵政局長也在内。……[20]

王作金在〈訪問紀錄〉中則指出：八二式迫擊砲有三門，有兩門係何軍章團團部調來的，要塞部門則調了一門砲。這三門砲是安在今高雄公車站處，而不是如《回憶錄》所說，安置在火車站上。王作金並說：要塞砲也開了兩砲，他並分辨八二式迫擊砲與要塞砲彈道有平射與曲射的不同。並以第一中學的教室被打了一個大洞爲證。

《回憶錄》說，僅在七日早晨砲擊。而王作金則說，在六日新月初彎時已砲擊了五、六發。這應較《回憶錄》所記可信。因爲暴徒在六日晚上趁黑夜逃跑，應與砲擊有關。這在〈曾鈴羊先生訪問紀錄〉中也正是說他們趁黑夜逃跑的[21]。

將一部份外省人綑綁在窗口，這也應係六日下午王作金擬率部進攻第一中學時，對方可能有的反應，使國軍投鼠忌器，不敢進攻。等王作金自連部調集六〇口徑迫擊砲，向中學操場中心發射，予以威嚇震懾，暴民就只好趁黑溜之大吉了。

《二二八事件文獻輯錄》(頁612)〈國軍二十一師參謀長江崇林先生訪問紀錄〉：

> 獨立團團長何軍章上校於三月九日向我報告：一二千外省人和公教人員眷屬被暴民拘禁在省立中學内，分別綑綁於校舍各窗口，已兩晝夜不許動彈，經運用威脅方式戰鬥，暴徒們震嚇潰散，受困外省人全數被救出。

此亦應源出於王作金連長向團部所作報告。原報告是說有人被綁縛在窗口的。

彭《回憶錄》說暴徒將外省人當沙包。行政院出版的《二二八事件研究報告》記述三月六日七日戰役，原來採信《回憶錄》的，在訪問王作金之後，遂改而採信〈王作金訪問紀錄〉。但對四日被暴徒集中在第一中學作爲保護的外省人的命運，勢需有所交待。於是《研究報告》定本(頁119)說：

---

20 《二二八事件資料選輯》(一)，頁72。

21 《高雄市二二八相關人物訪問紀錄》下册，頁161。

何(軍章)團第三營在完成「驅散暴民」的任務後，進入第一中學，救出被「保護」在內的外省人，並追擊由火車站逃避的人民。

當軍隊接近時，自高雄第一中學曾射出子彈，有兩名軍人陣亡。……乃調原守山下町的迫擊砲排來支援，轟出五、六發砲，此後高雄第一中學就沒有槍聲。翌日，……六時半，何團開了兩砲，要塞砲也開了兩砲，確定高雄第一中學已經無人在內。何團在入內搜索後，旋回到火車站。

由「當軍隊接近時」起，至「回到火車站」止，其史料來源爲〈王作金先生訪問紀錄〉。依據〈王作金先生訪問紀錄〉，則六日他們接近第一中學時，暴徒正在第一中學內。在七日晨發現暴徒趁夜逃跑前，何軍章團第三營第七連怎麼可能進入第一中學，去救出被保護在第一中學內的外省人呢？

《研究報告》定本只想替暴民綑綁外省人作沙包的行爲掩飾，而未顧及所述與事理不合，而且也無史料爲其依據。

〈王作金訪問紀錄〉說，他們進入第一中學後，「未發現有人傷亡，也沒有看到有外省人被綁在窗口」。由於砲擊標的爲操場，可能無人傷亡，但卻可使暴徒驚嚇趁夜逃跑。那些被集中在第一中學的外省人可以靜待國軍救援，他們有必要也趁夜向外逃亡嗎？而校外正是不安全的地點，他們敢隨意離開被保護的地方嗎？《研究報告》定本說：七日「何團確定第一中學無人在內」，根本與史實不符。

王作金僅只是說：「沒有看到有外省人被綁在窗口」，他並沒有說，未看見外省人。恐不可根據王作金這一敘述，就引伸而說，何軍章團進入第一中學時，已空無一人。

〈王作金訪問紀錄〉說，他收復火車站，沒有打死暴徒；收復第一中學，沒有看見外省人被綁在窗口。這都是想淡化二二八事件，想促進臺灣本省人與外省人的「團結與和諧」[22]，他的動機是善良的，但追述當年的歷史，而有意隱諱眞實歷史事實，則是不足取的。

〈陳桐先生訪問紀錄〉說：

當軍隊逼近雄中，只見一個個外省人站在窗口邊，搖著白手帕大喊：

22 〈王作金先生訪問紀錄〉，《高雄市二二八相關人物訪問紀錄》下冊，頁256。

「我是浙江人，我是山東人，不要開槍啊！」這些暴徒把外省人當成人肉盾牌，來阻止軍隊的進攻。迨軍隊進入學校時，暴徒已從後門逃走，只剩被拘禁的外省人。〔(許雪姬)按：「有關軍隊進入高雄中學情況，可參考二十一師上尉連長〈王作金先生訪問紀錄〉。他是親身經歷。」[23]〕

許雪姬教授即未發現：王作金雖係親身經歷，但其所述已不忠實。王作金想淡化這一不幸事件，因而有意歪曲隱諱。

民國九十一年國史館所編《二二八事件檔案彙編》第八冊出版。該冊收有高雄中學檔案。歐素瑛所撰導言，即據檔案說：「高雄第一中學爲此次事件之大本營，有多位外省籍教員於三月四日被拘禁於該校倉庫，至七日始由國軍集中至西子灣保護。」這是新出的原始資料，可以證明《研究報告》定本將被保護的外省人的釋放敘於何軍章圍攻高雄中學以前，是錯誤的。

4

由於王作金敘述三月六日、七日在高雄發生的事件不忠實，而誤爲《二二八事件研究報告》定本所採信，我這裡還得指出：王作金敘述三月五日暴徒圍攻高雄一〇五後方醫院事，也同樣的有意不忠實，而誤爲《研究報告》定本所採信。

暴徒要求守高雄105後方醫院的軍隊繳械，爲軍隊所拒，遭受圍攻，最早而且可信的記載係彭孟緝的〈告高雄市民眾書〉。

據彭三月六日的電報，彭收復高雄市政府火車站後，即「宣佈緊急戒嚴」。《警總檔案》有高雄要塞司令部寅(三月)銑(十六日)未時呈警總代電[24]，內附〈臺灣南部防衛司令部緊急佈告〉。該佈告說：「即日起宣佈戒嚴。」故知此即係彭三月六日所出的佈告。

該代電又附有高雄要塞司令部司令兼臺灣南部防衛司令部司令彭孟緝〈告高雄市民眾書〉，說：

23 《高雄市二二八相關人物訪問紀錄》下冊，頁225。

24 《二二八事件資料選輯》(一)，頁294-299。

> 現在暴徒已經驅逐出境了，變亂已經平息。希望民眾各安各的生業，……上學……做生意……做工。……

則〈告民眾書〉之撰寫應在三月七日上午收復高雄市第一中學之後，其公告散發，據《國聲報》在三月九日。

〈告民眾書〉說：

> 本市於三月三日晚間也發生暴動。少數暴徒和奸僞，誘惑青年學生、地痞、流氓，對所有外省同胞及公務人員殘殺毒打搶劫，並破壞政府機關，奪取憲警武器，做種種犯法的行爲。本司令初以和平爲懷，以爲地方事件可由地方政府和民意機關解決，將本部軍隊撤至壽山。不料愈演愈利害了，竟公然組織學生聯合軍，用威力脅迫駐防軍隊繳械，圍攻憲兵隊、陸軍醫院及各駐軍營房，並向本部提出無理違法的條件九條。……本司令負有守土及防衛地方重要責任，迫不得已，爲了戡平叛逆和安定社會，才派部隊將全部暴民驅逐，恢復本市原來的秩序。

〈告民眾書〉所說：三月三日晚間的暴動，「對外省籍同胞及公務人員殘殺毒打搶劫，破壞政府機關，奪取憲警武器」，可參看本書第一篇〈彭孟緝與高雄事件眞相〉所引三月四日高雄港務局長林則彬、海關稅務司張申福、鐵路局高雄辦事處處長華澤鈞、火車站站長周慈森四人聯名向陳儀求救的電報。

〈告民眾書〉所說，「以和平爲懷，以爲地方事件可由地方政府和民意機關解決」，則《警總檔案》所收彭寅(三月)支(四日)未時致陳儀電報即提到：

> 高雄警戒部署完畢後，據高雄市長及市參議會稱：「高雄市區安靜，軍隊不必過問。」並謂「警備部參謀長曾擴(廣)播，軍隊一律移回營房」等語，乃令於暗中準備，竭力保護機關人員以策安全。……

此一電報並提到：

> 高雄市區情況迄今仍在騷動，職決以政治方法處理，會同市政府參議會，安定秩序，處理善後辦法中。

〈告民眾書〉所說，「將本部軍隊撤至壽山」，「脅迫駐防軍隊繳械，圍攻憲兵隊，及各駐軍營房」，以《警總檔案》證之，也即上一電報所提到的：

> 江(三日)酉高雄市區暴徒鳴槍騷動，包圍憲兵隊。本部馳援驅散。支(四)日復包圍本部駐市區前金之第一中隊及本部官兵，以戒備嚴未逞。

彭本部駐市區前金之第一中隊，及彭本部宿舍的家眷，最後仍撤回壽山高雄要塞司令部。

江(三日)酉時，暴徒包圍憲兵隊，經彭部隊馳援驅散。據彭三月五日電：

> (三日)事變日益擴大，竟公舉代表，逼同市長至憲兵隊，威脅繳槍。經許(？)隊長拒絕，支(四日)晚圍攻該隊，竟夜不逞。微(五日)突圍，集結本部。

〈告民眾書〉所說：「向本部提出無理違法的條件九條。」據彭三月六日的電報，此即指六日「暴徒首領要挾黃市長等，竟向職提出接收鳳山倉庫及軍械，無異要求繳械」。所謂「無異要求繳械」即要求彭將軍隊武器交出，由高雄市處理委員會保管。

上引彭三月三日、四日、五日的電報均未言暴徒圍攻高雄市一〇五後方醫院。而彭〈告高雄市民眾書〉敘述他派部隊驅逐全市暴民、恢復高雄市原來秩序的理由，是想獲得高雄市民的諒解，他沒有理由揑造事實，引人反感，故〈告民眾書〉所說，暴民曾要求高雄市一〇五後方醫院的駐軍繳械被拒，及圍攻，以情理判斷，亦應眞實可信。

在三月一日，陳即電令彭負責嘉義以南治安指揮。同日，警總亦有電報通知二十一師何軍章團歸彭節制。《警總檔案》〈陸軍整編第二十一師對臺灣事變戡亂概要〉記暴徒圍攻一〇五後方醫院事，今抄錄於下：

> 三月三日，高雄方面，該團守備一〇五後方醫院之第七連一排，突受暴徒四百餘圍攻，迄十六時未逞。……
>
> 三月四日，高雄方面，暴徒七百餘，向我駐守高雄一〇五醫院之獨立團第七連一排，逼迫繳械，當經該部嚴辭拒絕，遂不得不被迫迎戰，

> 迄深夜未止。……
>
> 三月五日，獨立團守備高雄一○五後方醫院第七連一部因連日不斷遭受暴徒圍攻，彈藥行將耗盡，乃請該院臺籍女看護密帶報告，至鳳山(何軍章團部)求援。該團得悉後，即派第三營劉副營長率兵兩排前往應援，是午，行抵該院附近新莊大橋，遇暴徒乘汽車三輛來阻，當被擊斃八名，餘棄車逃逸。遂將該院圍解。該副營長旋返鳳山，與十九軍械庫借得機槍四挺，步槍八十支，將全院已癒傷病官兵，完全裝備，統受第七連王連長指揮。……
>
> 三月六日……第七連於十三時奉彭司令命令，由一○五醫院出擊，攻佔高雄火車站，並控置其附近交通。迄十四時，將該站佔領。我傷亡官兵八員名，奪獲輕機槍兩挺，步槍五枝，十九械彈庫彈藥三車。……
>
> 三月七日，……獨立團同日於南部方面將高雄鳳山間交通確實控制，暴勢略戢[25]。

〈戡亂概要〉所記應係源出於當時駐守一○五後方醫院王作金連長遞呈何軍章團團部的報告。

該報告述三月三日，守備一○五後方醫院被暴徒四百餘圍攻，迄十六時未逞。考彭孟緝寅(三月)江(三日)申時電報尚說：「高雄以南，尙安靜無事。」三月四日彭的電報說：「江(三日)酉高雄市區暴徒鳴槍暴動，包圍憲兵隊。」三月四日港務局長林則彬等人求救電報亦言：「高雄三日晚秩序紛亂。」是高雄暴亂發生時間在三日酉時以後。我想：這應由於駐守一○五後方醫院的守軍，照體制，該守軍部隊長王作金應先向團部報告，而後由團部通知彭。在彭發出〔寅(三月)江(三日)申電〕時，彭可能還未知道留守後方醫院發生的事。我們觀察彭三月三日、四日、五日的電報，在三日暴徒圍攻憲兵隊，遭彭派兵驅散，四日憲兵隊被圍攻，五日突圍，至壽山司令部。憲兵隊未能挺住，彭需向警總報告，而留守一○五後方醫院駐軍則能屹立不搖，因此，彭四日五日的電報即可省略不提。

〈二十一師戡亂概要〉於三十六年七月遞呈警總，其所記後方醫院被威脅繳械及圍攻，應源出於當時何軍章團第七連連長王作金給團部的報告。我們不

---

25 《二二八事件資料選輯》(一)，頁191-198。

必懷疑〈戡亂概要〉在撰寫時追敘有誤。〈戡亂概要〉僅敘述該連收復高雄火車站，未提收復高雄第一中學，可能因暴徒已逃跑，不值得提。

行政院出版的《二二八事件研究報告》(上冊，頁102)記高雄三月三日、四日、五日發生的事：

> 三日，……一〇五後方醫院的獨立團第七連第一排國軍遭到攻擊，該營副營長劉家驄帶一連前往救援，始於下午四時解圍。……(原註389)
>
> 五日，……據載，涂光明曾率數百暴徒圍攻要塞及一〇五後勤醫院。(原註402)

由「原註389」，知《研究報告》記三月三日事係根據何聘儒〈蔣軍鎭壓臺灣人民起義紀實〉。據鄧孔昭編《二二八事件資料集》(頁189)，知何聘儒此文原載《文史資料選輯》第十八輯。其撰寫此文已在大陸淪陷何氏投共以後。

何聘儒雖曾任國軍二十一師副官處長，但其記二十一師奉令調臺日期，即與《大溪檔案》迕。其記三月三日下午四點劉副營長解圍，亦與《警總檔案》〈戡亂概要〉所記不合。

《研究報告》記三月五日事原註402說：

> 如陳儀的《臺灣行政長官公署關于二二八暴動事件報告》，陳鳴鐘編，頁616-617；又如警備總部出版的《臺灣二二八暴動事件報告》頁21；……其他尚有多處以訛傳訛的史料，不再列舉。

按：《警總檔案》所收〈臺灣暴動經過情報撮要〉係記三十六年二月二十八日至三月十日所獲情報。其中記：

> 高雄方面：三月五日晚，暴徒萬餘圍攻要塞及一〇五後勤醫院等，經要塞部隊擊退，並俘獲主犯八名，從犯百餘名，繳獲步槍十三桿，重機關槍一挺[26]。

「俘獲主犯八名，從犯百餘名，步槍十三桿，重機關槍一挺」，係三月六

26 《二二八事件資料選輯》(四)，頁460。

日彭收復高雄市政府時事，見彭三月六日給陳儀的電報。〈情報撮要〉所記誤。

臺灣省行政長官公署所編《臺灣省二二八暴動事件報告》收入陳芳明所編《臺灣戰後史資料選》。該《報告》臺灣各縣市暴亂情形簡表，記三月五日，高雄市：

> 奸黨暴徒萬餘人，圍攻要塞司令部及一〇五後方醫院[27]。

該報告大概已發現「俘獲主犯八名，……重機槍一挺」係誤記，故予以刪除，但它仍不知此係高雄市三月六日發生的事。

彭三月五日戌時發出的電報並未提該日要塞司令部遭暴徒圍攻，此可證〈情報撮要〉所記暴徒萬餘圍攻高雄要塞係情報有誤[28]。《研究報告》改爲「暴徒數百」，仍然是不對的。

由於行政院版《研究報告》原註說：許多史料記此係「以訛傳訛」，而《報告》正文說「據載涂光明曾率數百暴徒圍攻要塞及一〇五後勤醫院」，「據載」二字語氣已隱含有不相信的意思，故王作金在〈訪問紀錄〉中遂與《研究報告》配合，而否認有圍攻後方醫院事。

〈王作金先生訪問紀錄〉說：

> 二二八事件時，一〇五後方醫院是由一個連部帶了一個排負責防守。暴民包圍醫院，並駕卡車先後衝了兩次。部隊班哨只好在車子衝鋒時，嚇阻性的向天空開槍警告，沒讓車子衝進來。
> 至於暴徒爲什麼想要接收一〇五後方醫院，因醫院本身有步槍十多枝，而駐守醫院部隊擁有四挺機關槍，五、六枝衝鋒槍、四十多枝步槍及子彈。……醫院的倉庫裡，存有許多物資食物……
> 三月五日上午，暴民推派了四、五個代表先後兩次來找後方醫院蔣院

27 陳芳明，《臺灣戰後史資料選》，頁174。

28 《二二八事件文獻續錄》，頁192：「群眾萬餘人進攻高雄要塞之說，見於警總所編《臺灣省二二八事變記事》，頁18，及憲兵司令部《二二八事件的眞相》，頁61-62。」這種錯誤可能都源出於〈情報撮要〉。又《文獻續錄》(頁480)白崇禧民國三十六年三月二十七日對全國廣播，提及「暴民圍攻高雄要塞」，亦應係根據警總錯誤的〈情報撮要〉。

> 長和我(我是駐軍部隊長)。……這些代表要求醫院交出武器，由民兵看管。並要駐軍部隊將武器全部交出。
> 院長便告訴代表們：「由於附近很多大陸人都逃到裡面來逃避，而且病房的人需要醫療，再加上醫院的護士、醫生(多爲本省人)及軍隊，現在一共有五六百人在醫院內，他們的生命財產和安全，我要負責的，不能交給你們。」……
> 我也告訴他們說：「軍人的武器爲第二生命，軍人的武器絕不能交給別人。」
> 院長說：「……希望你們不要打擾我們，我們也不會爲難你們的。」暴民代表見無機可乘，就自動離開醫院。最後醫院方面並沒有什麼傷亡損失。

王作金在〈訪問紀錄〉中接著說：

> 行政院《二二八研究報告》上提到：「一〇五後方醫院被包圍，一位劉部隊長帶部隊去解圍。」實情並非如此。據劉家騶少校公開說過，五日下午四點多鐘，他帶領一輛滿載武裝部隊巡邏卡車，由鳳山經楠梓方面駛來高雄巡視，並準備以一個班支援醫院駐軍。同時高雄市則有一輛公路客車，駛向臺南方向，經過鐵路天橋後停車，下來十餘名手持武士刀的暴徒，在約距離巡邏卡車一百公尺左右處，大聲喝令停車，並要部隊官兵放下武器。劉部隊長告以：「我們是部隊，不能放下武器給你們，請你們不要前來，則互不干涉。」暴民不聽，繼續步行，向卡車部隊接近，約五十公尺左右，部隊向天空開槍警告，連續兩次，暴民仍揮舞武士刀繼續前進，在距離二十公尺處，部隊開槍，暴民當場死亡七、八人。事後劉部隊長才知道該客車暴民乃是高雄中學的學生代表，正擬前往臺南開會。[29]

王作金說，三月四日暴民未圍攻一〇五後方醫院，劉副營長非去替醫院解圍，完全與〈戡亂概要〉當年根據的王作金給何軍章團部的報告不合。這也是想不影響臺灣本省人與外省人的團結和諧，然後才有此曲筆。

---

29 《高雄二二八相關人物訪問紀錄》(下)，頁250-251。

行政院出版的《研究報告》最初採信何聘儒〈蔣軍鎭壓臺灣起義人民紀實〉。在訪問王作金之後，遂據王作金先生訪問紀錄改寫。《研究報告》定本，頁115，仍說「三日一〇五後方醫院的國軍遭到攻擊」，而將三日劉家騶副營長解圍一事，則予以刪去。《研究報告》定本遂說三月四日五日暴民未圍攻醫院。五日劉家騶少校係率兵到高雄巡視，而非解高雄一〇五後方醫院之圍。

《研究報告》定本作者未利用警總檔案及彭孟緝〈告高雄市民眾書〉，來考證當年暴徒包圍高雄後方醫院，要醫院駐軍繳械、不從、圍攻及解圍的眞實經過。

《研究報告》定本於「五日劉家騶部隊開槍，當場死亡七、八人」之後，即接著說：「是夜駐城軍警全撤至壽山。」此係根據黃仲圖《高雄市二二八事件報告書》[30]。這句話也不正確，因爲三月六日收復火車站的國軍係自高雄市一〇五後方醫院出發。

《研究報告》的結論(定本，頁406)則仍說「群眾圍攻一〇五後方醫院」。很可能〈結論〉係另一人手筆。

5

王作金在〈訪問紀錄〉中說，他攻下高雄火車站，未打死暴徒，這當然不會爲《研究報告》定本的作者所採信。

在訪問王作金之前，行政院出版的《二二八事件研究報告》記國軍攻克高雄火車站的情形是這樣的：

> 依陳錦春的證言，國軍之所以攻打火車站，實因當時有很多游民及學生拿竹竿聚集在高雄火車站，故軍隊由三塊厝圍攻高雄火車站，並掃射躲在地下道的旅客，多人傷亡。服務於市政府的李捷勳，雖未親見國軍掃射，但見地下道佈滿死屍，牆上留下彈孔。[31]

按：國軍之收復火車站，實因高雄火車站爲暴徒所占據，此當據三月四日港務局長林則彬等人聯名向陳儀求救的電報。陳錦春係參加收復市政府之役的班

30 《南京第二歷史檔案館藏臺灣二二八事件檔案史料》下冊，頁490。

31 〈李捷勳先生口述〉，見《二二八事件文獻輯錄》，頁139。

長，他在〈訪問紀錄〉中並未說「國軍掃射火車站地下道，多人傷亡」。

《研究報告》定本(頁119)則將上引行政院版這段話完全刪去，改爲：

> 主攻火車站及第一中學的是二十一師何軍章團第三營，分成兩路(兩班兵力由醫院出發，經六合路、中山路，到火車站，由卡車裝載，另一班徒步，由醫院後經復興路到火車站)。抵達車站，當時高雄第一中學畢業生顏再策率領學生，自長春旅社開槍欲驅散前來的軍隊，由於火力不如，乃冒險衝出，被擊中要害(原註416)。在火車站前的民眾見狀，有的散去，有的躲入地下道中，軍隊掃射了地下道，造成不少傷亡，何團第三營在完成「驅散暴民」的任務後，進入第一中學，救出被「保護」在內的外省人，並追擊由火車站逃避的民眾。

在高雄第一中學仍爲暴徒據守之時，何軍章團不可能進入第一中學，救出「被保護」的外省人，我上文已指出《研究報告》定本此處的錯誤。

《研究報告》定本敘述何團兵分二路，此處係依據〈王作金先生訪問紀錄〉。《研究報告》記顏再策事，則原註416指出：係據民國八十年六月訪阮垂紳於阮宅，訪柯旗化，及〈何聰明先生訪問紀錄〉。

今按：〈阮垂紳先生訪問紀錄〉說：

> 顏再策被打死在高雄火車站，那時學生軍要攻在火車站的憲兵隊，(顏再策)被二樓的機關槍掃射到，一些學生就用板子把他抬到高雄中學，……來不及醫治，便死了。

〈何聰明先生訪問紀錄〉：

> 要進攻火車站的憲兵隊，聽說高年級有槍的學生都去參加。……去時，看到雄中一些學生躲在長春旅社攻火車站，……顏……不幸被擊中。

取與本文第三節所引〈陳錦春先生訪問記錄〉互證，顏之攻火車站，係被火車站二樓何團第七連機關槍掃射到。被訪問的人不知道對方軍隊的番號而誤以爲是憲兵隊，是不足怪的。

《研究報告》未分辨高雄火車站被收復後，高雄中學學生軍想反攻。《研究報告》將顏之死敘述於國軍收復高雄火車站之前，這恐怕是不正確的。

《研究報告》定本說，顏被擊中要害，「在火車站前的民眾，有的散去，有的躲入地下道中」。今按：顏之死係在反攻車站，被車站二樓機槍打死；而火車站的民眾的散去，及躲入地下道，也應在國軍抵達車站現場開始驅散占領火車站的暴民之時。

《研究報告》定本說：「軍隊掃射了地下道，造成不少傷亡。」則仍因襲行政院版所依據的〈李捷勳先生口述〉「地下道佈滿死屍」那一意見。但定本則將所依據史料改說爲：

> 許雪姬於民國八十一年五月，訪郭榮一、訪許丁復的訪問紀錄。

按：〈郭榮一先生訪問紀錄〉：

> 那天，……父親送我們去火車站，買了票後，聽說火車來了，便在車站內等候。……突然間，聽說兵仔打來了，大家都趕緊跑進月台間的地下道躲藏。當時高雄火車站只有兩個月台，地下道內人擠得滿滿的，約有兩三百人。想坐火車的人很多，都是想疏開的。沒多久便聽到上面槍聲大作，有人被打死。聽說是壽山、岡山、鳳山的軍隊都包圍過來了，未跑入地下道的人都被打死了。士兵將地下道兩端堵住，地下道內的人都仆倒在地。父親因曾上壽山要塞去賣文具，遂抬起頭來想要看看是否有相識的兵仔，一抬頭就被打了一槍，……命中動脈，……我抱著全身是血的父親，哀哀哭叫。兩個妹妹也在身邊，繼母雖是護士(按：這一點與王作金訪問紀錄所說合)，卻因爲父親傷及動脈無法止血，遂苦苦哀求士兵讓他出去就醫。士兵說，已請示過上級，仍不准出去。繼母……用布條用力綁住動脈，仍無法止血。究竟在地下道裡過了多久，我已弄不清楚。我似乎是驚嚇久了，抱著父親也昏沈的睡了一陣子。大約是過了一兩天，才能出去。我們立刻送父親去醫院，醫生一看，便說失血過多，已經無救了。……
>
> 聽說在地下道時，還有好幾個人中槍，大概是稍微動一下便會被射殺。也有幾個死了。打中父親的那顆子彈穿過父親鬢邊後又擊中別人，記得旁邊也有人哀叫。而且也有阿兵哥被打死的，是地下道堵住

出口的士兵，不小心兩頭對打，打死了自己人[32]。當時繼母有八個月的身孕，後來生了一個妹妹。……

〈許丁復先生訪問紀錄〉：

到了車站，沒多久就聽到人家說，「軍隊來了」。我一看大家都跑，且外面機關槍聲不斷，所以我也就跟著跑。本來我想躲在售票處邊的柱子，但一見情勢不對，連忙跟著一些人跑進地下道。一進地下道才發現裡面黑壓壓一片，聚集了好幾百人，有旅客，也有聚集在火車站的流氓。

我在裡面待不到五分鐘，便聽到上面有士兵射擊，心想，幸好躲得快，但待在上面的民眾一定很危險。過沒多久，士兵便往地下道持續射擊，其中有一顆子彈從我頭上飛嘯而過，射中了我前面的人，我聽到他哀叫了一聲，應該是中彈受傷。

當時高雄火車站的地下道，可以從前站通到後火車站，除了前站有軍隊，後火車站那邊也有士兵向地下道射擊，兩邊都已被士兵包圍。後來士兵見地下道內無人抵抗，也就不再射擊，但封鎖了地下道的出路。

……

我們一群人被扣留在地下道一天。只好坐在那裡睡覺。等到隔天三月七日下午四點多，士兵從群眾中選了一百多個男人(我也在其中)帶走，其他留在地下道的老幼婦孺則讓他們回家。我們先是帶到憲兵隊，……我堂弟的工作和我一樣，也經常在高雄火車站拉人力車，他比我早躲到地下道。我們一起被帶到派出所拘禁。……[33]

〈許丁復先生訪問紀錄〉所說的「士兵向地下道射擊」，以〈郭崇一先生訪問記錄〉互證，可能是國軍對地下道這些俘虜，要他們仆倒在地，有人亂動，而遭到射擊。地下道擠滿了幾百人，不可能盲目用機關槍掃射。《研究報告》定本說「軍隊掃射了地下道，造成不少傷亡」，是不能用上引郭崇一及許

32 《高雄市二二八相關人物訪問紀錄》上册，頁359-361。

33 《高雄市二二八有關人物訪問紀錄》上册，頁374。

丁復的訪問紀錄來證明的。

許丁復說：「三月七日下午四點多，士兵從群眾中選了一百多個男人帶走，老幼婦孺則讓他們回家。」在高雄火車站的旅客當然有老幼婦孺。郭崇一其時年方十歲，他正是於三月七日下午與其繼母及其妹妹被釋放，而帶其受傷的父親入醫院的。

我們檢閱警總檔案所載二二八事件人犯判罪名冊，這些人犯都是男人，沒有老幼婦孺在內。

〈許丁復先生訪問紀錄〉說，三月七日下午四點多，士兵帶走在地下道俘獲的男人百餘人。這正好說明三月六日彭收復市政府、憲兵隊、火車站的電報說：「俘主犯八名，從犯百餘名。」此「主犯八名，從犯百餘名」是指三月六日在市政府俘獲的人數，不包括七日在火車站俘獲的人數。

6

彭三月六日電呈陳：「俘獲主犯八名，從犯百餘名。」

彭三月七日電呈陳：「高雄變亂戡平，正辦理善後中。」此電提及「高雄黃縣長今午來部，已面囑以政治方法處理」。則三月七日的電報係三月七日午後發出。在三月七日午後，也正是高雄變亂戡平後，清點高雄火車站地下道所俘獲的人數的時間，與〈許丁復先生訪問紀錄〉記他們在地下道過了一夜相合。

彭三月六日的電報報告收復市政府、火車站。陳於三月七日亥時看見電報後，立刻覆電嘉獎。陳電文提到：俘犯可作爲人質，「如再來犯，即先行槍決主犯，再及其他」。幸好暴徒未再來犯，否則彭就可以依據警總電令，槍決這些人犯了。

彭寅(三月)灰(十日)酉時給陳儀的電報：

> (三)高雄市面已恢復三分之二。
> (四)……高雄續繳獲步槍二十六枝。
> (五)高雄俘獲人犯三百名，除要犯現押本部，按軍法審判法辦外，其餘概交高雄地方法院審辦。

彭寅(三月)眞(十一日)給陳儀的電報：

> 高雄平亂，當場由兩營搜逮，約四百餘人。業經寅(三月)佳(九日)交地方法院偵訊。擬將情節較輕者即予保釋。如罪嫌重大者，再行依法辦理。除辦理情形續呈外，謹電核備。

此電警總於三月十五日譯就，十五日呈閱。陳儀批示，「儀、三、十六」。

此電發出時間爲三月十一日，不應遲至十五日始譯出。頗疑因電文言及「交地方法院偵訊」，不合柯遠芬的心意，故壓擱至十五日始呈閱。

彭〔寅(三月)眞(十一日)電〕說：「兩營搜逮約四百餘人。」此「兩營」，其中一營即指彭本部所轄陳國儒守備大隊，另一營則指何軍章團第三營第七連王作金部。王作金部在高雄火車站俘獲人犯三百名，加上陳國儒部六日克復市政府，俘獲「主犯八名，從犯百餘名」，正好四百餘名。在寅(三月)佳(九)日，彭即將要犯押於壽山本部，其餘概交高雄地方法院審辦。

國防部長白崇禧於三月十七日抵臺宣慰，當天即與陳儀晤談，白以「國防部便箋」記錄其擬向陳儀詢問事項，其中一項爲警總各縣市逮捕二二八人犯人數。陳儀於三月二十三日向白氏報告：

> 逮捕人數，……其他各縣市尚未據報。僅據高雄要塞司令部電報，「拘獲暴徒四百餘名，移送高雄地方法院偵辦」。[34]

白四月二日回南京，四月十七日上簽呈蔣：

> 查此次臺灣事變中，高雄要塞司令彭孟緝獨斷應變，制敵機先，俘獲滋事暴徒四百餘人。[35]

陳儀及白崇禧所說，彭俘獲四百餘人，即指彭克復高雄市政府，「俘獲主犯八

---

34 陳報告見《二二八事件資料選輯》六，頁276。頁275爲「國防部便箋」，係記錄白擬詢問陳儀事項。可能係白氏親筆，與陳儀晤談後，由陳儀交警總存檔。《二二八事件文獻補錄》，頁805，陳三井，〈白崇禧與二二八事件〉記白與陳在十七日商談甚久。此便箋之交與陳儀應係三月十七日事。「便箋」不是正式的文書，這表示白對陳的禮貌。便箋所詢，陳三月二十三日以二報告答覆，另一報告見《資料選輯》六，頁706。

35 《大溪檔案》，頁252。

名，從犯百餘名」，克復高雄火車站，俘獲人犯三百名。〈許丁復先生訪問紀錄〉說，在高雄火車站地下道俘獲百餘名，自應以彭〔寅(三月)灰(十日)酉電〕所言爲正。

〈許丁復先生訪問紀錄〉說：「地下道黑壓壓一大片，好幾百人」。而《二二八事件文獻輯錄》(頁139)〈李捷勳先生口述〉：

> 第三天(《文獻輯錄》編者按：「指三月六日、七日左右。」按：李氏〈口述〉下文說「二二八事件，在高雄二天就結束了」。此「二天」指三月六日、三月七日，故知李氏〈口述〉「第三天」，指「三月八日」。)我又照常搭火車到市政府上班，只見當時高雄火車站之人行地下道，盡是屍體，多達數百人。……被當時的要塞司令部下，守在地下道出口處持槍掃射而死，連女人小孩都不能倖免。不過掃射時，我未親眼看到，只見到整個地下道內佈滿死屍，牆壁上，還留有許多彈孔，此爲最淒慘者。

李捷勳所述即與〈許丁復先生訪問紀錄〉不合，與警總檔案「俘獲人犯三百名」不合。李氏係有意揑造此一謊言[36]。而《研究報告》卻根據李氏口述立說。一心只想指摘彭在高雄的暴行，而未據警總檔案及〈許丁復先生訪問紀錄〉詳考。

7

上引三月二十三日，陳儀向白崇禧報告說：

> 高雄要塞司令部電報，拘獲暴徒四百餘名，移送高雄地方法院偵辦。

此係陳儀撮述彭三月十日、十一日的電報內容。是不是陳儀已同意彭的請求，「謹電核備」呢？

在三月十一日警總軍法處處長徐世賢上簽呈給陳儀：

---

36 請參看本章第十節，我還舉了另一例證。

> 本市自本月九日六時戒嚴後，本處受理拘送暴徒反動案件多起。……建議：……各部隊拘送暴民案件，如急促不能備辦公文，務須由當場辦理拘拿人員，偕同押解來處，面述經過事實，以利偵訊。[37]

陳儀於三月十三日以〔三十六總法督字第三○一八號代電〕飭所屬遵照[38]。

國軍二十一師增援部隊於三月九日晚抵基隆，十日抵臺北。十日辰時，陳儀即電令基隆要塞司令史宏熹，「該區肅奸工作，著自十日亥時開始。凡屬主謀及暴徒首領，一律逮捕訊辦，限三日內完成具報」。十二日電令彭，「著即開始肅奸工作，凡參加暴動之主謀及奸僞份子，務必完全肅清，以絕後患」。此所謂「奸」指共產黨員，所謂「僞」指臺灣各縣市成立的處理委員會，擴大組織，篡奪縣市政府職權。以非政府編制內組織，故稱之爲僞[39]。十三日，陳儀更上書蔣主席，建議二二八事件善後辦法，其中即提到：「司法手續緩慢，而臺灣情況特殊，擬請暫時使用軍法，使得嚴懲奸黨份子，以滅亂源。」陳並主張嚴懲自大陸、海南島返臺之臺籍日本兵及臺籍浪人，對皇民奉公會重要幹部，並擬將他們遷離臺灣[40]。

陳儀對二二八善後，採高壓政策，而彭寅(三月)灰(十日)酉電、彭寅(三月)眞(十一日)電，要求將暴動人犯交法院審判，陳儀自然不會同意。

據警總檔案，三月三十一日國防部法規司司長何孝元，遵照國防部長白崇禧的指示，在臺北賓館主持「二二八事件拘捕人犯小組會議」。該會議紀錄記:在三月三十一日這天，「二二八事件人犯在押人數，計警總軍法處五十八名，基隆要塞司令部十二名，臺北戒嚴司令部十一名。高雄要塞司令部共六百二十三名(內有押在高雄要塞司令部者十四名，在高雄地方法院看守所者四百三十一名，在臺南地方法院看守所者一百七十八名)，總數爲七百零四名。」[41]

這些在高雄、臺南地方法院看守所收押的二二八事件人犯，只是借法院看守所收押，不歸地方法院審判，而由高雄要塞司令部審判，故何孝元所主持的

37《二二八事件資料選輯》六，頁200。

38《二二八事件資料選輯》一，頁306。

39「僞」本指皇民奉公會人員。處理委員會委員有人爲皇民奉公會人員，此時又架空長官公署及縣市政府職權，故「僞」字此時涵義擴大，包含處理委員會人員。

40《大溪檔案》，頁171。

41《二二八事件資料選輯》一，頁395。

會議，將它列入高雄要塞司令部在押人犯數內。此可證，彭要求要犯交軍法審判，餘交司法審判，此一建議截至三月三十一日，並未為陳儀所核准。

上引彭寅(三月)眞(十一日)電，「兩營搜逮約四百餘人」。而三月三十一日會議記錄，高雄要塞司令部收押二二八事件人犯十四名，連同押於法院看守所者共六百二十三名。此處多出的二百餘名，應係彭十二日收到陳命令「將奸僞份子肅清，以絕後患」後，所逮捕的人數。彭《回憶錄》說：

> 被檢舉而緝獲的暴亂份子有二百五十人。

考〈臺灣省警備總司令部記事〉(《二二八事件文獻續錄》，頁443):

> 人犯檢舉。……
> 南部區約二百五十人。……其中附從嫌疑尚大多數，多經保釋送訓。……

則彭《回憶錄》所記可信。

彭在高雄俘獲的人犯，與檢舉緝獲的人犯，如經有力者關說，仍可保釋，或送勞動訓練營管訓。其人犯數均非固定、一成不變。在三十六年三月三十一日，二者合計則爲六百二十三名。

8

蔣於三月十日上午在南京中樞紀念週宣布[42]：「(本月七日)臺北處理委員會提出無理要求(要國軍繳械，撤消警總，軍士用臺灣人，及接收長官公署)，並於近日(八日)襲擊政府機關，已超出地方政治範圍，故中央派兵赴臺，維持治安。」並「嚴電留臺軍政人員，靜候中央派員處理，不得採取報復行動」。

十一日，蔣令國防部長白崇禧赴臺宣慰，「代表蔣來臺查明實際情形，權宜處理」[43]。

白奉令後，即派國防部法規司司長何孝元、辦公廳秘書張亮祖於十一日飛

---

42 黨史會印，《先總統蔣公思想言論總集》卷二十二，頁39。
43《大溪檔案》，頁185。

臺北。陳儀在十一日夜晚寫親筆信，託何張二人於十二日中午飛南京。警總參謀長柯遠芬亦有親筆信與白，託何張帶去。白在十二日遂以陳儀及柯遠芬的信呈蔣。

柯在信中說：

> 於本(三)月二十日以前，可以恢復全省秩序。[44]

而陳儀的信則說：

> (二十一師)一四五旅在蘇北，大約本月十七日以後方可到臺。……俟一四五旅到達後，全省動亂當可戡定。關於改組省政府及民選縣市長等問題，原宣佈須請示中央核定，一俟二十一師全體到達，秩序大致恢復，隨即電請大駕蒞臨，宣佈德意。[45]

蔣見陳儀此信，遂命白於十七日飛臺。並於白行前，蔣對臺灣人民廣播，宣佈中央對臺德意。「採納臺灣眞正民意」，將「改行政長官公署爲省政府，盡量容納地方人士參加。民營工業之公營範圍應儘量縮小；此次事變有關之人員，除共黨煽惑暴動者外，一律從寬免究」[46]。

國防部亦於十七日在臺灣大量散發印製好的〈宣字第一號佈告〉，宣佈中央處理這次事件的四個基本原則。其內容與蔣廣播同，僅末一項，「除共黨煽惑暴動者外，一律從寬免究」，則說爲「除煽惑暴動之共產黨外，一律從寬免究」，其語義更清楚[47]。

蔣宣佈的德意，其中提到「民營工業之公營範圍，應儘量縮小」，即與陳儀治臺之著重專賣局及貿易局之營業收入不同。陳於三月二十五日有函向蔣委婉地表示：「本省歲入以營業盈餘收入、及事業收入、及專賣收入爲主要來源，似仍宜維持，以免稅捐負擔之增重，藉以固結民心。」蔣的承辦人簽註：「擬交改組後的省主席參考。」蔣批示：如擬。

---

44 《大溪檔案》，頁149-152。

45 同上，頁153-155。

46 同上，頁181-184。

47 同上，頁188。

蔣宣佈的德意：「除共黨煽惑暴動者外，一律從寬免究。」國防部宣佈的中央德意：「除煽惑暴動之共產黨外，一律從寬免究。」亦與陳三月十二日實施的「奸僞份子，務必肅清，以絕後患」的政策不同。陳於九日宣佈戒嚴，三月十日晚(亥時)開始，逮捕大量奸僞份子。並於十三日有函要求蔣允許暫以軍法審判。

由於白係奉令代表蔣來臺，觀察實際情形、權宜處理的，故白抵臺當天與陳儀晤談，即以「國防部便箋」記錄白擬向陳詢問事項，其第一項即爲「軍法與司法」[48]。

依據當時的戒嚴法，其第九條爲：「接戰地域內，關於刑法上之內亂罪，得由軍事機關，自行審判。」此接戰地域指作戰時攻守的地域。其第十四條爲：「國內遇有非常事變，對於某一地域施行戒嚴時，在該戒嚴地域內，不得侵害司法機關職權。關於刑事案件，應交由司法機關，依法辦理。」[49]

此二條文，應爲彭主張「要犯交軍法審判，餘犯交司法審判」的法律根據。

而陳儀則認爲「臺灣固非接戰地域，不能援用軍法」，「但司法手續緩慢，不足以懲巨兇，奸黨因得肆無忌憚」[50]，「仍宜對暴案內人犯，暫由軍法審判，以資鎭懾」[51]。

蔣與國防部宣佈中央德意時，可能認爲在十七日臺灣亂事已接近平定，故國防部宣佈「除煽惑暴動之共產黨外，一律從寬免究」。白抵達臺北，始知「全臺秩序大致恢復，尚有少數奸黨與武裝暴徒合流」，「現約二千人左右，散往各處」，「刻正追剿」[52]。白「期於切合實際需要」，同意陳的意見。陳遂正式上簽呈，白氏經一再權衡，「准如所請」[53]。

三月十七日，白崇禧以「便箋」記錄，要陳儀「查報二二八事件逮捕人犯、審訊經過、判決及執行情形」。陳儀於三月二十三日向白氏報告：

48 此「便箋」見《二二八事件資料選輯》(六)，頁275。請參看本文上一節對此「便箋」所作的附註。

49 此二條文，見《大溪檔案》，頁352。

50 三十六年三月十三日陳儀上蔣函，《大溪檔案》，頁167。

51《大溪檔案》，頁352，白崇禧引陳儀的意見。

52《大溪檔案》，頁193，194，白氏呈蔣〈寅(三月)篠(十七日)申電、酉電〉。

53《大溪檔案》，頁352，白崇禧民國三十七年二月十五日上蔣簽呈。

> 現尚在押人犯，因偵查尚未完竣，擬請依戒嚴法第九條所定，暫歸軍法審判。頃始簽奉核准，故現尚無判決及執行案件。

陳儀之上簽呈應在三月十八日，而白氏之准許依戒嚴法第九條，暫歸軍法審判，亦應在是日[54]。陳儀言：「現尚無判決及執行案件。」則係扯謊，我另有考。

白氏「便箋」詢問「警總軍法官人數，及軍事法庭之組織，與有無復審機會」，陳儀亦於三月二十三日向白氏報告：

> 在本省轄境內及所屬機關部隊審判之軍法案件，與本部直轄審理案件，經奉前軍事委員會法審(卅四)渝字第三七九二號軍亥(十二月)巧(十八日)法御代電，及(卅五)政法行字第二二二六號丑(二月)馬(二十一日)代電，授權本部，依軍法案件代核辦法第四條規定範圍辦理。……如有合於陸海空軍審判法規定復審案件，均依規定復審。

《大溪檔案》(頁352)有民國三十七年二月二十五日白崇禧簽呈：

> 職奉命赴臺宣慰時，該省警備總部請對暴亂案內人犯暫由軍法審判，以資鎮懾。經職一再權衡，期於切合實際需要，准如所請。將暴亂案內人犯，依戒嚴法第九條規定，自行審理。並令依法製判，檢卷呈核，以昭鄭重。

此所謂「並令依法製判，檢卷呈核」，即取消警總軍法終審權。此亦當在白氏明瞭警總代核的法律根據後，才會有此命令。

白崇禧三十六年三月二十八日，以〈寅(三月)儉(二十八日)法一代電〉命令陳：

---

54 白氏十七日下午六時半對臺灣全省廣播說：「除共黨份子煽惑暴動，圖謀不軌者，決予懲辦外，其餘一律從寬免究。」白氏十九日上午九時即出巡，其批准陳簽呈應即在十八日，但正式公文抵達警總，則可能在十九日或二十日。二十日下午三時白氏對臺北市長官公署及各機關人員訓詞說：「此次事件主動之共黨及暴徒決從嚴懲辦。」白氏之准陳儀從戒嚴法第九條審判，至遲應在三月二十日下午三時以前。

(一)希將此次事變貴部及所屬各機關部隊所逮捕之暴動人犯，不論當場或事後，其人數、姓名、身份、案情，及其處理經過暨辦法，造冊具報。……

(三)已經處決之人犯，亦希詳列經過，造冊，剋日辦理具報。……[55]

在四月一日白在臺北招待記者，發表書面談話：

三月十七日抵臺後，……決定以下數項辦法，交臺省軍政主管機關執行。……

一、逮捕人犯須依合法手續。……

三、遇有特殊重大案件，須呈國防部核准施行。……

五、處決人犯，應宣佈罪狀，當眾執行。[56]

則所謂「並令依法製判，檢卷呈(國防部)核(准)」，此「令」疑即指〔寅(三月)儉(二十八日)法一代電〕。檢民國三十三年軍事委員會軍法執行總監部編《增訂現行軍法類編》，民國三十年八月所訂《各省高級軍事機關代核軍法案件暫行辦法》第一條：「前項案件，經中央最高軍事機關認爲有直接審核之必要時，得隨時飭令送核。」即爲白氏此一命令的法律根據。

在白崇禧有此命令後，陳儀即不可秘密處決人，亦不可下令「准權宜槍決」。而陳儀、柯遠芬欲「肅清奸僞份子，以絕後患」，亦不可能爲了要殺眞的奸黨份子一人，而錯殺九十九人了。

「寧可枉殺九十九人，只要殺一個眞的就可以」，這是柯遠芬的話。民國八十二年，臺灣省文獻委員會編纂李宣峰訪問柯遠芬，柯遠芬已自承不諱[57]。

9

彭要求主犯從軍法審判，餘犯交司法審判。白崇禧來臺宣慰，徇陳之請求，准暫以軍法審判。彭孟緝知悉此事後，將如何處理「餘犯交司法審判」這

55《二二八事件資料選輯》(一)，頁308-309。

56 同上，頁388。

57《臺灣二二八事件文獻續錄》，頁132。

一問題呢？

彭孟緝對高雄火車站所俘獲人犯，在收押前，雖將老弱婦孺剔除，但與老弱婦孺同行之直系親屬，以情理言，亦決非暴民，在剔除老弱婦孺時，不知是否對此曾有考慮。對老弱婦孺，一眼就可判定。對是否是同行老人的兒子、妻子的丈夫、小孩的父親，在剔除俘虜時，被俘者恐不易提出合法證明文件。

當時在火車站的旅客亦應有單身出門的。而在市府等候暴徒上山談判消息者，有許多係關懷桑梓，並不一定同情暴徒涂光明等人的主張。在臺北市省級二二八事件處理委員會，該會常務委員黃朝琴、連震東即不會同意該會實際領導人王添灯的主張，即其顯明的例證。故在高雄市府被打死的即有忠貞的國民黨員黃賜、王石定、許秋粽等三人在內。彭孟緝收復市政府時所俘獲「主犯八名，從犯百餘名」，由於高雄要塞司令部的編制沒有軍法處；在三月六日高雄第一中學尚未收復，在該日亦不可能匆促設立軍事法庭，偵訊辨認孰爲主犯從犯。在三月六日彭電報中所說「俘獲主犯八名，從犯百餘名」，此主犯自包含涂光明、范滄榕、曾豐明三人在內。其餘主犯，彭應係從這一天被挾持上山談判的黃仲圖市長、彭清靠議長；被毆打成傷逃到壽山司令部的警察局長，及突圍至壽山的憲兵隊隊長等人處得知；而其餘被俘虜的，尤其是七日在高雄火車站地下道俘獲的，究竟係暴民，抑係良善的老百姓，則不易確定，因此彭〈寅(三月)灰(十日)酉電〉即主張要犯交軍法審判，餘交司法審判。

國防部雖准陳儀暫依軍法審判，但高雄的情況不同，彭不能將不是暴民也移交軍法審判。而且蔣及國防部的德意，對二二八事件人犯僅嚴厲懲辦共黨分子，而對臺灣人民則寬大爲懷；因此，彭也就於三月二十四日主持高雄善後會議，與會者有市長、參議會議長、副議長、國民黨黨務指導員(陳桐)、市府主任秘書(謝劍)等人，會中討論嫌犯的處理，擬成立「高雄市二二八事變嫌疑人犯調查委員會」，而該會組織綱要需交南部綏靖區司令彭孟緝核准，再報請警總核備[58]。

國防部法規司司長何孝元遵從白崇禧的指示，於三月三十一日在臺北賓館主持「處理二二八事件拘捕人犯小組會議」，是日出席者有警總軍法處長徐世賢，第二處處長林秀欒，國軍二十一師師長劉雨卿，憲兵第四團團長張慕陶及國防部秘書朱瑞元。彭遂在會中提：「本部已頒行高雄市二二八事件嫌疑人犯

58 彭三月二十四日主持高雄善後會議事，見《二二八事件研究報告》定本，頁229。定本所記似源出民國三十六年三月二十六日《中華日報》，故今採用。

調查委員會組織綱要，請核備案。」(附「綱要」)當經決議「通過，准照該綱要辦理，審查已經逮捕之人犯。並由高雄要塞司令部聘請當地法院推事或檢察官，與該部軍法官組織會審。高雄市情形特殊，其他各地可不必援用」[59]。

白崇禧在四月一日的記者會中，亦宣布：准許高雄市組織該委員會，由當地軍政民意機關會同司法機關審慎處理。其情節輕微者，即准保釋；情節重大者仍須由軍事機關會同司法人員組織會審，並報告警總覆核，以昭鄭重[60]。

委員會既報備成立，遂開始運作。〈陳桐先生訪問紀錄〉說：

> 由(高雄)軍方提供逮捕人犯名冊，由地方公正人士，如陳啓川、林迦等十餘人負責審查是否眞正是暴徒，或者(在綏靖時)冤枉被抓。……如係善良民眾，則大家簽名蓋章，否則亦請從寬發落，司令部則根據我們的決議放人。這樣……釋放的老百姓就有幾百個。[61]

〈彭孟緝先生訪問紀錄〉說：

> 我那時不曉得哪個是好人，哪個是壞人。所以我才找陳啓川。……他很公平，他指的壞人非常少。我說：最壞的打三×，普通壞的打兩個×，有一點壞的打一個×。好的打三個○，普通好的打一個○。[62]

在四月三十日，警總第二處以代電知會警總軍法處。該代電說：

> 「各綏靖區已逮捕人犯爲數至鉅，以高雄一帶而言，在押而未經審判者，即達四百餘人，臺中亦將二百人。……其平日對地方作惡者，民多切齒，正期望繩之以法，而竟以政府首長個人之利害關係而釋放。……對各綏靖區已逮捕重要人犯之釋放，擬請專案辦理，以收無枉無縱之實效。」……奉(陳儀)批：「抄交軍法處參考。」……[63]

---

59 《二二八事件資料選輯》一，頁396-397。

60 同上，頁388。

61 《高雄市二二八相關人物訪問記錄》下冊，頁226。《二二八事件研究報告》(定本，頁230)將「幾百人」誤爲「九百人」。几爲幾字的簡寫，與「九」形近。謄正時，遂有此錯誤。

62 《高雄市二二八相關人物訪問紀錄》上冊，頁128。

63 《二二八事件資料選輯》五，頁582-583。

警總第二處主管情報，並未指明被釋放的重要人犯的姓名，陳儀即無法專案處理，而且彭係尊重「嫌疑人犯調查委員會」的職權，而且依該委員會組織綱要，人已放了，也不可下令再抓。而且四月二十四日蔣已明令魏道明出任臺灣省政府主席，陳儀即將離職，因此，陳儀也就只好批示「抄交軍法處參考」了。

在三月三十一日歸高雄要塞司令部審判的在押人犯，包括寄押於高雄、臺南地方法院看守所者，共計六百二十三名。很可能「高雄市嫌疑人犯調查委員會」的成立，發揮了它的功能，因此，在四月三十日的警總第二處代電中就只說剩四百餘人稽押未審判了。民國三十六年五月九日《國聲報》載有南部綏靖軍事法庭所發布第一批釋放人犯五十一人名單[64]。此一釋放名單恐係遵從警總軍法處電令而報備，故至五月九日才見報。其釋放人數的全部名單惜已無法查考。

四月十七日，白崇禧奉蔣面諭，臺灣省警備總司令著以彭升充。白請蔣從速明令發表[65]。四月三十日決改臺灣警備總司令爲臺灣全省警備司令，但歸臺省主席之指揮[66]。五月五日蔣任命彭爲臺灣全省警備司令。

五月十日彭孟緝就臺灣全省警備司令職，五月十六日魏道明就臺灣省主席職。五月十六日魏道明有電呈蔣：

> 頃已囑彭司令，自今晨起，解除戒嚴，結束清鄉。……[67]

彭五月二十四日亦有電呈蔣：

> 銑(十六)日解除戒嚴。……所有前總部及本部奉准歸由軍法審判案件，已全部清結。其未能結案而案情較輕者，自銑日解除戒嚴後，即移送法院繼續偵辦。[68]

在此時，彭才眞正實現他的「餘犯交司法審判」的主張了。

---

64 見《高雄市二二八相關人物訪問紀錄》，頁447，該報是日書影。
65 《大溪檔案》，頁251。
66 同上，頁235。
67 同上，頁338。
68 同上，頁339。

10

據《警總檔案》〈前臺灣省警備總司令部及本部委任代核二二八事變案件人犯名冊〉[69]，原判機關爲高雄要塞司令部，原判死刑，經陳儀警總核准者，計鄭太山、顏益、黃媽典、涂光明、范滄榕、曾豐明六人。

涂光明、范滄榕、曾豐明三人係「糾正核准」。所謂「糾正核准」，如鄭太山，高雄要塞司令部原判罪名爲「結合大幫，強劫，處死刑」，陳儀警總審核結果爲「糾正罪名爲『連續率眾強劫而執持槍械罪』，准判死刑」[70]。涂、范、曾三人的罪名，高雄要塞司令部原判爲：「共同首謀暴動，意圖顚覆政府，而著手實行，處死刑，褫奪公權終身。」而陳儀警總審核結果則爲：「糾正核准」[71]。其罪名如何糾正，則該〈名冊〉未載。

顏益，高雄要塞司令部原判罪名爲：「以暴動方法意圖顚覆政府，處無期徒刑。……結合大幫，強劫軍用財物，處死刑。」審核結果爲：「准先行槍決，再行補報，飭令搜集證據具報。」[72]准先行槍決，然後再搜集證據補報，這也應該是四月一日白崇禧宣布重大案件須交由國防部覆判之前發生的事。

高雄要塞司令部原判死刑，經陳儀警總核准者計六名，文冊遺漏林界及陳顯光二名未舉(詳後)。

文冊所舉六名，其中黃媽典，55歲，臺南縣參議員。高雄要塞司令部原判罪名爲「首謀暴動，意圖顚覆政府，處死刑，褫奪公權終身。未受允准，持有軍用槍刀子彈，處有期徒刑一年。合併執行死刑，褫奪公權終身。」審核結果爲：「照准。」這也應係陳儀警總所照准者。

據〈邱奕松先生口述〉，黃媽典爲台南縣東石區署警察所所長岳秉卿所抓[73]。黃媽典的兒子〈黃清江先生口述〉則說，黃媽典爲朴子警察分局局長岳炳卿下令扣押[74]。檢《警總檔案》卅六年四月二十一日〈臺南縣及所屬各機關逮

69《二二八事件資料選輯》六，頁435-483。
70 同上，頁440。
71 同上，頁468。
72 同上，頁449。
73《二二八事件文獻輯錄》，頁148。
74 同上，頁420。

捕奸暴叛亂案犯報告表〉[75]，黃媽典以「危害民國」，爲「東石區警察所逮捕，訊明後，已移送臺南指揮部」，則黃媽典爲東石區警察所所長逮捕，並不是三月六日在高雄市政府俘獲，則其人自非高雄事件主犯[76]。

高雄事件主犯，由警總檔案看來，其有姓名可考者僅涂、范、曾及林界、陳顯光五人。由於上引名冊遺漏林界、陳顯光未舉，而現存警總檔案並不全，我們可以說：主犯八名，尚有三人姓名待考。但由於涂、范、曾係在壽山高雄要塞司令部扣押，並非在市府被俘，則計算高雄市政府所俘獲亦可能將涂、范、曾三人重複計數，而誤報爲主犯八名。這種計算錯誤，我下文討論〈楊亮功調查報告〉時，即舉有一計算錯誤的例子。

高雄要塞司令部原判死刑[77]，經彭警備司令部以「事實未明，撤銷原判，移送法院」者，計林立、謝炳南、陳高飛、林炎爐、杜全順、薛敏雄、魏登龍、鄧紹意、洪宗顯、汪添發、蔡定建、黃西川、郭江瑞、林天壽、林添強，共十五名。此十五名，僅林添強係以盜匪罪原判死刑，其餘十四人則以內亂罪，原判死刑。

高雄要塞司令部原判徒刑，經移送彭警備司令部審核，大部分以「事實未明，本省已解除戒嚴，移法院辦理」；少數改從輕判的，未註明「移送法院」，當以其已完成軍法審判程序，故未移送法院，二者合計二百三十餘名。

有十三案件，計被告簡檉堉等二十九名[78]，雖經陳儀警總審結，但尚未完成軍法審判程序。五月十六日解除戒嚴後，彭孟緝仍送請國防部覆判。有十六人原處死刑，改處有期徒刑；有十三人原處徒刑者，亦從輕改判。

此十三案件人犯，其中有簡檉堉、黃火定係臺北市參議員，林宗賢係國民

75 《二二八事件資料選輯》六，頁347。

76 同上書(五)，頁349〈臺南縣政府拘捕人犯名冊〉言：「黃媽典於三月二十日被逮捕。並記黃氏爲皇民奉公會首腦，爲朴子鎭二二八處理委員會主任委員，糾集流氓及海外歸來莠民，劫奪警察武器，倡議臺灣獨立。」黃氏死於四月二十三日。

77 《警總檔案》〈前臺灣省警備總司令部及本部委任代核二二八事變案件人犯名冊〉稱原判機關爲「高雄要塞司令部」，然查該名冊所載莊茂林、陳芳洲等二十九名，《二二八事件文獻補錄》載有其判決書，均稱「臺灣南部綏靖區司令部軍法處判處」。此因彭任高雄要塞司令，其後兼任臺灣南部防衛司令、臺灣南部綏靖區司令。這些機構恐即設在高雄要塞內，而且係由高雄要塞司令部聘請司法人員會審，故警總檔案稱原判機關爲高雄要塞司令部。

78 《大溪檔案》，頁354-356有此二十九人名單。

參政員。雖參加「處理委員會，於該會所爲種種罪行，均參與實施」，然「均無軍人身份，似僅合於戒嚴法第十四條之規定」，故參謀總長陳誠於三十六年六月十六日上簽呈蔣主席，而參軍長薛岳亦簽註意見，均認爲應解送臺灣高等法院訊辦，以符法定程序[79]。而爲蔣所依從[80]。

國防部長白崇禧遂與政務局、司法行政部官員集會商討，於三十七年二月二十五日上簽呈蔣主席，請免移送法院辦理。他在簽呈中敘述他當年爲了實際需要，而准許警總依戒嚴法第九條，對「暴亂案內人犯暫由軍法審判，以資鎭懾，并令依法製判，檢卷呈(國防部覆)核，以昭鄭重」；國防部及陳儀警總對事變戒嚴時所發生之暴動案件，均已依戒嚴法規定，分別處理。上舉簡檉堉等案，「如移送司法審理，則已執行之各案，必將發生重大糾紛，影響政府威信。而且覆判簡檉堉等案，亦正係應魏主席的迅予結案的請求」。參軍長薛岳遂簽註：「擬姑准如白崇禧意見辦理。」蔣批示：「電魏主席，問其意見如何，再定。」三十七年三月十九日薛岳簽呈言：「魏主席一再函電，請求白部長仍維持軍法審判辦法，迅予結案。」蔣遂允照白崇禧的簽呈辦理[81]。

此二十九名人犯，有二十名(自吳博至林上全)列名在《警總檔案》〈前臺灣省警備總司令部及本部委任代核二二八事變案件人犯名冊〉的末尾[82]，其「原判機關」欄爲「陸軍整編第二十一師」，其「審核結果」欄即註明奉國防部核定改判，與《大溪檔案》所載相同。則這一末尾應係三十七年三月十九日以後添註。

《警總檔案》〈直接受理二二八事變案件已決名冊〉，則於林宗賢、黃火定、簡檉堉等九人名下註明「奉令改判」，而「結辦情形」欄，記該九人判刑結果則與國防部覆判所定相同。而林宗賢名列該〈已決名冊〉第一名，則該〈名冊〉應係三十七年三月十九日以後所編製[83]。

11

五月十六日彭下令解除戒嚴。「凡在戒嚴期內，業經審判終結各案，概依

79《大溪檔案》，頁342。

80 同上，頁353。

81 同上，頁358。

82《二二八事件資料選輯》六，頁480-483。

83 同上，頁427-433。

軍法程序辦理。其餘未決及呈(國防部)核發回覆審案件，一律由原審機關移送管隸法院辦理。」彭在高雄要塞司令任內，處決高雄事件主犯(涂、范、曾、林、陳等五名)，均經陳儀警總核准。「由於高雄要塞司令部受理南部綏靖區各案，因當時辦理人員類係臨時由司法人員商調會辦，約計一百九十案之數，雖已於戒嚴期內審結，但因整理文件，裝訂卷宗，人手缺乏，辦理需時，(於解嚴後)始送省審核」[84]，此一百九十案即包含上所舉「原判死刑，送省審核，將原判決撤銷，改送法院」者在內。

陳儀在五月一日有代電令彭，對「已捕人犯，希從速訊判，並限五月底以前清理完畢」。由於彭五月五日已受命出任臺灣省警備司令，因此這些在戒嚴期內高雄要塞司令部已審結各案，他也就留給他自己上任後清理了。

《警總檔案》所收〈前臺灣省警備總司令部及本部代核二二八事變案件人犯名冊〉，其中陳芳洲、柯水發、莊金壽、賴來旺、莊茂林五人，《二二八文獻補錄》載有臺灣南部綏靖區司令部判決書[85]，均係五月十六日解除戒嚴後判決；陳芳洲、柯水發係五月二十八日判決。由於陳儀限彭於五月底以前訊判清理完畢，故彭對這些解除戒嚴後始判決的案件，與戒嚴期內已審結的案件，均留待五月底後彙齊送核，將其移送法院。

今存《警總檔案》〈前臺灣省警備總司令部及本部代核二二八事變案件人犯名冊〉的編製應在三十六年六月。

高雄要塞司令部有原判死罪十五名，撤銷原判、移送法院者。檢〈臺灣高等法院台南分院辦理二二八內亂案件一覽表〉[86]，則汪添發、蔡定建俱改判二年，緩刑四年，於三十六年十二月三十一日保釋。林炎爐則註「管轄錯誤」，三十七年二月二十八日送監執行，未言其係定何罪。黃西川則以不起訴處分，於三十六年十二月五日釋放，見〈黃西川先生訪問紀錄〉[87]。

在《警總檔案》〈前臺灣省警備總司令部及本部代核二二八事變案件人犯

84 《二二八事件資料選輯》一，頁283。

85 《二二八事件文獻補錄》頁322-441收有莊茂林、陳芳洲等二十九人判決書。此二十九人均列名〈前臺灣省警備總部及本部代核二二八事變案件人犯名冊〉。《二二八事件資料選輯》(六)排印該名冊，頁463「蔡天反」應據判決書改爲「蔡天取」；頁467「廖心如」，應據判決書改爲廖心水。《二二八事件資料選輯》(五)(頁647)〈臺南市警察局二二八事件逮捕人犯處理情形一覽表〉正作廖心水。此二十九份判決書，黃子忠案判決於四月十六日。

86 《二二八事件文獻續錄》，頁212-217。

87 《高雄市二二八相關人物訪問紀錄》下冊，頁386。

名冊〉內，陳崑崙、陳水龜二人，高雄要塞司令部原判罪名爲「首謀以暴動方法，顚覆政府，處有期徒刑七年六個月，褫奪公權五年」。在〈臺灣高等法院台南分院辦理二二八內亂案件一覽表〉中，陳崑崙改判一年，緩刑三年，陳水龜則判決無罪，分別於三十六年十二月卅一日保外釋放。該院刑事法庭判決陳崑崙陳水龜的正本的影本，收入《二二八事件資料選輯》第一冊，頁451-453。該刑事庭審判長爲推事孫德耕，三十七年二月孫德耕任代理臺灣高等法院台南分院院長。在任臺南高等法院推事之前，他任高雄地方法院院長。孫德耕在三月三日高雄暴動時，曾逃入壽山司令部，見彭《回憶錄》。高雄要塞司令部並無軍法處，則彭在高雄要塞司令部組織軍事法庭，審判涂光明等人，當由孫德耕主持其事。三月十一日彭致電陳儀，「要犯歸軍法審判，餘交司法審判」，很可能係採納孫德耕的建議。

《警總檔案》〈本省二二八事變案犯處理經過〉說：

> 本省高等法院檢察官及所屬檢察機關偵辦內亂案犯共計二百九十三名。截至現時(三十六年十月八日)止，計已起訴三十名，不起訴者二百五十七名，尚未偵查終結者六名。[88]

這二百九十三名的原判機關不僅包含高雄要塞司令部，也包含國軍二十一師等機構。陳崑崙及陳水龜即被檢察官起訴，於三十六年十二月三十一日判決無罪及緩刑。

臺灣司法界的名人洪壽南說，對高雄要塞司令部移送臺灣高等法院審判案件，他們「多從輕判，或諭知無罪」[89]。洪所說應與史實相符。

在陳儀任臺灣警備總司令時，二二八事件人犯從軍法審判；在彭任警備司令時，改從司法審判。許雪姬訪問彭孟緝，彭說：「在警備司令任內，只對共產黨不客氣，對本省人很好。」[90]我想：很多人一定不相信彭這句話。今謹爲之疏通證明於此。

章浩清撰〈彭孟緝雙手沾滿血腥〉說：

88 《二二八事件資料選輯》六，頁488。

89 《二二八事件史料彙編》第四冊引《新聞週刊》1991年3月4-10日。洪在民國三十七年二月任臺灣高等法院推事。

90 《高雄市二二八相關人物訪問紀錄》上冊，頁130。

> 彭孟緝以鐵腕鎮制民變的方式，雖是不得已的做法，可是他不該以寧可錯殺不可錯放的心態，大肆屠戮平民，將屍體用運兵車投到大海中。[91]

「寧可錯殺，不可錯放」，這是柯遠芬的意見。章浩清張冠李戴，冤枉彭孟緝了。

民國七十七年三月《觀察周刊》十二期有杜玄蓀所撰〈彭孟緝，二二八唯一受益人〉一文，該文提到：

> 帶隊的軍官，攻入了(高雄)一中。……衝鋒槍和卡賓槍齊發，……伏屍遍地。……
> 逐屋搜索，每十個人綁成一串。……我因爲躲在辦公室的桌下，沒被搜到。……天色已暮，才踏著屍體和血漬，逃回家中。……
> 聽說，在一中的操場被殺死的有兩三百人。被拘捕回去的一千多人中，不少被殺死後，就用麻布口袋裝了丟到高雄外海中。[92]

民國八十年臺灣省文獻委員會訪問國軍二十一師參謀長江崇林先生。江崇林說：

> 高雄市外省籍同胞多人被拘禁於第一中學内。全市成暴民天下。從那裏去買麻袋？有誰敢拿麻袋去賣給要塞？要塞官兵幸蒙地方開明人士陳啓清大義助米，始克渡過斷炊難關，還有餘力拋擲數百人到愛河或海港裡嗎？有何根據？歡迎公諸社會。否則切忌以訛傳訛。[93]

按：據守第一中學的學生軍已於六日晚上乘黑夜逃跑，怎麼會有機槍卡賓槍掃射，伏屍遍地這種情事？杜玄蓀不知何許人，竟說他那天躲在高雄一中，親眼看見！

---

91 章文刊載於民國七十七年四月十八日《雪聲》二一二期。見中央研究院近代史研究所編《二二八事件史料彙編》第二册，頁157。

92 《二二八事件史料彙編》第一册，頁267。

93 《二二八事件文獻輯錄》，頁614。

由於彭孟緝在三月五日已考慮到「分別良莠」，故他在俘虜四百餘人以後，即主張主犯依軍法審判，餘犯歸司法審判。他怎麼會屠戮平民，濫殺俘虜，將他們用麻袋投之海中？這種有意捏造傳播的說法[94]，我們可以根據可信的史料而予以駁斥了。

12

由《警總檔案》所收彭的電報，及〈二十一師對台灣事變勘亂概要〉，我們可以知道三月六日、七日高雄事件軍方的傷亡人數，及俘獲的人數。現在討論，暴徒及善良老百姓在三月六日、七日不幸的戰役中傷亡的人數。

陳錦春於收復高雄市政府後，從事守護市政府。〈陳錦春先生訪問紀錄〉說：

> 對屍體的處置，我們埋我們的，他們埋他們的。

軍方的傷亡，自然由軍方於戰役結束後自行料理。對死者須掩埋及呈請撫卹，對傷者則需立刻送醫。對俘獲的人犯亦需清點人數，以便收押。

戰役於七日收復高雄第一中學後結束，對暴民及不幸老百姓的傷亡，則由高雄市政府負責處理。

三十六年三月，高雄市長黃仲圖向閩臺監察使楊亮功提出的〈高雄市二二八事件報告書〉說[95]：

> 八日起，市內即趨安定，展開善後工作。……事變中公教人員死傷數，暴徒死傷數，民眾死傷數。……
> 有案可據者，計傷公教人員卅一人，死八人。暴徒除拘獲正法者外，死亡七人。民眾傷五十四人，死八十六人(包括無知盲從之民眾在

94 本文第六節我曾指出：〈李捷勳先生口述〉「只見高雄地下道盡是屍體，多達數百人」，係不實謊言。而李氏〈口述〉又言：「彭孟緝所部士兵在市區內見到年輕人就抓，然後以鐵線加以綑綁，若有反抗或不滿分子，也不管其三七二十一，就將其丟入海裡。」此亦係謊言。口述歷史，這種資料要仔細審核後，才可採用。

95《南京第二歷史檔案館藏台灣二二八事件檔案史料》下卷，頁491。

內)，其餘不詳身份者，死二十四人，合計死一百二十五人，傷八十五人。

閩臺監察使楊亮功〈調查報告〉說：

據市府報告，計死傷公務員三十九人，民眾死傷一四七人。[96]

按市府報告，民眾及身分不詳者合計死傷164人，加暴徒7人，應爲164+7=171人。楊亮功以171－身分不詳者24人=147人，楊亮功即遺漏身分不詳者二十四人未數。

〈市府報告〉所謂「公務員」、「公教人員」，應指高雄市處理委員會委員、職員及高雄市區長。高雄市參議員可能均出任處委會委員。這些委員不一定都同意暴徒所爲，他們只是爲了愛護桑梓，需出任爲委員。

當彭派兵下山平亂，在市府的暴徒不遵從喊話，下樓離去，反從上向下以機槍掃射，致死傷彭「本部官兵十五名」。官兵乃還擊，投以手榴彈，衝進市政府，那些在市府等候聽取處委會上山與彭談話結果的參議員、區長與處委會職員、老百姓，來不及安全走避的，就玉石俱焚，不幸死亡了。像〈陳桐先生訪問紀錄〉所舉的王石定、黃賜、許秋粽，陳桐即認爲係忠貞的國民黨員。〈陳桐先生訪問紀錄〉說，在市府僅死傷幾人，這自然是不正確的。

市府〈報告〉說：「有案可稽者。」這應該是指市政府清點死屍，有家屬具領者。其無家屬具領者，就應屬身分不詳的人了。

13

史明爲臺共黨員，其後爲臺獨分子。現在看他對高雄三月六日發生的事件如何敘述。

史明《臺灣人四百年史》說：

高雄市長黃仲圖、市參議會議長彭清靠，及涂光明、曾鳳鳴、林介等代表五人，前往高雄要塞司令部，要……彭孟緝自動解除武裝。

96 《大溪檔案》，頁291。

> 彭……兇性立發，當場開槍打死涂光明、曾鳳鳴、林介三人。並扣留彭清靠，只放黃仲圖一人下山。黃還未回到處理委員會，……要塞司令部已派兵三百餘人殺下山來，攻進市內，在市政府先擊斃王平水等台灣民眾代表之後，不分青紅皂白的見人就開槍濫射，因此，他們走過的馬路上，到處都屍橫遍野。起義軍也英勇起來反擊，與敵軍展開巷戰，戰鬥續到深夜，雙方傷亡慘重，但是，學生隊因孤軍奮鬥，補給短絀，以致節節敗退，終在前金分駐所遭圍攻，全體壯烈犧牲。只這一天，傷亡的台灣人竟達數千人。彭孟緝又派鳳山駐軍殺進高雄市，一直大屠殺至初八日。[97]

按：何軍章團團部設在鳳山。何軍章團第三營第七連王作金連係自高雄一〇五後方醫院出發，收復高雄市火車站，非自鳳山出發。

在七日高雄變亂已戡平，說大屠殺至八日，與史實不符。

據守高雄一中的學生軍，於六日晚上乘夜逃跑，說他們全體壯烈犧牲，也與史實不符。

說「起義軍展開巷戰，戰鬥至深夜，雙方死亡慘重」，而眞實史實則應如彭三月六日電報所言：「暴徒毫無嚴密組織，一經接觸，即行崩潰。」「(彭)本部傷亡官兵十五名」，何軍章部「傷亡官兵八名」。

說三月六日這一天傷亡的臺灣人竟達數千人，這也與高雄市政府的報告不合。高雄市政府所計算係有案可稽的，雖不可能百分之百的準確，但也不至於數目相差太遠[98]。

當時與涂光明一同上山要彭繳械的，史明提到：有黃仲圖、彭清靠、涂光明、曾鳳鳴及林介五人。史明誤將曾豐明寫成曾鳳鳴，而且遺漏范滄榕未舉。

---

97 史明這段話的來源出於莊嘉農《憤怒的臺灣》，莊書係1949年香港智源書局出版。見中央研究院近代史研究所所編《二二八事件史料彙編》第二冊(頁407-408)。僅莊書未提林介，而史明則據其他資料增入。莊嘉農係臺共黨員。共產黨員記二二八史事多不可據。但以其攻擊國民黨政府，故爲臺獨分子所採信。

98 民國三十六年四月十二日臺灣旅滬六團體的調查報告說：「高雄軍隊對集合千餘民眾，用機槍掃射，全部死亡。」(民國七十七年三月十二日《自立早報》轉載)中央研究院近代史研究所編《二二八事件史料彙編》第二冊，頁439。該書第三冊，頁302複印有《民進週刊》第106期。該週刊說：「彭孟緝以鎮暴軍開進高雄市內，並將海防砲台的大砲轉向轟擊高雄市區，造成高雄地區民眾死傷一萬餘人的慘劇。」這些都是經不起考證的不可信的記載。

據許雪姬所編《高雄市二二八相關人物訪問紀錄》，曾豐明的死亡日期爲三月九日，有戶籍謄本照片爲證[99]。她列涂光明、范滄榕的死亡日期爲三月七日，則不知有何確據。

由於涂、范、曾三人的槍決，均經陳儀核准，而上引《警總檔案》〈前臺灣省警備總司令部及本部代核二二八事變案件人犯名冊〉所列三人罪名爲「共同首謀」，則均係主犯，應不分首從，一起槍決；不可能涂及范在七日槍決，曾在九日槍決。

高雄變亂在七日上午戡平。如果當天由高雄地方法院孫德耕主持軍法審判，當天由彭電呈陳儀警總，請核准權宜槍決。由現存警總檔案看來，彭電呈陳，警總常於次日譯出呈閱。這由於陳爲臺灣省行政長官公署長官，位高權重，與政府機構要人多有電報來往，而警總譯電組編制人員有限，乃有此現象。而陳給彭的電報，由於係急電，而且又係彭的頂頭上司，故陳的電報，高雄要塞司令部須立刻譯出呈彭閱覽。此由陳三月四日辰時的電報言及政治解決，而彭三月四日未時的電報即言及擬「政治解決」可證。故彭七日請槍決涂范曾三人的電報，警總於八日譯就呈閱，陳當天覆電核准，在九日彭即可將涂、范、曾三人同時槍決。其排名次序，因涂「持槍竟圖行刺」，也應以涂居首，而警總核准此三人槍決，在〈前臺灣省警備總司令部及本部代核二二八事變案件人犯名冊〉中，此三人名字即相連，也正以涂居首。

史明說：彭當場拔槍槍決涂，這是與史實不符的。涂、范、曾三人的槍斃，高雄要塞司令部出有布告。我們應訪求當時的報紙看如何記載。

《大溪檔案》頁179：

> 保密局於三十六年三月十五日，以三月十二日台灣謝愛吼〈高雄平亂經過情形〉電，向蔣報告：
> 九日晨，由高雄要塞司令彭孟緝派部隊協同憲警痛加剿擊，先後收復高雄全境……並將捕獲之暴動首領涂光明、范滄榕、曾豐明等予以槍決，高雄市秩序始行恢復。

很可能由於涂、范、曾的槍決在三月九日見諸報紙，因此保密局的情報人員謝愛吼就誤將彭的平亂也記爲三月九日事了。

---

99 見《高雄市二二八相關人物訪問紀錄》上，頁50。

據《警總檔案》，彭於三月十日電請將林界、陳顯光槍決，警總於寅(三月)鹽(十四日)午覆電：「准予權宜槍決除害。」彭孟緝遵於馬日(二十一日)執行。彭在執行後請警總核備的電文中說：「林界聚集流氓、非法組織保安隊，劫奪焚殺，擾亂治安，提出不法條件，脅迫繳械。」又「共產暴徒陳顯光，鼓勵學生，參加暴動，率眾圍攻火車站。」陳顯光率眾圍攻火車站，應係三月三日事，可參看三月四日港務局長林則彬、海關稅務司張申福、鐵路局處長華澤鈞、高雄火車站站長周慈森四人聯名向陳儀求救的電報；而「林界提出不法條件，脅迫繳械」，則可能係指三月四日逼同市長，至憲兵隊，威脅繳槍，經許隊長拒絕，四日晚圍攻該隊，竟夜不逞事(見上引彭寅(三月)微(五日)戌時的電報)。

〈二二八事變之平亂〉及彭《回憶錄》均說，上山要求彭繳械的暴徒是涂、范、曾三人。而彭《回憶錄》僞造的三月七日請准將涂、范、曾三人從權就地正法的電文，也只提這三人，而未提林界。要彭繳械，這種驚濤巨浪與彭生命有關的事，應該給彭的印象很深刻。八十二年四月賴澤涵、許雪姬訪問彭孟緝，許雪姬說上山的有林界，而彭則說他未見到林界[100]。我想：林界應不在上山「無異要求彭繳械」的三人內。

〈郭萬枝先生訪問紀錄〉說：

> 由於軍憲警都避到要塞，市內已無警力，因此，處理委員會就決定要各區組織治安隊，由區長負責治安。苓雅區區長就是因爲其區内的鋁工廠内有士兵駐守，士兵以爲守衛工廠不會和外界發生什麼關係，就沒上要塞躲避。後來士兵被打死了三、四人，卻找不到兇手，也找不到士兵的屍體，最後認定是治安隊隊員行兇，強要區長負責，區長林界就這樣被抓到要塞。當時林界和我們關在一起，大約關了一個月後就在半山腰被處決了。……工業學校的陳顯光老師，他也被捕到要塞，說他領導學生作亂，所以也被槍殺。

郭萬枝說，他是於「三月六日在市府開會時被抓」，那他應該是彭三月六日電報中所說的「俘獲從犯百餘名」其中之一人。

郭未說林界上山勸降，而說「林界與他關在一起」，則林界可能是彭三月

100《高雄市二二八相關人物訪問紀錄》上冊，頁108。

六日的電報所說「俘獲正犯八名」其中之一人。林是在市府被俘獲的，與林界同時被槍決的陳顯光，也可能係在市政府被俘獲，他係率領學生軍，占領市政府的一人，因而爲八名主犯其中之一人。由於涂、范、曾三人的槍決在九日，而十日彭即請求准許權宜槍決林界及陳顯光，因此，我作此推斷。

郭萬枝說，林界涉及治安隊，與彭電報提及「保安隊」相合。彭電報提及「脅迫繳械」，也與彭五日電報「威脅憲兵隊繳槍」合。我們不能見「提出不法條件，脅迫繳械」，就以爲這是指的三月六日處理委員會暴徒上山要彭繳械的事。

三月六日彭的電報說：「暴徒要挾黃市長等，竟向職提出接收鳳山倉庫及軍械，無異要求繳械，同時持槍竟圖行刺。」此所謂「無異要求繳械」是要求彭將武器交給處委會保管。就文理來說，不能說是脅迫繳械。等到談判破裂，涂「持槍竟圖行刺」，則根本想置彭於死，使國軍群龍無首，喪失作用。

因此，我認爲：解釋林界的罪狀，「提出不法條件，脅迫繳械」，還是依據三月五日彭的電報，釋爲脅迫憲兵隊繳械爲妥。

三月六日上山「無異要求彭繳械」的暴徒，應係涂、范、曾三人，連同被脅迫上山的市長黃仲圖、市參議會議長彭清靠共五人，而臺灣電力公司高雄辦事處主任李佛續則因事隨同上山。

《二二八事件研究報告》(定本，頁117)說：三月六日上山要求彭繳械的連林界，再加上李佛續爲七人。《研究報告》的作者可能未留意彭三月五日的電報其中言及威脅憲兵隊繳槍，而即作此一判斷。

由於涂、范、曾三人的罪名爲「共同首謀」，如果林界在六日上午與涂、范、曾三人一同上山，則也將定罪爲「共同首謀」，將於九日與涂、范、曾三人一同處決，不可能留到三月十日始與陳顯光二人一同被彭去電請求警總准許權宜槍決的。

對林界涉及保安隊事，彭電報與〈郭萬枝先生訪問紀錄〉所記不同。林的主要罪狀可能仍是脅迫憲兵隊長繳械。林界死於三月二十一日，郭萬枝記爲大約關了一個月後，則係記憶有誤。

與林界一同槍決的陳顯光，彭電報稱他爲共產黨員[101]。高雄暴亂時的學

101 陳顯光事蹟不詳，朱麗珮〈抗戰時期海南島陣前起義臺籍義士事蹟初步調查報告〉(臺灣省文獻委員會編，《抗戰與臺灣光復史料輯要》，頁48引)說：「將起義來歸之臺籍義士編爲臺灣義勇隊，以陳顯光爲隊長。」此陳顯光亦應係臺

生軍，以高雄第一中學爲其總部。三月七日收復高雄第一中學，獲得學生軍許多文件，其中罵大資本家爲「無產階級的吸血鬼」、「驅逐比日狗還殘酷野蠻的山豬」、「建設我們自己的民主臺灣」[102]，顯然與其時中共在延安的廣播，鼓動國軍統治地區向蔣要求民主，要「臺人治臺」、「湘人治湘」相合。

二二八事件的爆發自然應歸咎於陳儀治臺的政策錯誤，但我們也不可忽略國共內戰時，共黨的策略在臺灣二二八事件爆發前、爆發時及爆發後的影響。由於有二二八後有臺獨，如今中共面臨此一問題，也許會對它當年所作所爲後悔吧！

史明說：黃仲圖下山，在彭出兵之前，這與彭三月六日的電報不合。史明說，彭只放市長黃仲圖下山，而彭清靠的兒子彭明敏則說[103]，彭孟緝的兵將彭清靠綑綁，翌日爲彭孟緝所見，將他釋放下山。

八十二年四月，賴澤涵、許雪姬訪問彭孟緝，許雪姬曾以此事問彭，彭否認有此事，說：「彭清靠是議長，我綑他做什麼。」今考三月六日彭的電報說：「暴徒要挾黃市長等，竟向職提出接收鳳山倉庫。」由「等」字看來，受要挾的，很明顯的包含同黃上山的議長彭清靠。則在三月六日，彭清靠不會受綑綁。而且同行上山的有李佛續。〈李佛續先生訪問紀錄〉說：

> 中飯後，士兵們便打下山，……下午四五點左右，彭司令……告訴我們，他已派兵維持地方秩序，……市長、議長及警察局長童葆昭三人可以下去治安了。

則議長是隨同黃市長下山的[104]，彭明敏爲什麼會揑造他父親被綑綁一晚，我想這或許與他主張臺獨有關吧！

《二二八事件研究報告》說：

> 七日，……所有行動都結束後，彭孟緝才將市長、議長、李佛續放

（續）

籍日本兵，與彭電報所言的陳顯光可能是一個人，待考。

102《臺灣二二八事件檔案史料》，頁502-507。

103 彭明敏先生〈口述記錄〉見《二二八事件文獻補錄》，頁154。彭明敏“A Taste of Freedom”，出版於1972年。

104《大溪檔案》頁291，〈閩臺監察使楊亮功調查報告〉亦說：「脅持市長及市參議會議長。」

回。(定本，頁120)

〈李佛續先生訪問紀錄〉認爲是六日下午被放回，可能有誤。(定本，頁182)

《研究報告》的根據是彭《回憶錄》僞造的三月七日電：

虞(七日)午收復第一中學，並釋回僞和平代表之黄市長、議長等返任安民。

而警總檔案所收眞的彭三月六日電報說：

高雄市府能控制市區，由黄市長負責。憲警經職整頓補充，亦已開始回原隊執行任務。工商首長亦已歸還處理業務。

眞的三月六日電報說，黃市長六日下山，《回憶錄》的僞電說：七日釋回黃市長等返任安民，與眞電報牴觸，此亦可以證明《回憶錄》該電爲僞。

〈陳浴沂先生訪問紀錄〉：

我被關進市府二樓的市長室。

沒多久，市長、議長和談判代表們被帶下山。也都關在市府二樓。市長議長是軟禁。……[105]

〈孫太雲先生訪問紀錄〉：

彭清靠……上山原本是當貴賓去談判，卻被關了一夜。雖然沒有被綁，也是覺得丟臉。[106]

此所謂在市府市長議長遭軟禁，彭清靠上山關了一夜，均與彭三月六日的眞電報牴觸，不可信。

黃仲圖〈高雄市二二八事件報告書〉說：

105《高雄市二二八相關人物訪問紀錄》上冊，頁197。

106 同上，下冊，頁203。

> 此次策動本市事變之主要人犯，如涂光明、曾豐明、林界等，經予正法。[107]

史明《臺灣人四百年史》敘述上山談判的人，無范滄榕，而有林介，可能即源出於黃仲圖此處所述。上引《大溪檔案》說，三月九日槍決涂、范、曾三人。此三人一同槍決，與《警總檔案》合。林界死於三月二十一日。史明未見《警總檔案》《大溪檔案》。他或他所根據的書的作者，可能因讀黃仲圖報告，而有此誤解。

14

史明《臺灣人四百年史》係野史，而王作金、李捷勳、彭明敏、陳浴沂、孫太雲諸人訪問紀錄述所經歷，或傳聞失眞，或有意歪曲史實，幸賴有警總檔案及當時陳儀、彭孟緝來往電報以資判斷。《回憶錄》述自己所經歷，與口述歷史性質相近，而彭孟緝爲當年高雄事件重要當事人，其《回憶錄》更應據警總檔案審核。

《二二八事件研究報告》(定本，頁229)採信《回憶錄》「限電到即撤兵回營」僞電，該電即與彭三月五日眞電報中陳的批示「斷然處置」牴觸。

《定本》採信《回憶錄》〈將在外君命有所不受〉僞電，言黃市長七日下山，即與彭三月六日眞電報牴觸。

《定本》頁229言：

> 七日，敉平高雄後，彭氏再度向陳氏解釋用兵的原因，且請允許槍決涂光明等三名「暴徒」首領。此電發出後，警總立刻覆電，稱彭氏「處置得宜，實堪嘉慰」並允許槍決主犯。

按，定本言：「彭氏再度向陳氏解釋用兵的原因。」係指《回憶錄》所載三月七日彭所發「將在外君命有所不受」僞電。而「處置得宜，實堪嘉慰」，則據警總檔案，爲三月七日亥時陳得見彭三月六日收復高雄市政府、火車站的電報後，立刻發出的眞的嘉獎電。該電文說：

107《南京第二歷史檔案館藏臺灣二二八事件檔案史料》下冊，頁491。

魚電悉。貴官處置適宜，殊堪嘉慰。

由「魚電悉」，故知該電是陳儀對彭六日的電報的覆電。《研究報告》定本稱爲對彭七日僞電的覆電，是錯誤的。

彭三月六日的告捷電僅說：「俘獲正犯八名，從犯百餘名。」並未提主犯姓名。陳儀嘉獎電則指示：「俘犯可爲人質。如再來犯，即先行槍決主犯，再及其他。」陳視俘犯爲人質，僅在暴徒再來犯時，始允許先行槍決主犯。陳並未允許彭立刻槍決主犯，而且此電也未提主犯姓名。

《回憶錄》僞造的三月七日彭「將在外君命有所不受」的電報則說：

暴徒首領涂光明、曾豐明、范滄榕等三人，請准從權就地正法。

僞造的三月八日陳嘉獎電也說：

涂光明、范滄榕、曾豐明三暴徒，准就地正法示眾。

僞的嘉獎電與眞的嘉獎電內容不同。僞電所說是與上引《警總檔案》涂范曾三人之執行槍決係經警總「糾正核准」相牴觸的。

凡僞造的電文總難免有破綻，與當時眞實的史實牴觸。我們如據檔案仔細排比當時眞實史實，即可以辨別其孰眞孰僞。

《研究報告》定本提到：「處置得宜，實堪嘉慰。」是定本寫作時已自警總檔案得見陳三月七日嘉獎彭的電報，則該電報上一頁載有彭三月六日的眞電報亦不容不見。但《研究報告》定本對此一眞電報始終未言及。

賴澤涵、許雪姬八十二年四月訪問彭孟緝。〈彭孟緝先生訪問紀錄〉收入《高雄市二二八有關人物訪問紀錄》，該書出版於八十四年。該〈訪問紀錄〉印本則據警總檔案附有這兩個眞電報的照片。但許氏按語說：

三月六日，彭再電陳儀。七日陳儀來電嘉許其功。

許氏認爲《回憶錄》所載彭三月六日收復高雄市政府的電報係第一電，而警總檔案所載係第二電。許氏如以七日陳嘉獎眞電報校《回憶錄》三月八日陳嘉獎僞電，即可發現《回憶錄》所載嘉獎電係僞電。

許氏對《回憶錄》僞電的發現，可以說是失之交臂。

15

由於彭三月五日的電報的發現，我們還可以討論〈二二八事變之平亂〉及彭《回憶錄》所記三月五日、六日在高雄發生的事。

〈二二八事變之平亂〉說：

> 三月四、五日的情況。
> 暴徒以日軍遺留之噴火車多輛，逼近壽山，喊話投降，揚言若不繳械投降，即用火攻。我高雄要塞司令亦即以日語播音，飭暴徒放下武器，否則砲毀整個高雄市以求嚇阻。一面以七五砲八門集中轟擊市體育場示威，暴徒始驚慌撤去噴火車，並再喊話願「停戰談判」。[108]

按：彭三月四日的電報說：「職決以政治方法處理，會同市政府、市參議會，安定秩序，處理善後辦法中。」五日戌時的電報說：「今日與黃市長設法晤商，共謀以政治方法解決此事。」在三月四日五日，怎麼可能有砲轟體育場之事？《回憶錄》的寫作，我已證明在〈二二八事變之平亂〉後。《回憶錄》省略此事不記，也應係以〈平亂〉此處所記不實，故予以刪去。

《二二八事件研究報告》定本(頁117)採信〈平亂〉此處所記，即失之不考。

〈二二八事變之平亂〉記：

> 五日，暴徒脅迫市長黃仲圖及議長彭清靠、電力公司總經理李佛續等赴要塞，作無理之要脅。
> 六日，暴徒首領涂光明、范滄榕、曾豐明等挾持高雄市長黃仲圖、議長彭清靠、電力公司李佛續三人至要塞，提出和平談判十一條。

彭《回憶錄》說：

108《二二八事件資料選輯》一，頁125。

> 三月五日午後二時，暴徒涂光明、范滄榕等，以涂光明爲首領，脅迫高雄市長黃仲圖、議長彭清靠、副議長林建論、電力公司經理李佛續等，同來壽山司令部找我商談和平辦法，他們要求我無條件撤去守兵。地方治安和社會秩序，由所謂學生軍來負責維持。一派胡言，態度狂妄。
>
> 我明知和他們商談，不會獲致任何結果，但因爲我正在暗中加緊準備，決定在七日拂曉開始全面行動。爲了保守機密，乃故意虛與敷衍遷延，表示可以考慮他們提出的要求，要他們回去再徵求大家的意見，進一步商討具體可行的妥善辦法，相約於次日再來司令部共同商談。
>
> 三月六日上午九時，以涂光明爲首的所謂和平代表團，分乘兩部轎車，插大白旗，駛入我司令部。……
>
> ……涂等首先提出他們業已擬好的和平條款九條，要我接受。

今按：彭三月五日戌時給陳的電報說：

> 職現擬固守壽山，……等市區要點，及各重要倉庫。因良莠分別，撲滅困難，擬懇速謀有效解決方法。今日與黃市長設法晤商，共謀政治解決事。祈電示遵。

在五日下午二時怎麼會有涂光明脅持黃市長彭議長上山商談之事？

在五日戌時尚著重政治解決、祈電示遵，怎麼會有原定七日拂曉出兵的事？

而且據〈李佛續先生訪問紀錄〉，他在六日上山一次。黃市長的〈高雄市二二八事件報告書〉說：

> 五日，市參議會乃自動依照臺北組織處理委員會，由議長分別兼任正副主任委員，本府已根本不能執行職務。……
>
> 六日上午九時仲圖方擬赴司令部請示制壓辦法，突被暴徒數十人手持槍刀及手榴彈擁入本府，……持械迫市長與參議會議長居先率赴司令部。

黃氏也只說六日上山，未說五日與議長上山。

〈二二八事變之平亂〉寫作在前，《回憶錄》寫作在後。《回憶錄》僅改正和平談判十一條爲九條。而涂、范、曾、黃仲圖、彭清靠上山兩次，則仍因襲〈二二八事件之平亂〉的錯誤。

陪同上山談判和平的官方人員，〈平亂〉未言有副議長林建論，而《回憶錄》則有。據〈彭孟緝先生訪問紀錄〉，彭爲了寫作《回憶錄》，對上山是否有林建論，曾與彭的幕僚有爭論，至許雪姬訪問彭孟緝時，彭始承認，上山的官方人員未有林建論在內。

〈二二八事變之平亂〉與彭《回憶錄》均強調將在外君命有所不受，遂隱諱彭三月四日、五日、七日主張政治解決的電報不提。爲了要渲染他的獨斷專行，及將在外君命有所不受，在《回憶錄》中遂臆造七日出兵的計畫。這是與檔案所收彭三月五日的電報不合，是不可相信的。

《二二八事件研究報告》定本，頁117，對彭《回憶錄》此處所記亦完全採信，此亦由於《研究報告》作者未見彭三月五日的電報，才會如此。

16

彭《回憶錄》，據本書第一篇所考，實寫作於民國六十九年。

民國七十七年一月，李登輝繼任總統。民國七十六年，民進黨黨員已有文章討論二二八了。本文第十一節所引章浩清〈彭孟緝雙手沾滿血腥〉、杜玄蓀〈彭孟緝，二二八唯一受益人〉，則刊布於民國七十七年。

七十九年六月十九日，李登輝命邱創煥資政對二二八事件作初步探討，遂採邱的建議，於十一月二十九日成立「行政院二二八事件專案小組」。

據《新新聞週刊》八十年二月十三日至三月三日所記，臺北市金華街彭官邸的牆壁被人灑上豬血，並以油漆噴寫「殺害臺灣人民」六個大字[109]。

民國八十年五月四日，臺灣省文獻委員會編纂李宣峰在臺北訪問彭。彭提供一短文[110]，說：

> 本人奉派高雄要塞司令兼南部防衛司令，職責所在，理當確保地方治

---

109 見中央研究院近代史研究所所編《二二八事件史料彙編》第四冊。

110《二二八事件文獻輯錄》頁430-432。

安，阻遏暴動擴大，故必須及時救平動亂，俾免滋蔓難圖。……

當自檢討，軍人奉令行事，且處置允當，弭禍及時，未使事態擴大，迭奉層峰嘉獎在案。至於是非功過，留待史評，吾不介意。……略述梗概，以供參考。

在這時，政治環境已對彭不利，因此，彭此一短文即強調他「任臺灣南部防衛司令」、「軍人奉令行事」，與《回憶錄》之強調「專行獨斷」、「將在外君命有所不受」，大大不同了。

他這篇短文說：

涂光明持槍，……另有二人(范、曾)胸前各掛二顆手榴彈。

按：彭三月六日的眞電報僅說：「暴徒持槍竟圖行刺。」並未說暴徒帶有手榴彈。彭幕僚所撰〈二二八事變之平亂〉及彭《回憶錄》也未說暴徒帶有手榴彈。當時隨同市長上山的李佛續，在〈訪問紀錄〉中也說：涂帶槍行刺被捕後，士兵搜上山代表的身，「結果，留在室內的其他人，無人帶武器」[111]。

說范曾二人各帶二顆手榴彈，我不知手榴彈如何能隱藏於西服上身、隨身帶入談判會場，而不爲人發現。而且手榴彈係中距離攻擊武器，不宜在會場近距離使用。以情理判斷，范曾二人上山應未各帶有二顆手榴彈。

如果各帶有二顆手榴彈，當涂拔槍意圖行刺被捕時，范曾二人爲什麼不投手榴彈，讓大家同歸於盡？卻反安坐會場，靜待彭的士兵搜身逮捕？

因此，我認爲，彭之造爲此說，係爲了應付當時的政治環境。在高雄事件平定後，高雄民間斥彭爲屠夫。對涂持槍處死，而范曾二人僅與涂同行上山亦處死，可能表示不滿，彭爲了增強其槍決二人的正當性，遂造爲此說。彭即忽略：當年高雄要塞司令部軍事法庭處涂范曾三人死刑，係因他們三人「共同首謀暴動，意圖顚覆政府，而著手實行」。只要范曾二人與涂一同上山，即係共同首謀；不需范曾二人帶有手榴彈，才算「共同首謀」的。

彭短文提到：在高雄火車站「地下道救出外省籍男女老幼數百人」，並於第一中學「救出外省籍人士數百人」。在三十六年三月六日，外省人男女老幼數百人，正求安全藏身之不暇，怎敢往高雄火車站乘車出外旅行？在三月六

111《高雄市二二八相關人物訪問紀錄》上冊，頁31。

日，彭在火車站地下道係俘獲本省籍男女老幼旅客數百人，可參看本文第三節所考。彭此一短文，可能因人數相同，而致記憶混淆。這應屬年久記憶失眞。

八十年十二月二十八日賴澤涵在臺北訪問彭。賴所撰〈彭孟緝將軍訪問錄〉印入八十一年二月行政院出版的《二二八事件研究報告》附錄二〈重要口述歷史〉。彭在〈訪問錄〉中仍認爲：他「對南部處置沒有錯，否則死的會更多，此即爲蔣及白崇禧對彼欣賞之因」。「白且在某紀念週上，推崇彭爲模範軍人」。

〈訪問錄〉說：「涂光明等三人攜手槍於衣之內部，被發現而後被槍決。」〈訪問錄〉似認爲范曾二人亦帶有手槍，與彭上一短文二人各帶二顆手榴彈之說不同。

八十二年四月八日賴澤涵、許雪姬訪問彭。〈彭孟緝先生訪問紀錄〉收入許雪姬所編《高雄市二二八相關人物訪問紀錄》上冊。由於民進黨人稱陳儀、柯遠芬、彭孟緝、史宏熹等四人爲二二八事件元兇，因此，彭在這一〈訪問紀錄〉中，又改口說，「他下山平亂，係應市長黃仲圖的請求」[112]。

他以黃仲圖三十六年三月向閩臺監察使楊亮功提交的〈高雄市二二八事件報告書〉爲證。黃的報告書說：

> 六日上午九時，仲圖方擬赴司令部請示鎮壓方法，突被暴徒數十人手持槍刀及手榴彈擁入本府，辱罵市長。暴徒首領涂光明等並提出非法條件，向國軍作越軌要求，持械迫市長與參議會議長，居先率赴司令部。仲圖處此窘境，原已置生命於度外，惟念及事態至此，非請國軍維持秩序殆不可收拾，乃暫從權變，于登壽山後，即乘機商請彭司令迅佈戒嚴令，派兵下山鎮壓，並請將該暴徒首領拘留法辦。幸賴彭司令之果斷處置，計劃周詳，諸將士之深體時艱，忠貞出(用)命，于當日下午二時下令攻擊，一小時內即控制市區及火車站。

以彭三月六日眞電報校之，彭是在下午二時收復高雄市政府、憲兵隊及火車站，然後「即日宣佈緊急戒嚴」的。彭如果下山兵敗，即不可能下戒嚴令；在下山之前，也不可打草驚蛇，先宣佈戒嚴令，而使敵人有所準備。故黃敘

112〈彭孟緝先生訪問紀錄〉，《高雄市二二八相關人物訪問紀錄》上冊，頁113，118。

「請彭迅佈戒嚴令」於「派兵下山鎮壓」之前，與事理不合，也與史實不合。倒是彭克復市區後，命黃及工商首長下山，黃與彭言及應迅佈戒嚴令，這倒是可能的。

〈陳桐先生訪問紀錄〉說：

> 司令部的衛兵發現涂光明正要從其西裝中做探囊取物的動作，立即後面抱住涂光明，……及時阻止了這項流血活動。彭孟緝司令在一陣慌亂中，告訴黃仲圖：「現今這個情形，要怎麼辦？」市長就回答：「現在所有的人都在市政府開會，你們下去看吧！」於是彭下令軍隊下山，並交待部下最好不要開槍。因此，三月六日，軍隊就沿著大公路開到市政府。

陳桐是高雄市黨務指導員。在涂、范、曾三人伏法之後，曾與黃市長二人具名發布〈告高雄市民眾書〉[113]，則他在〈訪問紀錄〉中敘述三月六日談判破裂後的情形，可能是黃告訴他的。

市府被暴徒武裝占領，市長無法行使職權，在涂、范、曾三人被拘留之後，黃爲市府計，也應請彭將此三人法辦，並請彭出兵收復市府。

我們不可因黃請彭下山鎮壓，而認爲：彭在此時始有出兵的動機。

陳桐說：衛兵抱住涂光明之後，彭曾一陣慌亂。今按彭於三月五日戌時電陳，「因良莠分別，撲滅困難，擬懇速謀有效解決。今日與黃市長設法晤商，共謀政治方法解決此事。祈電示遵」。在六日尚未得陳覆電指示，即遭逢涂上山，要求「接收鳳山倉庫及軍械，無異要求繳械，並持槍竟圖行刺」。彭在副官劉安德抱住涂光明之後，曾一度慌亂，這也是近乎情理的。

由彭〔寅微戌電〕看來，彭對用兵，及政治解決，均無把握，故向陳請示對策。而在六日，則因涂提出要接收鳳山倉庫及彭繳械這種無理要求，並持槍竟圖行刺。雙方既撕破了臉，也就迫使彭不等候陳覆電，即專斷獨行，出兵平亂了。

既欲用兵平亂，則在拘押涂范曾三人之後，也會探問黃上山之前的情形。而且據情理判斷，也只有在涂范曾三人被拘押之後，黃也才有時機向彭報告：「三月六日上午，涂率領暴徒數十人，手持槍刀及手榴彈，擁入市府，辱罵市

113《高雄市二二八相關人物訪問紀錄》下冊，頁227，有該告民眾書書影。

長，並持械脅迫市長、參議會議長，赴高雄要塞司令部，提出非法條件。」

黃當然在這時也得告訴彭，他們上山之後，市參議員、處理委員會委員、區長及暴徒，正聚集市府開會，等候涂光明上山談判的結果。彭要收復市府，就得面臨「良莠分別」的問題，也只能如黃市長所說「下山去看」，故彭在命令部隊出發前，命部隊至市府「陣前喊話」，或「對天鳴槍」。

黃市長在當時可能只知「暴徒數十人持槍刀」占據市府。而暴徒在市府樓上陽台或屋頂架設重機槍，則可能由於涂是學生軍的總指揮，在涂上山之後，由陳顯光所架設。陳國儒部可能不知有此，因此，陣前喊話，要市府樓上的人趕緊下來離開，即被暴徒出其不意，以重機槍從上向下掃射，而致國軍傷亡十五名。這就爆發了無法分辨良莠的戰役，如本文第二節所考。

彭三月六日的電報說：「暴徒毫無嚴密組織，一經接觸，即行崩潰。」此即言暴徒雖有臺籍日本兵在內，訓練精良，但有兵無官，仍係烏合之眾，故不堪一擊。

當時暴徒雖搶劫軍警武器，有重機槍，但子彈畢竟有限。〈二二八事變之平亂〉曾指出：事變之迅速敉平，由於日軍投降後，「所繳武器，均係分解而異地庫存」，亦即槍砲被支解與子彈不在一處，「故雖有爲暴徒所搶劫者，而不能使用」。遂認爲：「此一深謀遠慮之預防，頗足借鏡。」[114]其實，這是日本帝國主義防備臺籍日本兵在中國國軍登陸臺灣時的陣前起義，在二二八事件發生後有此一意外的效果。臺籍日本兵有在海南島陣前起義的，請參看朱麗珮〈抗戰時期海南島陣前起義臺灣義士事蹟初步調查報告〉[115]。

彭爲高雄要塞司令兼臺灣南部防衛司令。即令係應黃市長的請求，但出兵仍得彭下令，仍得彭「專斷獨行」、「制敵機先」。八十二年四月，彭竟將他的出兵，推說是接受黃的請求，這應該是其時外界政治環境對他不利，他才會如此。

既將出兵的責任推給黃，於是在〈訪問紀錄〉中，又將「范曾二人各掛有二顆手榴彈」，說成是黃的檢舉了。

在〈訪問紀錄〉中，彭否認林界之死與他有關；說他不過問司法，不曉得有二二八事件嫌疑人犯調查委員會的組織；在三月三十一日何孝元主持的會議中，他未發言，這些均與警總檔案不合。在高雄事件中卓著功勳被蔣授以青天

114《二二八事件資料選輯》一，頁139。

115 此報告收入臺灣省文獻委員會編《抗戰與臺灣光復史料輯要》，頁36-55。

白日勳章的國軍英雄，爲了應付政治環境，對於接受訪問時，竟任意改變往日所說，支吾應對。他晚景淒涼，可憐亦可悲。

對〈陳錦春先生訪問紀錄〉所記，高雄市政府地下室有人被炸成碎片，隔天見愛河水上有氣泡，遂以機槍掃射，彭認爲：陳錦春所言不足信，因爲當天要塞的部隊都回山上來了，市政府根本沒有人留守。彭氏此言亦與當時的情勢不合。因爲三月六日收復高雄市政府，而高雄第一中學其時仍爲暴徒所占據。市政府怎可不留兵防護？

本文第十三節引〈陳浴沂先生訪問紀錄〉說，黃市長與市參議會議長彭清靠在三月六日被彭軟禁於市府。很可能三月六日高雄第一中學尚未收復，爲了黃市長及彭清靠的安全，二人在市府住宿，有兵保護，因而有軟禁此一誤傳。

警總檔案收彭〔寅(三月)眞(十一日)戌電〕：

> (二)高雄方面已漸恢復。……
>
> (三)臺南業於眞(十一日)晚八時收復。……
>
> (五)此次兵力運用，完全積極取勝。以後確保各地，及綏靖工作，非實際兵力不可。擬請增派一個加強團，歸我指揮。……

「此次兵力運用，完全積極取勝」，這是彭對高雄事件他的用兵的成功，自己所下的考語。彭在收復高雄市政府之前，並不知暴徒不堪一擊。彭兵力單薄，而暴徒人眾。彭只能出其不意，速戰速決，以「積極取勝」。

17

本書第一篇〈彭孟緝與高雄事件眞相〉曾採信彭幕僚所撰〈二二八事件之平亂〉，說：白崇禧於三月二十日至高雄，聽取彭孟緝平亂經過簡報後，召集全省上校以上軍官在左營訓話。白氏並在訓話中讚美彭的獨斷專行，將在外君命有所不受。

今考：中央研究院近代史研究所陳三井教授所撰〈白崇禧與二二八事件〉曾詳列白氏三月十七日抵臺宣慰至四月二日飛南京覆命每天活動的日程及內容：

> 白氏於三月二十一日上午九時，自松山機場乘建國號專機赴屏東宣

> 慰。……高雄市市長黃仲圖、要塞司令彭孟緝到機場歡迎。……
> 下午，一時四十分抵高雄，由彭孟緝等陪同巡視要塞及軍港設備。
> 四時三十分，在左營海軍第三基地開座談會，各機關首長均出席參加。
> 二十二日上午八時在左營召集海軍全體官兵講話。
> 上午十一時，抵臺南。……[116]

陳氏所敘白崇禧行程及其活動內容，必有根據。而〈二二八事變之平亂〉記白氏抵高雄在二十日，應係錯誤。而且白氏在左營係召集海軍全體官兵訓話，亦非召集全省上校以上官員訓話。

彭《回憶錄》的寫作在〈二二八事變之平亂〉之後，因此，《回憶錄》此處就改爲：

> 四月初間，我收到南京的一位朋友來信，他於參加國防部國父紀念週時，親自聽到白部長報告臺灣宣慰的經過，說了許多贊譽我的話。他(白氏)說：「我此次奉命去臺灣宣慰民眾，經十餘日所考察研究，除有關軍事、政治、經濟、輿情等，另行書面報告蔣主席，不在此處提及外，要對大家談談的是高雄要塞司令彭孟緝中將在此次事變中的措施。他是眞領會了獨斷專行的精神，把握了獨斷專行的時機，和至忠至勇的行爲。最初不爲人所諒解，終能擇善固執到底而削平大亂，誠功不可沒。實在是負責的軍人，說得上優等人才，要特別提升重用才是。我已將這點意思報告了蔣主席。」

按：三十六年四月七日白崇禧在中樞紀念週的演講，其講題爲「報告事變起因及善後措施」，李敖《二二八研究》(頁293-298)載有講辭全文，演講內容與標題相符，根本未提彭專斷獨行事。

彭專斷獨行。彭三月六日的電報於三月七日二十一時十五分譯出呈閱，陳儀於當天亥時覆電嘉獎。《回憶錄》記白的演講辭說，彭的行爲「最初不爲人諒解」，顯然是彭揑造，以與彭《回憶錄》僞造的僞電，「將在外君命有所不受，爲功爲罪，敬候鈞裁」相配合。

116《二二八事件文獻補錄》，頁805-825。

白崇禧稱讚彭，則確有其事。《大溪檔案》(頁236)即明白記載：臺灣警備總司令一職，白崇禧曾簽呈蔣在陸軍總部副參謀長冷欣中將及彭二人中選任一人。三十六年四月十七日白簽呈蔣，即稱讚彭「獨斷應變，制敵機先」，則白四月二日由臺灣回到南京，白亦可向在京友朋表達類似意見。彭記爲四月七日白在國防部紀念週演講，應屬錯誤。陳三井撰〈白崇禧與二二八事件〉論及此事，亦採用《回憶錄》，即漏未查白崇禧演講辭原文深考。

《白崇禧先生訪問紀錄》：

> 二十日……下午去高雄，住海軍官舍。
>
> 二十一日，開始在高雄工作。先向陸海軍官兵、要塞兵訓話。要塞司令即今日之彭孟緝總長。(按：〈訪問紀錄〉此處係記五十三年九月至五十四年三月，在白公館訪問。白氏死於民國五十五年十一月二十四日)。
>
> 要塞中有十幾架雷達，有雙管要塞砲，設備比基隆要塞完全。
>
> 暴民準備攻擊高雄要塞。陳長官下令地方成立維持地方委員會。在臺憲警有限，軍隊只有要塞部隊。陳長官要要塞部隊只守在堡內。
>
> 要塞長官報告陳長官，要在開始暴動時撲滅，陳長官不許。待暴民攻擊要塞前、三百多人開會，他自行圍捕，將暴動份子一網打盡。
>
> 彭孟緝報告我這件事，我很嘉許。要不然，將來攻擊要塞，受害的人更多。我在要塞時，對官兵做同樣的訓話。[117]

白崇禧說他二十日抵高雄，將處理委員會說爲維持地方委員會，均係記憶有誤。

白氏在高雄要塞訓話，不見於陳三井該文所列日程。但白氏對警總及基隆要塞官兵及左營海軍基地官兵，均曾訓話，則他至高雄巡視，聽取彭孟緝報告後，對高雄要塞官兵訓話，自係應有之義。

彭向白報告「自行圍捕」，此自指三月六日彭的「專斷獨行」，由於能將暴動分子一網打盡，而「免得將來攻擊要塞，受害的人更多」，也正爲白嘉許彭的理由。

117《白崇禧先生訪問紀錄》下冊(台北：民73年，中央研究院近代史研究所)，頁560-561。

惟白氏將「陳長官要要塞部隊只守在堡內，要塞長官報告陳長官，要在開始暴動時撲滅，陳長官不許」，敘述於「彭自行圍捕之前」，則有問題。

以警總檔案校之，彭〈寅(三月)江(三日)申時電〉陳儀：

> 高雄市警戒已部署妥善。

彭〈寅(三月)支(四日)未時電〉呈陳：

> (一)高雄警戒部署完畢後，據高雄市長及市參議會稱：高雄市區安靜，軍隊不必過問，並謂：警總參謀長曾廣播，「軍隊一律移回營房」等語。乃令於暗中警備，竭力保護機關人員，以策安全。
>
> (二)江(三日)酉市區暴徒鳴槍包圍憲兵隊，本部馳援驅散。支(四日)丑，復包圍本部駐市區前之第一中隊，……
>
> (五)高雄市區情況迄今仍在騷動。職決以政治方法處理，會同市政府、市參議會，安定秩序，處理善後辦法中。

則軍隊移回營房，係三月三日警總參謀長的廣播。彭在三月三日、四日未時，均未有電與陳儀，「要在開始暴動時撲滅」。

三月四日申時，陳儀電令彭爲臺灣南部防衛司令。四日酉時電令彭轉飭所部與倉庫共存亡，否則以軍法論處。《警總檔案》三十六年五月左營〈海軍第三基地司令部處理臺灣事變經過詳情報告書〉說：

> (三十六年三月)五日，……高雄要塞司令彭孟緝奉委兼南部防衛司令。本部派錢參謀長與要塞部議定應付方針。(一)確守各地倉庫。(二)注重民意，以圖政治解決。(三)要塞兵力集于壽山者近二千人，尚感不足。非不得已時，不發槍砲。但必要時，必須堅守壽山、左營二據點。調(要塞司令部)第二總臺駐新莊部隊，駐半屏山，以增左營實力。第二總臺兵力歸本部指揮。

則在五日彭與左營海軍司令部商定應付方針，仍爲確守倉庫及壽山，與政治解決。亦未言「於暴動開始時撲滅」。五日晚戌時，彭電呈陳儀：

(三)職現擬固守壽山、崗山、岨(?)山、丰山山(?)等市區要點,及各重要倉庫,因良莠分別,撲滅困難,擬懇速謀有效解決。

(四)今日與黃市長設法晤商,共謀政治方法解決此事,祈電示遵。

彭此電的發出應在與左營海軍第三基地司令黃緒虞少將議定應付方針之後。此電言及「良莠分別,撲滅困難,擬懇速謀有效解決」,這是彭電文中第一次用「撲滅」字樣。當暴徒攻擊倉庫守軍時,此時還擊應無良莠分別問題;但如欲根絕禍患,則須乘勝追擊,或主動出擊,則此時即發生良莠應分別的問題,故彭請陳儀指示有效解決方法。

由於有此一困難,而且彭兵力亦不足,故彭〈寅微戌電〉仍言及政治解決,祈陳電示,以便遵行。

彭〔寅微戌電〕,警總於七日十時三十分譯就呈閱,陳批示,「斷然處置」。陳於三月七日亥時得彭三月六日收復高雄市政府告捷電,遂立刻覆電嘉獎。而此一「斷然處置」的電報遂未發出。

彭〔寅微戌電〕有對暴徒用兵的意思,但畢竟仍言及政治解決。彭對白言及:彭向陳建議應在暴動開始時撲滅,陳長官不許。是彭未語白以實情。

彭向白簡報,未提及陳儀三月四日之任彭爲臺灣南部防衛司令,需與倉庫員兵共存亡,彭並隱諱彭之主張政治解決不提。顯欲突出其三月六日之出兵平亂,專行獨斷。這樣看來,彭幕僚所撰〈二二八事變之平亂〉及彭《回憶錄》之責陳儀政治解決係軟弱怕事,隱諱彭之主張政治解決不言,在彭向白氏簡報時,已開其端了。

陳係臺灣省行政長官公署長官兼臺灣省警備總司令,在臺海陸空軍均需聽陳的指揮,故彭的用兵需遵從陳氏電令。僅三月六日出兵平亂,係獨斷專行。彭表示政治解決之不可行,亦自三月六日的電報「徒靠談判,恐反誤事」始。而陳儀於彭電文此處,正加雙圈,表示其贊同。

白崇禧訪問紀錄說:「三百多人開會,彭自行圍捕,將暴動份子一網打盡。」按三百多人在市府開會,這應係聞之於彭。這一人數,亦應可信。三百多人開會,被彭「俘正犯八名,從犯百餘名」,而且還有人可以逃逸,如林建論。則市府之役死傷的人數有人說他上千,顯然不可信。

在三月一日陳即電令彭負責嘉義以南治安指揮,並電令駐鳳山二十一師何軍章團歸彭節制。彭《回憶錄》省略此事不述,而說是自己在「秘密調整部署,著手嚴密戒備」。

彭《回憶錄》並說：

> (三月二日)這天最得力的一項措施，是對於陸軍整編第二十一師獨立團輸送營武器彈藥的緊急補充。這個營的駐地是在鳳山。
>
> 上午，我派參謀長親赴鳳山會晤獨立團戴副團長，切取聯絡。戴說，輸送營原係由一個步兵營改編而成。這個部隊是有戰鬥力的。但是改編為輸送營以後，就沒有充足的武器了。
>
> 於是參謀長立即率同戴副團長，急往五塊厝，會見軍械總庫趙總庫長。……
>
> 趙說：「補給屬於聯勤的系統，非有供應局長的命令，我無權發給武器彈藥……我負不起這個責任。」王參謀長便毅然答覆說：「這個責任由高雄要塞司令擔負。……」隨即拿我的名義，命令軍械總庫發給輸送營步槍五百枝，重機槍十六挺，輕機槍三十六挺，迫擊砲八門，配付必要的彈藥，限當日正午十二時前補充到營。

我在寫〈彭孟緝與高雄事件眞相〉時，尙採信《回憶錄》此處。讀《警總檔案》〈二十一師臺灣事變戡亂概要〉，則〈概要〉是這樣說的：

> 三月一日，……留於鳳山附近該團之一部〔團直屬隊及一營(欠兩連)〕奉警總寅(三月)東(一日)巳戰一電示，歸高雄要塞司令部指揮。為增強兵力，適應機宜，乃向十九軍械庫商借步槍二百八十六枝，手提機槍五十四挺，輕機槍七十四挺，手槍四十枝，擲彈筒五具，將輸送連、通信排、衛生隊，予以裝備，編成戰鬥營，以加強警備力量。[118]

我想：恐仍以警總檔案〈概要〉所記為可信[119]。

118《二二八事件資料選輯》一，頁189。

119 郭沫若重印他早年所著《殷契粹編》等書，僅於書眉注明他晚年對該問題的不同意見，使人知道他的學問進境。彰健對本書第一篇此處不加修改，即師倣郭氏。

18

彭《回憶錄》收有僞電。彭《回憶錄》及對白崇禧簡報有不忠實，與史實不符處。現在討論警總參謀長柯遠芬對高雄事件的記述。

柯遠芬〈事變十日記〉，鄧孔昭《二二八事件資料集》，頁235-244，自《正氣月刊》一九四七年第二卷二期轉載其二月二十八日至三月二日的日記；《新新聞週刊》一九九一年二月十三日至三月二十日有二二八「事變十日記摘錄」〔見中央研究院近代史研究所編《二二八事件史料彙編》(第四冊)〕；該摘錄收有二月二十八日至三月九日日記。其二月二十八日日記說：

> 七時早餐，餐後是我寫日記的時間(寫昨天二十七日的日記)。

則他寫的日記所記應該是非常正確可信的了。而事實並不如此。〈事變十日記〉並不是該日第二天所寫的日記，它是一篇袁世凱〈戊戌日記〉式的結構精密的一篇長文。

《新新聞週刊》摘錄則將不合《週刊》的立場的一些紀事，如二月二十八日日記記：「有一輛由蘇澳至花蓮長途汽車，軍人毆打該車車夫，車夫憤而將車連人開往海裡。」經柯氏查證，知係造謠。《新新聞週刊》即棄而不錄。

柯遠芬〈事變十日記〉刊布於民國三十六年五月十日、十二日、十三日、十五日、十七日、十九日臺灣《新生報》。李敖《二二八研究》第一集，頁227-262收有〈事變十日記〉全文。

他三月一日的日記即未記：陳儀〈寅(三月)東(一日)巳〉的電報，命彭負責嘉義以南指揮。柯〈日記〉說：「三月二日命彭出任臺灣南部防衛司令。」而彭《回憶錄》則說，是三月四日下午奉到陳的電令。今存警總檔案，有陳〔寅(三月)支(四日)申總戰一電〕，命彭任臺灣南部防衛司令。則柯日記所記誤。

柯三月五日日記記：

> 晚上接高雄要塞彭司令來電，得知高雄屏東已發生暴動。高雄的外省籍公教人員和眷屬數百均退至要塞收容，憲兵亦退入要塞。高雄市區已爲奸僞所佔據。

按：眷屬數百退至要塞收容，見彭〔寅(三月)支(四日)未電〕，及林則彬等人聯名的〔寅(三月)支(四日)電〕，此二電一於三月五日十時，一於三月五日十一時呈閱，根本不是五日晚上接的電報。彭〔寅(三月)江(三日)申電〕、彭〔寅支(四日)未電〕均未言屏東暴動。

憲兵退入要塞，見彭〔寅(三月)微(五日)戌電報〕，這個電報可以說是五日晚上得彭來電，但該電於三月七日十時譯就呈閱。則其三月五日日記顯非三月六日所寫。

柯氏三月六日日記：

> 下午，接高雄要塞彭司令來電，報告今日上午奸暴代表多人脅迫黃市長仲圖來部，要求解除要塞武裝，並有暴徒數百在外包圍；當以叛跡昭彰，即將代表多人扣留，並派兵擊退包圍的暴徒，當場俘獲暴徒百餘人，槍刀無數；隨即進兵市區佔領各要點，守護政府機關，同時鳳山何團派兵進擊高雄車站。高雄叛亂大致已平息，奸暴的力量實不堪一擊。

彭三月六日的電報，警總自然當天收到。但該電於三月七日二十一時十五分譯就呈閱，則三月六日的日記也不是三月七日早餐時所寫。

以柯三月六日日記與彭〔寅(三月)魚(六日)電〕對校，則「俘獲正犯八名，從犯百餘名」，是收復市政府後，清點戰俘才知曉。並非暴徒數百包圍要塞俘獲的。日記所記顯然錯誤。

柯遠芬〈事變十日記〉記蔣與陳儀事，以《大溪檔案》校之，亦多失實。

如二月二日日記：

> 我建議向中央請兵，但此時兼總司令告訴我，業已電主席速調整編二十一師一個加強團來平亂。……

按：《大溪檔案》並未有陳儀此電。陳儀在三月六日有函呈蔣，言：「二月二十八日臺北事情發生後，曾有兩電報告。」此「兩電報告」，一指二月二十八日〈丑(二月)儉電〉，見《大溪檔案》，一指〔寅(三月)支(四日)電〕，見國防最高委員會檔案。均未言請兵。柯氏此處係誤記。本書第四篇將詳細討論此事。

三月五日日記：

> 下午接奉主席來電，已調駐浙滬一帶的整二十一師一四六旅來臺，並且於本月十日前可全部到達基隆登陸，同時又將駐福建的憲兵第四團一個營亦歸還建制。

檢《大溪檔案》，蔣於三月五日決定派遣二十一師劉師長率師部及一四六旅之一個團來臺，憲兵第四團駐福州之第三個營開臺灣歸制，調憲兵第二十一團駐福州之一個營開基隆。柯日記漏提調憲兵二十一團一個營。

而且十日可抵基隆，亦係蔣〔寅(三月)虞(七日)電〕，非五日電。

柯氏三月六日日記：

> 主席又來電，將整編第二十一師全部調臺，同時駐閩的憲兵二十一團亦調兩個營來臺灣。而且指示處理事變的方針，政治上可以退讓，即可能的採納民意，但軍事上則權屬中央，一切要求均不得接受，這是最高的指導方針。

按：蔣三月五日電係派二十一師的師部及一個團，非二十一師全部。二十一師另一個團增援臺灣，係蔣〔寅(三月)庚(八日)電〕。柯日記記三月五日蔣來電，三月六日又記蔣來電，其實均是指蔣〔寅微(五日)電〕。憲兵二十一團亦只調一個營，非兩個營。

柯日記說，六日奉蔣指示處理事變的方針。檢《大溪檔案》六日亦無此電。

〈柯遠芬先生訪問紀錄〉將指示處理事變的方針記爲二十八日陳儀以電話向蔣告臺北動亂後，由南京來的專機帶來了蔣的手諭。《大溪檔案》亦無此手諭。此應係蔣在二月二十八日在電話中所作指示，我另有考。

白崇禧於四月十七日上簽呈蔣，請撤柯職，「以平民忿」。四月二十五日蔣批示：「應先調回候審。」候審，即候軍法審判之意。

由於三月十日亥時以後的高壓行動，引起「民忿」，因此，他只好寫事變爆發至三月九日他處理事變的經過，爲他自己辯護了。

柯遠芬〈臺灣二二八事變之眞像〉寫作於民國七十八年七月。也是憑記憶寫的，錯誤更多。

該文說：

> (三月)四日暴亂蔓延至高雄市，上午九時左右暴徒包圍車站及海港憲兵隊，經竭力抵抗，憲兵始掩護海關、專賣局、港務局等機關人員至憲兵隊。下午暴徒搶劫供應局五九糧庫，並攻擊警察局，因警力單薄，隨被佔領。此時只有憲兵隊未被攻陷，但在次(五)日亦撤至壽山西子灣高雄要塞範圍內。
>
> 六日上午九時，暴徒涂光明等率領暴民數百人，包圍高雄要塞，脅迫要塞繳械。司令彭孟緝中將以暴徒業已侵犯國防，應予還擊，乃遵照層峰所指示的原則：「如暴徒侵犯軍事，危及國防，應予還擊，並以軍力平息暴亂。」乃毅然下令還擊，將暴民驅散。至此事變發展至最高潮，軍事被迫介入。政府不得不以軍力平息暴亂了。……。
>
> 九日上午九時，高雄暴徒千餘人，攜械圍攻高雄要塞司令部。司令彭孟緝奉陳長官令，准予下令還擊，終將暴徒擊退，軍民均有傷亡。

按：暴亂蔓延至高雄市，係三月三日事。海關、港務局、鐵路局員工避至壽山司令部，應係三月三日晚間的事，此事應根據林則彬〔寅(三月)支(四日)電〕，及彭〔寅(三月)支(四日)未電〕。

柯文說：「六日上午暴徒涂光明等率領暴民數百人，包圍高雄要塞」，此係沿襲柯氏〈事變十日記〉的誤說。

柯文說：彭遵照層峰所指示的原則，「如暴徒侵犯軍事，危及國防，應予還擊，並以軍力平息暴亂」，乃毅然下令還擊，將暴徒驅散。按：陳儀指示彭「政治解決」，見陳寅(三月)支(四日)辰時的電報；命彭保護鳳山軍械庫，與倉庫共存亡，否則以軍法論處，係陳寅(三月)豪(四日)酉時的電報，並未命令彭主動出擊。故彭於寅(三月)微(五日)戌時的電報尙請求陳指示對策，尙著重政治解決。如果他已知道層峰准許以軍力平亂，則他何至於自認爲係獨斷專行，將在外君命有所不受？

彭寅(三月)微(五日)戌時的電報，七日上午十時呈閱，陳儀批示：「斷然處置」，彭三月六日告捷的電報，警總三月七日二十一時十五分呈閱。則彭之作斷然處置顯非奉陳儀的命令。柯遠芬雖曾任警總參謀長，並於卸任後，將陳儀與中央來往電報檔案帶走，但未將陳儀與彭來往電報帶走，因此，他記述高雄市發生事件，即多不正確。

他說三月九日暴徒千餘圍攻高雄要塞，顯係錯誤。

柯文提到，「高雄市暴徒圍攻壽山要塞司令部」[120]，這件事根本係情報錯誤，此可看本文第四節所論。

行政院出版的《二二八事件研究報告》附有〈柯遠芬先生訪問紀錄〉，係記民國八十一年一月二十日賴澤涵、許雪姬在美國加州所作訪問。

〈訪問紀錄〉說：

> 三月六日，高雄暴民包圍要塞司令部，要求彭將軍繳械，彭將軍當機立斷，出兵平亂。(頁8)
>
> 有人說，彭孟緝要爲高雄的死傷負責任。……他(彭)做事非常有決心，肯負責任，人比較圓滑。白崇禧來臺召集三位司令到臺北時，他曾送禮給白。白也很欣賞他在事件當中鎭靜地平定圍攻高雄要塞司令部的暴徒，後來他因此而升官。他的行事完全是依照蔣主席指示的原則，不應該由他負責任。……
>
> 有人認爲，蔣先生也要負責任。事實上三月九日晚上大局已定，十日臺北商店已開門，不勞上陸的軍隊。因此，蔣主席可以不負鎭壓之責。

按：柯氏說暴民包圍圍攻高雄要塞司令部，仍沿襲他以前的錯誤。他說彭當機立斷，出兵平亂，則合乎事實。他說彭依照蔣主席指示的原則，其實，這原則乃陳儀與蔣主席間的高度軍事秘密，並不爲彭所知。彭專斷獨行，他當然應負高雄出兵的責任。

他出兵前，已知良莠分別困難，所以出兵勤前教育也提到要「陣前喊話」、「對空鳴槍」。但對方有機槍，彭部下有傷亡，彭的兵士也就以武力還擊了。

八十二年二月臺灣省文獻委員會李宣峰赴美國訪問柯遠芬，文獻會所編《二二八事件文獻補錄》(頁131-136)收有〈柯遠芬先生口述記錄〉。〈口述記錄〉說：

> 至於所逮捕人犯，特別是大家所談的「臺灣菁英」，……可能多數沒

120《二二八事件資料選輯》一，頁30。

> 有經過正式的審判，問一問就槍斃啦。至於人犯屍首如何處理，……事後(憲兵團長)張慕陶等人奉陳長官命，都不願意講。

此可見白崇禧蒞臺宣慰，對警總處理二二八人犯事予以糾正，是非常正當的。

柯在〈口述記錄〉中又說：

> 當年彭不顧陳儀下達軍隊不得擅離營房的命令，於三月六日揮軍下山。起初，陳長官相當震怒，不滿彭所作爲，要彭自行負責；後來，陳長官瞭解南部狀況，認爲非如此做，將足以引起更不堪設想之結果，乃改變態度並嘉許之。這就是所謂「將在外君命有所不受」，得以「獨斷決行」罷。

〈口述記錄〉(頁132)提到行政院出版的《二二八事件研究報告》，而《研究報告》附有彭《回憶錄》，則〈口述記錄〉此處係採信彭《回憶錄》所記。柯在三十六年五月刊布的〈事變十日記〉，對彭三月六日眞的電報已記憶模糊，將俘暴民百餘人，誤述於收復高雄市政府之前。在陳儀死後，柯氏是最有資格發現彭《回憶錄》所載彭陳來往電報係僞造的人，但柯不能憑記憶模糊的事指摘彭造僞電，而且事隔多年，很多事他已記不清楚，這只有等我閱讀警總檔案，以檔案審核彭《回憶錄》，才會有此發現。

19

最早研究警總檔案的，自然是行政院出版的《二二八事件研究報告》的作者。但該《研究報告》〈附錄一・重要文件〉所收〈警備總司令部函電〉僅寥寥十四件，不僅未依時間先後次序排列，而且許多重要函電遺漏未收。

行政院版《研究報告》附錄二爲〈重要口述歷史〉二厚冊。此一〈口述歷史〉訪問工作在《研究報告》行政院版出版後，仍繼續進行。故《二二八事件研究報告》定本即曾根據後來的訪問紀錄修訂。

《研究報告》定本自稱「本著學術良心，和超黨派的立場」寫作，但他仍有袒護暴徒，不說高雄市府暴徒開槍，不說暴徒於高雄第一中學以外省人爲沙包，而說被保護的外省人，於國軍攻擊高雄第一中學前即已獲解救，這一點我已在本文第二節、第三節予以論證。

該書敘述高雄事件，還有避重就輕，隱瞞重大史實處。該書記述三月三日高雄的暴亂情形是這樣的：

> 三日，由臺北南下的「流氓百數十人」，由臺南方面分乘卡車進入市區。而臺南工學院學生也抵達高雄，高雄的二二八事件於是爆發。先是，一〇五後方醫院的獨立團等七連第一排國軍遭到攻擊，而鹽埕町也聚集了四五百人，欲攻擊憲兵隊。毆辱、搶奪外省人及商店之事也不時傳出，市區治安於是混亂。是日晚，警察局長童葆昭的座車遭人焚毀，隻身到要塞司令部要求保護。

如取與警總檔案比較，則檔案所收三月四日高雄市港務局長林則彬、海關稅務司張申福、鐵路局高雄辦事處處長華澤鈞、高雄火車站站長周慈森聯名向陳儀求救的電報：

> 高雄三日晚秩序紛亂，臺銀曾經理、專賣局局長重傷，內地人員死傷甚重，宿舍多被搶劫。港務局、臺南關、鐵路員眷一部三百餘人，撤避要塞區。及工廠遭包圍，……事態嚴重，敬祈速派援救。

不應略而不採。

彭三月六日的電報指摘高雄「暴徒槍殺平民、強佔機關」。在高雄市政府、火車站，暴徒架設有機關槍，此即其強佔機關的最好證據。

《研究報告》定本(頁117)記三月六日上山談判的情形：

> 上午九時上山。據黃仲圖市長說法，他擬赴司令部請示制壓辦法，卻爲暴徒數十人手持槍刀及手榴彈擁入市府，辱罵市長。其首領涂光明等提出非法條件，欲向國軍作越軌要求，持械迫市長與參議會議長率代表赴司令部。

定本認爲：涂光明持械迫市長上山，是市長黃仲圖的說法。定本的附註並指出：李佛續、郭萬枝兩人之訪問紀錄並未言及涂逼迫市長同行。對此一問題，如果參考彭三月六日的電報：「該暴徒首領要挾黃市長等，竟向職提出接收鳳山倉庫及軍械，無異要求繳械，同時持槍竟圖行刺。」則黃自係被迫挾持上山。暴徒既在市府架設有機槍，則其進入市府帶有槍刀等物，黃仲圖的〈高雄市二二八事件報告〉所述自屬可信。

定本認爲：黃係自願上山。定本此處接著說：

> 市長拿出和平條款九條給彭司令看。彭原意不在談判，只是在拖延時間。因此，當即拍桌怒斥暴徒荒謬，並大呼來人(行政院版上冊，頁104，「來人」下有「時涂光明見狀，自知不免，抽出暗藏的手槍謀刺，副官劉安德由背後制止了涂的行爲」三十四字。《研究報告》定本因不信涂帶槍，故刪除此三十四字)。室外的官兵聞聲而入。將代表等一一搜身。據彭孟緝言，涂身上有槍，而范(滄浴)、曾(豐明)兩人身上有手榴彈(由「據彭」起，至「手榴彈」止，係定本所增入)。除涂范曾三人被逮捕外，其餘的人在衛兵監視下，枯坐在原處。

行政院版《研究報告》也說，「市長拿出和平條款九條」。彭《回憶錄》說，「暴徒提出和平條款九條」，行政院版不採信彭《回憶錄》所記。八十二年四月賴澤涵、許雪姬訪問彭孟緝，彭即指出：行政院版言「市長提出條件，不是的，是涂光明提出條件」[121]。而《研究報告》定本此處仍不採信彭的辯駁，這也是爲了要替暴徒掩飾，說他們未挾持市長議長。

《研究報告》行政院版及定本均說，「彭意在拖延時間」，此係誤信彭《回憶錄》。

《研究報告》行政院版及定本均僅說：「拿出和平條款九條。」卻不介紹此九條內容。據彭《回憶錄》，此九條的首三條爲：

> 一、壽山——即要塞司令部駐地、左營、陸橋以及市內各處軍隊，即須全部撤退。
>
> 二、病院——即一〇五後方醫院，今日由本會——二二八處理委員會高雄分會——接收。但院中病人由本會負責治療。除軍隊——二十一師獨立團三營七連——隨身武器外，由本會負責保管。
>
> 三、五塊厝倉庫——臺灣南部最大軍械倉庫——一切物品交本會接收，但軍火由本會負責保管。

121〈彭孟緝先生訪問紀錄〉，《高雄市二二八相關人物訪問紀錄》上冊，頁101。

壽山爲高雄要塞司令部駐地，左營爲海軍第三基地，其駐軍需停戰撤退。撤退至什麼地方？是不是如〈二二八事變之平亂〉所解釋的「運回大陸」呢[122]？

其第二條，《回憶錄》的標點可能有誤。據我所理解，國軍除二十一師獨立團第三營第七連可保留隨身武器外，其餘均需交出由處委會保管。何軍章團第七連王作金連因駐守一〇五後方醫院，其連長排長可保留隨身武器即手槍，以維持秩序，其餘武器如機槍、步槍、手榴彈等仍需繳交處委會保管。高雄要塞司令部武器則全部繳交處委會保管。

第三條係接收鳳山五塊厝軍械庫，這條解釋無疑義。

此第二條第三條即彭三月六日眞的電報所說：「暴徒提出接收鳳山倉庫及軍械，無異要求繳械。」《研究報告》定本引用陳儀三月七日的嘉獎電「貴官處置適宜，殊堪嘉慰」，則該電文的上一頁彭三月六日電不容不見。《研究報告》定本即不提彭三月六日此一眞電報所述暴徒的無理要求，對和平條款九條亦輕輕帶過，不言其內容。這也顯然是企圖掩飾暴徒的罪行。因爲若介紹此九條內容，則高雄事件顯然應歸咎於暴徒了。

本文第二節指出：行政院版《研究報告》下冊，頁365有「要求彭繳械」五字，爲《研究報告》定本所刪。現在看來，定本亦意在掩飾暴徒罪行。

《研究報告》定本描述上山談判情形，不說暴徒涂光明帶有槍，而說是彭斥暴徒荒謬，而命士兵搜身。僅因條件荒謬，則逮捕其人即可，有必要搜上山代表黃仲圖市長、彭清靠議長的身嗎？這種說法根本不近情理。

《研究報告》定本(頁180)認爲涂未帶有槍，它提出二個理由。其第一理由爲：

> 〈二二八事變之平亂〉所載與彭《回憶錄》不同。〈平亂〉說，涂曾先發一槍中□(桌？)角，才被搶下；而彭《回憶錄》則言，涂光明是日據時代放逐廈門有名的浪人頭子，據說手槍射擊技術是指雀打雀，指雞打雞的。若如此不可能一發不中。

按：彭三月六日的電報說：「暴徒『持槍竟圖行刺』。」〈平亂〉說：暴徒涂光明「突用暗藏於西裝上衣內之手槍謀刺彭，幸爲我在場之副官劉安德少

122《二二八事件資料選輯》一，頁130。

校制服，暴徒就擒」；《回憶錄》說：

> 這種彷彿出自戰勝者口吻的(九)條件，我看完了以後，就怒不可遏的光起火來，「豈有此理，這簡直是造反」。衝口而出。就在這俄頃之間，涂光明已探手脅下，拔出手槍企圖向我射擊；副官劉少校眼明手快，自後撲向涂匪，死力抱住。室外官兵聽到了聲音，登時一湧而入，將暴徒一一逮捕。

〈平亂〉所記，與《回憶錄》及彭三月六日的眞電報所記並無不合。《研究報告》定本所引〈平亂〉係〈平亂〉的初稿，有「幸中桌角未中人」七字[123]。而〈平亂〉定稿則刪掉這幾字。我前面已說過，彭幕僚所撰〈平亂〉的寫作在前，而彭《回憶錄》的寫作在後。彭幕僚的定稿刪除這幾個字是因與三月六日的眞實情況「暴徒持槍竟圖行刺」不合。如已發槍中桌角，則是已行刺，不能說是「竟圖行刺」的。

〈平亂〉定稿作者已將初稿不妥處改易。定稿所記與彭《回憶錄》並無不合。《研究報告》定本恐不得據〈平亂〉初稿，而懷疑彭《回憶錄》所記。

《研究報告》定本不信涂帶有槍，其第二理由是：

> 若據李佛續的回憶錄則又有不同的說法。他說，到要塞坐定後，市長與彭司令相談條件時，眾人眼光都望向他們兩人，突然聽見士兵警衛高喊「有刺客」、「有槍」，後面的衛兵全擁向涂光明，並把他拖出去，大喊「槍斃他」、「竟然帶槍要打彭司令」。李說當時沒見到涂開槍，也沒有看到槍。急切之間只看到涂光明被迅速架出去。彭司令也立即由室內另一門離去。接著一夥士兵湧入，喝令不要動，逐一搜身，結果無人帶武器。參見〈李佛續先生訪問紀錄〉

按：〈李佛續先生口述〉見臺灣省文獻委員會所編《二二八事件文獻輯錄》，頁432-434，係民國八十年李氏口述，無「李說當時沒見到涂開槍，也沒有看到槍」十六字。民國八十年六月二十九日，許雪姬〈李佛續先生訪問紀錄〉則有這十六字。這顯然是許雪姬問李佛續，然後李佛續說，「當時沒見到

123〈平亂〉初稿照片見《高雄市二二八相關人物訪問紀錄》上冊，頁32。

涂開槍，也沒有看到槍」，許氏遂將它記入訪問紀錄。而許雪姬也就以此作爲涂光明未帶槍的證據。

當時涂持槍竟圖行刺，從脅下拔槍而爲彭的副官所抱住，李佛續當然未見到涂開槍。涂自脅下拔槍即被人抱住，急切之間，李當然也可能未看到涂所持的手槍。而李氏所描述的：

> 眾人眼光望向居中的彭司令，突然間有軍人高喊「有刺客」、「有槍」、「槍斃他」、「竟然帶槍要打彭司令」。

正親歷其境者始能有此生動描述。而此亦足以證明彭三月六日的電報「持槍竟圖行刺」之爲眞實史實。而許雪姬欲在訪問紀錄中，要李氏答覆她的問題，而說，「未見到開槍、未見到槍」，欲以此替涂光明洗刷，眞是大可不必了。

《二二八事件研究報告》定本作者未將警總檔案所收陳儀與彭孟緝來往電報編年，未發現彭《回憶錄》所收陳彭來往電報係僞造，這都情有可原。而有意掩飾暴徒的罪行，這就與該書序言所說的「該書的寫作是本著學術良知與超黨派的立場」不合了。

《警總檔案》已印行，收入中央研究院近代史研究所所編《二二八事件資料選輯》第一、三、四、五、六冊。

檔案所載陳儀與彭孟緝來往電報，其次序是亂的。現在我按時間先後次序，輯錄爲本書之第三篇，以供讀者參考。

三、二二八事件爆發後彭孟緝與陳儀來往電報及代電輯錄

編輯例言

・警總檔案已印入中央研究院近代史研究所所編《二二八事件資料選輯》第一及第三、四、五、六冊。本書輯錄二二八事件爆發後彭孟組與陳儀來往電報及代電，謹註明見於《選輯》第幾冊、第幾頁，以便讀者覆檢。

・所輯錄電文，謹按「電尾日韻」先後排列。並註明其月日。如「寅江」，即註明「寅(三月)江(三日)」；「卯文」，即註明「卯(四月)文(十二日)」，以便閱讀。

・所輯錄電文，並註明電文「收到日期」、「譯就日期」、「呈閱日期」、「擬辦」內容，及「批示」內容。「代電」則註明其「封發日期」及某某字第幾號。

・電與代電不同。電指電報，代電則爲「快郵代電」之省稱。在電文中，有時亦省稱代電爲「電」。代電係由郵或專差送達。電報需將每一漢字，譯爲四個阿拉伯數字，用發報機發出，收電者將其回譯爲中文。而代電則用中文，不需譯爲電碼。

・電尾日韻，「寅江」，在清朝指陰曆三月三日。民國建元，改用陽曆，「寅江」指陽曆三月三日。陽曆有三十一日，電尾日韻，用「世」字指三十一日。

・警總檔案於來往的電報及代電，有時記有「摘由」。本書將彭陳來往電報及代電編目，所摘記該電內容，多參考警總原有摘由改寫。

・雖非陳儀與彭來往電報，有時亦附錄，以供參考。

目錄

1.	彭寅(三月)東(一日)電	已擬具警戒計劃電
	附：彭寅(三月)冬(二日)電	致海軍第三基地司令部孟參字第2971號代電
2.	彭寅(三月)江(三日)申電	報告臺南各地治安情況電
3.	陳寅(三月)江(三日)戌電	暴徒有竄擾臺南之勢電
4.	陳寅(三月)支(四日)辰總戰一電	嘉義市三日暴動，應設法以政治方法解決電
5.	陳寅(三月)支(四日)巳總戰一電	嘉義市十九軍械庫爲暴徒所奪，希派隊進駐，令暴徒繳出所奪武器電
	附：林則彬、張寧(申)福、華澤鈞、周慈森寅(三月)支(四日)電	高雄秩序紛亂，內地人員死傷甚重，敬祈援救電
6.	彭寅(三月)支(四日)未電	報告高雄臺南騷動情況，擬政治解決，正處理善後辦法中電
7.	陳寅(三月)支(四日)申總戰一電	任彭爲南部防衛司令電
8.	陳寅(三月)豪(四日)酉電	加強兵力，守鳳山等軍械庫。守庫員兵與倉庫共存亡，否則以軍法論處電
9.	彭寅(三月)微(五日)戌電	報告高雄暴動情況，祈指示對策電
10.	彭寅(三月)魚(六日)電	高雄暴徒提出接收鳳山軍械庫及無異要求繳械，並持槍竟圖行刺，不得不作斷然處置，於午後二時收復高雄市政府及火車站，俘主犯八名，從犯百餘名電
11.	彭寅(三月)虞(七日)電	報告高雄變亂平，正辦理善後電
12.	陳寅(三月)虞(七日)亥總戰一電	貴官處置適宜，殊堪嘉慰電
13.	彭寅(三月)佳(九日)電	克復屏東，乞將嘉義敵情及我軍狀況詳示電
14.	彭寅(三月)青(九日)午電	屏東已增援，擬先攻臺南，續援嘉義，並擬利用登陸艇運輸電
15.	彭寅(三月)佳(九日)未電	左營暴徒已於九日正午戡平電
16.	陳寅(三月)青(九日)戌電	告知嘉義敵我軍情，希速出動援助電
17.	陳寅(三月)青(九日)亥電	如有車輛可輸送，則先攻臺南，續援嘉義電
18.	彭寅(三月)灰(十日)酉電	高雄俘獲人犯三百名，要犯現押本部軍法審判，餘交法院審判電
19.	彭寅(三月)眞(十一日)電	高雄平亂，兩營搜約四百餘人，業交地方法院偵訊，擬情輕者保釋，罪嫌重大

		者，再行依法辦理，祈核備電
20.	彭寅(三月)眞(十一日)戌電	報告高雄臺南情況，請派加強團以利綏靖電
21.	陳寅(三月)侵(十二日)電	著即開始肅清參加暴動之主謀及奸僞分子電
22.	陳寅(三月)文(十二日)未電	高雄林邊臺東段交通，暫予封鎖電
23.	陳寅(三月)文(十二日)戌總戰一電	我軍已由嘉義推進埔里，並向臺中攻擊，希相機策應電
24.	彭寅(三月)元(十三日)未電	祈確保日月潭電力發電所電
25.	彭寅(三月)元(十三日)電	臺南學生軍七八百人，于六日攜械北上嘉義幫凶，目前尚未回臺南，除謹飭臺南戒備，並謹聞電
26.	彭寅(三月)寒(十四日)巳電	報告臺東暴徒武力，高山族未參加電
27.	陳寅(三月)鹽(十四日)午電	准予權宜槍決林界等數名首要電
28.	彭寅(三月)寒(十四日)午電	報告南部各縣市綏靖情況電
29.	彭寅(三月)寒(十四日)未電	潮州已戡平，林邊已解圍電
30.	彭寅(三月)寒(十四日)申電	獨立團第二營是否仍歸職負責電
31.	彭寅(三月)鹽(十四日)電	報告俘獲嘉義主犯五名，及武器數量電
32.	彭寅(三月)刪(十五日)電	報告臺南一帶高山族之動態，及建議嗣後工作推進計劃電
33.	彭寅(三月)刪(十五日)戌電	報告嘉義等地情況電
34.	陳寅(三月)銑(十六日)辰電	爲新營暴徒活動，飭酌情辦理電
35.	彭寅(三月)銑(十六日)未電	東港恆春相繼蕩平電
36	彭寅(三月)銑(十六日)申電	涂平章擅取民財，經予槍決電
37.	彭寅(三月)銑(十六日)未36年3月17日孟秘字第3135號代電	抄呈佈告及告民眾書一份，請備查代電
38.	陳寅(三月)效(十九日)電	復悉臺東暴徒武力電
39.	陳寅(三月)皓(十九日)酉電	復悉臺南高山族動態及今後工作推進計劃電
40.	彭寅(三月)哿(二十日)電	報告此次戰役官兵傷亡人數、消耗武器彈藥電
41.	彭寅(三月)養(二十二日)電	暴徒首犯林界、共產暴徒陳顯光，遵於馬日槍決電
42.	彭寅(三月)迴(二十四)電	復寅養機電，林界已執行槍決，已電呈在案電
43.	陳寅(三月)迴(二十四日)電	復寅(三月)銑(十六)孟秘3135號代電及

		附件均悉電
44.	陳寅(三月)有(二十五日)亥	36總戰一字第3625號代電
45.	彭寅(三月)感(二十七日)酉電	報告奸匪在高山族活動情報電
46.	陳寅(三月)儉(二十八日)36總戰一字第3884號代電	爲所報情況戰績准備查代電
47.	彭寅(三月)儉(二十八日)午孟秘字0106號代電	在旗山緝獲匪徒文告，謹附呈祈設法制止代電
48.	陳寅(三月)儉(二十八日)未電	槍決林界陳顯光准備案電
49.	陳寅(三月)儉(二十八日)36總戰一字第3970號代電	速派隊搜繳布袋私梟槍械代電
50.	陳寅(三月)豏(二十九日)申電	復報告書附建議各項已悉並辦理電
51.	陳寅(三月)艷(二十九日)亥電	寅感酉電悉，希續偵探，並與劉師長密切連絡電
52.	彭卯(四月)冬(二日)36孟綏參字第0161號代電	爲高山代表建議事項三條，請鑒核示遵代電
53.	陳卯(四月)眞(十一日)36□戰一字4841號代電	綏靖期間，軍事宣傳應臻周密代電
54.	陳卯(四月)文(十二日)36總戰一字第4890號代電	復卯東(一日)孟綏參字第161號代電
55.	彭卯(四月)皓(十九日)36孟綏副字第5655號代電	遵造拘捕人犯現押及判決各名冊，呈核代電
56.	陳卯(四月)梗(二十三日)36總戰一字第5434號電	爲本省行政機構改組應嚴密戒備，綏靖清鄉應積極辦理代電
57.	陳卯(四月)敬(二十四日)電	布袋東石兩地暴徒逃亡屛東，希注意偵緝電
58.	陳卯(四月)寑(二十六日)36總法督字第5655號代電	爲退還所造拘捕人犯名冊代電
59.	彭卯(四月)儉(二十八日)36孟綏參字561號電	爲實施緊急戒嚴演習報請備查代電
60.	陳卯(四月)艷(二十九日)巳36總法字第5921號代電	希從速訊判，限五月底以前清理完畢代電
61.	陳卯(四月)艷(二十九日)午36總法字第5920號代電	禁止軍公人員以私人損失，向鄉鎮參議會索賠代電
62.	陳辰(五月)江(三日)電	准彭卯(四月)儉(二十八)孟綏參561號代電備查電

	附：蔣辰(五月)梗(二十三日)電	電令彭，及彭辰(五月)迴(二十四日)覆電，及蔣覆電

1.彭寅(三月)東(一日)電

急。臺北警備總部兼總司令陳。6226密。
寅(三月)東(一日)巳總戰一電奉悉，自應遵辦。
(一)已擬具警戒計劃，轉飭各部隊暨憲警並有關機關遵照，並另案報請鑒核。
(二)查嘉義含以南地區，目前尚謐。謹復。
高雄要塞司令彭孟緝謹叩

警總三月二日譯就呈閱。並附註：「寅東已電派該員為含嘉義以南負責治安指揮。」

錄自《二二八事件資料選輯》三，頁140。(下文簡稱《選輯》)

按：彭此電應係一日發出。

附：彭致海軍第三基地司令部寅(三月)冬(二日)孟參字2971號代電
(一)奉兼總司令陳寅(三月)東(一日)巳戰一電開「密。近日臺地有暴徒乘機擾亂秩序。(一)嘉義(含)以南地區治安須妥為注意。(二)已令馬公要塞守備總隊開兩個中隊到高雄增強防務。所有高雄附近之二十一師獨立團(欠二營，又二連)以及該區警憲暫歸該員負責指揮。除分令遵照外，逕洽部署為要」等因。
(二)本部除已擬定高雄附近警戒計劃，轉令各單位遵照，並附送份外，相應電請貴部對於桃子園(不含)東北地區之治安妥為警戒，左營油廠警戒及保護應請注意。本部第二總台之第六台(欠第十二台，附第二大台第七台)，擬由貴部指揮。
(三)高雄亙左營海面防務，應請貴部負責警戒，除分電外，特電請查照。

引自《二二八事件文獻續錄》，頁164。

按：柯遠芬〈事變十日記〉三月二日日記說：「同時又決定調馬公要塞守備兩個中隊開高雄歸彭司令指揮。」柯遠芬即將三月一日事誤記為二日事。

2.彭寅(三月)江(三日)申電

急。臺北警備總部。〈寅(三月)冬(二日)總戰一〉暨〈寅(三月)江(三日)辰總戰一〉兩電均奉悉。6226密。
(一)嘉義治安，已電該市長協同附近憲警，妥為警戒。目前因至嘉義電話中斷，情況不明。

(二)臺南市治安已令本部駐防部隊，切實協助憲警維持治安。頃接臺南電話報告：臺南市長移駐憲兵隊駐地，刻正被市民圍困。本部及憲兵除盡力予以保護外，並設法排解。刻在臺公務人員及商賈數處被市民毆打，傷亡詳情不明。

(三)高雄市警戒已部署妥善。鳳山、岡山、屏東、東港等處之軍械彈藥庫，亦已分別派隊固守。

(四)高雄以南尚安靜無事。

職彭孟緝叩寅(三月)江(三日)申參惘印

譯電員附註：寅冬電爲「通報臺北情況，並仰注意防範」。

三十六年三月四日譯就三月四日九時呈閱

批示：「閱。儀、三、四」

《選輯》三，頁247。

按：陳〈寅(三月)冬(二日)總戰一〉及〈寅(三月)江(三日)辰總戰一〉二電，警總檔案缺。

3.陳寅(三月)江(三日)戌電

即刻到。高雄要塞彭司令。6226密。

據報，暴徒(奸匪)有竄臺南擾亂之勢，著該司令即率所要兵力，赴臺南，妥爲注意防範，以保治安，爲要。

兼總司令陳。寅(三月)江(三日)戌總戰一。

《選輯》三，頁169。

4.陳寅(三月)支(四日)辰總戰一電

限即刻到。高雄彭司令。6226密機密。

據報：嘉義市江(三)日亦發生暴動。希速設法平息。恢復秩序。並應設法以政治方法解決，以免爲奸黨所乘，造成大規模之民變。故目前應致力領導民眾，以民眾克服民眾，始有效果。其他南部希即設法防範，以免漫延爲要。陳。寅(三月)支(四日)辰總戰一。

《選輯》三，頁231。

5.陳寅(三月)支(四日)巳總戰一電

限即刻到。高雄要塞彭司令。6226密。機密。

據報：嘉義十九軍械庫為暴徒所奪。深恐奸黨以此武器，組織武力，希即派有力部隊，進駐嘉義市。並嚴令暴徒繳出奪取之武器為要。
陳。寅(三月)支(四日)巳總戰一。

《選輯》三，頁125。

6.彭寅(三月)支(四日)未電

特急。兼總司令陳。寅(三月)江(三日)申參電計達。
(一)高雄警戒部署完畢後，據高雄市長及市參議會稱：「高雄市區安靜，軍隊不必過問。」並謂「警總參謀長曾擴(廣)播：軍隊一律移回營方」等語，乃令於暗中準備，竭力保護機關人員，以策安全。
(二)江(三日)酉高雄市區暴徒鳴槍騷動，包圍憲兵隊，本部馳援驅散。支(四日)丑，復包圍本部駐市區前金之第一中隊及本部官舍，以戒備嚴密，未逞而退。支(四日)辰，暴徒集於本部哨兵處，經捕捉數名，並手槍一枝，刻正嚴詢中。
(三)暴徒騷動時，專賣局局長及臺灣銀行曾經理途中被毆重傷，經本部武裝救出，醫治中。
(四)臺南情況擾亂，刻已好轉。
(五)高雄市區情況迄今仍在騷動。職決以政治方法處理，會同市政府市參議會，安定秩序，處理善後辦法中。
(六)本部收容內地人員約三百餘。
職彭孟緝寅(三月)支(四日)未參惘印。

警總三月五日譯就，三月五日十時呈閱。並附注：「寅江申電乃報告臺南各地治安情況。」

《選輯》三，頁135。

附林則彬、張申福、華澤鈞、周慈森寅(三月)支(初四)電
急，兼總司令陳。6226密。
高雄三日晚秩序紛亂，臺銀曾經理、專賣局局長重傷，內地人員死傷甚重，宿舍多被搶劫。港務局、臺南關、鐵路員眷一部三百餘人，撤避要塞區。水泥廠遭包圍。其他工廠情況不明。事態嚴重。敬祈速賜援救。
職林則彬、張寧(申)福、華澤鈞、周慈森叩支(四日)印。

三月五日譯就，三月五日十一時呈閱

批示：「儀、三、五」

《選輯》三，頁249。

7.陳寅(三月)支(四日)申總戰一電

(一)茲爲應付急變戰事，著派該員爲南部防衛司令。
(二)該防衛區含臺南、高雄、嘉義、屏東各縣市。
(三)該區內所有軍警憲單位，統歸該員指揮。

以上三項，除分行有關單位遵照外，仰速爲部署，並隨時具報，爲要。

錄自《選輯》一，頁297，彭孟緝〈臺灣省南部防衛司令部緊急報告〉。該報告稱：「奉申總戰一原電開。」則電文原文應稱「彭」爲貴官，而非「該員」。

8.陳寅(三月)豪(四日)酉電

即刻到。高雄彭司令。6226密。
(一)據報：南部倉庫損失極多。臺南三分子、鳳山五塊厝、乃考潭各軍械庫，仰加強兵力，萬不可失。
(二)仰轉飭該區海陸空軍各庫員兵，必要時與倉庫共存亡，否則以軍法論處。仰遵照。
兼總司令陳。寅(三月)豪(四日)酉總戰一。

《選輯》三，頁230。

9.彭寅(三月)微(五日)戌電

急。臺北兼總司令陳。6226密。
寅(三月)支(四日)電計呈。
(一)事變日益擴大，竟公舉代表，逼同市長至憲兵隊，威脅繳槍。經許？隊長拒絕。支(四日)晚圍攻該隊，竟夜不逞。微(五日)晨突圍，集結本部。
(二)此間政權，除黃市長及臺籍主官人員外，已落暴徒之手。
(三)職現擬固守壽山、崗山、岨(？)山、半山山等(？)市區要點，及各重要倉庫。因良莠分別，撲滅困難，擬懇速謀有效解決。
(四)今日與黃市長設法晤商，共謀(？)政治方法解決此事。祈電示遵。
職彭孟緝叩。寅(三月)微(五日)戌參印。

警總於三月七日譯就，三月七日十時卅分呈閱。

批示：「斷然處置。儀。三、七」

《選輯》四，頁521。

按：電文中疑問號(？)係譯電員所註。崗山疑應作岡山。半山山疑係半屏山之誤。電文右上角有「徐參謀辦」四字，旋圈掉，寫「一科、三、八、梁參謀存」八字。鈐警總第三處處長「盧雲光」印。

10.彭寅(三月)魚(六日)電

限即到。臺北警備總司令陳。6226密。

(一)高雄暴徒槍殺平民，強佔機關，憲警無法行使職權，紛紛退入本部。職原本鈞座指示，忍認(讓？)處理。本(七)晨該暴徒首領要挾黃市長等竟向職提出接收鳳山倉庫及軍械，無異要求繳械。同時持槍竟圖行刺。職隨機應變，為防不測，故不得不作斷然處置。本(六)日下午二時收復城區各要點，如市政府、憲兵隊、火車站，並宣佈緊急戒嚴。

(二)高雄市區能控制市區，由黃市長負責，憲警經職整頓補充，亦已開始回原防執行任務。工商首長亦已歸還，處理業務。

(三)此次戰役計俘獲主犯八名，從犯百餘名，重機槍一挺，步槍十三枝，戰刀二把。並將市區恢復原狀態。本部傷亡官兵十五名。

(四)暴徒毫無嚴密組織，一經接觸，即行崩潰，謹查此次事變，完全出於鼓動，

○○○○○○○○　○○○○　○○○○

實際暴徒實力極為薄弱。但地區廣泛，危害政權及良民至鉅。似非增強駐防兵力，

○○○○○○○○○○○

難求鎮壓之功，擬請迅電中央，迅派勁旅增援，必可迎刃。徒靠談判，恐反誤事。

◎◎◎◎　◎◎◎◎

(六)職已遵鈞命，就臺灣南部防衛司令職，請核備。

職彭孟緝寅(三月)魚(六日)印

三月七日二十一時十五分譯就三月七日呈閱。

《選輯》三，頁226-227。

按：電文第一節「本(七)晨」之「七」字，係譯電員所書。「七」應改為「六」。「忍認處理」，「認」疑係「讓」字之誤。

電文第二節「高雄市區」，「區」字旁有「？」問號，「區」係「府」字之

誤。

電文計六節，缺第五節。第四節「徒靠談判」，徒字上亦有？問號。「徒」字上疑應補一「五」字。

電文旁所加單圈雙圈，應係陳儀所加。

11.彭寅(三月)虞(七日)電

急。兼總司令陳。6226密。

寅(三月)魚(六日)電計呈。

(一)高雄變亂戡平，正辦理善後中，俟稍緩解嚴。

(二)鳳山亦已慴服。屏東聞尚在動亂中。高雄黃縣長今午來部，已面囑以政治方法處理，或能鑑於高雄殷鑑，得告無事。詳情續呈。

職彭孟緝叩寅(三月)虞(七日)秘莨印。

三、七、十呈閱(健按：電文言「今午來部」，則電文應發於七日午後，呈閱時間作「三、七、十」，恐誤。)

擬辦：「呈閱　遠芬　三、八」

批示：「儀　七、八。」(按：批示時間應作「三、八」)

《選輯》三，頁246。

12.陳寅(三月)虞(七日)亥總戰一電

限即到。高雄彭司令。寅(三月)魚(六日)電悉。6226。密機密。

貴官處置適宜，殊堪嘉慰。傷亡官兵，希優予醫卹，並積極搜捕奸僞份子。並飭何團，迅速收復屏東，並由貴部迅速增援臺南嘉義(嘉義駐軍現在飛機場苦戰，須迅速援救)，以鞏固南部。俘犯可爲人質。如再來犯，即先行槍決主犯，再及其他。所擬處理辦法甚是，刻正積極準備中。特復。

陳。寅(三月)虞(七日)亥總戰一。

《選輯》三，頁228。

13.彭寅(三月)佳(九日)電

限即到。兼總司令陳。6226密。

(一)屏東已於寅(三月)齊(八日)午克復。

(二)俘獲八名，及輕機槍八挺。

(三)市長已恢復辦公，並辦理善後中。

(四)官兵無傷亡，士氣極旺盛。
(五)擬即派守備隊攻臺南。廿一師何團分攻嘉義。完全由登陸艇從海道輸送。灰(十日)晨七時可出動。懇迅將嘉義敵情及我軍狀況詳示。
兼臺灣南部防衛司令彭孟緝寅(三月)佳(九日)參印。

《選輯》三，頁222。

14.彭寅(三月)青(九日)午電

限即刻到。臺北兼總司令陳。6226密。
(一)屏東已由何團派加強連增援。(二)擬即抽派加強營，先攻略臺南，續援嘉義，請電嘉義守軍固守，並請將嘉義情況詳告。(三)擬利用海軍登陸艇，從海上輸送。兼臺灣南部防衛司令彭孟緝叩。寅(三月)青(九日)午印。

三月九日廿二時卅分呈閱

擬復：「如有汽車可供輸送，則由地面進攻，先期攻略臺南，續援嘉義，爲佳。遠芬、三、九」

《選輯》三，頁124。

15.彭寅(三月)佳(九日)未電

即刻到。臺北兼總司令陳。6226密。
左營暴徒已於本九日正午十二時戡平。繳獲步槍式貳枝。現在處理善後中。謹聞。
職彭孟緝叩。寅(三月)佳(九日)未參志印。

三月九日廿二時卅分呈閱

《選輯》三，頁127。

16.陳寅(三月)青(九日)戌電

限即到。高雄彭司令。寅(三月)佳(九日)參電悉。6226密。
屏東收復，俘獲甚豐，殊堪嘉慰。嘉義我軍約三百餘員名，與行政人員二百餘人，現集結機場並固守中。奸匪與暴徒正組織學生軍中，人數不詳。我守軍亦正擬衝出，重佔市區，恢復秩序。希速出動援助爲要。
陳。寅(三月)青(九日)戌總戰。

《選輯》三，頁165。

17.陳寅(三月)青(九日)亥電

限即到。高雄彭司令。寅青午電悉。6226密。
如有足夠車輛，可供輸送，則先攻臺南，續援嘉義，爲佳。仍希依情況處置。
北部亦已取得主動，開始綏靖中。
陳。寅(三月)青(九日)亥總戰一。

《選輯》三，頁167。

18.彭寅(三月)灰(十日)酉電

限即到。臺北總司令陳。6226密。
(一)我軍已於灰(十日)申進入岡山，刻正肅清匪徒中。
(二)決派本部參謀主任楊俊玉於眞(十一)日以汽車輸送進駐臺南，俟確保臺南後，再相機北上。
(三)高雄市面已恢復三分之二。
(四)屏東續繳獲步槍一百枝。高雄續獲步槍二六支。
(五)高雄俘獲人犯三百名。除要犯現押本部，按軍法審判法辦外，其餘概交高雄地方法院審辦。
職彭孟緝叩寅(三月)灰(十日)酉參志印

三月十三日譯就，十三日呈閱

批示：「嘉(嘉下十餘字模糊)臺中嘉義區綏靖，已令一四六旅岳旅長負責。」

《選輯》三，頁242。

19.彭寅(三月)真(十一日)電

兼總司令陳。6226密。
高雄平亂，當場由兩營搜逮，約四百餘人。業經寅(三月)佳(九日)交地方法院偵訊。擬將情節較輕者即予保釋，如罪嫌重大者，再行依行辦理。除辦理情形續呈外，謹電核備。
職彭孟緝寅(三月)眞(十一日)秘莘印

警總三月十五日譯就，十五日呈閱。

批示：「儀、三、十六」

電文欄外，有「軍法處」三字，似擬知會「軍法處」。

《選輯》六，頁315。

20.彭寅(三月)真(十一日)戌電

限即到。兼總司令陳。6226密。
(一)旗山暴徒曾搶奪(十九)軍械庫守衛步槍十餘枝。該處均將重要倉庫，經飭黃縣長轉飭繳械去後，如不照辦，當派隊進剿。
(二)高雄市面已漸恢復。工廠學校即可復工復課。續繳輕機槍一挺，步槍八枝，餘續繳中。
(三)臺南業於眞(十一日)晚八時收復。截止目前，林峪繳收輕機槍一挺，步槍三十餘枝，以上係暴徒集中地工學院一地之俘獲。餘正續繳中。暴徒首領均已就逮，約十餘名。
(四)高雄至臺南火車，明日可恢復開行。
(五)此次兵力運用，完全積極取勝。以後確保各地，及綏靖工作，非實際兵力不可。擬請增派一個加強團，歸職指揮。當派輪在基隆接運，俾利固守及綏靖工作。如何？祈速示遵。
(六)臺南以南各軍械倉庫均無恙。
職彭孟緝寅(三月)眞(十一日)戌印

三十六年三月十五日譯就。

擬辦：「呈閱後，酌復。遠芬、三、十五」。

批示：「21D之145B中派一團，或205D之1B，希酌辦電復。儀、三、十六」

「但陳總長來電謂：覃師長率領來臺。」

《輯錄》三，頁133

按：彭《回憶錄》(頁75)言：「八日收復旗山。」「十日拂曉，楊俊上校率領的兩個營，及孫子德中校率領的砲艦合攻臺南，傍晚任務達成。」與此電不合，應係記憶有誤。楊俊，彭〈寅灰酉電〉作楊俊玉，待考。

21.陳寅(三月)侵(十二日)電

高雄彭司令6226。鳳山何團長3699密，極機密。
著即開始肅奸運動。凡參加暴動之主謀及奸僞份子，務必完全肅清，以絕後患，爲要。
陳。寅(三月)侵(十二日)總戰一。

《選輯》三，頁168。

22.陳寅(三月)文(十二日)未電

即刻到。高雄南部綏靖區彭司令。6226密。
高雄林邊臺東段交通，即暫予封鎖。
兼總司令陳。
寅(三)文(十二日)未總戰一
　　送達機關：「高雄要塞彭司令。」

《選輯》三，頁139。

23.陳寅(三月)文(十二日)戌總戰一電

即刻到。高雄彭司令6226密。
本部已令四三六團彭副團長指揮嘉義守軍，於寒(十四)日開始攻勢，擊滅奸匪後，並於刪(十五)日，以有力之一部，由嘉義推進埔里，策應刪(十五)日南下部隊由豐原向臺中之攻擊戰鬥。希對嘉義切取連繫，並應控制高雄臺南嘉義三線交通，相機向北策應臺中為要。
兼總司令陳，寅(三月)文(十二日)戌總戰一

《選輯》三，頁223。

24.彭寅(三月)元(十三日)未電

限即到。臺北兼總司令陳。6226密。
查日月潭電力發電所為全臺水電之源，恢復臺中時，懇飭事前派隊確保，以防萬一。謹電鑒核。
職彭孟緝，寅(三月)元(十三日)未參印。
　　警總三月十五日呈閱。
　　擬辦：復：已派隊前往保護矣。

《選輯》三，頁155。

25.彭寅(三月)元(十三日)

限即到。臺北兼總司令陳。6226密。
據報：臺南奸偽所組學生聯合軍于六日攜械及刀北上嘉義幫兇，人數約七八百人，武器不明(已調查中，續報)。截至目前止，尚未逃回臺南。除飭臺南方面

嚴予戒備外，謹聞。
職彭孟緝。寅(三月)元(十三日)參印。
三月十五日呈閱批示：「儀、三、十六」
《選輯》三，頁138。

26.彭寅(三月)寒(十四日)巳電

限即到。兼總司令陳。6226密。
臺東暴徒武力，據報，約槍數百枝，內計劫空軍倉庫三三百枝，彈十二萬發。地方及警察百餘枝。高山族未參加。謹聞。
職彭孟緝寅(三月)寒(十四日)巳印
十五日呈閱批示：「儀、三、十六」
《選輯》三，頁221。

27.陳寅(三月)鹽(十四日)午電

即刻到。高雄要塞彭司令。灰(十日)酉、灰(十日)申、眞(十一日)申三電均悉。6226密。
(一)林界等數名首要，准予權宜槍決除害。
(二)嘉義以北，已由本部另派部隊，並以一四六旅岳旅長負責臺中嘉義區之綏靖。
兼總司令陳。寅(三月)鹽(十四日)午總戰一
《選輯》四，頁523。
按：今存警總檔案有彭〔寅灰酉電〕。彭灰(十日)申、眞(十一日)申二電未見。

28.彭寅(三月)寒(十四日)午電

特急。臺北兼總司令陳。6226密。
臺灣南部職綏靖區內各縣市要點：高雄、左營、鳳山、屏東、恆春、岡山、臺南、新營、嘉義，均已陸續經職派隊蕩平。刻已從事據點內綏靖工作，逐漸向北擴展。一俟後續部隊到達，再徹底實行肅清奸僞工作。謹報請鑒核。
彭孟緝。寅(三月)寒(十四日)午參印。
三月十五日呈閱
批示：「儀、三、十六」

《選輯》三，頁137。

29.彭寅(三月)寒(十四日)未電

急。兼總司令陳。6226密。
(一)潮州已戡平。獲人犯九名。
(二)林邊職部守砲官兵及獨立團之一班，被暴徒圍困三日，糧彈俱絕。元(十三日)晨經派隊南下，業已解圍。當場俘獲手槍一枝，步槍在續繳中。並當場擊斃匪首二名。
(三)旗山所繳十九庫槍彈(十餘枝)，已於元(十三)日繳回，並俘獲刀十餘把，餘在續繳中。謹聞。
職彭孟緝寅(三月)寒(十四日)志(未？)
　　三月十六日呈閱

《選輯》三，頁219。

30.彭寅(三月)寒(十四日)申電

限即到。臺北兼總司令陳。6226密。
嘉義以南，前奉鈞座指示，統歸職指揮。刻嘉義已收復，該地駐軍除北上支援臺中及埔里者外，屬獨立團之第二營欠一連及赴嘉市綏靖事宜，是否亦歸職負責，請即電示。
職彭孟緝。寅(三月)寒(十四)申參印。
　　三十六年三月十五日譯就
　　擬辦：「復：嘉義臺中暫由一四六旅負責，綏靖計劃俟修正後，另案頒發。(盧)雲光、三、十五」

《選輯》六，頁694。

31.彭寅(三月)鹽(十四日)電

限即到。臺北兼總司令陳。6226密。
(一)嘉義暴徒眾多，經擊潰後一部向外散逃，已俘獲機槍八挺，步槍二百餘枝、擲彈筒四個、步彈、手榴彈頗多，俘獲主犯五名，刻利用以續繳武器後再行訊辦。
(二)據羅營報告，嘉糧庫損失糧米59萬斤。暴徒並搶有大量武器(械庫)。
(三)嘉市長已恢復辦公，火車暢通。謹聞。

職彭孟緝寅(三月)鹽(十四日)參印。

三月十五日呈閱

批示：「儀、三、十六」

《選輯》三，頁233。

32.彭寅(三月)刪(十五日)電

限即到，臺北兼總司令陳。6226密。

(一)據公署參事夏之華寅(三月)魚(六日)由臺東來高雄稱：臺東地方人士尚有明大義者，或無大亂。高山族雖一度被鼓動下山，但六日起已返回大武，至牡丹花一帶公路由高山族檢查。

(二)此次高山族下山原因，初則被邀，繼受高雄廣播煽動。

(三)除飭高雄縣政府嚴密防範外，並用宣慰團，盡量利用原山地工作人員，及原山地警察即日開始宣慰，並恢復工作。同時利用臺南廣播電台安定人心及臺胞心理，使其生業外，擬請「轉長官公署對山地旗語工作，盡量推進，並以日臺語廣播，俾利工作進行」。

職彭孟緝寅(三月)刪(十五日)參印。

三十六年三月十七日四時零分收到

十七日九時六分譯就

十七日呈閱

擬辦：「擬交民政處辦理。遠芬三、十八」

批示：「照擬。儀、三、十八」

《選輯》三，頁239。

33.彭寅(三月)刪(十五日)戌電

限即到。臺北兼總司令陳。6226密。

據本部派嘉義連絡軍官返部報告，本十五日十一時以前情況如下：

(一)嘉義市面在恢復中。繳槍三百餘枝，地方由市參議會負責收繳。

(二)嘉義及斗六小梅溪口等地有奸匪二三百名活動搶劫，第四三六團派兵一連進剿中。

(三)奸匪在臺中嘉義所劫物資，用卡車運輸至阿里山甚多，似有入山踞守企圖。

(四)布袍發現奸匪數十名滋擾。

職彭孟緝寅(三月)刪(十五日)戌參印。

收到日期三月十七日四時零分

譯就日期三十六年三月十七日八時四十五分

三月十七日呈閱

批示：「儀、三、十八」

《選輯》三，頁234。

34.陳寅(三月)銑(十六日)辰電

高雄彭司令。6226密。
據臺南縣袁縣長電稱：「原文」，等，希酌情辦理，並飭屬遵辦，爲要。
兼總司令陳。寅(三月)銑(十六日)辰總戰一

事由：爲新營暴徒活動，飭酌情辦理由。

《選輯》三，頁250。

35.彭寅(三月)銑(十六日)未電

急。臺北兼總司令陳。6226密。
(一)東港、林邊于寅(三月)寒(十四日)相繼蕩平。東港佳冬飛機場守庫部隊，始終固守，抵抗，無恙。
(二)恆春已于寅(三月)刪(十五日)確實掌握。在奸僞小抵抗中，繳獲機槍一挺，步槍大刀若干，正續繳中。謹聞。
職彭孟緝寅(三月)銑(十六日)未參印。

《選輯》三，頁128。

36.彭寅(三月)銑(十六日)申電

臺北兼總司令陳。6226密。
查高雄市國軍除暴安良，部隊軍風紀嚴飭所屬恪守。據臺南分區指揮官轉據二十一師獨立團第三營營長劉和嘯報稱，職營第七連一等兵涂平章在戒嚴檢查時，擅取民財及手表，有犯軍律，經予槍決，以肅軍紀等情，諮電核備。
職彭孟緝三十六寅(三月)銑(十六日)申防法印。

收到日期三十六年三月十七日四時零分。

三十六年三月十七日十時十五分譯就。

擬辦：「擬准予備案。遠芬、三、十八」

批示：「照擬。儀、三、十八」

《選輯》六，頁664。

37.彭寅(三月)銑(十六日)未36年3月17日孟秘字第3135號代電

臺北臺灣省警總司令部兼總司令陳鈞鑒：

寅(三月)眞(十一日)總戰一電奉悉。自應遵照辦理。除轉令所屬部隊遵辦外，茲將關于本案刊發佈告及告眾書抄呈，電請鑒核備查。

高雄要塞兼臺灣南部防衛司令彭孟緝謹印。寅(三月)銑(十六日)未秘苹。附抄呈佈告第二份，告民眾書一份。

高雄要塞兼臺灣南部防衛司令部佈告(孟法字第3081號)

查國家軍隊責在防衛疆土，保護人民。本司令奉守斯土，瘁心勞力，夙夜眷懷，無不以此爲念。當爲地方人士所共知。

邇來，臺北因查緝私煙事件，不法奸暴，竟乘機蠢動，組織僞軍，圖謀不軌，破壞國家之建設，危害人民之生業，兇焰所及，蔓延全島，殊堪痛恨。

本司令新膺臺灣南部防衛重任，自應嚴查徹究，業經先後派遣部隊，平定高雄屛東臺南等處，均已恢復原來秩序。本除暴安良之旨，施緊急處理之方，以靖地方而盡天職。唯我全體官兵能善體斯言，恪守軍紀風紀者，固屬甚多。但恐尚有一二不肖士兵，乘機搶劫人民財物，自應一體嚴查究辦，以肅軍紀。

除已令各部隊首長，如發現有上項情事，准予就地槍決外，合再佈告週知。准予受害民眾，自行檢舉。對于告發人，本部當嚴守秘密，以憑究辦爲要。

此佈。司令彭孟緝

中華民國三十六年三月十七日。

按：此爲收到陳儀〔寅(三月)眞(十一日)總戰一〕電後，彭所出之佈告。陳儀〔寅眞總戰一〕電，今警總檔案未收。陳儀該電應係告戒國軍恪守軍風紀，如乘機搶劫人民財物，准就地槍決。

臺灣省南部防衛司令部緊急佈告(　　　字第　　　號)

奉臺灣省兼警總司令陳寅(三月)支(四日)申總戰一電開：

「(一)：茲爲應付急變戰事，著派該員爲南部防衛司令。

(二)：該防衛區含臺南、高雄、嘉義、屛東各縣市。

(三)：該區內所有軍警憲單位統歸該員指揮。

以上三項，除分行有關單位遵照外，仰速爲部署，並隨時具報，爲要」等因奉此。

遵經部署就緒。茲爲安定良民，恢復秩序起見，即日起宣佈戒嚴，並先將安定高雄市區辦法條列于後：

(一)、清查戶口。責成各區里長，負責交出暴□，依法訊究。倘有藏匿情事，應以軍法論處。鄰舍知情而不檢舉者，應受連帶處分。

(二)、散在民間槍械及其他武器等，應于二十四小時內繳交警局。如藏匿不報，以軍法論罪。知情而不檢舉者應受連帶處分。

(三)、原駐市區警察及各工廠駐衛警察，限二十四小時內，歸還原局所，執行任務。

(四)、在動亂期間搶奪或檢取公私財物，限于三日內，繳還原處所或警局收管，准予免究。如經檢舉被獲者，以軍法論處。

(五)、凡以語言文字散佈謠言，煽動民眾，擾亂治安者，一律以軍法論罪。

(六)、所有各機關工廠員工，於動亂中受有損害者，均不得有私人報復行爲。

(七)、工廠原開工者，應照常開工。未復工者，從速復工。恢復正常秩序。

(八)、所有學校應于本月十日一律復課。十日以前，學生不得外出。應由家長負責管束。

合行佈告。仰全體人民凜遵。切切此佈

中華民國三十六年三月　日　司令彭孟緝

按：此佈告言：「即日起宣佈戒嚴」，故知此布告刊布於三十六年三月六日，在該日收復高雄市政府及火車站後。

高雄要塞司令部、臺灣南部防衛司令部告高雄市民衆書

各位市民：

很平靜的臺灣，不幸因臺北事件，爲少數不良份子操縱鼓動，引起軒然大波，以致各地秩序紊亂。本市於三日晚間也發生了暴動。少數暴徒和奸僞，誘惑青年學生、地痞、流氓，對所有外省籍同胞及公務人員殘殺毒打搶劫，並破壞政府機關，奪取憲警武器，做種種犯法行爲。本司令初以和平爲懷，以爲地方事件可由地方政府和民意機關解決，將本部軍隊撤至壽山，不料愈演愈利害了，竟公然組織學生聯合軍，用威力脅迫駐防軍隊繳械，圍攻憲兵隊、陸軍醫院，及各駐軍營房，並向本部提出無理違法的條件九條。像這種行爲就是反叛的舉動，是法律所不許可的。本司令負有守土及防衛地方重要責任，迫不得已，爲了戡平叛逆和安定社會，才派部隊將全市暴民驅逐，恢復本市原來的秩序。

各位市民，要曉得：(一)、國家憲法已經頒佈了。就是要政治鬥爭，儘可用種種政治手段，不要拿刀拿槍，用武力來爭取。軍隊是國家的軍隊，並不是私人的勢力。如果是隨便組織軍隊，那就是土匪叛逆的行爲，國家是一定要討平的。(二)、奸匪是無惡不作的，內地的老百姓受了他們種種的禍害，都痛恨到了極點。臺灣本是乾淨的土地，百姓是純良的民眾。你們千萬不要受了他們花言巧語的誘惑，爲奸匪所利用，到吃了虧時就嫌遲了。(三)、臺灣本是中國的一省，外省籍和本省籍都是一家人，原無彼此的分別。就是此次暴動，本市民眾也有很多很好的事實，如三民區設有難民保護區，對內地同胞盡了最大的保護力量。本部官長的眷屬，也很有幾個人，幸虧房主和鄰人藏起來，才沒有受害。所以我們應該很和氣的，如同兄弟姊妹一樣，大家爲地方和國家服務。

現在暴徒已經驅逐出境了，變亂已經平息了。希望各位民眾，各人安各人的生業，讀書的上學，經商的做生意，做工的做工；一切公營的事業機關和私人工廠，一律要恢復原來的狀態，再不要自相驚擾。現在告訴大家幾樣事：(一)、不要私藏刀槍和一切的軍火。如果有時，趕快交到市政府轉繳本部。(二)、不要隨便打槍。如果是有人在暗中打槍，不僅打槍的要嚴辦，就是左右的鄰居都要負連帶的責任。(三)、不良的暴徒和奸僞，是害人的東西。你們要快的檢舉。

至於現在本市缺糧的話，本司令已設法集中了很多的糧食，即可由市政府舉辦平糶救濟。總之，善良的百姓，本司令絕對負責保護。大家不必驚慌，共同努力，建設新的高雄、新臺灣。高呼中華民國萬歲！

司令彭孟緝啓

按：此〈告民眾書〉言：「現在暴徒已經驅逐出境」，此〈告民眾書〉當撰寫於三月七日收復高雄第一中學後。八日或九日，散發。

《選輯》一，頁293-299。

38.陳寅(三月)效(十九日)電

高雄彭司令：寅(三月)寒(十四日)巳電悉。

總司令陳。寅(三月)效(十九日)總戰一

《選輯》三，頁220。

39.陳寅(三月)皓(十九日)酉電

高雄彭司令。寅(三月)刪(十五日)參電悉。6226密。

所擬甚妥。山地旗語工作，已飭民政處辦理矣。希知照。
兼總司令陳。寅(三月)皓(十九日)酉總戰一

《選輯》三，頁241。

40.彭寅(三月)哿(二十日)電

臺北警備總部兼總司令陳。〔寅(三月)巧(十八日)〕戌總戰二電敬悉。6226密。
查此次戡亂役中，職所指揮部隊中，現已查明者，計傷官長7、士兵36、陣亡官長3、士兵11。失蹤官長1、士兵7。
損手槍1、步槍2、輕機槍1、輕機槍彈490、手槍彈50、被複線2000公尺。消耗步彈27114、手槍彈2284、六公分迫砲彈120、八二迫砲彈45、戰防砲彈36、高射砲彈134、手榴彈444、槍榴彈127、擲彈筒彈21，其餘公物損失甚大，另冊詳報。
至恆春、臺東、臺中及零星倉庫損失情形，尚未查明，容後列冊彙報。
又鹵獲重機槍2、另機身2、輕機槍15、各式步槍707、土槍42、步彈3267、手槍彈103、手榴彈24、刀矛1636、電話機2、防毒面具400、鋼盔1214。
謹電核備。兼臺灣南部防衛司令彭孟緝叩。寅(三月)哿(二十日)參印。

三月二十一日十時二十五分譯就，三月二十一日呈閱

擬辦：擬准予備案，並彙報

批示：照擬　儀、三、二十二

《選輯》三，頁236。

41.彭寅(三月)養(二十二日)電

臺北兼總司令陳。6226密。
暴徒首犯林界聚集流氓，非法組織保安隊，劫奪焚殺，擾亂治安，提出不法條件，脅迫繳械；又共產暴徒陳顯光，鼓動學生，參加暴動，率眾圍攻火車站，均經查明屬實，決依危害民國緊急治罪法第一條第二第五各款，各處死刑，經呈奉鈞座〔寅(三月)鹽(十四日)午總戰一電〕，「准予權宜槍決」等因，遵於馬(二十一)日將該犯等執行槍決，謹電呈核備。
職彭孟緝叩，(36)寅(三月)養(二十二)防副法印。

三十六年三月二十三日二十三時五十分譯就，三月廿四日呈閱

批示：「查案辦、三、二四、十一、代(范誦堯印)」

《選輯》四，頁524。

42.彭寅(三月)迴(二十四日)電

兼總司令陳。寅(三月)養(二十二日)機電奉悉。6226密。
查林界一名經遵於二十一日執行槍決。曾以寅(三月)養(二十二日)防副法電呈在案，謹復。
職彭孟緝叩。(36)寅(三月)迴(二十四日)防副法印

三十六年三月二十五日二十時四十分譯就，二十五日二十一時廿分呈

譯電員程沛基簽註：「查該寅(三月)養(二十二日)機電，似爲長官公署所發。該部〔寅(三月)養(二十二日)防副法電〕，本部軍法處主辦　三、二十五。」

柯遠芬　三、二十六呈閱

批示：「儀、三、廿七」

《選輯》四，頁520。

43.陳寅(三月)迴(二十四日)電

高雄彭司令。(6226)密。
寅(三月)銑(十六日)孟秘3135號代電及附件三均悉。
兼總司令陳。寅(三月)迴(二十四日)總戰一。

《選輯》三，頁126。

44.陳寅(三月)有(二十五日)亥36總戰一字第3625號代電

高雄要塞彭司令。6226密。
據基隆要塞司令部寅(三月)寒(十四日)代電稱「現在一般流氓，因戒嚴關係，活動之受限制，多利用女性打探消息，及傳遞武器」等情，除電復外，希飭嚴加防範。
兼總司令陳。寅(三月)有(二十五)亥總戰一

三月二十五日封發

《選輯》三，頁209。

45.彭寅(三月)感(二十七日)酉電

兼總司令陳。8311密。

據密報：「前充嘉義之臺灣偽自治聯軍第一二三支隊及臺南偽指揮官陳篡地等，均逃往阿里山附近，勾結吳鳳鄉鄉長高一生、番長湯一仁等，密謀叛亂，並在梅山鄉曾發現匪徒百餘人，有輕機槍五挺，正設法煽誘高山族。昨在旗山捕獲匪徒文告(另抄呈)，每鄉派代表二人，擬於卯(四月)灰(十日)在臺中霧社元分室開會，組織高山族政府」等情。請飭派兵撲滅，以免滋蔓延之，對於高山族宣撫工作，從速辦理，當否乞示。

彭孟緝寅(三月)感(二十七)酉科莘印。

三十六年三月二十八日十一時零分收到

十一時五十分譯就

擬辦：「擬飭劉師長偵查，妥慎處理　遠芬三、二八」

批示：「照擬　儀、三、二十九」

《選輯》三，頁244。

46.陳寅(三月)儉(二十八日)36總戰一字第3884號代電

高雄要塞彭司令。

寅佳未參志、寅鹽參、寅刪戌參、寅銑未參、寅哿參各電悉，准予備查彙報。

兼總司令陳。寅(三月)儉(二十八日)36總戰一印

三月二十六日擬稿

三十六年三月二十八日封發

《選輯》三，頁238。

47.彭寅(三月)儉(二十八日)午孟秘字0106號代電

臺北市臺灣省警備總司令部兼總司令陳鈞鑒：

寅(三月)感(二十七日)酉秘莘電計呈。茲將在旗山緝獲匪徒文告一件抄呈，敬祈鑒核，設法制止，為禱。

兼臺灣南部綏靖區司令彭孟緝謹叩寅(三月)儉(二十八日)午秘莘附件如文

《選輯》六，頁685-692。

(附件：係日文，省略不錄)

48.陳寅(三月)儉(二十八日)未電

即到。高雄彭司令。

寅(三月)養(二十二)防副電悉。2994密

准予備案。
兼總司令陳。寅(三月)儉(二十八日)未總戰一

《選輯》四，頁526。

49.陳寅(三月)儉(二十八日)36總戰一字第3970號代電

高雄要塞兼南部綏靖區彭司令。
據臺灣鹽務管理局臺警字第280號代電稱：「照抄」等情。查布袋原來歹徒私梟甚夥，應乘此綏靖期間，予以肅清。並從速派隊搜繳槍械具報爲要。
兼總司令陳。寅(三月)儉(二十八日)總戰一。
三十六年三月二十九日封發

《選輯》三，頁153。

50.陳寅(三月)豏(二十九日)申電

高雄要塞彭司令。2494密。
茲閱孟秘字第3245號呈，殊深嘉慰。除將經過情形抄送公署參考外，建議各項甚當。已在籌劃，求其實現。特復。
兼總司令陳。寅(三月)豏(二十九日)申總戰一
事由：爲復報告書附建議各項，已悉，並辦理由。

《選輯》六，頁693。

51.陳寅(三月)豔(二十九日)亥電

即到。高雄彭司令。8317。密。
寅(三月)感(二十七日)酉科電悉。已飭劉師長，令速偵查，妥愼處理。希繼續偵探，並與劉師長密切連絡爲要。
兼總司令陳。寅(三月)豔(二十九日)亥總戰一。

《選輯》三，頁130。

52.彭卯(四月)冬(二日)36孟綏參字第0161號代電

臺北警備總部兼總司令陳鈞鑒：
據高雄縣警察局陳局長、鈞部派駐高雄情報組蔡組長來部面稱：
「(一)、臺南縣吳鳳鄉自稱代表矢多？一生、安井猛二名共同署名，發出油印通知，鼓動高山族每鄉派代表二名，於四月十日去臺中霧社開會，圖謀反叛，

並密派高山族黨羽川口、林道生等二名，攜帶是項通知，擬先散發高雄縣屬後，再轉發臺東花蓮港等地

該川口、林道生二名先後在旗山恆春開始散發之際，被我方捕獲。

(二)、高雄縣府於四月一日召集高山族鄉民代表『即高山族頭目』會議時，高山族代表自動報告說，也接到上項油印通知，誠懇表示，決不附逆，絕對服從政府命令，擁護政府法令，同時他們建議，仍拿著是項通知，去霧社開會，藉作如下工作：(1)勸導其他高山族勿爲奸匪利用。(2)用高山族力量，將潛匿高山地區奸匪捕獲解辦。(3)將參加會議時所得之情報供給政府。

(三)、高雄縣屬高山族佔全省高山族總人數三分之一強，高雄縣屬之高山族可以起領導作用。高雄縣府對高雄縣所屬之高山族有絕對把握，不致參加叛逆行爲。要求本部將上第(二)項辦法轉呈鈞部，並通報臺中廿一師，對霧社只封鎖平地，暫不進剿，以免軍隊與高山族發生誤會」等情。

查此次全省變亂，高山族深明大義，未爲煽惑，上項辦法，似屬可行。除通報臺中整廿一師外，理合電請鑒核示遵。

臺灣南部綏靖區兼司令彭孟緝，卯(四月)冬(二日)參生。

附鼓動高山族通知樣式一份。

擬辦：(1)電復高雄彭司令，轉令該高山鄉民代表協助政府，肅清奸匪，爲地方除害，爲國家效勞。(2)電廿一師劉兼司令，對霧社只取封鎖平地，暫不進剿。並注意情報，及加強宣傳工作。

四、九……

所附〈案內狀〉及〈附記〉均係日文。今省略不錄。

《選輯》三，頁281。

53.陳卯(四月)真(十一日)36總戰一字4841號代電

高雄要塞彭兼司令。

據報：本省南部綏靖情形「如文」等情。查大軍到臺，流氓匪徒，多化整爲零，潛匿鄉野，僞裝良善，魚目混珠。綏靖期間，城市控制重要，鄉鎭治安，尤爲迫切。希不憚繁勞，軍事宣傳，積極並施，以臻周密，爲要。

兼總司令陳。卯(四月)眞(十一日)總戰一。

三十六年四月十一日封發

《選輯》三，頁141。

54.陳卯(四月)文(十二日)36總戰一字第4890號代電

臺灣南部綏靖區彭兼司令
卯(四月)東(一日)孟綏參字第161號代電暨附件均悉。附件存。
兼總司令陳。卯(四月)文(十二日)總戰一。

《選輯》三，頁218。

55.彭卯(四月)皓(十九日)36孟綏副字第5655號代電

臺北臺灣省警備總司令部兼總司令陳鈞鑒：
寅(三月)艷(二十九日)總法督電□悉。謹將本部拘捕人犯，截至三月底止之現押及判決保釋放各人犯，造具名冊各二份，電呈鑒核。
臺灣綏靖區兼司令彭孟緝□□。卯(四月)皓(十九日)南綏副法印，附呈名冊十本。

《選輯》六，頁344。

56.陳卯(四月)梗(二十三日)電

南部綏靖區彭兼司令。8317密。機密。
茲因本省行政機關改組，難免歹徒乘機鼓動，妨礙治安。為求保境安民，各綏區應嚴密戒備，綏靖清鄉工作更應積極辦理，以無負守土之責，為要。
陳。卯(四月)梗(二十三日)總戰一。

《選輯》三，頁156。

57.陳卯(四月)敬(二十四日)電

即刻到。高雄要塞彭兼司令。密
據報，布袋及東石兩地暴徒，各約卌餘，因該地清鄉，緊張逃亡屏東，希注意防範，並偵緝為要。
兼總司令陳。卯(四月)敬(二十四日)總戰一

《選輯》三，頁132。

58.陳卯(四月)寢(二十六日)36總法督字第5655號代電

南部綏靖區彭兼司令。□。
孟綏副字第0451號(36)卯(四月)皓(二十九日)代電及附件均悉。冊列人犯，未

據遵照本部寅(三月)艷(二十九日)總法督電規定，將拘捕及現押與已判決人犯，詳列姓名、案由、逮捕機關、處理情形，無憑彙辦。合亟抄發冊式電，希剋速查填報核，毋延爲要。原冊發還。
兼總司令陳。卯(四月)寢(二十六日)

總法督附發冊式一份，原冊十本
辦理暴動案件人犯名冊

姓名	年齡	籍貫	職業	送案日期	解送機關	案由	辦理情形	備考
附註	1.保釋人犯，應於辦理情形欄載明交保原因及日期。 2.現尚在押人犯，應於辦理情形欄載明尙未結辦原因及現時進行方法。 3.已決人犯，應將判決情形列載於辦理情形欄。							

《選輯》六，頁342。

59.彭卯(四月)儉(二十八日)36孟綏參字561號代電

臺北警備總司令部兼總司令陳鈞鑒。
爲防奸匪乘隙竄擾，確保地方安寧起見，本部特擬定高雄市緊急戒嚴演習計劃，於本(四)月二十六日實施。謹檢同緊急戒嚴計劃一份。敬請備查，爲禱。職彭孟緝叩。
卯(四月)儉(二十八日)參。附呈演習計劃各一份。

附臺灣南部綏靖區司令部命令。四月二十三日，壽山司令部。

高雄市緊急戒嚴演習計劃

《選輯》三，頁143-148。

附件均省略不錄。

60.陳卯(四月)艷(二十九日)巳36總法字第5921號代電

南部綏靖區彭兼司令。密。
查綏靖清鄉工作即將結束，爲求安定民心，早復常態起見，除(一)叛亂在逃首要；(二)奸僞份子；(三)不法流氓首領等，得繼續逮捕訊辦外，其餘均可從寬辦理。至已捕人犯，亦希從速訊判，並限五月底以前清理完畢，爲要。
陳。卯(四月)艷(二十九日)巳總法。

三十六年五月一日封發。

《選輯》一，頁398。

61.陳卯(四月)艷(二十九日)午36總法字第5920號代電

南部綏靖區彭兼司令。密。
據報：近有軍公人員藉此次事變，個人行李稍受損失，竟私自成集團，向當地人民鄉鎮□□□參議會等，要求賠償等情，殊屬不法至極。希即查明，如有此等不法軍公人員，著即予扣押，解部訊辦，爲要。
陳。寅(四月)艷(二十九日)午總法

《選輯》一，頁399。

62.陳辰(五)江(三日)電

南部綏靖區彭司令。
卯(四月)儉(二十八日)孟秘參561號代電及附件均悉。准予備查。
兼總司令陳。辰(五月)江(三日)總戰一

附：蔣辰(五月)梗(二十三日)電令彭，彭辰(五月)迴(二十四日)覆電，及蔣辰卅日復電
彭警備司令。8549密。
臺省各地雖已逐漸恢復常態，惟對於事變時散失槍枝之收集、在逃人犯之緝捕及已拘人犯之審訊，仍應切實辦理，希隨時商承魏主席妥辦爲要。
中正，辰(五月)梗(二十三日)府交印
　　三十六年五月二十四日譯就

《選輯》六，頁592。

南京主席蔣鈞鑒　辰梗府交電奉悉。8549密。
本省事變時散失槍枝，經前總部制定收繳及獎罰辦法，由各綏靖區負責執行。截至辰(五月)哿(二十日)止，已收回步騎槍超過原損失，多216枝。除手槍較多損失外，餘均大部收回。銑(十六)日魏主席蒞任，囑解除戒嚴，當將各綏靖區改爲警備區，仍分區積極辦理綏靖未了事宜。在逃人犯亦經通飭繼續嚴緝，並積極審訊已拘案犯。所有前總部及本部奉准歸由軍法審判案件，已全部清結。其未能結辦而案情較輕者，自銑(十六)日解除戒嚴後，即分別移送管轄法院，繼續偵辦，仍與法院密切保持聯繫。均分別電報國防部有案。一切當遵電示，隨時商承魏主席，妥切辦理。乞舒廑念。謹電復察核。臺灣全省警備司令

彭○○辰(五月)迴(二十四日)法督

《選輯》六，頁589

彭警備司令。

辰(五月)迴(二十四日)法督電悉。

中正，辰(五月)卅府交

《選輯》六，頁703。

四、再論彭孟緝與高雄事件真相(二稿)

拙著〈彭孟緝與高雄事件眞相〉，已印入2002年《高雄研究學報》(頁77-92)。該文意在證明彭孟緝《回憶錄》所收彭與陳儀來往的電報係僞造，並據警總檔案所收三月一日至四日、六日至七日電報，簡單說明彭之出兵平亂是正當的。

警總檔案已印入中央研究院近代史研究所所編《二二八事件資料選輯》第一、三、四、五、六等冊。檔案印行時，不便更動原檔的分類和次序，只好於每卷卷首編一簡目，並將原檔模糊處，打字註明。檔案所收彭孟緝與陳儀來往電報，其次序是亂的。頃由《二二八事件資料選輯》第四冊(頁521)，找到彭三月五日給陳儀的電報，塡補了此一重要缺口。遂使我動念，根據《警總檔案》、《大溪檔案》，深入探討高雄事件的經過。

謹選錄警總檔案所收彭與陳儀來往電報24通，然後討論：對高雄事件各種不同的記載之可以商榷處。我所用的方法仍是沿襲黃宗羲及萬斯同的「國史(包含檔案)取詳年月，野史(包含口述歷史、回憶錄)取詳是非，家史取詳官歷」。以野史家乘補檔案之不足，而野史的無稽、家乘的溢美，以得於檔案者裁之。

1

所選錄彭陳來往電報24通，即本書第三篇所收1-21、27、28及第41通電報，今省略不印。

2

將彭陳來往電報編年，然後審核高雄事件各種不同的記載。今選錄所撰考證數則於下：

(2-1)彭《回憶錄》未書陳儀〈寅(三月)東(一日)巳電〉令彭負責嘉義以南指揮

彭《回憶錄》(頁58)說，他在二二八當晚即開始「秘密調整部署，著手嚴密戒備」。《回憶錄》並說：

> 三月二日上午，……集中一個步兵大隊的兵力於壽山，準備應付突發事件。……
> 上午，我派王參謀長親赴鳳山，會晤獨立團戴副團長，切取聯絡。戴說：「輸送營原係由一個步兵營改編而成。……改編爲輸送營以後，就沒有充足的武器了。」……
> 於是王、戴，急往五塊厝會見軍械總庫趙總庫長。……趙說：「非有供應局長的命令，我無權發給武器彈藥。」……王參謀長毅然說：「責任由高雄要塞司令擔負。……」隨即拿我的名義，命令軍械總庫發給輸送營步槍五百枝、重機槍十六挺、輕機槍三十六挺、迫擊砲八門，配附必要的彈藥，限當日正午十二時前補充到營。

按：彭爲高雄要塞司令，職司高雄海防。彭《回憶錄》僅記三月四日陳儀任彭爲臺灣南部防衛司令。如果沒有陳〈寅(三月)東(一日)巳電〉令，彭負責嘉義以南治安指揮，彭怎麼可能在三月四日之前即「秘密部署，嚴密戒備」呢？故陳寅東巳電令，《回憶錄》不可省略不書。

《警總檔案》〈陸軍整編二十一師對臺灣事變戡亂概要〉：

> 三月一日，……留於鳳山附近該團之一部〔團直屬隊及一營(欠兩連)〕，奉警總〈寅(三月)東(一日)巳戰一電〉示，歸高雄要塞司令部指揮。爲增強兵力，適應機宜，乃向十九軍械庫商借步槍二百八十六枝、手提機槍五十四挺、輕機槍七十四挺、手槍四十支、擲彈筒五具，將輸送連、通信排、衛生隊予以裝備，編成戰鬥營，以加強戰鬥力量[1]。

1 《二二八事件資料選輯》(一)，頁189。

則將輸送連、通信排、衛生隊改編爲戰鬥營，係三月一日事。《回憶錄》記爲三月二日改輸送營爲戰鬥營。該營裝備武器亦與〈戡亂概要〉所記不同。〈戡亂概要〉係由二十一師參謀課編製，於三十六年七月遞呈警總。恐應以〈戡亂概要〉所記爲是。拙著〈彭孟緝與高雄事件眞相〉，誤據彭《回憶錄》立說，今謹訂正於此。

(2-2)彭《回憶錄》隱諱彭之同意「政治解決」不書

嘉義市三日發生暴動，陳四日辰時電令彭，「應設法以政治解決。……應致力領導民眾，以民眾克服民眾，始有效果」。三日酉時，高雄市區暴動，三月四日未時彭電呈陳，「職決以政治方法處理，會同市政府市參議會，安定秩序，處理善後辦法中」。

所謂「以政治方法解決，以民眾克服民眾」，即「會同市政府市參議會，安定秩序，商討善後辦法」。

三月四日，暴徒竟公舉代表，逼同市長至憲兵隊，威脅繳槍，圍攻該隊，竟夜不逞。五日，憲兵隊突圍，集結壽山高雄要塞司令部。這可見彭「會同市府及參議會處理善後辦法中」找不到善後辦法，就是有，亦毫無效果。三月三日，彭尚派兵，爲憲兵隊解圍，四日竟任令暴徒圍攻憲兵隊，竟夜不逞，可能與三日晚六時柯遠芬的廣播，命「軍隊一律移回營房」有關。

四日申時，陳儀任命彭爲臺灣南部防衛司令。酉時電令彭，守鳳山五塊厝，及考潭各軍械庫。必要時與倉庫共存亡，否則以軍法論處。彭《回憶錄》未書陳儀四日酉時這一電令。

三月五日，海軍第三基地司令部司令黃緒虞少將派錢參謀長與彭議定應付方針：

> (一)、確守各地倉庫。(二)、注重民意以圖政治解決。(三)、要塞兵力集於壽山者近二千人，尚感不足，非不得已時，不發槍砲。但必要時，必須堅守壽山、左營二據點。調(要塞司令部)第二總臺駐新莊部隊，駐半屏山，以增左營實力。第二總臺兵力歸本部指揮[2]。

2 《警總檔案》〈海軍第三基地司令部處理臺灣事變經過報告書〉，見《二二八事件資料選輯》(三)，頁263。

彭五日晚戌時，電呈陳：

……

(三)、職現擬固守壽山，……等市區要點及倉庫，因良莠分別，撲滅困難，擬懇速謀有效解決。

(四)、今日與黃市長設法晤商，共謀政治方法解決此事，祈電示遵。

彭此電發出應在與左營海軍基地司令部議定應付方針之後。

此電言及「良莠分別，撲滅困難，懇速謀有效解決」，當暴徒攻擊倉庫守軍時，應不發生良莠分別問題。但如欲根絕禍患，則需乘勝追擊，或主動出擊，此時即發生良莠分別不易的問題。故彭請陳儀速謀有效解決方法。

由於有此一困難，而且彭兵力不足二千人。兵力薄弱，故彭〔寅(三月)微(五日)戌電〕仍言及「今日與黃市長設法晤商，共謀政治方法解決，祈電示遵」。

彭七日呈陳電，尙言：「屛東暴亂，高雄黃縣長今午來部，已面囑以政治方法處理。」此可證彭之於六日出兵平亂，實由涂光明上山，要求彭繳械，及交出鳳山軍械庫，彭是被迫而出此。

彭幕僚所撰〈二二八事變之平亂〉責備陳儀政治解決之失策，故彭《回憶錄》即隱諱彭之遵命政治解決不說。〈平亂〉責陳儀「軟弱怕事」，故《回憶錄》隱諱陳之命彭負責嘉義以南治安指揮，令彭與倉庫共存亡不書。這都是想美化、凸出彭的功勞。我們應根據檔案，秉筆直書。

(2-3)論民國八十年，彭孟緝說，他敉平高雄變亂，係軍人奉命行事。

〈二二八事件之平亂〉及彭《回憶錄》僅強調彭的專斷獨行，將在外君命有所不受。民國七十六年，民進黨人重翻二二八舊案，斥彭爲兇手、屠夫，彭在民國八十年遂向臺灣省文獻委員會編纂李宣峰提供一短文，說：他「敉平變亂」，係「軍人奉命行事」[3]。

陳儀爲臺灣省行政長官公署長官兼警備總司令，在臺陸海空軍均須聽其指揮。由今存警總檔案看來，彭孟緝的確遵陳的命令行事。而三月六日彭之出兵平亂，確係彭專斷獨行。

3 《二二八事件文獻輯錄》，頁430-432。

陳三月四日辰時電令彭政治解決，四日酉時電令彭守倉庫，需與倉庫共存亡，並未命彭出擊。

彭三月五日戌時電呈陳：

> ……
>
> (三)、良莠分別，撲滅困難。……
>
> (四)、共謀政治方法解決，祈電示遵。

此一電報三月七日十時卅分呈閱，陳儀批示：「斷然處置。」此因三月五日十八時十分蔣有電與陳，言及「已派步兵一團及憲兵一營，限七日由滬啓運」。陳儀認爲：以政治方法解決高雄叛亂已不可能，故陳儀在三月七日作此批示。

檔案所收彭三月五日電文的右上角有「徐參謀辦」四字，係陳儀批示「斷然處置」後，由徐參謀草擬覆電。覆電擬妥，需交陳覆判，然後由警總機要室譯電組譯爲密碼發出。此一流程需花不少時間，而彭三月六日收復高雄市政府火車站的電報，警總於三月七日廿一時十五分譯出呈閱，陳儀於亥時立刻覆電嘉獎，此一「斷然處置」的覆電遂無需發出，故警總第三處第一科即將「徐參謀辦」四字圈去，而加註「一科、三、八、梁參謀存」八字，並鈐第三處處長「盧雲光印」。在三月八日，由梁參謀將彭三月五日電文存檔。

彭三月六日電文說：

> 職爲防不測，不得不作斷然處置。本日下午二時收復城區各要點。

彭之作「斷然處置」，顯在三月七日陳作此一批示之前。故由警總檔案，可以證明，彭之出兵平亂，非「奉命行事」。

《大溪檔案》三十六年四月十七日國防部長白崇禧上簽呈蔣，稱讚彭「獨斷應變，制敵機先」，即與史實相符。

彭氏所提供此一短文說：

> 本人奉派高雄要塞司令兼南部防衛司令，職責所在，理當確保地方治安，阻遏暴動擴大，故必須及時敉平動亂，俾免滋蔓難圖。……
>
> 嘗自檢討，軍人奉令行事，且處置允當，弭禍及時，未使事態擴大，

迭奉層峰嘉獎在案。至於是非功過，留待史評，吾不介意。……略述梗概，以供參考。

彭氏之出兵平亂，也確實盡了他的職責。

民國七十八年柯遠芬撰〈臺灣二二八事變之眞相〉，謂彭之出兵平亂，係遵照層峰指示，「如暴徒侵犯軍事，應以軍力平息暴亂」。按：蔣係在二二八當天在電話中對陳儀作此指示。因蔣的指示還包含「在政治上退讓，儘可能採納民意」，不利於陳。陳儀遂將蔣的指示隱沒不宣，直至三月五日始告知柯(余別有考)。

此一指示係蔣陳之間的高度軍事機密，彭孟緝何由知之？如果彭在三月六日知有此一指示，何至於自認爲「專行獨斷」、「將在外君命有所不受」，故知柯遠芬此說不妥。

(2-4)論《警總檔案》〈臺灣暴動經過情報撮要〉所記三月五日所獲情報不實

《警總檔案》所收〈臺灣暴動經過情報撮要〉係記三十六年二月二十八日至三月十日所獲情報。其中記：

高雄方面：三月五日晚，暴徒萬餘圍攻要塞及一〇五後方醫院，經要塞部隊擊退，並俘獲主犯八名，從犯百餘名，繳獲步槍十三桿、重機關槍一挺。

按：「俘獲主犯八名，從犯百餘名，步槍十三桿、重機關槍一挺」係三月六日彭收復高雄市政府時事，見彭三月六日給陳電報。〈情報撮要〉所記誤。

臺灣省行政長官公署編〈臺灣省二二八暴動事件報告〉已發現此處有誤，遂予以刪除。但仍不知所刪除的係三月六日所發生的事[4]。

後此警總所編《臺灣省二二八事變記事》，頁18；憲兵司令部《二二八事件的眞相》，頁61-62[5]，都說三月五日群眾萬餘人進攻高雄要塞。白崇禧三十

4 此報告已印入陳芳明《臺灣戰後史資料選》，頁174。〈臺灣暴動經過情報撮要〉，見《二二八事件資料選輯》四，頁460。

5 《二二八事件文獻續錄》，頁192。

六年三月二十七日廣播，亦言及「暴民圍攻高雄要塞」，均源出於警總所編〈情報撮要〉。

彭三月五日戌時發出的電報未提及該日要塞司令部遭暴徒圍攻。此可證〈情報撮要〉所記誤。情報機構所獲情報，有時正確，有時錯誤，這一點是我們利用檔案時應注意的。

《警總檔案》〈廿一師臺灣戡亂概要〉記三日暴徒四百餘圍攻高雄一〇五後方醫院，四日暴徒七百餘圍攻，五日劉副營長率兵兩排來解圍。五日圍攻醫院之暴徒亦不可能萬餘人。行政院版《二二八事件研究報告》將「暴徒萬餘圍攻要塞」，改「萬餘」爲「數百」，仍係錯誤。

《二二八事件研究報告》定本(頁115)採信〈王作金先生訪問紀錄〉，謂四日暴徒未圍攻醫院，劉副營長係往高雄巡視，而非解醫院之圍。與《警總檔案》〈廿一師戡亂概要〉所記不合。

王作金係二十一師第三營第七連連長，奉命防守高雄一〇五後方醫院。〈廿一師戡亂概要〉所記應源出於王作金給何軍章團團部的報告。

王作金「不想影響臺灣本省人與外省人的團結和諧」[6]，乃有此曲筆。我們不可因〈王作金先生訪問紀錄〉爲當事人述親身經歷[7]，即不加審核，輕易採信。

(2-5)論〈二二八事變之平亂〉所記三月四、五日彭以七五砲八門轟擊體育場示威

按：三月四日彭電報說：「職決以政治方法處理，會同市政府、參議會，安定秩序，處理善後辦法中。」五日戌時電報說：「今日與黃市長設法晤商，共謀以政治方法解決此事。」在三月四日、五日，怎麼會有砲轟體育場之事？

彭《回憶錄》的寫作，我已證明在〈二二八事變之平亂〉後。《回憶錄》省略此事不書，係以〈平亂〉此處所記不實，故予以刪去。

《二二八事件研究報告》定本(頁117)採信〈平亂〉所記，即失之不考。

(2-6)論暴徒上山談判僅六日一次，五日未上山。而彭也無七日原定拂曉出兵的計畫。

6 〈王作金先生訪問紀錄〉。《高雄市二二八相關人物訪問紀錄》下冊，頁256。
7 〈陳桐先生訪問紀錄〉。《高雄市二二八相關人物訪問紀錄》下冊，頁225。

〈二二八事變之平亂〉記：

> 五日，暴徒脅迫市長黃仲圖及議長彭清靠，電力公司總經理李佛續等赴要塞，作無理之要脅。
>
> 六日，暴徒首領涂光明、范滄榕、曾豐明等挾持高雄市長黃仲圖、議長彭清靠、電力公司總經理李佛續等三人至要塞，提出和平談判十一條。(《選輯》一，頁125。)

彭《回憶錄》說：

> 三月五日午後二時，暴徒涂光明、范滄榕等，以涂光明爲首領，脅迫高雄市長黃仲圖、議長彭清靠、副議長林建論、電力公司經理李佛續等，同來壽山司令部找我商談和平辦法，他們要求我無條件撤去守兵。地方治安和社會秩序，由所謂學生軍來負責維持。一派胡言，態度狂妄。
>
> 我明知和他們商談，不會獲致任何結果，但因爲我正在暗中加緊準備，決定在七日拂曉開始全面行動。爲了保守機密，乃故意虛與敷衍遷延，表示可以考慮他們提出的要求，要他們回去再徵求大家的意見，進一步商討具體可行的妥善辦法，相約於次日再來司令部共同商談。
>
> 三月六日上午九時，以涂光明爲首的所謂和平代表團，分乘兩部轎車，插大白旗，駛入我司令部。……
>
> ……涂等首先提出他們業已擬好的和平條款九款，要我接受。

今按：彭三月五日戌時給陳的電報說：

> 職現擬固守壽山，……等市區要點，及各重要倉庫。因良莠分別，撲滅困難，擬懇速謀有效解決方法。今日與黃市長設法晤商，共謀政治解決事，祈電示遵。

在五日下午二時怎麼會有涂光明脅持黃市長彭議長上山商談之事？

在五日戌時尚著重政治解決，祈電示遵，怎麼會有原定七日拂曉出兵的事？

而且據〈李佛續先生訪問紀錄〉，他僅在六日上山一次。黃市長的〈高雄市二二八事件報告書〉說：

> 五日，市參議會乃自動依照臺北組織委員會，由議長分別兼任正副主任委員，本府已根本不能執行職務。……
> 六日上午九時仲圖方擬赴司令部請示制壓辦法，突被暴徒數十人手持槍刀及手榴彈擁入本府，……持械迫市長與參議會議長居先率赴司令部。

黃氏也只說六日上山，未說五日與議長上山。

〈二二八事變之平亂〉寫作在前，《回憶錄》寫作在後。《回憶錄》僅改正和平談判十一條爲九條。而涂、范、曾、黃仲圖、彭清靠上山兩次，則仍因襲〈二二八事件之平亂〉的錯誤[8]。

陪同上山談判和平的官方人員，〈平亂〉未言有副議長林建論，而《回憶錄》則有。據〈彭孟緝先生訪問紀錄〉，彭爲了寫作《回憶錄》，上山是否有林建論，曾與彭的幕僚有爭論，至許雪姬訪問彭孟緝時，彭始承認，上山的官方人員未有林建論在內。據〈郭萬枝先生訪問紀錄〉[9]，林在國軍收復高雄市政府時，跳過市政府後面的籬笆，躲到妓女戶的床底下，遂逃過此一劫。

〈二二八事變之平亂〉與彭《回憶錄》均強調將在外君命有所不受，遂隱諱彭三月四日、五日、七日主張政治解決的電報不提。爲了要渲染他的獨斷專行，及將在外君命有所不受，在《回憶錄》中遂臆造七日出兵的計畫。這是與檔案所收彭三月五日的電報不合，是不可輕信的。

《二二八事件研究報告》定本，頁117，對彭《回憶錄》此處所記亦完全

---

8 按：據本書卷一之下〈簡介高雄事件新資料八種〉，則五日黃仲圖、林建論上山，六日，黃仲圖、彭清靠、林界、林澄增、廖得、李佛續、涂光明、范滄榕、曾豐明九人上山，黃仲圖〈高雄市二二八事件報告書〉無說明他五日上山的必要。又李佛續亦上山兩次。《國史館藏二二八檔案史料》，頁135，收三十六年四月六日南部防衛司令部代電，亦言：「李佛續於三月五六兩日來部，確係商量員工食糧及供電問題。」〈李佛續先生訪問紀錄〉亦無說明他五日上山的必要。

9 《高雄市二二八相關人物訪問紀錄》下冊，頁40。

採信，此亦由於《研究報告》作者未見彭三月五日的電報，才會如此。

李佛續的職銜，〈平亂〉記爲電力公司總經理，《回憶錄》改爲經理。按：〈李佛續先生訪問紀錄〉，李自言係電力公司辦事處主任。此處應以李氏〈訪問紀錄〉所記爲正。

(2-7)論黃市長係被挾持上山；彭清靠在六日未被綑綁；涂光明上山談判帶有手槍。係暴徒向彭提和平條件，而非黃市長提；黃市長與彭議長係六日下山，而非七日。

按彭三月六日的電報說：「該暴徒首領要挾黃市長等，竟向職提出接收鳳山倉庫及軍械，無異要求繳械，同時持槍竟圖行刺。」則黃市長上山係被逼迫。

該電既言「要挾黃市長等」，有一「等」字，則參議會議長彭清靠之上山，亦係受挾持。在六日電報既認其被挾持，則六日即不會被綑綁。而且三月六日同行上山的有李佛續。〈李佛續先生訪問紀錄〉說：

> 中飯後，士兵們便打下山。……下午四五點左右，彭司令……告訴我們，他已派兵維持地方秩序。……市長、議長及警察局長童葆昭三人可以下去治安了。

則議長是隨同黃市長下山的。彭明敏爲彭清靠之子，竟說他父親被綑綁一晚[10]，這是與史實不合的。

《二二八事件研究報告》說：

> 七日，……所有行動都結束後，彭孟緝才將市長、議長、李佛續放回。(定本，頁120)
>
> 〈李佛續先生訪問紀錄〉認爲是六日下午被放回，可能有誤。(定本，頁182)

《研究報告》的根據是彭《回憶錄》僞造的三月七日電：

10 〈彭明敏口述紀錄〉，見《二二八事件文獻補錄》，頁154。

虞(七日)午收復第一中學，並釋回僞和平代表之黃市長、議長等返任安民。

而警總檔案所收眞的彭三月六日電報說：

高雄市府能控制市區，由黃市長負責。憲警經職整頓補充，亦已開始回原防執行任務。工商首長亦已歸還處理業務。

眞的三月六日電報說，黃市長六日下山。《回憶錄》的僞電說：七日釋回黃市長等返任安民，與眞電報牴觸，此亦可以證明《回憶錄》該電爲僞。

彭〈回憶錄〉說：「涂光明提出和平條款九條，要我接受。」八十二年四月，賴澤涵、許雪姬訪問彭孟緝，彭即指出：「行政院版的《二二八事件研究報告》說市長提出條件，是錯誤的。」正確的說法是：「涂光明提出條件。」彭的辯解仍不爲《研究報告》定本(頁118)所接受。

今考：彭三月六日電：

該暴徒首領要挾黃市長等，竟向職提出接收鳳山倉庫及軍械。……

則條件係涂光明向彭提出。《回憶錄》所記可信[11]。

《研究報告》定本不僅說黃市長係自願上山，和平條款係黃市長向彭提出，而且說，涂上山談判，未帶有手槍[12]。

按：彭三月六日電報說：「暴徒……持槍竟圖行刺。」〈二二八事變之平亂〉定稿說：「暴徒涂光明突用暗藏於西裝上衣內之手槍謀刺彭，幸爲我在場之副官劉安德少校制服，暴徒就擒。」《回憶錄》說：

這種彷彿出自戰勝者口吻的(九)條件，我看完了以後，就怒不可遏的光起火來，「豈有此理，這簡直是造反」。衝口而出，就在這俄頃之

11 據本書卷一之下新資料，此九條件係黃仲圖、彭清靠受涂光明之逼迫，在壽山司令部談判時，由彭清靠提出。

12 據本書卷一之下新資料，軍事法庭對涂光明之判決書，即明寫「手槍一把，子彈七顆沒收」。

> 間，涂光明已探手脅下，拔出手槍企圖向我射擊；副官劉少校眼明手快，自後撲向涂匪，死力抱住。室外官兵聽到了聲音，登時一湧而入，將暴徒一一逮捕。

〈平亂〉定稿所記，與《回憶錄》及彭三月六日電報合。

《研究報告》定本(頁180)見〈平亂〉初稿有「幸中桌角未中人」七字[13]，而《回憶錄》又說「涂手槍射擊技術能指雀打雀」，若如此不可能一發不中。因而認爲《回憶錄》所記可疑。

按：彭幕僚所撰〈平亂〉之寫作在前，而彭《回憶錄》的寫作在後。〈平亂〉定稿刪除「幸中桌角未中人」七字，係因其與三月六日的電報「暴徒持槍竟圖行刺」不合。如已發槍中桌角，則是已行刺，不能說是「竟圖行刺」的。

定稿作者已將初稿不妥處改易。定稿所記與《回憶錄》並無不合。不得據初稿所記而懷疑《回憶錄》所記。

《研究報告》定本不信涂帶有槍，其另一理由是：〈李佛續先生訪問紀錄〉引李氏說：

> 當時沒見到涂開槍，也沒有看到槍。

按：〈李佛續先生口述〉見臺灣省文獻委員會所編《二二八事件文獻輯錄》，頁432-434，係民國八十年李氏口述，無「當時沒見到涂開槍，也沒有看到槍」十四字。民國八十年六月二十九日，許雪姬〈李佛續先生訪問紀錄〉始有這十四字。這顯然是許雪姬訪問李佛續，然後李佛續說，「當時沒見到涂開槍，也沒有看到槍」，許氏遂將它記入〈訪問紀錄〉。《研究報告》定本也就以此作爲涂光明未帶槍的證據。

當時涂持槍竟圖行刺，從脅下拔槍而爲彭的副官所抱住，李佛續當然未見到涂開槍。涂自脅下拔槍即被人抱住，急切之間，李當然也可能未看到涂所持的手槍。而李氏所描述在會議室中談判的情形：

> 眾人眼光望向居中的彭司令，突然間有軍人高喊「有刺客」、「有槍」、「槍斃他」、「竟然帶槍要打彭司令」。

---

13 初稿見《高雄市二二八相關人物訪問紀錄》上冊，頁32。

正親歷其境者始能有此生動描述。而此亦足以證明彭三月六日的電報「持槍竟圖行刺」之爲眞實史實。而許雪姬欲在〈訪問紀錄〉中，要李氏答覆她的問語，而說，「未見到涂開槍，也未見到槍」，欲以此替涂光明洗刷，眞是大可不必了。

《研究報告》定本寫作時，未自警總檔案發現彭三月六日眞電報。該電報說：「暴徒持槍竟圖行刺。」在三月七日高雄要塞司令部軍事法庭審判涂光明時，此一手槍即需呈堂。於審判後，可歸彭保有，作爲重要紀念品。此一手槍的照片見《二二八事件文獻輯錄》，並曾在電視上亮相。

彭三月六日電報說：「暴徒持槍竟圖行刺。」在三十六年三月六日，彭無扯謊的必要。

民國八十年彭向文獻委員會提供短文，說：

> 涂光明持槍，……另有二人(范、曾)胸前各掛二顆手榴彈。

按：彭三月六日電報僅說：「暴徒持槍竟圖行刺。」未說暴徒帶有手榴彈。彭幕僚所撰〈二二八事變之平亂〉及彭《回憶錄》也未說暴徒帶有手榴彈。當時隨同市長上山的李佛續，在〈訪問紀錄〉中也說：涂被補後，士兵搜上山代表的身，「結果，留在室內的其他人，無人帶武器」[14]。

說范曾二人各帶二顆手榴彈，我不知手榴彈如何能隱藏於西服上身，隨身帶入談判會場，而不爲人發現。而且手榴彈係中距離攻擊武器，不宜在會場近距離使用。以情理判斷，范曾二人上山應未各帶有二顆手榴彈。

如果各帶有二顆手榴彈，當涂拔槍竟圖行刺被捕時，范曾二人爲什麼不投手榴彈，讓大家同歸於盡？卻反安坐會場，靜待彭的士兵搜身逮捕？

因此，我認爲，彭之造爲此說，係爲了應付當時的政治環境。在高雄事件平定後，高雄民間斥彭爲屠夫。對涂持槍處死，而范曾二人僅與涂同行上山亦處死，可能表示不滿，彭爲了增強其槍決二人的正當性，遂造爲此說。彭即忽略：當年高雄要塞司令部軍事法庭處涂范曾三人死刑，係因他們三人「共同首謀暴動，意圖顚覆政府，而著手實行」。只要范曾二人與涂一同上山，即係共同首謀。不需范曾二人帶有手榴彈，才算「共同首謀」的。

八十年十二月二十八日賴澤涵在臺北訪問彭，賴所撰〈彭孟緝將軍訪問

14 《高雄市二二八相關人物訪問紀錄》上冊，頁31。

錄〉說：「涂光明等三人攜手槍於衣之內部，被發現而後槍決。」〈訪問錄〉似認爲范曾二人亦帶有手槍，與彭上一短文各帶二顆手榴彈之說不同。

八十二年四月八日賴澤涵、許雪姬訪問彭。〈彭孟緝先生訪問紀錄〉收入許雪姬所編《高雄市二二八相關人物訪問紀錄》上冊。由於民進黨人稱陳儀、柯遠芬、彭孟緝、史宏熹等四人爲二二八事件元兇，因此，彭在這一〈訪問紀錄〉中，又改口說，「他下山平亂，係應市長黃仲圖的請求」[15]。

他以黃仲圖三十六年三月向閩臺監察使楊亮功提交的〈高雄市二二八事件報告書〉爲證。黃的報告書說：

> 六日上午九時，仲圖方擬赴司令部請示鎮壓方法，突被暴徒數十人手持槍刀及手榴彈擁入本府，辱罵市長。暴徒首領涂光明等並提出非法條件，向國軍作越軌要求，持械迫市長與參議會議長，居先率赴司令部。仲圖處此窘境，原已置生命於度外，惟念及事態至此，非請國軍維持秩序殆不可收拾，乃暫從權變，于登壽山後，即乘機商請彭司令迅佈戒嚴令，派兵下山鎮壓，並請將該暴徒首領拘留法辦，幸賴彭司令之果斷處置，計劃周詳，諸將士之深體時艱，忠貞出(用)命，于當日下午二時下令攻擊，一小時內即控制市區及火車站。

以彭三月六日眞電報校之，彭是在下午二時收復高雄市政府、憲兵隊及火車站，然後「即日宣佈緊急戒嚴」的。彭如果下山兵敗，即不可能下戒嚴令；在下山之前，也不可打草驚蛇，先宣佈戒嚴令，而使敵人有所準備。故黃敘「請彭迅佈戒嚴令」於「派兵下山鎮壓」之前，與事理不合，也與史實不合。倒是彭克復市區後，命黃及工商首長下山，黃與彭言及應迅佈戒嚴令，這倒是可能的[16]。

〈陳桐先生訪問紀錄〉說：

> 司令部的衛兵發現涂光明正要從其西裝中做探囊取物的動作，立即後

15 〈彭孟緝先生訪問紀錄〉，《高雄市二二八相關人物訪問紀錄》上冊，頁113，118。

16 據本書卷一之下新資料第六種，三月八日黃市長、彭議長呈陳儀電，則黃仲圖、彭清靠係要求戒嚴再派兵鎮壓。而派兵鎮壓，再宣佈戒嚴，則係彭孟緝決定。不能因黃市長要求不妥，就否定其曾提此要求。

> 面抱住涂光明，……及時阻止了這項流血活動。彭孟緝司令在一陣慌亂中，告訴黃仲圖：「現今這個情形，要怎麼辦？」市長就回答：「現在所有的人都在市政府開會，你們下去看吧！」於是彭下令軍隊下山，並交待部下最好不要開槍。因此，三月六日，軍隊就沿著大公路開到市政府。

陳桐是高雄市黨務指導員。在涂、范、曾三人伏法之後，曾與黃市長二人具名發布〈告高雄市民眾書〉[17]，則他在〈訪問紀錄〉中敘述三月六日談判破裂後的情形，可能是黃告訴他的。

市府被暴徒武裝占領，市長無法行使職權，在涂、范、曾三人被拘留之後，黃爲市府計，也應請彭將此三人法辦，並請彭出兵收復市府。

我們不可因黃請彭下山鎭壓，而認爲：彭在此時始有出兵的的動機。

陳桐說：衛兵抱住涂光明之後，彭曾一陣慌亂。今按，彭於三月五日戌時電陳，「因良莠分別，撲滅困難，擬懇速謀有效解決。今日與黃市長設法晤商，共謀政治方法解決此事。祈電示遵」。在六日尚未得陳覆電指示，即遭逢涂上山，要求「接收鳳山倉庫及軍械，無異要求繳械，並持槍竟圖行刺」。彭在副官劉安德抱住涂光明之後，曾一度慌亂，這也是近乎情理的。

由彭〈寅微戌電〉看來，彭對用兵，及政治解決，均無把握，故向陳請示對策。而在六日，則因涂提出要接收鳳山倉庫及彭繳械這種無理要求，並持槍竟圖行刺。雙方既撕破了臉，也就迫使彭不等候陳覆電，即專斷獨行，出兵平亂了。

既欲用兵平亂，則在拘押涂范曾三人之後，也會探問黃上山之前的情形。而且據情理判斷，也只有在涂范曾三人被拘押之後，黃也才有時機向彭報告：「三月六日上午，涂率領暴徒數十人，手持槍刀及手榴彈，擁入市府，辱罵市長，並持械脅迫市長、參議會議長，赴高雄要塞司令部，提出非法條件。」

黃當然在這時也得告訴彭，他們上山之後，市參議員、處理委員會委員、區長及暴徒，正聚集市府開會，等候涂光明上山談判的結果。彭要收復市府，就得面臨「良莠分別」的問題，也只能如黃市長所說「下山去看」，故彭在命令部隊出發前，命部隊至市府「陣前喊話」，或「對天鳴槍」，「最好不打死人」。

---

17 《高雄市二二八相關人物訪問紀錄》下冊，頁227，有該告民眾書書影。

黃市長在當時可能只知「暴徒數十人持槍刀及手榴彈」占據市府。而暴徒在市府樓上陽台或屋頂架設重機槍，則可能由於涂是學生軍的總指揮[18]，在涂上山之後，由陳顯光所架設。陳國儒部可能不知有此，因此，在步槍射程外，陣前喊話，「要市府樓上的人趕緊下來離開」，即被暴徒出其不意，以重機槍從上向下掃射，重機槍射程遠，子彈又可以連發，致國軍傷亡十五名。這就爆發了無法辨良莠的戰役，如本文(2-9)所考。

彭三月六日的電報說：「暴徒毫無嚴密組織，一經接觸，即行崩潰。」此即言暴徒雖有臺籍日本兵在內，訓練精良，但有兵無官，仍係烏合之眾，故不堪一擊。

當時暴徒雖搶劫軍警武器，有重機槍，但子彈畢竟有限。〈二二八事變之平亂〉曾指出：事變之迅速敉平，由於日軍投降後，「所繳武器，均係分解而異地庫存」，亦即槍砲被分解與子彈亦不在一處，「故雖有爲暴徒所搶劫者，而不能使用」。遂認爲：「此一深謀遠慮之預防，頗足借鏡。」[19]其實，這是日本帝國主義防備臺籍日本兵在中國國軍登陸臺灣時的陣前起義，在二二八事件發生後有此一意外的效果。臺籍日本兵有在海南島陣前起義的，請參看朱麗珮〈抗戰時期海南島陣前起義臺灣義士事蹟初步調查報告〉[20]。

彭爲高雄要塞司令兼臺灣南部防衛司令，負維持臺灣南部治安的責任。即令係應黃市長的請求，但出兵仍得彭下令，仍得彭「專斷獨行」、「制敵機先」。八十二年四月，彭竟將他的出兵，推說是接受黃的請求，這應該是其時外界政治環境對他不利，他才會如此。

既將出兵的責任推給黃，於是在〈訪問紀錄〉中，又將「范曾二人各掛有二顆手榴彈」，說成是黃的檢舉了。

在〈訪問紀錄〉中，彭否認林界之死與他有關；說他不過問司法，不曉得有二二八事件嫌疑人犯調查委員會的組織；在三月三十一日國防部法規司司長何孝元主持的會議中，他未發言，這些均與警總檔案不合。在高雄事件中卓著功勳被蔣授以青天白日勳章的國軍英雄，爲了應付政治環境，在接受訪問時竟任意改變往日所說，支吾應對。他晚景淒涼，可憐亦可悲。

---

18 據資料八種所收軍事法庭判決書，涂自任學生軍參謀長，林慶雲任僞總指揮。

19《二二八事件資料選輯》一，頁139。

20 此報告收入臺灣省文獻委員會編《抗戰與臺灣光復史料輯要》，頁36-55。並請參看民國八十一年九月二十二日《中國時報》張平宜撰〈一百八十位海南島台籍義士血性堅持五十年〉。

拙著〈彭孟緝與高雄事件眞相〉曾指出《回憶錄》所收彭陳來往電報係僞造，而彭在接受訪問時，又可以任意改變往日所說。讀者很容易這樣想：焉知警總檔案所載彭陳來往電報，彭所言忠實而未騙人？

按：柯遠芬與彭不睦。柯在〈訪問紀錄〉中仍然稱讚彭辦事積極，肯盡責任。本文第一節，彰健據警總檔案所輯錄的彭陳來往電報，均屬原始資料，眞實可信，彭沒有稟報不實。因考論涂光明是否帶有手槍，謹附陳所見於此。

(2-8)論三月六日上山談判的有黃仲圖市長、彭清靠議長、涂光明、范滄榕、曾豐明五人。林界不在內。李佛續則因事隨同上山[21]。

林木順《台灣二月革命》(頁99)說，三月六日上山談判的爲黃仲圖、彭清靠、涂光明、曾鳳鳴、林介五人。

《二二八事件研究報告》定本(頁117)則謂，上山談判的爲黃、彭、涂、范(滄榕)、曾(豐明)、林(界)六人，李佛續則因事隨同上山。

今按：《警總檔案》所收〈前臺灣省警備總司令部及本部代核二二八事變案件人犯名冊〉，記高雄要塞司令部判涂光明、范滄榕、曾豐明的罪名爲：「共同首謀暴動，意圖顚覆政府，而著手實行，處死刑，褫奪公權終身。」所定罪名並經陳儀「糾正核准」[22]。

《大溪檔案》(頁179)記涂、范、曾三人之槍決在三月九日。許雪姬所編《高雄市二二八相關人物訪問紀錄》上冊，頁50，收有曾豐明戶籍謄本照片，也說曾豐明之槍決在三月九日。

涂、范、曾三人係「共同首謀」，應不分首從，在九日一同槍決。以涂帶有手槍，故槍決時，涂亦將名列第一。上引警總案犯名冊，涂、范、曾三人名字即相連，而以涂居首。

高雄要塞司令部未有軍法處。在三月七日上午收復高雄第一中學後，下午彭孟緝即可設軍事法庭，請事變時逃至壽山司令部之高雄地方法院院長孫德耕主持軍法審判。

彭三月七日電請將涂、范、曾三人正法，而彭的電報，警總常於次日譯出呈閱。陳儀覆電「糾正核准」。陳係彭頂頭上司，陳的覆電，高雄要塞司令部會立刻譯出，此由陳三月四日辰時電報言及政治解決，而彭三月四日未時的電

21 據本書卷一之下新資料，林界三月六日上午上山。詳新資料所附按語。

22 《二二八事件資料選輯》六，頁468。

報即言及擬「政治解決」可證。

八日得陳覆電，「糾正核准」，九日即可執行了。

九日槍決涂、范、曾三人。十日，彭即電請將林界、陳顯光准予權宜槍決。彭三月六日電言及「獲主犯八人」。林、陳二人亦應係高雄事件主犯。

林、陳二人亦應係三月六日下午在高雄市政府俘獲。林如在三月初六日上午與涂、范、曾三人一同上山，則罪名將爲「共同首謀」，亦將於三月初九日一同處死。

彭三月十日請將林界、陳顯光二人處死，警總於寅(三月)鹽(十四日)午覆電：「准予權宜槍決除害。」彭孟緝於馬日(二十一日)執行。彭在請警總核備電文中說：

> 林界聚集流氓，非法組織保安隊，劫奪焚毀，擾亂治安，提出不法條件，脅迫繳械。

此脅迫繳械可能係指三月四日逼同市長，至憲兵隊威脅繳槍，四日晚，圍攻該隊，竟夜不逞事。(見上引彭寅(三月)微(五日)戌電)。

三月六日彭的電報說：「暴徒要挾黃市長等，竟向職提出接收鳳山倉庫及軍械，無異要求繳械，同時持槍竟圖行刺。」此所謂「無異要求繳械」是要求彭將武器交給處委會保管。就文理來說，不能說是脅迫繳械。等到談判破裂，涂「持槍竟圖行刺」，則根本想置彭於死，使國軍群龍無首，喪失作用。

因此，我認爲：解釋林界的罪狀，「提出不法條件，脅迫繳械」，還是依據三月五日彭的電報，釋爲脅迫憲兵隊繳械爲妥。

三月六日上山「無異要求彭繳械」的暴徒，應係涂、范、曾三人，連同被脅迫上山的市長黃仲圖、市參議會議長彭清靠共五人，而臺灣電力公司高雄辦事處主任李佛續則因事隨同上山。

《二二八事件研究報告》(定本，頁117)說：三月六日上山要求彭繳械的連林界，再加上李佛續爲七人。《研究報告》的作者可能未留意彭三月五日的電報其中言及威脅憲兵隊繳械，而即作此一判斷。

〈郭萬枝先生訪問紀錄〉說：

> 由於軍憲警都避到要塞，市內已無警力，因此，處理委員會就決定要各區組織保安隊，由區長負責治安。苓雅區區長就是因爲其區內的鋁

工廠內有士兵駐守，士兵以爲守衛工廠不會和外界發生什麼關係，就沒上要塞躲避。後來士兵被打死了三、四人，卻找不到兇手，也找不到士兵的屍體，最後認定是治安隊隊員行兇，強要區長負責，區長林界就這樣被抓到要塞。當時林界和我們關在一起，大約關了一個月後就在半山腰被處決了。……工業學校的陳顯光老師，他也被捕到要塞，說他領導學生作亂，所以也被槍殺。

對林界涉及保安隊事，上引彭電報與〈郭萬枝先生訪問紀錄〉所記不同。林的主要罪狀可能仍是脅迫憲兵隊長繳械。林界死於三月二十一日，郭萬枝記爲大約關了一個月後，則係記憶有誤。林爲高雄事件主犯之一，由彭三月五日電報看來，可能係黃市長及憲兵隊長的檢舉。

與林界一同槍決的陳顯光，彭電報稱他爲共產黨員。高雄暴亂時的學生軍，以高雄第一中學爲其總部。三月七日收復高雄第一中學，獲得學生軍許多文件，其中罵大資本家爲「無產階級的吸血鬼」、「驅逐比日狗還殘酷野蠻的山豬」、「建設我們自己的民主臺灣」[23]，顯然與其時中共在延安的廣播，鼓動國軍統治地區向蔣要求民主，要「臺人治臺」、「湘人治湘」相合。

陳顯光事蹟不詳。朱麗珮〈抗戰時期海南島陣前起義臺籍義士事蹟初步調查報告〉(臺灣省文獻委員會編，《抗戰與臺灣光復史料輯要》，頁48)說：「將起義來歸之臺籍義士編爲臺灣義勇隊，以陳顯光爲隊長。」此陳顯光亦應係臺籍日本兵。與彭電報所言的陳顯光可能是一個人。待考。

黃仲圖〈高雄市二二八事件報告書〉說：

此次策動本市事變之主要人犯，如涂光明、曾豐明、林界等，經予正法。

林木順《台灣二月革命》敘述上山談判的人，誤曾豐明爲曾鳳鳴，無范滄榕，而有林介，可能即源出於黃仲圖此處所述。

林木順的錯誤，即爲後此莊嘉農《憤怒的臺灣》(頁135)、楊逸周的《二二八民變》(張良澤譯本，頁147)、王建生、陳婉眞、陳湧泉合著《一九四七臺灣二二八革命》(頁215)、史明《臺灣人四百年史》及戴國煇、葉芸芸合著

23《臺灣二二八事件檔案史料》，頁502-507。

《愛憎二二八》(頁282)所因襲。

這些人著書時，《大溪檔案》與《警總檔案》尚未印出，有這種錯誤是不足怪的。

這些書說，彭孟緝將涂、曾、林三人立刻槍決，這是錯誤的。

《回憶錄》僞造的三月七日電，請准將涂、范、曾三人從權就地正法。僞造的陳三月八日嘉獎電，「准就地正法示眾」。均與警總檔案此三人罪名經陳儀「糾正核准」牴觸。

凡僞造的電文總難免有破綻，與當時眞實的史實牴觸。我們如據檔案，仔細排比當時眞實史實，即可以辨別其孰眞孰僞。

(2-9)論收復高雄市政府戰役，暴徒先開槍。

據彭《回憶錄》(頁68)，及《警總檔案》〈二十一師戡亂概要〉，三月六日彭命守備大隊陳國儒部由壽山司令部出發，收復高雄市政府、憲兵隊；命二十一師何軍章團第三營第七連王作金連，自高雄一〇五後方醫院出發，收復高雄火車站及第一中學。

〈二二八事變之平亂〉記陳國儒部於下午一時出發，而〈戡亂概要〉記王作金連之出發亦在下午一時，則作一時出發，可信。

彭決定下午一時出發，這是由於士兵出發前，應先吃飽，以便作戰。而且這時是對方午飯後休息的時間，這時出發也可以出其不意。

彭三月五日電提到「良莠分別，撲滅困難，擬懇速謀有效解決」。

三月六日，涂光明、范滄榕、曾豐明上山要求彭繳械，被扣押。以情理判斷高雄市長黃仲圖在此時才有機會向彭報告：「市府爲暴徒用槍刀及手榴彈佔據，而且市參議會議員、處委會委員、區長及老百姓，及暴徒正在市府開會，等候涂光明上山談判的結果。」

在市府等候的人有許多係關懷桑梓，不一定同意涂光明的主張，彭在收復市政府時，如要分別良莠，不傷及良善，最好的辦法是將暴民及良善的老百姓均驅離危險現場。

《警總檔案》三月九日，彭〈告高雄市民眾書〉說：

> 本司令負有守土及防衛地方重要責任，爲了戡平叛逆和安定社會，才派部隊將全市暴民驅逐，恢復本市原來的秩序。(《選輯》一，頁299)

彭將他三月六日、七日收復高雄市政府、火車站、第一中學的戰役的目的說爲：「驅逐暴民，恢復原來的秩序。」

要驅逐暴民及良善的老百姓，離開危險現場，王作金連奉命收復高雄火車站，在出發後，即「一路上以機槍向天空開槍，以產生恐嚇驅散作用」。

車站旅客聽到槍聲，遂躲往火車站連結前站與後站的地下道內。暴徒當然也可躲入。但暴徒畢竟仍有堅守不離開的。

〈戡亂概要〉說：該連於三月六日十四時占領高雄火車站，「傷亡官兵八員名，奪獲輕機槍兩挺、步槍五枝、十九軍械庫彈藥三車」。此即可證明，朝天開槍，驅逐暴徒的效果不大。國軍固然有傷亡，暴民亦不免。而無辜的旅客如未找到安全的地點躲避，則也難免傷亡。

陳國儒部收復高雄市政府，其採用的方法與王作金不同。八十年七月〈陳錦春先生訪問紀錄〉：

> 當軍隊從壽山下來時，佔領市政府的流氓將東西都搶走了。我們到了市府，「要他們趕快下來」，但他們不走，還在上面安了日本三八式的機關槍。軍隊一看見機關槍從上面掃射下來，就發動攻擊。先丟手榴彈，然後看到人就打。不管他是流氓或是老百姓，因爲不是你死，就是我活。

「要他們趕快下來走」，就是要暴民及老百姓都下來趕快離開市府。此即「陣前喊話」，而非「朝天鳴槍」。

由於知道暴徒擁有步槍、手榴彈，因此，陳國儒部可能在步槍射程外，用擴音器喊話；而未想到暴徒在市府樓上裝有重機槍，從市府樓上突然向下掃射，國軍遂傷亡慘重，國軍乃反擊，投以手榴彈。以無法分辨良莠，衝入市政府後，也見人就打了。

彭三月六日的電報說：「俘重機槍一挺，本部(指陳國儒部)傷亡官兵十五名。」〈陳錦春先生訪問紀錄〉說，暴徒先開機槍掃射。此正可補檔案原電之不足，可用以說明官兵之所以傷亡慘重。王作金收復火車站，「俘獲輕機槍兩挺，傷亡官兵八員名」。王作金連最初是朝天開槍的。該連官兵傷亡八員名，說不定也是暴徒出其不意，先開槍。

八十一年二月行政院版《二二八事件研究報告》的作者看到〈陳錦春先生訪問紀錄〉，也看到八十年五月〈郭萬枝先生訪問紀錄〉。

郭萬枝爲高雄市參議員，三月六日在市府開會時被捕。應係彭三月六日電「俘獲主犯八名，從犯百餘名」從犯中之一名。

〈郭萬枝先生訪問紀錄〉說：

> 我們(郭與市參議員張啓周)在市府等候談判消息。……時市府樓上曾拼湊了兩枝機槍，但沒有子彈，只能說是裝腔作勢。但彭孟緝司令就認爲市府有武裝要造反，因此軍隊到市府時，先丢手榴彈進來，聲音非常大。不知丢了幾顆後，士兵才開槍進來。有一位陳金能律師，……坐在椅子上，……被子彈射殺。有人看到他的死，嚇得爬進市府辦公室躲起來。
>
> 有許多人是在市府後面防空壕打死的。有的是跑到市府後面途中被打死的。……副議長林建論跳過市府後面的籬笆，躲到妓女户的床底下，躲到三月七、八日，局勢較穩定時才出來。
>
> 在市府被槍打死的有王石定、黃賜、許秋粽三位市參議員。……王石定……沒到籬笆就中槍了。……
>
> 我們從市府被綁到憲兵隊。……後來被送上山(高雄要塞司令部)收押。

郭萬枝不說暴徒用機槍殺人，顯與彭三月六日的電報「俘獲重機槍一挺，本部(陳國儒部)傷亡兵十五名」不合。

郭對國軍收復市政府的戰役所得的資訊，自始即不完備。

行政院版《二二八事件研究報告》作者雖得見〈陳錦春先生訪問紀錄〉，但他不敢採用，因爲採信〈陳錦春先生訪問紀錄〉，得說暴徒先開槍，而依〈郭萬枝先生訪問紀錄〉，則可說暴徒未開槍。

八十一年二月行政院版《二二八事件研究報告》(頁105)說：

> 市府樓上架設機槍，軍方乃認定在市政府的是暴徒，因此，到市政府後，先丢入手榴彈，然後見人就殺。

行政院版此處即採信〈郭萬枝先生訪問紀錄〉。而〈陳錦春先生訪問紀錄〉所說：先丢手榴彈，看到人就打，與〈郭萬枝先生訪問紀錄〉相合，這部分則採用。行政院版所說「看到人就殺」，顯然源出於〈陳錦春先生訪問紀錄〉的

「看到人就打」。

八十一年四月，許雪姬訪問王作金，〈王作金先生訪問紀錄〉說「他一路以機槍朝天空開槍」，已見前引。

八十二年四月八日，賴澤涵、許雪姬訪問彭孟緝。彭說：

> 行前，我與獨立團團長(何軍章)通電話，我叫他「朝天空開槍」。……勤前教育，(我)對(陳國儒守備大隊)士兵說：「市政府被暴徒佔領，你們去收復市政府。但是你們向天開槍，以不打死人爲原則，能夠收復市政府是第一。」後來士兵受傷之後，不能不還擊。

彭係囑咐陳國儒部朝天開槍，與〈陳錦春先生訪問紀錄〉的「陣前喊話」不同。很可能這是年久彭記憶失眞。彭說：「士兵受傷之後，不能不還擊。」則與〈陳錦春先生訪問紀錄〉相合。

陳國儒部的陣前喊話，與彭三月五日的電報「良莠分別」用意相合。《二二八事件研究報告》定本(頁119)忽略此處，據上引〈彭訪問紀錄〉遂指摘陳國儒部：

> 到市政府後，未遵命對空鳴槍示警，而是先丟手榴彈，然後見人開槍就殺。

定本指摘陳國儒部未遵命對空鳴槍，亦意在突出國軍之野蠻不人道。定本說：先丟手榴彈，然後見人就殺，則註明係依據〈郭萬枝先生訪問紀錄〉。

按：郭萬枝係說市府有二挺機槍，無子彈，係拼湊作擺式。今考八十二年四月賴澤涵、許雪姬訪問彭孟緝。許雪姬說：「市府確有機槍三挺。」則多出的那一挺，難道亦係無子彈，作擺式的嗎？《二二八事件研究報告》定本不說暴徒開槍，仍與彭三月六日電報「俘獲重機槍一挺，本部官兵傷亡十五名」不合。

八十二年四月，賴澤涵、許雪姬訪問彭孟緝。許雪姬說：「市府沒開槍。彭的兵或許死在火車站，而不是死在市政府。」彭答以：「我的兵死傷是眞的。假如沒有開槍，我的兵怎會死掉呢？我的兵都是在市政府前死傷的，因爲火車站及第一中學是由二十一師獨立團團長負責的。」《研究報告》定本刊行於民國八十三年二月，未採信彭的辯解。

許雪姬說，「市府未開槍，彭的兵或許死在火車站，而不是市政府」。其根據可能是彭《回憶錄》所僞造的彭三月六日的電報，該電報言及收復市政府、憲兵隊及火車站，而未言及國軍有死傷。故許氏說彭的兵或許死於火車站。許雪姬其時蓋未得見警總檔案所收彭三月六日眞電報，「俘獲重機槍一挺，本部傷亡官兵十五名」，致有此一誤斷。

現在由於眞電報已發現，我們可根據〈陳錦春先生訪問紀錄〉，而說暴徒先開槍，致國軍傷亡官兵十五名，國軍乃反擊，致發生無法分辨良莠，見到人就殺的慘劇。彭孟緝以行政院版《研究報告》責備彭「濫殺無辜」，乃向賴許二人呼冤。今由彭三月五日電「分別良莠」，可證彭無「濫殺無辜」之意念。彭向陳儀請示良莠分別的有效方法，陳儀亦僅能說斷然處置，而站在用兵平亂的立場，彭在三月六日亦只能「斷然處置」出兵。

彭想驅逐暴民，其所用之方法「朝天鳴槍」、「陣前喊話」均不能有效的驅逐暴民。暴民利用官軍不可先開槍，反而出其不意，先開槍使國軍傷亡。國軍反擊，暴民「實力極爲薄弱」，無後勤補給，又「無嚴密組織，一經接觸，即行崩潰」了。

暴民先開槍，而後國軍反擊，此時即無法分辨良莠。如黃賜、王石定、許秋粽，即死於市政府。國民黨高雄黨務指導員陳桐在〈訪問紀錄〉中即稱此三人爲忠貞的國民黨員。

許雪姬訪問高雄事件有關人物，許多人均責備國軍不應入市府，見到人就殺。高雄事件平定後，高雄民間遂因此斥彭爲屠夫。他們即不知此事與暴徒先開槍有關。

在戰鬥時如何分別良莠，不使無辜的人受傷，這在現代軍事學中恐仍是值得探討、不易解決的問題。

彭《回憶錄》說：

> 戰鬥結束之後，部隊共傷亡副連長兩員，士兵三十四員。其中多數係盤據市政府的暴徒在屋頂上架設的四挺重機槍所殺。

《回憶錄》並非原始資料。《二二八事件研究報告》定本作者自然可以不重視。

《回憶錄》記陳國儒部的傷亡人數，與彭三月六日眞電報「十五名」不合。自應以彭三月六日眞電報所記爲正。

〈陳錦春先生訪問紀錄〉說：「國軍反擊，先丟手榴彈，然後見到人就打。」見到人就打，這是保護他自己生命的安全。但一等到局勢已控制，自然要活捉，無濫殺的必要。

八十三年七月〈陳桐先生訪問紀錄〉說：

> 六日當天，軍隊下山，來到市政府，立刻包圍，封鎖出入口，但暴徒已在市府陽台上面安置兩挺機關槍，聞因子彈卡住，不能使用，軍隊官兵則因突發狀況，被逼開槍。在市府大門左邊有個地下室防空洞出入口，許多參與開會的民意代表及老百姓都躲在那裡。軍方的一位排長站在洞口對他們喊話，要求他們雙手抱頭走出來。當時有許多人依言照行。可是沒想到其中有一個暴徒在背後藏著一把武士刀，趁機砍傷那位排長的手臂。排長在情急之下只得開槍自衛，霎時槍聲大作，許多人都往後面那塊地瓜園方向逃避。可是，那兒也有士兵把守，士兵叫他們不要跑，但這些人不聽士兵的指揮，還是一直跑。如果他們聽話，我想一個也不會死。……事後，這位排長被送到省立高雄醫院蔡國銘外科博士治療。其生死下落就不得而知。[24]

陳桐說：「暴徒在市府安置兩挺機槍，聞因子彈卡住，不能使用。」陳所得資訊與郭萬枝不同。陳桐未說暴徒開槍，仍與彭三月六日眞電報所說「俘獲重機槍一挺，本部官兵傷亡十五名」不合[25]。

彭三月六日電報所說「國軍俘獲主犯八名，從犯百餘名」。則需參照〈陳桐先生訪問紀錄〉予以解釋。

正因當時許多人躲到防空洞內，暴徒亦有躲入防空洞的。因此軍方在洞口喊話，要他們雙手抱頭走出來，許多人依言照行，軍方才可俘獲這麼多人。

〈許國雄先生訪問紀錄〉即記「防空洞裡躲滿了人」，他與他的父親無法擠入，致遭軍隊掃射，他的父親中彈倒地，他壓在他父親的身體下，逃過此一劫。

---

24 見《高雄市二二八相關人物訪問紀錄》下冊，頁225。

25 據《國聲報》刊載四月十五日對高雄中學學生訓詞，彭訓詞亦言及「幸虧機槍子彈卡住」，否則國軍傷亡更多，彭訓詞亦言及國軍排長遭暴徒砍傷，國軍遂開槍自衛。

陳浴沂亦逃過掃射這一劫，他舉手投降，致未被殺。陳浴沂說：「軍人將所有躲在市府裡面未受槍傷的人，全叫出來集中在一起。」[26]按：警總檔案，彭報告陳儀，「兩營(指陳國儒部及王作金連)搜逮，俘獲約四百餘人」(在市府俘獲主犯八名，從犯百餘名，在火車站地下道內俘獲三百名)。他用一「搜」字，這也就是說，在市府所俘獲，固以躲在防空洞者居多。然在市府他處躲藏而未受傷，此時自亦搜索，而將其俘獲。

〈陳錦春先生訪問紀錄〉說：「三月六日晚上，他負責在市府駐紮，睡到半夜，聽到防空壕地下室內有人交談的聲音，請示上級後，決定投下手榴彈，因此，地下室的人被炸成碎片。」防空洞內有聲音，這恐係晚上又有人逃到防空洞內躲。人數應不會太多。

〈陳錦春先生訪問紀錄〉說：「隔天一早，我們負責查看是否仍有流氓徘徊。看見愛河水面上有氣泡，仔細一看，知道有人躲在水下面，那些人已經躲了一個晚上。看見沒人，就浮出水面呼吸。遂又開槍掃射。」這樣死掉的人也應該不會太多。

八十二年四月，賴澤涵、許雪姬訪問彭孟緝，彭說：陳錦春之言不足信，因三月六日收復高雄市政府後，國軍守備大隊即回到壽山要塞司令部。今按：彭此言與當時情勢不合．因爲三月六日收復高雄市政府，其時高雄第一中學仍爲暴徒所據。市政府怎可不留兵防護？

〈陳浴沂先生訪問紀錄〉說，黃市長與彭議長在三月六日被彭軟禁於市府。很可能三月六日高雄第一中學尚未收復，爲了黃市長及彭議長的安全，二人在市府住宿，有兵保護，因而有軟禁此一誤傳。

(2-10)論收復高雄火車站及第一中學，〈王作金先生訪問紀錄〉所記不可信。

二十一師何軍章團第七連王作金連，三月六日收復高雄火車站，三月七日收復高雄第一中學。八十一年四月〈王作金先生訪問紀錄〉[27]所記與警總檔案〈國軍二十一師臺灣事變戡亂概要〉所記不同。〈戡亂概要〉係二十一師參謀課執筆，應係根據王作金呈交何軍章團團部報告撰寫。〈戡亂概要〉說，王作金連在下午一時出發，二時占領火車站，與彭三月六日電合。王作金〈訪問紀

26 《國聲報》，上冊，頁117。

27 〈王作金先生訪問紀錄〉，《高雄市二二八相關人物訪問紀錄》下冊，頁251。

錄〉說，他領兵出發是在下午兩三點，這是錯誤的。

〈戡亂概要〉說：收復火車站，該連「傷亡官兵八名，奪獲輕機槍兩挺，步槍五枝，十九軍械庫彈藥三車」。既已開戰，怎麼可能對方不死人。而王作金〈訪問紀錄〉卻說：他收復火車站，沒有打死暴徒，僅有七、八個老百姓因他的部隊向天空鳴槍，而爲流彈所傷。這亦顯然不可信。

既然收復火車站，未打死暴徒，也就不能說，收復火車站，部隊有傷亡。於是王作金遂將傷亡說成爲攻擊高雄第一中學時，暴徒在學校二層樓上，居高臨下射擊，致所部副連長等數人被打死。因此，王作金自連部調來(口徑六〇)迫擊砲，在彎月當空時，向中學打了五、六發。高雄第一中學方面就沒有槍聲。在七日晨，團部(在鳳山)調來兩門美式八一式迫擊砲，各開了兩砲。要塞部也調了一門砲，也開了兩砲。對方沒有反應，軍隊遂進入高雄第一中學，未發現傷亡，亦未發現暴民。暴民已在六日晚上，趁著天黑，向北方走掉了。王作金也未看到有外省人被綁在高雄第一中學校舍窗口。

王作金說，在六日彎月當空時即已砲擊，彭《回憶錄》則說七日晨砲擊，暴徒在六日晚上趁黑夜逃跑。則王作金說，彎月當空時，自連部調來迫擊砲，開了五、六發，應可信。

《二二八事件文獻輯錄》(頁612)〈國軍二十一師參謀長江崇林先生訪問紀錄〉：

> 獨立團團長何軍章上校於三月九日向我報告：一二千外省人和公教人員眷屬被暴民拘禁在省立中學內，分別綑綁於校舍窗口，已兩晝夜不許動彈，經運用威脅方式戰鬥，暴徒震嚇潰散，受困外省人全數被救出。

此亦應源出於王作金連長向團部所作報告。原報告是說有人被綁縛在窗口的。

正因將一部分外省人綑綁在窗口，使國軍投鼠忌器，不敢進政，只好自連部調來六〇口徑迫擊砲，向中學操場中心發射，予以威嚇震懾，暴民就只好趁黑夜溜之大吉了。

行政院版《二二八事件研究報告》記收復高雄中學戰役，原來採信《回憶錄》，說暴民將外省人綁在窗口，當沙包的。在訪問王作金後，定本(頁119)遂採信〈王作金先生訪問紀錄〉，改說：

> 何(軍章)團第三營在完成「驅散暴民」的任務後，進入第一中學，救出被「保護」在內的外省人，並追擊由火車站逃避的人民。
> 當軍隊接近時，自高雄第一中學曾射出子彈，有兩名軍人陣亡。……乃調原守山下町的迫擊砲排來支援轟出五、六發砲，此後高雄第一中學就沒有槍聲。翌日，……六時半，何團開了兩砲，要塞砲也開了兩砲，確定高雄第一中學已經無人在內。何團在入內搜索後，旋回到火車站。

由「當軍隊接近時」起，至「回到火車站」止，其史料來源爲〈王作金先生訪問紀錄〉。依據〈王作金先生訪問紀錄〉，則六日他們接近第一中學時，暴徒正在第一中學內。在七日晨發現暴徒趁夜逃跑前，何軍章團第三營第七連怎麼可能進入第一中學，去救出被保護在第一中學內的外省人呢？

《研究報告》定本只想替暴民綑綁外省人作沙包的行爲掩飾，而未顧及所述與事理不合，而且也無史料爲其依據。

〈王作金先生訪問紀錄〉說，他們進入第一中學後，「未發現有人傷亡，也沒有看到有外省人被綁在窗口」。由於砲擊標的爲操場，可能無人傷亡，但卻可使暴徒驚嚇趁夜逃跑。那些被集中在第一中學的外省人可以靜待國軍救援，他們有必要也趁夜向外逃亡嗎？而校外正是不安全的地點，他們敢隨意離開被保護的地方嗎？《研究報告》定本說：七日「何團確定第一中學無人在內」，根本與史實不符。

王作金僅只是說：「沒有看到有外省人被綁在窗口」，他並沒有說，未看見外省人。恐不可根據王作金這一敘述，就引伸而說，何軍章團進入第一中學時，已空無一人。

〈王作金先生訪問紀錄〉說，他收復火車站，沒有打死暴徒；收復第一中學，沒有看見外省人被綁在窗口。這都是想淡化二二八事件，想促進臺灣本省人與外省人的「團結與和諧」[28]，他的動機是善良的，但追述當年的歷史，而有意隱諱眞實歷史事實，則是不足取的。

〈陳桐先生訪問紀錄〉說：

> 當軍隊逼近雄中，只見一個個外省人站在窗口邊，搖著白手帕大喊：「我是浙江人，我是山東人，不要開槍啊！」這些暴徒把外省人當成

28〈王作金先生訪問紀錄〉，《高雄市二二八相關人物訪問紀錄》下冊，頁256。

> 人肉盾牌，來阻止軍隊的進攻。迨軍隊進入學校時，暴徒已從後門逃走，只剩被拘禁的外省人。〔(許雪姬)按：「有關軍隊進入高雄中學情況，可參看二十一師上尉連長〈王作金先生訪問紀錄〉。他是親身經歷。」〕[29]

許雪姬教授即未發現：王作金雖係親身經歷，但其所述已不忠實。王作金想淡化這一不幸事件，因而有意歪曲隱諱。

民國九十一年六月出版的《二二八事件檔案彙編》第八冊，〈高雄中學檔案〉(頁511)，正是說那些外省人自四日爲暴徒拘禁，至七日始由國軍救出，集中於西子灣保護。與彭《回憶錄》合。

(2-11)論國軍於高雄火車站地下道俘獲人犯三百名。

彭三月六日電：「俘獲主犯八名，從犯百餘名。……本部傷亡官兵十五名。」

三月十日酉時電：「高雄俘獲人犯三百名，除要犯現押本部，按軍法審判法辦外，其餘概交高雄地方法院法辦。」

三月十一日電：「高雄平亂，當場由兩營搜逮，約四百餘人。業經寅(三月)佳(九日)交地方法院偵訊。擬將情節較輕者即予保釋。如罪嫌重大者，再行依法辦理。除辦理情形續呈外，謹電核備。」

此所謂兩營，其中一營即指彭本部所轄陳國儒部，另一營則指何軍章團第三營第七連王作金部。「兩營搜逮約四百餘人」，減去陳國儒部收復市府俘獲主犯八名，從犯百餘名，故知王作金收復火車站，俘獲人犯三百名。

三月二十三日陳儀向國防部長白崇禧報告：

> 逮捕人數，……其他各縣市尚未據報。僅據高雄要塞司令部電報，「拘獲暴徒四百餘名，移送高雄地方法院偵辦」。[30]

此即據彭三月十一日電，向白崇禧報告。

王作金部收復高雄第一中學，以暴徒趁夜逃跑，未俘獲人。所俘獲人犯三

---

29 《高雄市二二八相關人物訪問紀錄》下冊，頁225。

30 陳報告見《二二八事件資料選輯》六，頁276。

百名，自係在收復高雄火車站時所俘獲。

能俘獲三百人，此由於高雄火車站的前站月台至後站月台有地下道。旅客聽到槍聲，即躲入地下道，而暴民自然也可躲入。

〈許丁復先生訪問紀錄〉說：「地下道黑壓壓一大片，好幾百人，……，有旅客，……也有聚集在火車站的流氓。」「士兵封鎖了地下道的出路。」「隔天三月七日下午四點多，士兵從群眾中選了一百多個男人帶走，我也在其中。」「老幼婦孺則釋放回家。」

據三月七日下午彭呈陳電：「高雄變亂戡平，正辦理善後中。」三月七日上午收復高雄中學，在三月七日下午要塞司令部始有工夫清點三月六日高雄火車站地下道所俘獲人數。與〈許丁復先生訪問紀錄〉所記相合。

也正因此，彭三月六日電僅報告收復高雄市政府，「俘獲主犯八名，從犯百餘名」，而未提收復高雄火車站俘獲人數。警總檔案〈二十一師戡亂概要〉說：「該連收復火車站，獲輕機槍三挺，步槍五枝，十九軍械庫彈藥三車。該連傷亡官兵八員名。」未說收復火車站俘獲人數，很可能係因要塞司令部在三月七日下午派員清點，而非王作金該連清點。

〈許丁復先生訪問紀錄〉提到「士兵向地下道射擊」，「後來停止，僅封鎖地下道」。以〈郭崇一先生訪問紀錄〉所記他父親受傷事互證，可能是國軍對地下道這些俘虜，要他們仆倒在地，有人亂動，而遭到射擊。地下道擠滿了幾百人，不可能盲目用機槍掃射。《研究報告》定本說：「軍隊掃射了地下道，造成不少傷亡。」是不能用郭崇一及許丁復的訪問紀錄來證明的。

〈許丁復先生訪問紀錄〉說：「地下道黑壓壓一大片，好幾百人。」而《二二八事件文獻輯錄》(頁139)〈李捷勳口述〉：

> 第三天(《文獻輯錄》編者按：「指三月六日、七日左右。」按：李氏〈口述〉下文說「二二八事件，在高雄二天就結束了。」此「二天」指三月六日、三月七日，故知李氏〈口述〉「第三天」，指「三月八日」。)我又照常搭火車到市政府上班，只見當時高雄火車站之人行地下道，盡是屍體，多達數百人。……被當時的要塞司令部下令，守在地下道出口處持槍掃射而死，連女人小孩都不能倖免。不過掃射時，我未親眼看到，只見到整個地下道內佈滿死屍，牆壁上，還留有許多彈孔，此爲最淒慘者。

李捷勳所述即與〈許丁復先生訪問紀錄〉不合，與警總檔案「俘獲人犯三百名」不合。李氏係有意捏造此一謊言。而《研究報告》卻根據李氏口述立說，一心只想指摘彭在高雄的暴行，而未據警總檔案及〈許丁復先生訪問紀錄〉詳考。

(2-12)論三月六日、七日暴徒及老百姓傷亡人數

國軍收復市政府，傷亡官兵十五名；收復火車站，傷亡官兵八名。〈陳錦春先生訪問紀錄〉說：

> 對屍體的處置，我們埋我們的，他們埋他們的。

軍方的傷亡，自然由軍方於戰役結束後自行料理。對死者須掩埋及呈請撫卹，對傷者則需立刻送醫。對俘獲的人犯亦需清點人數，以便收押。

戰役於七日收復高雄第一中學後結束，對暴民及不幸老百姓的傷亡，則由高雄市政府負責處理。

三十六年三月，高雄市長黃仲圖向閩臺監察使楊亮功提出的〈高雄市二二八事件報告書〉說[31]：

> 八日起，市內即趨安定，展開善後工作。……事變中公教人員死傷數，暴徒死傷數，民眾死傷數。……
> 有案可據者，計傷公教人員卅一人，死八人。暴徒除拘獲正法者外，死亡七人。民眾傷五十四人，死八十六人(包括無知盲從之民眾在內)，其餘不詳身份者，死二十四人，合計死一百二十五人，傷八十五人。

閩臺監察使楊亮功〈調查報告〉說：

> 據市府報告，計死傷公務員三十九人，民眾死傷一四七人。[32]

按市府報告，民眾及身分不詳者合計死傷164人，加暴徒7人，應爲

31《南京第二歷史檔案館藏臺灣二二八事件檔案史料》下卷，頁491。
32 《大溪檔案》，頁291。

164+7=171人。楊亮功以171－身分不詳者24人=147人，楊亮功即遺漏身分不詳者二十四人未數。

〈市府報告〉所謂「公務員」、「公教人員」，應指高雄市處理委員會委員、職員及高雄市區長。高雄市參議員可能均出任處委會委員。這些委員不一定都同意暴徒所爲，他們只是爲了愛護桑梓，需出任委員。

當彭派兵下山平亂，在市府的暴徒不遵從喊話，下樓離去，反從上向下以機槍掃射，致死傷彭「本部官兵十五名」。官兵乃還擊，投以手榴彈，衝進市政府，那些在市府等候聽取涂光明上山與彭談話結果的參議員、區長與處委會職員、老百姓，來不及安全走避的，就玉石俱焚，不幸死亡了。

市府〈報告〉說「有案可稽者」，這應該是指市政府清點死屍，有家屬具領者。其無家屬具領者，就應屬身分不詳的人了。

史明《臺灣人四百年史》說：

> 高雄市長黃仲圖、市參議會議長彭清靠，及涂光明、曾鳳鳴、林介等代表五人，前往高雄要塞司令部，要……彭孟緝自動解除武裝。彭……兇性立發，當場開槍打死涂光明、曾鳳鳴、林介三人。並扣留彭清靠，只放黃仲圖一人下山。黃還未回到處理委員會，……要塞司令部已派兵三百餘人殺下山來，攻進市內，在市政府先擊斃王平水等臺灣民眾代表之後，不分青紅皂白的見人就開槍濫射，因此，他們走過的馬路上，到處都屍橫遍野。起義軍也英勇起來反擊，與敵軍展開巷戰，戰鬥續到深夜，雙方傷亡慘重，但是，學生隊因孤軍奮鬥，補給短絀，以致節節敗退，終在前金分駐所遭圍攻，全體壯烈犧牲。只這一天，傷亡的臺灣人竟達數千人。彭孟緝又派鳳山駐軍殺進高雄市，一直大屠殺至八日。[33]

按：何軍章團團部設在鳳山。何軍章團第三營第七連王作金連係自高雄一〇五後方醫院出發，收復高雄火車站，非自鳳山出發。

在七日高雄變亂已戡平，說大屠殺至八日，與史實不符。

據守高雄一中的學生軍，於六日晚上乘夜逃跑，說他們全體壯烈犧牲，也

33 史明這段話係據林木順《台灣二月革命》及莊嘉農《憤怒的臺灣》刪潤。共產黨員記二二八史事多不可據。以其攻擊國民黨政府，故爲臺獨分子所採信。

與史實不符。

說「起義軍展開巷戰，戰鬥至深夜，雙方死亡慘重」，而眞實史實則應如彭三月六日電報所言：「暴徒毫無嚴密組織，一經接觸，即行崩潰。」「(彭)本部傷亡官兵十五名」，何軍章部「傷亡官兵八名」。

說三月六日這一天傷亡的臺灣人竟達數千人，這也與高雄市政府的報告不合。高雄市政府所計算係有案可稽的，雖不可能百分之百的準確，但也不至於數目相差太遠[34]。

(2-13)論陳儀對二二八事件人犯以軍法審判，彭任警備司令，改以司法審判。

(文章太長，從略)

(2-14)論高雄事件與臺北處理委員會王添灯的關係

高雄事件非孤立事件。

臺北二二八暴亂爆發，三月三日即蔓延至高雄。三月三日、四日、五日即發生圍攻憲兵隊、陸軍醫院事件。五日，成立高雄市處理委員會，六日，涂光明上山要求彭將武器交出，由高雄處委會保管。

《警總檔案》〈憲兵第四團第一營第一連高雄管區二二八首謀份子調查表〉：

> 周傳枝，籍貫臺灣，人民導報記者。由王添灯派來高雄主持暴動。
> (《選輯》六，頁177)

王添灯在三月六日草擬〈處理大綱〉三十二條，其第一條即要求國軍解除武裝，由處委會保管，與涂所提出的要求相同。

高雄事件與共黨有關。三月九日槍決涂光明、范滄榕、曾豐明。十日，即請求允准槍決林界及陳顯光。陳的罪狀是共產黨員，鼓動高雄學生軍暴動。三

---

34 民國三十六年四月十二日臺灣旅滬六團體的調查報告說：「高雄軍隊對集合千餘民眾，用機槍掃射，全部死亡。」(民國七十七年三月十二日《自立早報》轉載)。中央研究院近代史研究所編《二二八事件史料彙編》第二冊，頁439。該書第三冊，頁302複印有《民進週刊》第106期。該週刊說：「彭孟緝以鎮暴軍開進高雄市內，並將海防砲台的大砲轉向轟擊高雄市區，造成高雄地區民眾死傷一萬餘人的慘劇。」這些都是經不起考證的不可信的記載。

月七日，彭收復高雄市第一中學，所獲學生軍文件即大罵資本主義吸無產階級的血。

臺中於三月二日爲共黨謝雪紅所據。三月四日，王添灯即在處委會中報告：臺中來電，已接收完竣，請轉告長官公署不可發兵，否則以武力對付。

陳儀在三月四日同意蔣渭川的建議，政治改革的建議可交由處委會提出。

三月五日蔣領導的「臺灣自治青年同盟」的「宣言」即公開要求撤消長官公署，改爲省政府，並廢專賣局及貿易局。

五日晚，蔣氏廣播：陳儀已同意撤消長官公署，並約蔣三月六日至長官公署晤談。

三月六日上午，蔣渭川、陳炘等十二人，往晤陳儀。陳儀即宣稱：只要不臺獨，任何合理條件均可接受。

據葉芸芸〈三位臺灣新聞工作者的回憶〉：

> 三月五日，王添灯回來説，要一個具體的處理大綱。蘇新、潘欽信、我(蔡子民)和另一位年輕的同事，一共五個人就留下討論，而後由潘欽信起草，在六日寫成。

蘇新、潘欽信、蔡子民俱係臺共黨員。

三月六日，涂光明要求國軍繳械，王草擬的三十二條亦提出同樣要求，顯然是由於臺中爲謝雪紅所據，嘉義國軍困守機場，涂光明、王添灯認爲形勢大好，勝利在望，而低估了國軍的戰鬥力及其守土決心。

涂光明、王添灯都不知道蔣主席已於三月五日得知臺中嘉義局勢，決定派兵。

蔣渭川在三月六日下午將他與陳儀交涉的結果，通知處委會。蔣尊重中央政府的軍權及司法權，與王的〈處理大綱〉不同。處委會不接受蔣的意見。在這天下午舉行的省級二二八事件處理委員會的成立大會，蔣渭川及其同派系的人遂被排擠，均未選上常務委員。

三月七日《民報》還特別刊出三月五日蔣渭川「臺灣政治建設協會」所作政治改革建議，希望處委會斟酌。處委會在三月七日將〈處理大綱〉增加十條，爲四十二條。其第一條仍爲要求國軍交出武器。這顯然走向臺獨，致陳儀只得以武力鎭壓。

蘇新對第一條的解釋是，這只是反蔣，而非贊成臺獨。誠然，警總檔案所收共黨文件界定二二八事件之性質是「臺灣人民的民主自治運動，而非臺灣人民的獨立運動」[35]。

對第一條，蔣(中正)、陳儀、楊亮功、彭孟緝均解釋爲臺獨，背叛中華民國。蘇新恐不可斥責作這種解釋的人腦筋糊塗。

正確的解釋是，由於三月三日臺灣人民百餘人簽名，寫信向美國國務卿馬歇爾請願。該信由美國駐台北領事館轉交。

據美國政府檔案，該請願書的結論是：要臺灣行政長官公署政治改革，其最快的途徑是由聯合國託管，切斷與大陸一切政治經濟的聯繫，一直至臺灣獨立。

共產黨員爲了反蔣，提出解除國軍武裝要求，其鬥爭策略是聯合次要敵人，打擊主要敵人。故謝雪紅逃到香港後，即與主張臺獨的廖文毅分道揚鑣。

對臺北發生的事件，我另有文詳考。我這裡只是指出：高雄事件非孤立事件。

涂光明所提的和平條款九條，即包含接收鳳山軍械庫與無異要求彭繳械，實在貽禍高雄不淺。

《二二八事件研究報告》定本即隱諱這九條內容不提。這是我考論彭孟緝與高雄事件眞相，得鄭重指出的。

本編第二稿曾在2003年11月16日，在「大高雄地區近百年文化變遷研討會」印出宣讀。

35《二二八事件資料選輯》一，頁281。

卷一

之下

五、簡介高雄事件新資料八種

彰健寫〈彭孟緝與高雄事件眞相〉與〈再論彭孟緝與高雄事件眞相〉，自認考訂相當精密。可是朱浤源先生訪問彭孟緝之子彭蔭剛先生，承蔭剛先生惠示新資料八種，其中有許多地方可以訂正我文章的錯誤，我都在〈再論〉二稿文章底下加註，而不另行修正。看完之後認爲有新意見可以表達的，就在每一種資料後面說明我的看法。因爲這些新資料可以讓我們對高雄事件有許多新的正確認識。對這些新資料，我謹作釋文，原件則影印附於文末。

新資料第一種：三月六日高雄市長黃仲圖上台灣南部防衛司令兼高雄要塞司令彭孟緝的呈文

查涂光明范滄榕二名曾煽動學生擾亂治安，應請依法嚴辦。

謹呈

司令彭

高雄市長

黃仲圖

卅六、三、六

批示：交軍法處審訊　緝三、六

此第一種亦即三月七日高雄防衛司令部軍法處對涂光明、范滄榕、曾豐明三人判決書上所說的附件。可以證明三月八日黃仲圖、彭清靠呈陳儀的電報所言，在三月六日曾要求彭孟緝懲辦涂光明三人合乎事實眞相。黃仲圖的呈文提到涂光明、范滄榕，沒有提到曾豐明，這與彭清靠的呈文只提到學生軍的代表涂光明，沒有提到其他另外兩個代表名字一樣，也和涂光明的審訊筆錄上提到學生軍的另外兩個代表他只認識曾豐明，不認識范滄榕一樣。這都是當時緊張慌亂之中可能有的現象。

31

查涂光明范滄榕二名曾煽動學生擾亂治安應請依法嚴辦　謹呈

司令彭

高雄市長　黃仲圖

卅六、三、六

交軍法處審訊

[illegible]

新資料第二種：三月六日高雄市參議會議長彭清靠上彭孟緝的呈文

謹呈

彭司令吾兄

此次事件發生的時候，市上非常亂，所以吾們與黃市長相商，組織處理委員會。第一日第二日黃市長做主任委員。至昨天因爲市長太忙，所以弟代他做了主任委員。委員會之目的是要保持地方的秩序，以外沒有他意。

有一個團体住在第一中學校，派人常常來命令吾處理委員會代他們對司令部交涉等等的事。起頭吾們不應他，他就派人來。後來涂光明對弟說：你們若不應吾們的要求，恐怕爾(原注：指弟)會變做肉片。所以昨天市長與副議長林建論前來。昨天的條件他不滿意。

今日那(健按：應做拿)出所提出的九條件，是涂光明那(按：拿)出來的。原稿現在放在處理委員會辦事處。因爲說話太不好。所以弟命陳教育科長再寫過再與他口論，而後多少訂正。

今天上午八點半弟與黃市長相商。吾們不要去，要求是他的要求。與吾們無關。但涂光明不放弟干休。強迫弟與市長同行以外。林界(原注：他是公選)、林澄增、廖得、李佛續、林迦。就中林迦走離，所以吾們同他正式代表三人同來。

弟昨天上午去中學，對涂光明以外二個學生代表(原注：是他的代表。是學生不是學生，不明白)哀求，他不可暴動。他那去(應作拿出)多瑤(應作謠)言給吾聽。不應弟的哀求，一般市民很不安。弟因此事二夜不睡。

總而言之，弟因爲做市民代表有甚麼事情都涂代他傳達。此次的事，應該不可同他來。但他有武器，人數很多，弟沒有人可保護，不得已，受他強迫，代他那(應作拿)出那九條要求。係(應作實)在弟之軟弱所致。感覺甚愧。深望

鈞長體察弟之苦境，萬事原諒。鴻恩沒齒難忘。

　　此呈

　　　三月六日

彭清靠　敬呈

彭司令吾兄大鑒

第二種，彭清靠的謹呈，是彭的親筆。由於三月六日上山談判的九個條件是由彭在會場上提出，眾目昭彰，他必須解釋這九個條件的來歷。彭的中文程度不大好，故時常有別字，這是光復初期應有的現象。不過文章說理清楚，可以使我們對當時的事件有新的認識。

通常認為，高雄二二八事件處理委員會是在三月五日成立，但根據彭清靠呈文，它在三月三日就成立了。由市長黃仲圖任主任委員，議長彭清靠任副主任委員。至三月五日始改由彭清靠任主任委員，副議長林建論任副主任委員。彭清靠說，黃仲圖不任主任委員是因為事情太忙。實際上，是因為台北二二八事件處理委員會通知各縣市要仿照台北市處理委員會組織。台北市處理委員會開會時主席是由議長或者副議長擔任，所以高雄處委會也就由議長彭清靠出任主任委員，副議長林建論任副主任委員。而且根據警總檔案，三月五日彭孟緝呈陳儀的電報中提到，「三月四日(暴徒)竟公舉代表，逼同市長至憲兵隊威脅繳槍」。所以黃市長能免去處理委員會主任委員的職位，正是求之不得。事忙只是一個藉口而已。

根據彭清靠的謹呈，我們知道涂光明曾威脅彭清靠與彭孟緝交涉，「若是不去，將你剁成肉片」。因此，三月五日黃仲圖與副議長林建論上山與彭孟緝交涉。彰健曾經根據黃仲圖〈高雄市二二八事件報告書〉裡沒有提到黃三月五日上山，而〈李佛續先生訪問紀錄〉也未說李佛續三月五日上山，遂推斷黃仲圖三月五日沒有上山，這是一個錯誤的推斷。三月五日，黃仲圖的確有上山。而彭孟緝三月五日呈陳儀的電報提到：「今日與黃市長設法晤商，共謀政治解決。」就是指這個事情。彭不止是與黃市長密商，而且與林建論密商。同日彭的電報中提到，「此間政權除黃市長及台籍主官人員外，已落暴徒之手」，此台籍主官即指彭清靠及林建論。黃市長與林建論、彭清靠是親政府的。

彭清靠呈文只提到三月五日黃仲圖與林建論上山，當天是否學生軍也有人陪同上山呢？彭孟緝的幕僚所撰〈二二八事件之平亂〉說：三月五日，涂光明、范滄榕陪同黃市長、彭清靠、李佛續上山。李佛續應該是沒有去，如果三月五日有上去的話，他的問題當日就應該解決了，六日也就不必再上山。李佛續說他三月五日沒有上山，他的話應該是可信的。涂光明與范滄榕兩人上山，剛好與黃仲圖市長的呈文要求懲辦涂光明、范滄榕符合。他倆是不是三月五日也上山了呢？但是看涂光明的審訊筆錄，他說學生軍有三個代表，一個是他，一個是曾豐明，一個是陸軍醫院的醫生我不清楚姓名。這樣看來，三月五日是不是有學生軍的人陪同上山，這一點尚待考。不過我們可以確定三月五日那一天黃仲圖、林建論是上山了的。而且彭孟緝曾和他們討論如何政治解決。

謀求政治解決的條件可能不是涂光明所同意的。所以涂在三月六日提出九條要求。據彭清靠呈文，「因爲說話不大好，(彭)命陳教育科長再寫過，再與他(涂)討論，而後(彭)多少訂正」，然後由被迫上山的彭清靠提出。此九條件全文見彭孟緝《回憶錄》，今錄於下：

> 一、壽山——即要塞司令部駐地、左營、陸橋以及市內各處軍隊，即須全部停戰撤退。
> 二、病院——即一〇五後方醫院，今日由本會——二二八事件處理委員會高雄分會－接收，但病院中病人由本會負責治療，除軍隊——二十一師獨立團三營七連——隨身武器外，由本會負責保管。
> 三、五塊厝倉庫——台灣南部最大軍械倉庫——一切物品藥品交本會接收，但軍火由本會負責保管。
> 四、市民一切死傷，應照台北市辦法，負責賠償。但聯絡員應予特優撫恤。(這一句不解，判係暴徒組織的某聯絡員被軍隊誤殺。)對開槍兵士，尤須處以極刑。
> 五、治安未恢復前，所有外省人不得下山，但所需蔬菜油鹽由本會供給。
> 六、高雄市以外軍隊，一概不准侵入市內。
> 七、被捕民眾，即刻交由本會帶回。
> 八、雙方如有不法行爲，軍民共同嚴辦。
> 九、此次事件關係人員，事後不得追究。

涂光明所提九條件，雖經彭清靠潤色訂正，然文意仍有不明晰處。如第一條要求國軍停戰撤退，就未說要撤到哪裡。據高雄港務局局長林則彬的口述，談判當天他和海關稅務司張申福都坐在會議室裡旁邊的小凳子上。涂光明對彭孟緝說：「你們繳械，由壽山撤退到左營。」由於是涂光明直接解釋條文，所以這些條文是涂光明所草擬的應該是可信的。而且根據《國聲報》四月十五日彭孟緝對高雄中學員生的訓詞裡頭也提到，涂光明「脅迫本部軍隊撤離壽山，要求憲兵繳械並接收五塊厝軍火倉庫及一〇五陸軍醫院等」。這證明林則彬的口述是靠得住的。彭孟緝的幕僚所撰〈二二八事件之平亂〉說，他們要求停戰，撤退到大陸，這是對左營第三海軍基地的國軍講的。他們談判條文可能只討論到九條中的前三條，所以彭孟緝在第四條中加了個註，「這一句不解」。這就證明，他們討論到前三條，就沒有討論下去了。

根據新出的《二二八事件檔案彙編》第十六冊，民國七十三年，警總高雄諜報組長蔡蘭枝〈平亂追憶〉：「高雄暴動首領爲涂光明(當時任高雄市政府日產檢查室主任)係『台共』南部重要份子，受『台共工作委員會』人員之策動，結合黨羽，於三月三日首先焚燒高雄市警察局局長童葆昭的座車，暴行隨即展開於市內。……」可是軍事法庭判決書上沒有說涂是共黨份子，這問題沒有確實的證據，所以暫不討論。蔡蘭枝說，他派人臥底，引誘涂光明將火攻高雄要塞司令部的計畫延後執行，要他們先勸降彭孟緝再執行。這件事情可能是眞實的。蔡蘭枝說當時上山談判有九名代表，這符合歷史。他並說與彭孟緝談判時涂光明表示：「要國軍放下武器，官兵遣返大陸，不然便以武力解決。」武力解決，應該就是指火攻要塞這件事。而這也就是彭孟緝在當天斷然採取軍事行動的主要原因。彭孟緝當天呈陳儀的電報提到：「爲防不測，不得不採取斷然處置」。就是要先下手爲強，以免被暴徒火攻。

彭清靠呈文說，他是被脅迫上山的，這一點有黃市長可以作證。呈文說他是主任委員，不得不代替學生軍將條件遞出，這是合乎情理的；而所提九條件還有涂光明的原稿爲證，這應該是彭清靠沒有被視爲暴徒的重要原因。他的呈文稱「彭司令吾兄大鑒」，這可以證明他與彭孟緝的關係良好。軍事法庭判決書也認爲彭清靠的呈文描述如畫，並用爲判涂光明罪的證據。彭清靠記載上山的是九個人。林澄增是鼓山區區長。廖得可能是參加高雄處委會的民眾代表。三月六日在涂光明身上搜出的交涉員名單，誤林澄增爲林清曾，誤李佛續爲林佛續。

關於林界，彭清靠的呈文裡有一點是值得注意的，那就是呈文說，「林界是公選代表」。我們後來看檔案裡三月五日彭孟緝給陳儀的電報記載，「三月四日，公舉代表，逼同市長至憲兵隊威脅繳槍」。三月二十二日彭的電報說：「林界提出不法條件脅迫繳械。」這個公舉代表應該就是林界。三月五日，憲兵隊長突圍上山。所以在三月六日這一天，憲兵隊長應該可以指證林界就是逼同黃市長要他們投降的代表。所以林界被扣留。三月十日彭孟緝呈請警總將林界和陳顯光處死刑。據彭三月二十二日呈陳儀電，陳顯光是共產黨員。十日的電報，現存警總檔案裡已缺，但警總的鹽(十四日)電還在，內容是說：「林界等數名首要，准予權宜槍決除害。」「權宜」這兩個字是蔣中正在二月十日給陳儀的電報中提到：「共黨份子已潛入台灣，……勿令其有一個細胞遺禍將來。台灣不比內地，軍政長官自可權宜處置也。」陳顯光是共產黨員，所以權宜槍決，而林界可能和共產黨混在一起，所以被一併處決了。拙文〈再論彭孟緝與高雄事件眞相〉推測林界是三月六日下午在高雄市政府被俘的，三月六日早上的談判他沒有去，這是一個錯誤的推測。

謹呈

彭司令吾兄

此次事件發生的時候，市上非常乱，所以吾們與黃市長相商組織處理委員會。第一日、第二日黃市長做主任委員，至昨天因為市長太忙，所以叫弟代他做了主任委員。委員會之目的是要保持地方的秩序，以外沒有他意。

有一個團体住在第一中學，種々派人常々來命令吾處理委員會代他們對司令部交涉種々的事。起頭吾們不應他，他就派人來，係來涂光明對寡說了，求們若不應吾們的要求，恐怕來（指揮部令[?]做肉彈[?]），所以昨天市長與副議長林建論前

未昨天的條件他不滿意

今日那先生所提出的九條件是涂光明那先生的原稿現在放在

黨務委員會弟事處因為樣子太不好所以弟令陳教育科

長再寫過再與他口論所以多少訂正

今天上午八點半弟與黃市長相商吾們不要去要求是他的

要求與吾們無關但涂光明不放弟午休還迫弟與市長同

行以外林界（他是[illegible]）林澄增 席得 李佛續 林迦 鍾中林 連走齊

所以吾們同他正式代表三人同來

弟於昨天上午在中學討論涂光明以外二個學生代表（是他的代表是學

生不是學生不明白）表示他不可暴動他那多多證言後來聽不。

在弟的表示一般市民很不滿意弟因此一夜不睡

總而言之弟因為代市民代表有甚多煩惱都為代他傳達此次

的事件誠不可同他來往他的武器人數很多弟沒有人可

保護不得已逐他還迫代他那先那九条要求係在弟之軟弱

所致感覺甚慚深望

鈞長體察弟之苦境萬勿原諒 鴻恩沒齒難忘

此呈

三月六日

彭清靠 拜呈

彭司令官 大鑒

新資料第三種：三月六日審訊涂光明筆錄(附學生軍幹部名單、上山談判代表名單)

審訊筆錄

問：姓名、年、籍等。

答：涂光明，三十五歲，澎湖白沙鄉大赤崁一六四九號，台中自由日報記者。

問：報社是設在何處？

答：台中，我並是中興造船廠經理。

問：報館分社設在何處？

答：在高雄榮町設了辦事處。

問：何時設立？

答：一月五日。

問：你何時到高雄？

答：到高雄來一年多。

問：你家住哪裡？有多少人？

答：住在三塊厝，高雄旅館隔壁，有母、妻、男孩三。

問：你家眷何時到台灣？妻是何處人？

答：去年四月間。他是台灣人，業醫，名涂愛峯。

問：你前在哪裡讀書？

答：台南小學，並在東京苦學一年。

問：你曾到內地否？

答：在上海做生意，是廿六年。三十四年四月在上海參加臺灣義勇隊。

問：隊長是何人？

答：是李友邦。

問：還參加別的工作否？

答：曾在卅四年八月參加淞滬別動隊，屬三戰區。

問：隊長姓什麼？

答：第三支隊長李佩天。

問：幾時回到台灣？

答：三十四年十壹月十七號。

問：台中報社社長是何人？

答：黃吾鹿。
問：社長是何籍貫？
答：內地人。我不知道詳細。是林朝燦介紹我的。他是高雄分社社長。
問：從上海回來後辦什麼事？
答：市長連謀要我當清查室主任與義勇大隊副。
問：你對此次暴動有何感想？
答：我也想台灣人有不對。
問：你這幾天對民眾、學生講什麼？
答：我叫他們不要打，他們就打我。
問：你今天怎麼到司令部來？
答：我到市長那裡，市長要我來。
問：你是代表甚什呢？
答：我是學生代表三人之一。還有一個是曾豐明，又一個是陸軍醫院醫生，我不知道姓名。
問：你是什麼資格代表學生？
答：因爲第一中學主任林慶雲是我的朋友，他是高雄市學生聯合軍總指揮。
問：你擔任什麼職務？
答：擔任該軍參謀部幹事。
問：參謀部還有些什麼人？
答：大約十多個人。是曾豐明，他第一中學教員；黃發，業商，第一中學管米粮。林朝燦。李慶仁醫生。盧榮楷等。(名單由涂光明列，附粘後)
問：高雄學生聯合軍與何處聯絡？
答：台南、鳳山、屏東、崗山，各處都有。
問：預備如何動作，目的何在？
答：要求自治，和趕走內地人。
問：大約要多少武器？
答：我看見的步槍有卅多枝，輕機槍七挺，手溜彈千多顆。
問：在各處搶的槍存在什麼地方？
答：是各地的壞人搶去做強盜。
問：你去憲兵隊，威脅憲兵隊交槍否？

答：沒有。

問：你今日來當代表見司令，爲什麼要暗藏手槍，槍從何來？曾否登記？

答：恐怕老百姓打死我，所以帶手槍。義勇軍發的，最近未登記。

問：你們今日提出的九項條件是何人主張？

答：學生、民眾都有。

問：是誰寫的？

答：是張參議員啓周寫的。

右筆錄經受審人覽認無訛。

受審人　涂光明

搜出手槍一枝，子彈七顆。

中華民國三十六年三月六日

軍法官鄭瑞之

　　　尹　莘　記錄

　　　楊爲霖

書記官吳耀瓊

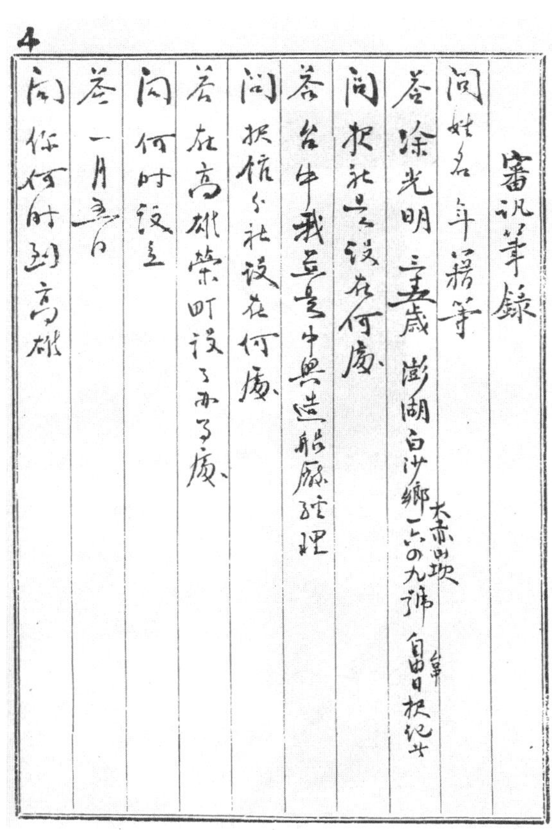

4

審訊筆錄

問　姓名年籍等

答　涂光明　三十五歲　澎湖白沙鄉大赤崁一六〇九番　自由日報記者

問　報社是設在何處

答　台中我並是中興造船廠經理

問　報館分社設在何處

答　在高雄榮町設了分社了處

問　何時設立

答　一月三日

問　你何時到高雄

答 到高雄來一年多

問 你家住那裡有多少人

答 住在三塊厝高雄旅館隔壁有母妻男孩三

問 你家眷何時到台灣妻是何處人

答 去年四月間他是台灣人業醫名徐愛峯

問 你前在那裡讀書

答 台南中學並在東京去學一年

問 你曾到內地否

答 在上海做生意是廿六年及三十四年四月在上海參加入台灣義勇隊

陳光明

5

問 隊長是何人

答 是李友邦

問 你參加的工作否

答 曾在卅四年八月參加淞滬別動隊第三戰區

問 隊長姓什么

答 第三支隊長李伯夫

問 幾時回到台灣

答 三十四年舊曆年節

問 台中總社社長是何人

答 黃吾鹿

問 社長是何籍貫

答 內地人我不知道詳細是林朝棨介紹我的 他是高雄市社長

問 從上海回來後办什么了

答 市長連謀要我肯請李宗主任高雄義勇大隊 列

問 你对此次暴動有何感想

答 我也想台湾人有不对

問 你这幾天对民衆学生講什么

答 我叫他們不要打他們就不打我

涂光明

6.

問 你今天怎么到司令部来

答 我到市長那裡市長要我来

問 你是代表甚什麼

答 我是学生代表三人之一 还有一个是曾豐明 又一個是陸軍医院医生 我不知道姓名

問 你是什么資格代表学生

答 因为市中学生林慶雲是我的朋友 他是高雄市学生聯合軍總指揮

問 你担任什么職務

答 担任該軍参謀部幹了

问 参谋部还有些什么人

答 大约十多个人是曾丰明（台中第一中学教员）、黄荣业（台南第一中学学生）、林彌燦、李慶仁医生、盧崇楷等（名单由徐光明列附后）

问 高雄学生联合军与何处联络

答 台南凤山屏东冈山各处都有

问 你们为何动作目的何在

答 要求自治和赶走内地人

问 大约要多少[illegible]

答 我看见的步枪有卅多枝轻机枪七挺手溜弹千多颗

徐光明

问 存在各处的枪存在什么地方

答 是各地的坏枪去做修理

问 你去宪兵队威胁宪兵队交枪否

答 没有

问 你今日来[illegible]什么要暗藏手枪[illegible]

答 恐怕老百姓打死我（所以带手枪）义勇[illegible]的最近

问 你们有[illegible]提出的九项条件是何人主张

答 学生民众都有

问 是谁写的

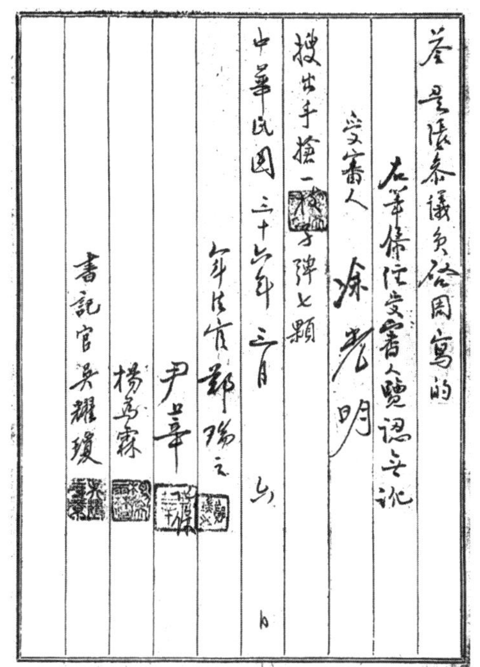
卷 是張參議員合用寫的
右筆係經受審人閱認無訛
受審人 凃光明
搜出手搶一枝子彈七顆
中華民國三十六年三月 日
審判官 鄭瑞之
尹章
楊昌霖
書記官 吳耀瓊

附卷：學生軍幹部名單

林慶雲　總指揮　第一中學校主任

曾豐明　參謀部　打撈　大港浦

李慶仁　　　　　醫師　鹽埕町　祿生醫院長

吳先生　　　　　陸軍醫院生

黃　發　商　　　前金　市長官舍對面

盧榮楷　　　　　前金區公所勤務

其他職員是學校職員與五年生學生

楊風龍　　　　　天龍號　　前金

教員　許先生　　第一中學校

教員　張先生　　第一中學校

教員　王先生　　第一中學校

第一中學校　張

第一中學校　黃

林朝燦　榮町自由日報　住新新旅社

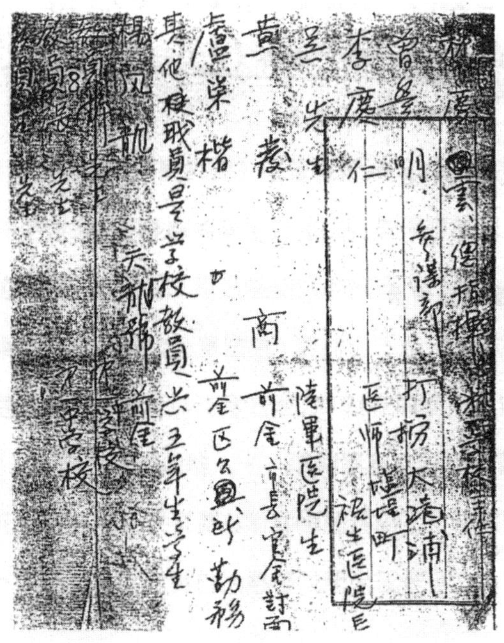

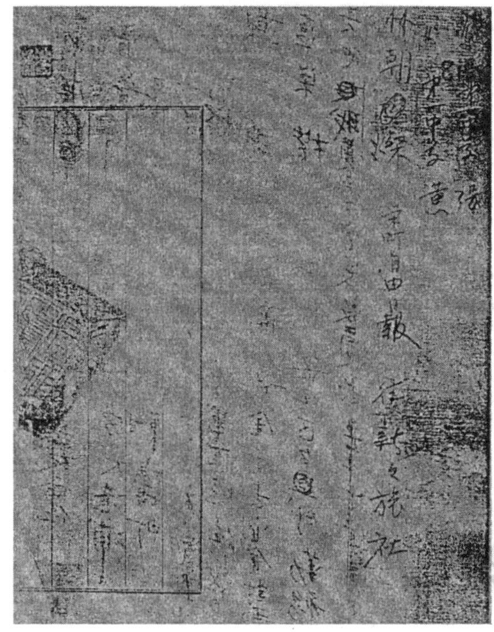

附卷：涂光明身上搜獲名單　　　　　　三.六

代表姓名

林迦(按：已塗掉)　　林清增　范滄榕(學)

涂光明(學)　曾豐明(學)　林界(民)

林佛續　　　廖得　　　　議長

市長　以上代表十名

六日上午十時半出發

六日第一回對要塞交涉員

我在〈再論彭孟緝與高雄事變眞相〉中曾經推測高雄要塞內沒有軍法處，在三月七日高雄事件平定後，可能由高雄地方法院院長孫德耕來主持軍法審判，因爲當時孫德耕也逃到壽山司令部。這是個錯誤的推測。三月六日那一天，在高雄壽山台灣南部防衛司令部內設立有軍法處，審判官三人，鄭瑞之、尹莘、楊爲霖，沒有軍法處長。這個審訊筆錄可以注意的地方，就在問涂光明你們此行的目的何在，涂回答：「要求自治，趕走內地人。」這與軍事法庭判決書說他們要「陰謀獨立」相合，而且軍事法庭判決書還有附件標語爲證。可惜該附件現沒有留存。他要趕走內地人，進行自治，這種自治嚴格說起來就是獨立。三月三日，台灣有八百零七個人署名，一百四十一個人簽名，寫請願書給美國國務卿馬歇爾，要求聯合國託管直到獨立。三月四日的請願書，則要求託管，最後主權歸還中國政府，這仍應是著重託管。還有另外一種是要求自治，事實上是要求獨立。這就是涂光明這一派。還有警總檔案說，高雄暴動是王添灯派周傳枝來主持的，而王添灯也是要求台灣自治的。要求自治是表面上的，實質上是陰謀獨立。這與託管獨立是不一樣的。根據警總檔案，中共中央界定二二八事件爲「台灣民主自治運動，而非獨立活動」。所以共產黨是講台灣民主自治，而不是講台灣獨立自治。但是爲了扯國民黨政府的後腿，可以和這一些講獨立的人合作。我研究高雄事件，即未想到這與陰謀台灣獨立有關。

《二二八事件研究報告》說黃仲圖是自願上山，這九個條件是黃市長提出，這是與事實不符的。由審訊筆錄和軍事法庭判決書可以確定，帶槍上山的只有涂光明一人。而《二二八事件研究報告》說涂沒有帶槍。這也與事實不符。

新資料第四種：三月七日軍事法庭對涂光明、范滄榕、曾豐明的判決書

高雄要塞司令部判決書　　　　36防法判第一號

判決

被告涂光明　男，年三十五歲，台灣澎湖縣，住高雄市三塊厝，職業無

范滄榕　男，年二十九歲，台北宜蘭，住高雄市大港六九二號，齒科醫生

曾豐明　男，年二十五歲，台灣澎湖縣，住高雄市大港埔三號，職業無

右列被告等因民國三十六年三月防法字第一號內亂案件，經本部合議審理，判決如左

主文

涂光明、范滄榕、曾豐明共同首謀暴動，意圖顛覆政府，而著手實行，罪各處死刑，褫奪公權終身。

手槍壹桿，子彈七顆沒收。

事實

被告涂光明、范滄榕、曾豐明等，緣本省二二八事變發生，地方騷動，該被告等即乘機勾結叛逆林慶雲(省立高雄第一中學教務主任)等，組織偽學生聯合軍，由林慶雲任偽總指揮，涂光明自任參謀長，曾豐明爲參謀部聯絡官，范滄榕爲軍醫官。共同糾集流氓，煽動學生，於本年三月三日夜間起，劫奪警察所槍械、倉庫物資，圍攻軍憲機關、後方醫院及火車站等，殺人焚掠，擾亂治安，至六日上午十時許，竟率眾持槍實彈到部，提出不法條件九條，脅迫繳械，經本部拘捕審辦，予以判決。

理由

查被告涂光明等，倡謀台灣獨立，乘機糾集流氓，鼓惑青年學生，組織偽軍，意圖顛覆政府，有其張貼之標語附卷爲証。而所任偽職亦經各被告供認不諱。於三月四、五日兩日劫奪各警察所槍械，經市警察局報告屬實；搶劫各處倉庫物資，亦經各主管機關証明實在。至於佔據第一中學爲偽本部，率眾圍攻憲兵隊、一〇五後方醫院及高雄火車站，打殺外省籍公務人員，搶掠財物並加焚毀，種種不法，事實昭彰，人所共見，毋待一一舉證。該各被告當庭所供尚多支吾，不肯吐實。無非欲卸責任，希圖減輕罪刑。而涂光明持槍實彈，夥同范滄榕、曾豐明、林界等，並脅迫高雄市長黃仲圖、參議長彭清靠等，共同到高雄要塞司令部，提出不法條件九條，脅迫繳械，經眾當場目睹，自屬罪無可逭。綜其種種不法，復經市長黃仲圖報告(附卷)證實，及參議長彭清靠出面陳述，經過情形，歷歷如繪。亦足爲該被告等犯罪之明証，應依法重處以昭炯戒，而資鎮壓。

基上論結，合依戒嚴法第九條第一款，刑法第一百零一條第一項、第二十八條、第三十七條第一項、第三十八條第二款、刑事訴訟法第二百九十一條前段，判決如主文。

三月七日作成
台灣南部防衛司令部
審判長鄭瑞之
審判官尹　莘
楊爲霖

涂光明等的判決書上寫台灣南部防衛司令部卅六年三月防法字第一號，這是他們成立軍法處後所審理的第一號案件。爲什麼蓋有高雄要塞司令部的條記，這是因爲陳儀命令防衛司令部軍法處審的案件限定到五月底止結案，報到警總審核。而防衛司令部司令彭孟緝也是高雄要塞司令。防衛司令部軍法處的人手不夠，所以高雄要塞司令部聘請很多高雄地方法院的檢察官與法官來協助審判，最後由防衛司令部將經手的這些案件交給高雄要塞司令部，再由高雄要塞司令部轉呈給台灣全省警備司令部。所以這些已結案的案件上會加蓋高雄要塞司令部的條記。

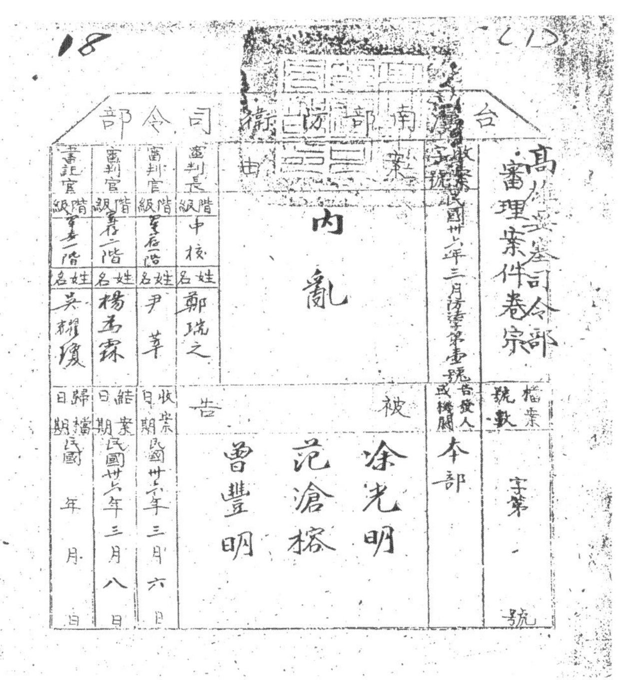
18　(11)
台灣南部防衛司令部
高雄要塞司令部審理案件卷宗
收案字號　民國卅六年三月防法字第壹號
告發人或機關　本部
檔案號數　字第　號
案由　內亂
被告　涂光明　范滄榕　曾豐明
審判長　階級　中校　姓名　鄭瑞之
審判官　階級　[illegible]　姓名　尹莘
審判官　階級　[illegible]二階　姓名　楊爲霖
書記官　階級　[illegible]　姓名　[illegible]
收案日期　民國卅六年三月六日
結案日期　民國卅六年三月八日
歸檔日期　民國　年　月　日

高雄要塞司令部判決書　36防法判第一號

判決

被告　余光明　男年二十五歲台灣澎湖縣住高雄市三塊厝職業無

　　　范滄榕　男年二十九歲台北宜蘭住高雄市大港埔六九二號齒科醫生

　　　曾豐明　男年二十五歲台灣澎湖縣住高雄市大港埔二號職業無

右列被告等因民國三十六年三月防法字第一號內亂案件

經本部會議審理判決如左

主文

余光明范滄榕曾豐明共同首謀暴動意圖顛覆政府

而着手實行罪各處死刑褫奪公權終身

手槍壹桿子彈七顆沒收

事實

被告余光明范滄榕曾豐明等係本省二二八事变發生

地方騷動該被告等即乘機勾結叛逆林慶雲（省立高雄第

一中學教務主任）等組織偽學生聯合軍聚集流氓煽動青

年由林慶雲任偽總指揮余光明自任參謀長曾豐明為

參謀部聯絡官范滄榕為軍醫官共同糾集流氓煽動

於本年三月三日夜間起學生劫奪警察所槍械倉庫物資圍攻軍憲機關（如軍政市警院及火車站等）殺

人焚掠擾亂治安至六日上午十時許竟率眾持槍實彈到部提

出不法條件九條脅迫繳械經本部拘捕審辦予以判決

理由

查被告涂光明等倡謀台灣[illegible]糾集流氓鼓惑青年學生組織偽軍意圖顛覆政府有其張貼之標語附卷可証而所任偽職亦經各被告供認不諱於三月四五兩日劫奪各警察所槍械經市警察局報告屬實搶劫各處倉庫物資亦經各主管機關証明屬實復在於佔據第一中學為偽本部軍需[illegible]攻憲兵隊一〇五後方醫院及高雄火車站打殺外省籍公務人員搶掠財物並加焚毀種種不法事實昭彰人所共見毋待一一舉証該各被告當庭所供尚屬吐實無非欲卸責任希圖減輕罪刑而涂光明持槍寄彈夥同范滄榕[illegible]明林界等並脅迫高雄市長黃仲圖參議長彭清靠等共同到高雄要塞司令部提出不法條件九條脅迫繳械經眾當場目覩自屬罪無可逭綜其種種不法復經市長黃仲圖報告（附卷）証實及參議長彭清靠出面陳述經過情形歷歷如繪亦足為該被告等犯罪之明証依法重處以昭炯戒而資鎮壓

基上論結合依戒嚴法第九條第一款刑法第一百零一條第一項第二十[illegible]條第[illegible]十八條第一項第三十八條第二款刑事訴訟法第二百九十一條前段判決如主文

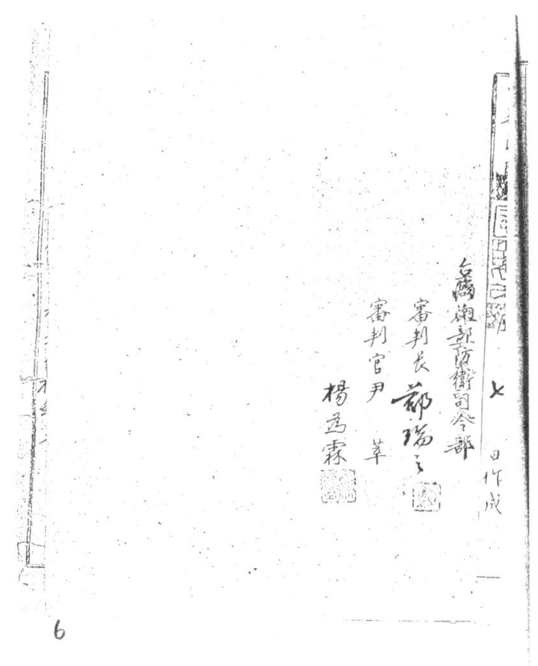

臺灣南部防衛司令部
審判長
審判官尹　草
楊為霖
日作成
6

新資料第五種：三月七日軍事法庭上彭孟緝的簽呈

簽呈　卅六年三月七日

于司令部

竊奉

鈞座交下涂光明、范滄榕、曾豐明等三犯，經會同訊明，涂光明等共同勾結叛逆林慶雲(即林池第一中學教務主任)等組織僞學生聯合軍，涂光明自任參謀長，曾豐明爲參謀部聯絡官，范滄榕爲軍醫官，共同糾集流氓，煽動學生，劫奪警察所槍械、倉庫物資，圍攻軍憲機關，殺人放火，擾亂治安，各有事實爲証。除据其供認外，復經高雄市長黃仲圖及參議長彭清靠等書面証明可据，及提出不法條件，攜槍到部威脅，殊屬罪無可逭。擬依刑法第一百零一條第一項後段，各處死刑。理合簽請察奪，電請警備總司令核准，將該涂光明等三名，就地執行槍決，以壓暴亂。謹呈參謀長王

轉呈

司令彭　　　　　　　　　　　　　　副官處主任　鄭瑞之
主任秘書　尹　莘
軍法官　楊爲霖

批示：暫移看守所，聽候法辦　　　緝三、七

簽呈引用的法條與判決書上所引的法條不一致。三月七日彭呈報警總，仍可能尊重軍事法庭判決書所引的條文。而警總覆電「糾正核准」則在三月八日。此可參看三月八日防衛司令部槍決涂、范、曾三人的布告。

簽呈　卅六年三月七日　于司令部

竊奉

鈞座交下涂光明范滄榕曾豐明等三犯經會同訊明涂光明等共同勾結叛逆林慶雲（即林池第十中學教務主任）等組織偽學生聯合軍涂光明自任參謀長曾豐明為參謀部聯絡官范滄榕為軍醫官共同糾集流氓煽動學生劫奪警察所槍械倉庫物資圍攻軍憲機關殺人放火擾亂治安各有事實左證除據其供認外復經高雄市長黃仲圃及參議長彭清靠等書面証明可據及提出不法條件挾槍到部威脅殊屬罪無可逭擬依刑法第一百零一條第一項後段各處死刑理合簽請參奪電請警備總司令核准將該涂光明等三名就地執行槍決以儆暴亂謹呈

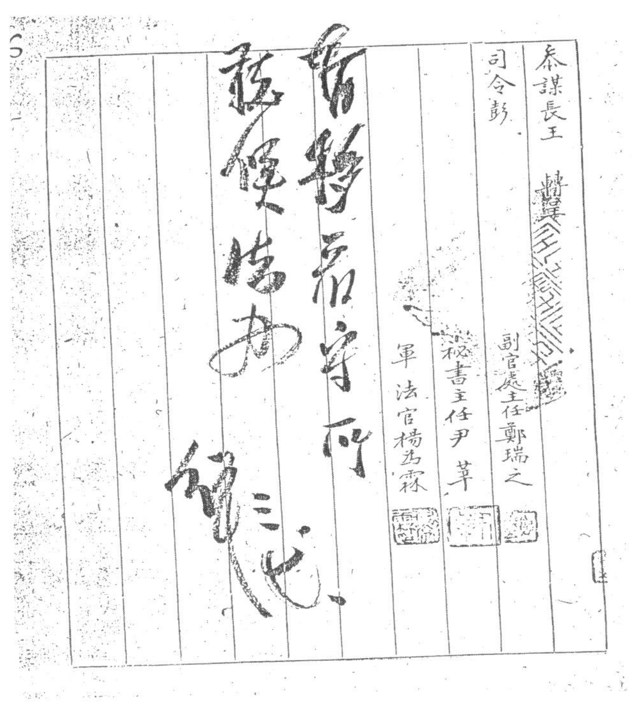
參謀長王
司令彭
副官處主任鄭瑞之
秘書主任尹革
軍法官楊為霖

新資料第六種：三月八日黃市長彭議長呈陳儀電

台北長官陳鈞鑒：密。自台北發生二二八事件以後，寅(三月)江(三日)晚高雄市區即發生騷亂。其後事態擴大，暴徒等竟組織僞軍，勾結叛徒，煽動學生流氓，持械劫掠，槍擊憲警，戕害同胞，繼且被暴徒首領涂光明持械威脅迫職等，於魚(六日)晨隨往要塞司令部，提出無理要求。當經乘機商請彭司令，即時宣布戒嚴，派兵鎮壓，以安良民，而免地方糜爛，並將該暴徒首領扣留法辦。幸戡亂有方，即日暴徒瓦解。茲市區秩序已漸趨安定，關於善後救濟問題，正與各機關首長積極處理。謹先電請鑒核，餘容續陳。高雄市市長黄仲圖、參議會議長彭清靠叩。雨寅(三月)齊(八日)秘機。

三月八日的電報上蓋有高雄市政府的印，可能高雄市的電報局尚未恢復工作，而由高雄要塞司令部的電報室發出。所以彭孟緝留下這個文件以防備有人指摘彭出兵專斷獨行，這正好證明黃仲圖〈高雄市二二八事件報告〉中所講的是眞實的。而收復高雄市政府、火車站之後，宣布戒嚴，這仍是彭的決定。

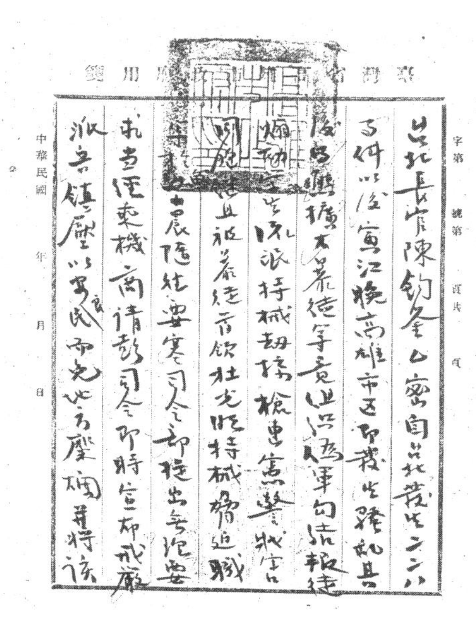

臺灣省政府用箋

字第 號第 頁共 頁

中華民國 年 月 日

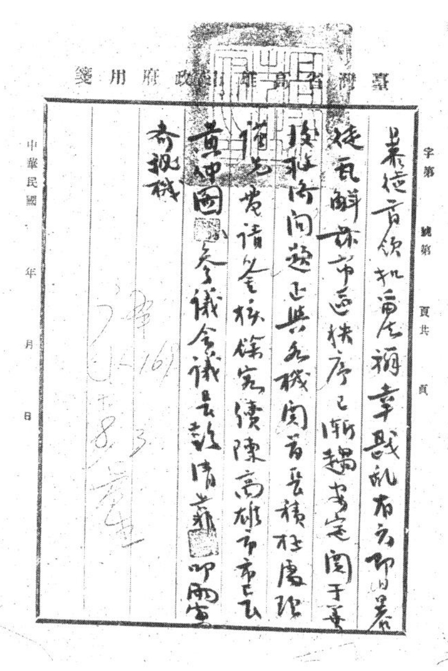

臺灣省政府用箋

字第 號第 頁共 頁

中華民國 年 月 日

新資料第七種：高雄市政府等機構慰勞國軍禮單

此次流氓作亂，勢成燎原，幸
鈞座振奮神威，統帥衛國健兒，指日滌蕩妖
氛，敉平亂事，拯斯民於水火之中，奠本市
於磐石之固，感戴之餘，謹備生彘壹千斤，
香煙(上)參拾陸包，又(中)貳仟包，玉泉酒
拾壹瓶，芬芳酒拾大桶，以爲諸干城犒勞，
物輕意重，聊表微忱於萬一。千祈
哂納爲感(又醬油三桶)

謹呈

司令彭

市政府　製鹼廠　水產公司
市參議會　煉油廠　通運公司
市黨部　台灣銀行　招商局
郵電局　土地銀行　專賣局
港務局　彰化銀行　市商會
台南關　華南銀行　市農會
鐵路局　工商銀行　市漁會
水泥廠　航業公司　唐榮鐵工廠
鋁　廠　檢驗局　鋼鐵二廠
機器廠　貿易局　鋼鐵三廠
肥料廠

禮單的日期考證不出來。三月七日上午收復高雄第一中學，三月八日高雄市政府開始處理善後事宜。這應該是八日以後，高雄市各界慰勞彭孟緝部隊的禮單(原件原長80公分，今影印縮小如下)。

此次流氓作亂勢成燎原幸
鈞座振奮神威統帥衛國健兒指日滌蕩
妖氛敉平亂事拯斯民於水火之中奠本
市於磐石之固感戴之餘謹備生彘壹仟
斤香煙(上)叁拾陸包又(中)弍仟包玉泉酒
拾壹瓶芬芳酒拾大桶以為諸干城犒勞
物輕意重聊表微忱於萬一千祈
哂納為感(又醬油三桶)

謹呈

司令彭

市政府　製鹼廠　水產公司
市參議會　煉油廠　通運公司
市黨部　臺灣銀行　招商局
郵電局　土地銀行　專賣局
港務局　彰化銀行　市商會
台南關　華南銀行　市農會
鐵路局　工商銀行　市漁會
水泥廠　航業公司　唐榮鐵工廠
鋁　廠　檢驗局　鋼鐵二廠
機器廠　貿易局　鋼鐵三廠
肥料廠

新資料第八種：三十六年五月賀彭司令將軍高陞詩

賀　彭司令將軍高陞
賀慶偉勳頗牧先
彭城豪傑獨超然
司權要塞戍防重
令守邊疆綏靖賢
將顯英才家國衛
軍威嚴律姓名傳
高雄鞏固民皆仰
陞任元戎祝萬年

代表鳳山鎮民慶賀
高雄縣立鳳山初級中學教員

這首詩，每句的第一個字，湊起來正好是「賀彭司令將軍高陞」，所以彭孟緝將它也保存下來了(原件長約50公分)。這個禮單與詩可以證明彭孟緝收復高雄市，人民對他沒有反感。稱彭孟緝為屠夫，這個稱呼是什麼時候才有的，待考。

賀　彭司令將軍高陞
賀慶偉勳頗牧先
彭城豪傑獨超然
司權要塞戍防重
令守邊疆綏靖賢
將顯英才家國衛
軍威嚴律姓名傳
高雄鞏固民皆仰
陞任元戎祝萬年
代表鳳山鎮民慶賀
高雄縣立鳳山初級中學教員

民國九十四年十一月七日黃彰健院士口述　高偉文、楊欽堯紀錄整理

六、論台灣南部防衛司令部槍決涂、范、曾三人的布告

我在〈再論彭孟緝與高雄事件眞相〉曾提到涂光明、范滄榕、曾豐明三個人的槍決時間，應該以報紙上所刊載的槍決布告時間爲準。我在中央研究院近代史研究所檔案館裡，找到《彭孟緝剪報資料》。裡面收有《國聲報》三月十二日的〈本報訊〉，載有槍決布告全文，今錄於下：

> 前(九)日本省南部防衛司令貼出佈告一張，內稱：「查暴徒涂光明、范滄榕、曾豐明等聚集流氓，煽動青年，組織高雄學生聯合軍，背叛政府，攜槍實彈，搶掠焚殺，佔據政府機關，破壞軍事場所，威脅恐嚇，不法已極，經本部查獲，訊明屬實，證據確鑿，依危害民國緊急治罪法第一條、第二、第五、第七各款之規定，各處以死刑。除依法呈報，並提各該犯驗明正身，執行槍決，以昭炯戒外，合行宣佈罪狀，仰闔屬人民，一律週知。此佈。計開：
>
> 正犯　涂光明　年三十五歲，澎湖人，無職業。
>
> 　　　范滄榕　年二十九歲，宜蘭人，齒科醫生。
>
> 　　　曾豐明　年二十五歲，澎湖人，無職業。
>
> 中華民國三十六年三月八日兼司令彭孟緝

《國聲報》註明布告是九日貼出的。而布告末尾的撰寫日期是三月八日。宣布槍決涂光明三人的布告當時所引用的法條是〈危害民國緊急治罪法〉第一條第二、第五、第七款，與台灣南部防衛司令部軍事法庭的判決書所引用的法條不同。這證明防衛司令部發電報給陳儀是三月七日，三月八日警總的覆電，根據警總檔案是「糾正核准」。「核准」是核准這三個人槍決，「糾正」是糾正引用法條不要用〈戒嚴法〉而用〈危害民國緊急治罪法〉。因爲這些人的犯法是在三月六日彭孟緝頒布緊急戒嚴令之前，而依照〈危害民國緊急治罪法〉彭孟緝有權審判涂光明等人犯，但須報請上級軍事單位也就是陳儀核准後執

行。

通常說，槍決布告與槍決是同一天。為什麼在三月八日撰寫布告，九日才貼布告呢？很可能八日收到警總覆電，時間已經相當晚，為了爭取時間，仍在八日撰寫布告並執行槍決，第二天才貼布告。槍決依慣例要陳屍示眾，有時要陳屍兩三天，所以第二天才貼布告，不足為奇。結果《國聲報》在三月十二日才刊〈本報訊〉。因為是九日張貼的，所以《大溪檔案》記載高雄的情報員謝愛吼說是九日槍決的，還有曾豐明的戶籍謄本說是九日槍決，他們是根據槍決貼布告的那一天，其實是八日槍決。有些書上講，彭孟緝三月六日當天就把他們槍決了。而警總檔案是說「糾正核准」，彭怎能隨意槍決。「糾正核准」是糾正什麼地方，假如沒有軍事法庭判決書與布告的對照，還不知道是糾正什麼呢!

民國九十四年十一月七日黃彰健院士口述　高偉文紀錄整理

七、讀保密局江心波抄送〈高雄市各區此次事變死傷調查表〉

1

《二二八事件檔案彙編》(二)頁40，國家安全局檔案：

> 南京言普誠先生鈞鑒：
> 據高雄組織謝愛吼報稱：「茲據通訊員江心波抄送〈高雄市各區此次事變死傷調查表〉各一份，又據義務通訊員高溥抄送〈南部防衛司令部各單位官兵傷亡清冊〉一份前來，
> 謹將各該項名冊整理完畢，繕正清冊一份。隨文報請鈞核」等情附件。
> 謹檢用原附件報請鑒核。
> 職張秉承叩，才(三月)世(三十一日)辰奸情台184號附件如文。

三月三十一日張秉承以謝愛吼所繕正清冊寄呈南京國防部保密局言普誠。

此一清冊第一頁爲〈高雄事變各機關死傷調查表〉。所列僅爲市府、省立醫院、專賣局、港務局、水產公司、檢驗局、警察局、鐵路局、台灣銀行這八個單位的本省籍、外省籍的死亡人數及受傷者人數。這個表只列舉人數。

然後在〈各機關人員死亡調查表〉及〈各機關人員受傷調查表〉分別列舉死亡者、受傷者姓名、年齡、職業、籍貫、住址、戶長姓名、死亡場所、受傷月日及地點；於備考欄或摘要欄，則註明其致死及受傷部位係輕傷抑重傷。

以這兩個表與各機關〈死傷調查表〉對校，可以發現在市府死者有12人，不知其爲外省籍抑本省籍，列於不詳，故在〈各機關人員死亡調查表〉中，未列其姓名。

在〈各機關死傷(人數)調查表〉中，警察局死本省籍一人，外省籍一人。

而〈各機關人員死亡(姓名)調查表〉中所列則爲三人，即張毓欽，福建惠安人；陳明註，高雄人；陳上貴妻，台灣人；則〈各機關死傷(人數)調查表〉中，警察局死本省籍一人，應改爲二人。所統計各機關死亡人數十五人，應改爲十六人。

〈各機關死傷(人數)調查表〉列受傷者省立醫院外省籍八人，而〈各機關人員受傷(姓名)調查表〉則缺此機關及八人姓名。

此一清冊所收〈高雄市事變各區死亡(人數)調查表〉言鼓山區死亡本省人三人，然以(頁52)〈鼓山區死亡者(姓名)調查表〉校之，則死亡者應爲十三人。

〈各區死亡(人數)調查表〉言，三民區死亡人數爲二十人。以(頁57)〈三民區死亡者(姓名)調查表〉校之，則死亡者爲十一人。

〈各區死亡(人數)調查表〉言，前金區死十三人，以頁61-62〈前金區死傷(傷字應作亡，因頁60爲該區受傷者調查表)(姓名)調查表〉校之，死者爲十四人。

改正後，始與〈各區死亡調查表〉統計死一○二人相合。

2

〈各機關人員死傷(人數)表〉所列，其死與傷應係暴徒所爲，在三月三日受傷者10人，四日受傷者3人，六日受傷者2人。而省立醫院外省籍受傷者8人，以〈各機關人員受傷(姓名)調查表〉，遺漏未載，不知其何日受傷。

各機關人員死亡者，三月三日一人，被流彈擊斃

三月五日一人，被流彈擊斃

三月六日十二人，死於市府，省籍不詳

三月七日一人，被流彈擊斃

三月六日警察局死亡者爲張毓欽，福建惠安人，爲高雄警察局第一分局巡官。左肩刺一刀，右上肋中一彈。死於前金108號龔祥求家。

3

高雄市分爲十區即：旗津、連雅、前鎭、鹽埕、鼓山、三民、新興、左營、楠梓、前金。

此清冊所收此十區各區〈死亡調查表〉、〈受傷調查表〉，應係國軍使其死亡或受傷。計：

日期	受傷	死亡	其他
3月4日	6人	14人	
3月5日	23人	14人	另一人失蹤
3月6日	24人	51人	受傷中有2人未註明時間
3月7日	8人	2人	
3月8日	1人	1人	
3月9日		2人	
3月13日		2人	
3月14日		1人	

在3月6日死亡人中，說明死於市府者，計有：

黃賜(市參議員)、黃瑞典(藥商)、洪警川(里戶籍員。健按：《高雄市二二八相關人物訪問紀錄》，頁27，作洪景川)、王平水(雕刻業)、程德全(無業)、許江塭(商)、許秋粽(市參議員)、陳金龍(商)、李崑模(商)、謝玉成(學生)十人。

另外四人：羅登波(工人，死於市府後面)、黃花(職業女中，死於市府前)、江雲華(學生，死於市府附近)、王石定(市參議員，死於市府附近)。王石定係自市府跑至籬笆，中槍死，應列入市府數，上述合計：十四人。

〈各機關死亡調查表〉所列不詳其爲本省籍、外省籍者有十二人死於市府，合計當天在市府死亡二十六人。

張秉承於才(三月)哿(二十日)午呈南京言普誠代電說[1]：

在市府開會，當予擊殺二十餘，並獲機槍一挺。

則保密局張秉承統計市府開會時擊斃二十餘名，係據張秉承才(三月)世〈三十一日〉呈言普誠所附〈江心波抄送高雄市各區此次事變死傷調查表〉。

1 《二二八事件檔案彙編》二，頁67。

而江心波所抄表其中〈鹽埕區死亡姓名調查表〉係三月十三日編製，〈鼓山區受傷者姓名調查表〉，三月十五日編製。

彭孟緝四月十五日〈對高雄市中等學校員生訓詞〉說[2]：

> 在市府方面打死十幾個人。

則彭孟緝計算在市府為國軍打死者十四人，不包含死在市府屬機關人員省籍不詳者十二名在內。各機關死傷人數可能暴徒所為，彭不將它歸於國軍擊斃人數中，這是他與張秉承代電計算方式不同處。暴徒在市府內也可以開槍殺人，這是保密局這個表最值得重視處。

據謝愛吼所繕正〈江心波抄送高雄市死傷調查表〉：

	外省籍	本省籍	其他
機關人員	死1人	死3人	死亡者省籍不詳12人
	傷20人	傷3人	
高雄市各區	死3人	死87人	死亡省籍不詳：死在鹽埕區2人(乞食者)，三民區8人，新興區2人，共12人
	傷11人	傷50人	
合計	死4人	死90人	死亡者省籍不詳24人
	傷31人	傷53人	
總計	死亡118人，傷84人。		

高雄三十六年三月黃仲圖市長〈高雄市二二八事件報告書〉，總計死傷人數，死125人，傷85人。黃仲圖報告死者人數較保密局江心波所抄表多7名，傷者人數多1名。

保密局江心波表之編製有在三月十五日者，而黃仲圖〈高雄市二二八事件報告書〉附件三為〈告全市民眾書〉。據《二二八事件檔案彙編》(二)頁74，知該〈告民眾書〉為三月二十四日高雄善後會議後所發布，則黃仲圖報告之撰寫在保密局江心波所編表之後，因此所列死傷人數較保密局為多。黃仲圖〈高雄市二二八事件報告書〉未將高雄市死者傷者姓名明細列出，而且也未明白交代其所列死傷人數係自三月三日起，這是不如保密局江心波所抄表的。

---

2 見《國聲報》35.4.15。

4

《二二八事件研究報告》定本曾討論高雄市政府傷亡人數[3]：

> (收復市府)當場死亡的人數不少。如許國雄先生訪問歷史，「先對著洞口處十五人開槍」。王玉雲先生曾說到屍體之多，除了家屬領回自埋外，送到火葬場的屍體則係由警局僱用牛車運送，每部放二十多具，如此一連延燒好幾天才告一段落(〈王玉雲先生訪問紀錄〉，台灣省文獻委員會)。
> 又林流夏去收屍時，見手推車四五輛來回運無名屍到林德官安葬，死亡的人數不少。(許雪姬，民國八十年三月二十四日訪林流夏)
> 據服務於高雄市政府行政股長的康壬貴之證言，在高雄市政府至少死了五六十人…。
> 王瑞霖先生於三月九日到市政府收殮其父時，親見屍體堆疊大約死亡者有五十二人。
> 所以陳桐先生認爲在市政府死傷的只有四、五個，而且有三名是國民黨忠貞黨員，如許秋粽、黃賜、王石定，這一看法恐須修正。

按：在市府死者，有家屬具領，自應由家屬埋葬。其省籍不詳者十二名，無家屬具領，自應由市府埋葬。牛車一部放二十多具，則也不要許多車。王玉雲所說，好像要許多車才將省籍不詳者運走，恐與事實不符。

陳桐先生訪問紀錄說：在市府打死只五、六人，則失之太少。市府報告較保密局所編表，死者僅多七名。如依張秉承三月二十日呈南京言普誠代電，死於市府者爲二十六人，即令黃仲圖報告死者所多七名，亦計入市府死者數內，亦不過三十三人。

而康壬貴則說市府死者五十二人，王瑞霖訪問紀錄中說死五、六十人，可能亦失之太多。

由於黃仲圖報告死亡人數，無姓名明細表及傷亡日期，不知此多出死者七人實死於高雄何區及死於何日，故論在市府死亡人數，恐仍以保密局所編表較

---

3 賴澤涵等編，《二二八事件研究報告》(台北：時報，民83)，頁181。

可信據。

保密局所編表，最大價値除了註明三月六日死於市府者有姓名可考，及姓名不詳者十二人外，其値得重視處厥爲：三月六日死於自宅者十四人，傷於自宅者十五人。國軍侵入人民自宅，而使人民有死傷，此應係三月六日這一天，在攻下市政府及火車站後，曾搜尋暴徒，才會有此一現象。而士兵搜尋暴徒時，即可能發生搶劫財物與草菅人命的事。

許雪姬所編《高雄市二二八相關人物訪問紀錄》，其中記三月六日死於自宅者，如劉興鼎、劉梁粒珠夫婦爲金銀商，遭槍劫槍殺，其後該士兵被告發查出槍決。

楊明德爲鐘錶商，亦於三月六日遭槍劫槍殺，未見肇事者被嚴懲。由於舉證不易，這就有幸有不幸了。

三十六年三月十六日彭孟緝向陳儀報告，所屬何軍章團第三營第七連一等兵涂平章在戒嚴檢查時，擅取民眾財物手錶，有犯軍律，經予槍決，謹電核備。此案應與劉興鼎案、楊明德案無關。

近日聯合報載，第二次世界大戰，美軍將領侵占德國戰時所搜刮猶太富商珠寶。此可見在戰時維持軍紀之不易。

江心波所抄送此表，有死傷者姓名、年齡、籍貫、死亡日期、地點，與許雪姬所收訪問紀錄，間有不同。

如〈羅麗珠女士訪問紀錄〉記其父羅登坡死於三月七日，江心波此表則謂死於三月六日，在市府後面。

〈王敏達先生訪問紀錄〉記其父死於三月七日，而高雄市新興區死亡調查表，則謂死於三月六日。

王添灯的〈處理大綱〉序文提到：「翌(三月一)日，在鐵路管理委員會前(即北門町附近)蝟集之民眾被軍隊機槍掃射，以致死傷者達數十名，此消息一經傳出，全省各地民情頓時激變。現臺北市內雖經二二八事件處理委員會居間接洽，略已平靜，但中南部各地民眾則爲避免政府武裝部隊之屠殺，正繼續努力，冀求解除軍隊武裝，犧牲相當慘重。」

由江心波抄送的高雄事件死傷人數姓名表，可以看出三月三日、四日、五日高雄事件人民的死傷有多少。這可能就是他們圍攻陸軍醫院、憲兵隊所引起的死傷。政府軍在三月三日晚六時警總參謀長柯遠芬已經廣播命令「政府軍開回營房」，爲什麼還要國軍繳械？「爲免政府武裝部隊之屠殺，繼續努力，冀能解除軍隊武裝」，這顯然是歪曲事實。江心波記載三月三日、四日、五日高雄人民的死傷與圍攻有關係。當時暴徒占據台中，暴徒死傷不多；暴徒圍攻嘉義機場的國軍，暴徒死傷人數不詳。而圍攻高雄陸軍醫院、圍攻高雄憲兵隊的死傷不能怪政府軍。因爲早在三月三日晚上，柯遠芬就廣播宣布軍隊撤回營房。相傳台北市省級二二八事件處委會三月七日將〈處理大綱〉交給陳儀，陳儀看到序文就氣得將〈處理大綱〉丟在地上，可能就是因爲這個原因。

2005/10/17黃彰健院士口述　楊欽堯紀錄整理

附錄：中央研究院近代史研究所檔案館所藏《彭孟緝剪報資料》。裡面收有《國聲報》四月月十六日載有〈對高雄市中等學校員生訓詞〉，茲錄於下：

附錄：彭孟緝四月十五日對高雄中等員生訓詞〈青年應有之認識和努力〉

南部綏靖區彭司令十五日對高雄市中等學校員生訓詞

各位校長，各位教員，各位學生們：今天能夠在這裡和各位談話，本人覺得非常的歡喜！快慰！大家都知道，青年是最可愛的。世界上沒有一個人不愛青年，沒有一個國家不希望青年，因爲青年是國家未來的棟樑！社會的中堅。要建設一個強盛的國家是全靠青年們的努力的。

這次「二二八」的事變。可以說是很不幸的一回事，騷動全島，造成流血的恐怖狀態！講起來我們覺得非常慚愧！非常不安！這次事件的經過，大家都已很深切的明白，在白部長和陳長官以及各級長官不是已經很明白的告訴各位嗎？造成這次事變的原因！是不是青年們要負這個責任咧？不是的！也不是全台灣的同胞要負責的，這個責任，是要由極少數的暴徒！奸匪！和不良份子負責的。這次事變擴大的原因，歸納起來，約有兩點：第一，過去日本教育的遺毒：以前日本對於台灣教育，是隔離在另一個境界，一面極力詆毀祖國，一面建立對日本的崇拜，現在本省大中學青年自幼即受日本的毒化教育，光復以來，爲時尚短，積重難返。第二，野心家倡言獨立，妄思割據。一部分御用紳士們及流氓，原爲日本佔領時代的鷹犬，在日本投降時，發了光復財，只知維護個人利益，反對政府一切法令，倡言獨立，企圖混水摸魚，奪取官職。第三，奸黨及陰謀家製造恐怖，企圖非法奪取政權：萬惡的奸黨，潛入台灣，利用此次事件，乘機煽惑，離間中傷，製造恐怖，企圖推翻現有政權，妄思竊據。根據這三種原因，所以這個責任，是要由上面所述的這些人來負責的。現在國家正實行民主政治，老百姓對於政治上的要求，我們是非常同情的。對於政治上的改良，只要所要求的正當合理，我相信無論什麼人都很同情。像這次「二二八」台北因爲查緝私煙打死老百姓的這件事，不要說全省的人民都同情，就是我個人也是非常同情。陳長官主政台灣，政治開明，對於台灣情形尤爲明瞭，處置此事件特別表示他的同情和寬大，當時立刻承認懲兇醫傷卹死，並對民眾過分的行爲亦不加追究。這種民主的作風是值得令人佩服的。可是因爲受了奸徒們的利用，借題發揮，繼而做出了越軌的行爲，如毆打外省人，以武力佔據行政機關，要向軍隊繳械，搶劫軍用倉庫，向長官提出三十二條件等，這些都是反動的行爲！還有提出一個更幼稚的口號：就是要求台灣獨立，組織興化國。老實告訴大眾，台灣要求獨立，是不夠條件的；就是夠有條件，台灣也絕對不能獨立的。因爲台灣是脫不了中國，台灣的土地就是中國的土地，台灣的人民就是中國的人民，所以台灣無論如何是絕對不能夠脫離中國而獨立的。我們詳細的把這個事體分析一下，造成這種心理的原因；(一)是看不起由內地來台的官吏，他們心目中以爲凡由內地來台服務的官吏都是貪官污吏，但是據我知道的，多數由內地來台的同胞都是抱著極大的熱忱爲台胞服務的。你們要知道：由外省來的官吏和技術人員並不是每個人都貪污！反之，當官吏的本省人，也不見得每個人都很清廉！可以說「處處都有好人！但也處處都有壞人！」這是不能一概而論的。他們把貪官污吏都推在外省人的身上，這是第一個觀點的錯誤！(二)是看不起祖國的軍隊，以爲我國的軍隊都是不行的。有人對我說：國軍吃的太壞，穿的不好，根本不會打仗，放槍不會瞄準。但是我們抗戰八年，結果投降的還是日本人。到底我們的軍隊是不是眞正不能打仗的軍隊；祖國的軍隊是最刻苦耐勞的，而我們能夠得到最後的勝利也就是在這一點。各位要曉得，抗戰勝利並不是僥倖得來的。雖然得了盟國的幫助，可是祖國的軍隊，以長期而堅韌的戰鬥，拖住了三百萬日軍，使他們深深的陷入泥潭，而不能自拔。試看德軍進攻蘇聯的史大林格勒時，蘇聯的首都莫斯科也動搖了，若是加上三百萬日軍聯合夾攻，當時戰局一定改觀，盟國也不能從容佈置大反攻，這是第二個觀點的錯誤。

現在：我再將這次高雄變亂的經過情形，向各位稍爲報告一下：我對于高雄這次變亂的經過，始終是要以和平寬大的方法來處理。最初這次事件的發生，我就很想要護本市的良民，貫徹自從我初到高雄來至現在的一貫初衷！平時我總是以很和靄的態度來和高雄民眾們接觸。至於民眾的什麼要求，只要我能夠辦得到的，我總很願意替他們幫忙！自從我到了高雄以至現在，沒有發生兵士和老百姓衝突的事情！所以這次事件發生，我就想用和平的方法來解決一切，沒有發兵。無如暴徒更變本加厲，在三月六日這天，竟向我提出無理的九個條件，脅迫本部軍隊撤離壽山，要求憲兵繳械並接收五塊厝軍火倉庫及一〇五陸軍醫院等。他們無理的要求，凡站在國家民族的立場的每一個軍人，誰也不能答應的，所以我是絕對不能接受，這眞是使我忍無可忍！當時市內秩序非常混亂，於是我就不得不派軍隊進入市區維持治安！三月六日，當軍隊奉令出發時，我還是再三的囑咐他們嚴守軍風紀，千萬不要向無辜的老百姓開槍！結果：兵士們皆能恪守命令：所以市內根本沒有打死了人，只有在市政府方面打死了十幾個人。這個原因也是爲了暴徒在市政府樓上架了重機槍一座，開槍抵抗，幸當時響了幾下就發生故障。又有個暴徒把我們的一個排長砍傷了，我們的軍隊也就不能不採取自衛而開槍！假使沒有暴徒膽敢反抗的話，當時也就不會多打死了這十幾個人。所以這個責任呢？還是要由暴徒來負的！

省立第一中學已經被暴徒佔據作了大本營，六日這一天，我命令不要進攻一中，因爲我聽見說那中學校裡有很多的學生，如果軍隊一攻進去，那麼這些莘莘學子，便要白白的犧牲了。就是當日下午，防守車站的部隊，被暴徒在第一中學的樓上輕機槍射死了，士氣激昂到了沸點，我還是不許當日進攻，直到第二天(七日)，才進攻第一中學，這些都是事實大家都知道的。

對於這次事件的處理，我是以寬大爲懷，你們看：所有槍斃的要犯，哪一個不是罪大惡極的首魁？都是死有餘辜的！其餘罪行較輕的，我都交給法院依法審愼處理，以冀不妄殺一人，不枉辦一人。除了那些不可寬恕的罪犯外，其餘盲從附和之徒，一律准許交保釋放，尤其是對於學生們我更加原諒，因爲這些錯誤，並不是青年本質上與生以俱來，是受了奸暴的欺騙，過去日本教育的毒素，社會的影響，所以只要能夠改過自新，無一不可任其悔過，絕對不究既往。我剛說過：青年是國家的元氣，是可愛的，是純潔的！所以我一向主張寬大。你們知道現在還有關在監獄裡的，可以來告訴我，一律儘先保釋。至於逃亡在外還不敢回來的，請你們趕快告訴他，叫他早早回來！不要害怕，千萬不要虛費時光，須知青年學生要以「學業至上」須要學習自己的本領，然後才可以貢獻國家社會，同時關係個人的前途是很大的！

其次是要向各位教師們順便說一句：學生們是純潔無瑕的！他們行動的好壞，全以教員的領導如何爲轉移，此次事件有少數的學生參加非法的行動，就是各位教師平日沒有把我們國家的情形和幾個偉大的條件，好好的告訴他們，以致才有這種不幸的事件。反之，如果各位教員能夠把我們國家的偉大，在平時好好地告訴學生，我相信絕對不會有學生參加在裡頭的。

(以下省略)

上述之中不僅將高雄事件的原委道出，還將當日實際情形對高雄中學員生再說一次。以軍人守土有責，軍隊爲何要進攻高雄，因爲學生軍所提出的九個無理條件，要求軍隊繳械，還要軍隊撤離壽山。後來彭下令進攻，避免傷及其他無辜，對於被占領學生眾多的雄中，更是等到隔一天(七日)才下令收復。除了因市政府上頭有人架設機槍，而導致死傷的十幾位之外，沒有展開報復行動。

上述對於高雄中學的學生演說，其要點，同時見於彭孟緝的隨身筆記簿之中(由彭蔭剛提供)，可見其眞實性。

卷二

八、陳儀呈蔣函「兩電報告」解，並論二二八事件爆發後，三月一日至五日陳儀未向蔣請兵

研究二二八的學者通常都說，事變爆發後，陳儀即向蔣請兵，因援軍不能馬上到臺灣，遂採緩兵計，與臺北二二八事件處理委員會作政治談判，盡量忍讓，拖延時間，等到國軍援軍抵台，陳儀遂撕破假面具，而採高壓政策。

對陳儀何時請兵，是否曾請兵，這涉及對《大溪檔案》(頁71)民國三十六年三月六日陳儀呈蔣函：

> 自二月二十八日臺北事情發生以後，曾有兩電報告。

此「兩電報告」的解釋。此兩電是指那兩個電報？其內容為何？這是我們研究二二八事件時應首先弄清楚的。

1

這兩個電報，其第一電係陳〈丑(二月)儉(二十八日)電〉，見《大溪檔案》(頁64)：

> 陳長官〈丑(二月)儉(二十八日)電〉呈復：「臺省防共素嚴，惟廿七日奸匪勾結流氓，乘專賣局查禁私煙機會，聚眾暴動，傷害外省籍人員，特於廿八日宣佈臨時戒嚴，必要時當遵令權宜處置。」等語，經摘列呈閱。

原檔附註：

> 以〈丑儉電〉別編摘由。

則《大溪檔案》此處係摘錄陳儀〈丑(二月)儉(二十八日)〉對蔣二月十一日蒸電的覆電。而陳儀〈丑儉電〉的全文則另外存檔。

其第二電係陳〈寅(三月)支(四日)電〉，不見於《大溪檔案》，而見於〈國防最高委員會常務會議·臺灣事變處理辦法案〉。該電全文如下[1]：

> 行政院長蔣、內政部張部長、國防部白部長、陳總長。密。
>
> 丑(二月)感(二十七日)晚專賣局職員在臺北市延平路查緝私煙，當地流氓抗拒，員警開槍示威，誤斃一人。奸匪乘機勾結流氓，煽動群眾，於儉(二十八)日晨包圍臺北專賣分局及警察派出所，毆打員警，並將公物焚毀。旋又包圍專賣總局，經派員解說無效，並沿途毆打擄架外省籍人員，口號打死中國人(原註：即指外省籍人)，被打死傷者數以百計，同時搗亂機關公物，鼓動鐵路公路停止行駛，無秩序而亂。當日下午三時，聚眾千數百人，持旗鳴鑼擊鼓，向本公署直衝，軍警阻止無效，甚至開槍劫奪警衛槍支，衛兵還擊，斃一人，傷二人，幸將群眾驅散。
>
> 爲維持治安計，宣佈臨時戒嚴。
>
> 寅(三月)東(一日)群眾又包圍鐵路委員會，竟欲劫掠駐衛警械，又激起衝突，致有死傷，幸巡邏車開到，始告平靜。
>
> 旋經參議會及各界代表請口鈞座寬大，不究既往，乃於東(一日)晚十二時起解嚴，兩日來秩序漸較安定。江(三日)晚六時起，交通亦漸次恢復。除各縣市因臺北事件而被奸氓煽動者，如臺中嘉義等處，尚未恢復秩序，另再續呈外，敬先電聞。
>
> 陳儀寅(三月)支(四日)機印

此一電報應係二二八事件爆發後，陳儀僅有〈丑(二月)儉(二十八日)電〉向國民政府主席蔣報告，而未有電報向行政院有關部會報告。內政部長張厲生來電詢問，陳儀遂致電行政院長蔣、內政部張部長、國防部白部長及參謀總長陳誠，報告事件爆發後至三月三日晚情況。

其時蔣爲國民政府主席、兼最高國防委員會委員長、兼行政院長。國防最高委員會爲中央政府最高決策機構，而內政部長爲該會委員。三月六日上午九

1　見行政院版《二二八事件研究報告》〈附錄一·重要文件〉，頁3。

時二十分，國防最高委員會第二二四次常務會議，蔣未出席，由立法院長孫科任會議主席。陳三月四日〈寅支電〉即可能係內政部長張厲生在會議中提供，由孫科命胡秘書宣讀。

據該次常務會議紀錄[2]：

> 臺灣事變問題：
> 李委員敬齋：昨天大家談到臺灣事變問題，請主席(孫科)將會場意見報告委員長，不知有沒有報告？
> 吳文官長鼎昌：昨天報告了(蔣)主席。主席說：他猜想這件事並不大，他已經知道這件事，陳公洽(即陳儀)一日已有來電報告主席。
> 姚委員大海：文官長報告(蔣)主席後，主席推測問題不會很嚴重。主席是根據陳公俠同志的報告而來的。昨天聽到各位同志的報告，都覺得問題相當嚴重。是否再報告(蔣)總裁，請總裁勿過於看得太輕。我國同胞逃難到美國總領事館，美國總領事一定有報告到美國的。
> 吳文官長鼎昌：文官處有位同事接到臺灣親戚來電，說已經沒有事，大概是事實。
> 主席(孫科)：陳長官四日有一電報報告中央。現在先宣讀。(胡秘書宣讀陳長官來電原文)

由於國家最高委員會係首長制，蔣爲委員長，有最後決定權，故三月八日國防最高委員會秘書長王寵惠將三月六日第二二四次常務會議關於臺灣事宜問題決議三項：

> 1.政府應派大員前往該省宣慰。
> 2.臺灣省行政長官署應依照省政府組織法改組爲臺灣省政府。
> 3.改組時，應盡量容納當地優秀人士。

報請蔣核示。三月六日會議紀錄冗長，王寵惠遂將會議紀錄原文刪節(文句下面我現在畫有橫線「－」的，均省略不錄)，而以〈關於臺灣事件各委員發言紀要〉附呈。《大溪檔案》以王寵惠原呈及〈紀要〉存檔，故《大溪檔案》所

2　見行政院版《二二八事件研究報告》〈附錄一・重要文件〉，頁11。

附〈紀要〉即無陳〈寅(三月)支(四日)電〉。

故僅讀《大溪檔案》，即僅知陳儀有〈丑(二月)儉(二十八日)電〉呈國府主席蔣，而不知陳儀有〈寅(三月)支(四日)電〉呈行政院長蔣。

由上引國防最高委員會第二二四次常務會議紀錄，知陳儀有兩次電報呈蔣，一次是三月一日來電，一次是三月四日來電。而三月一日來電實即丑(二月)儉(二十八日)電，該電於三月一日譯就呈閱，故亦可說該電係三月一日來的。

如果說有〈丑儉電〉(二月二十八日電)，又有〈三月一日電〉，又有〈三月四日電〉，則陳儀三月六日呈蔣函應說二二八事件後，有「三電報告」，今陳儀呈蔣函說：「有兩電報告。」故知〈丑儉電〉係於三月一日譯就呈閱，不可釋爲〈丑儉電〉之外，另有陳〈寅(三月)東(一日)電〉。彭孟緝呈陳儀電，警總於次日譯出呈閱。蔣爲國家主席，各方函電甚多，陳呈蔣電，於次日譯出呈閱，這是很正常的現象。

《二二八事件研究報告》(定本，頁202)說：

> 據陳儀的報告，二二八事件發生至三月六日間，共有二次電文呈報蔣主席。第一次即前述二十八日向蔣簡報二二八事件之發生及實施臨時戒嚴情形。由於該摘錄電文中未提及派兵之事，無從判斷是否有請兵之事。……
>
> 第二次電文係於三月一日發出，雖然內容不詳，但其給蔣氏的印象是問題應不嚴重。

此即誤據〈國防最高委員會第二二四次常務會議紀錄〉，而釋爲另有三月一日來電。《大溪檔案》摘錄陳〈丑儉電〉內容，如原電言及請兵，則《大溪檔案》編者摘由時，不會省略不提及的。

2

陳儀〈丑儉電〉已使蔣認爲事態不嚴重，而陳〈寅(三月)支(四日)電〉更言及：「兩日來秩序漸較安定。」則陳儀更不會因此請兵。從二二八至三月六日，陳儀致蔣電只有陳〈丑儉電〉及陳〈寅支電〉，二電俱未言及向蔣請求派兵，故《研究報告》(定本，頁202)引臺共黨員、和平日報記者楊克煌稱：

> 三月一日，陳儀一面接受緝煙血案調查委員會之請求，一面曲報臺灣的情勢，要求中央派遣大軍，三月二日獲得中央照准密電。(定本原註：「林木順《台灣二月革命》，臺北，前衛出版社，頁20-23」)(按：林木順係臺共黨員楊克煌的化名)

又引臺共黨員蘇新謂：

> 三月二日，陳儀曲報臺灣暴動情形，要求中央派兵(定本原註：蘇嘉農(蘇新)《憤怒的臺灣》，臺北，前衛出版社，頁122)。(按：「蘇嘉農」應作莊嘉農，係臺共黨員蘇新的化名)。

又引記者唐賢龍《臺灣事變內幕記》言：

> 三月三日，陳儀急電蔣主席與國防部參謀總長陳誠迅令劉雨卿率二十一軍(即整編二十一師)赴臺增援。(定本原註：唐賢龍《臺灣事變內幕記》，鄧孔昭編《二二八起義資料集》，廈門大學臺灣研究所，1981年，頁94)

此所引均與三月六日陳儀呈蔣函「有兩電報告」不合，均不可採信。

《研究報告》定本(頁203)接著據警總參謀長柯遠芬〈事變十日記〉，言：

> (三月)二日，陳儀言已電請主席派整編二十一師一個加強團至臺。

又據趙毓麟〈中統我見我聞〉(《中統內幕》，江蘇古籍出版社，1987年，頁235)言：

> 大約同時中統局亦要求派兵來臺。三月一日(定本附註：原文誤爲二月二十九日)凌晨，南京中統局接到臺灣調查統計室十萬火急電文，報告二二八事件，以後每天急電二次。中統局局長葉秀峰向蔣主席建議派勁旅三師赴臺。

柯遠芬所言亦與陳儀呈蔣函，「曾有兩電報告」不合，不可信。

趙毓麟〈中統我見我聞〉所言，以《大溪檔案》校之，中統局局長葉秀峰於三月十日簽呈蔣：

> 速派大員以查辦二二八事件名義，率軍來臺鎮壓。調派部隊，至少二師，分基隆高雄臺南臺中花蓮同時登陸，另以兩營空降臺北，以期迅速控制省垣。(《大溪檔案》頁136-138)

葉氏係收到中統局臺灣調查統計室三月八日的急電，而向蔣作此一建議。因蔣在五日已決定派兵(見後)，故蔣對十日葉簽呈，僅批一「閱」字。

3

陳儀〈寅(三月)支(四日)呈蔣電〉尙言：「兩日來秩序漸較安定。」而蔣之派兵係因三月五日南京憲兵司令張鎭以臺北三月四日、五日憲兵第四團團長張慕陶電，報告蔣：

> (1)此次臺灣暴亂，其性質已演變爲叛國奪取政權之階段。外省人被襲擊而傷亡者總數在八百人以上。地方政府完全失卻統馭能力，一切由民眾控制。暴民要求，不准軍隊調動、不准軍隊帶槍，無異解除軍隊武裝。暴民在各處劫奪倉庫槍械及繳收軍警武器，總數在四千枝以上。
>
> (2)今日情勢似外弛內張。臺北二日雖解嚴，並由憲警及民眾代表組織維持治安機構，但奸僞標語仍滿貼街衢，各工廠機器及物資損失殆盡，無法復工。長官公署及各機關迄未恢復辦公。臺籍警察多攜械潛逃。全省鐵路改組爲鐵路委員會，已由臺人掌握。陳長官似尚未深悉事態之嚴重，猶粉飾太平。
>
> (3)臺中憲兵被繳械，官兵被囚禁，並有械彈庫兩個被劫。嘉義憲兵被暴民包圍，無法援救。
>
> (4)臺中、嘉義市政府政權已被所謂二二八事件處理委員會(係由政府人員、參政員、參議員及各界民眾代表組成)篡奪。並電告省參議員王添灯，轉告公署勿派兵前往，否則以武力對付。(《大溪檔

案》，頁67)

在這天，參謀總長陳誠以代電呈蔣：

派兵赴臺一案，已令廿一師劉師長率師部及第146B一個團即開基隆，歸陳儀指揮。
著憲兵第四團駐福州之第三營，即開臺灣歸制。
著調憲兵第二十一團駐福州之一個營即開基隆。
已分令聯勤總部準備船舶，務限虞日(七日)由上海福州兩地起運，逕開基隆，不得違誤。(《大溪檔案》，頁68-69)

此即蔣閱讀張鎮報告後，蔣命陳誠籌議出兵，陳遂以此一代電呈蔣。

在這天下午六時十分，蔣致電陳儀：

已派步兵一團，並派憲兵一營，限本月七日由滬啓運，勿念。(《大溪檔案》，頁70)

因其中一營屬憲兵第四團，係歸制，故蔣省略不提，僅提派兵一團，及憲兵一營。

蔣原本希望政治解決(參本書第九篇)，三月五日得讀張鎮報告，知處委會篡奪縣市政府職權，臺中嘉義等處騷亂未能平息，遂決定出兵。

「勿念」，亦即不必擔心，軍事問題，蔣會解決之意。

蔣於五日決定派兵，《大溪檔案》的記載非常清楚。《二二八事件研究報告》定本不必採錄楊克煌、蘇新、唐賢龍、柯遠芬、趙毓麟這些人的記載。

《二二八官方機密史料》(頁31，民國八十一年三月自立晚報社出版)載：

三月三日，(中央社)臺北三日參電：
又據已由官方證實之消息稱，自閩省增援之憲兵一營，今已到達基隆。此乃首批增援部隊，雖兵額不多，外省人心稍振。反之，則臺人大感恐怖。

陳芳明〈二二八官方機密史料序〉說：

> 這份史料無意中提供了一個正確日子。三月三日抵達的軍隊必然在三月一日就出發了，則蔣介石用兵的決定必定在二月廿八日。柯遠芬近日才對外承認，蔣於二月廿八日就已告知陳儀將派兵支援，顯然是正確的。

按：《大溪檔案》已明白說明，蔣決定派福建憲兵第四團駐福州之第三營即開臺灣歸制，著調憲兵第二十一團駐福州之一個營即開基隆，是在三月五日。

中央社所採訪，認爲已由官方證實之消息，其實並不正確。這種地方應以《大溪檔案》所載爲正。陳芳明寫序時，《大溪檔案》尚未出版。陳芳明未見《大溪檔案》，致判斷有誤。

2001年7月我撰寫《了解中國的歷史文化，解開海峽兩岸的結》的第八章〈二二八事件始末〉，曾仔細閱讀《大溪檔案》，因《大溪檔案》已收有〈國防最高委員會發言紀要〉，遂大意疏忽，未取行政院版《二二八事件研究報告》所附〈重要文件〉、〈國防最高委員會第二二四次常務會議紀錄〉原文校勘。拙文遂釋三月六日陳儀呈蔣函「兩電報告」，其一爲二月二十八日陳儀與蔣的電話，另一爲陳儀丑(二月)儉(二十八日)電。釋「兩電」其一爲電話，另一爲電報，終覺與文理不合，今謹訂正於此。

前幾年，我曾往臺北市二二八和平公園紀念館參觀。記得其入口處，有一文告係當年參加二二八事件的學生代表所撰，惜忘其姓名，該文告即希望能發現陳儀請兵的電報。彰健此文或可解決此一懸案。

後記

頃讀許介鱗教授《戰後臺灣史記》(p122)：

> 三月二日，陳儀致電蔣介石：「奸匪煽動，挑撥政府與人民間之情感，勾結日寇殘餘勢力，致無知平民脅從者頗眾，祈即派大軍以平匪氛。」

許書係據李敖《二二八研究》頁134、140轉引何漢文〈台灣二二八起義見聞紀略〉。按何漢文係監察委員，曾受命來台調查二二八事件。何氏撰此文時，已投共。何氏此文稱：

> 二二八起義開始爆發時，陳儀以爲問題不大，所以在他最初給蔣的報告也只是輕描淡寫地說：「由於市民與經濟警察之誤會，發生衝突。雖然有少數奸徒，趁機滋事，致有死傷，旋即平息。」至三月二日……遂把事變釀成說是由於「奸匪煽動……祈即派大軍，以平匪氛」。

何氏在文末附註說：

> 這兩個電報是我在動身去台前，在國民政府文官處調閱有關案卷時看到的。本文所引係電報大意。

何氏所記陳儀兩電內容，亦與陳儀呈蔣函「有兩電報告」亦即〈丑檢電〉及〈寅支電〉不合，不可信。

何文說：

> 高雄要塞司令彭孟緝對我說，「從三月二日到十三日，高雄市在武裝暴動中被擊斃的暴民，初步估計大約在兩千五百人以上」。

此亦何漢文信口開河，託爲彭孟緝所言，不可信。

近出《國史館學術集刊第四期》有蘇瑤崇教授所撰〈葛超智(George H. Kerr)託管論與二二八事件之關係〉一文。蘇文(頁178)將陳儀呈蔣函「有兩電報告」，解釋爲「『張鎮呈蔣主席報告』及『中統局呈蔣主席』兩件」。將陳儀呈蔣的電報竟釋爲張鎮及中統局呈蔣的電報，與文理不合。

蘇氏該文最大錯誤在(頁158)：討論臺灣人民向馬歇爾的請願書，引用美國政府檔案竟將請願書所言「until Formosa becomes independent」認爲這「不是獨立建國之意」。關於Kerr竄改請願書一事，請參看本書第十七篇後記所作考證，謹附帶在此提出。

民國九十五年三月十六日

九、論蔣處理二二八事變最高指導方針，陳儀延至三月五日始告知柯遠芬

1

最早提到蔣處理二二八事變最高指導方針的，是三十六年五月柯遠芬的〈事變十日記〉：

> 三月六日。
> 主席又來電，將整編二十一師全師調臺，同時駐閩的憲兵二十一團亦調兩個營來臺灣。而且指示處理事變的方針，政治上可以退讓，儘可能的採納民意，但軍事上則權屬中央，一切要求均不得接受，這是最高的指導方針。

民國八十一年一月，〈柯遠芬先生訪問紀錄〉則說：

> 當陳長官在二十八日以電話告訴蔣主席，臺北已發生動亂後，二十八日下午由南京來的專機帶來了(蔣)主席處理二二八事件的四個指導原則。這四個原則的指示我並未親眼見到，而是由陳長官轉述給我聽的。
>
> (一)、查緝案應交由司法機關公平訊辦，不得寬縱。
> (二)、臺北市可即日起實施局部戒嚴，希迅速平息暴亂。
> (三)、政治上可儘量退讓，以商談解決糾紛。
> (四)、軍事不能介入此次事件。但暴徒亦不得干涉軍事。各軍事單位遭受攻擊，得以軍力平息暴亂。

> 這四個原則十分明確，以後處理二二八事件時，完全依照這四個原則來進行。

這兩種記載都出於柯遠芬，卻迥然不同。事關蔣處理二二八事變方針，及陳儀二二八當天如何應付二二八事變，這是我們考論二二八當天史事應弄清楚的。

2

上引〈事變十日記〉柯三月六日日記記主席來電，以《大溪檔案》校之，蔣三月五日係派廿一師師部及146B(旅)一個團赴臺，非全師；係派憲兵二十一團駐福州之一個營來臺，而非兩營。另一營係憲兵第四團駐福州之第三營，開臺灣歸制。故蔣三月五日十八時十分給陳儀的電報係：

> 陳長官。2544表。已派步兵一團，並派憲兵一營，限本月七日由滬啓運。勿念。中正寅(三月)微(五日)府機。

蔣的電報即省略歸制那一營不提。

柯〈事變十日記〉刊布於三十六年五月，寫作時，未查考檔案，故所記蔣派兵事即不夠精確，而且蔣〈寅(三月)微(五日)府機電〉也未提處理二二八事變最高指導方針。

檢《大溪檔案》，也未見三月五日六日有指示處理事變方針的電報。

柯三月六日日記所記主席來電，及蔣指示處理事變最高指導方針，應係五日柯聞之於陳(詳後)。所記蔣處理事變最高指導方針，以情理判斷，應可信。

二二八事件時，陳與蔣來往電報，相傳爲柯遠芬帶走。柯所見檔案未有蔣三月五日指導方針電報，而蔣下命令常用手諭，故柯在〈訪問紀錄〉中遂改說，這是二二八下午飛機帶來的手諭。

柯〈訪問紀錄〉將指導方針之下達繫於二二八下午，並將它說成爲四個指導原則。其第一原則：「查緝案應由司法機關公平訊辦，不得寬縱。」這是蔣同意陳儀的意見，可參看本書第十三篇論文所考。

其第二原則：「臺北市可即日起，實施局部戒嚴，希迅速平息暴亂。」考柯遠芬〈臺灣二二八事變之眞相〉，陳在群眾衝向長官公署，公署開槍之後，陳召見柯，陳說：「我已建議層峰實施局部戒嚴。」是陳在電話中向蔣報告臺北已有動亂，陳向蔣提出戒嚴建議，亦為蔣所認可。故蔣此一戒嚴指示之下達應在陳召見柯、命柯籌劃戒嚴事宜之前。

中央社臺北分社〈臺北二月二十八日參電〉[1]：

> 行政長官兼警備(總)司令今下午三時，下令臺北市區戒嚴，一切有關臺民暴動新聞，均由司令部發表。
>
> 今晚，除發表戒嚴令外，另發表下列新聞一則：
>
> 要點如下：
>
> (一)、對於緝私肇禍之人決予法辦，並嚴令以後不得再有類此事件發生。
>
> (二)、少數暴徒因此事而發生越軌行動，致危及治安。總司令部已實行臨時戒嚴，藉以保護秩序。一俟平復，此項戒嚴令即可取消。

是蔣的第一第二兩項指示，陳儀在二二八當天即已實行。

由〈柯遠芬先生訪問紀錄〉看來，這四項指示不可能是蔣在電報中所作指示，因為《大溪檔案》無此電報。

也不可能是二二八當天飛機帶來的蔣的手諭。因為：蔣的幕僚會將蔣的手諭編號，並「恭錄存檔」。檢《大溪檔案》，亦無此一手諭。

二二八當天，公署開槍、驅散群眾之後，陳儀召見柯，說：「我已建議層峰，實施局部戒嚴。」則這四項指示應係二二八當天蔣在電話中與陳商談時所下達。

在電話中商談，無侍從人員在旁記錄，故《大溪檔案》未有此記事。其後由陳儀告訴柯，由柯轉述，乃為吾人所知。

蔣下令常用手諭。在國共內戰激烈時，蔣有時在飛機上指揮作戰，其時蔣的口諭即未必有侍從記錄。陳儀與蔣來往電報不見於今存警總檔案，相傳為柯帶走。柯遠芬在檔案中未見蔣有電給陳言及指導方針，故民國八十一年柯在〈訪問紀錄〉中遂改說為：這是二二八當天「飛機帶來的手諭」。柯未想到《大溪檔案》亦無此手諭。

---

1 林德龍輯註，陳芳明導讀，《二二八官方機密史料》(台北：自立晚報，民81)，頁2。

二二八事變非常難處理。陳儀當天向蔣報告，蔣在電話中指示處理二二八事變的方針原則，是非常近情近理的。

3

蔣所指示處理事變方針非常重要，爲什麼在二二八當天陳不告訴柯，而遲至三月五日始告知柯？

這因爲在二二八當天如宣布蔣此一指示，將對陳不利，陳不便遵行，故隱瞞不以告柯。

在二二八當天陳儀如遵依蔣的此一指示，「政治上可以退讓，儘可能的採納民意」，則陳儀應採納民國三十五年初及三十五年七月十八日臺灣人民向中樞的請願——廢長官公署，改爲省政府，並廢除專賣制度及官營貿易制度；陳儀應向臺灣人民道歉、認錯，並引咎辭職。一俟暴亂平息，蔣即可從容愼選新任省主席人選。如此，蔣即可和平地平息二二八暴亂，不需派兵來臺，影響剿共軍力。這是蔣的如意算盤。

「政治上可以退讓，儘可能採納民意」，但不可以臺獨，故蔣的指導方針即包含：「軍事上則權屬中央，一切要求均不得接受。」〈柯遠芬先生訪問紀錄〉記爲，「暴徒不得干涉軍事，各軍事單位遭受攻擊，得以軍力平亂」，文句雖不同，但其用意在防備臺獨，維護國家領土主權的完整，則是相同的。

對長官公署制度，陳儀是認爲較省政府制度爲優的。而專賣制度及官營貿易制度，又實爲陳儀治臺，經濟政策的重心。陳儀一直到他去職，始終不認爲他的政策有錯[2]。

要陳儀改弦易轍，採納民意，實在是心不甘、情不願，而且這樣做，於他的威望與名譽亦有損。他的官位也不可保[3]。

在電話中商談時，蔣作此指示，陳不敢反駁蔣，並爲自己的治臺政策辯護，因此，他在二二八當天於戒嚴令下後，以〈丑(二月)儉(二十八日)電〉回覆蔣：

> 臺省防共素嚴。惟廿七日奸匪勾結流氓，乘專賣局查禁私煙機會，聚

2　請參看本書第十篇。

3　中央社臺北分社〈臺北三月一日下午戍時發參考電〉：陳向記者稱：「兩日來之紛擾已使渠之威望名譽損失甚大。」見《二二八官方機密史料》，頁10。

> 眾暴動，殺害外省籍人員。特於二十八日宣佈臨時戒嚴。必要時，當遵令權宜處置。

他將二二八變亂的爆發完全歸咎於共黨。

〈丑儉電〉所謂「遵令權宜處置」，係因蔣二月十日有手諭與陳：

> 據報：共黨分子已潛入臺灣，漸起作用，此事應嚴加防制。勿令其有一個細胞，遺禍將來。
> 臺省不比內地。軍政長官自可權宜處置也。(《大溪檔案》，頁64)

4

據中央社臺北分社〈臺北二月二十八日午夜發參考電〉[4]：

> 長官公署今日下午三時半宣佈戒嚴後，因本市軍警力量不足，急由附近縣市調遣，午夜後始陸續抵達。故紛亂現象未能立即壓平。
> 公署同時召集參議員、參政員開會，決定由彼等分區勸導市民。
> 但至夜間，官方除發表兩項原則性辦法(已電京)外，並無具體適當之辦法。……

此電言戒嚴令下在三時半，與上引中央社二十八日參考電不同。此電發在後，恐應釋三時半爲下令調軍時間。午夜參考電所謂「原則性兩項辦法」，即上引臺北二月二十八日中央社另一電所載，緝私肇禍之人決予法辦，及實行臨時戒嚴。而所謂「已電京」，即指上引陳儀〔丑儉電〕。而「召集參議員、參政員開會，由彼等分區勸導市民」，亦未收效，故中央社〈臺北二二八午夜參考電〉亦不認其爲具體適當之辦法。

陳於宣布戒嚴後，爲了戀棧權位，未於第一時間，立即遵行蔣第三項指示「政治上可以退讓，儘可能採納民意」。而所實行的卻爲發〈丑儉電〉及要民意代表「參議員、參政員等開會，分區勸導市民」。陳儀對二二八暴亂，未拔本塞源，立即道歉認錯，引咎辭職。二二八暴動遂蔓延惡化，當天板橋、基隆

4《二二八官方機密史料》，頁6。

即發生暴動，很快的波及臺灣全島。

5

陳儀下午三時半戒嚴令下後調兵，同時，「召集參議員、參政員開會，決定由彼等分區勸導市民」。

《新生報》二二八日傍晚所出號外說：「下午二時，市參議會召開緊急會議，……向陳長官建議，立即解除戒嚴令。」其會議之召開亦應在公署下令召集參議員、參政員開會之後。號外所報導開會時間，是錯誤的。此處將留待另文(本書第十四篇)再討論。

在二月二十八日，陳儀既不肯認錯引咎辭職，而兵力又不足以平亂。省市參議員、參政員等民意代表，是希望能和平地平息暴亂的；因此，在二月二十八日，陳儀也就採納民意代表市參議會參議員及省參議會議長黃朝琴等人的意見，由市參議會參議員及居住於臺北市的省參議員、參政員、國民大會代表，組織緝煙血案調查委員會，辦理本案。

三月一日，應該會的要求，派長官公署的五位處長參加該會。陳儀正式定該會名稱爲「二二八事件處理委員會」。

三月二日，該會改組，容納蔣渭川〈臺灣政治建設協會〉及民眾、婦女、學生、工會及青年等方面代表。

三月一日及三月二日，陳儀廣播，只說「徵求人民的意見」，他根本沒有認錯道歉。臺灣人民的意見，已見諸臺灣人民前此的請願，難道還需要向人民再徵求意見嗎？這根本表示：陳儀無良策可施，只好拖延，得過且過[5]。他沒有悔改及政治改革的誠意。

臺中在三月二日爲臺共黨員謝雪紅所據。三日，嘉義、臺南、高雄即發生暴動。嘉義守軍被要求繳械，困守機場。

三月三日發生：請美國駐臺北領事館代遞向美國國務卿馬歇爾的請願書。該請願書的結論說：「要臺灣省長官公署的政治改革，最迅捷的途徑爲聯合國託管，切斷與大陸政治、經濟的一切聯繫，一直至臺灣獨立。」[6]

---

5 三月六日陳儀接見蔣渭川時，有此表示，見蔣渭川〈二二八事變始末記〉。惟蔣書誤記爲五日事。

6 Foreign Relations,1947,Volume Ⅶ, p. 430.新新聞週刊1991年3月4日208期，林君

三月四日十時，二二八事件處理委員會開會。會中王添灯報告：

> 據臺中來電話，一切機關業已接管完竣。已組織處理委員會處理一切，維持治安。請本會向當局勸阻出動軍隊，以免發生意外事件。（《新生報》三月五日【本報訊】）[7]

陳〔寅(三月)支(四日)電〕呈蔣：

> ……兩日來，秩序漸較安定，……交通亦漸次恢復。除各縣市因臺北事件而被奸民煽動者，如臺中嘉義等處，尚未恢復秩序，另再續呈外，敬先電聞。

陳儀此電尚未據實告訴中央，臺灣暴亂的嚴重。

三月五日南京憲兵司令張鎮，以臺北憲兵第四團團長張慕陶三月四日五日電呈蔣：

> (一)……地方政府完全失卻統馭能力，一切由民眾控制。暴民要求不准軍隊調動，不准軍隊帶槍，無異解除軍隊武裝。……
> (二)……陳長官似尚未深悉事態嚴重，猶粉飾太平。……
> (四)臺中嘉義市政府政權已被所謂二二八事件處理委員會篡奪。並電告省參議員王添灯，轉告公署，勿派兵前往，否則以武力對付。

張慕陶此電所言「電告王添灯」事，見上引三月五日《新生報》【本報訊】，源出於處委會會議紀錄，應眞實可信。

蔣見張鎮轉呈上的張慕陶電，三月五日十八時十分遂致電陳儀，告以派兵。其三月五日派兵有關電文，見《大溪檔案》。本書第八篇論文已徵引。

陳儀對臺灣二二八事件，本坐困愁城，無良計可施，他得到三月五日十八

(續)

彥譯〈獨家披露美國國務院228事件機密檔案〉。本書第十七篇將詳細考論此事。

7 三月五日《新生報》【本報訊】；《二二八官方機密史料》，頁64；又見同上書，頁74；三月五日《民報》【本報訊】。

時十分蔣的這一電報，遂脫出困局，有辦法來處理他三月五日所面對的問題了。

6

中央社臺北分社【臺北五日參電】[8]：

臺灣省自治青年同盟，今(五日)發表時局宣言。……
政治改革方案：
一、撤消行政長官制度。……
四、本省全數縣市長選舉完成時，即時實施省長直接選舉。……
六、撤銷專賣制度。
七、撤廢貿易局，進出口統制由各業者自治執行。……

《中外日報》三月六日【本報訊】[9]：

蔣渭川氏於昨晚(五日)廣播：……得到陳長官通知，約請渠(蔣氏)本人今日(六日)會晤。陳長官已決定取消公署而改爲省府，至於關係臺灣之各方面問題將於今(六日)會面時詳談。蔣氏決定於與陳長官會談後，當於今日(六日)下午四時至處理委員會提出報告。蔣氏謂，由陳長官決定取消公署而改爲省政府一事觀之，臺灣政治改革大有希望。請一般民眾及青年學生，大家鎮靜沈著，不作不法行爲，以待問題之合理解決云。

中央社臺北分社【臺北六日下午一時參電】：

臺省局面急轉直下，今已獲得和平解決之門。今(六日)上十一時，民間代表蔣渭川等十二人訪謁陳儀長官。陳氏先於三樓辦公室，單獨接見蔣渭川。談論約半小時後，十一時半，陳氏至二樓會議室，接見全

8 《二二八官方機密史料》，頁85-86。
9 同上，頁101。

體代表。

陳氏宣佈，對於處理目前問題之兩大原則：一爲臺灣必須永爲中華民國之臺灣；一爲臺灣必須不爲共產黨之臺灣。

渠稱：「倘全體臺灣同胞遵行余所提出之兩大原則，余亦必接受臺灣同胞之各項合理要求。」

陳氏並稱：「依據第一原則：臺胞必須快學國語、國文，儘速中國化，快和祖國結成一片；依據第二原則，臺灣必須避免共產主義化。」

繼由各代表陸續發言，申述意見，彼等均以滿足之愉快心情，表示遵行陳長官之兩項原則。

彼等旋請長官取消「臺灣行政長官公署」，改設「臺灣省政府」，在未奏准中央批示之前，暫設改組委員會，處理過渡期間之一切政務，並請提早於今年六月以前，實行各縣市長民選，及登用臺籍人才。

陳氏聞言：面露笑容，立予允諾。

陳氏稱：「社會秩序應即可完全恢復，不應再有毀宅掠物之事；街頭共產黨之標語，今後更須絕跡。」

某代表稱：「社會秩序即可完全恢復。此事全由民間負責。目前，臺灣可能亦有共黨份子，然屬少數。今後官民合責，相信必可清除。」

各代表繼請求陳長官宣佈今日之會談內容。陳氏允於明日廣播。

另一代表又稱：「臺胞僅係請求改革政治，別無其他作用。臺灣乃中華民國之臺灣，今後定可於精誠團結之下，官民合作，實行民主。」

並稱：「臺胞請求提早實行縣市長民選，係因根據國父遺教中規定『户口調查完成，即可實行民選』(註：此語係記大意，未查原文)，臺灣今已具備此項條件。」

按：今日之會議係於下午十二時四十分結束。約半小時後，臺北廣播電台即已播出此項重大新聞。[10]

按：陳儀接受取消長官公署，改爲省政府．即實行蔣的指示「政治上可以退讓，儘可能採納民意」，而其宣布「臺灣必須爲中華民國之臺灣」，此即蔣主張「軍權屬於中央，一切要求均不可以接受」，不可臺獨。

蔣渭川等人請陳儀取消長官公署，改爲省政府，縣市長改爲民選，及登用

10 《二二八官方機密史料》，頁106-107。

臺籍人才。陳氏聞言，面露笑容，立予允諾。在三月六日晚九時半蔣渭川廣播，亦即舉此三項，言陳氏已接受。

陳氏本應允於三月七日廣播，結果提前於三月六日下午八時半廣播，陳氏將蔣渭川的建議略加修正，如蔣氏謂設「改組委員會」，陳儀則主張交由省府新任主席處理。

中央於三月五日十八時有電致陳儀，已決定派兵來臺。三月五日，陳氏勢須告知其參謀長柯遠芬及憲兵第四團團長張幕陶，陳並告以蔣處理臺灣事變最高指導方針。故蔣渭川〈二二八事變始末記〉記陳儀召開軍事會議後，陳儀派憲兵第四團團長張幕陶來告知蔣渭川，接受改公署爲省政府的主張並約蔣渭川於次日來公署詳談。〈事變始末記〉記張幕陶告知蔣渭川，陳儀接受蔣渭川主張爲四日事，接見蔣渭川會談爲五日事，其所記日期有誤，應據上引《中外日報》【本報訊】改正。

7

柯〈事變十日記〉：

> 三月六日，早起後詳細研討目前的形勢·我認爲：目前的暴動已成爲政治化了。獨立派在進行著所謂高度自治的要求，奸匪派在繼續著鼓動暴動的工作，托管派亦在秘密進行其陰謀。
>
> 因此，我可以爲：政府對處理此事變的辦法，要有一道最低的限度，要設法滿足大多數民眾的要求，將民眾爭取回來，然後才可對反動派施用壓力。
>
> 我當時擬定有政治解決的辦法數條：第一，現任各縣市長如有不盡職的可以撤換，並准許由各縣市參議會推薦三人再由長官圈定任命。第二，長官公署請中央改組爲省政府，而委員廳長盡量選用本省人士。第三，政治上應興應革之事，交由新省府酌量辦理。
>
> 早飯後，我到長官公署向長官建議上述的政治解決辦法，亦是政府採納民情最後的一個限度。
>
> 長官當即告知：其亦如此決定，並定今晚向全省民眾廣播，我當時向長官建議，如已經決定，則廣播時間不妨提早。於是又改在下午三時廣播。

> 此爲事變一個轉捩點。因爲，此爲政府容忍的最後限度。超此限度，即將以叛逆視之，將使用軍力來平亂。

按：柯日記未記三月五日蔣渭川廣播，陳儀已接受蔣要求，取消長官公署。

柯係陳儀部屬，在未知悉陳儀已允撤銷長官公署之前，而竟擬出撤銷長官公署的建議，這不近情理。

而柯氏所擬三個辦法，與陳儀三月六日晚八時半所廣播的相同，陳儀在中午與蔣渭川會談時，原定於三月七日廣播[11]，後提前於三月六日八時半廣播，柯〈事變十日記〉說：

> 陳儀定今晚向全省廣播，……於是又改在下午三時廣播。

即與事實不符。

很可能，這是柯往自己臉上貼金，不可輕信。很可能柯〈事變十日記〉將三月五日陳告訴柯蔣處理方針，誤記爲六日事，而〈事變十日記〉指出：這是政府容忍最後限度，過此限度，將以叛逆視之，則與事實相合。可惜王添灯三月六日草擬的三十二條，及三月七日提出的四十二條，其第一條即爲要國軍解除武裝，這是超越政府可容忍的限度的。對蔣渭川、王添灯向陳儀所提出政治改革建議，本書卷三將詳細討論。

陳氏接受蔣渭川的建議，因其合於蔣主席二月二十八日在電話中所作指示，「在政治上可以退讓，儘可能採納民意」。而且蔣渭川的建議不影響中央政府在臺灣的軍權與司法權，亦與蔣防備臺獨的意旨相符。

由於陳儀取消長官公署及不可臺獨的意見爲蔣渭川等人欣然接受，陳儀如果在二二八當天在宣布戒嚴後的第一時間，立刻能依從蔣「儘可能採納民意」此一指示，而宣布改長官公署爲省政府，廢專賣局及貿易局，則二二八事變或可和平解決，而不至於演變到三月五日蔣非派兵不可。

當臺中爲謝雪紅占據，嘉義守軍困守機場，在三月五日中央政府也就除了派國軍增援，別無他法了。

---

11 《二二八官方機密史料》，頁120：葉明勳三月六日二十時電：「陳儀提前於今下八時半廣播，全文另電發京。」此處亦言提前。

柯日記所記陳儀轉告的蔣的處理事變指導方針，陳儀未遵行，因此，在二二八當天陳儀未告訴柯，而到三月五日陳儀始告訴柯。

蔣的指示方針，做部屬的陳儀怎可不遵行，因此，柯在八十一年〈訪問紀錄〉中，就修改〈事變十日記〉三月六日日記蔣指示最高指導方針的文辭，將「政治上可以退讓，儘可能的採納民意」，改爲「政治上可以退讓，以商談解決糾紛」，將「軍權屬於中央，一切要求不可以接受」，改爲「暴徒不得干涉軍事……」。並改說這是二二八當天飛機帶來蔣的指導原則。

柯認爲蔣指導原則，爲陳儀所遵行。即忽略：陳儀〔丑儉電〕將二二八事變的爆發歸咎於共黨，陳氏下令召集市參議員、參政員，要這些民意代表開會，勸導民眾，即未遵依蔣「政治上可以退讓，儘可能採納民意」此一指示。而且柯三月三日同意處委會要求，軍隊不許出營、調動，亦違蔣「軍權屬於中央，其要求不可接受」的此一指示。亦違柯〈訪問紀錄〉所記「暴徒不得干涉軍事」此一指示。

由於蔣的指導方針，柯在三月五日始知悉，此可證二二八事件的處理，仍由陳儀主導。

陳儀爲了眷戀權位，未遵行蔣的指示。這是我們研究二二八事件應考證清楚的。坊間研究二二八的學者，多尊重警總副參謀長范誦堯的意見[12]：

> 二月二十八日長官公署立即以電報向南京呈報，南京即派飛機攜來蔣手諭致陳長官，並指示的原則一節，我想，二二八當天全省狀況還沒有演變到相當程度。上述傳聞如果確有其事的話，那也是三月一日或二日的事，此事希望依各方檔案再加求證。

貴爲參謀長的柯遠芬，至三月五日始知悉此事。這種高度軍事機密，自然不是副參謀長范誦堯所能知道的。

12 臺灣省文獻委員會編，《二二八事件文獻補錄》(南投，民83)，頁116。

十、論蔣決定處理二二八事變方針的歷史背景，並論二二八事件的爆發與陳儀的一意孤行、成立長官公署、實行專賣及官營貿易制度有關

二二八事件發生後，爲什麼蔣在電話中給陳儀「在政治上可以退讓，儘可能採納民意」這重要的指示。這須了解二二八事件的歷史背景；了解陳儀治台政策的錯誤，及其引起民怨。

台灣人民向中央請願，抱怨陳儀治台政策的錯誤，主要有四項：一、設立行政長官公署。二、設立專賣局。三、設立貿易局。四、不用法幣而用台幣。前三項，從三十五年正月到三十六年三月七日爲止，是台灣人民所堅持的。三十六年三月八日，始提到廢專賣局，將影響專賣局台灣職工的生計。而第四項不用法幣，在三十五年七月十八日，「閩臺建設協進會上海分會」、「臺灣重建協會上海分會」、「福建旅滬同鄉會」、「上海興安會館」、「上海三山會館」、「臺灣省政治建設協會」等六個團體所選出的代表一行，抵達南京，分別向國民政府、立法院、行政院、國民黨中央黨部、國防最高委員會、國民參政會請願。他們要求：

> 禁止臺灣銀行發行臺幣，並阻遏其壟斷金融。[1]

這是指台灣銀行將台幣與法幣兌換比率，一下高，一下低，使人民經營貿易不便。在這時候台灣人民已不提使用法幣的問題。三十六年二月，上海黃金風潮爆發。二月十四日，陳儀命令台灣省的進出口貿易完全交由貿易局統制。三十

1 此處據周明《楊肇嘉傳》，頁133。周書所記源出於《楊肇嘉回憶錄》。其請願代表爲陳榮芳(閩臺建設協進會上海分會代表)、楊肇嘉(閩臺重建協會上海分會理事長)、王屏南(上海興安會館代表)及陳碧笙。見下引請願呈文。

七年八月，大陸實行金元券改革，通貨膨脹迅速惡化。台灣人民更不會提起不用台幣改用法幣了。

1

陳儀治台政策的錯誤，必須從頭講起。中華民國政府是在民國三十年十二月九日對日宣戰。對日宣戰文宣稱：

> 茲特正式對日宣戰，昭告中外，所有一切條約協定合同，有涉及中日間之關係者一律廢止。[2]

這自然包含甲午戰敗清廷與日本所定〈馬關條約〉在內。三十二年八月四日，外交部長宋子文在倫敦接見新聞界發表談話稱：

> 中國期望於日本失敗後，收回東北與臺灣。朝鮮則應成爲獨立國。[3]

三十二年十一月二十七日，蔣委員長與美國總統羅斯福、英國首相邱吉爾在開羅聯合發表對日作戰之目的與決心之公報(開羅宣言)。〈開羅宣言〉尊重中國政府的要求，同意：

> 在使日本所竊取於中國之領土，例如東北四省、臺灣、澎湖群島等，歸還中華民國。[4]

三十四年七月二十六日，波茨坦宣言宣稱：

> 開羅宣言之條件必將實施。[5]

2　臺灣省文獻會編《抗戰與臺灣光復史料輯要》，頁135。
3　同上，頁136。
4　同上，頁138。
5　同上，頁141。

日本在三十四年八月十五日宣布無條件投降，接受波茨坦宣言。

中國政府於〈開羅宣言〉之後，於三十三年四月十七日在「中央信託局」內設立了「臺灣調查委員會」，由陳儀任主任委員。三十四年三月十四日蔣核定了「臺灣調查委員會」所擬的〈台灣接管計劃綱要〉。是年八月十五日「臺灣調查委員會」修正通過〈台灣金融接管計劃綱要〉[6]。三十四年八月十五日，日本宣布投降，二十九日，中央政府特任陳儀爲台灣省行政長官公署長官。三十日，宣布簡派行政長官公署秘書長與各處長人選。三十一日國防最高委員會通過〈台灣省行政長官公署組織大綱〉，於九月四日正式頒布[7]。以其公布手續未經行政院提議及立法院正式通過，與訓政時期約法第七章第三節「關於地方各級政府組織擬以法律定之」之規定牴觸[8]。該組織大綱，遂送請行政院修正，於九月二十日公布，並易名爲〈台灣省行政長官公署組織條例〉[9]。

〈組織條例〉與〈組織大綱〉不同的地方，係在〈組織大綱〉的第一條，增加了「設行政長官一人，特任」九字。第二至第九條條文沒有更動，僅第十條「本大綱自公佈日施行」，「大綱」改爲「條例」。

〈臺灣省行政長官公署組織大綱〉(卅四年九月四日公布)

第一條臺灣省行政長官隸屬於行政院，依據法令綜理臺灣全省政務。

第二條行政長官於其職權範圍內，得發署令，並得制訂臺灣單行條例及規程。

第三條行政長官得受中央委託辦理中央行政，對於在臺灣之中央機構有指揮監督之權。

第四條臺灣省行政長官公署設左列各處：

一、秘書處。

二、民政處。

三、教育處。

---

6 戚嘉林，《台灣史》，p.1917，引秦孝儀主編，張瑞成，《光復台灣之籌劃與受降接收》。

7 《台灣光復和光復後五年省情》(上)，頁113。引中央設計局檔案。

8 《臺灣省政府檔案史料彙編·行政長官公署時期》，頁478。

9 鄭梓，《戰後臺灣的接收與重建》，頁150-151。臺灣省行政長官公署組織條例於二十日公布，二十一日補刊於國民政府公報。

四、財政處。
五、農林處。
六、工礦處。
七、交通處。
八、警務處。
九、會計處。

第五條行政長官必要時得設置專管機關或委員會，視其性質隸屬行政長官或各處，其組織由行政長官定之。

第六條行政長官公署置秘書長一人，輔佐行政長官綜理政務，並監督各處及其他專設機關事務。秘書長下設機要室、人事室，各設主任一人。

第七條行政長官公署會計處設會計長一人。各處設處長一人(必要時得設副處長一人)，承行政長官之命綜理各該處事務，並指揮監督所轄機關事務及所屬職員。各處設主任秘書、秘書、科長、技正、技士、視察、技佐、科員、辦事員，承上官之命，分司事務，其員額另定之。

第八條行政長官公署設參事四人至八人。

第九條行政長官公署得置顧問、參議、諮議等聘用人員。

第十條本大綱自公布日施行。

第二條：「行政長官於其職權範圍內，得發署令，並得制訂臺灣單行條例及規程。」這是因爲日本侵據台灣時，日本總督制定了許多條例及規程。中國政府光復台灣後必需將這些規程條例加以更動，所以授權給陳儀。第三條：「行政長官得受中央委託辦理中央行政，對於在台灣之中央機構有指揮監督之權。」陳儀有權指揮監督中央銀行等中央機關計劃在台設立的分支機構；軍政部、經濟部、財政部、教育部等部在台的特派員辦公處，與在台的陸海空軍，這都是爲了統一事權，方便接收。這是蔣同意的。

第四條，規定所設的各處處長，都是陳儀的部屬。和中央政府所定的《省政府組織法》不同。《省政府組織法》規定委員兼省府主席，省政府委員會爲合議制，而長官公署是長官制。

最值得注意的是第五條：「行政長官必要時得設置專管機關或委員會，視其性質隸屬行政長官或各處，其組織由行政長官定之。」陳儀就利用這一條設立了貿易公司與專賣局。

要了解陳儀爲什麼要設貿易公司，就必須知道陳儀在福建省主席任內，曾設立貿易公司。

陳儀在三十四年六月二十七日〈臺灣調查委員會黨政軍聯席會第一次會議紀錄〉中說[10]：

> 本人主閩之初，福建尚無省銀行，那時一年的收入只有四百八十萬元，有時需要向中(國銀行)、中(央銀行)、交(通銀行)、農(民銀行)通融借款，及三、五十萬元亦非常困難麻煩。到二十五年下半年，以五十萬資金開辦省銀行，此後省營事業逐漸發展，陸續增設貿易公司及企業公司等，到三十一年初爲福建製造省有的資本已不下三千萬元，像福建這樣的窮省份，在這短短的幾年中，尚可做出這些成績，其他富饒的省份，一定更容易發展。根據這一個經驗，所以欲確信製造國家資本，並不是一件困難的事。

台灣比福建富庶，他將日本人在台灣所經營的公私營企業沒收，改爲公營，所生產貨物交所設貿易公司負責銷售，所賺錢應比在福建多，可用以建設台灣。他在聯席會議上說，到台灣的施政方針是「徹底實行三民主義！」「一切產業必須國有或公營」。

他認爲經營公營企業，不僅要注意製造、運輸、銷售及獲得金融機構的支持，還要有健全的人事制度與會計制度。而這些機構均需長官公署監督領導。於是將原本省政府組織法中的各廳處，在長官公署制中均變成自己的下屬。

行政長官公署在重慶的時候就已經設立專賣局與貿易公司。三十四年十月十八日長官公署在重慶的辦事處給陳儀的簽呈就提到，該二單位赴台人員由該二單位負責人率領到台任職[11]。此可證明專賣局與貿易公司此二單位在此時已經成立。

民國三十五年一月十六日國民黨中央執行委員會秘書處將〈臺灣現狀報告書〉，抄送行政院。該〈報告書〉提到：

---

10 《抗戰與台灣光復史料輯要》，頁351。

11 《臺灣省政府檔案史料彙編．長官公署時期》(一)，頁1。簽呈中所說負責人嚴毅沈、林祖餘，僅是負責運輸該單位人員赴台任職，不是該單位主管。

> 臺灣貿易公司設立方案，曾在中央設計局會報時，被有關各機關一致反對而遭否決，現在又不顧一切重行設立。[12]

則在三十四年三月十四日蔣核定的〈台灣接管計劃綱要〉中，沒有提到要成立貿易公司，應係因各有關機關一致反對。三十四年四月〈台灣行政區域研究會報告書〉說：

> 在「台灣接管計劃綱要」中僅說到台灣成立省政府，與「接管後之省政府，應由中央政府以委託行使之方式賦以較大之權力」，及「縣市政府在接管後省政府應賦以較大之權力」。[13]

則在蔣核定的〈台灣接管計劃綱要〉中沒有明文提到要設立長官公署，可能也是因爲各機關的反對。

三十四年十月，連震東在〈臺灣人的政治理想和做官的觀念〉一文中指出：

> (臺灣)社會生活容與祖國未能盡同。治理的方法，在過渡時機也不必全部和祖國一樣。但是絕對不可以後治理方法的不一樣，而使臺灣人發生統治殖民地姿態的出現，或是總督制度的復活的錯覺。不幸〈臺灣省長官公署組織大綱〉第二條、行政長官於其職權範圍內得發署令，並得制定單行條例及規程。這條規定和臺灣在日人統治下，臺灣人所最痛心疾首的法律第六十三號第一條，「臺灣總督於其管轄區域內，得發佈有法律效力的命令」，相互比較起來，很容易發生上述的錯覺。[14]

---

12 陳鳴鐘、陳興唐主編《台灣光復和光復後五年省情》第九章，頁552-561，據行政院檔案，錄有該報告書全文，及行政院有關部會核覆公函。〈臺灣現狀報告書〉係35年1月16日抄送行政院，而《閩臺通訊社》所編〈臺灣政治現狀報告書〉記有35年2月臺胞向閩臺監察使楊亮功、宣慰使李文範請願事。〈臺灣政治現狀報告書〉蓋閩臺通訊社據〈臺灣現狀報告書〉增訂改編。

13 《抗戰與臺灣光復史料輯要》，頁337。頁358說：「行政區劃研究會，二月二十七日成立，四月二十日結束，均經作成報告書。」則此報告書寫作時間蓋在三十四年四月二十日以前。

14 連氏此文撰於34年8月31日，刊布於10月7日《臺灣民聲報》半月刊。見《抗戰在這時，臺灣人民還沒有注意到貿易公司可能對台灣造成的傷害更大。

蔣在〈臺灣省行政長官公署組織大綱〉中授陳儀以指揮在台中央機構及陸海空軍大權，這是蔣與陳儀在最高國防委員會中所決定，而貿易公司之設則可能是陳儀明修棧道、暗渡陳倉了。

2

陳儀於三十四年十月二十九日任于百溪爲臺灣省貿易公司總經理。十一月五日于百溪奉命接收日本人在台灣創設的「臺灣重要物資營團」，十一月七日「奉派飛滬辦理台滬間物資交換事宜」，十一月十二日返台覆命。三十五年一月二十五日改臺灣省貿易公司爲臺灣省貿易局，任于百溪爲局長。二月八日貿易局奉到關防，二月十一日起正式對外更機關銜名[15]。

三十四年十一月五日，于百溪奉命接收日本在臺灣創設之「臺灣重要物資營團」，其後又陸續接收在臺日方貿易機構，如「三井物產株式會社」、「三菱商事株式會社」、「南興公司」、「菊元商行」、「臺灣纖維製品統制株式會社」、「臺灣織物雜貨卸賣組合」、「臺灣貿易振興會社」等單位財產，利用其人力財力，於省內外重要商埠口岸設置辦事處或聯絡處，以收集商情；於省內配銷公營事業生產物資，則設門市部或配銷處。

三十四年十二月十八日于百溪以〈貿易意見書〉呈長官公署：

(一)省營生產成品，除特許外，應通令一律交由貿易公司集中輸出，所需輸入之機械原料用品，亦應委託貿易公司辦理進口。

(二)所有與貿易發生密切關係之財政、金融、交通部門，應取得緊密聯繫，於貿易公司需資金週轉及配備運輸工具時，儘量優先供應。

(三)(與資源委員會)合辦生產事業所產成品在省內販賣時儘可能委託貿易公司承辦，以促進生產者與消費者之合理聯繫。

(四)日本官商貿易機構交由貿易公司接收，歸其統籌合併，集中財力

(續)

與臺灣光復史料輯要》，頁411-412。

15 薛月順編《台灣省貿易局史料彙編》第一冊第一章頁1，頁5。此書由「國史館」民國九十年十二月出版。

> 人力，促成高度發展，使之掌握實力，俾較國內外商人在貿易上居於優越地位而資領導。……
>
> 上述貿易政策，自由其名，無異統制，把握重心，不涉苛繁，以政治力量保育省營貿易公司，促其健全發展，信其效果與所期之計畫相去不遠矣。[16]

貿易局掌握了當時台灣主要公營的民生企業，他不需要宣布統制經濟，也不需要禁止台灣人民自由貿易，經營民生企業，而貿易公司靠長官公署「政治力量保育」，就可使民營企業無法與貿易公司公平競爭。

上引三十四年十二月〈貿易意見書〉說：「(資源委員會與臺灣省)合辦生產事業所產成品，在省內出售時，儘可能委託貿易公司承辦。」故在民國三十五年二月一日資源委員會經濟研究室《臺灣工礦事業考察報告》向資源委員會建議[17]：

> 省方對於貿易之統制，勢在必行。本會(資源委員會)臺灣各廠礦所產貨品是否亦被統制，實堪注意。……在省經濟之立場看來，對於統制貨品給價必低。各廠礦在營業上必將蒙受不利的影響。……自營貿易機構之設立亦屬首務之圖。……

三十五年二月十三日資源委員會主任委員錢昌照遂致電陳儀：

> 頃貴府對會省合辦事業產品，有必須由貿易局集中銷售之說，或係目前缺少籌妥頭寸，故有此措施。查嚴靜波(家淦)兄在滬關於中央銀行借款事，業洽覆。至本會及會省合辦各單位，如有出售貨物換得法幣須匯臺者，亦經轉飭應悉交臺灣銀行劃匯。關於各單位產品銷售，擬請仍照弟在臺與先生商定辦法，視實際情形，分別由各單位自辦，或委任貿易局代辦，不作硬性規定。祈賜裁覆爲禱。弟昌照。丑(二月)文(十三日)秘申。

16《台灣省貿易局史料彙編》，第一章，頁2。

17《臺灣光復與光復後五年省情》，下冊，頁12。

二月十七日陳儀覆電：

> 本省因缺乏國幣，致臺幣黑市匯價日跌，物價從而狂漲。爲安定本省經濟，必須把握匯率。中央銀行雖允借五百億(國幣)，不過供一時之周轉，實際上頭寸不敷尚鉅。至出品經由貿易局出售，在生產機關應得利益並無折損，且可免營業之煩，而於本省整個經濟之統籌供求，調劑金融，則裨益殊大。弟對於會省合營之企業甚爲愛護，決不使之吃虧。務請轉囑並促經理能見其大，全面合作，協助弟之政策，無任企禱。
>
> 弟陳儀。丑(二月)篠(十七日)親。[18]

三十五年四月六日，經濟部資源委員會、臺灣省行政長官公署簽署〈合辦臺灣省工礦事業合作大綱〉。該〈合作大綱〉第一條規定：石油、銅、金及鋁，由資源委員會獨辦。關於糖業、電力、製　、肥料、水泥、紙業、機械、造船各項事業，由雙方合作經營。第三條規定，各公司董事長由資源委員會指派。第九條規定：

> 各公司所需臺幣流動資金，由臺灣省行政長官公署知照臺灣省銀行儘量予以透借便利。[19]

第十條規定，各公司土地收購或租用，原料取給，成品運輸，及電力公司收取電費，長官公署儘量予以協助。

長官公署予以這樣優厚的條件，顯然獲得資源委員會的默許，其所生產貨品，由貿易局銷售。而貿易局「給價必低」，這是方便這些公司獨占，使人民不投資經營同性質工業。

臺糖公司係接收以機械製糖的「日糖興業株式會社」等十三單位組成。但

18 《台灣省貿易局史料彙編》第一章，頁38，著錄錢陳此二電文年份爲36年，36年係35年之誤。作35年始與上引資源委員會工礦事業報告相銜接。作36年，則36年2月15日陳下令由貿易局管制全省進出口，3月19日下令解除。這兩個電報放不進去。「缺乏國幣致物價狂漲」此亦可說明陳氏治臺，不用國幣的錯誤，我下文將討論。

19 《臺灣省政府檔案史料彙編：臺灣省行政長官公署時期》(一)，頁173。

仍有台灣人民經營種蔗，以手工製糖的民營的糖廠。由於台灣光復後，仍使用日本政府印行的臺幣，而臺幣又80％爲日人所擁有，故台灣與大陸貿易主要以貿易局從事以貨易貨。

光復時，這年田賦已由臺灣總督府徵收，臺省米糧不足，貿易局遂輸出食糖向大陸換米[20]。

貿易局「給價必低」，壓低臺糖公司價格，並於三十五年一月十四日長官公署下令禁止民糖私運出口。民間所產糖遂降低價格，由貿易局按市價收購輸出。臺糖公司係公營，有政府支持保育，民間公司則否，而這也就是臺糖公司後來獨占臺灣糖業生產；原來日資所成立的臺灣糖業協會，後來也由臺糖公司接收主導的原因。

貿易局對省營民生企業則未「給價必低」。省營民生企業主要爲農林公司及工礦公司。

農林公司接收日資企業56單位，工礦公司接收日資企業121單位[21]。

貿易局規定：

> 省營生產機構出品，以售給貿易局轉銷爲原則。其售給貿易局之出品，在公定範圍以內者，照公定價格之規定，否則以其成本加合理利潤作爲標準。[22]

很可能由於農林公司、工礦公司已爲該項工業龍頭，不畏民營企業競爭，故有此不同規定。

〈貿易意見書〉說：

> (長官公署)交通部門，……於貿易公司需配備運輸工具時，儘量優先供應。

而現存貿易局檔案所收貿易局業務工作報告，仍提到「倉庫不敷，由本局出資

20《台灣省貿易局史料彙編》，第一章，頁7-8。
21《臺灣省政府檔案史料彙編・長官公署時期》(一)，頁187-215。
22《台灣省貿易局史料彙編》，頁22。

修建」[23]、「續造臺貿二號二百噸運輸船」、「擬於明年度增購二千噸貨輪二艘」[24]。

貿易局並於三十五年八月一日成立台灣第一大百貨公司：新臺公司[25]。

貿易局對於產品之推銷取得合理利潤；代購與生產有關之原料、器材則儘量採取手續費制。

貿易局三十五年十一月業務報告[26]。

> 三十四年十一月五日至三十五年六月三十日盈餘271,030,102元。

三十五年十二月份工作報告：

> 本年度本局盈餘計約四億六千萬元，已解繳公署四億二千萬元。

上述〈貿易意見書〉說：

> (本省)貿易政策自由其名，無異統制。

可是三十五年十一月長官公署宣傳委員會出版之《一年來臺灣之貿易局》則說：

> 貿易局之設立，以屬新興公營事業，無成例可援，多爲外界錯覺誤解，或謂貿易局爲統制機構，或謂貿易局爲一營利之壟斷組織。對本局設立之使命與設立旨趣多不明瞭。[27]
>
> 日本統制時代：一切生產機構及分配組織，悉爲財閥資本所支配。……日本財閥支配既經脫離，自應一面整備產業交通積極恢復，一面與國內外物資流通，需要設立專管機構，以資替代。[28]

---

23 《台灣省貿易局史料彙編》，頁284。

24 同上，頁286。

25 同上，頁273。

26 同上，頁210。

27 同上，頁202。

28 同上，頁201。

> 根據本省供求實際情況，調濟全省物資之盈虛，顧及民生需要及各生產交通機關之委託使命，維持本省生產品推銷，不使外來物資價格之降低。[29]
>
> 遵奉長官「實驗民生主義之指示，依照國父遺教，剷除資本主義的流毒，而期實現『發達國家資本』的目的」。
>
> (長官公署沒收之日資企業，即成爲國家資本)長官公署以下之附屬之工礦交通等機構，爲一大消費者及生產者，爲使生產與供銷合作，自應有一代爲服務機構。
>
> 爲配合當前經濟建設政策，爲謀力量集中，以一事權，實行「節制資本」計，遂於光復之初設立貿易公司，後改稱貿易局，仍直屬長官公署。
>
> 除本身辦理進出口貿易業務，又兼有指導人民經營貿易，奠定民生經濟基礎之任務。
>
> 經營之盈餘，全用之於復興戰後千瘡百孔之臺省，藉以直接間接減輕人民之負擔，補助省庫之收入。
>
> 此項盈餘係代替少數私人資本家活動之結果，不惟對一般人民並無損害，且正與「實驗民生主義」之主旨相符合。而與日本統治臺灣時代之「重要物資營團」或「拓殖株式會社」專事壟斷進出口產銷，搾取臺民脂膏之機構，性質迥然不同。[30]
>
> 公營事業所賺的錢，政府不能私有，一定用之於多數人民。私營賺來的錢，歸少數財主享用。要以稅收的方法從他們口袋裡掏出來，比登天還難。……
>
> 貿易局……提攜小本商人，……配銷方面，除扶助一般人民商業外，並期逐漸配合全省各合作社，求直接之配銷。[31]

貿易局的貿易政策，「自由其名，無異統制」。其不居統制之名，係因陳儀在福建實行統制經濟，爲了掌握軍公教之食糧供應，實行田賦徵實，米穀由省貿易公司專賣，並訂〈統制運輸條例〉，雖數十斤米亦需省營運輸公司運輸，遂

29 《台灣省貿易局史料彙編》，頁203。

30 同上，頁201-202。

31 同上，頁208-209。

致糧價、物價飛漲，引起福建在外僑領陳嘉庚向中央直陳陳儀政策的錯誤，陳儀遂離開福建，內調爲行政院秘書長。

上引陳儀說，他在福建，盈餘三千多萬元。福建是貧瘠省份，每年財政需中央補助，這三千多萬元盈餘，惜不知其詳細來源。不過，由於陳嘉庚指摘，這就使陳儀在臺灣設貿易公司，不敢輕易用統制之名了。

貿易局嚴格說，只是執行陳儀治臺經濟政策的一個業務機構。

根據貿易局檔案，自三十四年十一月五日到三十六年二月十四日爲臺灣貿易政策「自由其名，統制其實」時期；自三十六年二月十五日至三月十九日爲貿易局正式統制進出口貿易時期。

在二月十四日前，即有台北縣合作社聯合社理事長謝文程委託基隆市振興行在滬代購兵船牌麵粉5440包，二月十九日祈貿易局允准放行，以便起卸運社配售。此即上引公署出版：《一年以來臺灣貿易局》所言「提攜小本商人，逐漸配合省合作社，直接配銷」的最好例證。

貿易局有五千萬元資金營運[32]，公營企業產品由貿易局經銷，公營企業有公署扶持，臺灣銀行支持融通；台灣民營企業，無法做公平競爭，自然會導致民營企業「賤賣其出產品，貴價買入消費品」、「工廠公司關門，員工失業」，如他們向中樞請願呈文所言了。

陳儀在臺灣「實驗民生主義」。而中華民國係以三民主義立國，中華民國憲法第一百四十四條明定：

> 公用事業及其他有獨占性之企業，以公營爲原則。其經法律許可者得由國民經營之。

則所謂公營事業應指鐵路、電力等公用事業。陳儀將在臺灣沒收日資企業所成立之農林公司、工礦公司、臺糖公司、水泥公司、紙業公司，均視爲國家資本。這是與三民主義的民生主義「發達國家資本」不合的。

憲法第一百四十五條：

> 國家對於私人財富及經營事業，認爲有妨害國計民生之平衡發展者，應以法律限制之。

32 與臺銀訂立透支臺幣五千萬合約，《貿易局檔案》，頁214。

> 國民生產事業及對外貿易，應受國家之獎勵、指導及保護。

則民生主義所謂「節制私人資本」也只是不許其托拉斯獨占。並不是如陳儀所言僅「提攜小本商人」的。

長官公署沒收日本公私營企業，其貿易盈餘在日據時代爲「重要物資營團」及「拓殖株式會社」所獲得。光復後，改爲貿易局所有；這正好導致台灣人民說「變本加厲」，「日本狗去，中國豬來」，並誤以爲中國政府視台灣爲殖民地了。

貿易局盈餘雖說是將用以建設台灣，並不是與民爭利，而是「爲人民造利」。其施行結果則爲，民營公司工廠倒閉，人民失業。恰巧台籍日本兵及台籍浪人大量歸來，他們找不到職業，也就成爲參加二二八暴動的主要人物。

台籍日本兵，固然有在海南島陣前起義者[33]，但不少台籍浪人及台籍日本兵在大陸地區倚仗日本勢力爲虎作倀，欺侮大陸人民。日本無條件投降，大陸人民遂將這些人視爲漢奸戰犯，沒收其財產，將其下獄。其後因人數太多，政府遂下令將這些人犯從寬釋放，「僅受理直接有暴行，而經人民檢舉之案」[34]。

《大溪檔案》三十六年三月十二日，警總參謀長柯遠芬上國防部長白崇禧書，論及事變發生之原因，其中一項爲：

> 由內地遣回之浪人及士兵尋仇報復(因渠等於日本投降時，受國內同胞之侮辱)。

三月十三日陳儀呈蔣函，言及二二八事件爆發：

> 公教人員被虐殺毆傷侮辱，其殘酷不忍聞問。

其被虐殺毆傷侮辱，這顯然應歸咎於這些浪人、台籍日本兵在日據時期之皇民化[35]。光復後，官營貿易政策，使他們回台後找不到職業。而他們又遍布

33 《抗戰與臺灣光復史料輯要》，頁36-55、283-296。又參看本書第二篇第十六節。

34 《大溪檔案》，頁347。

35 在日本宣布無條件投降時，台籍日本兵有痛哭流涕者，有切腹自殺者。見於許介鱗，《臺灣戰後史記》，及蔡慧玉，《走過兩個時代的人－臺籍日本兵》。

於台灣全島，這也是二二八事件爆發迅速惡化蔓延於全島的原因。

3

台灣在三十四年十月二十五日光復，陳儀治台的政策很快即引起台灣人民的不滿。

在三十五年一月十日，臺胞即向行政院請願，提出要求九項：其中即包括：

> (二)、謹請中央依各省例設立臺灣省政府，……實行軍政分治，避免有重行殖民政策之非議。……
> (四)、謹請中央明令停用臺灣銀行券，限期登記兌換國幣流通券，以免日人利用其游資刺激物價。……
> (六)、謹請中央明令取消與民爭利之貿易公司，及類似性質之各種中間剝削機構，取消戰時統制法令，以紓民困。……[36]

臺胞也同月向南京國民黨中央黨部請願。民國三十五年一月十六日國民黨中央執行委員會將〈臺灣現狀報告書〉，抄送行政院。該〈報告書〉提到：

> 臺灣貿易公司設立方案，曾在中央設計局會報時，被有關各機關一致反對而遭否決，現在又不顧一切重行設立。查日人統治素稱嚴密，尚且留臺胞經商餘地，俾得謀生。而我政府在臺措施，反不顧及人民福利，連日人留予臺胞謀生之商業亦剝奪淨盡。此使臺胞感覺祖國之剝削，有甚於日寇，而動搖其對祖國之信心，實得不償失。[37]

(續)

台籍浪人及台籍日本兵在福建之橫行，可參看《二二八事件文獻輯錄》〈林衡道訪問紀錄〉。大陸學者為文指出，日本人在福建銷售鴉片是由臺灣浪人負責。

36 此據「閩臺通訊社」民國三十五年三月出版的《臺灣政治現狀報告書》，王曉波《二二八眞相》載有報告書全文。

37 陳鳴鐘、陳興唐主編，《台灣光復和光復後五年省情》，第九章，頁552-561。據行政院檔案，錄有該報告書全文，及行政院有關部會核覆公函。

該〈報告書〉要求：「取消戰時統治(制)法令，廢除中間剝削，……使失業者重獲職業。」

行政院秘書處於三十五年一月二十二日通知經濟部核覆。

經濟部長翁文灝核覆說：

> 查中央所頒戰時統制法令，除關於整個對外貿易者外，多已廢止。其在臺灣境內現時有何種統治(制)法令，本部不得而詳。原報告所稱應取消戰時統治(制)法令實指何種，未據述明，無從審核。至廢除中間剝削機構一節，似即指該報告所稱之臺灣貿易公司而言。查該貿易公司設立與經營事項，本部尚未明了。惟省營經濟事業不得投機壟斷，與民爭利，曾疊奉委座手諭爲嚴禁。該公司如確有原報告所指各節，自應予以制止。
>
> 已由部令行本部臺灣區特派員辦公處，隨時洽同臺灣省行政長官公署查明洽商辦理。[38]

三十五年二月八日，台北市民在中山堂召開市民大會，大會議決十二項建議，請宣慰使李文範轉呈中央，其中亦有「撤銷貿易公司」一項。

二月十一日，「臺灣民眾協會」向閩臺監察使楊亮功及宣慰使李文範建議，要求興革臺灣政治措施二十二項，其中包括：

> (一)、對臺胞的歧視應予消除。
>
> (二)、本省最高行政組織應予改正。
>
> (三)、關於專賣制度應予取消。……
>
> (十)、本省貿易公司應予撤廢。[39]

監察院將此事轉知行政院。行政院於三月十三日通知經濟部，經濟部令飭該部臺灣區特派員辦公處查明洽商辦理。

三十五年七月二日經濟部臺灣區特派員包可永呈覆經濟部：

38《台灣光復和光復後五年省情》下冊，頁558-559。

39 此據〈臺灣政治現況報告書〉，王曉波《二二八眞相》，頁29-31。

> 關於臺灣設立貿易公司一案，經函准貿易局，復以：「查本局奉令設立，旨在協助經濟建設，調節物資盈虛，如公營重要物資、糖、茶、樟腦、煤等項由本局輸往國內，供應需要，以應臺省對祖國之貢獻。又或輸往國外，爭取國際市場。對各項物資之流通出口，除食糖一項因中央需要，曾禁止商人私運出口，並經行政院備案外，其餘本局並未統制，商人盡可自由經營。
>
> 現台滬間輪船漸多，交通暢便，各方商賈麕集，市場日趨繁盛，所謂『剝盡臺胞謀生商業』，未免與事實不符。
>
> 且本局經營方式重要，其係與中央或外省機關物資交換，換入之物資爲糧食、布匹、肥料、機器、油料等，均爲本省民生所需要。或以之增加生產，或以之減價配給人民，直接間接裨益民生。
>
> 一方面臺省與內地兑換不通，本局調濟物價供求，平衡財政收支，對於省計民生復有重大使命。唯以臺省光復未久，民氣囂張，對政府各項設施多未了解，復有少數商人因利害相關，未厭私慾，致多毀議。實際政府對出進口主要物資做有計畫之調濟，雖在戰後，均無悖於計劃經濟之原則，且絕無與民爭利情事」……。[40]

經濟部長王雲五遂據以轉呈行政院。

現在看來包可永的呈覆，也不夠清楚。台商訴苦說「剝盡台商謀生商業」這是指光復初，兩岸匯兑不通，由貿易局以貨易貨。包可永說「各方商賈麕集」則是指五月二十日接收臺銀，規定臺幣與法幣匯率後情形。

三十五年七月十八日，「閩臺建設協進會上海分會」等六團體請願。他們要求：

> (一)、撤廢臺灣省行政長官公署條例，設與各省的同樣省政府。
> (二)、禁止臺灣銀行發行臺幣，並阻遏其壟斷金融。
> (三)、取消臺灣的專賣制度及官營貿易制度。[41]

---

40 陳興唐，《台灣光復和光復後五年省情》下冊，頁561。

41 此處據周明，《楊肇基傳》，周書所記源出於《楊肇基回憶錄》。其請願代表爲陳榮芳(閩臺建設協進會上海分會代表)、楊肇嘉(閩臺重建協會上海分會理事長)、王屏南(上海興安會館代表)及陳碧笙。見下引請願呈文。

七月二十日，請願代表在南京舉行記者會。第二天京滬15家大報以大標題披露此一新聞，有謂「生殺予奪陳儀是太上皇」、「陳儀儼然是南面王」、「貪污、壓榨、壟斷，臺灣人民生機已斷」，並呼籲「救救臺灣人」。

關於取消臺灣的專賣制度及官營貿易制度，〈請願呈文〉說：

> 竊自日寇佔據我臺灣，以迄臺灣光復，其間五十一年之治臺政策，實已剝削臺民，肥其本國，爲一貫不易之方針，而專賣制度乃其有利工具之一。迨九一八事變繼而七七事變以後，日寇爲搾取戰費及集中資源以利戰事起見，復於經濟各部門實施統制，荼毒臺民，已無以復加矣。
>
> 查專賣乃臺灣一省所獨有之制度。除鴉片必須依據國策禁售，樟腦或須另行研究外，餘如食鹽、香菸、酒類、火柴等項，均屬民眾日常必須用品。乃今省政當局不予詳察，仍掃數劃歸專賣，使大眾無分貧富，平均負擔重稅，實屬不公已極。且厚利之所在，易爲貪污之淵藪。民生所繫，決於數人之手，亦危險萬分之制度。故無論自統一全國之制度言，或自人民之利害言，均有即時撤消之必要。
>
> 而接收省政之大員，不唯不體恤臺民之困苦而解其倒懸，反繼日本帝國主義者遺毒，延用其剝削臺民之制度機構，且變本加厲，舉凡臺省之重要產物，如米、茶、水果、以至水產、工礦、交通、燃料均加以統制，上自省貿易局，下至各處各縣各市，均設有獨占機構、獨占生產事業，壟斷市場，包辦輸出入，遂致六百萬同胞不得不以賤價出售其生產品，復以貴價買入消費品，有利可圖之事業均不容商人企業家插足其間，於是工廠停業，商店關門，造成廣大之失業群。游資充斥市面，民生凋敝莫此爲甚。而人民呼籲無門，怨聲載道，屬會(指閩臺建設協進等會)爰特推派代表陳榮芳、楊肇嘉、王屏南、陳碧笙等，持呈進京請願。敬祈明令撤銷臺灣省之專賣統制及官營貿易企業制度，准予人民自由營業，以示體恤，而維民艱。臺民幸甚，國家幸甚。[42]

國防最高委員會將「請願書」這一部分抄送行政院，行政院命「經濟部核

42《台灣省貿易局史料彙編》第一章，頁27-28。

覆」。經濟部駐臺特派員辦公處已奉命於七月底結束。

三十五年八月二十日經濟部長王雲五以該「請願呈文」於「專賣統制及官營貿易實情如何，均未詳敘，無從核辦」，遂以代電直接通知長官公署，「迅將臺省所有專賣統制及官營之各種貿易企業，如何組織，是否經中央核准，統祈註明原由，列單詳示，以便擬復」[43]。

九月二十七日，陳儀以代電回覆經濟部：

> 查本省專賣制度，係依據〈臺灣接管計劃綱要〉及〈臺灣省徵收國稅暫行辦法〉辦理。
>
> 前者曾經主席蔣核准有案，後者亦經財政部核定。至專賣品計僅菸、酒、火柴、樟腦、度量衡五種。其中菸草、酒類、火柴專賣計劃及其施行細則，均經呈報送財政部備案。
>
> 貿易局僅代公營事業機構採辦必需之原料器材，並推銷其產品，其他民間無力辦理之輸入、輸出，貿易局亦得接受委託，以代辦方式辦理。其業務與中央信託局相似。至業務之推行，與商人立於平等地位，依照普通商業習慣辦理，並非統制貿易(食糖雖一度以經中央許可禁止私運出口，俾得以糖易肥料，然該項禁令業於本年八月初撤消)。亦未強行收購輸出之物資，例如該局收購茶、鳳梨、水果等，其價格且略爲提高，以裕農民收入，而於輸入肥料麵粉等，則低價發售，以減輕人民負擔。
>
> 總之，貿易局之目的在協助本省公私經濟事業之繁榮，謀貿易之發展，無非爲大多數人民謀福利。專賣局在使有能力消費者納稅，但並不病民。至該兩局組織規程均在呈請備案中。
>
> 復查本省財政，大半賴專賣收入。若將專賣制度取消，則原專賣品消費之稅，勢非移嫁一般人民負擔不可。姑不論一般貧民能否負擔，但以光復伊始之區，驟使人民增加重負，或不免引致多數人民之反感。⋯⋯
>
> 相應檢送「臺灣接管計劃綱要」、「臺灣省徵收國稅暫行辦法」各一份，電復查照轉陳爲荷。[44]

---

43 《台灣省貿易局史料彙編》第一章，頁26。

44 薛月順編《台灣省貿易局史料彙編》第一章，頁28-29。

陳儀的答覆根本隱瞞他的經濟政策「自由其名，統制是實」不說，他也未說明他對公營事業種種優厚的扶持，使民營企業無法與公營企業公平競爭。

「自由其名，統制是實」，他不用統制之名，當然也不會承認公營企業獨占壟斷。他說「貿易局之目的在協助本省公私經濟之繁榮」，他隱瞞了當時台灣民營企業倒閉、員工失業不說，他未據實回答經濟部。

陳儀說：「專賣貿易兩局組織規程均在呈請備案中。」按：專賣局規程爲陳儀三十五年一月十七日制定；貿易公司暫行組織規程於三十四年十二月十八日制定；貿易局組織規程，於三十五年二月十八日制定。陳儀有制定「署令」公布之權。檔案也未記載這兩局規程，後來曾修訂請經濟部備案。

陳儀的答覆，振振有辭，而且牽涉臺灣省財政收入。經濟部怎敢隨便主張，很可能即將陳儀代電轉呈行政院及國防最高委員會。這一轟轟烈烈的請願遂未被政府採納。

4

關於專賣局，陳儀的回答提到〈臺灣接管計劃綱要〉及〈臺灣省徵收國稅辦法〉，那是因爲專賣局之可以設立是依從蔣核定的〈臺灣接管計劃綱要〉。

在民國三十二年抗戰尚未勝利時，重慶大後方流行抽英製「強盜牌」、美製「三五牌」香菸。

抗戰勝利，這些洋菸交了「統稅」，就可全中國銷行無阻。可是臺灣省因實行菸酒專賣，禁止其進口，於是財政部向長官公署交涉，結果這些洋菸進口台灣須再向基隆海關交進口關稅。而關稅收入是屬於中央的，因此長官公署要求洋菸進口須交長官公署專賣局收購，由專賣局銷售。而專賣局對這些商人請款又常刁難。商人重利，只好走私進口了。

在日據時期，英美製香菸是不准進口台灣的。香菸的配銷，由生產機構委託大批發商(賣捌商)承銷，再由大批發商配售小批發商(卸商)，復由小批發商售零賣商。

光復後，爲了減少中間剝削，自三十五年一月一日起，即撤銷大批發商。一月九日即規定，由零售商組織聯合配銷會，定名爲「某地第幾賣專品零售商聯合配銷會」，經辦該區域之配銷業務。在日據時期，大批發商獲利甚豐，如有私煙上架，大批發商會檢查馬上將其下架。光復後，取消大批發商，故洋菸走私只好靠政府禁止。由專賣局查緝員緝私，緝私時得配帶槍枝，有時需軍警協助。當台灣人民失業，婦孺需靠賣走私洋菸養家，這就發生二二七緝私洋菸血案了。

菸酒在當時是人民生活必需品。菸酒專賣，不許人民私製，其售價必貴，故台灣人民要求廢專賣局。而陳儀則認爲：菸酒的消費，是有能力者的消費。而且這是台灣財政重要收入，若取消專賣，則將轉嫁一般人民負擔。

誠然，有錢人對菸酒消費重品質，不在乎貴不貴，而中下階層則是感覺台灣專賣局所製菸酒不但貴，而且品質也不好。

由於三十六年三月八日，處委會發表聲明，認爲廢除專賣局，涉及專賣局工廠員工生計問題，專賣局遂未廢，改稱菸酒公賣局。

5

關於長官公署應改爲省政府，本文第三節已提到，臺灣人民曾爲此多次請願。

據新出《臺灣省政府檔案史料彙編：長官公署時期》(三)頁477，行政院於三十五年十月七日通知長官公署，內附有國民參政會第四屆第二次大會參政員陳榮芳等十三人提〈公署改設省政府以慰民望案〉全文，又附有三十五年四月中央執行委員會第二次全體會議袁委員雍等十五人提〈台灣所有一切政治經濟制度應與內地一律，不得自成集團，植國家禍亂之源案〉全文。

兩案並呈國防最高委員會，奉蔣諭：臺灣部分應飭陳儀「就現制與改變與內地各省同一制度二種方式，根據實際經驗，及該地實際情形，詳議利弊得失，呈核再憑核辦」。

三十六年二月五日，行政院催陳儀答覆。二二八事件爆發，陳儀於三月四日答覆行政院，仍不引咎，請繼續維持長官制度。陳儀認爲：

> 行政長官公署對中央在臺省機關有指揮監督之權，可免政令分歧之弊。
>
> 行政長官公署得受中央委任辦理中央行政，可免多設機關，節省財力、物力，政令又易一致。
>
> 省府委員會係合議制，議論多而不決，缺少效率。行政長官公署係長官制即無此弊。
>
> 查新憲法規定，省設省長，實不啻採取臺灣省行政長官制度之原則。
>
> 日本臺灣總督握有立法、司法、行政(包括海關、鹽務、郵電、外交)

> 三大權，而臺灣省行政長官則只有行政權(海關、鹽務、郵電、外交，均直屬中央直管部)。
> 臺灣之立法有各級參議會，司法有各級法院，監察有閩臺監察使，考試則稟承考試院，與臺灣總督迥然不同。
> 長官公署執行政令之權力均爲法令所賦予，偶有與各省不同之政令，如不用法幣等，均先得中央之核定。既非自成集團，亦無尾大不掉之情形。

陳儀在三十六年三月四日的回函尙吹噓：

> 臺灣省行政長官制度，實應臺灣實際需要，自試行一年餘以來，對於施行中央政令及推進地方政治經濟文化各方面工作，均有相當進步。

可是到三月五日「臺灣自治青年同盟」〈宣言〉要改長官公署爲省政府，廢專賣局及貿易局，並召集退伍台籍日本陸海空軍分別按指定地點集合。陳儀就嚇得馬上通知蔣渭川，同意改長官公署爲省政府。在三月六日並函呈蔣主席：「爲滿足一般人之希望，不妨將長官公署改組爲省政府(因許多人均以長官公署制度爲詬，雖然其優點甚多)，俾容納本省人之較有能力者。」

6

根據貿易局檔案，三十六年二月上海黃金風潮發生，領導萬物狂漲，長官公署二月十三日下令「停止黃金美鈔買賣」，並於二月十五日宣布：

> 進口貨物除本省所需要，由貿易局進口者外，其餘暫存倉庫，非經核准，不得出貨。
> 出口貨物，除本省非生活生產所必需者，可由貿易局出口外，其餘須經核准。[45]

並制定〈入省貨物處理暫行辦法〉、〈需核准方許入省貨物種類表〉、〈出省

45《台灣省貿易局史料彙編》，頁320。

貨物報運結匯申請辦法〉及〈普通核准出省貨物種類表〉。

陳儀認爲：「此項辦法對進口商似乎限制過嚴，但爲防止非必需品之輸入、必需品之輸出，而造成供求失調，刺激物價，實非如此辦理不可。」

其〈普通核准出省貨物種類表〉列有「外銷茶」一項[46]，然二月二十一日貿易局高雄辦事處電詢貿易局，「茶葉一項公告內許可核准自由輸出者，而報載則鈞局不准出口」[47]，二月二十五日貿易局覆電：「外銷茶業准予出省。」[48]二月二十日台灣省茶葉商業同業公會理事長王添灯呈請長官公署刪除進出口之茶葉項目。很可能陳儀同意王添灯的要求，然後茶葉才准出口[49]。

二月二十五日台北市商會理事長蔣渭川呈請行政長官修正抑平物價政策[50]：

> 本省所需物資由貿易局單獨營業，將使其餘商人對外採購物資難於經營。
>
> 貿易局所採購之物資應以民間難以採購者爲目標，其餘應由民間自由採購，以免有處處與民爭利之嫌。

二月二十八日基隆市進出口商業同業公會理事長謝明昌電請採納該會意見[51]：

> 一、進出口管理機構，應由人民團體及商業團體參加。
>
> 二、出口貨物，請免結匯，唯需辦購許可進口物資，以符貿易目的。
>
> 三、本省商人進出口貨物如需向臺灣銀行結匯，公營機關應照例辦理。公營機關可以進出口之物品，商人亦應可以進出口。
>
> 四、進出口事業多經營帆船，運送貨物。擬請帆船不以噸數限制，無需結匯押匯方式，可以自由進出。

---

46 《台灣省貿易局史料彙編》，頁316。

47 同上，頁324。

48 同上，頁325。

49 同上，頁339。

50 同上，頁341。

51 同上，頁344。

在二二八這一天台北已發生暴動，對這一些意見就不知陳儀如何處理了。

在三月一日台北街上很多廢除專買局與貿易局的標語[52]。參政員杜聰明對中央社記者稱：「政府應改善其專賣貿易等辦法。」[53]台中彰化三縣市參議會通過請廢止長官公署制度，起用省內人才[54]。

三月二日，處委會民間代表要求撤銷專賣局與貿易局。

三月四日，處委會民間代表往見陳儀言及「專賣局貿易局廢止問題」，陳儀說：「我的政治經濟政策是對的……，只因部下的人做事不清楚，我也明白。而失業者多，政府一定設法救濟。」

三月五日，〈台灣自治青年同盟宣言〉要求改長官公署爲省政府，廢除專賣局貿易局。陳儀同意改長官公署爲省政府，並約蔣渭川六日至公署晤談。三月六日，陳儀同意專賣局貿易局之存廢應由改革委員會檢討決定。〈中央社臺北六日下午一時電〉說：

> 臺省局面急轉直下，今已獲得和平解決之門。

但可惜王添灯領導的處委會卻不接受蔣渭川與陳儀交涉的結果。三月六日王所提〈處理大綱〉三十二條，其第一條即爲解除國軍武裝。

三月七日王所提〈處理大綱〉爲四十二條，其第一條仍爲解除國軍武裝，談判遂破裂。九日國軍增援部隊抵台北，十日陳儀下令撤銷處委會。十三日陳儀呈蔣函：「以司法手續緩慢，臺灣情況特殊，擬請暫時使用軍法，使得嚴懲奸黨份子。」函中並言及：

> 臺灣之公營制度係施行民生主義之必要步驟。只因商人及資本家尚未認識清楚，以爲妨害其自私之利，一年以來不斷反對，對於專賣及貿易反對尤甚。奸黨利用之，以助長毀壞政府之聲勢。

但這時陳儀已經不能改變中央的決定了。

在三月六日國防最高委員會第二百二十四次常務會議已決議：

52 林德龍，《二二八官方機密史料》，頁98，中央社訊。
53 同上，頁9。
54 同上，頁16。

> 廢止長官公署條例，改爲省政府。
> (臺灣)經濟制度要改革。

在會中教育部長朱家驊發言；「(臺灣)所有經濟操在長官公署手裡。……政府與人民分的太清楚，官彷彿是與人民爲敵。臺灣經濟制度不改革，(暴亂)是無法平下來的。」

三月十日白崇禧遵蔣命，以會同組織部長陳立夫、臺灣省黨部主任委員李翼中所草擬〈處理臺灣事件辦法〉進呈。

三月十七日蔣採納該辦法所建議，廣播：

> 長官公署改制爲省政府，盡量採納地方人士參加……。
> 民營工業之公營範圍應盡量縮小，公營與民營之劃分辦法由經濟部資源委員會迅速審理，呈報行政院核准執行。
> 參與事變有關人員，除共黨搧惑暴動者外，一律從寬免究。

三月十七日陳儀電呈蔣：

> 祈准予辭去臺灣省行政長官警備總司令本兼各職。

三月十八日蔣電覆：

> 勉從尊意。……長官公署需待省府成立，秩序完全回復，准予定期取消。此時仍需兄負責，收拾善後，勉爲其難。

三月十九日陳儀下令貿易局「廢止貨物進出省限制辦法」。

三月二十五日陳儀呈蔣函：

> 本省三十六年度預算歲入，以營業盈餘及事業收入爲主要來源。以後趨勢似仍宜維持，以免稅捐增重，藉以固結民心。

陳儀請蔣注意貿易局專賣局的盈餘的重要性。但在此時行政院已決定，重工業及民力有所不勝者，亦以國營或國省合營爲原則，凡公營之輕工業應盡量售與民營[55]。

四月十四日白崇禧進呈〈宣慰臺灣報告書〉，建議：

> 專賣局改爲菸酒公賣局。
> 貿易局擬即撤銷，改爲類似物資供應局機構，僅統一管理省營工業成品外銷，或機器原料之採購。
> 極力減少公營企業之範圍(省營公司共有二十二所。輕工業應盡量開放，獎勵民營。臺人有優先承購或承租權)。

四月十六日國府文官長吳鼎昌簽註意見，擬將白建議「於臺灣省政府改組命令發表後，交該省主席照辦」。蔣批示：「如擬。」

三十六年五月三十日第三次臺灣省政府委員會議通過裁撤貿易局，另成立臺灣省物資調節委員會[56]。

魏道明出任臺灣省政府主席是行政院四月二十二日院會通過的，四月二十五日〈中央社訊〉[57]

> 陳儀長官二十四日下午三時記者招待會……
> (記者)問：外間批評臺省之政策，政治方面太寬，經濟方面太緊。……
> (陳儀)答：經濟政策方面，余認爲並無錯誤。且處於既不能請求中央補助經費，又不擬增加人民賦稅之無可奈何情形下，亦不得不如此。吾人倘不經營事業，財政全無辦法，建設工作亦難推動。

陳儀始終不認爲他的治臺經濟政策有錯誤。

7

關於陳儀使用臺幣不使用法幣問題，有些學者認爲：「其目的在隔絕法幣

55《大溪檔案》，頁203。
56《台灣省貿易局史料彙編序》
57 林德龍，《二二八官方機密史料》，頁175，誤作三月二十五日。

的影響，使臺灣貨幣形成一道防波堤，以杜絕大陸通貨膨脹的影響。」[58]有些學者更認爲這是陳儀的德政[59]，此一措施「絕對正確」[60]。

對這一問題，我有不同意見。

蔣在三十四年三月核定的〈臺灣接管計劃綱要〉提到：

> 二十六、接管後，應由中央銀行發行印有臺灣地名之法幣，並規定其與日本佔領時代貨幣(以下簡稱舊幣)之兑換率及其期間。兑換期間，舊幣暫准流通，舊幣持有人應於期內按法定兑換率兑換法幣，逾期舊幣一概作廢。
>
> 二十七、敵人在臺發行之鈔票，應查明其發行額(以接管後若干日在該地市面流通爲限)，酌量規定比價，以其全部準備金及財產充作償還基金，不足時應於戰後對敵國政府要求賠償。[61]

八月十五日，臺灣調查委員會修正通過的〈臺灣金融接管計劃草案〉說：

> 一、由財政部指派四聯總處、四行、二局會同臺灣省政府組織接管臺灣金融委員會(以下簡稱接管委員會)，辦理接管臺灣金融事項。接管金融委員會，於各銀行改組後結束，以後地方金融行政由財政廳設科主管。
>
> 七、中央銀行應按原有流通之臺灣銀行券，印製一元、五元、十元及五十元之地名流通券(以下簡稱新幣)，以適當之比率，陸續兑換臺灣銀行券。至新幣對法幣及外匯之比率，視當時國內外幣值情形，另行規定。
>
> 九、接管初期，中央銀行新幣發行時，首應(登記各該地區人民臺幣之持有額)規定兑換期間(不宜太長)及每人兑換之數額，以防止敵人之套取。
>
> 十一、清算臺灣銀行之發行數額，並向敵國政府要求準備金之償還。

58 翁嘉禧，《臺灣光復初期的經濟轉型與改革(1945-1947)》，頁139。

59 李敖，《二二八研究三集》，〈前言〉。

60 戴國煇、葉芸芸合著，《愛憎二二八》，頁136。

61 魏永竹主編，《抗戰與臺灣光復史料輯要》，頁318。

十三、接管初期，應限制每一存户之提款數額每個月不得超過若干(以能維持每一存户每月之最低生活爲原則)。必要時，敵國人民得暫時停止其提款。[62]

則使用法幣，不使用臺幣在八月十五日即已定案。

三十四年十月五日，長官公署的前進指揮所，由長官公署秘書長葛敬恩中將率領抵達台灣。十月六日即發布第一篇通告：

現行貨幣准予繼續流通，公用事業照常進行，工商各業安心經營，各級學校繼續上課，……。[63]

陳儀十月二十四日抵臺，二十五日在慶祝光復大會上致詞：

到臺的文武官員士兵不得使用法幣，因爲臺灣另有一種幣制，與國內不同。在臺灣新幣制尚未確定，及臺幣與法幣的兑換率尚未規定以前，本人業已請准中央，臺灣暫時還是使用臺幣，而不使用法幣。[64]

這顯然與〈臺灣接管計劃綱要〉、〈臺灣金融接管計劃草案〉的內容相違背，而且是陳儀「請准中央」，獲蔣同意的。

光復初期全中國及重慶、上海市之躉售物價指數[65]：

基期：1937年1-6月=100

指數 日期	全中國		重慶		上海	
	指數	較上月上漲率	指數	較上月上漲率	指數	較上月上漲率
1945.8	245,503		179,506		43,200	
9	176,929	-27.93	122,600	-31.70	34,509	-20.12
10	178,880	1.12	118,417	-3.41	37,863	9.75
11	203,425	13.71	135,085	14.09	99,252	161.88
12	212,690	4.57	140,448	3.96	88,544	-10.83

---

62 《抗戰與臺灣光復史料輯要》，頁329。

63 曾健民，《1945·破曉時刻的台灣》(台北：聯經出版公司)，頁124。

64 《抗戰與臺灣光復史料輯要》，頁421。

65 翁嘉禧，《臺灣光復初期經濟轉型與改革》，頁94，資料來源：秦孝儀主編，《中華民國經濟發展史》。

1946.1	182,667	-14.12	133,712	-4.76	92,843	4.91
2	235,973	29.16	141,750	6.02	175,604	89.23
3	291,596	23.56	147,800	4.33	255,994	45.78
4	309,260	6.06	177,530	20.12	258,232	0.87
5	348,193	12.57	187,896	5.86	380,725	47.45
6	375,275	7.78	171,645	-8.65	372,375	-2.19
7	412,08	10.02	155,561	-9.35	407,182	9.34
8	426,861	3.36	158,318	1.75	428,550	5.24
9	473,966	11.03	186,891	18.06	509,156	18.80
10	547,852	15.58	209,400	12.06	536,300	5.32
11	593,705	8.36	236,406	12.09	531,738	-0.85
12	627,210	5.64	268,763	13.69	571,313	7.45
1947.1	755,000	20.38	553,708	105.99	686,833	20.23
2	1,102,855	46.08	492,367	-11.08	1,066,450	55.58
3	1,219,439	10.57	439,050	-10.83	1,120,840	5.11
4	1,390,200	14.01	502,178	14.37	1,425,258	27.16
5	1,968,567	41.60	640,057	27.45	2,431,333	70.58
6	2,488,000	26.38	925,340	44.56	2,993,071	23.11

則在1945年九月，重慶、上海物價正下跌。

根據中共網站，國共談判：

> 1945年8月28日，毛澤東、周恩來，在美國駐華特使赫爾利陪同下抵重慶。
>
> 29日開始談判，蔣與毛九次會見，進行直接談判。
>
> 10月10日，〈雙十協定〉終於在曾家岩桂園客廳簽訂。

則在十月五日葛敬恩飛台前，陳儀怎可能預料國共談判會最後破裂，而且國軍的裝備及人數均較共軍為優，氣勢正盛，陳儀與蔣怎麼可能預料到國軍會一敗塗地，經濟惡化，需要在台灣築一道防波堤呢？

我讀三十四年九月二十二日〈軍事委員會為防備日本在臺活動，致行政院快郵代電〉：

> 行政院勛鑒：據本會政治部轉据臺灣義勇隊李(友邦)隊長申(九月)巧(十八日)電略稱：敵在臺策劃陰謀：(甲)日臺浪人組織暗殺團，準備阻止我赴臺接收人員及作種種破壞工作。(乙)目前臺灣全部交通已統

制爲軍用。(丙)積極秘密破壞軍事設施。(丁)教唆無知臺民積極倡導臺灣獨立運動以作誘惑。已飭設法防制等語，除分電有關機關外，請參考處理爲荷。軍事委員會。酉養。辦參一。叩。[66]

始恍然大悟，陳儀是收到此一快郵代電，而改變政策，不使用法幣，而使用臺幣的。

在陳儀決定改變政策時，他不一定知道，台灣人民所擁有的臺幣只占發行總量的20%，其他80%均在日軍及日僑手中。但據情理判斷，他應該知道，臺幣是大部分在日軍及日僑手中。

他也可據情理判斷，臺幣的發行準備，已因戰爭被日本政府掏空[67]。他爲了體恤台灣人民，中國政府可登記台灣人民所擁有的臺幣，並將按一定的比率換爲法幣。並規定其每月支領數額，以維持最低生活。

但他能按照這個方法來處理那些訓練精良、強悍、不畏死的二十餘萬日軍及三十餘萬的日僑他們所擁有的臺幣嗎？

日本在三十四年八月十五日投降，十六日至二十四日這段期間即發生日軍少佐中宮悟郎和牧澤義夫，策動台灣士紳辜振甫、許丙、林熊祥等人出面，擬組「臺灣自治委員會」的臺獨活動，而爲日本臺灣總督制止。

陳儀三十五年一月十五日公布〈臺灣漢奸總檢舉規程〉，三月始將辜振甫等人逮捕下獄[68]。李友邦三十四年發申(九月)巧(十八日)電時，未必知道這一陰謀活動，但他畢竟打聽到：「敵在臺策劃陰謀，教唆無知臺民，積極倡導台灣獨立活動。」因此，陳儀就得考慮八月十五日所修定〈臺灣金融接管計劃草案〉是否應施行了。

前進指揮所十月六日通告：

現行貨幣准予繼續流通，公用事業照常進行，工商各業安心經營，各級學校繼續上課。

---

66 《台灣光復和光復後五年省情》(上)，頁114。

67 臺銀臺幣發行準備金，在1937年7月即被日本政府掏空。見《台灣光復和光復後五年省情》，頁433。

68 許介鱗，《戰後臺灣史記》，頁76。

這也就是十一月一日接管委員會主任委員民政處處長周一鶚依陳儀所指示而宣布的：

> 工商業不停頓，行政不中斷，學校不停課。

三原則[69]。

葛敬恩的通告自係遵依陳儀的指示，他不提防止敵軍變亂，防止臺獨，那因爲這只能藏於內心，不宜對外公開宣布。

使用臺幣，不使用法幣，可以免除日本人手中所擁有的臺幣，按照何種比率兌換的問題，可省掉日本人假借台灣人的名義套取法幣，及留多少法幣才可以維持其生活等麻煩問題。

在軍事方面，繳械、受降、遣俘、遣僑等工作，「因爲我們軍力有限，務使不操切，不遲滯，可按預定計畫進行」，那就得仍舊使用臺幣了。

使用臺幣，不使用法幣，還可以有許多好處。

陳儀接收台灣，不需要從中央政府帶錢來。「不需中央財政補助」，如有需要可以向臺灣銀行取用，可利用台灣的錢來復建台灣。

陳儀在三十五年六月七日〈臺灣省行政長官公署第二十八次政務會議紀錄〉中說：

> ……我們來臺的財政是如何維持的，實靠兩個政策：第一、我們將一千元的臺幣及日本銀行的鈔票全數凍結，臺灣銀行因此得五億存款。第二、我們准許日僑把所有的衣物在此出售，將所得之現款，存入銀行，因爲他們攜帶的現款，盟國有限制的，臺灣銀行因此又得六億元的存款，共得十一億元。現在臺灣銀行的存款，已經爲機關公司墊借殆盡，而四、五、六三個月內財政無收入，所以益發艱難。我們要知道臺灣財政基礎建立在公營事業之上，公營事業的贏利，應迅速繳入省庫，以備支應。如果公營事業的贏利不繳省庫，只圖擴充事業，反向銀行不斷借款，則財政金融枯涸呆滯，如何了得。譬如上次我就說資金切忌擱置，貿易局和專賣局的物資更不應讓它困死，應該立刻賣去收回現金，存入銀行，財政狀況就可活動了。現在，發行數字已呈

69 曾健民，《1945・破曉時刻的台灣》（台北：聯經出版公司），頁210。

飽和狀態，希望大家諒解財政困難情形，幫助公營事業，共謀發展；而公營事業的贏利希望有計畫的按期迅速繳庫，以打開財政困難。

以《台灣光復和光復後五年省情》下，頁376引三十五年五月張武〈臺灣銀行接收報告書〉校之：

在三十四年十一月一日奉命監理起，至三十五年五月十八日接收臺銀止，臺銀代墊

省公庫	776,552,000元
臺灣電力	50,000,000元
臺灣拓殖	10,000,000元
石炭調整委員會	45,000,000元
糖業接管委員會	235,000,000元
臺灣省貿易局	46,000,000元
菸草耕作組合	19,000,000元
臺灣產業金庫	156,000,000元
貯蓄銀行	43,000,000元
合計	1,380,552,000元

而翁嘉禧《臺灣光復初期經濟轉型與改革》頁149，引《臺灣省通志》，頁52、53所載一九四六年歲入歲出決算表

1946年歲入	總計2,808,344,000元
1946年歲出	2,608,975,000元

一九四六年歲入包含「賒借收入」1,255,282,000元。此十二億五千餘萬元即係該年向台灣銀行借支數，陳儀並未將政務會議所說獲得臺銀存款十一億元清償賒借款項。

根據張武〈報告書〉，臺銀臺幣發行額，在三十四年八月十五日日本投降前，僅十四億一千五百餘萬元，至三十四年十月三十一日監理前一日的發行額爲二十八億九千七百餘萬元。

此一多出之十四億八千餘萬元，係日本八月十五日投降後，臺銀「憑東京分行電報撥付日本軍政機關之匯款，憑日本政府命令貸款及代墊日本國庫

款」。

而有價證券637,277,000元，則接東京命令，運往東京。

據許介鱗《戰後臺灣史記》頁65，引臺灣總督府主計課長鹽見俊二日記，三十四年九月鹽見發給在台日本公務員至翌年三月份的薪水及退休金，以及戰爭末期建設要塞工事人員的薪水，及其他一切必要經費，全數付清。

張武〈報告書〉[70]曾開列臺灣銀行應向日本政府清算清單，總計8,091,187,688元。

三十六年六月二十六日臺銀咨請財政廳，要求外交部據理力爭，追回存日準備金[71]，由於陳儀接收台灣，沒收日本在台公私財產及企業財產，其帳面總價值金額遠超過此數[72]，這一交涉自然不會爲美國國務院所接受。

陳儀在決定使用臺幣，不使用法幣時，原計畫這些臺幣，由日本政府清償，結果未能如願。這些臺幣在三十五年五月二十日張武接收臺銀時，以中國政府印行的臺幣將日本政府印行的臺幣，一元對一元回收。

表面上看來，陳儀接收台灣，需用的錢向臺銀取用，好像占了便宜，其實是吃虧很大，「替日本政府還債」。

因爲使用臺幣，而不使用法幣，故光復初期，留用日本文官、警官及技術人員，經費並無問題。但因薪水及職位仍比臺灣人高，工作不熱誠，這使臺灣人民不滿。

臺幣的發行額，由八月十五日的十四億元，至十月三十一日累積至二十八億九千餘萬元，這些濫發的臺幣大部分爲日本人所擁有。故光復初期，日人可以「操縱金融，操縱物價」、「台灣物價飛漲，比京滬還厲害」[73]。

臺幣爲日人大量擁有，不可正式規定與法幣的交換比率，台灣與大陸不能正式通匯，只有非正式的匯劃，而且是私人間的匯劃，貿易無從進行，只能由貿易局與大陸以貨易貨，因台灣「國幣缺乏，致臺幣黑市匯價日跌，物價從而狂漲」。見上引三十五年二月十七日陳儀覆錢昌照電[74]。

三十五年五月一日臺灣省參議會成立，陳儀致詞，「約略報告來台的準

---

70 陳興唐《台灣光復和光復後五年省情》，頁377。

71 同上，頁387。

72《抗戰與臺灣光復史料輯要》，頁502〈臺灣省接收日產統計表〉所列〈接收帳面總價值〉爲15,665,351,808元。

73 王曉波，《二二八眞相》，頁16-17，引〈臺灣政治現狀報告書〉。

74 同上，頁15，分析台灣物價飛漲的原因，甚詳盡。請參看。

備，及來臺以後工作大概：……擬定接管計劃綱要，經委員長核准。……關於幣制，因爲臺灣物價遠不如各省的高漲，暫予維持，以免通貨膨脹。……至於軍事方面，繳械受降、遣俘、遣僑等工作，因爲軍力有限，務使不操切，不遲滯。我到臺以後主要工作，多照預定計畫進行」[75]。

五月一日，長官公署秘書長葛敬恩在省參議會所作〈臺灣施政總報告〉也提到：

> 國內的抗戰太久了。如果法幣流入臺灣，一定也會跟著通貨膨脹。臺灣同胞已受日本五十多年欺凌壓榨的痛苦，我們還忍心叫他們再受通貨膨脹的痛苦嗎？中央對臺灣幣制的政策是對極了，臺灣同胞已經受到它的好處。這半年來，看國內物價急速升騰的慘象，和我們臺灣因缺乏物資而物價緩漲的情形，相互比較，就可以知道我們的政策的正確性，和臺胞所得的實惠了。[76]

葛敬恩說這半年國內物價急速升騰，台灣則漲的慢，以翁嘉禧《臺灣光復初期的經濟轉型與政策》，頁157，〈光復初期臺北市與上海市零售物價指數比較表〉證之

	臺北	上海
1946年1月	100	100
2月	124	164
3月	153	233
4月	175	231
5月	200	263

這只是由於二月起大陸因受國共內戰影響，物價漲的較快，並不能因此否認光復初期，因日本政府濫發臺幣，致「臺灣物價比京滬漲的還厲害」及因「國幣缺乏，物價從而狂漲」的。

陳儀與葛敬恩言使用臺幣，在防止大陸通貨膨脹影響台灣，這只是對台灣

75 陳儀演講詞全文，見戚嘉林，《臺灣史》，第五冊，頁2019-2022。
76 《臺灣二二八事件檔案史料》，頁82-83。

民眾要求使用法幣的答覆，遂爲後此臺灣高等法院院長楊鵬〈臺灣受降與二二八事件〉[77]說：

> 阻止法幣在臺灣流通，不致使臺灣像大陸各省那樣氾濫成災。

周一鶚〈陳儀在臺灣〉[78]說：

> 在經濟上，(陳儀)主張必先保持安定，才能促進繁榮，所以要發行獨立的新臺幣，使臺灣不受大陸法幣膨脹的影響。

這些言論所本。

一九四八年八月，大陸發行金元券，經濟惡化，〈中央銀行駐臺灣代表辦公處報告〉[79]就稱道臺幣有「防波堤」的作用，而「防波堤」一詞遂爲後人所沿用。

8

閩台通訊社主編《臺灣政治現狀報告書》說：「臺灣依然通行臺灣銀行券」是由於「日本派遣所謂歡迎陳長官的代表來到上海提出建議性的要求」[80]。

考葉榮鍾《林獻堂先生年譜》記：

> 民國三十四年八月三十日，牧澤少佐勸余往南京歡迎臺灣省行政長官陳儀等，義不容辭，慨然許之。……
> 九月一日，在上海會晤李澤一，探詢陳儀長官消息。李謂，現尚無法取得連絡，擬託蔣伯誠將軍之秘書長黃伯樵代爲連絡。……
> 九月九日，由日本軍人梶原少佐導往空軍司令部，會葛敬恩秘書長，

---

77 李敖，《二二八研究三集》，頁141。

78 同上。

79 陳興唐，《台灣光復和光復後五年省情》，頁448。

80 王曉波編《二二八眞相》，頁16引。

關于臺灣之政治、經濟、言論、教育、法律及日人居住問題作毫無保留之洽談。由副官王民寧翻譯，頗能達意。前後暢談兩小時餘。……至今日始獲機會得向國府大員傾吐四十年來積於胸中之心事，頗引以爲慰。

九月十三日……歸臺。

曾建民《破曉時刻的台灣》頁71：

回台後的林獻堂，在九月二十日在台中樂舞台報告了這一趟赴上海、南京的感想，講題是〈兩星期之見聞與有感〉……。

林提到何應欽親自帶他們參觀受降典禮的大禮堂，……祖國未忘省民的證據。

他又提及京滬的物價與法幣的狀況，希望將來法幣絕對不要流入台灣。葛敬恩也表示，考慮到法幣流入台灣將會造成經濟大恐慌，因此打算在台灣發行新貨幣，將原台銀券以一比一的比例回收。

則林獻堂、葛敬恩仍然主張發行新貨幣，將臺銀券以一比一的比例換新貨幣。這對台灣人民有利，但對日本人擁有的大量臺銀券，難道也可採用這一辦法嗎？

因此我認爲，「依然採用臺灣銀行券」，不採用新印有台灣地名的法幣，仍然是受李友邦〈申巧電〉的影響。

9

上引〈三十五年六月七日臺灣省行政長官公署第二十八次政務會議紀錄〉：

我們來臺後的財政是如何維持的，……我們將一千元之台幣及日本銀行的鈔票，全數凍結，臺灣銀行因此得五億存款；我們准許日僑出售衣物，……他們所攜帶的現款，盟國有限制的，臺灣銀行又得六億元的存款。……已經爲機關公司墊借殆盡。

陳儀三十四年十一月九日呈行政院長宋子文電：

> 爲整理本省金融，收縮通貨起見，經訂定日本銀行兌換券，及臺灣銀行背書發行之日本銀行千元券兌換券處理辦法，於本月七日公佈實施。
> 該券在本省流通發行數約八萬萬元，多在日軍手中，影響本省金融甚鉅。
> 依該辦法規定，於本月八日起，禁止該兌換券流通使用，限一個月内，作爲特種定期存款，分別存入指定銀行，年息百分之二，逾期無效。俟一年後(日銀券限期一年半，臺銀背書發行之日銀券存期一年)付息還本。
> 此項辦法公佈後，社會一般反應尚佳。

檢三十五年五月張武〈臺灣銀行接收報告書〉

> 日銀券特種定存56,790,518元

臺銀千元券三十四年十一月七日發行數773,306,000元，扣掉庫存及尚未回收數，臺銀千元券特種定存爲693,830,000元。

三十四年十二月十一日所制定之上兩種特種定期存款存戶支取及抵押借款辦法第九條規定：

> 日本海陸空軍機關，及其官員官佐及士兵不適用。[81]

則上引長官公署政務會議所說：將一千元的臺幣及日銀券，全數凍結，得存款五億元，此五億元應係台灣人民存款被凍結數。

陳儀在臺灣使用台幣，他當然應把日本銀行兌換券(包含一元券)禁止流通，也應把臺銀背書之日銀千元券禁止流通。他把臺銀背書之日銀千元券禁止流通，還含有另一個用意。

George H. Kerr《被出賣的臺灣》(中譯本，頁140)

81 《臺灣省政府檔案史料彙編‧行政長官公署時期》(三)，頁188。

> 臺灣的商人組織了一個大公會社，籌足了一億的資產(當時約值美金六百六十萬)，在臺北，他們的股票很快就賣光了。不知什麼原因，他們鼓勵買股的人以千元大鈔付款。
> 當這件事情進行得相當成熟時，財政處長嚴家淦以迅雷不及掩耳的手法宣布，私人所有或銀行所存之千元大鈔凍結停用一年。原來政府知道這家新公司所有資金均爲千元大鈔之故也！……

則他禁止臺銀背書千元券之流通，意在打擊陳炘所建立的大公企業公司，凍結其公司資金，使它不能活動。

三十六年六月三十日陳炘之妻謝綺蘭呈臺灣省參議會請查明陳炘生死下落，該呈文說：

> 陳炘組織大公企業公司，謀民營實業之發展，以期配合政府建設新臺灣計劃之進行。[82]

吳濁流《無花果》說：

> 大公企業公司，資本金額一億圓。……起初計畫是以這個公司作爲總公司，把日本人經營的民間工廠，以及日本政府直營的工礦公司，接收起來經營，……而做政府的外圍機構。……充滿了愛國熱忱的島民，……紛紛響應，如期湊足了資金。[83]

陳儀打擊大公企業公司，正是因爲大公企業公司妨礙了陳儀要「實驗民生主義」沒收在台日本公私企業爲公營企業，由貿易局統銷的計畫。

三十四年十一月十八日臺北「政治經濟研究會」開會，會中有人提出：

> 陳儀這次處置是某某財團(李筱峰按，指江浙財團)要壟斷整個經濟界。[84]

---

82 《二二八事件資料選輯》(六)，頁622。

83 轉引自李筱峰，《林茂生、陳炘和他們的時代》，頁168。

84 同上，頁176。

陳儀並不屬於江浙財團。

史明斥陳儀爲(孔、宋、陳、蔣)四大家族的代理人，這也是共產黨人的意見，不符合史實的[85]。

陳炘的大公企業公司仍在三十五年二月五日成立，但其資本已減爲五千萬元[86]，其主要經營事業則爲打撈、遠洋漁業、水產工業等，不與陳儀的政策正面衝突。

陳炘於三月十一日被陳儀下令逮捕，十三日陳儀呈蔣函所列陳炘罪跡爲「陰謀叛亂首要」及「接收臺灣信託公司」兩項。此可見他對陳炘的不滿[87]。

張武〈報告書〉說：

> 三十四年八月十五日日本投降前，僅十四億一千五百餘萬元，三十四年十月三十一日開始檢查時，發行額已達二十八億九千七百餘萬元。自去年十一月份起，至本年一月間，其發行數字均逐步減跌至二十二億零餘萬元最低紀錄。
>
> 迨至本年二月起，因各生產事業急謀恢復，紛向本行貸款籌措資金及省公庫支出之調整等關係，本行發行額又呈增加。茲將去年十月份起，至本年(1946)五月十八日接收日止，各月底發行數列表。

34年	10月	2,897,873	
	11月	2,635,338	
	12月	2,311,762	
35年	1月	2,459,129	(按：翁嘉禧《臺灣光復初期經濟轉型與改革》，頁158作2456百萬元)
	2月	2,561,253	
	3月	2,635,012	
	4月	3,756,999	
	5月	2,341,331(單位：千元)	

85 延安三月六日解放日報〈本報訊〉：「反對四大家族經濟獨占，台灣重要城市相繼騷動。」史明，《台灣人四百年史》，頁716，即採用共產黨人的意見。

86 同上，頁175。

87 李筱峰，《林茂生、陳炘和他們的時代》，頁296：「1926，陳炘糾合台灣本土資金，創辦『大東信託株式會社』後改組爲『台灣信託株式會社』。1945年11月長官公署派員監理。1946年12月陳炘任台灣信託公司籌備處主任兼大公企業公司董事長。」

（註：五月十八日發行額，應減除營業庫存401,024千元，故實際發行數，僅2,940,307千元。）[88]

按：五月發行數依此「註」，應爲3,341,331千元。如此，即與頁385〈報告書〉所記「扣除兌換券發行數3,341,331,941元」相合。

臺幣發行額在三十四年十月爲2,897,873千元，十二月即減爲2,311,762千元，可能即由減去千元券特種定存693,830千元，再加上長官公署借支，而得2,311,762千元。

臺幣三十五年五月份發行額爲3,341,331千元，應包含長官公署及省營事業單位借支1,380,552千元在內。

臺幣發行額在三十五年十二月爲5,331百萬元。此數恐應包含千元券庫存定期到期臺銀支付數。唐賢龍《臺灣事變內幕記》引陳儀三十六年二月十五日招待記者的談話：「現在臺幣發行額爲53.4億元。」唐賢龍引專賣局長任維鈞的談話：「專賣局的開辦費，省府曾撥十八萬萬元台幣」[89]，用以駁陳儀所說。唐賢龍所說恐不可信。

長官公署三十五年五月二十日正式接收臺灣銀行，並發行中央銀行中央印製廠所印之新臺幣，將舊臺幣等價一比一收回。因滬臺運輸困難，故自九月一日起，始公布收換，至十月十二日止，計換回舊臺幣十七億一千萬餘元，尚有二十二億八千萬元在外流通，限至十一月三十一日截止[90]。

是臺幣發行額，在三十五年五月爲三十三億四千餘萬元，其後陸續增印，其發行額爲三十九億九千餘萬元。

10

民國三十六年八月二十六日經濟部長陳啓天核覆前行政長官公署電呈該省

---

88 民國三十六年六月二十六日〈臺銀爲咨請外交部力爭追回存日準備金，致省財政廳代電〉言：「三十五年五月二十日本行接收時，由該行副頭取本橋兵太郎呈移交清册時，載明舊臺幣發行額爲二十九億四千三百九十四萬九千三百二十一元。」

89 《臺灣戰後史資料選》，頁85引。

90 同上，頁440。8月31日止，發行額爲3,911,322,360元。

撥歸公營企業清冊[91]：

> 關於劃撥國省合營之日資企業，……紙業公司、水泥公司似可仿照中紡公司出售民營原則，以百分之七十轉讓民營。
> 關於劃歸省營之日資企業，……其工業部份，除依憲法第一百四十四條規定公用事業及其他有獨占性之企業以公營爲原則外，其餘似應儘量以股票或投資方式，轉售民營。

三十八年政府遷台。二月四日省主席陳誠宣布實施三七五減租，租額不得超過農地正產物收穫量的千分之三百七十五。台灣的地價因此貶値約三分之一。四十一年十二月，行政院長陳誠宣布耕者有其田，超過規定的私有出租耕地，由政府以購買方式徵收，地價按耕地正產物全年收穫量的兩倍半計算，半數(三成)補償水泥、紙、農林、工礦四公司股票，半數(七成)搭發實物土地債券[92]。

蔣三十六年三月十七日廣播「(臺灣)民營工業之公營範圍，應盡量縮小」，至此完全實現。

陳儀接收台灣，將台省日本公私營企業改爲公營，他爲什麼不想辦法沒收那些大漢奸的土地，發行土地實物債券，實行三民主義所主張的耕者有其田呢？

我想這與他知悉李友邦申(九月)巧(十八日)電，他要將日軍、日僑平安遣送，他不可同時得罪人數眾多的皇民奉公會中那些台灣地主有關[93]。

陳誠在台灣進行土地改革，即有許多台灣地主，賤賣其所持有保留地、其所持有水泥等四公司股票及土地債券，移民日本及美國，在海外從事台獨活動。

11

91 《臺灣省政府檔案史料彙編・行政長官公署時期》(一)，頁61。

92 許介鱗，《戰後臺灣史記》，頁136。

93 《大溪檔案》三月六日陳儀呈蔣函：「職到臺灣以後，如對於日本御用紳士等，徹底剪除，一面臺灣兵力，比較雄厚，此次事情，不致擴大。」

陳儀在台灣「實驗民生主義」。要貿易局統銷公營企業產品，經營進出口貿易，調節物資供需，使台灣公民營企業俱繁榮，此一目的實非貿易局編制內有限人員所能達到。

在物資缺乏、通貨膨脹的時代，貿易局只要囤積貨物，遲一月再賣，就可獲利，與他們調節物資供需的目的相違。

貿易局代銷公營企業產品，經營進出口貿易，有公署臺銀等機構支持，他實爲台灣最大的資本家。台灣民營進出口業勢須仰其鼻息，官商勾結。而貿易局長于百溪、專賣局長任維鈞，以權重而以貪污爲人檢舉。由於陳儀干預司法，法院雖判此二局長無罪，但陳儀畢竟不敢命此二人復職。

在三十六年二月十五日，陳儀下令貿易局統制進出口貿易，其措施也不完善。前引三十五年七月十八日臺灣人民〈請願呈文〉說：

> 厚利所在，易爲貪污之淵藪；民生所繫，決於數人之手，亦危險萬分之制度。

此所言實道出計畫經濟、統制經濟之不可行。人類的知識到現在還沒有進步到可以治理國家，能有效滿足國民、經濟等方面的欲望。

12

陳儀在三十四年六月臺灣調查委員會黨政軍聯席會議上說：他到台灣要徹底實行三民主義，而中山先生三民主義是用「以建民國，以進大同」，繼承《禮記・禮運・大同章》堯、舜、禹、湯、文、武、周公、孔子之道統。

陳儀在二二八事件爆發後，成立黨政軍特種聯席會議，以警總參謀長柯遠芬兼聯席會議主任秘書，而陳儀則化名陳新周，兼聯席會議主席。

其所以化名陳新周，須參考《春秋・公羊傳》。《春秋經》：「宣公十六年夏，成周宣榭災。」《公羊傳》：「成周者何？東周也。……外災不書。此何以書？新周也。」何休《解詁》：

> 孔子以春秋當新王，上黜杞，下新周而故宋。

《論語》：

子曰：如有用我者，吾其爲東周乎？

新周即指孔子欲興周道於東方。陳儀欲將總理遺教實行於位於大陸東方之台灣，蓋自比爲孔子。陳儀死，其墓碑題「陳公退素之墓」，此「素」亦即孔子爲素王之素。

陳儀之女陳文瑛說：「父親生平有自己的政治抱負，爲人耿直，清廉方正，故常招貶擠。父親不爲所動，以『我行我素』，處事待人，故字號退素。」[94]這當然也可以講通。但我覺得還是配合陳新周講，比較好。

康有爲號長素，其弟子號軼回、超賜，這是清末民初的風氣。

陳儀爲人清廉，但他治臺的政策錯誤，故蔣在三月十七日廣播，採納臺灣人民的眞民意，改長官公署爲省政府，將公營範圍盡量縮小，對二二八暴亂人犯僅嚴懲共產黨，對臺灣人民寬大爲懷。

陳儀對二二八事件人犯之處置失當，此留待本書第十八篇討論。

民國九十五年六月二十四日

---

94 李敖，《二二八研究三集》，頁380。

十一、論陳儀將二二八事件爆發歸咎於共黨，並論警總檔案所收中共文件二件刊布的先後

二二八事件爆發，陳儀以〈丑(二月)儉(二十八日)電〉報告蔣，將事件的爆發歸咎於「奸匪勾結流氓」，將二二八責任完全歸咎於共產黨。

在二月二十八日午夜台北中央社記者所發出的參考電文，提及事變爆發的原因[1]：

> 綜合今日臺胞之議論，此次暴動係由於下列諸因釀成：(一)勝利後，海南島之萬餘臺胞曾受虐待，喪命者甚多，廈門及華北亦曾毆擊臺胞；(二)禁止黃金買賣後，萬餘金業商人及工人失業；(三)貿易局統制出口太嚴，商人生路斷絕；(四)日來逮捕囤米大户，搜查餘糧，地主及紳士階級頓遭損失；(五)祖國政治紛亂，國際地位日低，招致臺胞不滿及輕視，因而產生遺棄祖國之思想；(六)數月來，專賣局查緝私菸，菸販無以營生，且三月前，基隆亦曾擊死菸販一人，臺胞早擬反抗；(七)社會經濟恐荒以來，臺籍公教人員薪津不夠維持生活，工廠工人待遇更低，罷工已先成爲風氣；(八)米荒問題迄未解決，米價黑市依然甚高；(九)官吏中常有貪污者，招致臺胞認爲外省人皆是壞蛋。

他以台胞之在大陸遭受虐待，作爲首要原因，可參看本書第十篇第二節的討論；所言第二第三原因，均與貿易局有關，可參看本書第十篇對陳儀官營貿易制度的討論。中央社記者綜合台胞之議論，根本沒有提到共產黨的影響；甚至在共產黨員吳克泰《回憶錄》中也說，二二八當天清晨八點的群眾遊行，是「任何個人，任何組(織)都不可能在這麼短短的兩個小時內動員這麼多的群

1　林德龍輯註，陳芳明導讀，《二二八官方機密史料》(台北：自立晚報，民81)，頁4。

眾，這完全是群眾自發」[2]。所以說是由中共所煽動，並非事實。

最重要的是警總檔案的文件中有兩份中共的文件，其中一份見中央研究院近代史所研究所編《二二八事件資料選輯》(一)，頁280-282。今複印刊布於下：

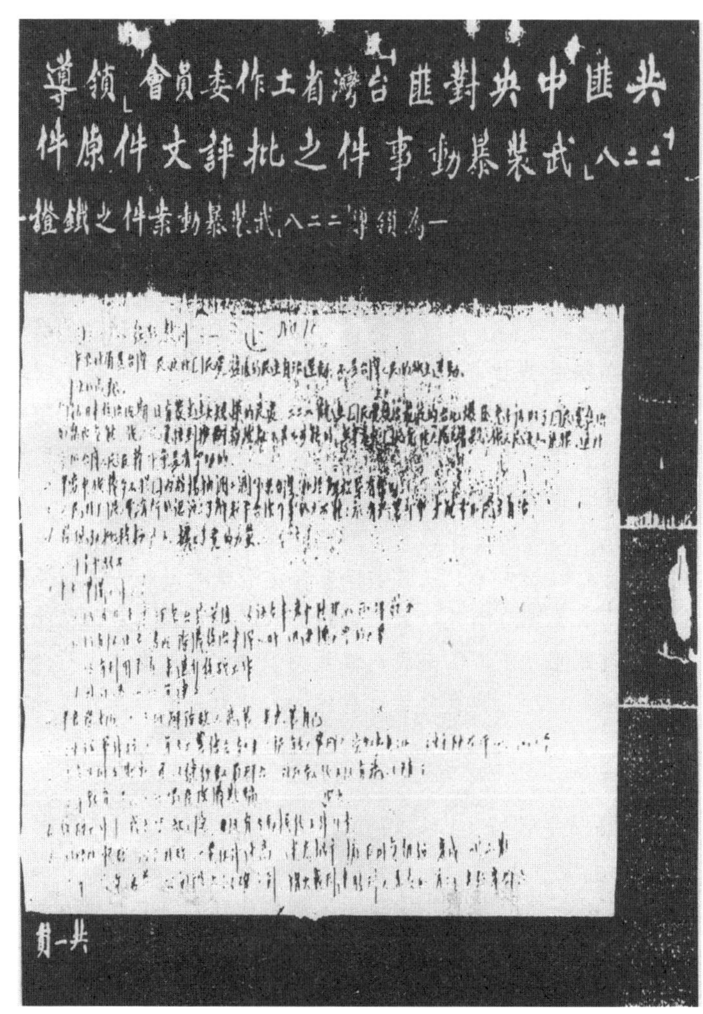

共匪中央對匪台灣省工作委員會」領導
「二二八」武裝暴動事件之批評文件原件
—為領導「二二八」武裝暴動事件之鐵證—

共一頁

2　吳克泰，《吳克泰回憶錄》(台北：人間，民91)，頁209。

共匪中央對匪「台灣省工作委員會」領導

「二二八」武裝暴動事件之批評文件原件

——為領導「二二八」武裝暴動案件之鐵證——

關於二二八事件的經驗教訓

（一）「二二八」事件之性質是台灣人民反對國民黨統治的民主自治運動，不是台灣人民的獨立運動。

（二）「二二八」事變之成就：

1 台灣在日本統治後期，沒有發生大規模的民變；「二二八」首先在國民黨統治最嚴的台北市爆發，充分證明了國民黨統治的腐敗無能；使人民覺悟到推翻蔣政權不是不可能的。在事變中，國民黨對人民大屠殺，使人民更加仇恨；這對今後台灣人民反蔣鬥爭是有幫助的。

2 事變中使×××從國內戰場，抽調兩個師的兵力到台灣，對於國內的解放戰爭有幫助。

3 使人民對於國民黨有了新的認識，瞭解和平的合法鬥爭，對於敵人是無濟於事的；唯有採取武裝鬥爭，才能爭取民主自治。

4 發現了大批的積極份子，擴大了「黨」的力量。

（三）「二二八」鬥爭的弱點：

1 準備工作不夠：

a 沒有迅速處理「老台共」的關係，以便在事變中能很好的取得聯繫。

b 沒有抓住光復後陳儀統治未深入時，迅速擴大「黨」的力量。

c 沒有利用矛盾來推展統戰工作。

d 對外通訊沒有建立。

2 事變發生後，不及時解除敵人的武裝，來武裝自己

3 學生孤軍作戰，沒有與工、農結合起來。要知道只有在工、農群眾發動起來之後，學生才能發揮他們的力量。

4 沒有及時分散物資，藉以動員群眾；對反動份子也沒有施以鎮壓。

5 沒有教育人民，及時揭發陳儀的欺騙。

6 開始時「輕敵」，後來對敵人的力量又估計過高；而且迷戀城市，撤退時沒有組織，變成一哄而散。

7 沒有以我「黨」名義，公開提出方針；指出到達勝利必需要走的道路，來教育領導群眾。

二二八事件資料選輯（一）

以中央研究院近代史研究所檔案館所藏保密局所獲中共文件證之，此一文

件名稱爲〈關於二二八事件的經驗教訓〉[3]，而〈共匪中央對匪台灣省工作委員會領導「二二八」武裝暴動事件之批評文件原件〉爲警總所加之標題。這文件提到二二八事件失敗的原因，在於事前「準備工作不夠」。可見當時事件的爆發，是突發事件，並非由共產黨所鼓動的。

而另一份警總的檔案所收的中共文件，見《二二八事件資料選輯》(一)，頁249-251。警總檔案稱之爲「中共策動台灣叛亂事件又一佐證」，今影印刊布如下：

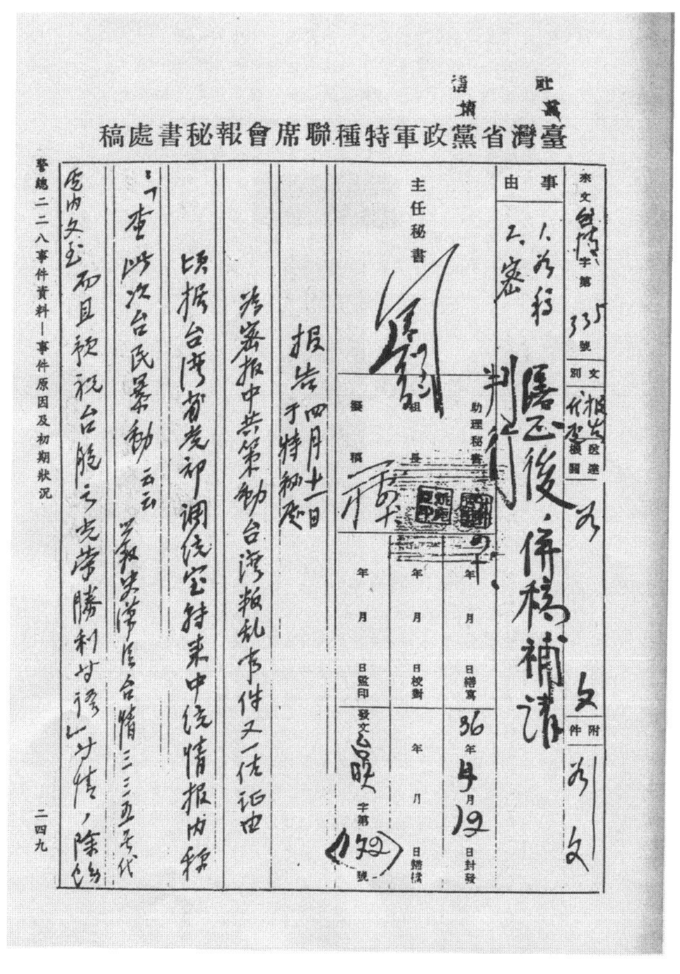

臺灣省黨政軍特種聯席會報秘書處稿

事由：謹簽報中共策動台灣叛亂事件又一佐證由

報告 四月十一日 于特秘處

頃據台灣省党部調統室特來中統情報內稱

查此次台民暴動，云云

主任秘書　組長　助理秘書　擬稿

年 月 日監印　年 月 日校對　年 月 日繕寫

年 月 日封發

警總二二八事件資料—事件原因及初期狀況

二四九

3　中研院近史所檔案館228-E3-(8)。

臺灣省黨政軍特種聯席會報秘書處稿

第二處及憲兵團注意防制外，理合報請
鑒核密知公署各處長慎密防範，并研討對策，
以擊破奸匪陰謀為禱。
謹呈
臺省會報主席陳
臺特秘處主任秘書趙○○

代電

趙克剛，淩 字元電：對密、蔡檢發中共策動
台灣事件陰謀又一佐證情報一件，希參照并
慎密注意查防具報，為要。陳新閱（36）卯（ ）對附件送

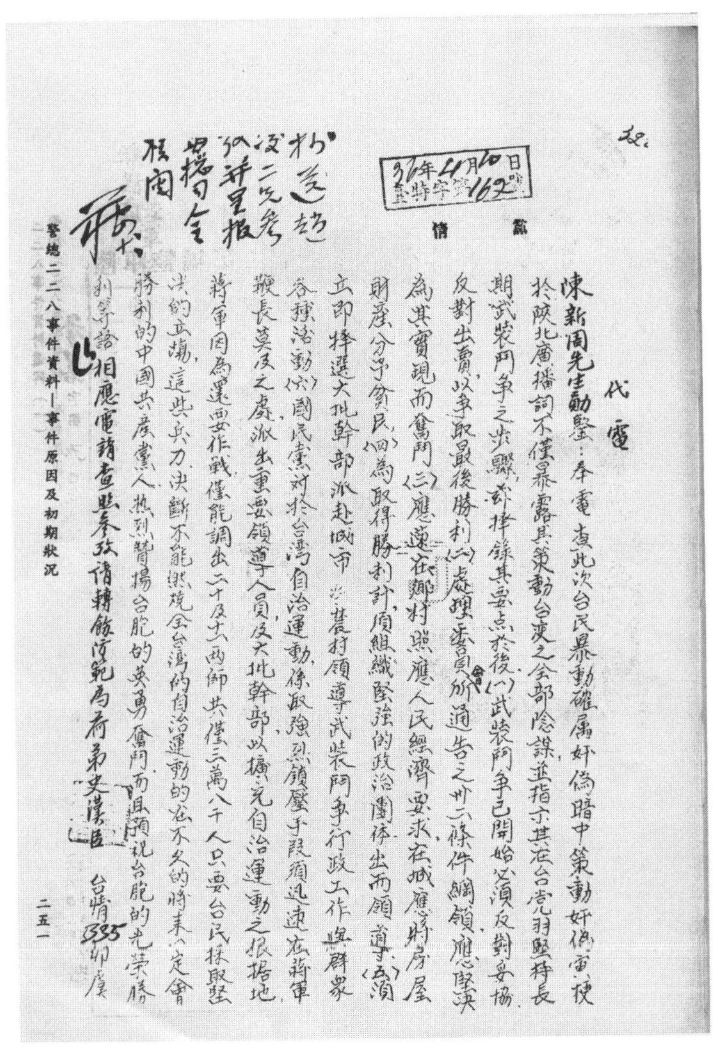

代電

陳新周先生勛鑒：奉電 查此次台民暴動確屬奸偽暗中策動奸偽並使於陝北廣播詞不僅暴露其策動台變之全部陰謀並指示其在台黨羽堅持長期武裝鬥爭之步驟，茲摘錄其要點於後(一)武裝鬥爭已開始必須反對妥協反對出賣，以爭取最後勝利(二)處理委員會所通告之卅二條件綱領應堅決為其實現而奮鬥(三)應逕在鄉村與應人民經濟要求在城府將房屋財產分予貧民(四)為取得勝利計須組織堅強的政治團體出而領導(五)須立即抽選大批幹部派赴城市 農村領導武裝鬥爭行政工作與群眾各種活動(六)國民黨對於台灣自治運動係取強烈鎮壓手段須迅速在蔣軍鞭長莫及之處派出重要領導人員及大批幹部以擴充自治運動之根據地蔣軍因為還要作戰僅能調出二十及廿一兩師共僅三萬八千人只要台民採取堅決的立場這些兵力決斷不能撲滅全台灣的自治運動的不久的將來一定會勝利的中國共產黨人熱烈讚揚台胞的英勇奮鬥而且預祝台胞的光榮勝利等語 相應電請查照參考為荷 弟史漢臣 台情335卯虞

36年4月10日 特字第162號

警總二二八事件資料—事件原因及初期狀況

二五一

由於兼特秘處主任秘書爲柯遠芬，故知兼會報主席陳新周爲陳儀之化名。當時中共廣播時間爲寅梗日，也就是三月二十三日。警總檔案中所收中共文件僅有兩件，而這裡說「另一佐證」。換句話說，沒有日期的該一文件時間在此文件之前。

中共寅梗廣播內容是根據1947年3月20日的《解放日報》社論〈臺灣自治運動〉所寫成的。該社論收錄於1991年出版，鄧孔昭編，《二二八事件資料集》，頁309-313。爲二二八事件中少有的中共社論，茲錄全文如下：

> 臺灣人民和平的自治運動，由於蔣介石政府的武裝大屠殺，迫得起而自衛，到本月八日已發展成爲武裝的鬥爭。台灣人民所組織的「二二八慘案處理委員會」通過了「改革台省政治建議案」三十二條，並頒佈命令於三月十五日以前成立政務局，其委員由台省各地人民普選產生，同時又命令接收蔣政府在台灣以「公營」爲名的四大家族獨占企業。八日事變爆發後，蔣介石不但不悔悟，反而加緊其武裝的進攻，開往台灣的有兩個師，即第二十一師與第二十師。蔣介石並派了白崇禧、朱紹良等往台灣指揮。蔣介石的意圖，顯然想把台灣人民的自治運動淹沒在血泊中。
>
> 如果略爲溫習抗戰勝利後台灣發展的歷史，就可以知道，台灣的自治運動，是完全合理的、合法的、和平的，它的所以變成武裝鬥爭，完全是由於蔣介石逼出來的，蔣介石對於台灣的統治，其野蠻程度，超過了日本帝國主義。台灣人民在蔣介石法西斯統治下的生活，比當日本帝國主義的亡國奴還要痛苦。不少訪問過台灣的中外記者，老早就指出了這一點。蔣宋孔陳四大家族以劫收和專賣的方法完全壟斷了台灣的經濟，這批中國封建法西斯對於台灣人民的掠奪，如此殘酷，簡直連一線生機也不留給他們。最近由於蔣介石拚命打內戰，在台灣徵兵徵糧，使台灣人民更加求生無路。台灣人民的要求是極其平凡的，不過是要自治，要廢止專賣制度，要台灣人能在台灣當行政官吏而已。蔣介石既然說「還政於民」，臺灣人民提出如此合理的要求，採取和平的合法的手續以求實現，有何理由不答應他們？然而蔣介石竟不但不答應，反以比日本法西斯更殘忍的手段來加以鎮壓。二月二十八日的慘案中，台胞死傷者至少三四千人，其殘暴程度眞是曠古未有。蔣介石所謂的「還政於民」，所謂的「民主憲法」，在這裡又一次完全暴露了其純粹欺騙的性質。台灣人民的武裝自衛，因此乃是被迫的，是必要的，是正義的，是正確的。台灣人民的自治運動，其目的沒有達到以前，是一定不會停止的，欺騙與鎮壓都只能激起台胞更大的憤怒而已。
>
> 僅僅爲了要求自治，就非要武裝鬥爭不可，這不僅台灣的經驗如此，解放區的經驗也是一樣。中共二十餘年的鬥爭，其目的之一也就是地

方自治。在這二十餘年的鬥爭中，我們已經有很充分的爭取自治的經驗，來貢獻給全國人民和台灣同胞作爲借鑒。

我們要告訴台灣同胞，你們以和平方法爭取自治，和在蔣介石武裝進攻之下採取武裝自衛的手段，我們對此是完全同情的。你們的鬥爭就是我們的鬥爭，你們的勝利就是我們的勝利。解放區軍民必定以自己的奮鬥來聲援你們，幫助你們。

我們要貢獻給台灣同胞以下幾點經驗，以便台胞的自治運動能夠達到勝利的目的。

第一、武裝鬥爭既已開始，必須反對妥協、反對出賣，須知對法西斯蔣介石的妥協投降，將使台灣同胞受到蔣介石最殘暴的血洗。任何上層領袖如果主張妥協，那就是背叛台胞，就應該堅決把他清洗出去、驅逐出去。只要堅決反對妥協，反對出賣，堅持下去，台胞的自治運動就一定會得到勝利的。

第二、處理委員會通過的三十二條綱領是好的，應該堅決爲其實現而鬥爭。接收蔣政府財產，供作自治運動的經費，和建立民主的政務局，作爲自治機關的初步，這些都是對的。除此以外，應該立即成立軍務局，把武裝的人民，組成台灣人民自治的武裝部隊，把廣大的勞動人民武裝起來，並指揮這些武裝，爲自衛和爭取自治而奮鬥。由於蔣介石決心向台胞作更大的武裝進攻，因而武裝鬥爭成爲極其重要的鬥爭形式。應當很快的把軍務局成立起來，並組織基幹的正規自治軍，掌握在最忠心最堅決最有能力的革命者的手裡。

第三、應當立即設法滿足勞苦人民的經濟要求，在城市中把日本人的房屋和蔣家財產分配給工人貧民，組織工會和城市貧民團體及其武裝。在鄉村要滿足的經濟要求，如減租減息，耕者有其田，和把農民組織起來，自治運動才眞正有了力量，自治的綱領也才會實現，這就是眞正切實地照顧了各階層的利益。如果不這樣做，以照顧各階層利益爲藉口來阻礙勞苦大眾的發動，則運動就沒有力量，就會有失敗的可能，因而就無法去照顧各階層利益，實際上乃是叛賣了全體台胞的利益。

第四、爲了使自治運動取得勝利，必須有堅強的團體來做領導，這個團體跟自治運動的敵人能堅強不屈的鬥爭，對於敵人派在自治運動中的內奸能夠加以識別和肅清。參加自治運動的台灣各黨派團體和個人，應當團結在爲自治堅決奮鬥的陣線中，這個陣線中所有的黨派都應當互相團結、互相幫助，且大家得到自己發展，使這個共同陣線成爲自治運動中堅強的核心。這個陣線應該公開出來指揮自治運動，以免自治運動的領導機關被動搖分子的出賣，或被反動派的内奸所篡奪。必須時時警惕，自治運動内部的叛賣，是比外面的敵人更兇惡的敵人。

第五、必須立刻訓練大批幹部，派到各地方去，派到城市和農村中去，領導武裝，領導政務工作，領導群眾運動，領導經濟工作。訓練得愈多愈快愈好。台灣人民的文化程度是比較高的，這是一個便利的條件，可以一開始就從勞苦人民中多訓練出幹部來。

第六、蔣介石對於台灣自治運動的方針，是加以猛烈的鎮壓，在不久的將來，這個運動的中心由大城市轉到小城市和鄉村中去，是不可免的。要迅速在蔣軍鞭長莫及的地方，派出重要領導人員和大批幹部，去建立自治運動的根據地，把接收的資材運到這些地方去並適當的分散開來，建設起長期支持自治運動的財政經濟基礎，把這裡的人民武裝起來組織起來，堅決地採取步驟滿足這裡勞動人民的經濟需求。大城市及其周圍，將來蔣軍來後不可避免地將成爲戰場，該處的工作當以此爲著眼點。

中國解放區有無數經驗可以供獻給台灣同胞。上述的幾點是當前對於台灣同胞最最重要的。台灣的自治運動，無疑地還會經過許多曲折，但是他一定勝利，而且時間是不會很久的。蔣介石決心以武裝進攻來反對台胞的自治運動，但是他的兵力已經非常枯竭。現在調往台灣的兩個師，是原來駐在台灣而後調去參加內戰的，其二十師是在徐州戰場，哪裡蔣軍從十二月下旬以來，一連被殲五個整師(或軍)十六個整旅(或師)，正在痛感兵力不足。二十一師戰鬥力薄弱，其新七旅已被全部殲滅。兩個師一共只有三萬八千人，只要台胞採取堅決的立場，這些兵力決無辦法鎮壓燃燒全台灣的自治運動。蔣介石要加派兵力到台灣去是不可能的了。相反的，如果蔣管區各地都有自治運動和民主運動，解放區戰區再打幾個勝仗，蔣介石的兵力將更感不足，對於台胞的壓力就會減輕。因此，台灣同胞的自治運動，是一定勝利，而且不久就會勝利的。中國共產黨人熱烈讚揚台胞的英勇奮鬥，而且預祝

> 台胞的光榮勝利。[4]

此一社論，另外見於楊克煌所寫〈臺灣人民對蔣介石集團的鬥爭〉[5]：

> 中共中央爲指導和幫助台灣人民這個偉大的起義和鬥爭，於三月二十日在「解放日報」上發表題爲「台灣自治運動」的社論，……

可見社論刊布日期爲三月二十日是沒有問題的。而且通常是報紙社論先寫好，再由廣播電台廣播。所以社論在前，「寅(三月)梗(二十三日)」廣播在後，是合乎常理的。而鄧孔昭在該社論後所加的按語，說明此一社論「曾於一九四七年三月八日以中共中央的名義對台灣同胞廣播」，顯然日期是不對的。

這個錯誤可能是由於蘇新化名莊嘉農所寫《憤怒的臺灣》引起的。一九四九年出版的《憤怒的臺灣》[6]：

> 三月八日，中共中央，獲悉蔣介石已派兩個師赴臺鎮壓臺灣人民消息之後，立即由新華社電台，向臺灣廣播，……。我們要貢獻台灣同胞以下的幾點經驗，以便台胞的自治運動能夠達到勝利的目的。
> 第一：武裝鬥爭既已開始，必須反對妥協、反對出賣，……。
> 第二：處理委員會通過的卅二條綱領是好的，應該堅決爲其實現而鬥爭，……。
> 第三：應當立即設法滿足勞苦人民的經濟要求，在城市中把日本人的房屋和蔣介石的財產分配給工人平民，組織工會和工人糾察隊，組織城市貧民團體及其武裝。……。
> 第四：爲了使自治運動取得勝利，必須有堅強的政治團體來做領導，……。
> 第五：必須立刻訓練大批幹部派到各地方去，派到城市和農村去，領導武裝，領導政務工作，……。
> 第六：蔣介石對於台灣自治運動的方針，是加以猛烈的鎮壓，……，

4 鄧孔昭編，《二二八事件資料集》，頁309-313。
5 參見陳芳明編，《臺灣戰後史資料選——二二八事件專輯》，頁325。
6 參見莊嘉農，《憤怒的臺灣》，頁155。

> 要迅速在蔣軍鞭長莫及的地方，派出重要領導人員和大批幹部去建立自治運動的根據地，……。

他把廣播的時間放在前，而把〈關於二二八事件的經驗教訓〉放在後，次序顛倒了。

〈關於二二八事件的經驗教訓〉警總檔案這份文件沒有日期，今考《吳克泰回憶錄》：

> 謝(雪紅)要撤出台中之前把罪惡多端的軍統頭子，及台中縣長劉存忠和一批cc的特務釋放了。……王天強是台中縣公委書記，我名義上是王天強的長工，改姓名叫謝阿火。……王天強就拿出黨內文件、材料給我看。我在這裡第一次看到黨內油印刊物《新認識》第一期，上面全文刊載了上海局對二二八的評價和對台灣地下黨的批評，很可能是林昆在三月下旬從上海帶來的那一份。[7]

則這一文件應該源出於三月中旬《新認識》油印本。很可能警總檔案所收係該油印本，然後根據該油印本打字過錄。

〈關於二二八事件的經驗教訓〉，中央研究院近代史研究所檔案館藏有複印本。前有保密局所做「說明」，說明「此一文件是匪黨中央於民國三十七年五月到六月在香港召開之臺灣幹部工作會議時，對二二八事件中之匪黨工作檢討總結」。在此次會議中有此份文件是不錯的。但不代表這份文件撰寫於三十七年五至六月之間。實際上的撰寫日期，我們應根據警總檔案所說「又一佐證」，推斷是在三十六年三月二十日之前。時間大約是在三月中旬。〈關於二二八事件的經驗教訓〉中提到「開始時輕敵，後來對敵人力量又估計過高；而且迷戀城市，撤退時沒有組織，變成一哄而散」。這裡講的是台中情形。所以撰寫的時間應該在三月中旬「二七部隊」解散之後。

一般人研究中共與二二八的關係往往是根據莊嘉農的書，而沒有比對警總檔案。比對之後就會發現，莊嘉農的書先講〈臺灣自治運動〉，後講〈關於二二八事件的經驗教訓〉，時間次序是錯誤的。保密局的檔案只講到開會時有此一文件，一般人就以爲〈關於二二八事件的經驗教訓〉是在三十七年撰寫的。

7　吳克泰，《吳克泰回憶錄》，頁248-249。

國防部部長鄭爲元七十八年四月二十二日向立法院報告二二八事件與共黨的關係時，引用此份文件，認爲是三十七年五月時寫的，也是根據保密局的檔案，而沒有比對其他檔案[8]。最重要的是警總檔案中只收錄兩份有關中共與二二八的文件，而「又一佐證」說明了兩份文件之間的前後關係。

《吳克泰回憶錄》中所提到中共上海局所編印的《新認識》第一期油印本，我們仍應訪求。

民國九十五年三月十六日黃彰健口述
楊欽堯、高偉文紀錄

後記

頃重讀民國七十八年四月鄭爲元在立法院所作專案報告，其中言：

> 民國三十五年十月，(中共)「台灣省工委會」審訂〈目前具體綱領〉一種，頒發其所屬各地區工委會及支部執行。事件中，王添灯起草的〈處理大綱〉，即以該〈具體綱領〉爲藍本。

始悟警總檔案所稱「中共策動叛亂事件又一佐證」，其前一佐證係指在三十六年三月八日《新生報》刊布王添灯〈處理大綱〉後，「臺灣省黨政軍特種聯席會報秘書處」曾以王添灯〈處理大綱〉與〈目前具體綱領〉對校，發現此一〈目前具體綱領〉係中共策動叛亂的證據。

三十六年四月十日，台灣省黨部調查統計室轉來南京中統史漢臣「台情335卯(四月)虞(七日)致陳新周(陳儀化名)代電」，內收中共寅(三月)梗(二十三日)陝北廣播摘要，陳儀遂稱此係「中共策動台灣事件又一佐證」。

中共寅(三月)梗(二十三日)在陝北廣播三月二十日《解放日報》社論〈台灣自治運動〉。莊嘉農《憤怒的臺灣》謂係三月八日廣播，則係錯誤的。

鄭爲元說，「三月八日中共延安電台對台廣播，支援所謂台灣人民的武裝自衛，並提供六點『經驗』，三月二十三日(即國軍克復延安第五日)，中共仍以延安電台名義，對台灣省工委會發出六點指示」。鄭爲元說，三月八日廣

8 鄭爲元報告見《中國論壇》，31卷第5期，楊家宜編製〈二二八的官方說法〉頁53-55。收入中國近代史研究所所編《二二八事件史料彙編》第五冊。

播，係因襲莊嘉農的錯誤。警總檔案僅收中統轉來寅梗陝北電台廣播，未收《解放日報》三月二十日社論，鄭爲元未見三月二十日《解放日報》社論，他不會發現莊嘉農的錯誤。鄧孔昭編《二二八事件資料集》，見《解放日報》二十日社論，未見警總檔案寅梗廣播，他也不會發現莊嘉農的錯誤。

警總檔案所收〈關於二二八事件的經驗教訓〉，就其字體模糊看來，很明顯的係油印本，仍應係《吳克泰回憶錄》所稱：

> 黨內油印物《新認識》第一期，上面全文刊載了上海局對二二八的評價和對台灣地下黨的批評，很可能是林昆在三月下旬從上海帶來的那一份。

就事情發展言，仍應先有中共三月二十日的社論，三月二十三日的廣播，然後才有三月下旬的《新認識》的第一期，對二二八的評價和對台灣地下黨的批評，亦即〈關於二二八事件的經驗教訓〉。

拙文根據警總檔案「又一佐證」推斷〈關於二二八事件的經驗教訓〉的刊布時間在民國三十六年三月二十日《解放日報》社論之前，應係錯誤。

拙文應據鄭爲元專題報告，而說，現存警總檔案缺中共台省工委會所訂〈目前具體綱領〉一件。中央研究院近代史研究所所印警總檔案係民國三十六年的。〈目前具體綱領〉仍應存於警總三十五年檔案內，我們仍應訪求。

鄭爲元專題報告引用蘇新所撰〈二二八事件爲何失敗〉：

> 當時二二八事件處理委員會的委員裡面，沒有黨員(指中共黨員)，所以地下黨及時把王添灯、林日高(均爲台共份子)等人作爲黨的代理人爭取過來，而且通過他們爭取不少人，形成強有力的左派隊伍，爭取了中間派，孤立了黃朝琴一夥的右翼，打擊了敵人。在七天的鬥爭中，左派控制了整個處委會，王添灯、林日高完全按照地下黨的方針指示進行鬥爭。
>
> 「當時地下黨的蔡孝乾、蕭來福、潘欽信、蔡子民、蘇新等人，實際上就是王添灯、林日高的參謀部，王添灯的發言、提案、廣播稿，都是我們給他準備的。」
>
> 「處理大綱三十二條(次日經部份代表增爲四十二條)是我們準備，經地下黨同意的。」

鄭爲元說，王添灯是台共分子。今考民國四十四年十一月內政部調查局印行的郭乾輝《台共叛亂史》(頁47)也認爲：王添灯爲台共。而藍博洲在民國七十九年四月四日在《民眾日報》上刊載所寫〈二二八蜂起的旗手：王添灯〉，及陳君愷教授所寫〈穿透歷史的迷霧－王添灯的思想、立場及其評價問題〉，均未說王添灯爲台共。

由於台共、中共在地下黨時期多爲單線領導，其從事活動又需秘密，不大有可能有檔案記錄他們自己的活動。故在文革時期，中共黨員敘述他們在地下黨時期的活動，往往需要資深的黨員做人證。對於王添灯是否台共黨員，要找到確鑿可信的證據，恐怕不容易，而且也不重要。

鄭爲元的專題報告提到：

> (台灣)各地武裝暴動最激烈的地區，亦均由共黨份子領導，如台中的謝雪紅、楊克煌、嘉義的陳復志、高雄的涂光明、斗六的陳篡地等。

謝雪紅、楊克煌爲台共，這是沒有疑問的。陳復志、涂光明、陳篡地、王添灯是否爲台共，由於史料不足，本書存疑待考。

鄭爲元報告提到，「台灣政治建設協會，爲共黨份子王萬得、王添灯滲透把持」。按台灣政治建設協會九個常務理事，王萬得爲常務理事兼社會組長，王添灯僅爲理事[9]。台灣政治建設協會主要負責人爲首席常務理事總務組長蔣渭川，其參與該會重要政治活動的是常務理事政治組長呂伯雄、經濟組長廖進平、宣傳組長張晴川及候補理事李仁貴，與蔣渭川是一派。而王萬得係「台共改革同盟會派首要」，在政治建設協會中「僅有附庸作用」[10]。

關於蔣渭川、王添灯在處委會時期的政治活動，請參看本書第十五篇、第十六篇。

民國九十五年六月二十日彰健謹記

9 該協會常務理事名單見國家安全局檔案，《二二八事件檔案彙編》(三)，頁348。

10 同上，頁347。

續記

中央研究院近代史研究所檔案館藏有1955年北京人民出版社影印的《解放日報》合訂本，頃承高偉文先生檢示，《解放日報》該社論確係三月二十日出版。

高君又利用Google，檢示胡興榮《大報紙時代》第三章[11]：

> 1947年3月13日和14日蔣介石的軍隊多次轟炸延安。……
> 13日出版的2117號《解放日報》，是它在延安出版的最後一期。14日社長廖承志帶領「解放日報社」及新華社工作人員撤出延安，到達五十多公里外的子長縣史家畔，苦於跋涉轉移的情況下，當天沒有出報。次日，《解放日報》第2118號在史家畔出版，改出一小張(中型張二版)。19日蔣軍攻佔延安。
> 3月27日，蔣軍逼近史家畔。是日出版的《解放日報》第2130號成爲該報的最後一期。……

很可能莊嘉農知延安於三月十九日被國軍攻占，遂認爲《解放日報》不可能在三月二十日出報。莊嘉農在台北，他知道王添灯〈處理大綱〉係三月七日晚六時二十分在台北廣播，遂臆測《解放日報》社論係三月八日撰，並於是日廣播，作爲中共中央在延安聽到台北廣播後對台北共黨所作的指示。

余檢《解放日報》合訂本，則三月八日中共中央未對王添灯七日廣播作此指示。《解放日報》未刊載王添灯三月七日晚六時二十分所廣播，而於三月十一日《解放日報》始刊載：

> 二二八事件處理委員會通過改革台政方案
> 〈本報訊〉據八日中央社消息，台灣人民所組織的二二八事件委員會七日通過〈改革台省政治建議案〉卅二條，並已提交陳儀，其全文如下：……

按：其所錄三十二條全文，係錄自三月十日南京《中央日報》、《救國日

---

11 http://media.people.com.cn/GB/22100/40528/50410/3516699.html

報》所載〈中央社台北八日電〉。據彰健本書第十六篇所考，中央社台北八日電所載三十二條係三月八日王添灯以處委會名義向陳儀所提，與王添灯三月八日《人民導報》所載三月七日處委會所提三十二條內容不同，亦與三月七日晚上六點二十分王添灯廣播處理大綱全文，及所收四十二條內容不同。

《解放日報》認此係「三月七日通過」是錯誤的。

《解放日報》二十日社論提到：「蔣開往台灣的有二個師，即第二十一師及第二十師，蔣並派白崇禧、朱紹良等往台灣指揮。」此消息即得自傳聞，與史實不符。

中共二十三日廣播指示六點，其實在三月十七日，台中二七部隊即已解散，中共根本不知道台灣實情。

承高偉文先生檢示趙玉明《中國現代廣播簡史》：

> 原屬軍委三局負責延安播音與機務工作，劃歸新成立的新華社電務處統一管理。……
>
> 在延安階段，延安台的編輯部和新華總社一起，在清涼山上。……
>
> 播音室和發射機房，……1947年1月遷鹽田子村的寨子峁山上。[12]
>
> 全面內戰爆發以後，……多數廣播電台或暫時停止播音，或遷址更名。……
>
> 陝北台(原延安台，在今河北省涉縣境內。……)[13]
>
> 陝北台是解放區廣播的中心，其餘各台除自辦節目外，均轉播陝北台的主要節目。

則延安新華廣播電台，於三月十九日國軍攻占延安後，係遷至河北省涉縣，為維持其中共中央廣播中心的地位，遂易名為「陝北台」，高偉文先生指出：其寅梗陝北廣播，實由在陝北瓦窯堡的陝北台播出。前引國防部長鄭為元報告，認為係自延安播出，那是錯誤的。

---

12 中國廣播電視出版社，1987年12月出版，頁102。

13 偉文按：延安新華廣播電台於1947年3月中旬遷至陝北子長縣(瓦窯堡)的山溝繼續播音，並於3月21日改名為陝北新華廣播電台。此後曾先後轉移到太行山麓(今河北省涉縣境內)、滹沱河畔(今河北省平山縣境內)播音。詳見《中國大百科全書》電子資料庫，延安新華廣播電台條。http://140.109.8.45/cpedia/Content.asp?ID=2603&Query=1

由於陝北台是中共解放區廣播中心，故解放區即有報紙採用中共寅梗廣播。承高偉文先生檢示三十六年三月二十五日江蘇省東台縣《東台大眾報》影本，該報於報導三月十九日中共撤出延安後，即報導：

> 台灣人民武裝起義，反抗蔣介石壞政府。
> 在福建省對面東海裡有個大海島台灣，清朝手裏就挨日本人佔了去，抗戰勝利後，日本鬼子倒台，這地方名義上算是收復了，可是蔣介石派去接收的人，壓迫剝削，捉人殺人，橫行不法，揪得老百姓沒得命，日子比鬼子時代還不好過，台灣老百姓便在上月底武裝起義要求民主自治，攻打蔣介石政府，繳了蔣軍的槍，佔領了很多地方，還把幾個平時壓迫人民最兇的壞傢伙捉了起來，眞叫大快人心，人民武裝並且成立了臨時自治政權，嚇得蔣介石派去做官的忙著逃走。蔣介石聽到這個消息，也急的手忙腳亂，連派了兩個本來到解放區打內戰的兩個師蔣軍，帶軍火到台灣鎮壓，可是台灣人民武裝都頑強的向他打，現在整個台灣省蔣軍只有七個城，其他城市和農村都在人民軍隊的手中了。

此即《東台大眾報》記者聽到三月二十三日陝北台廣播後，改寫淺顯通俗、大眾容易了解的報導，於三月二十五日刊出。此可證警總檔案所記中共寅梗陝北廣播，其廣播日期正確不誤。此一廣播日期，不是在台灣的莊嘉農所能知道的。鄧孔昭編《二二八事件資料集》，他也不可能收聽到陝北台三月二十三日廣播。

由於解放日報社，在三月二十七日前係在史家畔，而陝北台在瓦窯堡。史家畔至瓦窯堡有相當距離，而陝北台在收到三月二十日《解放日報》社論後，其廣播稿還有些〈細則〉要遵守：「要生動，有趣味」、「要用普通話的口語，句子要短。用字用詞要力求唸起來一聽就懂，並注意音韻優美與響亮。電文中有文言文或難懂字句，應加註必要通體的口語翻譯。」[14]則其在三月二十三日始播出，即毫不奇怪了。

彰健請高偉文先生利用網路查中共華東局出版的《新認識》第一期。承偉文先生檢示《中國現代報刊名錄》，其中記：

---

14 《中國現代廣播簡史》，頁103-104。

> 《文萃》，中國共產黨在國民黨統治區出版的刊物。初爲文稿性週刊，後改爲時事評論刊物。1945年10月9日創刊於上海。……
> 經常選載延安《解放日報》和重慶《新華日報》的重要社論。……
> 1947年初，國共和談破裂，《文萃》出版到72期，被迫轉入地下秘密出版發行。1947年3月20日地下版《文萃》叢刊第一期出版，爲適應秘密發行需要，由原16開本雜誌改爲32開本書冊式，每期採用其中一篇的文章作書名，發行近萬份。1947年7月下旬，以叢刊社和地下印刷廠遭破壞，已印刷的第十期雜誌大部份未能發出而被迫停刊。主要編輯人陳子濤、駱何民、吳承德被捕，上海解放前夕被國民黨當局殺害，史稱「文萃三烈士」。

偉文認爲：《文萃》叢刊，三十六年三月二十日地下版第一期出版，其出版改用其中一篇文章作爲書名[15]，與《吳克泰回憶錄》中所提《新認識》第一期出版時間、地點、內容性質相似。變更或僞造書名，是中共地下刊物躲避國民黨查緝常用方法。故所謂《新認識》可能係三月二十日出版該刊其中一篇文章。中共華東局的重要指示，〈關於二二八事件的經驗教訓〉可能即收於該期。《新認識》第一期的訪求，這只有期待於大陸研究中共歷史的學者了。

由於三十五年十月〈目前具體綱領〉，及《新認識》第一期，俱待訪求，我這篇文章應待見到這兩份珍貴資料後，才宜改寫。

我現在僅簡介我對於此一問題的探討過程。一般講二二八的書，大抵抄莊嘉農《憤怒的臺灣》。我這裡提出不同的看法。

黃彰健續記　民國九十五年六月二十一日

---

15 《文萃》轉入地下後轉爲不定期叢刊，約半個月出一期。其第一期至第九期書刊名分別爲：《論喝倒彩》、《臺灣眞相》、《人權之歌》、《新畜生頌》、《五月的隨想》、《論紙老虎》、《烽火東北》、《臧大咬子伸冤記》、《論世界矛盾》(又名《孫咨生傳》，詳見《上海新聞志》或中共黨史研究網站中有關《文萃》介紹http://www.ccphistory.org.cn/zyzh/ziliao/106/gmbk12.htm

卷三

十二、二二七緝私血案發生經過考實

本篇考論民國三十六年二月二十七日緝私血案的發生經過，將分五節：

(一)討論閩臺監察使楊亮功《調查報告》的附件一：閩臺監察使署調查員鮑良傅、鮑勁安〈奉派調查臺灣省專賣局職員葉德耕等查緝私煙一案調查報告〉(下文簡稱鮑良傅〈報告〉)所附附件是那十八件，並爲它編一簡目。

(二)比較鮑良傅〈報告〉與楊亮功《調查報告》，對葉德耕傷害販煙婦人林江邁一案看法的異同，並說明我對此案仍存有困惑疑點。

(三)然後根據現存鮑良傅〈報告〉附件，嘗試復原二二七緝私血案發生經過、始末詳細情形，並探討專賣局查緝員及警察大隊警員逃離血案現場，及查緝員移送憲兵隊看管的經過。

(四)然後根據鮑良傅〈報告〉的附件，指出《二二八事件研究報告》定本的錯誤。並指出陳炳基、周青、吳克泰等人之口述歷史不盡可信。

(五)最後說明三十六年二月二十八日《新生報》〈本報訊〉對二二七緝私血案報導的錯誤，其致誤的原因及其影響。

1

鮑良傅〈報告〉，我所見有三個本子。

行政院版《二二八事件研究報告》附錄一〈重要文件〉所收楊亮功《調查報告》附件一〈鮑良傅報告〉，係根據監察院原檔影印。

監察院檔現存南京「中國第二歷史檔案館」。第二歷史檔案館所編《中華民國史檔案資料匯編》第五輯、第三編、〈政治四〉第十章〈臺灣光復情況與二二八事件〉頁914-943亦據監察院檔案收有鮑良傅〈報告〉。該編〈政治四〉係蔡鴻源所編，今簡稱爲蔡鴻源本。

一九九一年臺灣「人間出版社」出版陳興唐主編《南京第二歷史檔案館藏

臺灣二二八事件檔案史料》。該書頁296-339亦據監察院檔案收有鮑良傳〈報告〉，今簡稱爲陳興唐本。

蔡鴻源本、陳興唐本，因係排印，以行政院本校之，即難免有錯字及脫漏。如：

蔡鴻源本鮑良傳〈報告〉(頁915)：

> 查女私販林江邁受傷之原因，據該女販先後在憲兵隊地方法院偵查庭時，均稱被石子打傷。

「被」字下行政院本有「專賣局人員用槍柄打傷(附件三、六)。案葉德耕則謂當時群眾曾投石子，或係爲」三十一字。

> 石塊是鈍的，必成腫瘤，創口必成○形。

行政院本作「必不成○形」。俱應據行政院本改正。

陳興唐本則改易了鮑良傳〈報告〉附件的次序，而改依時間先後次序排列。鮑良傳〈報告〉說：

> 附呈調查筆錄暨抄件一冊，計十八件。

陳興唐本所收附件只編號一至十五，而未考慮這是與鮑良傳〈報告〉原文不合的。

行政院本鮑良傳〈報告〉係據原檔影印。原檔於附件十八件並未編號，但該〈報告〉正文說明：以手槍柄打傷賣煙私販林江邁，專賣局查緝員葉德耕有重大嫌疑；說明路人陳文溪係被查緝員傅學通在情勢緊迫中放槍誤殺，即曾註明其依據爲「附件第幾」。我們可根據〈報告〉正文註明的「附件十四」、「附件七、十」、「附件三、六」、「附件五」、「附件四」、「附件十二」、「附件十七」，而將該〈報告〉後所附文件未註明編號的正確地予以編號。

這樣，我們就可以發現：

> 行政院版鮑良傳〈報告〉缺附件第三、第四、第五、第六。而「附件

二」缺張家珣簽呈所附三月十八日林江邁供詞。

蔡鴻源本缺附件第三、第四及附件十三。

陳興唐本缺附件第一、第三、第四及附件十三。

行政院版附件二缺林江邁供詞，可能係影印時漏未照相。民國六十四年彰健向美國國會圖書館購買明嘉靖刊本《南京刑部志》微捲，即漏一頁未照相，後來我發現，遂去函要求補照。鮑良傅〈報告〉的附件未註明附件第幾，又未標明頁碼，在影印時，少照一兩頁，是不容易發現的。

行政院本所缺附件第五、第六，按蔡鴻源本「附件第五」係〈三十六年二月二十八日警總軍法處軍法官陳廣諄訊問葉德耕、鍾延洲筆錄〉；「附件第六」係〈三十六年三月八日臺灣高等法院檢查官陳慶華偵訊林江邁筆錄〉。由於這兩個筆錄已收入1989年陳鳴鐘、陳興唐所主編《台灣光復和光復後五年省情》(頁572-585)，行政院版可能爲了省錢，遂省略不予影印。

蔡鴻源本「附件第六」〈臺灣高等法院檢查官陳慶華偵訊林江邁筆錄〉，據我所考，亦非鮑良傅〈報告〉所附原件。鮑良傅〈報告〉附件第六，應爲〈臺北地方法院檢查官楊際泰偵訊林江邁筆錄〉。(理由詳後)

鮑良傅〈報告〉爲楊亮功《調查報告》的附件一。楊亮功《調查報告》在遞呈監察院院長于右任時，楊至少要抄兩份，一份呈監察院，一份由監察院轉呈主席蔣。而楊亮功及閩臺監察使署也應留存一份或兩份。

楊亮功在閩臺監察使任內，曾編有《福建臺灣監察區監察使署有歷史性史料》一書，現存國民黨黨史會。此書應亦收有鮑良傅〈報告〉。

由於鮑良傅〈報告〉於附件未註明附件第幾，因此，很容易缺失，掌管檔案者有時可將相關文件，並不是檔案原件，亦誤附入此「附件」內。

楊亮功《調查報告》〈附件二〉應爲〈臺灣行政長官公署初編臺灣省二二八暴動事件調查報告紀要〉一本。陳興唐本(頁340-364)所收不誤，而行政院版影印的卻是三十六年四月三十日行政長官公署出版的《臺灣暴動事件紀實》。

楊亮功《調查報告》遞呈於三十六年四月十六日，它可以收三十六年三月三十日長官公署所編的〈臺灣省二二八暴動事件調查報告〉，是不可能收四月三十日長官公署出版的《臺灣暴動事件紀實》的。

由於鮑良傅〈報告〉，檔案所存應不止一本。我現在爲行政院本鮑良傅〈報告〉的附件編一簡目，我很希望，有機緣能將它所缺的補全。

鮑良傅〈報告〉附件十八件簡目：

附件一、三十六年三月十八日專賣局職員張家珣上專賣局局長的簽呈。

張氏奉派調查林江邁受傷一案，於三月十七日、十八日兩度赴林外科查詢，據告：「是否石頭或手槍擊傷，因當時未目睹，無法得知。」張家珣詢問林江邁，據告：「究被誰人擊傷，因當時情形紊亂，無法記清。」〈附件一〉係用的「臺灣省專賣局」紙。

陳興唐本缺附件一。

附件二、張家珣簽呈附呈三月十八日〈林外科醫院醫師林清安供詞〉。

按：蔡鴻源本、陳興唐本，俱於〈林清安供詞〉後，收三月十八日〈林江邁供詞〉，與上引張家珣簽呈所說合。行政院本缺三月十八日〈林江邁供詞〉，應據此以補。

附件一及附件二的張家珣簽呈及林清安供詞均未蓋私章，係用的專賣局紙；應係專賣局鈔件[1]，在鮑良傅奉派調查葉德耕案後，交與鮑良傅的。民國九十一年出版《二二八事件檔案彙編》第五冊內收〈專賣局檔案〉係據專賣局原檔影印，所收張家珣簽呈、林江邁供詞俱蓋有私章〈頁13〉，可證實我的推斷不錯。

附件三、應爲「林江邁憲兵隊供詞」。

鮑良傅〈報告〉正文：「林江邁在憲兵隊、地方法院偵察庭均稱：被專賣局人員用手槍柄打傷。」(下註：「附件三、六」)故知鮑良傅〈報告〉「附件三」應爲〈林江邁憲兵隊供詞〉。此「附件三」，行政院本、蔡鴻源本、陳興唐本俱缺。

附件四、應爲〈臺北地方法院偵察庭葉德耕供詞〉。今各本俱缺。

鮑良傅〈報告〉正文：「彼此爭執時，群眾已圍集，有人亂投石子。」

---

1 張家珣的簽呈原件，係用的「臺灣總督府專賣局」紙，張家珣並簽名蓋章，見新出《二二八事件檔案彙編》第五冊〈臺灣省專賣局檔案〉頁7-8。頁9收林清安供詞，林清安亦簽名蓋章。頁11-13收林江邁供詞，張家珣、林江邁俱簽名蓋章。此可證我的判斷不錯。

(下註：「附件四」)又「倘女販確被石子所傷，自可目睹，何以對檢察官之訊問，作游移而不肯定之供述？」(下註：「附件四」)

此檢察官亦應指臺北地方法院偵查庭之檢察官。

附件五、行政院本缺。

鮑良傅〈報告〉正文：「葉德耕謂，當時群眾曾被投石子，或係爲石子所傷。」(下註：「附件五」)

〈報告〉正文：「又鍾延洲謂，據醫生說是石頭打傷。」(下註：「附件五」)

今存蔡鴻源本、陳興唐本所收鮑良傅〈報告〉均附有三十六年二月二十八日〈警總軍法處訊問葉德耕、鍾延洲筆錄〉。與「附件五」所記內容相合。則行政院本鮑良傅〈報告〉所缺「附件五」，應據此補。

附件六、應爲〈台北地方法院楊際泰檢察官偵訊林江邁筆錄〉，今各本俱缺。

鮑良傅〈報告〉正文：「該女販先後在憲兵隊、地方法院偵察庭時，均稱：被專賣局人員用手槍柄打傷。」(下註：「附件三、六」)

〈報告〉正文又言：「女販林江邁對檢察官稱：『現在有得機關慰問，損失價値折抵得過，想不要告他。』」(下註：「附件六」)

「附件三」爲憲兵隊林江邁供詞，則「附件六」自應指臺北地方法院偵察庭林江邁供詞。

考蔡鴻源本、陳興唐本所收鮑良傅〈報告〉，均於三十六年二月二十八日〈警總軍法處訊問葉德耕、鍾延洲筆錄〉後，即接著收錄三十六年三月八日〈臺灣高等法院檢察官陳慶華訊問林江邁筆錄〉。與報告正文所引「附件六」林江邁供詞內容相合。但訊問者係臺灣高等法院檢察官陳慶華，而非臺北地方法院檢察官楊際泰。而且專賣局查緝員葉德耕等六人，臺北地方法院檢察官楊際泰於三十六年三月二十八日將該六人起訴[2]，四月三日法官判決[3]。在四月三日地方法院判決之前，怎麼會有三月八日台灣高等法院檢察官訊問林江邁之事？三月八日〈台灣高等法院檢察官陳慶華訊問

2 〈臺灣臺北地方法院檢察官起訴書〉見《二二八事件資料選輯》(一)，頁177。

3 判決書全文見三十六年四月六日《臺灣新生報》。陳芳明編《臺灣戰後史資料選》，頁228-232。

林江邁筆錄〉顯然有誤。

三十六年四月三日地方法院法官判決，傅學通殺人處死刑，葉德耕傷害人之身體，處有期徒刑四年六月，餘四人無罪。傅學通、葉德耕二人上訴臺灣高等法院。三十六年五月十七日判決，傅學通減處有期徒刑十年，葉德耕仍維持原判[4]。竊疑高等法院處理傅葉上訴案時，亦應開偵察庭，今存三十六年三月八日〈高等法院檢察官陳慶華訊問林江邁筆錄〉，三月八日應係五月八日之訛。

鮑良傳〈報告〉爲四月十六日閩臺監察使楊亮功《調查報告》的〈附件一〉，故鮑良傳〈報告〉的原本不可能附有三十六年五月八日〈臺灣高等法院檢察官陳慶華訊問林江邁筆錄〉。

由於鮑良傳〈報告〉於「附件」前未註明「附件第幾」，很容易缺失。很可能佚失〈臺北地方法院偵察庭法院檢察官楊際泰訊問林江邁筆錄〉，而監察院主事者遂將臺灣高等法院偵察庭五月八日訊問林江邁筆錄歸置此處，而未想到：這不是鮑良傳〈報告〉所附原件。

這雖然不是地方法院偵察庭原件，但林江邁在高等法院偵察庭以證人身分出庭，應不會翻供。故其所供內容，我們仍然可以引用。

《二二八事件資料選輯》(六)，頁615-617爲民國三十七年四月二十三日臺灣高等法院檢察官陳慶華對蔣渭川的不起訴處分書。陳慶華在三十六年五月八日應該已是臺灣高等法院檢察官。在三十六年三月八日不可能是臺北地方法院的檢察官。而且起訴傅學通等六人的地方法院檢察官是楊際泰，也不會中途換檢察官。五月八日〈臺灣高等法院檢察官陳慶華訊問林江邁筆錄〉，五與三形近，鈔錄排印，是可以誤五爲三的。如「附件二」三十六年三月十八日醫師林清安供詞，蔡鴻源本即誤三月爲二月。

附件七、三十六年二月二十七日〈調查蔡厚勳筆錄〉。

附件八、二月二十八日〈調查何惠民筆錄〉。

附件九、二月二十八日〈調查張國傑筆錄〉。

附件十、二月二十八日〈調查張啓梓筆錄〉。

此四〈調查筆錄〉的調查人係陳　，調查筆錄的紙係警察大隊用紙，而蔡

4 據《重修臺灣省通志稿》大事志。

厚動係警察大隊直屬分隊警長，何惠民、張國傑、張啓梓係警士。此四人均於二十七日緝私血案發生後，當天晚上回到警察大隊部。故陳先訊問蔡厚動而於次日二十八日上午訊問何惠民、張國傑、張啓梓。

附件十一、二月二十七日晚十時正，受訊人徐祿〈訊問筆錄〉。

訊問人：程玉章。

地點：警察大隊部。

附件十二、二月二十七日九時十分受訊人徐祿〈訊問筆錄〉。

訊問人：丁零。

訊問地點：(警察大隊)直屬分隊部。

附件七至十二，均未簽名蓋章．應係警察大隊部鈔件，交與鮑良傳的。

附件十三、林清安醫師簽覆鮑良傳如何辨認林江邁的傷口為鐵物所傷。

蔡鴻源本、陳興唐本缺附件十三。

今複印刊布於下：

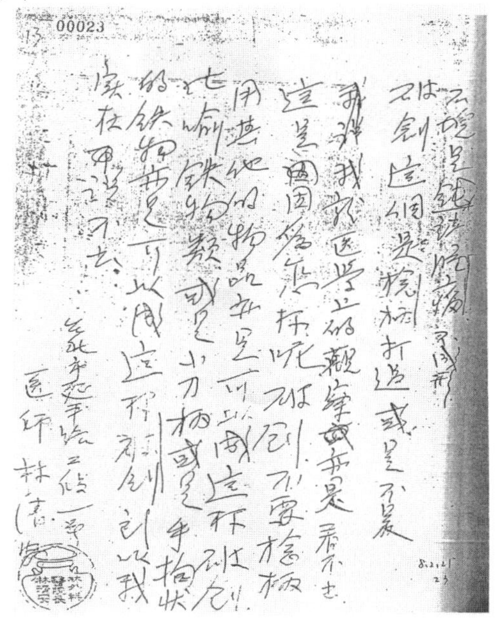

00023

醫師 林清安

鮑良傳〈報告〉正文：「鍾延洲謂，據醫生說是石頭所傷(附件五)。經向醫生林清安調查，謂女為何物所傷，就醫學上無法觀察，但又謂石塊是鈍的，必成腫瘤，創口必不成○形的(附件十三)。」故知「附件十三」係答覆鮑良傳調查時所問。

三月二十日鮑良傳為此，並約談蔡厚勳(見附件十五)。

附件十四、二月二十七日秦朝斌向專賣局業務委員會常務委員李烱支及第四組組長楊子才，檢舉淡水街福泰山船頭行走私。

今據行政院本複印於下：

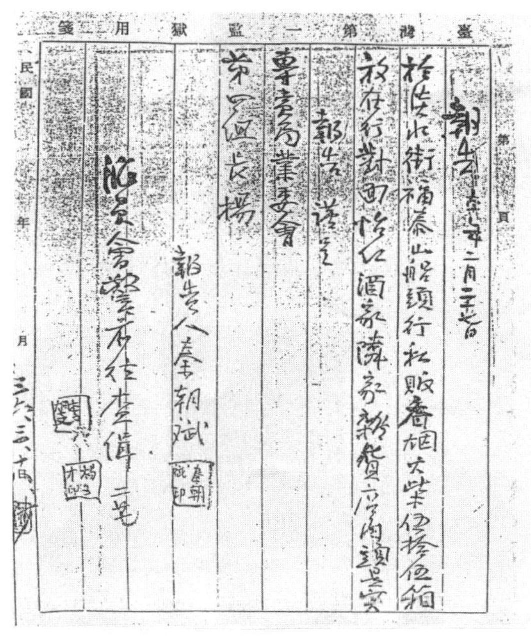

臺灣第一監獄用箋

報告 本年二月二十七日

於淡水街福泰山船頭行私販香烟大批價格伍佰

放在行對面怡和酒家[illegible]

報告謹呈

專賣局業委會

第四組長楊

報告人秦朝斌

[illegible]

民國 年 月

三六、三、十四、抄

這個報告係用的「臺北第一監獄用箋」，末註：「三六、三、十四、抄。」

按：〈附件第十六〉〈談話紀錄〉係用的「臺灣監察區監察使署」紙，故知〈談話紀錄〉係監察使署調查員鮑良傳約談專賣局業務委員會常務委員李烱支及第四組組長楊子才的〈談話紀錄〉。該〈談話紀錄〉即提到「秦朝斌的書面報告現在查緝專員葉德耕身上」，而專賣局查緝員葉德耕等六人於三十六年二月二十八日午後在警總軍法處訊問後，以非軍人，於三月一日移送臺北地方法院。附件十四，即葉德耕於三月十四日在臺北第一監獄中抄錄，於鮑良傅約談李熌支、楊子才時，由李楊二人交與鮑良傅。

李熌支、楊子才被約談時，亦將〈附件十七〉專賣局呈警總陳儀〈雨寅(三月)刪(十五日)專業2031號代電〉鈔件，交與鮑良傅。

附件十五、三月二十日鮑良傅〈調查(蔡厚勳)筆錄〉。

係用的「臺灣監察區監察使署」紙，有被調查人蔡厚勳印，故知此係鮑良傅調查蔡厚勳時所作筆錄。

附件十六、〈談話紀錄〉。

此係鮑良傅約談專賣局業務委員會常務委員李熌支及第四組組長楊子才的談話紀錄。係用的「臺灣監察區監察使署」紙，有李楊二人簽名，鮑無需簽名。

附件十七、專賣局三月十五日呈警總陳儀〈雨寅(三月)刪(十五日)專業2031號代電〉，係用的「臺灣省專賣局」紙。係約談李熌支、楊子才時，李楊提供的鈔件。

附件十八、三十六年三月十九日葉德耕等六人聯名在臺北第一監獄呈監察使楊亮功請求辨冤的信。

亦用的「臺灣省專賣局」紙，六人均簽名蓋章。該信提到：「磚石橫飛，有一私販婦人中石出血，眾即揑稱，槍柄所傷。」

竊疑：閩臺監察使楊亮功在收到葉德耕等六人此一呈文後，遂派調查員鮑良傅鮑勁安調查此案。

鮑氏遂訪問專賣局、憲兵隊、地方法院、警總軍法處及警察大隊部，收集有關供詞，並約談林清安醫師、蔡厚勳及專賣局李熌支、楊子才。

鮑氏約談蔡厚勳在三月二十日。鮑良傅〈報告〉未收錄三十六年三月二十八日臺北地方法院檢察官楊際泰起訴傅學通、葉德耕等六人的起訴書。鮑〈報告〉之寫作應在三月二十日以後、三月二十七日以前。

2

鮑良傳是奉楊亮功派去調查葉德耕緝私血案的，故鮑良傳〈報告〉寫成後，即遞呈楊亮功，並附呈調查筆錄及鈔件計十八件。

鮑〈報告〉認爲：林江邁被打傷一事，葉德耕有重大嫌疑，係因爲：「林江邁供稱：爲專賣局的人用手槍柄打傷，而葉德耕稱：當時在場有鍾延洲及警員二人。鍾延洲未帶槍，又未看見警員打人。」(下註附件四)故「以手槍打人之人，葉顯有重大嫌疑」。

四月三日臺北地方法院判決書亦言：

> 林江邁供稱：「是帶槍一個人把槍向我頭上打下，以後流血。」〔(地方法院)偵查卷第二十五頁第二面第九行及同卷第二十七頁第二面第一行〕。
>
> 據林江邁供稱：「我只知道三人來拿我的煙。」〔(地方法院)偵查卷第二十五頁第一面第三行〕及「我只看見其中一人拿短槍」(同卷第九行)云云。證以葉德耕、鍾延洲於審判中均一致供認兩被告與一警察在一起〔(警總)審判卷第三十四頁第二面第十行，及同卷第三十九頁第二面第五行〕，是則以槍敲擊林江邁頭部者，必不出此三人。又查鍾延洲未帶槍，警察雖帶有槍械，但未拿出，既經葉德耕明白供述〔(警總)審判卷第三十五頁第二面第五行〕，以此觀之，葉德耕因林江邁糾纏不已，隨手以手槍敲擊其頭部成傷，至堪認定。

鮑良傳〈報告〉所謂「當時在場有鍾延洲及警員二人」，應了解爲：「當時在場有『鍾延洲及警員』二人」，而非「當時在場有鍾延洲」及「警員二人」。鮑良傳疑林江邁受傷一案，葉德耕有重大嫌疑，其理由是與四月三日法院判決書所說相同的。

四月十六日楊亮功《調查報告》則言：

> 婦人林江邁攜帶私煙五十餘條，當被葉德耕、鍾延洲二人扣留，該婦人哀求放還，正爭執之際，群眾圍集，情勢洶湧，該婦人被擊受傷。

楊亮功不言該婦人被何人用何物所傷，不言葉德耕有重大嫌疑，而含混其辭。楊亮功報告的寫成已在四月三日臺北地方法院宣判，四月六日《新生報》刊載判決書全文以後。楊亮功《調查報告》第一節述「事變之經過」，已註明「詳附件一」(亦即鮑良傅〈報告〉)，而敘林江邁受傷一事，即不採鮑良傅〈報告〉，亦不採法院判決。他是以監察使的身分，獨立的撰寫調查報告，這是值得我們注意的。

由於二二七緝私血案距今已五十餘年，彰健讀鮑良傅〈報告〉附件，仍覺得我的知識不夠，有些地方使我困惑。

據附件十一，開槍誤擊陳文溪致死的「傅學通，是穿國防色的中山服」(國防色應指草綠色)。

附件六、臺灣高等法院陳慶華偵訊證人林江邁筆錄：

> 問：那一天晚上肇事的時候，你有沒有看見警察參加查緝私煙嗎？
> (林江邁)答：我只看見穿警察服的人，但他們沒有到我的出賣所來查看我的私煙。
> 問：究竟打你頭部的人是不是穿警察服的人呢？
> 答：我到現在還記不清楚，只記得是穿黑暗色的衣服的人打我。

則打傷她的人是穿黑暗色的衣服，與傅學通不同。

警察制服迄今仍為黑色。我不知專賣局對緝私人員的出勤是否規定穿制服，或者有制服，而未硬性規定必需穿。

既然穿警察服的人沒有到林江邁的出賣所查看林的香煙，則林的供詞所說：「我只知道三人來拿我的香煙。」此三人就不一定如四月三日法院判決書所說：指葉德耕、鍾延洲及一警員(蔡厚勳)。

附件十五、三月二十日鮑良傅〈調查蔡厚勳筆錄〉：

> 蔡厚勳說：當(將林江邁的煙)拿到正在爭執的時候，我是站在旁邊。後來因為流氓要搶煙，我就離開，到搶煙的地方去制止。
> 拿煙的時候，看見葉專員德耕在那裡。後來聽到打傷人的時候，我是離開後又回來，看見葉專員和報水人(按：即密告人秦朝斌)在一起。沒有看見葉專員手中有槍，只看見報水人手中拿著好像是椎形的東

西。……葉專員和報水人衣服顏色記不清楚。

則林江邁供詞：「我只知道三人來拿我的香煙。」應指葉德耕、鍾延洲及告密人秦朝斌，而不可釋爲：葉德耕、鍾延洲及警員蔡厚勳。

而秦朝斌在〈附件八〉〈調查(警員)何惠民筆錄〉中，何惠民是稱秦爲專賣局的職員的，則林江邁也可以有此誤認。

葉德耕帶的是德國製的白郎林手槍。我未見過白郎林手槍，我不知道白郎林手槍的槍柄、槍筒及槍口打人頭部時所造成的傷口應如何，而秦朝斌既告密，也參加緝私，既其時在側，也應將他所持的錐形器送驗，看是否與林江邁的傷口更相合。說不定他是兇手，或者是兇手之一。

附件十六、鮑良傅與李烱支、楊子才〈談話紀錄〉：

密報人秦朝斌係何處人？現住何處？

答：秦朝斌臺灣人。現已遷居。地點不明。當時亦曾被打。

警總及地方法院可能僅見二月二十七日調查蔡厚勳筆錄，未見三月二十日鮑良傅〈調查蔡厚勳筆錄〉，致未傳訊秦朝斌，這畢竟是一件使我感覺遺憾的事。葉德耕向台灣高等法院上訴，亦可能未見三月二十日鮑良傅〈調查蔡厚勳筆錄〉，未提出新事實、新證據，致維持原判，使原判確定不能上訴。

3-1

鮑良傅〈報告〉附件所附調查筆錄及供詞，涉及葉德耕傷林江邁可以與判刑輕重有關的，自然可以有扯謊、有迴護，不與事實相符。如〈附件五〉警總軍法處訊問鍾延洲有關林江邁受傷事：

鍾延洲說：「是醫生說，石頭打傷的。」

按〈附件十三〉：林外科醫院林醫師的意見：

石塊是鈍端，腫瘤，不成形。……

破創，不要槍柄，用其他的物品亦可以成這樣破創。

則鍾延洲送林江邁赴林外科醫院，鍾延洲說「醫生說是石頭打傷」，鍾延洲的話顯屬扯謊。

當時有關機構的調查筆錄及供詞，除涉及葉德耕傷人部分可能扯謊不忠實。而其餘與此無關部分，應仍可信。我們仍應據以了解二二七當天緝私血案發生的經過、始末詳情。緝私血案現場非常混亂，這些警員、查緝員如何逃離現場，這些查緝員如何被送達憲兵隊看管，亦應嘗試了解。

3-2

根據鮑良傳〈報告〉附件十四：二月二十七日，秦朝斌向專賣局業務委員會常務委員李烱支及第四組組長楊子才告密說：「淡水街福泰山船頭行私販香煙火柴五十五箱，放在行對面怡紅酒家鄰家雜貨店內頭，是實。」

秦告密的時間，據附件十七，是在上午十一時左右。

秦告密的原呈是說：

謹呈
專賣局業委會
第四組組長楊

蔡鴻源本、陳興唐本，將它排印成：

謹呈專賣局業委會第四組組長楊

告密的原呈上的批示是：

派員會警前往查緝、二、廿七

下鈐「李烱支」、「楊子才印」二印。因係抄件，這兩個印章是抄寫的人描的。

陳興唐本作：「謹呈專賣局業委會第四組組長楊。」並認爲「派員會警前往查緝」，是「楊子才批」。即忽略批示後鈐「李烱支」、「楊子才印」二印。

據〈附件二〉張家珣簽呈，「謹呈組長楊，轉呈委員李」，知李炯支的職位高於楊。

李楊二人會同指派了六人。此六人姓名，據三月二十八日臺北地方法院檢察官起訴書正本的影本，係：

葉德耕	32歲	福建福州人	專賣局專員
傅學通	29歲	廣東蕉嶺人	專賣局業務委員會科員
盛鐵夫	38歲	浙江永嘉人	查緝股科員
劉超祥	31歲	四川瀘縣人	同上
鍾延洲	27歲	江西瑞金人	同上
趙子健	30歲	安徽合肥人	同上

三月二十日臺北地方法院檢察處致警總軍法處處長的信，言及此六人尚在偵查中，所舉六人姓名與起訴書影本相同[5]。

四月三日地方法院判決書所載與起訴書相同，僅「盛鐵夫，38歲」，排印本判決書作「盛鐵夫，28歲」[6]，恐應以起訴書作三十八歲爲正。

劉超祥，附件十七，專賣局三月十五日呈陳儀代電鈔件作「劉超群」。三月十九日葉德耕等六人上楊亮功書，正文作劉超祥，簽名處忽改爲劉超群。鮑良傅〈報告〉正文遂作劉超群。恐應以法院文書爲正。

葉德耕，鮑良傅〈報告〉附件均作葉德耕。德者得也，作得，恐係俗體字，可以通用。

查緝員六人，由葉德耕率領[7]。

下午二時，楊子才命葉帶了公函到警務處警察大隊部，要警察大隊長派警員四名會同前往[8]。

警察大隊所派四警員爲：

蔡厚勳，23歲，福建長汀人。臺灣省警察大隊直屬分隊警長。

5 《二二八事件資料選輯》六，頁555-556。

6 《臺灣戰後史資料選》，頁288。

7 見附件五。

8 同上。

何惠民、張國傑、張啓梓三人則爲警士。[9]

查緝員六人，葉帶了白郎林手槍，盛鐵夫帶的是法國的小四寸。傅學通亦帶了一枝手槍[10]。

警員四人。張國傑未帶槍，餘三人用的是十四年日式手槍。警員所帶槍，每人子彈八發[11]。

他們「下午三點多·一同出發，因專賣局的汽車故障，遂在圓山停留，司機返專賣局總局換來卡車，四時左右始由圓山出發」[12]。

同車十三人。即「查緝員六人，警員四人，告密人一人，司機一人，小孩一人」[13]。

到淡水後，「即通知淡水派出所，然後開始查緝」[14]。「在福泰山行查獲私煙一字牌九條，于茂華行臺北分行內檢查，未獲違禁品」[15]。

「回到臺北時，差不多是下午六時左右，便到小春園晚飯」。

飯後，葉德耕說：「我們這次出巡，未有成績，錢已花了不少，現在到萬里紅酒家附近去捉私煙。」

葉德耕並說：「前幾天，楊組長告訴我說：長官說，街上香煙這麼多，爲甚麼不去查緝？」「私煙白天在臺北後車站發賣，晚上在天馬茶房附近。」[16]

「因卡車上有專賣局的字，因此，只開到拐彎地下，就徒步前往天馬茶房附近查緝。」天馬茶房在萬里紅酒家的隔壁。

賣私煙的約二三十人[17]，看見他們來了，「一面將私煙亂丟，一面逃走」，仍緝得私煙三百餘條[18]。

---

9 見附件十五、鮑良傅〈調查蔡厚勳筆錄〉。

10 見附件五。

11 見附件十、〈調查張啓梓筆錄〉。

12 見附件五。

13 見附件五。

14 見附件五。

15 見附件七、〈調查蔡厚勳筆錄〉。

16 見附件五。

17 此據附件七、〈調查蔡厚勳筆錄〉。陳慶華偵查庭林江邁供詞作「十幾個人」。

18 此據附件十六、約談李炯支楊子才筆錄；及附件十七、專賣局呈陳儀代電。附件五、葉德耕鍾延洲供詞作「一二百條」。按：其時葉鍾二人正忙於捉林江邁私煙，其他查緝員則在清點私煙，李楊所言蓋據其他查緝員報告，應較葉鍾供

「按查緝手續，查到私煙後，應打收據給他們」，正塡發收據間，發現交頭接耳，情形緊張，「當時即向私販等宣佈，此後如能轉業，即予發還」[19]。

但他們卻來搶，「老百姓來搶香煙的大約有二三百人」。警員蔡厚勳等四人上前阻止，群眾遂丟石子。

林江邁私煙是葉德耕抓到的，其時鍾延洲在葉旁邊。

依查緝手續，應先出示查緝證，然後沒收私煙，但葉德耕卻是先將香煙拿著，才說是來查緝私煙。

葉、鍾來的時候，「林江邁身上已帶賣掉香煙的錢六千元，被查緝員搶走，有二包袱香煙及排在板上香煙，一切都被拿去」。「被扣私煙有五十多條(每條十包)」[20]。在二十七日晚上，林還帶有「模利司十二枝，紅三星牌二十枝，青津五十枝入五十罐[21]，三貓牌二十枝，其他香煙約有五枝」。

林「向來都是出賣國內來的香煙，沒有賣專賣局出的(香蕉牌)香煙」。

林的本錢是五萬元，其中四萬元是向人借的。她的香煙被沒收，錢被搶去，故專賣局後來賠償她五萬元。(內含醫藥費八百元)

當私煙被葉德耕抓獲時，林江邁就哀求說：「我們家三口人(林係寡婦，有一男十三歲，一女十一歲)只靠香煙生活，我的子弟要唸書，請可憐還我一部份。」(陳慶華偵訊林，林供詞)「我的本錢是向人借來，要是你把我的香煙抓去後，我回去要上吊了。」(〈調查張國傑筆錄〉)「不如開槍打死我還好」(附件七、〈調查蔡厚勳筆錄〉)

專賣局的職員(指葉德耕)說：「沒有辦法，我是奉命來的。我會打收據給

(續)

詞所言爲可信。

19 見附件十七。

20 二月二十八日警總訊問葉德耕、鍾延洲。葉說林被抓到私煙「大概有二十幾條」，鍾說「約三十條」。三月十八日張家珣訊問林江邁，林說：「有五十多條香煙被專賣局人拿去。」三說不同，鮑良傅〈報告〉、楊亮功《調查報告》均採信林江邁供詞。

21 此據陳慶華偵訊林江邁供詞。蔡鴻源本作入，於入字處斷句；陳興唐本作「八」，於八字處斷句。

按：入字應讀爲「賣正莊高麗參六罐，入五瓶雞精壹盒；賣正莊高麗參口罐，入三瓶雞精壹盒」之「入」。青津牌香煙每罐有五十枝，林帶有青津牌香煙五十罐。如斷作「八五十罐」，則當釋「八五」爲香煙牌名。竊疑八五或係三五之誤。抗戰時，大後方抽外國煙，盛行抽強盜牌及三五牌。光復後，臺灣亦講究吸三五牌，見《二二八事件研究報告》定本，頁152。

你。」[22]

葉德耕抓到林的私煙後，即「跑向離林賣私煙所在約三十步的專賣局卡車。林追上去」，並也就在她跪在地上哀求的時候，「帶槍那一個查緝員，就把槍向林頭上打下來」(附件五、林供詞)。

「就在他們爭執的時候，老百姓圍上來，張啓梓聽見老百姓說『打人了』。張看見林額部受了傷。」(〈調查張啓梓筆錄〉)

警長蔡厚勳阻止流氓搶煙，此時回到現場，他看見林頭上流血，葉沒帶手槍，而告密人秦朝斌持有一椎形器。(附件十五、〈調查蔡厚勳筆錄〉)

「林的兒子把林帶到對面一間藥店門口，店門已關，蔡厚勳上前敲門，老板出來，說：『沒有辦法，應送到外科醫院去。』蔡就叫人把林送上專賣局卡車(準備送到外科醫院)，林不肯上車，同時，倒到地上，要死的樣子。」(附件七、〈調查蔡厚勳筆錄〉)

蔡即和專賣局的職員叫了一部車，同時派警員張國傑、何惠民隨專賣局的職員一人(即鍾延洲)護送林到林外科醫院[23]。

當林被送走以後，蔡和專賣局的職員一人到下奎府町派出所打電話[24]。「向警察大隊及第一分局求救」[25]。以三月十九日葉德耕等六人上楊亮功書證之，陪同蔡到下奎府町派出所打電話的人係盛鐵夫。

那時在現場的民眾在那邊叫「打人」(亦即喊打)，因此蔡和盛鐵夫打了電話之後，均不敢出去[26]。

又經過十五分鐘的樣子，警員張啓梓來到下奎府町派出所，說：他被民眾在背後毆傷，發暈。

又經過二十分鐘的樣子，派出所警員說，警察局已到了現場，所以蔡厚勳就出去，在路上聽見民眾在那邊說，「打死人」。蔡到了現場，專賣局的人已走光，卡車被打翻，同時又看見警察大隊的汽車，隨即看見分隊長等在店內，他將經過情形報告汪分隊長。然後，又回到下奎府町派出所，去看張啓梓，在卡車旁邊看見有人敲車輪，遂同汪分隊長去看汽車，然後又回到派出所，和專賣局的職員(盛鐵夫)說，叫他把經過情形報告汪分隊長。出來的時候，大隊部

22 見附件十、〈調查張啓梓筆錄〉。
23 見附件七、〈調查蔡厚勳筆錄〉。
24 見附件七、〈調查蔡厚勳筆錄〉。
25 見附件十八、葉德耕等六人上楊亮功書。
26 見附件七。

的汽車已開回去了[27]。

據張啓梓筆錄，「他是坐大隊部的車子回去」。他應該是這時候離開下奎府町派出所，回到大隊部。

蔡從下奎府町派出所出來，和專賣局的職員(即盛鐵夫)準備乘人力車回大隊部，因人力車不肯拉，民眾又在後面叫「打」，所以蔡就跑到港町派出所打電話，沒有多久，大隊部的車子來了，蔡就乘了車子回大隊部[28]。

再說盛鐵夫，在下奎府町派出所時，「據報，警察大隊已趕到(血案現場)」，鐵夫離開下奎府町，赴現場，「擬尋其他同事，不料到達該處，並無警隊，四周人眾益增，正在拆卸汽車(專賣局卡車)，方轉彎他避，眾已追趕，當即飛奔港町派出所，又被包圍，由該所電告警局及憲兵隊，得護送至憲兵隊」[29]。

再說：張啓梓被老百姓打傷發暈，是因爲：那中年婦人額部已受了傷，老百姓很多人要打專賣局的人。那一位和婦女爭執的專賣局職員(應指葉德耕或秦朝斌)就跑回卡車上去，老百姓又趕到卡車旁邊。張看見這種情形，即上前勸解，結果被老百姓打傷發暈。

再說：警員張國傑，他護送林江邁到林外科醫院後，隨即到二丁目派出所打電話回大隊部，打了好久都打不通，大約過了十多分鐘，又從二丁目派出所出來，碰見林分隊長，就隨著林分隊長，隨著大隊部的卡車回大隊部。

再說警員何惠民，據筆錄，「警長蔡厚勳叫我和張國傑及專賣局的職員一人(應指鍾延洲)護送林到醫院療治，還未到醫院，專賣局的職員對我說：那邊還有兩個警員(按：指蔡厚勳、張啓梓)和專賣局的職員幾個人還沒有出來，恐怕會被民眾打倒，叫我去看看。我又回去，走有十多步，碰見一個專賣局的職員姓秦的(按：指秦朝斌，被何惠民誤認爲專賣局職員)被人打跑了出來，以後我又送他到二丁目派出所去。打電話又打不通[30]。未幾，專賣局的專員葉德耕來派出所以後，我又打電話回隊，又打不通。所以我叫(二丁目)派出所的警員去雇輛汽車，準備回隊報告。找到一部汽車，裡面沒有車夫。恰好有一輛小包車停在消防隊下去一點，我們就和他商量，結果，和專賣局的葉專員葉德耕，

27 見附件七。

28 見附件七、〈調查蔡厚勳筆錄〉。

29 見附件十八。

30 陳興唐本〈調查何惠民筆錄〉將「打電話」三字連上文爲一句，非是。打電話回大隊部係警員何惠民，秦朝斌不夠資格打電話。

另一姓秦的(名字不詳)坐了那輛小包車回隊報告大隊長，以後，專賣局的人(指葉德耕及秦朝斌)就回去了。我又跟著大隊長、大隊附復到現場來，以後又跟著大隊長、大隊附回來，那時候到九點鐘了」。

據二月二十八日警總軍法處偵訊葉德耕供詞：

> 當時老百姓已動身打了，把卡車也打翻，我便到蓬萊對面巷子裡，出來到延平路二段派出所(按：應即何惠民筆錄說的二丁目派出所)，請他們打電話給警察局憲兵團，請他們派憲警到場彈壓。那時警察隊的一個隊員(按：指何惠民)，我們裡面的劉超祥也到派出所來了，我就對劉超祥說：你趕快去報告我們的組長(按：指楊子才)。同時，因爲警察大隊的電話不通，便同警員(按：指何惠民)到太平町借汽車(按：即何惠民筆錄所說的小包車)到大隊去報告警察大隊的大隊長。據大隊長說，他已派有十四名警察到場彈壓去了。我於是回到小南門官舍去報告我們的李業務委員(名字忘記。按：即李炯支)，並借車到楊組長(即楊子才)那裡去報告。楊組長不在，又折返李委員處，再去楊組長處時，半路碰上楊組長、傅學通。我請他們上汽車，預備同到李委員那裡去。在車上，傅學通對我說：在我走以後，老百姓把他追到永樂町，將他抱著，沒有辦法，他打了一槍。於是同到專賣局副局長公館去報告副局長後[31]，再同楊組長、李委員、傅學通四人同乘汽車往太平町打聽，看見卡車正在燒。我們也沒有停留，直駛過去。打聽到趙子健受傷在醫院，我們去看他時，警察局剛來傳他轉送憲兵隊，我也就回去了。今天(二月二十八日)楊組長到我家裡來，叫我到憲兵隊去，轉送到這裡(指警總)來。

葉德耕所供，與〈調查何惠民筆錄〉何惠民所供相合。

---

31 《一九四七臺灣二二八革命》頁108說：「(二月二十八日)群眾要求專賣局在三十分鐘內答覆，……因局長陳鶴聲在上海，代理局長一味推卸責任，終究不得結果。」則在二月二十七日晚，李楊等人僅至副局長公館報告，即因局長陳鶴聲已公出之故。三月十五日專賣局呈陳儀代電亦言陳鶴聲公出。三十六年二月二十八日行政長官公署第六十四次政務會議，陳鶴聲未出席，也未註明由人代。很可能二月二十八日這天專賣局副局長正會同臺北市市長處理二二八群眾遊行請願事。

葉德耕要劉超祥趕緊回去報告楊組長，按：葉德耕等六人上楊亮功書說：

> 超祥於紛亂開始時，即偷出向楊組長報告，並同楊組長赴警察大隊，請派隊彈壓。

則劉超祥於赴警察大隊後，楊組長將他安置在警察大隊部。楊組長赴警察大隊部，此當爲葉德耕赴楊組長處，楊組長不在的原因。及楊子才安置劉在警察大隊部後，遂返家，這也就是葉德耕再度赴楊子才家，半路上遇見楊子才及傅學通的原因。

傅學通亦當係想向楊子才報告肇事經過，故半路上遂相逢。

葉德耕供詞說：在李委員尙未上車之前，「傅學通在車上對他說，傅學通被人抱住，開了一槍」。三月十九日葉德耕等六人上楊亮功書說：

> 學通先被毆傷，掙命奔逃，群眾跟追不已，急不擇路，轉入隘巷，被一人抱住，勢窮路盡，不得已取槍示威，意在使追者止步，抱者釋手。抱住之人極力搶奪，在互相爭奪間，無意間觸動扳機，火向後走，嗣後聞當時傷及路人，眾人突受槍聲震驚，情勢稍鬆，學通即乘機衝出，並將經過報告楊組長。

傅在二十七日已向楊子才報告被人抱住，開了一槍，與葉德耕供詞相合。

他們相逢之後，遂開車往見李委員，然後一同見公賣局周副局長。然後，李委員、楊組長、葉德耕、傅學通四人前往現場查察。他們打聽到趙子健「傷勢奇重」住院，遂前往醫院探視，因警察局其時派員傳趙子健送憲兵隊，因此，李烱支、楊組長、傅學通遂前往警察局，而葉德耕則離醫院返回家。

在第二天(二月二十八日)，楊子才到葉家中，將葉送到憲兵隊。

查緝員六人，是在二十八日中午，憲兵隊通知專賣局，由專賣局「於二月儉(二十八日)午，將該查緝人員等向臺北憲兵隊提回，送請警備總司令部驗收核辦」[32]。

也因此，警總軍法處軍法官是在二十八日下午三時開庭訊問葉德耕、鍾延

32 見附件十七。

洲[33]。

今存四月三日法院判決書曾徵引警總審判傅學通卷，註明在警部卷第十九頁；審判葉德耕、鍾延洲卷，註明在第三十四頁、三十五頁、三十九頁，則偵訊傅學通是在二十八日午後，下午三時偵訊葉德耕、鍾延洲之前[34]。

由於警察局派員傳趙子健送憲兵隊，因此李烱支、楊組長、傅學通遂前往警察局。

據李烱支、楊子才向專賣局報稱：

> 當夜九時許，聞警即起，到出事地點查察。車行天馬茶店時，見有百餘人圍燒卡車，並有進前圍打之勢，當即轉至臺北市警察局。是時，警局門前已有六七百群眾聚集，見車突前，由該局陳局長力爲維持，幸告無事。即經向眾懇切表示，此次發生不幸事件，自當切實依法嚴辦。百方撫慰，無法平息，立要將在事之查緝員警交出。乃會同警察局長陳松堅赴臺北醫院將已受傷之查緝員趙子健轉送憲兵隊，並先後將專員葉德耕，查緝員盛鐵夫、鍾延洲、劉超祥、傅學通等一併送憲兵隊看管。當各查緝員未到齊之時，該群眾脅迫簽認：將已送到之查緝員準於二十八日先行槍決。當以「刑以罰惡，律有明文，未予擅便」答復。一再聲明，不獲原諒，迨至天色曙光，武裝憲警到達，眾始分散。[35]

按：受重傷之趙子健在臺北醫院就醫，由於群眾包圍警察局，要求將肇事員警交出，李烱支及楊子才爲顧及趙的安全，乃會同警察局長陳松堅，將趙從醫院接出，送往憲兵隊。在此之前，盛鐵夫在港町派出所被群眾包圍，已由憲警援救，護送至憲兵隊（見「附件十八」）。

傅學通既與李烱支、楊子才一同至警察局，則在送趙子健至憲兵隊時，傅學通自亦被送至憲兵隊。

鍾延洲護送林江邁就醫，其脫離現場最早。專賣局三月十五日呈陳儀代電不知鍾曾送林就醫，而說林江邁受傷後，群眾喊打，鍾延洲受輕傷逃命，其說

33 見附件五。

34 《臺灣戰後史資料選》，頁230-231。

35 見附件十七。

恐不可信。三月十九日葉德耕等六人上楊亮功書，僅鍾延洲未傾訴所經歷苦難，他應該平安脫離現場。依情理判斷，他也應於脫離現場之後，將現場所發生之事向楊組長報告。楊應知鍾住所，楊既欲將是日涉案查緝員送往憲兵隊，遂亦接往，送至憲兵隊。

劉超祥脫離現場後，向楊報告，楊與他同到警察大隊部。劉被安置在警察大隊部，自亦安全。現既集中是日涉案查緝員，遂亦自警察大隊部將其移送憲兵隊。僅葉德耕是在二十八日上午，由楊至葉家，將葉送往憲兵隊。專賣局三月十五日呈陳儀代電說：「先後將葉德耕等一併送憲兵隊看管。」係因葉係查緝員的領隊故如此敘述。未說明葉之送到憲兵隊，是在二月二十八日上午。

趙子健、傅學通、鍾延洲、劉超祥在二十七日晚既被警察局長陳松堅及李、楊送至憲兵隊，群眾遂包圍憲兵隊，要求「將已送到之查緝員準於二十八日先行槍決」，而爲李楊二人以「刑以罰惡，律有明文，未敢擅便」拒絕。迨至天色曙光，武裝憲警到達，眾始分散。

在二十七日晚，傅學通已向楊子才報告，他開了一槍。警察局長應亦自楊子才處得知此事，故警察局長及李燗支、楊子才在二十七日晚即將查緝員四人趙子健、傅學通、鍾延洲、劉超祥等人送至憲兵隊看管。至於警員蔡厚勳、何惠民、張國傑、張啓梓等人，在二十七日晚已回到警察大隊部。在二十七日晚警察大隊部傳訊蔡厚勳，二十八日上午遂傳訊何惠民、張國傑、張啓梓。警察大隊部在二十七日晚並傳訊徐祿，調查陳文溪被流彈射傷致死一案。張啓梓所帶的槍及子彈八發，在二十八日上午傳訊前已繳回大隊部(見附件十)，則蔡厚勳、何惠民應亦如此。

我們綜合鮑良傅〈報告〉附件及三月二十八日檢察官起訴書及四月三日法院判決書，對二二七緝私血案發生經過的詳細情形，可得以上的了解。

4-1

現在討論《二二八事件研究報告》(定本，頁48)所記。

定本將查緝員六人姓名，鍾延洲誤爲鐘延洲。按：附件十七專賣局三月十五日呈陳儀代電抄件誤書爲鐘延洲。附件十八葉德耕等六人上楊亮功書，鍾延洲的簽名蓋章俱作鍾延洲。臺北地方法院起訴書、判決書俱作鍾延洲。此自應以「鍾」爲正。

定本將「劉超祥」寫作「劉超群」。這是由於三月十五日專賣局呈陳儀代電抄件誤書爲劉超群，三月十九日葉德耕等六人上楊亮功呈文，爲了與專賣局代電抄件配合，遂改劉超祥簽名爲劉超群，而上楊亮功書正文仍作劉超祥。法院起訴書及判決書亦作劉超祥。恐應以法院文書所記爲正。

定本說：

> 抵達淡水，僅查獲私煙五箱。

按：附件七、〈調查蔡厚勳筆錄〉及〈附件五〉二月二十八日審訊葉德耕筆錄，俱作九條。蔡係警長，葉係領隊，其供詞不約而同，自可信。

三月十五日專賣局代電始作「僅獲私煙五條」，疑涉上文「火柴捲煙五十餘箱」，而誤書「九」爲「五」。

定本作「五箱」，「箱」係「條」字之誤。

定本說：「小香園進晚餐。」香係春字之誤。

定本說：

> 下午七時三十分，當他們(指查緝人員與警察)到達現場時，私販早已逃散，僅查獲一四十歲寡婦林江邁的私煙。擬將其全部公私煙和現金加以沒收，林江邁幾乎下跪苦苦地哀求說：如果全部沒收的話，那就沒飯吃了。至少把錢和專賣局製的香煙還給我吧。

按：〈附件六〉林江邁供詞說：「她暈倒時大約下午七點左右。」定本說七點三十分到達現場，不知有何確據。在查獲林江邁私煙之前，已查獲已逃亡的私販的香煙三百餘條，不應略而不書。

據附件五，林江邁供詞，林僅賣走私香煙，不賣專賣局製的香煙。說林要求將錢和專賣局的煙還給她，這是文人(吳濁流、王康)想像之詞[36]：賣私煙時，也應該賣專賣局的煙作爲掩飾。而其實林並不如此。

定本說：

> 查緝員傅學通爲求脫身，乃開槍警告，不幸誤射當時在自己樓下觀看熱鬧的市民陳文溪(年約二十載，次日死亡)。

---

36 吳濁流《無花果》；王康〈二二八事變親歷記〉。

說陳文溪於次日死亡，其根據可能爲〈柯遠芬先生口述〉，見《二二八文獻續錄》，頁725。按附件十一，二月二十七日晚十時正警察大隊部傳訊徐祿筆錄：

> 今晚我的朋友蔡妫約我到死者家去玩耍，恰遇死者吃好晚飯，於是三個人出來散步，走到永樂座三民店附近，忽然從市場那邊一大群人追一個人，……那個被追的人放出一槍，臭耳(即陳文溪)叫了一聲「哎呀，我中槍了」。我一看不對，就和蔡妫還有另外二、三個人，拿了一塊門板，把臭耳(即陳文溪)拉到港町洪外科醫院去醫[37]，注射兩次，不治身死，前後約半點鐘。

定本此處應係採信徐祿筆錄。

定本說：

> 查緝員逃至永樂町(西寧)派出所，後轉至警察總局。

按楊子才〈談話紀錄〉，傅學通「打死人是在永樂町」，但他未逃往永樂町派出所。而是衝出往見楊子才，其行蹤可參看上文我所考。

定本說：

> 李(炯支)楊(子才)會同北市警察局長陳松堅將查緝員六人送往憲兵隊看管，但民眾仍不滿，要求立即將六名查緝員槍決。

按：葉德耕未於二十七日晚送到憲兵隊。群眾係「脅迫簽認，將已送到之查緝員，準於二十八日先行槍決」。不可擅改專賣局三月十五日代電原文。

定本(頁50)說：

37 阮美姝《幽暗角落的泣聲》頁344：「林江邁是在林外科就醫，但其子曾告訴我是洪外科。」陳文溪在洪外科就醫，林江邁的兒子誤記林在洪外科就醫。不可據此而懷疑林清安供詞爲僞造。

> 關於群眾圍毆與包圍憲警事，……官方均稱圍毆者是流氓。……至於是否有流氓圍毆，也欠缺具體證據。惟圓環地區入夜後，乃一般市民甚或游手好閒者休閒聚會之地，見有千夫所指的查緝員肇禍，藉機鼓譟，或有其事。

按：其時在天馬茶房附近私販，不過二三十人，而搶所緝獲私煙則有二三百人，故蔡厚勳在調查筆錄中稱這些人爲流氓。

葉德耕抓林江邁私煙，引起圍觀群眾喊打；則喊打的人就可以有義憤的人在內，不一定是流氓。因此在筆錄中，他們被稱爲老百姓。他們毆打在場查緝員與警察，致查緝員趙子健及警員張啓梓受傷。此事見楊亮功《報告》正文，因其爲官書，或不爲定本作者所採信。而楊亮功《報告》則是根據鮑良傅〈報告〉的附件五、十及十七，是不可以不採信的。

我在〈再論彭孟緝與高雄事件眞相〉一文中，已指出《二二八事件研究報告》定本記高雄事件，常爲暴徒隱諱。定本記述二二七緝私血案，也有此一心態。

4-2

現在來看口述歷史所記。

八十一年九月四日陳炳基先生口述記錄[38]。

> 民國三十六年二月二十七日晚，我在臺北延平路「天馬茶行」附近一家由臺北市參議員駱水源開設的順隆行店內看報紙。
>
> 值專賣局人員取締林江邁販賣私煙，爆發嚴重警民衝突。我聞聲趨前一看究竟，時有兩名未能逃脫的查緝人員竄入一家叫「光」冰淇淋店裡躲藏，然後把門反鎖，數百名群眾馬上又團團圍住「光」冰淇淋店，並欲把他揪出來懲辦。怒吼聲震天價響。十來名武裝警察趕到，掩護煙警從後門溜走。
>
> 煙警傅學通開槍打死了陳文溪，最後躲藏到警察局。群眾愈集愈多，連夜湧去包圍警察局、憲兵團。……

38《二二八事件文獻補錄》，頁63。

以鮑良傅〈報告〉附件七、附件十八證之，蔡厚勳係逃到港町派出所爲警察大隊接去，盛鐵夫在不同時間亦逃到港町派出所，爲群眾包圍，爲憲警救出，「護送至憲兵隊」。他倆並未在「光」冰淇淋店躲藏。

傅學通並非警察，他開槍打死陳文溪後，即衝出逃走，向楊子才報告事件經過，並未到警察局躲藏。

八十一年九月五日〈周青、吳克泰先生口述記錄〉[39]。

周青口述：

> 當天黃昏六七點，……我如同往常到延平路三段的天馬茶房喝咖啡，聽音樂。外面有人高喊著警察來了，賣煙者紛紛走避。我聞聲本能的奔出店門一看究竟。有好幾位穿專賣局黑色制服的煙警，從卡車上一躍而下，這時，大部份煙販很快就跑進附近小巷躲藏起來，惟有在天馬茶房前擺攤的四十多歲婦道人家來不及閃開而被逮住，煙警竟一腳把煙攤踢倒，並搶走香煙及現金。
>
> 馬上有近百個百姓圍攏過來，二三分鐘已增至三四百人，斯時，林向取締人員下跪求情，告以乃一介寡婦，藉此微薄收入養活一家大小。但煙警非但不同情，更以槍托毆打林婦，鮮血自頭部流出。圍觀群眾群情激憤，一人喊打，百人呼應，員警在驚慌之餘，邊逃邊開槍，查緝員傅學通打死路人陳文溪，人群更緊追不捨。
>
> 煙警飛也似地逃往永樂街一段淡水河第三水門邊的警察分局請求保護，群眾不得其門而入，乃包圍警察分局，要求將兇手交出。雙方僵持約四十分鐘後，傳言兇嫌已轉至警察總局，群眾譁然，不約而同，朝警察總局前進，我就在警察總局遇到吳克泰的。

吳克泰口述：

> 二月二十七日晚，由大陸來臺巡迴公演的中國話劇團住在火車站對面，我到此採訪，回報社，路經公會堂(中山堂)前廣場，見到人山人

39《二二八事件文獻補錄》，頁72-79，周青本名周傳枝，吳克泰本名詹世平。

海，喧嚷不已。大家義憤塡膺，高喊「警察打死人」、「要交出兇手來加以嚴懲」。警察局長陳松堅一直不肯答允。群眾三度衝進警局三樓(周青記憶爲二樓)，局長嚇得臉色變青，其侍衛雖表示這件事會愼重處理，但仍無法獲得群眾認同，警局將兇嫌交給憲兵團。

周青口述：

群眾包圍憲兵團時，大約是晚上九點多鐘。群情沸騰，吶喊聲如雷。
憲兵團長張慕陶幾次出來威脅、規勸，都被群眾怒罵聲衝了回去。
斯時天空飄起細雨，群眾自動退到對面《新生報》的走廊下躲避。《新生報》日本版總編輯吳金鍊請我入內休息。我趁機向他借了一面鑼，雨稍停，我們就敲鑼助陣衝向憲兵團，如此來回不下十餘次。正義呼叫聲可達數十里外的松山、三重埔一帶。
當時我倆都是《中外日報》記者。倆人一面鼓舞群眾，一面輪流回到報社寫稿。以特別描述的動態手法，將事實一五一十攤在版面上，上半段我寫，下半段吳寫；在排版過程中，被副社長鄭文蔚扣壓，我便和他大吵。在廣大工人奧援下，副社長無可奈何，只好讓步，翌時清晨四點出報，六時前所有中外日報被搶購一空。第一篇最完整最眞實的事件消息就這樣傳遍臺灣南北。(該日報，美國史丹佛大學尚有收藏)

二月二十八日《中外日報》，吳克泰於一九九六年訪問美國，曾專程去史丹佛大學尋找，未找到[40]。

在八十一年二月出版的戴國煇、葉芸芸合撰的《愛憎二二八》頁196，引有周傳枝(即周青)的手稿。

手稿撰寫在前。取與〈周青、吳克泰先生口述記錄〉比較，〈口述記錄〉所說較精簡，已將手稿的錯誤改掉一些。例如：

六、七個手身著黑色警服的警察從卡車跳下來。

40《吳克泰回憶錄》，頁206，民國91年臺北人間出版社出版。

〈口述記錄〉作：

> 有好幾位穿專賣局黑色制服的煙警從卡車上一躍而下。

按：當時參與緝私的警察只有四員，手稿作「六、七個手身著黑色警服的警察」，自係錯誤。但他改爲「好幾位穿專賣局黑色制服的煙警」，難道當時專賣局的查緝員係穿的黑色制服？何以鮑良傅〈報告〉〈附件十一〉說傅學通穿的「國防色的中山服」？

手稿說：

> 砰砰，煙警鳴槍四散奔逃。……砰砰砰，向西奔逃的煙警連發三槍，把剛從屋裡步出來的陳文溪當場打死。

〈口述記錄〉精簡爲：

> 驚慌之餘，邊逃邊開槍，查緝員傅學通打死路人陳文溪。

手稿說：「鳴槍四散奔逃。」〈口述記錄〉說：「邊逃邊開槍。」按：警員張啓梓爲群眾打傷，他帶了手槍，並未鳴槍。而且據附件十〈調查張啓梓筆錄〉，他領的槍及子彈八發，已在他回警察大隊部後，繳回給警察大隊。

警員張國傑未帶槍，警長蔡厚勳、何惠民雖帶槍，也未鳴槍。查緝員三人，葉德耕、盛鐵夫也未鳴槍。傅學通僅被人抱著時，開槍一發，周青說他砰砰砰，則鳴槍三發，與〈附件十一〉徐祿筆錄不合。

手稿及口述記錄均說：兇手逃往永樂街一段淡水河第三水門旁的警察分局，群眾包圍警察分局。按：三月二十日〈調查蔡厚勳筆錄〉說：「打死人在永樂町。」而《二二八事件研究報告》定本(頁48)則說：「查緝員逃至永樂町(西寧)派出所。」然據附件十一，傅放槍後，衝出，由永樂座左邊小巷逃跑。其後雖見楊子才，與李烱支、楊子才一同到警察局，在警察局長、楊、李送趙子健至憲兵隊時，被送入憲兵隊。他並未在永樂町派出所被圍困。而且臺北市警察局下設有分局，分局下設有派出所。根據鮑良傅〈報告〉附件，盛鐵夫在港町派出所被包圍。群眾未包圍警察分局。

手稿及〈口述記錄〉最重要的出入在：記他們衝入警察局的時間不同。手稿說：

> 嚴懲兇手，交出兇手，殺人償命。這些激憤的口號聲是從群眾肺腑噴發出來的。
> 矮肥的局長陳松堅兩次在二樓陽台露面：「肇事者我們一定嚴辦。大家先回去，我們還要請示上級嚴辦。」
> 「現在就把兇手交出來，交給我們處理。」這樣雙方堅持約一個小時，人群忽然大喊：「找警察局長要兇手去！」跟著喊聲，人群衝入警察局，陳松堅臉色鐵青，幾個保鏢也無可奈何。「肇事者已送往憲兵團了，不在這裡，不在這裡。」警察局長陳松堅嚇得講話似帶哭聲。
> 獲悉情況後，我們立刻轉身下樓，可尾隨來的人群還在向我們這邊衝。我們說明情況後，他們才慢慢退下一齊湧向憲兵團，這時大約已八點多鐘了。

這是說：他們衝向警察局二樓找兇手，在兇手已送往憲兵團後。

可是上引吳國泰口述記錄則說：

> 群眾三度衝進三樓，局長嚇得臉色變青，……警局遂將兇嫌交給憲兵團。

則衝向警局三樓(或二樓)是在兇嫌交往憲兵團前。

一九九九年歲末，吳克泰寫作的《回憶錄》(頁204)說：

> 人們高呼「嚴懲兇手」、「以命抵命」等口號，群眾還一次又一次衝上三樓的局長辦公室質問兇手藏在那裡，趕快交出來。局長陳松堅顯得很慌張，支支吾吾地，交涉了好半天，陳松堅才說：兇手已交給了憲兵隊。

則又與周青手稿所說相同。其衝入警察局在兇手已交給憲兵隊後，與〈口述記錄〉吳克泰口述不同。

我倒要請問吳克泰先生、周青先生。你們衝進警察局樓上局長辦公室，究竟在兇手送至憲兵隊之前或之後？

由周青手稿所說，你們向群眾說明之後，群眾才往憲兵團包圍。你們包圍警察局，既然始終其事，而且又隨同群眾衝進警察局，你們手稿及〈口述記錄〉何以不知道專賣局負責查緝事務的李炯支、楊子才在警察局與群眾談判之事？

周青〈口述記錄〉說：「群眾包圍憲兵團，大約是晚上九點多鐘。……我借了一面鑼，雨稍停，就敲鑼助陣衝向憲兵團，如此來回不下十餘次。正義呼叫聲可達數十里外的松山、三重埔一帶。」手稿作「來回次數無法計算」，〈口述記錄〉改爲「不下十餘次」。說「不下十餘次」，說呼叫聲遠至松山、三重埔均可以聽到，則顯屬誇張。

在二二八事件中，共黨分子常隱身幕後，遇縫插針。我並不否認周青、吳克泰曾至包圍警察局、憲兵隊現場，他倆既能以鑼指揮包圍憲兵團群眾進退，卻不知群眾與專賣局李楊交涉事，未免太怪。

而最使我困惑的是：

吳克泰口述說：警局將兇嫌交給憲兵團。

吳克泰《回憶錄》說：兇嫌交給了憲兵隊。

他未分辨憲兵團與憲兵隊的不同，似認爲憲兵團即憲兵隊。

考戴國煇、葉芸芸合著《愛憎二二八》(頁195)說：

> 憲兵第四團團部在城內《新生報》對面，是原日本憲兵隊舊址。

〈柯遠芬先生口述〉則說：

> 憲兵團在愛國東路，今中正紀念堂附近，即聯勤總部原址。[41]

柯遠芬爲警總參謀長，與憲兵團公務常有來往，他所說憲兵第四團的位置，應可信。

檢警總檔案，憲兵第四團第一營第一連駐高雄[42]，警總檔案即稱之爲高雄憲兵隊。第三連駐臺南[43]，警總檔案即稱之爲臺南憲兵隊。憲兵第四團憲兵分

---

41 《二二八事件文獻補錄》，頁725。

42 《二二八事件資料選輯》(六)，頁115。

43 同上(六)，頁113。

駐臺灣省各縣市，故需在臺北設團部。團部與憲兵隊隊本部的功能不同，可以不設在同一個地點。

今存警總檔案有三十六年三月二十二日〈憲兵第四團處理二二八事件以來各機關解送人犯姓名冊〉[44]，即記臺北市某些人犯爲警察局解送、軍法處解送、憲兵隊解送、警務處解送、特務營解送，而由憲兵第四團將這些人犯交保釋回。很明顯地，臺北憲兵隊屬於憲兵第四團，其隊本部不與憲兵團團部在一地。

今存專賣局三月十五日呈警總代電說：

> 二月儉(二十八日)午，將該查緝員等向臺北憲兵隊提回，轉送鈞部。

這是正式公文書，其用詞不會有誤。而鮑良傅〈報告〉附件記「將盛鐵夫護送至憲兵隊」、「將趙子健送憲兵隊」。這些供詞筆錄亦作「憲兵隊」，不作「憲兵團」。

一九八四年王健生、陳婉眞寫成的《一九四七臺灣二二八革命》，該書頁100附〈臺北市重要機關配置圖〉，即說明憲兵隊位置在今迪化街。王健生所說應有所本。

由於〈周青、吳克泰口述記錄〉說，他們包圍憲兵團，天空飄起細雨，群眾遂自動退到《新生報》的走廊下躲避。很可能戴國煇採信周青、吳克泰所記，而說群眾包圍憲兵團，憲兵團團部在《新生報》對面。由於專賣局公文書係記群眾包圍憲兵隊，於是《二二八研究報告》定本(頁49)遂說：

> 群眾得知查緝員被送至憲兵隊(臺灣《新生報》對面)後，乃擁至包圍。

按：群眾得知查緝員被送至憲兵隊，遂包圍憲兵隊，要求將「已送至之查緝員準於二十八日先行槍決」。此一群眾如果在「新生報社」對面，這些群眾怎麼會強迫二月二十八日《新生報》刊載【本報訊】：

> 聞警察局長陳松堅將肇禍之四警員帶至局究問。

44 同上(六)，頁61-106。

與群眾所認知的不符呢？

群眾包圍臺北憲兵隊。憲兵第四團團長張慕陶爲臺北憲兵隊的長官，他自應往臺北憲兵隊，替憲兵隊應付群眾。

很可能由於張慕陶在臺北憲兵隊應付群眾，周青、吳克泰遂誤認爲群眾係包圍憲兵團。由於日本憲兵隊隊址在《新生報》社對面，遂誤認爲憲兵團團部係在《新生報》對面，因而臆造：群眾退至《新生報》騎廊躲雨，周青並以鑼司群眾進退此一動人故事。

如依據王健生該書所附圖，群眾包圍憲兵隊，此憲兵隊在今迪化街，則另一批群眾擁至「新生報社」，即可不知實情，而強迫「新生報社」刊出「聞警察局長陳松堅將肇禍四警員帶至局究問」此一不實的傳聞了。

戴國煇、葉芸芸《愛憎二二八》(頁19)認爲：周青「當夜適逢其會，在現場目睹整個事件經過」。然依據我上文所考，周青、吳克泰將包圍憲兵隊，誤爲包圍憲兵團，將包圍地點也弄錯。周青、吳克泰所述，很可能是往自己臉上貼金，不可輕信。

將包圍憲兵隊誤記爲包圍憲兵團，這種錯誤也不始於周青、吳克泰。

雅三〈二二八事變的透視〉說：

> 聚眾包圍市警察局，憲兵團，……迄次日清晨，……始終未散。

雅三爲沈雲龍的筆名，沈氏此文刊布於三十六年四月十日《臺灣月刊》。沈氏任長官公署宣傳委員會主任秘書，即已誤書爲包圍憲兵團。

柯遠芬〈口述〉刊布於八十一年，亦言：

> 群眾包圍警察局、憲兵團(位於愛國東路今中正紀念堂附近)。

王健生《一九四七臺灣二二八革命》(頁100)說：

> 群情鼎沸，紛紛擁上警察局，要求逮捕兇犯。……
> 交涉很久，不得結果。又到憲兵團要求緝兇也無結果。……
> 群眾再度擁上警察局，強硬要求立刻逮捕兇犯，並在人民面前槍決。
> 警察局負責人敷衍說，兇手……已交給憲兵團。……民眾……擁入局裏搜索，找不到兇犯，……大眾又擁向憲兵團，團長張慕陶對民眾代

> 表的詢問根本不予理會。……
> 警察局和憲兵隊……互相推諉。……聚集在警察局和憲兵隊的民眾，直到天亮仍不肯散開。[45]

王健生該書所附〈臺北市重要機關配置圖〉僅註明憲兵隊在今迪化街，而於憲兵團未註明，似認爲憲兵團與憲兵隊係在同一個地點。

現在看來，憲兵隊的地址應從王健生所說在今迪化街，而憲兵團的地址，應從柯遠芬說，在今中正紀念堂附近。

警務處轄各縣市警察局，憲兵團轄各縣市憲兵隊。由臺北市警察局及臺北市憲兵隊來處理發生於臺北市的緝私血案，專賣局及警察局將肇禍查緝員送至憲兵隊看管，是與當時的制度相合的。

臺灣省行政長官公署四月三十日出版的《臺灣暴動事件紀實》說：

> 將肇事之查緝員，押憲兵隊。……
> (群眾)聚眾先後包圍市警察局及憲兵隊。

此所記即正確不誤。

李根在先生口述：

> 二月二十七日下午六時許，我剛好步行要回家吃飯。過天馬茶房，看見一位婦人(林江邁)跪著向查緝私煙的公賣局人員及警察求饒。旁邊還有一位五六歲小女孩站著(按：林江邁供詞，林有一男十三歲，一女十一歲)。歐巴桑說：「大人啊！我已被你們充公三次啊！我一家人就靠這煙攤生活，請手下留情，不全部充公。」(按：林被查緝三次，與林供詞合)……
> 當婦人跪地求情時，查緝人員竟踹他一腳，致使其踉蹌倒地。……引起公憤，就包圍查緝人員，欲扭送派出所辦理。……其中一人自行躲進派出所，另有二人被民眾揪住扭送派出所。其他就各自逃命。

45 王健生此處所述即抄林木順《台灣二月革命》。林書未附〈臺北市重要機關配置圖〉。

派出所的外省籍警官當場把查緝人員從後門放走。……義憤塡膺的群眾怒不可遏，包圍派出所，大嚷要派出所交人出來。[46]

據林江邁供詞，林係頭部受傷流血暈倒，李根在所言與林供詞不合。李根在說：一人自行躲進派出所，二人被民眾揪住，扭送派出所。按鮑良傳〈報告〉附件，蔡厚勳逃往港町派出所，爲警察大隊接走。盛鐵夫逃往港町派出所，群眾包圍港町派出所，卒由憲警護送至憲兵隊。他們二人並不是被民眾揪住扭送派出所。

唐賢龍〈臺灣事變內幕記〉記二二七緝私血案約二千字[47]。他根本未提葉德耕，他把抓林江邁私煙記爲盛鐵夫事。按：鮑良傳〈報告〉附件五葉德耕供詞：

問：葉德耕，那女販的煙是你拿的嗎？
答：是，當時鍾延洲也在旁。

此處自應以葉德耕供詞爲可信。

唐賢龍說：「林江邁一家大小五六口人。」說「五千元是林賣別的東西所收的錢」；說「警察大隊的警員躲到永樂戲院」；說「陳文溪是大流氓」；說「消防隊第二分隊抬林江邁赴林外科急救」，均與鮑良傳〈報告〉附件不合。

唐賢龍說：林江邁被查緝員以槍筒狠命的一打。劉良驥〈共黨分子在二二八事件前後的活動〉[48]一文說：林江邁「被盛鐵夫以槍柄擊頭」。戴國煇、葉芸芸《愛憎二二八》頁191說：「傅學通以手槍擊傷林江邁。」當時各種各樣的傳言很多，爲免繁冗，未一一列舉。

最近，得見民國九十一年三月出版的《二二八事件檔案彙編》，其第一冊(頁166)所收國家安全局檔案，內三十六年三月二日臺灣張秉承向南京國防部保密局報告〈臺北市專賣分局搜查私煙與市民發生衝突引起暴動情形〉：

46《二二八事件文獻輯錄》頁53。
47《二二八事件資料集》頁57-60。
48《二二八事件文獻輯錄》頁225。

> 臺北市煙草專賣分局近以市面私煙充斥，乃於二月二十七日派專員葉德耕、課員趙孔健等八名，會同警察訓練所警員十餘名，於午後七時驅車至延平路一帶搜查私煙，當將一煙販婦女林江邁私煙查扣，該婦以資本有限乞免。而專賣局員警以法令所在，未便放縱致起爭執。當時市民圍觀甚眾，人聲噪雜，有欲制止專賣局員警執行任務之勢。葉專員遂即舉槍示威，並有一警員因用槍筒將該販婦推走，致將該販婦頭部撞傷，流血暈到(倒)，引起觀眾憤怒，群聲呼打，葉見勢兇猛，即欲逃避，群眾緊追不捨，葉等爲求脫逃，乃向眾開槍，當場擊斃市民一人。趙課員避入一店內，被群眾數千包圍，脫逃不得，幸大隊警察趕至，將隨帶往警察所，群眾竟將警察所包圍，要求交出兇手未得答復，旋即四出鳴鑼，召集市民萬餘人，往警察所，要求懲兇，嗣得憲兵隊趕至，始得解圍。同時，另有專賣分局之卡車一輛，放火燒燬，藉以洩恨。……

該報告發於二日辰時，已知林江邁僅係暈倒而未死亡。該報告誤專賣局爲專賣分局，誤專賣局所派查緝人員六名爲八名，誤趙子健爲趙孔健，誤警察大隊警員四名，爲警察訓練所警員十餘名。

趙子健係受傷，由憲警送醫，並非避入店中。其被群眾包圍於港町派出所，由憲警護送至憲兵隊者係盛鐵夫，而非趙子健。警察局被市民六七百人包圍，亦在趙子健爲警察局長陳松堅及專賣局常務委員李炯支、第四組組長楊子才護送至憲兵隊之前。張秉承向南京上級機構所作情報，即多不正確。

當時有各種不正確的傳聞，這是不足爲奇的。在我看來，還是根據鮑良傳〈報告〉所附當時調查筆錄、供詞，老老實實，耐心拼湊，將當時查緝員、警員脫離現場情形復原，較爲可信。

5-1

周青及吳克泰說，二月二十八日《中外日報》的報導，係他二人所寫。可惜，我們找不到這天的《中外日報》。

由於周青、吳克泰〈口述〉不盡可信，而《中外日報》，據吳克泰《回憶錄》，北京圖書館所藏只有二月一日至二十七日的，美國史丹佛大學亦無二月二十八日這一天的《中外日報》。

《臺北二二八官方機密史料》頁9-10：

> 中央社【臺北一日下午二時參考電】：
> 《中外日報》社長鄭文蔚住宅，昨夜被毀。

頗疑二月二十八日這一天《中外日報》，雖被迫而未印行。

而二二八這天的臺北《新生報》的書影則見於王建生、陳婉眞、陳湧泉三人合著的《一九四七臺灣二二八革命》(頁103)。今將其抄錄於下：

> 民國三十六年二月二十八日《新生報》
> 查緝私煙肇禍，昨晚擊斃市民二名
> 〈本報訊〉臺省專賣局與警察大隊派赴市場查緝私售香煙之警員，今(廿七)日於迪化街開槍擊斃市民陳文溪，並在南京西路以槍筒毆傷煙販林江邁(女)。警員十餘人今日下午七時許，於南京西路天馬茶房附近之香煙市場搜查現年四十歲之女煙販林江邁之私煙，發生爭執，查緝員即以槍筒毆傷林江邁之頭部，出血暈倒。某警員逃避入永樂戲院附近，市民陳文溪(非煙販)自住所下樓觀看時，某警員開槍一發，貫穿陳文溪之左胸。斯時圍觀之民眾擊毀該局卡車之玻璃，並將該車推翻道旁。八時許，憲警趕至，始告平靜。林江邁現已送入林外科醫院，旋告斃命。陳文溪未被送至醫院時，即已斃命。該卡車旋被民眾推入圓環公園側燒燬。消防隊第二分隊聞訊後，隨即趕往撲救，道側民房幸未延及。聞警察局陳局長松堅曾親赴出事地點，帶獲肇事警員四人送局訊問。(詳情續報)

5-2

如取與鮑良傳〈報告〉附件比勘，即可知《新生報》【本報訊】有四點錯誤。

(一)誤謂林江邁已死。

(二)未分辨：此次查緝私煙，專賣局派員六人，警察大隊派員四人，而籠統謂警員十餘人。

(三)《新生報》誤謂警員打死陳文溪、林江邁。

(四)《新生報》謂：「聞警察局長陳松堅赴出事地點，帶獲肇事警員四人送局訊問。」此亦係傳聞有誤，與史實不符。

此一錯誤的傳聞，應與專賣局李烱支、楊子才至警察局，群眾包圍警察局，要求將肇事之員警立刻交出，警察局長陳松堅乃會同專賣局李、楊外出，將專賣局查緝員趙子健、傅學通、鍾延洲、劉超祥等四人交憲兵隊看管有關。

因劉超祥係自警察大隊部接出，故遂誤傳：此次緝私肇禍者爲警員。因送四人至憲兵隊後，陳松堅回到警局，遂又誤傳陳松堅將已肇禍四警員帶至警局訊問。《新生報》【本報訊】將林江邁、陳文溪之死均歸罪於警員，可能亦受此一誤傳的影響。

陳松堅會同專賣局李楊二人，將趙子健等四人送至憲兵隊後，陳松堅回到警察局，此時包圍警察局的群眾應未散去。「聞陳松堅將警員四人帶至警局訊問」此一錯誤的傳言，既爲《新生報》記者所知，自亦可能爲包圍警局的群眾所知。群眾遂衝進警察局搜索，找尋兇犯，陳松堅乃告訴群眾，專賣局的查緝員六名，有四名已由陳松堅送至憲兵隊。群眾遂包圍憲兵隊。

陳松堅離開憲兵隊，返回警察局，此時專賣局李楊二人則留在憲兵隊。可能向憲兵團團長張慕陶上校報告：傅學通已承認此次查緝私煙，傅學通開了一槍。

群眾包圍憲兵隊，因已知查緝員尚未全部送到憲兵隊，遂要求「將已送到之查緝員準於二月二十八日先行槍決」，而爲專賣局李楊二人所拒絕。

王建生《一九四七臺灣二二八革命》頁100說：

> (民眾在警察局)找不到兇手，大夥又擁向憲兵團，團長張慕陶對民眾代表的詢問，根本不予理會，也不說有，也不說無。

在專賣局李楊二人與民眾代表交涉時，張慕陶自無需發言。但等到李楊二人離開憲兵隊回家，群眾繼續包圍憲兵隊，此時張慕陶就需說：這些查緝員應交司法機關處置。

《新生報》【本報訊】僅報導至「聞警局局長親赴出事地點，帶獲肇事警員四人送局訊問」止。這一傳聞雖係有誤，但由於當時有此一傳言，可使我們了解：何以當時包圍警察局係要求交出肇事之查緝員警，而包圍憲兵隊時，則改爲「將已送到之查緝員準於二十八日先行槍決」。這可以補鮑良傳〈報告・附件十七〉專賣局三月十五日呈陳儀代電之未備。

5-3

《新生報》係長官公署機關報。《新生報》【本報訊】在二十八日晨刊布後，發生重大影響。

(一)因《新生報》謂：警察局長將肇事警員四人，交局訊問，故臺灣省參議員黃純青《二二八紀要日記》亦說：

> 民國三十六年二月二十七日下午，……警員以槍筒擊傷私煙小販民婦林江邁，又開槍打死市民陳文溪，引起民眾公憤，發生二二八事件。49

黃純青此處即係依據二月二十八日《新生報》。

(二)《新生報》謂，此次緝煙血案係警察大隊警員肇禍，因此，在三月一日，被要求「憲警不得任意開槍」，在三月二日下午，出席臺北市二二八事件處理委員會之民間委員，要求撤消警察大隊．並解除武裝。政府委員則表示，該隊自三日起，暫停活動。惟警察局倘感力量不足時，仍將派員協助[50]。

(三)《重修臺灣省通志》卷一〈大事志〉(頁35)說：

> 二十七日，省專賣局與警察大隊派赴市場查緝私售香煙之警員十餘人，……查緝員與警員於紛亂中以手槍擊傷市民二人，送醫不治死亡。治安當局將肇事者四人拘辦。

此亦據二月二十八日《新生報》【本報訊】刪潤。

(四)而最嚴重之影響則爲二月二十八日午前警總參謀長柯遠芬決定以軍法審判緝私血案案犯警察大隊四警員，而這正是柯遠芬所撰〈事變十日記〉及〈臺灣二二八事變之眞像〉所諱言的。本書下一篇，我將詳細討論。

49《臺灣二二八事件文獻續錄》，頁539。

50《二二八官方機密史料》，頁20及22。

5-4

王建生《一九四七臺灣二二八革命》(頁101)說：

> (二十七日)晚九點多，另有一批市民，擁到《新生報》社，要求見社長李萬居。李萬居不在，由代總編輯吳金鍊和代表們見面。
> 民眾要求《新生報》登載事件始末，吳不敢應允，因爲《新生報》係長官公署的機關報，當時長官公署「宣傳委員會」已通告各報不准登載這件事。
> 民眾大爲憤怒，有的痛罵該社顛倒黑白，不敢據實報導；有的把報社招牌拆掉；有的揚言燒掉報館。吳金鍊趕緊急電李萬居到社，經李萬居面允一定登載後，民眾才離開。
> 第二天《新生報》果然違抗宣傳委員會的命令，以三欄題三百多字登出事件始末。[51]

新出吳克泰《回憶錄》(頁205)則謂：

> 《新生報》的印刷工人去社長李萬居家，要求發消息，李萬居不肯登，他家當即被燒了一角。結果《新生報》只在不顯眼處登了一小塊消息敷衍。

黃得時其時任臺灣大學中文系教授，並爲《新生報》主編臺北市版。民國七十七年，臺灣省文獻委員會訪問黃得時。黃氏說：

> (二月二十七日)晚上，我到達報社，排字工即向我報告，今天下午大稻埕因取締私煙而發生事件。不久，中央社送來一份因取締私煙而發生事件的統一文稿。
> 大約五分鐘後，有一批群眾到報社來，問知不知道有發生事情，要不

51 王建生此處所述係依據林木順《台灣二月革命》。林書說：《新生報》刊出一百字，誤。

> 要刊登此事？我乃通知採訪主任許遴，要求派記者採訪。但他沒有重視，不久就回家。
> 許遴離開後，不久，又來了一批群眾，要求出版號外。經說明出版號外有困難後，仍要求將「中央社訊」之文稿改爲【本報訊】。我將文稿改爲【本報訊】後，將大樣交總編輯吳金鍊。文稿最後附註「詳情待續」，然後於深夜十二點從報社後門離開回家。
> 當時群眾對《新生報》沒有好感。……所以當夜群眾將《新生報》的招牌取下拿走。……
> 此後到恢復正常後，我才再到《新生報》上班。[52]

群眾既將《新生報》的招牌取下拿走，則《新生報》之刊出【本報訊】係受迫，應可信。是否如吳克泰所言，李萬居的房子燒了一個角，則待考。

如果採信黃得時所言，則黃得時將「中央社訊」改爲【本報訊】，係應付群眾的要求；而採用「中央社」文稿，則可用以應付未來「長官公署宣傳委員會」之指摘。

如果此一推斷可信，則《新生報》【本報訊】實應正名爲【中央社訊】。在二月二十七日晚，新生報社並未派記者至緝私血案現場採訪。

作這樣解釋，問題卻在：上引二月二十八日《新生報》【本報訊】文章重複拖沓。與《二二八官方機密史料》所載【中央社訊】【新生報本報訊】的文筆不同，不像是中央社記者、《新生報》記者所寫。很可能由於暴亂群眾來至新生報社，不止一批。此係暴亂群眾所擬，報社不敢改，遂照樣刊出。

五十七年臺北三民書局出版的楊肇嘉《回憶錄》(頁363-371)引《民報》：

> 三十六年三月一日臺灣《民報》標題：「延平路昨晚查緝私煙隊，開槍擊斃老百姓，查緝隊員用槍口擊傷賣煙婦人，群情昂奮，要求賠償醫藥費，竟肇起慘事。」
> 內容：「本報訊：昨省垣忽又發生查緝私煙警員開槍擊斃人命。事緣二十七日晚八時許，專賣局緝私隊及警察大隊約有廿餘名，馳卡車到

52 三十六年四月十日出版的《臺灣月刊》第五期，雅三(亦即沈雲龍)〈二二八事變之透視〉一文亦言「脅迫《新生報》出版號外不遂，拆除該報門口木製招牌」。

天馬茶房附近，開始緝私煙小販。其時查緝情況：據旁邊目擊人謂，聲勢洶洶，如虎似狼，咄咄逼人，將在場所有香煙甚至小販手中現款，悉數搶奪。時有一婦人名林江遇，哀哀求饒哭訴：她生活血本全靠此被沒收之香煙，懇其寬赦發還。詎知一私不但不予藉耳，反將槍口擊傷她頭額(現在林外科醫院)，致登時血流滿面，引起圍觀民眾同情，眾一致代她要求賠償醫療費用。惟該隊員罔然不理。群情因此爲昂奮時，全隊員見勢不佳，企圖逃脱，突皆抽出手槍，厲聲恐嚇，喝令民眾應即散開。由此民眾怒號起，個個拿石塊投擲，爲此，該隊人等一面以槍恐嚇，一面謀開路逃走，其中一人逃到大光明附近，竟向迫近之民眾開槍，幸而未傷及人。但另一人逃到永樂市場附近，對所迫之民眾開槍，子彈遂擊中一老百姓陳文澳，當場斃命。民眾聞此，憤怒衝天，口罵聲怒吼，即將該隊人員所乘之卡車，搬到圓環前面，附之一炬燒燬。聞該查緝人員全部均已逃脱，不知去向，詳情待續。」(《回憶錄》註：所有錯字及斷句均照原文抄錄)

二十七日晚上緝私血案，《新生報》在二月二十八日報導，《民報》遲一日，可能是看見《新生報》已刊出，《民報》遂亦將《民報》記者採訪所得刊布。

《民報》說：緝私隊及警察大隊約廿餘名，這是錯誤的。

《民報》說：民眾拿石塊投擲。未說群眾喊打，查緝員警受傷。

《民報》說：「突皆抽出手槍，喝令民眾散開。」與唐賢龍所記合。「其中一人逃到大光明附近開槍，未傷及人」，此則爲他書所未言。

《民報》未說包圍警察局及憲兵隊事。

《民報》誤林江邁爲林江遇，陳文溪爲陳文澳。《民報》可能在刊布時已知林江邁未死，遂未說林江邁亦傷重斃命。

本篇第三節係根據鮑良傅〈報告〉所附調查筆錄及供詞，復原緝私血案現場情況。我很希望有機緣能看到當時在臺灣出版的報紙[53]，看看當時新聞記者採訪所記。這只有俟之異日了。

---

53 臺北出版的報紙有《新生報》、《民報》、《人民導報》、《大明報》、《中外日報》、《國是日報》、《全民報》、《重建日報》、《工商日報》。中央通訊社在臺北設有分社。臺中有《和平日報》，臺南有《中華日報》。參看吳克泰《回憶錄》，頁176-177。

十三、論二二七緝私血案，陳儀主張司法處理，柯遠芬主張軍法處理。並論柯〈事變十日記〉及〈臺灣二二八事變之真相〉，記二二八當天事之隱諱失實

在二月二十七日晚上，群眾包圍警察局，要求將緝煙員警(指專賣局查緝員及警察大隊警員)，立刻交出。然後，包圍憲兵隊，要求將已送至之專賣局查緝員準在二月二十八日槍決。而二二八清晨刊布的《新生報》則說：「聞警察局長陳松堅已於二二七晚將肇禍四警員帶局訊問。」此已見本書上一篇論文所考。

二二七晚上，群眾未獲得滿意的回答，遂引起第二天二二八大規模的群眾暴動。討論二二八當天陳儀及柯遠芬如何處理群眾暴亂，在以前我們得參考民國三十六年五月柯遠芬在《新生報》刊布的〈事變十日記〉，及民國七十八年柯所撰〈臺灣二二八事變之眞相〉。而柯這兩篇文章所記矛盾衝突，頗不容易處理，現在由於二二八當天臺灣省行政長官公署第六十四次政務會議紀錄，在中國石油公司檔案中發現，印入民國九十一年六月出版的《二二八事件檔案彙編》第六冊(頁171-184)，而二二八中午左右《新生報》出版的〈號外〉，收入林德龍輯註的《二二八官方機密史料》(頁3)。我們可以了解：陳儀對緝私血案自始即主張交司法機構處理，而柯遠芬則主張軍法處理。柯所撰〈事變十日記〉及〈臺灣二二八事變之眞相〉，均隱諱柯之曾進行軍法審訊不說，所記二二八當天史事多虛妄不實，不可輕信。

今詳細論述於下。

1

據行政長官公署〈第六十四次政務會議紀錄〉，在二二八上午九時「行禮如儀」及「宣讀上次會議紀錄」後，陳儀有三項指示。

第一項指示係以公營事業股票的25%，計臺幣伍億元，作爲臺灣銀行的發行準備。(約68字)

第二項指示爲辦理公教人員實物配給(約150字)。均與二二八事變無關。

第三項指示，今抄錄於下：

> 昨晚專賣局查緝私煙，發生誤傷人命的不幸事件。我已經要臺北市政府妥善處理這件事。固然，事後或許有不良份子利用機會，從中煽動，希望擴大事態。但緝私的技術尚欠注意。查緝人員沒有遵照我屢次所說不准帶槍的命令，以及警政機關事前不能偵知不良份子之陰謀，防患未然，臨事不能斷然作應急之措施，確是值得大家反躬自省的。我今日在此地特別再提出來，希望有關主管，轉告所屬人員，以後執行這類職務時，絕對不許攜槍。至於機構如何始能組織健全，法令如何始可徹底執行，還希各位主管多多思考。

陳儀指示後，即由民政處長周一鶚、教育處主任秘書梁翼鎬、工礦處長包可永、交通處長任顯群、會計處會計長王肇嘉各就所主管業務報告。然後由警務處長胡福相報告：

> (一)昨晚太平町，因查緝私煙，發生毆鬥情事。現事態尚在擴大，本處正會同有關機關處理中。……

2

陳儀在會議中提到：「昨晚專賣局查緝私煙，發生誤傷人命不幸事件，我已經要臺北市政府妥善處理此事。」是他在二二八上午七時或八時到長官公署上班後[1]，在九點鐘會議舉行前，憲兵第四團團長張慕陶上校應已向他報告：二二七晚專賣局查緝員傅學通開槍誤傷人命；陳儀並已於會議舉行前，命臺北

---

1 《陳知青先生訪問紀錄》說：陳儀早上七時上班，下午七時下班。葉明勳〈臺灣三年〉說：陳儀準八時前上班。

市市長游彌堅妥善處理這件事。

中國石油公司檔案存有長官公署第六十四、六十五、六十六三次政務會議紀錄。政務會議每週舉行一次，第六十四次政務會議舉行於二月二十八日，以二二八事變遂中斷，於四月四日始又舉行。在六十五、六十六次政務會議，臺北市市長游彌堅均列席，專賣局局長陳鶴聲均出席。第六十四次政務會議，游彌堅未列席，應係受陳儀之命去妥善處理緝私血案。而專賣局局長陳鶴聲也未出席，又未見副局長周敬瑜簽名代他出席，則陳鶴聲可能因公出差至上海，副局長因需會同臺北市長處理緝私血案，遂未代陳鶴聲出席會議。

3

陳儀命臺北市長妥善處理，可能也因襲前例。

林木順《台灣二月革命》(頁10)說：

> 查緝員……打死陳文溪一人，……民眾見殺人犯逃去，擁至警察局，要求逮捕兇犯，以免後來又無下文。〔因爲前年年底(林木順書出版於民國三十七年，故此處「前年」指民國三十五年)，基隆專賣局打死煙販一名，兇手逃去，不了了之〕。

楊逸舟《二二八民變》(張良澤譯本，頁74)則據林木順書，多舉一事例：

> 一九四六年三月十二日新竹市專賣局課長汪某於檢查專賣品時，開槍打傷一人。……

戴國煇、葉芸芸合著《愛憎二二八》(頁191。民國八十一年二月十六日出版)說：

> 一九四六年十二月十日，基隆市已發生一起，一個賣煙的小男孩被打死，卻無人受法律制裁，不了了之。

戴國煇即明白指出基隆緝私事件發生日期。

《二二八事件研究報告》定本(頁51)說：

> 早在三十五年十二月九日，基隆專賣局已發生過緝私員開槍傷人事件，而當時六名緝私員的盛鐵夫，即爲圓環緝私事件的要角之一。

定本附註說：

> 《民報》，民三十五年十二月九日

這是說：定本所註明的日期源出於《民報》。〈附註〉接著說：

> 據林木順《台灣二月革命》一書，十二月底發生緝私員打死煙販事件。但查《民報》，十二月底並無此項報告，疑爲十二月九日射傷事件之誤傳。

戴國煇記基隆緝私事件發生於十二月十日，疑亦源出於《民報》。需查《民報》原文，始可定此一事件究發生於九日，抑十日；係傷人，抑係傷人致死。檢《二二八官方機密史料》(頁4)：

> 中央社【臺北二月二十八日午夜參考電】[2]：
> 三月前，基隆亦曾擊死煙販一人，臺胞早擬反抗。

則恐以「傷人致死」爲是。

三十五年三月十二日新竹專賣局課長汪某傷人一案，亦尚待查有關機構檔案及當時報紙，了解其案情。

基隆緝私傷人致死，以犯人逃走(可能係逃往大陸)，無法緝獲，該案乃不了了之。但對受害者家屬，專賣局恐仍需賠錢了事。

陳儀命臺北市市長妥善處理二二七緝私血案，則基隆緝私傷人致死案件也應係交基隆市長處理，案犯則交基隆地方法院審判。

專賣局緝私人員傷人及傷人致死，在三十五年三月十二日、三十五年十二

---

2 參考電係供南京中央通訊社總社編不定期〈參訊〉之用。新出《二二八事件檔案彙編》(二)，頁264-277，即收有〈參訊〉五九四號、五九六號、五九七號，並註云：「密件，請隨閱隨毀。」

月九日或十日既曾發生，則陳儀在第六十四次政務會議中說：

> 查緝人員沒有遵照我屢次所說不准帶槍的命令。

即可能在三十五年三月十二日發生緝私傷人案件後，即已發出此一命令。

陳儀三十五年一月九日制定的〈臺灣省專賣局查緝違反專賣物品辦法〉第三條規定：

> 查緝違法物品時，須先出示查緝證。必要時並得請當地軍警憲關卡協助辦理。[3]

在臺灣海峽海上及港口查緝走私，查緝員爲了自身安全，怎可不帶槍？故陳儀這一命令根本行不通，也因此即不爲下屬所遵從。鮑良傳〈報告〉附件第十六、與專賣局負責查緝業務的李烱支、楊子才的〈談話記錄〉：

> (鮑良傳)問：「查緝員出勤時，依規定是否可攜帶槍枝？」
> 答：「依照本局查緝人員服務規則第三條規定，得攜帶槍枝。」

此即陳儀的命令未被遵行的明證。要專賣局查緝員不帶槍，就不如訂定：專賣局不負責查緝，而由憲警負責查緝。由於二二七專賣局查緝員帶槍肇禍，後來始有憲警負責查緝的規定[4]。

陳儀這一命令不爲下屬所遵從，也就可能不爲大眾所知。陳儀在二二八當天政務會議中所作指示：

> 查緝人員沒有遵照我屢次所說，不准帶槍的命令。

其實是指不准專賣局查緝人員帶槍，並不是說專賣查緝辦法所定，「得請軍警協助」，軍警亦不許帶槍。

陳儀在會議中指示說：

---

3 薛月順《臺灣省政府檔案史料彙編》〈臺灣省行政長官公署時期〉(三)，頁254。

4 據〈錢塘江的回憶〉，《二二八事件回憶集》，頁192。此事仍需查檔案。

> 查緝私煙，誤傷人命，……事後或許有不良份子從中煽動，希望擴大事態。……
> 警政機關事前不能偵知不良份子的陰謀，防患未然，臨事不能斷然作應急之措施，確是值得大家反躬自省。

這是對警務處長的告誡。

陳儀接著說：

> 希望有關主管，轉告所屬人員，以後執行這類職務時，絕對不許攜槍。

由於二月二十八日清晨《新生報》載，緝私血案係由四警員肇禍，於是參加會議者遂誤解，「絕對不許攜槍」係包括軍警言。

如周一鶚〈陳儀在臺灣〉一文說：

> 他(陳儀)在政務會議上嚴厲指責(警務處長)胡福相不貫徹執行平時出勤不准攜帶槍枝的命令。[5]

周一鶚係政務處處長，出席二月二十八日第六十四次政務會議。他即根據陳儀在會中所作指示，而有此誤解。

當時的報紙亦有類似誤解。如三月一日臺北《新生報》的社論〈延平路事件感言〉：

> 陳長官……屢次告誡部下，並且正式下令，警察出勤，不得帶槍。……警察出勤，尚且不能帶槍，則專賣局的查緝人員更無帶槍的必要。……這次延平路不幸事件的發生，顯然是他們違反陳長官平日不准帶槍的指示的後果。……[6]

---

5 周一鶚此文見《陳儀生平及被害內幕》，頁104。

6 〈延平路事件感言〉全文見吳濁流《無花果》，李敖《二二八研究續集》，頁297-299。

如三月二日《中華日報》社論：

> 陳長官……決從嚴懲辦肇事員警。……
> 過去，陳長官曾經多次告誡，公務員執行公務，不得攜帶槍械。……7

此均依據六十四次政務會議陳儀所言，而誤解陳儀所言包含軍警在內。

《二二八事件研究報告》定本(頁51)說：

> 緝私員與警察執行方式與態度不佳，其中以帶槍執勤最招民怨。

亦將「帶槍執勤」禁令，解釋爲包含警察在內。

八十一年二月出版的《二二八事件文獻續錄》頁725〈柯遠芬先生口述〉說：

> 陳儀本就禁止警察出巡帶槍。

雖貴如柯遠芬，亦有此誤解。既然這麼多人誤解，則當時陳儀是否曾下令禁止專賣局查緝員帶槍，仍需查長官公署及專賣局檔案證明，看陳儀是不是在政務會議時，將專賣政策缺失，諉過於人。

4

上引中央社臺北分社參考電說：

> 基隆擊死煙販一人，臺胞早擬反抗。

而二二七臺北緝私血案，打死了路人陳文溪一人；林江邁則因受傷流血暈倒，至晚上十一時始蘇醒，致當時誤傳傷重致死。其時臺灣失業情形嚴重，林江邁係一女流，且係寡婦，需靠販賣私煙，養家活口。緝私人員竟窮凶極惡，將她打傷，沒收她靠借貸得來的資金所購得賴以爲生的香煙，並沒收其售煙所得款

---

7 《二二八官方機密史料》，頁18。

項，簡直不顧窮苦人民的死活，這自然引起圍觀群眾的氣憤喊打。

二二七緝私血案案情顯較基隆緝私血案爲嚴重。基隆緝私血案，基隆市政府及基隆地方法院，未妥善處理，竟讓犯人逃走，已引起臺胞不滿。而臺胞對陳儀及臺灣司法亦印象不佳。臺胞「視行政長官公署爲陳儀私人公司。會玩弄法律而不處罰自己圈子裡的人。即使犯了罪，不過在形式上拿到法院論罪。就是判了罪，很快就會釋放出來」[8]。陳儀對貿易局長于百溪、專賣局長任維鈞的貪污，即未執法嚴懲。由於有這些不良事例，因此，二二七晚發生緝私血案，群眾遂包圍警察局，要求將肇事員警，立即交出當眾槍斃；包圍憲兵隊，要求將已送至之專賣局查緝員準於二十八日槍斃。警察局、憲兵隊及專賣局負責查緝業務的李炯支、楊子才，均僅應允將肇事者交法院處理，即不爲群眾所同意。

陳儀在二月二十八日九時政務會議前，命臺北市市長倣基隆前此事例，妥善處理，其不爲群眾所接受，那是必然的。

陳儀並未因群眾暴亂，而反省：在民國三十五年，臺灣人民曾屢次請願，要求廢除專賣制度及官營貿易制度。陳儀在會議中所作指示，僅強調緝私技術應改善。

警務處長胡福相在會議中所作報告，亦僅輕描淡寫的說：二二七晚「發生鬥毆情事。事態尚在擴大，本處正會同有關機關處理中」。

會議於上午十一時五十五分結束。陳儀及胡福相在政務會議時，均未想到：二二七緝私血案的後續發展會這樣嚴重。

5

據三月三日《新生報》〈二二八事件的經過〉：

> 二十八日上午九點餘鐘，民眾以案件未得解決，又沿街打鑼，通告罷市。……至太平町一丁目派出所前，該所警長黃某上前欲加制止。都以其平時藉勢凌民，遂將其圍打，並搗毀所內玻璃用具洩恨。
>
> 民眾見已達到目的，就紛紛向本町專賣局臺北分局前進。……[9]

中央社臺北分社【臺北二月二十八日參考電】：

---

8 吳濁流，《無花果》。

9 《二二八官方機密史料》頁40。

臺北市民今整日暴動。

上午十時搗毀專賣局臺北分局，打傷分局長歐陽正宅、業務課長謝遜夫、文書課長林天波及職員郭悟四人，聞一人已傷重斃命。[10]

三月三日《新生報》〈二二八事件的經過〉：

群眾衝進專賣局內，毆斃該局職員二名，傷四名。

一九四九年美對華白皮書：

這些示威遊行者，發現兩位專賣局人員正在一鄙巷，困擾一小販。這兩位氣勢兇惡之人員遂被一群義憤而來參加遊行的民眾，毆打至死。事件發生在群眾著手佔據之專賣局臺北分局附近。[11]

據此，群眾在上午九點多，搗毀太平町一丁目派出所；十時，搗毀臺北市專賣局分局。由於警總負責全省治安，臺北市市長、專賣局副局長受命妥善處理，既未能阻止群眾暴亂，警總參謀長柯遠芬遂出面將「該案移交警總，依法公正辦理」。

6

二月二十八日《新生報》：

〈本報特訊〉：本(二)月二十七日夜，專賣局查緝員與警察大隊，在本市南京西路，為查緝私煙香煙，擊斃市民陳文溪及煙販林江邁一案，引起一般民眾公憤。頃向有關當局提出要求五項：

一、要求當眾槍決肇禍兇手。

10 同上，頁1。

11 陳頁棰譯〈一九四九年美對華白皮書——臺灣情勢備錄〉，《臺灣戰後史資料選》，頁357。

二、要求專賣局負擔死者之治喪費，並發給撫恤金。

三、保證今後不再發生此種類似之不幸事件。

四、要求專賣局長親向民眾代表談話，並當面道歉。

五、要求當局立將專賣局主管官免職。

茲據確息，該案現已移送警備總司令部，依法公正辦理。並且柯參謀長業已當面表示，對各代表所提上述之要求，一至四項可予照辦。並盼各代表轉知一般民眾，稍安毋躁，共維安寧。[12]

三月二日《中華日報》社論：

上月二十七晚，……因查緝私售香煙而毆傷女煙販林江邁，致與聚觀市民衝突，發生開槍擊斃市民陳文溪情事。……群情憤慨，……要求懲兇、撫恤、道歉，並保證以後不再發生類似此種之不幸事件。聞此案正移警備總部辦理，柯參謀長並已接見民眾代表，當面答應照辦，現正循法律途徑解決。……[13]

此即據二月二十八日《新生報》【本報特訊】，而言柯遠芬接受群眾代表一至四項的要求；並改正《新生報》錯誤的報導，指出林江邁僅被毆傷，而未喪命。

《新生報》三月三日【本報特訊】〈二二八事件的經過〉：

民眾曾於(二月二十八日)上午十一時左右，派代表五人，向柯參謀長請願，提出要求五項(請閱本報二十八日號外)。柯參謀長允諾照辦。但客觀的形勢的發展，難以滿足民眾的要求，公憤的情緒仍不可遏止。……[14]

此處更明白指出：柯接受民眾要求的時間爲二月二十八日上午十一時左右。並明言：該五項要求見本報二十八日號外。則上引二月二十八日《新生報》【本報特訊】，即係二十八日當天刊出的「號外」。

12 見《二二八官方機密史料》頁3。

13 同上，頁18。

14 同上，頁41。

該「號外」言：「盼各代表轉知一般民眾，稍安毋躁，共維安寧。」很明顯的，該「號外」的刊布是配合柯的意旨，希望民眾「稍安毋躁」，聽候柯處理，「共維安寧」。

上引三月三日《新生報》【本報特訊】〈二二八事變之經過〉言：

> 五項要求，柯允諾照辦。但客觀的形勢的發展，難以滿足民眾的要求，公憤的情緒仍不可遏止。

此即言群眾以未能滿足要求，「公憤未能遏止」，仍衝向長官公署請願。則上引二二八《新生報》「號外」的刊布，應在中午十二時左右。其時暴亂群眾尚未衝向長官公署。

7

在二月二十八日中午，群眾占領臺北新公園內廣播電臺，將此五項要求，予以廣播。此五項要求文句與《新生報》「號外」所載全同[15]。

這五項要求的第一項「當眾槍決肇禍兇手」，這比較二二七晚的要求，「要求將已送到之查緝員準於二十八日槍斃」，群眾顯已讓步。但仍不可能獲得臺北市長游彌堅的同意。因爲：二二七緝私誤傷人命不幸事件，陳儀係命游市長倣照基隆緝私前例，交司法處理。而司法機關處理誤傷人命案件，恐不會判決死刑，而且還需三審才能定案，曠時廢日，怎麼可能就在二二八當天當眾槍決肇禍兇手呢？

群眾所提出第二至第五這四項要求，第二項要求治喪費及撫恤金，這問題不大，可倣基隆緝私前例處理。而第三、第四、第五項與專賣局有關。專賣局長公出，這也不是專賣局副局長所能處理的。因此，在柯遠芬出面，將此案移送警總前，騷亂仍未能平息。

8

《新生報》二二八當天「號外」言：「茲據確息，該案現已移送警備總司

15 〈臺北二十八日參考電〉，《二二八官方機密史料》，頁1。

令部，依法公正辦理。」這一個燙手山芋交柯處理，臺北市市長游彌堅，及專賣局副局長周敬瑜應高興，鬆了一口氣。現在要問：柯如何「依法公正辦理」呢？

由於二二八清晨刊布的《新生報》說：

> 聞警察局長陳松堅，將肇禍四警員帶局訊問。

柯很可能認爲：《新生報》係政府機關報，所報導應可信。此既係警察大隊四警員肇禍，於是柯遂視警察大隊警員爲軍人，可用軍法審判。而專賣局查緝員六人，以與軍人共同犯罪，亦可以交警總軍法處審訊。由警總軍法處審問，判罪犯以死刑，經警備總司令陳儀核可，即可當天執行。臺灣爲邊遠地區，邊遠地區的軍法案件，該地區軍事機關主管有權核可，不需交國防部覆判。(後來因陳儀處理二二八案件人犯，濫用權力，白崇禧始下令交國防部覆判)

依據陸海空軍審判法(民國十九年三月二十四日公布施行)：

> 第一條、凡陸海空軍軍人，犯陸海空軍刑法，或刑法所揭各罪，或違警罰法，或其他法律之定有刑名者，依本法之規定審判之。
> 非軍人而犯陸海空軍刑法第二條所揭之罪者，應由法院審理之。
> 〔解〕。縣長因所屬地方土匪猖獗，召集警察大隊分駐四鄉，以備剿匪之用，仍由縣長直接監督。如非依陸軍編制訓練者，自屬警察性質，不得視同陸海空軍軍人。若有犯罪，應由法院審判。(二十年院字第五三七號)(《最新軍法彙編》頁647，四十一年十二月出版)

此處正有「警察大隊」四字。

《臺灣省通志稿・警政志》說：長官公署警務處下新設鐵路警察及警察大隊。

警察大隊既屬警務處，則警察大隊警員應屬警察，而非軍人。警察大隊屬警務處，不受縣市警察局長的指揮。

警察大隊編制，由鮑良傅〈報告〉所附警員蔡厚勳等四人調查筆錄，知警察大隊設大隊長、大隊附、分隊長，及警長、警士。

警政志僅言警察大隊係新設，未言其設置目的及廢罷時間。考三十六年三月十四日「二二八慘案臺胞慰問團」以〈處理臺灣事變意見書〉呈監察院長于右任[16]。該〈意見書〉即指摘陳儀：

> 擴充警察大隊，代替國軍駐防。……將七十軍調回國內，……致全臺兵力空虛。

則警察大隊之設係在國軍第七十軍調往大陸剿共之後[17]。長官公署增設警察大隊，係用以代替國軍駐防，維持治安。其罷而不設，亦當因二二八事變爆發後，國軍整編第二十一師已全師駐防臺灣，無設警察大隊之必要。

鐵路警察署，經警務交通兩處會同呈准，自三十六年四月一日起撤銷[18]。

新出《二二八事件檔案彙編》(五)頁25，有三十六年四月十二日警察大隊復專賣局代電，則警察大隊之廢罷應在此以後。這是我考證柯遠芬以軍法審判肇禍四警員，始有此發現。或可補《通志稿・警政志》的未備[19]。

吳克泰《回憶錄》(頁174)說：

> 記得快到(三十五)年底的時候，有一位參議員起來問警務處長胡福相：「現在各地警察並不少，爲什麼還要設警察大隊？」
> 胡答覆：「養兵千日，用在一朝。」會上一片嘩然。
> 我把這一情況，寫成報導，交給《人民報導》總編，他看後，以「養兵千日，用在一朝」的大字標題，登在頭版上。

胡福相於三十六年三月八日免職，由臺籍少將副官處長王民寧繼任。胡在答覆省參議會參議員的詢問，其確實日期待考，但其「養兵千日，用在一朝」的答覆，視警察大隊爲兵，則參謀長柯遠芬自亦可視之爲兵，而用軍法審判了。

---

16 陳鳴鐘、陳興唐主編《臺灣光復與光復五年後省情》下冊，頁592。

17 國軍第六十二軍於三十五年十月調往天津。七十軍於十二月調往徐州。見彭孟緝《回憶錄》。

18 見行政長官公署第六十五次政務會議紀錄，《二二八事件檔案彙編》六，頁200。

19 民國三十六年六月出版的新生報所編《臺灣年鑑》所收資料至民國三十五年十二月。該書第七章〈政治〉(下82)即言警察大隊下設三中隊、九分隊。三十六年三月十四日南京《建設日報》載，台灣省政治建設委員會上海分會等六團體代表楊肇嘉、陳碧笙接見記者言：「陳儀擴大警察組訓，一共三大隊，每隊一千八百人。」(二二八事件文獻補錄，頁742-743)

9

前引《新生報》，柯接受群眾代表一至四項要求，係在二十八日上午十一時左右。因此，柯也就通知警務處轉知警察大隊，將肇禍四警員送至警總軍法處。同時，也通知憲兵隊及專賣局，將查緝員六人亦送至警總軍法處。據專賣局三月十五日呈警總陳儀代電，專賣局係「於二月儉(二十八日)午，將該查緝人員等，向臺北憲兵隊提回，送請鈞部驗收核辦」。也正因此，今存鮑良傅〈報告〉附件，蔡鴻源本、陳興唐本即有三十六年二月二十八日下午三時〈警總軍法處訊問查緝員葉德耕及鍾延洲的筆錄〉。

由於查緝員非軍人，以與軍人共同犯罪，警總可以訊問。但警總也得先審訊軍人，故警總審訊警察大隊四警員，其時間應在二十八日下午三時訊問葉德耕及鍾延洲之前。

在本書上一篇論文，我曾因：二二七緝私血案案犯臺北地方法院判決書，所徵引警總審判傅學通卷的卷數爲三十二，審判葉德耕的卷數爲三十四，而推斷警總訊問傅學通也應在二十八日下午三時訊問葉德耕、鍾延洲之前。

判決書曾徵引警總訊問傅學通卷、審判傅學通卷、審判葉德耕卷。警總訊問之後，然後審判。訊問葉德耕、鍾延洲，在二十八日午後三時，訊問筆錄相當長，有四頁，凡四十六問答，恐需歷時一個多鐘頭。警總完成軍法審判程序，作成判決，留待陳儀核可，恐怕要等到二十八日午後五時了。

10

《新生報》二月二十八日中午左右的「號外」，是希望群眾，「稍安毋躁，共維安寧」的。群眾那裡能耐心安靜地等候柯處理？

據中央社臺北二月二十八日參考電：

> 十二時，市民復將該局(專賣局臺北分局)煙、酒、汽車、文卷及一切傢俱于馬路上焚毀。……
>
> 佔領廣播電臺，向全省廣播五項要求。……
>
> 下一時，市民萬餘人擁向專賣總局，擬焚火燒毀，幸未實行。
>
> 一時以後，情形益見惡化。市民高呼打中國人，打外省人，沿路追逐

外省人，且令公共汽車停止，拉出外省人毆打。本社同人亦不敢外出。

二時，市民擁至公署，鳴鑼擊鼓，並執大旗，擬衝入公署。斯時，軍警開槍阻止，聞傷市民四人，內死二人。

市民離公署後，分往各處毆打外省人。被毆者共九十餘人，其中死四、五人。

公署內臺籍司機及一小部份職員亦隨市民離署而去。其他外省人之汽車商店住宅被毀者甚多。火車站內，外省人被毆，各次火車均未開出。

傍晚，市民並擁入《新生報》要求刊發號外，否則即擬焚毀[20]。其他各報，現均人人自危。

英美領事館人員今日極形活動，分駕吉普車，巡察市區。今日情形，如安南土人攻擊法人然，可見一斑。

聞搗毀專賣局臺北分局時，國父遺像並未撕毀。市民搬出外省人之財物，亦均當眾燒毀，並無搶劫情事。

入夜街市情況仍未寧靜。……

《新生報》三月三日【本報特訊】〈二二八事件的經過〉[21]：

民眾紛紛向本町專賣局臺北分局前進。……毆斃該局職員二名，傷四名。把局裡存貨火柴、香煙、酒及汽車一輛，腳踏車七八輛，……拋出路中，放火焚毀。憲警聞訊趕到，但無法維持，都各避開歸隊。

南門的專賣局總局亦被包圍，幸門户早已緊閉，僅打破玻璃而已。

下午一點餘鐘有一陣以鑼鼓爲前鋒的群眾，約有四五百人，趨向長官公署而行。衛兵舉槍阻止群眾前進，旋聞槍聲卜卜，計約二十餘響，驅散民眾。其後，據一般民眾說，市民即死二人，傷數人。但據葛秘書長報告市參議員說：兵民受傷各一。

---

20 此一「號外」亦見《二二八官方機密史料》頁1。此一「號外」，中央社台北二十八日午夜參考電亦謂係群眾威逼刊行。由於威逼刊行，故所報導有誤，我下一篇論文將討論。

21 《二二八官方機密史料》頁39-43。按：〈本報特訊〉言：「軍隊于本(三)日下午六時撤回軍營集結。」此處用「本日」，即表示係《新生報》三月三日晚上六時以後爲此事出的號外。

> 然而民眾並不因此而散歸回家。……學生全部停課，各機關團體員工都逃走一空。……本町正華大旅社，……表町虎標永安堂……均遭搗毀。自家用汽車卡車，……焚毀者約十餘輛。外省人、公務人員、憲兵、警察、……被毆打者不少。……學生也湊著熱鬧。……
> 下午五點餘鐘，榮町新台公司裡的商品被民眾擲出路中焚毀。有少數竊盜想乘機搶劫財物，都被民眾抓住毒打。……

陳儀三月四日呈蔣電：

> 丑(二月)感(二十七日)晚，專賣局職員在臺北市延平路查緝私煙，當地流氓抗拒，員警開槍示威，誤斃一人。奸匪乘機勾結流氓，煽動群眾，於儉(二十八)日晨，包圍臺北專賣分局及警察派出所，毆打員警，並將公物焚毀，旋又包圍專賣總局，經派員解說無效，並沿途毆打擄架外籍人員，口號打死中國人(即指外省籍人)，被打死傷者數以百計，同時搗毀機關公物，鼓動鐵路公路停駛，有秩序而亂。當日下午三時聚眾千數百人，持旗鳴鑼擊鼓，向本公署直衝，員警阻止無效，甚至開槍劫奪警衛槍枝，衛兵還擊，斃一人，傷二人，幸將群眾驅散。爲維持治安計，宣佈臨時戒嚴。

群眾衝向長官公署究竟係在下午一時許，抑在下午二時，對這種事件發生的時間，恐怕不可能非常準確的紀錄。我們可以說一午一時許是群眾啓動時間，二時爲抵達長官公署時間。而陳儀〈寅支電〉所說「下午三時」，或許係指群眾驅散的時間。

對於群眾究竟係在衝向長官公署之前，即已有怒打無辜外省人暴行，抑在長官公署開槍之後，始有此暴行，《新生報》所載與中央社電及陳儀〈寅支電〉不同。

群眾衝向長官公署是否帶槍，《新生報》及中央社電，與陳〈寅支電〉不同。

對這兩問題，我這裡不擬討論，我這裡只想指出的是，柯遠芬想以軍法處治緝私血案，滿足群眾的要求，而群眾已不耐等候，「公憤已不能遏止」，想直接向長官公署請願，致發生公署開槍事件。

11

公署開槍，將群眾驅散之後，陳儀召見柯，命柯部署戒嚴事宜。我們且抄錄柯〈臺灣二二八事變之眞相〉所記：

> 上午十時，暴徒……擁至臺北專賣分局(即本町)，毆斃外省籍職員二人，毆傷四人。……
> 此後流氓各處同時出動，遇見外省人，即行狙擊凌辱……
> 下午一時左右，暴徒復至南門，包圍專賣總局，幸憲警先事戒備，未被搗毀。惟該局俱樂部及一部份宿舍器物被劫掠一空。……
> 下午二時，暴徒佔據臺灣廣播電臺(位在新公園)，號召流氓在新公園集合，得千餘人，企圖圍襲長官公署，以鑼鼓爲前導，持槍乘車，鼓噪蜂擁而來，陳長官正準備出迎，接見群眾講話，正在尋覓翻譯臺語人員時，暴徒已衝至公署前門廣場，並搶奪衛兵槍枝，及擊傷衛兵一名。衛兵至是不得不開槍還擊，以資鎮壓。當場死、傷暴徒各一，並捕獲暴徒六人。
> 奸黨暴徒退避以後，即散佈全市，展開更瘋狂的毆打外省人暴動。……或死或傷。……
> 在(上午十時)暴徒圍攻臺北專賣分局時，以該分局位於警總附近，我臨時指派臺籍的少將副官處長王民寧前往疏導溝通。據其回報，暴徒叫罵不已，且群龍無首，形勢已無法控制云。
> 我隨即往長官公署，晉見陳長官，請示機宜。此時正是長官公署被暴徒圍攻之後，我即建議：將緝私事件移交警總軍法處訊辦，以轉移群眾目標。由軍方來平息暴亂，或比較容易。
> 但陳長官卻正色曰：「此事完全爲一法律事件。法律之前，人人平等。我絕不能接受暴徒要求。人可廢，法不能廢。」並云：「我已建議層峰實施臺北市局部戒嚴，你應即著手部署戒嚴事宜。」

上引〈臺灣二二八事變之眞相〉僅言派副官處長王民寧前往疏導溝通，未言接受群眾要求，即與前引《新生報》二二八號外、三月二日《中華日報》社論，及三月三日《新生報》【本報特訊】迕。

在〈臺灣二二八事變之眞相〉柯僅說：他建議「將緝私事件移交軍法處訊辦」，好像在他建議之前，未軍法審訊。此亦與現存二月二十八日下午三時警總軍法處訊問〈葉德耕、鍾延洲筆錄〉不合，與臺北地方院判決書引警總審判傳學通卷、審判葉德耕卷不合。

根據警總二十八日下午三時審訊〈葉德耕、鍾延洲筆錄〉，及臺北地方院判決書徵引警總審判傳學通卷、訊問傳學通卷、審判葉德耕卷，我們可以判斷：柯見陳儀之時，軍法審判已依程序進行多時；雖尚未審結，但柯已知陳文溪係傳學通開槍所殺。在群眾衝向公署，公署開槍之後，柯爲了平民忿，遂建議陳儀將緝私案件交警總軍法處訊辦，也就是處傳學通以死刑，以平息暴亂。

按〈刑法〉殺人罪：

> 二七一條、殺人者，處死刑，無期徒刑，或十年以上有期徒刑。
>
> 二七六條、因過失致人於死者，處二年以下有期徒刑，拘役，或二千元以下罰金。
>
> 從事業務之人，因業務上之過失，犯前項之罪者，處五年以下有期徒刑，或拘役，得併科三千元以下罰金。

傳學通根本是危急時開槍流彈傷人致死，罪不至於死。要處傳以死刑，得說傳係故意殺人。三十六年四月三日臺北地方法院判傳以死刑，即持此一理由，不知是否曾參考警總審判卷。傳上訴，臺灣高等法院五月十七日判決，改處傳十年徒刑[22]，其判決書惜未見。傳上訴最高法院，其結果如何，待考。

據第六十四次政務會議紀錄，陳在二十八日上午九時以前，已知此係誤傷人命事件，已命臺北市長妥善處理，交司法機關法辦，陳不會同意柯以軍法處傳以死刑的。

而且傳學通非軍人。據〈陸海空軍審判法〉第二十八條：

> 審問與軍人共犯之非軍人完畢後，應即將該非軍人連同供詞證據物件，送交該管法院檢察官，或其他行使檢察權之官署。

則警總軍法處根本對傳學通、葉德耕等六查緝員只有審問權，而無審判權。

---

22 判決日期係據《臺灣省通志稿·大事志》。

因此，陳儀正色對柯說：「此事完全為一法律事件。法律之前，人人平等，我絕不接受暴徒的要求。人可廢，法不可廢。」人可廢，是說我的官可以廢罷，我的人可以被暴徒殺掉[23]，而法不可廢。法律不可以廢棄而不遵守。

陳儀的話，義正辭嚴，因此，警總軍法處於三月一日將查緝員葉德耕、傅學通等六人，移交臺北地方法院，下臺北第一監獄，警總審判傅學通卷、訊問傅學通卷、審訊葉德耕卷等有關案卷，也一併移送臺北地方法院檢察處。而警察大隊警員四人則移交警務處扣押。可能要等到臺北地方法院檢察官將查緝員六人起訴之後，警察大隊四警員才會釋放。

由於二二七緝私血案，交司法處理，陳儀不能解說案情，因此，陳儀在三月一日下午五時廣播僅說：

> 緝私煙誤傷人命的人，已經交法院嚴格訊辦，處以適當的罪刑。一個被打傷的人，傷勢並不重，我已經為他治療，並給以安慰的錢(五萬元)。一個因傷死亡的人，我已經很厚的撫恤他了(二十萬元)。這件事的處理，我想：你們應可滿意。

他在廣播中未說明是警員肇禍，抑查緝員肇禍。那些看見二月二十八日《新生報》「將肇禍四警員帶警局訊問」的人，仍將一頭霧水。

也正因此，三月二日臺北市處理委員會遂派人至監獄及刑務所察看，知查緝員六人已送臺北地方法院臺北第一監獄，而警員四人則扣押於警務處，而未送法院。三月三日，臺北市參議會副議長潘渠源遂謂:「兇手四人(按:指肇禍之四警員)尚未送至法院，陳長官嚴格訊辦之言不能相信。」[24]

前引三月二日《中華日報》社論：

> 群情憤慨，圍集有關機關，要求懲兇、撫恤、道歉，並保證以後不再發生類似此種之不幸事件。聞此案正移警備總部辦理，柯參謀長並已接見民眾代表，當面答應照辦，現正循法律途解決。……
> 當局除引咎道歉、撫恤傷亡之外，並應迅速交出兇手，不得包庇或縱

23 廢字含有誅殺之意，係自明太祖時開始。明太祖姓朱，諱誅言廢。他常說，「將這個人廢了」，也就是將這個人殺了。

24《二二八官方機密史料》，頁26。

容。

此所謂柯當面答應照辦，即指二二八《新生報》「號外」所言，「柯接受群眾一至四項要求」，柯以軍法審問肇禍兇手；而「現正循法律途徑解決」，則指柯晉謁陳以後，改以司法處理。

〈社論〉要求將兇手迅速交出，此兇手亦指四警員。陳儀在二二八上午政務會議前，已知此係查緝員肇禍，應司法處理，警總於下午審訊四警員，亦應知緝私血案與四警員無關，陳、柯似應明白解說案情，以釋群疑。陳儀在廣播時，未明白解說，恐亦懼人言，干涉司法，而且也只有經過司法機關正式判決，才可以使人相信。

12

柯遠芬接受群眾一至四項要求時，他以為這樣就可使群眾滿意。他未想到，群眾第五要求——要將專賣局主管免職，這一要求的重要性。

要將專賣局主管免職，這是行政公署長官陳儀的權力。群眾也正是希望見到陳儀，提出此一要求。

專賣局的主管是依陳儀所定專賣法規行事。群眾要免專賣局局長、副局長的職，陳儀勢須考慮這應由他自己所定的政策負責任，不可諉過於部屬。他應考慮臺灣人民在去年，亦即民國三十五年幾次向中央請願，要求廢除專賣制度及官營貿易制度。

柯遠芬未接受群眾第五項要求，「群眾公憤的情緒仍不可遏止」，乃衝向長官公署請願，發生公署開槍事件。這就表示柯之接受群眾一至四項的要求，對暴亂的平息並沒有助益。而且僅延緩了群眾向陳儀的請願。柯未曾安排，給群眾與陳儀一個和平談判的機會。

柯是警總責任參謀長，他決定以軍法審判警察大隊四警員，他作此重要決定，顯然未將二月二十八日《新生報》【本報訊】「聞警察局長陳松堅將肇禍四警員帶局訊問」，向警察局長陳松堅及憲兵第四團長張慕陶查證，也未向陳儀報備。他如報備，那陳儀就會告訴他，查緝員傅學通肇禍，傅非軍人，只能由司法處理，柯遠芬就不會要以軍法審問肇禍四警員了。

他將警察大隊警員視同軍人，嚴格說，也應徵詢陳儀的意見。陳儀此時正在主持政務會議。很可能柯認為這係小事，不需麻煩陳儀。他係警總責任參謀長，他可先行決定，等軍法官判決，然後再交陳儀核可，這樣可替陳儀分勞解憂，並滿足群眾當眾槍決肇禍兇手的要求。他沒有想到，他的決定是錯誤的，而且根本不可行，而且還貽誤事機。

柯在事後可能很懊悔，因此，他在〈臺灣二二八事變之眞相〉文中，即絕口不提他接受群眾的一至四項要求，及已以軍法審訊四警員、六查緝員事。

13

在此之前，柯寫的〈事變十日記〉，不僅同樣的隱諱，而且還捏造了一些事實。

〈事變十日記〉二月二十八日日記：

> 七時早餐，餐後是我寫日記的時間(寫昨天二十七日的日記)。……
>
> 在二十七日日記裡，我記下兩件事，一件事，日前有人造謠。……另一記事爲今晚因專賣局緝私人員執行任務不得法，致傷害人民，引起事端，民情甚爲激昂。此事應由專賣局和警察局負責處理，優恤死者，重罰失職人員，以期大事化小，小事化無。……七點三十分上英文課，不到半小時，長官來電話，要我到公署有事相商。至則臺北市游市長、陳警察局長，和警務處胡處長均在座。
>
> 當時得知延平路一帶流氓在打鑼，民眾在集合，因昨晚緝私命案將有示威行動。當時大家均認爲：這是流氓所鼓動，所以長官有意逮捕流氓，但我的感覺有些不同，認爲幕後必定另有人在煽動，同時民眾在蠢動中，流氓混在群眾裡，又無特別記號，在此群情激昂之下，如以武力制壓和逮捕流氓，恐易引起衝突發生不幸流血(如過去許多慘案相同)。因此，我主張對緝私案立即宣示處理辦法，同時以憲警設法解散已集合的群眾，和守護各機關衙門，然後再設法對付流氓。長官亦同意此辦法，我們就分頭去處理。
>
> 群眾集合的雖不多，但是圍觀者甚眾，一共約二三千人，聲勢相當浩大。當時游市長、市參議會周議長、陳警察局長，和憲兵張團長等均前往勸導。並宣示政府對失職人員必定從嚴辦理，但群眾要求即刻槍斃失職人員，故無結果。擾攘至十一時左右，群眾擁至專賣局，同時張團長和胡警務處長亦先後前往制止。不久聞專賣局門市部和貿易局

> 的新台公司均被搗毀。至此，群眾逐次失去理性，星星之火，從茲便成了燎原了。
>
> 午飯後，我命副官處王處長(本省人，按：即王民寧)前往勸導。並請群眾推派代表前來商談解決辦法，不久，王處長偕同七八位代表前來，此時國大代表謝娥女士亦來部，告知事態嚴重，要我速謀解決。當時我就請他亦參加商談，希望她能發生些作用。代表們提出了六個條件，除了立刻撤換專賣局長，因爲職權關係我沒有答應他們外，其餘我都圓滿的答覆了。
>
> 惟正在商談中，我接到長官的電話說：群眾又擁向火車站，有向長官公署進擾的模樣。我於商談完畢後，即令代表們速去制止群眾繼續暴動，並應速行解散。隨後，長官電話要我前去，至則葛秘書長、軍法處徐處長和法制委員會方主委均在座，正討論戒嚴的法律根據，後來又和秘書長商量，討論許久，對於戒嚴不戒嚴仍無結果。我以時機緊急，轉瞬天黑，一切布置均來不及，所以我即先回部作一切戒嚴的準備。
>
> 回部後，見及曾經商談的代表，他們亦說事態嚴重，因爲有許多不認識的人在煽動、在領導，要求派交通車貼些標語，標語寫的是「事件圓滿的解決了，請民眾回家去」。在他們還沒有去的時候，我們就聽到了四五響槍聲，知道事態不好了。果然葛秘書長來電話說：暴徒進擾公署，並搶奪衛兵的槍，且有暴徒開槍，向衛兵射擊。衛兵不得已還擊，致雙方傷數名。暴徒雖已驅散，但仍在各處騷擾。我即飭代表們迅速前去設法制止民眾的暴行。此時我已知道事態極爲嚴重，奸僞已經混入群眾中，積極的在煽動，因此，我召第三處盧處長商討軍事布置，同時計畫今晚戒嚴的部署。
>
> 當時最感困難的是兵力不夠。……經將此情形報告兼總司令後，決定自今晚十二時起開始戒嚴。……
>
> 黄昏前，戒嚴令下達，是以憲兵張團長兼臺北市臨時戒嚴司令。……

柯在〈事變十日記〉中，僅含混地說：他圓滿的答覆了群眾的要求，僅群眾第五項要求專賣局長撤換他未答應。他也因此誤記群眾的要求爲六項。

他在〈事變十日記〉中，即未明白說，他已接受群眾第一項要求——要立刻槍斃肇禍兇手，也未明白說，他對肇禍四警員、六查緝員，已以軍法審訊。

他未想到，由於《新生報》二二八「號外」，及警總二二八審訊葉德耕筆錄的存在，會有人發現他扯謊，隱諱失實。

〈事變十日記〉說柯在二二八當天上午八點鐘前，陳儀來電話要柯來公署相商。以二二八當天政務會議紀錄證之，陳儀在二二八上午上班前，已知悉查緝員傅學通誤傷人命事件，已命游市長妥善處理，柯如果來到公署見到了陳儀，及警察局長陳松堅，柯怎麼會犯以軍法懲治四警員的錯誤。〈事變十日記〉記柯見陳商談，如果不是第六十四次政務會議紀錄被發現，我們很不容易判斷〈事變十日記〉所記係子虛烏有。

柯〈臺灣二二八事變之眞相〉，即刪除陳召柯相商一事，改說：

> 二月二十八日，我一如平時，按時到警總上班。對於昨晚發生的查緝事件，由警察處理，以為早已平息，上班後，未再查詢。
>
> 不意我到辦公室後，即有臺灣省婦女會理事長謝娥女士(她是一位女醫師)偕同該會副理事長李女士來見，當即告訴我，據他們所得消息有若干不滿份子昨晚商議於今天發起暴動，要我嚴加防範。隨即又得糧食調劑委員會總幹事李連春先生(本省人)亦作同樣報告。我以事態嚴重，即以電話報告陳長官，而陳長官告訴我，長官公署亦同樣獲得此項情報，並令警務處嚴加防範。此時軍方不必介入，並令軍人不准外出，以免引起軍民衝突。我以長官已有明確指示，故除命令各機關部隊官兵嚴守崗位不得外出，並未作進一步措施。所以在二月二十八日當天所發生的暴動，未能全部了解。

此處即完全不提他至公署相商事，此亦可證明〈事變十日記〉此處所記不實。

柯在〈眞相〉一文中，已承認他對二二八當天上午發生的事不了解，故他在〈眞相〉一文中，遂據長官公署所編《臺灣暴動事件紀實》改寫。

〈事變十日記〉漏提群眾搗毀專賣分局，書包圍專賣局作十一時事，此在〈臺灣二二八事變之眞相〉即改正，說下午一時，包圍南門專賣局。此所言應屬實情。

〈事變十日記〉說，午飯後，派副官處處長王民寧前往勸導。而〈臺灣二二八事變之眞相〉則改正為在上午十時暴徒圍攻臺北市專賣分局後。

〈臺灣二二八事變之眞相〉說：「因由警察處理，以為早已平息，上班後未再查詢。」此所謂「由警察處理」，即指二月二十八日晨《新生報》所言：

「由警局局長帶肇禍四警員，至局究問」，柯以爲事件已平息，上班後未再查詢。

在〈臺灣二二八事變之眞相〉一文中，柯不能說，他上午上班後，無所事事。於是改說：上班後，國大代表謝娥來見，說昨晚不滿份子會議將於今日暴動。柯認爲事態嚴重，遂以電話告知陳儀。

謝娥來見柯，〈事變十日記〉說：其時柯正與群眾代表商談，謝告柯以事態嚴重，應速謀解決。這是合情合理的。柯在〈眞相〉一文中，竟改說謝向柯檢舉群眾於二二七晚會議，決定將於二二八日暴動。這就與〈事變十日記〉所記內容不同，而且所記會面的時間也不同。謝檢舉二二七晚群眾陰謀於二二八暴動，如屬眞實史實，〈事變十日記〉怎可省略不記，而記於〈臺灣二二八事變之眞相〉？以第六十四次政務會議紀錄證之，陳上班後，柯如向陳稟報謝娥檢舉，則陳怎麼可能在會議中仍好整以暇，從容的開會，使會議在十一時五十五分結束。

陳儀並未認爲事態嚴重，陳儀僅命臺北市長妥善處理。

我不相信，二二八上午十時，柯在電話中曾向陳報告：謝娥作如此重要的檢舉。柯在〈事變十日記〉中扯謊，美化他的行事。在〈眞相〉一文中，一樣可以扯謊，美化他自己。使人認爲，他已盡責，沒有做錯事。

一九八五年謝聰敏曾在美國訪問謝娥。謝娥說：

> 當是日的前一日事情在緊張時，我去見過當時的柯遠芬參謀長，提醒他：臺灣同胞及政府都是自己人，都是中國人。軍部是不能像以前的印度的英國軍隊向無武裝的印度人民開槍。我去看柯參謀長事，記得以後在報紙看過柯參謀長發表他在二二八期間的日記時有記載，不過報紙沒有記載會面的內容。

按：〈事變十日記〉說，謝見柯說「事態嚴重」，此即已記其會面內容。論謝娥見柯事，我還是比較相信〈事變十日記〉所記。

〈事變十日記〉記：籌劃戒嚴事，與〈眞相〉所記：「我已向層峰建議實施臺北市局部戒嚴，你應即著手部署戒嚴事宜」不同。〈眞相〉所記簡單明瞭，較貼合當時實情，恐應以〈眞相〉所記爲可信。

〈事變十日記〉記二二八上午十時，柯見陳商談緝私血案處理方法，由於二二八當天第六十四次政務會議紀錄及二二八當天中午左右《新生報》「號外」仍存，我們有理由判斷二二八當天上午，柯未見陳，而且也未與陳儀電話聯絡。

柯〈事變十日記〉刊布於《新生報》三十六年五月十日、十二日、十三日、十五日、十七日、十九日。陳儀去職，陳離開臺灣在五月十一日。柯可能將〈事變十日記〉的〈前言〉，刊布於五月十日，於五月十二日至十九日分五次刊布其二二八至三月九日這十天日記。這樣，陳儀就不會發現柯所記不實。而且還可能使人誤認爲：〈事變十日記〉的文稿在刊行前，曾經陳儀過目。

陳儀去職，至南京後，即回到上海居住。此時應門可羅雀，不會有人將〈事變十日記〉剪報寄呈。陳不久，即因勸湯恩伯投共，被蔣槍斃。陳死於民國三十九年六月十八日。只有等待行政長官公署第六十四次政務會議紀錄刊布，才會有人深入討論二二八當天，陳與柯如何處理暴亂，才會嘗試處理柯〈事變十日記〉與〈眞相〉二文所記的出入矛盾衝突。

十四、論《新生報》二二八當天刊布的兩個號外，並論二二八當天公署命民意代表勸導市民，及市參議會緊急集會問題

1

《新生報》在二二八當天刊布了兩個「號外」，其第一「號外」見《二二八官方機密史料》(頁3)：

> 二月二十八日《新生報》【本報特訊】：
> 本(二)月二十七日夜，專賣局查緝員與警察大隊，在本市南京西路為查緝私煙、香煙，擊斃市民陳文溪及煙販林江邁一案，引起一般民眾公憤，頃向有關當局提出要求五項：
> 一、要求當眾槍決肇禍兇手。
> 二、要求專賣局負擔死者之治喪費，並發給撫卹金。
> 三、保證今後不再發生此種類似之不幸事件。
> 四、要求專賣局長親向民眾代表談話，並當面道歉。
> 五、要求當局立將專賣局主管免職。
> 茲據確息：該案現已移送警備總司令部，依法公正辦理。並且柯參謀長業已當面表示，對各代表所提上述之要求，一至四項可予照辦，並盼各該代表轉知一般民眾，稍安毋躁，共維安寧。

本書第十三篇已考證，此一號外的刊布時間在二二八中午十二時左右。

第二個「號外」見《二二八官方機密史料》(頁3-4)。

> 二月二十八日《新生報》【又訊】：
> 台北市參議會本(二十八)日下午二時，召開緊急會議，到市參議員全

> 體，及省參議會議長黃朝琴、市長游彌堅等列席。當即決議左列條件，向陳長官建議：
>
> 一、立即解除戒嚴令。
>
> 二、對兇手依法嚴辦。
>
> 三、撫卹死傷者。
>
> 四、由本會，及市省參議員、參政員、國民代表組織本案調查委員會，辦理本案。
>
> 五、公務員在市內取締專賣品時，不准帶槍。
>
> 六、因此案被補之市民應即開釋等。
>
> 陳長官對第一條允許俟秩序恢復後解除；第六條亦允將被捕無辜之市民當即釋放。其他條件全部接受。

此第二號號外，台北市和平公園二二八紀念館有原件照相，係與第一號外合印，而第二號外的字體較小。此一合印「號外」的刊布時間爲「二月二十八日下午六時」。

中央社【台北二月二十八日參考電】：

> 傍晚，市民並擁入新生報，要求刊發號外．否則即擬焚毀。其他各報，現亦均人人自危。……[1]

中央社【台北二十八日午夜發參考電】：

> 今下，新生報於民眾威襲下出刊號外。……[2]

第一個號外言：「盼各該代表轉知一般民眾，稍安毋躁，共維安寧。」此係警總授意刊出；而第二號外係下午六時與第一號外合併刊出，則係群眾所威逼。

2

1 《二二八官方機密史料》，頁2。

2 同上，頁6。

由於係威逼，而第二號外所記「市參議會下午二時召開緊急會議，……向陳長官建議，立即解除戒嚴令」，其所記會議召開時間，即與戒嚴令下的時間衝突。

中央社【台北二月二十八日參考電】：

> 行政長官兼警備司令今下三時，下令台北市區戒嚴，一切有關台民暴動新聞，均由司令部發表。今晚，除發表戒嚴令外，另發表下列新聞一則：「因專賣局查緝私煙問題，致槍傷人命案，引起紛擾，長官公署已有妥善處置。要點如下：(一)對于緝私肇禍之人，決予法辦，並嚴令以後不得再有類此事件發生；(二)少數暴徒因此事而發生越軌行動，致危及治安，總司令部已實行臨時戒嚴，藉以保護秩序，一俟平復，此項戒嚴令即可撤銷。」

又中央社【台北二二八午夜參考電】：

> 公署今下三時半宣佈戒嚴令之後，因本市軍警力量不足，急由附近縣市調遣。午夜後，始陸續抵達，致紛擾現象未能立即壓平。公署同時召集參議員、參政員開會，決定由彼等分區勸導市民。[3]

戒嚴令之下在下午三時，在三時半則調集附近軍警，並同時召集參議員、參政員開會，決定由彼等分區勸導市民。

在下午二時市參議會召開緊急會議，怎麼可能討論「立即解除戒嚴令」？故三月三日《新生報》【本報特訊】〈二二八事件的經過〉遂這樣敘述：

> 民眾曾於上午十一時左右，派代表五人，向柯參謀長請願，提出要求五項(請閱本報二十八日號外。按：此即上引第一號外)，柯參謀長允諾照辦。但客觀形勢的發展，難以滿足民眾的要求，公憤的情緒，仍不可遏止。下午二時，台北市參議會爲解決事件，召開緊急會議，決議全體及省參議會議長黃朝琴，赴公署建議，面謁陳長官，互相發表意見討論。茲將雙方意見，分別歸納如次：

---

3 《二二八官方機密史料》，頁6。

> 參議會謂：由延平路的緝煙血案而發展到如此情形之原因，是專賣局少數不法人員，素與商人勾結營私，該局不能採取在各海口緝捕的拔本塞源的辦法，反而飭派一批不遵守長官命令，帶槍的查緝人員，專在街頭巷尾，查拿貧窮的煙攤。政府對不法的公務員，往往擒而又縱，冷笑於法外，使民眾不信任政府。警察大隊之存在，有害無益，應該解散。長官愛護省民，建設本省之衷心，常爲少數部屬的欺騙所埋沒，以致上情不能下達，下情不能上達，切斷民眾與長官的聯繫。爲免事件的再擴大，請下令禁止軍、憲、警勿開鎗。
> 長官謂：本案兇手，當須依法嚴辦；對不法的公務人員，亦須嚴重處分。所謂對公務員的處分，有二種辦法，一是行政處分，一是司法處分。過去，犯法的公務員，本人都予以免職的行政處分，送交法院究辦，由法院依法辦理。本人並非日本時代的台灣總督，無權過問法院的裁判。然而，要檢舉不法的公務人員，亦需要證據，這不獨本省，外省、外國亦然，毫無證據，決〔絕〕難辦理。這次的查緝私煙，是前幾天探悉說，有一大船從外省運大批私煙來台，擬在淡水起貨。曾派員按址查緝，果有大船，但内已無貨，附近也沒有蹤跡，卒於二十七日，在延平路攤上發現這種私貨，因爲取締手段不好，致演成本案。至於，警察大隊的存在，是爲補助本省内，警察力的不夠。警察力充足之時，自然沒有存在的必要。禁止開槍一事，可以照辦云。
> 最後，參議會提出建議條件六條，長官誠意接納(請閱二十八日本報號外。按：此即上引第二號外)。是晚八時後，各通衢要衝，都由軍士、憲兵，荷槍實彈，密佈站崗，施行戒嚴，行人絕跡。晝間的人民世界，突變爲軍人世界了。[4]

由於三月三日《新生報》【本報特訊】稱「本(三)日上午十一時」，故知此一【本報特訊】係三月三日所刊布號外。所附〈二二八事件之經過〉將「參議會提出建議六條(請閱二十八日本報『號外』)」，敘述於參議會與長官陳儀「互相發表意見討論」之後，卻又不明白交待此「建議六條」其第一條即爲「立即解除戒嚴令」，這就不容易使人發現「市參議會係下午二時緊急召開」，其召開的時間有問題了。

4　《二二八官方機密史料》，頁41-42。

這應是〈二二八事件之經過〉的作者，已發現第二號外「下午二時市參議會召開緊急會議」有問題，乃巧妙的爲其彌縫。

三十六年四月十日刊布的翟羽所撰〈台變十日記〉，處理這一問題的方式與〈二二八事件經過〉不同。

他將群眾向柯提出五要求，敘述於群眾衝向長官公署之後，這是錯誤的。

他將群眾所提五要求，繫於二二八日午後，然後即接著敘述「妥善處置要點」，之後記市參議會決議六建議全文，而將第二號外所說「下午二時市參議會召開緊急會議」，省略不提。他也發現「下午二時召開緊急會議」，召開會議的時間有問題。而用刪掉這幾個字，爲第二號外彌縫。

3

我們再觀察翟羽之後諸書所記。三十七年二月林木順《台灣二月革命》(頁118)：

> 下午二時許，市民們……佔領台灣廣播電台。……
> 下午三點，……陳儀宣佈戒嚴。……
> 自從戒嚴以後至晚間，僅在三數小時之內，台北轉成修羅地獄。……婦孺的啼哭，關門閉户的聲音，都交織在台北市的半空中。
> 在這之間，市內煙販派出五名代表赴市參議會建議，促其出面調處，於是市參議會臨時召開緊急會議，結果，決議全體市參議員及省參議會議長黃朝琴率領民眾代表赴公署面謁陳長官，然而陳儀竟不出面，而以柯參謀長代理會見。民眾提出的要求是：
> 一、要求當眾槍決兇手。
> 二、要求專賣局負擔死者之治喪費，並發給撫卹金。
> 三、保證今後不再發生類似不幸事件。
> 四、要求專賣局長親與民眾代表談話，並當面道歉。
> 五、要求當局立即將專賣局主管免職。

以《新生報》二二八日所刊布的兩個號外及三月三日所刊布的〈二二八事件的經過〉校之，則這五個要求見於《新生報》第一號外，係二二八上午十一時左右，群眾代表五人向柯提出。林木順記爲下午市參議會會後，與《新生報》第一號外及〈二二八事件之經過〉不合。

而且黃朝琴往見陳儀，據《新生報》「第二號外」，係提出六建議，林木順即漏六建議不書。

林木順對《新生報》這兩個號外，未好好處理，故三十八年莊嘉農《憤怒的台灣》(頁120)該書記「(二二八)是日下午三時戒嚴」，至「關門閉戶的聲音交織一片」，係抄林木順《台灣二月革命》，而將林木順書「在這之間」至「第五要求」這一段完全刪去。他已發現林木順此處所記不妥。

楊逸舟《二二八民變》(頁84-85)、史明《台灣人四百年史》(頁700)、賴澤涵、馬若孟、魏萼著《悲劇性的開端》(羅珞珈譯本，頁186)，均因襲林木順的錯誤。

一九八四年王建生、陳婉眞、陳湧泉合著《一九四九台灣二二八革命》(頁113-115)，係據三月三日《新生報》〈二二八事件之經過〉敘述，已改正林木順的錯誤，但末了卻說：

> 參議會代表並提出六條要求，內容大致和見柯遠芬時所提相同，陳儀也一一應允。

則與第二號外所記不符。

《新生報》〈二二八事件之經過〉未記六條建議全文，僅註明見於二二八日所發號外。王建生著書時，未取《新生報》號外核對，因此就誤以爲五項要求與六項建議，「大致相同，爲陳儀一一應允」了。

王建生此書仍說「下午二時，市參議會召開緊急會議」。他未發現：此係《新生報》〈二二八事件之經過〉的作者，抄第二號外，遺留下來的錯誤。

4

一九九二年二月戴國煇、葉芸芸合著《愛憎二二八》(頁228-229)說：

> 二十八日上午已有民眾代表見到柯參謀長，都沒有達成協議，無法阻止事端惡化。……
>
> 二十八日下午，事態更趨嚴重，台北市參議會乃召集緊急會議，謀求解決之途徑。並偕同省參議會議長黃朝琴同赴長官公署，提出抗議與

> 和平解決之提案。葛秘書長代表陳儀會見，並接受市議會提案之要求五點：(1)立即解除戒嚴令。……(5)公務員在市內取締專賣品時不准帶槍。

按：戴氏此書即漏提群眾代表所提五項要求，柯遠芬已承諾其一至四項。而且黃朝琴往謁陳儀，已由陳儀接見，見《新生報》〈二二八事件之經過〉。戴氏謂，由葛秘書長代見，誤。

參議會所提要求係六項，而非五項。陳儀對此六項建議，其第一項「立即解除戒嚴令」，僅應允俟秩序恢復後解嚴；對第六項建議「被捕之市民應立即開釋」，陳儀亦僅應允將無辜之市民釋放。

一九九四年《二二八事件研究報告》定本(頁56)：

> 二十八日上午十一時左右，民眾代表五人赴公署，向參謀長柯遠芬請願，提出五項要求，柯氏允諾。但由於客觀形勢的變化，並未能遏止群眾抗爭情緒。下午二時，台北市參議會召開緊急會議，決議推選省參議會議長黃朝琴爲代表，率市參議員去面見陳長官，參議員痛陳緝私之諸種弊端，如縱容不法官商而欺壓攤販、緝私員帶槍執勤、警察大隊之存在等，陳儀的答覆頗爲含糊，惟應允禁止警員帶槍執勤。

按五項要求，柯僅應允其四，此謂「五項要求，柯氏均允諾」，誤。《研究報告定本》不提參議會所作六項建議，及陳儀所作答覆，而謂其答覆模糊，亦與《新生報》「第二號外」不合。

陳翠蓮女士博士論文〈二二八事件研究〉(頁126)記此事，誤謂五條件柯遠芬允照辦；對市議會所提六條件，誤謂陳儀均表示接受。與《新生報》「第一號外」、「第二號外」不合。

陳翠蓮並謂：

> 下午二時，市內煙販派出五名代表赴台北市參議會，促其出面調處。市參議會議長周延壽乃召集緊急會議。

其謂下午二時開會，係本《新生報》第二號外；其謂係應煙販五代表之請求，則鈔林木順《台灣二月革命》。

5

三月三日《新生報》〈二二八事件之經過〉的作者，及後此翟羽、林木順諸人，在寫作時，可能未見到、或未留意到：〈中央社二二八午夜所發參考電〉：

> 公署宣佈戒嚴令後，……公署同時召集參議員、參政員開會，決定由彼等分區勸導市民。[5]

省市參議員、參政員之集會，係在公署宣佈戒嚴令之後。

在上午十一時左右，柯遠芬接見群眾所派五代表，應允其五項要求之第一項至第四項。此見《新生報》「第一號外」，及《新生報》〈二二八事件之經過〉。

陳儀在二二八上午九時至十一時五十五分，在台灣省行政長官公署召開第六十四次政務會議。柯遠芬爲警總參謀長，他未出席，也不需出席。

陳儀在政務會議舉行前，已命台北市長游彌堅妥善處理二二七緝私血案。此見長官公署第六十四次政務會議紀錄。

將緝私血案交司法處理，不能滿足群眾立刻槍斃緝私血案人犯的要求，故柯出面，而游彌堅遂將此案移送警總處理。

《新生報》「第一號外」言：「該案現已移送警總，依法公正辦理。」係指游彌堅將此案移送警總處理，不可釋爲：陳儀將此案移送警總軍法處理。

林木順說：「陳儀不出面，由柯遠芬出面代見。」可能即因「第一號外」言「該案現已移送警總」，而有此誤會。在林木順看來，陳儀係台灣省長官公署長官兼台灣省警備總司令；柯係警總參謀長，係陳的部屬；群眾代表見柯之前，自應請見陳儀，陳儀不允接見，乃由柯出面代見。林木順可能不知陳儀此時正在開長官公署政務會議，他在會議舉行前，已命台北市長游彌堅將緝私血案人犯交司法處理。而柯遠芬係警總責任參謀長，負責全省治安，柯是可以根據二二八《新生報》【本報訊】，「警局局長已將肇禍四警員帶局訊問」，而主動出面以軍法處理二二七緝私血案人犯的。此可參看本書第十三篇所考。

---

5 《二二八官方機密史料》，頁6。

6

群眾在上午十一時左右既可與警總參謀長柯遠芬交涉，則自亦可以在上午十一時左右與市參議會交涉。

周夢江〈二二八事變見聞記〉[6]：

> 吃過午飯，我匆匆趕到市參議會。整個會場熱氣騰騰情緒激昂，議員們有的面紅耳赤，大聲的斥責台灣當局的腐敗；有的則顯得疲倦。聽說自上午開會到今，午飯也未吃。我找到一個座位剛剛坐下，聽到一個議員提議「我們應該集體向陳儀長官請願！」話也未說完，滿場就響起掌聲，提案通過了，議員們紛紛湧向門口，我也快步跟隨，搭上一部汽車，向長官公署疾馳而去。
>
> 台灣行政長官公署……門前是個廣場，這時密密麻麻的擠滿了人，眞是水洩不通。群眾看到議員的汽車，讓出一條路，使汽車開到公署裡去，可是公署大鐵門卻緊緊關閉著。當我在車內還未下來，一陣密集的槍聲響了，子彈從天空呼嘯而下，嚇得我在車內不敢抬頭。也不知過了多少時間，槍聲停了，滿地都是群眾逃命時留下的自行車。事後知道長官公署屋頂上架著的重機槍向群眾掃射，當場打死三人，傷數十人。
>
> 我恍恍惚惚回到大街上，心也還未定下，便被一群台北市民扭住了。由於陳儀帶來的一些公務人員，平日作威作福，欺壓群眾，所以當時台灣同胞對大陸來的人有誤會，稱之爲「阿山」(其意大約和外國人稱華僑爲唐山人相似)。而大陸人員的服裝與本地人服裝有區別，所以這批人一眼就認出我是從大陸來的。幸喜我這時外衣掛著報社證章，口袋帶有名片，便向他們解釋：我是記者，爲了採訪新聞，剛才也險些送了命。他們相信了，還有一位台灣同胞自願護送我回報社。……[7]

6　葉芸芸編，《證言二二八》，頁168。

7　戴國煇、葉芸芸合著，《愛憎二二八》(頁202)：「當天在現場採訪的周夢江(中外日報編輯)如下回憶：『那天下午，我奉命到省參議會採訪新聞，隨同請則市參議會在二二八上午即開會，會議至下午，始決定向陳儀請願。當他們前往長官公署時，群眾衝向長官公署，公署開槍，他們遂未見到陳儀。

也正因他們未見到陳儀，因此，在下午三時戒嚴令下，三時半，市參議會遂應陳儀的要求，緊急召集省市參議員、參政員、國大代表集會，討論如何「勸導市民」，而省參議會議長黃朝琴、公署秘書長葛敬恩，遂參加會議。此一緊急會議通過六建議，而由黃朝琴率同市議會議員面見陳儀了。

《新生報》第二號外的刊布，係受群眾威逼。其記下午二時，市參議會召開緊急會議，即係記事有誤。

二二八日《新生報》【本報訊】記二二七緝私血案，其刊布亦係受群眾威逼。其記「警局局長將肇禍四警員帶局訊問」，亦係記事有誤。

故據上文所考，在二二八當天，市參議會開了兩次會。一次在上午，可能如林木順所記，係應群眾代表五人的要求。此五人與見柯遠芬的那五個人可能相同，也可能係不同的五個人。

一次在下午三時半，係應公署的要求，要民意代表分區「勸導市民」。由於事件發生在台北市，故此會亦由台北市參議會召集，到會的有住在台北市的省參議會議長、省市參議員、國大代表、參政員，而公署秘書長葛敬恩則列席。

在市參議會緊急召集的會議中通過六建議。並決定：晚上七點半由警總參謀長柯遠芬廣播，然後由省參議會議長黃朝琴、市參議會議長周延壽，及國大代表謝娥廣播。其由柯遠芬首先廣播，係因緝私血案人犯「移送警總依法辦理」故。

謝娥廣播時，誤信公署秘書長葛敬恩在會中報告，長官公署未開槍打死人，群眾係因踐踏致死。

三月三日《新生報》〈二二八事件之經過〉說：

> 據一般民眾說，市民即死二人傷數人。但據葛秘書長報告市參議員說：兵民受傷各一。[8]

(續)——

顧的議員乘車去見陳儀長官。……迎頭而來的是一陣機槍聲……。』」「省參議會」應據周夢江〈二二八事變見聞記〉改爲「市參議會」。

8 戴國煇、葉芸芸合著《愛憎二二八》(頁202)說：「葛敬恩秘書長向省參議會的報告是：兵民受傷各一。」「省參議會」的「省」字，應改爲「市」。

此「民兵受傷各一」，則應係二二八日晚群眾抗議謝娥播報不實，謝娥在三月一日上午十時市參議會成立「緝私血案調查委員會」的緊急會議中質問葛敬恩，葛敬恩乃改口說，「兵民受傷各一」。

按陳儀三月四日電呈蔣：

> 衛兵還擊，斃一人，傷二人，幸將群眾驅散。

頗疑「兵民受傷各一」係「兵民死傷各一」之誤。

7

林木順《台灣二月革命》(頁16-18)記二二八當天晚上柯遠芬、黃朝琴、周延壽、謝娥的廣播內容及民眾反應，爲後此諸書所本，今錄於下：

> 天黑了，市民正在恐怖中吃晚飯的時候，突然廣播電台通告市民：七點半以後，有柯參謀長、省參議會議長黃朝琴、市參議會議長周延壽、國大代表謝娥等的重要廣播。首先是柯參謀長的廣播，這是自事件發生以來，官方首次的廣播，當然一般市民都無不注意收聽。柯參謀長說：台灣自光復以來，中央是如何關懷台灣，所以特派陳長官來台，陳長官是如何愛惜台灣同胞，陳長官所有的施政方針及其他一切措施都是爲了台灣同胞著想，至今台灣的治安非常安定，產業也已逐漸復興，新台灣的建設已經踏入軌道，不料昨晚因私煙查緝員與煙販間的一點誤會，以致誤傷人命，再因此事件已起小數「暴徒」毆打外省同胞及焚燬公家物資，這是非常痛心的事。尤其使他痛心難過的，就是日本人和外國人看見我們兄弟相打，在旁邊拍手痛快。台灣同胞大家想一想，這是不是我們中國的不名譽，是不是台灣同胞的大恥辱？其次，他報告，下午與民眾代表會見的經過，並宣佈長官公署及警備總司令部對此事件的處理方針：一、對緝私肇事人犯決依法嚴辦，並嚴令以後不得再有類似事件發生。二、小數「暴徒」因此事而發生「越軌」行動，致危及治安，總司令部已經實施「臨時戒嚴」，藉以保護秩序，一俟恢復平靜，此項戒嚴令即可撤銷。最後他希望市

民發揮過去的守法精神，遵守秩序，信賴政府，靜待合理的解決。

聽了柯遠芬的這一場官話，民眾都無不失望了，因爲柯遠芬對於民眾代表的要求，都沒有誠意接納，只說「依法嚴辦」，甚至對於「請願的民眾」加以「暴徒」的帽子，對於「合法的請願」謂之「越軌行動」，而以「戒嚴令」對付。至於查緝員的橫暴及公署衛兵掃射請願民眾一事，都不提起。

黃朝琴、周延壽等說了些大捧小罵的鬼話，勸告民眾，信賴代表與當局的交涉，靜候合理解決。一句話，就是替陳儀企圖削弱民眾的反抗情緒。

至於謝娥，竟敢在全體市民興憤當中，歌頌陳儀的德政，並且否認公署衛兵向請願民眾開槍。她說：在公署前面，並沒有發生過開槍事件，因民眾擁擠，互相踐踏，致生出若干名的輕微負傷者。她又說：她曾經訪問過女煙販林江邁，知道她是受了輕微的打撲傷，決不是受槍筒打的。她極力要求「省民」必須冷靜，不可輕舉妄動。憲法已經頒佈了，省民要做一個好好的主人，否則本省憲法的實施就會延遲。最後，她又說，陳長官是怎樣怎樣的好人，他如何愛顧台灣同胞，他是沒有子女的老人家，所以他不要賺錢留下財產(意思就是說陳儀不是貪官污吏)，陳長官對於這個事件，甚爲惋惜，他已經答應以最大的寬懷處理這事件，絕不追究民眾的責任者，請大家放心，遵守秩序，不可輕舉妄動，信賴當局的處理。……

她廣播以後，還未回到家裏，就有大批民眾去找她，……要立刻更正她剛才廣播的話。因此，她不得不再跑到廣播電台，糊裏糊塗地辯解了一番。

次日(三月一日)早上，民眾就把她的醫院圍住，要求解釋她昨晚的廣播，恰巧有人抬來一個被衛兵槍傷的市民要她治療，但她竟以「很忙」爲口實，拒絕治療，因此民眾越加憤怒，遂衝入醫院裏，把一切醫療機器、藥品、傢具、衣類、現鈔，都搬出來路上，縱火禁燒。……

林木順將群眾所提五要求，誤繫於戒嚴後，與《新生報》第一號外不合，已見我前文所論。

林木順此處說：柯在廣播中報告「他下午與民眾代表會見的經過」，此處所記會見時間亦不可信。柯廣播全文應該見報，尚待訪求參考。

柯、黃、周、謝四人廣播，根本未代陳儀向人民認錯，暴亂自然無法平息。

據美國政府檔案，在二二八黃昏時，仍有大陸同胞十一人(內含婦女小孩八人)進入台北市美國領事館避難。(參看本書十七篇)

據中央社【台北一日下午二時參考電】：

> 今此間情況依然嚴重。……若干地區且有較大集團毆人毀屋，均如昨日，槍聲時聞，互有死傷。……此間外省人藏匿屋內，……人心惶惶，匪言可喻。……國大代表謝娥女士因昨晚廣播謂「公署門前，並無死傷」一語，今上，住宅被毀。……省參議會議長黃朝琴被罵走狗，住宅亦毀。……中外日報社長鄭文蔚住宅，昨夜被毀。今發現署名台灣六百五十萬人的陳嘉庚之標語，其中要求撤銷專賣、貿易兩局，又有「台灣獨立，打死中國人」等標語。[9]

由於暴亂並未平息，因此在三月一日上午十時，市參議會即履行二二八當天所作六項建議中的第四項建議，成立市參議會緝私血案調查委員會，並要求官方亦派員參加了。

在二二八戒嚴令下後，陳儀原要求民意代表「分區勸導市民」，市參議會遂集會，提出六建議，並決定晚七時半以後，由警總參謀長柯遠芬、省參議會議長黃朝琴、市參議會議長周延壽及國大代表謝娥廣播。

陳儀曾要求青年團台灣區團部主任李友邦出面「勸導市民」，爲李友邦拒絕，見李友邦夫人訪問紀錄。國民黨台灣省黨部主任委員李翼中則出差至花蓮，二二八晚始回至台北。見李翼中《帽簷述事》。

---

9 《愛憎二二八》，頁9-11。

十五、論蔣渭川與二二八

研究二二八，不能不提蔣渭川，因爲在二二八事件爆發後，蔣渭川代表民間向陳儀長官公署交涉，主導台灣民眾的意見，具有廣泛群眾基礎，居於決定性的影響。

蔣渭川在二二八事件後的角色與功勞，《二二八事件研究報告》不但不給予肯定，還頗多污衊曲解，本文根據檔案、報刊、文件等新材料重新研究，擬給予公平的論斷，不欲使其人之貢獻埋沒，還諸應有的歷史地位。

致力史學研究應該實事求是，秉筆直書，既不阿諛奉承，也不婉曲隱諱，作〈蔣渭川與二二八〉。

1

二二八事件爆發後，陳儀爲迅速平息暴亂，採取兩條路徑做法，一邊派民意代表斡旋，同時一邊遊說蔣渭川出來做溝通協商的橋樑。

林德龍輯註《二二八官方機密史料》引中央社【台北二十八日午夜發參考電】：

> 公署今下三時半宣布戒嚴令後，因本市軍警力量不足，急由附近縣市調遣，午夜後，始陸續抵達，故紛亂現象未能立即壓平。公署同時召集參議員、參政員開會，決定由彼等分區勸導市民。但至夜間，官方除發表兩項原則性之辦法(已電京)外，並無具體適當之辦法。……陳長官今夜未返官邸，宿於公署辦公室內。昨夜查緝私煙之專賣局職員六人、警察四人，現均在押。擊斃陳文溪之兇犯傅學通，係該局科員。總之，今日之問題，已非陳儀能否統治台灣，而爲祖國能否保有

台灣矣。[1]

則知陳儀宣布戒嚴令後，召集民意代表參議員、參政員開會，決定由這些民意代表分區做勸導市民的工作，但效果似乎有限，仍然無法迅速平息這場動亂。於是，只好把蔣渭川請出來。

蔣渭川遺稿《二二八事變始末記》書首附有二二八當天張慕陶親筆致蔣渭川信函照片：

渭川先生：

此次不幸事件之發生，咎在專賣局職員處置不當。現當局已決定對肇事人交軍法審判，并對死者從厚撫恤。關於此意，希望吾兄出來轉達市民，并請吾兄鼎力維持。專達，即候

大安　　　　　　　　　　　　　弟　張慕陶　二、廿八

這封信用「憲兵第四團團本部用箋」的信紙寫成，自然眞實可信。

所謂「鼎力維持」，亦即「維持治安，平息暴亂，恢復二二七以前的秩序」之意。

蔣渭川是在下午三時赴商會開會，四時散會回家，才看到張的信。蔣《始末記》的撰寫在三月二十七日以後[2]。《始末記》說：

散會，……我回到店中。……聽說憲兵團長張慕陶兩次來訪，並留下一函，折開一看，才知他奉陳長官之命，請我出來收拾大局。[3]

在二二八下午三時至四時，蔣不在家，張慕陶兩度來訪，並留下一函，則張該函之寫作時間應在此時，與當天下午三點警總審訊葉德耕筆錄正好相符合[4]。

1　林德龍輯註《二二八官方機密史料》(台北：自立晚報社文化出版部，民國81年3月)，頁6。

2　《二二八事變始末記》，頁134。

3　同上，頁4。

4　關於葉德耕在民國三十六年二月廿八日下午三時接受訊問筆錄的情形，見陳興唐主編《臺灣二二八事件檔案史料〔上〕》(台北：人間出版社，1992年2

2

陳儀邀請蔣渭川出面平息暴亂，主要是著眼蔣渭川具備豐沛的群眾基礎背景，能夠發揮具體的影響。因此請他出面作爲官方與民間的溝通橋樑是極合適的人選。

蔣渭川當時是台北市商業協會會長，台北市的流氓都會買他的帳。他曾經代表民間團體上書長官公署修正平抑物價政策[5]，深得民心支持，在民間頗孚人望。

蔣渭川與台籍日本兵的淵源密切。由國家安全局公布的檔案，則知蔣渭川在日據時代擔任日光堂書店的發行人，在昭和十七年(1942年)請梅原郁夫編《台灣青年の叫び》，並資助出版。該書係鼓勵台灣人民充當日本陸軍志願兵[6]。他與台籍日本兵的關係可想而知[7]。

蔣渭川又是台灣省政治建設協會的首席常務理事，負責全省的會務。舉行憲政研討會的時候，他的口才很好，演講非常動人。而且政治建設協會在全省各地都有分會，基層的力量穩固，是不容忽視的一個民間政治社團。

蔣渭川的社會地位極高。在台灣光復之前，他曾經擔任多種職務，如台北市議會議員、台北總商會會長、台灣貿易商同盟會會長、台灣書籍雜誌商組合理事、紙文具商聯合會會長、台灣藥業組合員，以及稻江、商工、龍江等信用

(續)

月)，頁311-319。

5 陳儀爲平抑物價，二月十四日電請貿易局辦理實施緊急措施，在進出口方面：嚴格限制由貿易局經理進出口貨物，僅限定基隆、高雄、臺中、馬公、花蓮五港口停泊船隻，以杜絕走私。陳儀這項經濟政策，引起頗多的民怨，蔣渭川以台北市商會理事長的身分於二月廿五日呈請長官公署修正平抑物價政策。薛月順編《台灣省貿易局史料彙編》(台北：國史館，民國90年12月)，第一冊，頁289-290、頁341-344。

6 侯坤宏、許進發編《二二八事件檔案彙編(一)——立法院、國家安全局檔案》(台北：國史館，民國91年3月)，蔣渭川擔任日光堂書店的發行人，版權書影見頁290，他贊助出版的謝辭書影，見頁227，其書目錄與詳細內容，見頁229-289。

7 蔣渭川寫的《二二八事變始末記》、《二二八事件報告書》、〈告白書〉等文章均是爲了他與政治建設協會的會員洗刷罪嫌，因此就不得不隱諱他與台籍日本兵的淵源。平心而論，這正與在日據時期台灣政治菁英加入皇民奉公會的權宜舉措一樣，這種事情是可以原諒的，研究歷史不必爲之避諱不談。

合作社的理監事、工友總聯盟指導顧問、台灣民眾黨中執委等[8]。

所以，陳儀一方面要民意代表來安撫群眾，另一方面積極請蔣渭川出面幫忙解決問題，原因就是在此。

3

蔣渭川當時所以沒有立即接受張慕陶的邀請，主要是因爲有這些民意代表出來組織緝煙血案調查委員會，他只回函向張說他會「發動工會力量出來幫助收拾大局」[9]。

二二八當天雖然已經戒嚴，而這些民意代表出來只是分區勸導市民，並沒有指出陳儀有任何政策上的錯誤，如此一來，民眾是不會同情的，因此無法如預期平定動亂。

另外，葛敬恩秘書長在民意代表應公署之召會議時，列席說，公署前民眾是自行推擠受傷的，軍警並沒有開槍，國大代表謝娥依循葛敬恩的說法廣播，激起民眾的憤怒，第二天便有民眾把謝娥的康樂醫院搗毀。

蔣《始末記》說：

> 三月一日，……跑到謝娥女士醫院，已見物件被燒殆盡，……無奈又折回來。
>
> (下午)又接張憲兵團長第二次來函，敦促出面收拾殘局，並說，無論如何長官希望見面一商云云。
>
> 近夕，又接柯參謀長來函，邀我即時以行動協助收拾危局，並請我集中民眾意見，出任調解及處理一切問題。我考慮之後，函復，已有參議員組成處理委員會可以處理一切，個人願盡能力所及，儘量從旁協助，抑平動亂，以防事件之擴大。並希軍方愼重任何措施。
>
> 近六時，忽得報告，民眾在北門被軍警開槍打死二十多人，傷者無數[10]。事件嚴重惡化，收拾就愈困難，更增加我的憂慮。……

---

8 陳芳明編《蔣渭川和他的時代》，頁266。

9 《二二八事變始末記》，頁5。

10 此處言「民眾在北門被軍警開槍打死二十多人」，恐非正確，應據處委會三月三日呈蔣電的報告「死傷民眾三十餘人」，應是較合乎事實。

> 八時，省黨部李主任委員翼中送信來謂：「爲國家民族計，爲台灣前途計，君以黨員指導者立場，值此動亂騷擾之際，必須冒險挺身出來收拾大局，使社會早日恢復常態，方不貽笑外人。」[11]

台灣省黨部主任委員李翼中《帽簷述事》亦記有此事說：

> 三月一日，……陳儀派張慕陶至三民書店見蔣渭川，李翼中指派省黨部組織處長徐白光亦至，共說蔣渭川，遂謂以協助政府立場平息事件。[12]

在二二八日，蔣認爲解決二二八事件，「個人力量無辦法」，而後來國大代表謝娥女士因廣播公署門前無台胞死傷，引起民眾不滿，醫院住宅遭搗毀[13]。在三月一日下午二時，群眾包圍北門鐵路局，警察大隊開槍打死台灣人二人，而大陸籍鐵路員工有二十餘人往美國領事館避難，長官公署巡邏車開到，將民眾驅散，民眾死傷三十餘人。這些均使蔣覺得非出面幫忙平息不可。

到了三月一日晚上，蔣接受張慕陶及李翼中的要求，允許出面收拾危局，使「秩序平靜，恢復常態」，那他就得考慮會見陳儀，建議處理暴亂方針，並考慮怎樣說服衝動的民眾，這就可使他失眠，「徹夜思索」了。

柯遠芬民國三十六年五月十日刊布的〈事變十日記〉末記柯與蔣有信件來往；民國七十八年七月柯所撰〈臺灣二二八事變之眞相〉則斥蔣爲惡霸劣紳。

蔣《始末記》既言：張慕陶、柯遠芬、李翼中三月一日皆有來書，我很希望蔣的後裔能將這三人三月一日來信影印，使我們更清晰了解三月一日的眞實情況，很可能在這天的來書會有「收拾危局」等字。

4

中央社【三月三日午十二時參電】：

---

11 《二二八事變始末記》，頁5-7。

12 《二二八事件資料選輯(二)》，頁377。

13 《二二八官方機密史料》，頁10，三月一日中央社【台北一日下午二時發參考電】密。

> 昨(二日)上午十時，台省政建設協會理事長蔣渭川等五人曾謁陳長官。……[14]

此五人，據蔣《始末記》，爲陳清汾、張晴川、李仁貴、蔣及張慕陶[15]。陳任通譯，而張晴川係台北市參議員、政治建設協會常務理事兼宣傳組長，李仁貴係台北市參議員及台灣政治建設協會候補理事。台灣省政治建設協會未設理事長，設九常務理事，蔣渭川爲常務理事兼總務組長，在常務理事中名列第一，因此中央社記者從俗稱他爲理事長[16]。

《新生報》三月三日【本報訊】：

> 處委會於二日下午二時五十分假中山堂三樓舉行。……由周議長主持。……
>
> 首由張晴川議員報告：上午九時卅分至十時卅分，一小時，與陳長官商洽善後方案。……陳一一答應。……

三月二日的〈台灣省政治建設協會急告〉：

> 本會於三月二日上午十時派蔣渭川同志向陳長官交涉……

三月二日上午蔣晉謁陳儀時間似應以張晴川所言較爲精確可信。

蔣《始末記》記蔣、陳會晤時間爲「上午十時四十分」開始[17]，「會談結束，握手告別，出了長官公署門口已近下午二時」[18]，與張晴川在處委會會議時所報告不合。

考《新生報》三月三日【本報特訊】：

> 本(二)日十二時十分，市參議會調查委員會全體委員往公署謁見陳長

---

14 《二二八官方機密史料》，頁22。

15 《二二八事變始末記》，頁8。

16 台灣政治建設協會理監事名單，見《二二八事件檔案彙編(二)》，《國家安全局檔案》，頁348-349。

17 蔣渭川遺稿《二二八事變始末記》，頁9。

18 同上，頁16。

官，在公署四樓討論本案之解決方針，……陳長官當面答應下列數項：

一　因此案被捕之民眾，全部移交憲兵第四團無條件釋放。

二　關于本案之死者由政府發給撫恤，傷者由政府負擔醫費送醫院治療。死傷者不分本省外省及公務員，希望民眾調查其姓名、住址、報告，以便設法處置。

三　不追究發生本案之民間負責人(從今以後，各安其業，共謀本省之建設)。

四　即時恢復交通(鐵路交通由國大代表簡文發氏負責)。

五　武裝警察巡邏車逐漸減少(槍口不向外，武器放于車內)，以維持治安。

六　從速恢復工作，各商店開門照常營業。

七　食米即運市內，供應民眾需求。

八　路上倘有死傷者，由警察與附近民眾設法送醫院療治。

【又訊】陳長官今(二)日下午三時向全省民眾廣播，各委員亦曾分別廣播。下午一時二十分各委員離公署云云。【號外再錄】

則在下午十二時十分至一時二十分爲陳儀接見市參議會調查委員會委員時間，與《始末記》所記蔣、陳會晤時間衝突。張晴川說，蔣、陳會談時間在上午九時卅分至十時卅分，此係在會中正式發言，應較蔣《始末記》事後追記所說爲可信。

此一【本報特訊】稱「十二時十分市參議會調查委員會全體委員往長官公署謁見陳儀，在公署四樓討論本案之解決方針，陳儀當面答應下列數項」，很可能這幾項是參議會血案調查委員會委員在三月二日上午所集議。而陳儀所派五處長，在三月二日上午未參加[19]，故《新生報》不用「處委會」委員字樣。

5

19　中央社【三月三日午十二時參考電】：「二日下午三時開會，政府委員亦戴白布臂章，首次於公開場合出現。」由「首次」二字，故知二日上午政府委員未出席。

《臺灣暴動事件紀實》頁29引三月二日〈台灣省政治建設協會急告〉：

關於此次專賣局偵緝員及警察大隊警員不法開槍殺人事件，本會於三月二日上午十時派蔣渭川同志向陳長官交涉，其結果如下：

一　關係此事件不是私人行動，是因專賣局發端而起公憤，所以對此事件不得製造民眾犧牲者，就是既往問題絕對不追究，全部付之流水。

二　現在所有被捕民眾，無條件由家族領回。其辦法將被捕民眾移交憲兵團，由該團交給各家族領回。

三　犧牲生命的人善後處理問題，將現在委員會擴大組織，由各界選出代表參加會議辦理之。

四　專賣局偵緝員警察大隊警員開槍打死人的犯人，即時提出民眾前槍決。

對此事件，長官表示說明　渠非軍閥，乃係行政長官，須要根據民主法律處置，本人已命將移交法院嚴辦，並保證急速辦理判決，予以執行。

以上條件，陳長官業已誠意接受，於下午三時陳長官親自在廣播電台報告，應請一般民眾立即暫停行動，並訂於本日下午三時半在太平町稻江信用組合，開市民各界代表大會，討論善後及一切問題，暨市民大會之決定。希我市民及各界速推代表參加會議爲荷。

此一〈急告〉刊布應在三月二日下午三時陳儀廣播後，在三月二日下午三時半預定民眾各界代表開會之前。

陳儀三月二日下午三時廣播，其全文如下：

台灣同胞

關於這次事件的處置，我昨日已經廣播過，你們都應該聽到，明白我的意見了。我現在爲了安定人心，迅速恢復秩序，作更寬大的措施，特再宣布幾點處置辦法：

一、凡是參加此次事件之人民，政府念其衝動，缺乏理智，准予從寬，一律不加追究。

二、因參與此次事件，已被憲警拘捕之人民，准予釋放，均送集憲兵團部，由其父兄或家族領回。不必向鄰里長保釋，以免手續麻煩。

三、此次傷亡的人，不論公教人員與人民，不分本省人與外省人，傷者給以治療，死者優予撫恤。

四、此次事件如何善後，特設一處理委員會。這個委員會，除政府人員及參議員、參政員等外，並參加各界人民代表，俾可容納多數人民的意見。

台灣同胞們！政府這樣寬大的處置，大家應該可以放心了。我愛護台灣，我愛護台灣同胞。我希望從這次廣播之後，大家立刻安下心來，趕快恢復二月二十七日以前的秩序，照常工作。經過這次事件，人民與政府想更能和衷合作，達到精誠團結的目的。

由於陳儀已向蔣說明，緝私血案人犯應移交司法審判，故陳儀三月二日下午三時的廣播詞即省略這一項不提。

以上引三月二日上午血案調查委員會會議所決定，三月二日九時卅分至十時卅分，蔣、陳會談所決定，與陳儀三月二日下午三時廣播詞相比較，即可發現：陳儀廣播詞第三項，傷亡的人不分省籍均予以治療撫恤，係採市參議會血案調查委員三月二日上午集會所決定。至於增加處委會成員，處委會的成員爲省市參議員、國大代表及參政員，他們係民意代表，他們自不會搬石頭打自己的腳，建議陳儀允許民間各界另派代表參加處委會。

《始末記》(頁31)記三月三日來人言：

我們聽昨夜(三月二日)某委員的廣播，將蔣先生與長官所會談決定的幾點，強調是彼此的努力。

我想：市參議會血案調查委員會委員應不至於將處委會的改組擴大也自認爲是他們的努力。

《始末記》記三月二日，蔣在見陳儀之前，請張慕陶轉達，請陳儀應允四點：

(一)不向民眾追究責任，以示政府寬大之誠意。

(二)治安機關捕去有關此次事件之民眾，全部交其家族領回。

(三)本事件中的死傷者，不分省籍，一律優厚撫恤醫治。

(四)緝煙開槍殺人的兇手，即時處刑示眾。

其第三項實係市參議會血案調查委員會上午會議所決定，蔣誤記爲他自己提出的了。

在〈建設協會急告〉中，其第三項爲：「犧牲生命的人善後處理問題，將現在委員會擴大組織，由各界選出代表參加會議辦理之。」而此在《始末記》，則說爲上四點蔣與陳儀討論後，蔣建議「將該會擴充組織，由民眾自己選出代表參加」，這是與三月二日政治建設協會的〈急告〉不合的。

6

蔣三月二日九時卅分至十時卅分，獲陳儀的同意，允許增派民間代表參加處委會。

陳儀應將此一決定在下午處委會開會前，通知處委會。而與蔣一道晉謁陳儀的張晴川，係台北市參議員，係處委會當然委員，他自需向下午處委會的會議報告此事。

《新生報》三月三日【本報訊】：

> 處委會於二日下午二時五十分假中山堂三樓舉行。由周議長主持。……由張晴川議員報告：……上午九時卅分至十時卅分，一小時，與陳長官商洽善後方案。……陳一一答應。因加強本委會陣容，決定變更本會組織，採納政治建設協會等意見，由商會、工會、學生、民眾、政治建設協會五方面。當即提出名單。……
> 繼由周議長報告：(一)……(五)即時恢復交通……
> 周主席報告，該會決定擴大，包括省內各參議員、國大代表。……

《新生報》此一記載，遂爲雅三(沈雲龍筆名)撰〈二二八事變的透視〉及後此諸書所本[20]。

---

20 雅三此文見民國三十六年四月十日出版的《台灣月刊》第六卷第四期。該文收入李敖編著《二二八研究續集》(台北：李敖出版社，1989年2月)，頁64。

然考三月三日《新生報》【本報訊】：

> 三月三日上午十時，……據悉，自新竹方面，卡車載士兵十幾輛北進，……(潘副)議長提議，……立刻派遣民眾代表四人，學生代表三人，工會、商會、婦女會各一人，青年代表二人，及國代劉明朝、參政員林忠、省議員王添灯等，謁長官。

及同日《新生報》【本報特訊】：

> 上午十一時在中山堂開會之二二八事件處理委員會派出代表民眾五人、工人二人、學生三人、青年四人、婦女一人，國大代表、參政員、省參議員各一人，及蔣渭川、林梧村等二十餘人，到長官公署要求撤退市上巡邏軍隊及哨兵，有民政處長周一鶚、工務處長包可永、警務處長胡福相、交通處長任顯群、農林處長趙連芳及柯參謀長遠芬出席接見。

則所謂「各界人民代表」實包含商會、工會、婦女會、民眾、青年、學生與台灣政治建設協會等七方面代表。

工會代表，三月五日《中外日報》【本報訊】：

> 本市總工會代表聯誼會，於下午二時在中山堂開會。……一致提議，由各工會各派代表二名，參加官民處理委員會。

則工會代表最初由總工會派出。

商會、工會、婦女會，這是三月二日前業已成立的。蔣要他們派代表參加三月二日下午及三月三日的處委會，應不會有困難。

學生代表可由學校自治會選出。

民眾代表，上引三月二日〈台灣省政治建設協會急告〉：

> 訂於本日下午三時半在太平町「稻江信用組合」，開市民各界代表大會，討論善後及一切問題，暨市民大會之決定。希我市民及各界速推代表參加會議。

而《始末記》則說：

> 希望立刻召開民眾大會，選出民眾代表十名。……決定本日下午五時在稻江信用組合三樓開會。

陳儀廣播在下午三時，則在三時半即召開會議，未免太急迫，開會時間頗疑應改從《始末記》，爲下午五時。而民眾代表可能從公教人員及市民年長者選出。

青年代表，似較學生代表年長，較民眾代表年輕，可能包含那些台籍日本兵在內。青年代表並無組織，故蔣在三月五日成立「台灣自治青年同盟」(詳後)。

台灣政治建設協會，據〈蔣渭川手札〉：

> 乃以往民族革命團體、文化協會、台灣民眾黨、農民組合、工友總聯盟等份子結合而成。經政府正式批准成立，至事件發生前，全省成立分會二十三個，在籌備中分會十七個，蔣當選爲總會負責人。
>
> 素常頗受民眾支持，每一演講，……時間未到，已先滿員。……自信比較政府機關宣傳遠勝數倍。
>
> 即經濟方面、工商各界亦深有基礎。日人時代，吾人與當時祖國僑胞商工業者通力合力設立總商會時，蔣被選爲會長。設立台灣貿易商同盟會時，蔣亦被選爲該會負責人。全省各地均有分會，本民族經濟與日人鬥爭，爲民族謀爭不少之福利。光復之後，蔣爲台北市商會理事長，同時被選爲台灣省商聯會常務理事，全省各縣市工商團體滿佈同志勢力。
>
> 二二八事件以後，同志星散，工商領導地位損遭剝奪，然而隱隱仍能發揮在野之控制力量。

蔣也可說是其時台灣政治菁英。由於蔣在工商界的勢力，故蔣領導的台灣政治建設協會本身也可推派代表參加處委會。處委會本由民意代表組成，蔣非民意代表，他就以政治建設協會代表此一資格而參加處委會。

陳儀要運用蔣的力量來平息暴亂，自然要蔣參加處委會。那些民間代表，如民眾代表、青年代表、學生代表在三月二日、三月三日上午參加處委會的，即可能由蔣的台灣政治建設協會提名。

上引《新生報》三月三日【本報訊】，即記張晴川在三月二日下午二時五十分處委會會議中提出代表名單。蔣《始末記》說：他於三月二日下午二時十分廣播。很可能他在上午十時卅分與陳儀會談結束，即忙於提名的準備[21]。

《中華日報》【三月三日台北專訪】記三月二日處委會會議曾討論增加民間代表名額，於商會、工會之外，更列有農會。

由現存《二二八官方機密史料》所引報紙的【本報訊】，所報導處委會開會情形，農會似未派有代表。也許由於暴動群眾中未有農民，故未包含農會代表。

由於民間代表有商會、工會、婦女會代表、政治建設協會代表、學生代表，因此，三月二日陳儀派警總參謀長柯遠芬及憲兵第四團團長張慕陶，參加處委會，作爲軍界代表。

由於政治建設協會所提民間各界代表人數太多，因此，即由處委會的主席—台北市參議會議長周延壽在三月二日下午會中決定擴大民意代表參加處委會成員，包括省議會各參議員、國大代表及國民參政會參政員，不限於居住台北市者，在台灣省內別的縣市居住者亦可爲處委會委員。

7

三月一日上午十時，市參議會緝煙血案調查委員會開會時，旁聽市民踴躍發言。故三月二日蔣、陳晤談時，蔣建議擴大處委會組織，「選民眾代表參加，而各團體亦可派代表參加」。

處委會本由省市參議員、國大代表及參政員這些民意代表來組織，故在三月一日省參議會議長黃朝琴即廣播，「人民如有意見，他們可以轉達」。

這些民意代表，很多於當選後，爭權奪利，在公家銀行及公營機構中兼任董事或顧問，很多本來貧窮而成爲富戶，對陳儀亦多唯唯諾諾，未盡民意代表的責任。由於民眾不信任省市參議會，故蔣建議增加處委會成員，由民眾代表及各團體代表參加。這樣，處委會所決定建議將較爲人民所接受[22]。

21 廖德雄即可能任學生代表，張武曲可能任青年代表，由台灣政治建設協會提名參加二日下午的會議。

22 三月三日處委會呈蔣電用「台灣省民眾代表大會」名義，其理由即在此。

當暴亂群眾知道自己的刑事責任(包括二二八及三月一日之燒毀公物、打死大陸人)，政府可不追究，又可選派代表參加處委會，在處委會中傾訴民怨，並提出改革建議，則二二八所引發的暴亂，自然可以漸漸平息了。

這是蔣渭川能平息暴亂的原因，也是他的建議的奧妙處。陳儀認爲這是「加強處委會陣容」[23]。而《二二八事件報告》定本認爲這是要分化處委會[24]，這是與史實不符的。

嘉義市在三月三日暴動，陳儀在三月四日辰時，即電令彭孟緝政治解決，以民眾克服民眾[25]，彭三月四日未時，即電覆：高雄暴亂，「職決以政治方法處理，會同市政府市參議會，安定秩序，處理善後辦法中」[26]，則所謂「以民眾克服民眾」係利用市長、議長與暴亂民眾談判，也不可解釋爲陳儀想分化處委會，想削弱處委會的力量。

8

蔣是要人民在處委會中傾訴，提出改革建議的，故當他與陳儀晤談，在三月二日上午十時三十分達成協議後，即可能向人民廣播，告知他與陳儀達成的協議，並希望人民各界推派代表參加處委會。

他也需在市內各地巡行，與人民群眾接觸，解釋疑難。人民也就會向蔣言及，應取消專賣局及貿易局。而蔣的回答則是，他現在的任務是平息暴亂，改革的建議請向處委會提出[27]。他的答覆也是非常合理的。

事態擴大，混亂情形，日以繼日，即台灣人本身之生命財產亦受威脅[28]。故平息暴亂，恢復秩序，亦符合大眾之要求。蔣之建議能獲得成功，確非無故。

《始末記》記蔣、陳會晤在下午將近二時結束，二點十分蔣廣播，三時陳

---

23 見上引《新生報》三月三日【本報訊】。

24 「分化」一詞，見於陳儀三月八日呈蔣的電報，「處理委員會內部已起衝突，現正發生分化作用」，這是指王添灯與蔣渭川的內鬨，與處委會半山常委對四十二條的意見不同。《二二八事件資料選輯(二)》，頁110。

25 《二二八事件資料選輯(三)》，頁231。

26 同上，頁135。

27 《始末記》，頁22。

28 《二二八官方機密史料》，頁30。

儀廣播完之後，蔣始開始周巡全台北市。

由於《始末記》記蔣、陳會晤時間與張晴川在會中報告不合，我既採信張晴川在處委會中所做報告，故我對蔣開始廣播、開始巡行向人民解說及籌畫參加處委會代表提名名單的時間均提前。因爲這樣，才可能使張晴川在三月二日三時的會議中首先報告蔣、陳上午會晤內容，然後代表政治建設協會提出名單，並使他們立刻參加會議。

9

中央社台北三月三日午十二時參電，曾記三月二日處委會下午開會情形：

> 二二八事件處理委員會政府委員增爲七人。新增之二人爲參謀長柯遠芬及憲兵團團長張慕陶。
> 該會昨(二日)下午三時假中山堂開會，政府委員亦帶白布臂章，首次於公開場合出現。
> 旁聽民眾約有三百人，情緒異常緊張，時有市民叫囂發言。
> 會中，民間委員要求：(一)撤銷專賣及貿易兩局。(二)秘書長及半數以上之處長人選均須由台人出任。(三)今後施政方針須有一百八十度之大轉變。
> 而爭執最多之眼前兩大問題，一爲撤消警察大隊並解除武裝，日來，開槍最多，台人恨之最深。政府委員表示：該隊自三日起，暫停活動，惟警察局倘感力量不足時，仍將派員協助。
> 另一爲先撤軍警，抑先恢復秩序問題。政府委員稱：「秩序迄未恢復，必須軍警維持治安。」民間委員言「軍警刺激人心，必須先撤」。參政員林忠稱：「此項難于妥協之爭論，實係由於互相猜疑。」渠主張設軍民維持治安委員會，但無決議。……[29]

所謂政府委員，指公署五處長及警總參謀長、憲兵第四團團長。所謂民間委員，包含民意代表及台灣政治建設協會代表、民眾代表、青年代表、學生代表、工商婦女會代表。

---

29 《二二八官方機密史料》，頁22。

民間代表包含民意代表(國大代表、省市參議員、參政員)在內，此由該電言：

> 民間所提要求沒有止境，前日(二二八日)及昨日(三月一日)之要求，陳長官均已先後接受。

可證民間委員要求三項，撤消專賣及貿易兩局，秘書長及半數以上之處長人選均須由台人出任，施政方針須有一百八十度之轉變，政府委員對此未表示意見。因爲這是陳儀的權，而且撤消專賣及貿易兩局，這是陳儀治台政策的核心，這五位處長怎敢在會中表示意見呢？

這就導致三月三日上午這五位處長集議退出處委會，這留待我分析三月三日處委會的活動時再討論。

在三月二日的會中，對撤消警察大隊，及先撤軍警、抑先恢復秩序，政府委員、民間委員均表示意見。到了三月三日始將此一問題解決，此亦留待分析三月三日處委會的政治活動時再討論。

10

林德龍《二二八官方機密史料》引【中央社台北三日午十二時參電】密：

> 按：昨上十時，台省政建協會理事長蔣渭川等五人曾謁陳長官，言中暗示，暴動由彼等領導，並稱：「現覺過去皆非，請求長官不予追究，倘獲保證，即可命令流氓停止活動。」陳氏當予面允；惟蔣渭川稱：「海南島返籍之台人，余難指揮，但當命流氓勸導，力謀恢復秩序。」然此事後來亦未實現，成爲空論。綜觀目前之情勢，可如下述：第一、民間代表分頭出現，而無一派眞能控制全體暴民，政府既須應付參議員、國大代表等領導之「二二八」事件處理委員會，又須接見蔣渭川派之流氓代表。……

這份密電消息，所謂「現覺過去皆非，請求長官不予追究，倘獲保證，即可命令流氓停止活動」，這是指二二八之後蔣渭川與流氓接觸，流氓對他說的話，不得用爲蔣渭川參與暴動的證據。

根據廖德雄的說法，台灣政治建設協會曾主導台灣光復後的首次五四大遊行活動，在民間參與政治是具有一定的影響力。廖德雄當時擔任學生自治會會長，是遊行學生隊伍總指揮，最後由其父廖進平與呂伯雄遞呈抗議書給陳儀[30]。

關於二二七當天情況，廖德雄接受口述歷史訪談有具體的描述：

> 民國三十六年(一九四七年)二月二十七日傍晚，家父(廖進平)與白成枝、黃朝生、張晴川、呂伯雄、王萬得等人正在天馬茶房的隔壁萬里紅酒家二樓開會，……樓下發生專賣局查緝私煙傷人事件後，群眾騷動，父親一行乃下樓查看，下樓後，得知專賣局人員已開槍傷人，……。
>
> 事件發生後，爲此，台灣省政治建設協會的成員又臨時開會商議，決定隔天舉行抗議活動。原先台灣省政治建設協會即受不少群眾的擁護，這些人大部分是大稻埕和萬華一帶的人士，有的是半流氓或地方角頭，經連絡後，都準備翌日參加抗議活動。至於抗議條文則是由父親和呂伯雄起草的。……
>
> 當天晚上十一點多父親回家，就對我說稍早曾發生查緝私煙之事，又說隔天早上八點人民團體要在台北橋頭及龍山寺集合，準備先至專賣局抗議，要局長交出肇事的員警。並叫我隔天到校召集各校學生，在十一點後帶著學生隊至長官公署向陳儀抗議。[31]

次日，二二八當天的情形，廖德雄說：

> 二月二十八日，在台灣省政治建設協會的策動下，大稻埕地區的民眾聚集在大橋頭的廣場(今大橋國民小學附近)，由張晴川任總指揮。……
>
> 我是台北商業學校自治會會長，……我乃分別與台北市五所學校自治會會長連絡……我們決定組織學生隊加入社會人士的遊行行列，……

---

30 〈廖德雄先生訪問紀錄〉，中央研究院近代史研究所「口述歷史」編輯委員會編輯，《口述歷史4》(台北：中央研究院近代史研究所，民國82年2月)，頁61。

31 同上，頁62。

> 未料，學生隊在前往警務處途中，遠遠就看到長官公署的頂樓佈滿憲(士)兵及機關槍對著今忠孝西路火車站前的群眾作持續且密集之掃射，群眾聽到槍聲後，四處奔散。……[32]

則二二八事件群眾暴動的擴大，一般社會民眾、學生加入遊行，其中參雜有「半流氓或地方角頭」，稍有半點挑釁刺激，即可發生流血衝突，而台灣政治建設協會以廖進平、呂伯雄、張晴川三名爲核心人物主導策動參與，是毫無疑問的。

考察蔣渭川本人在二二八當天的行蹤，據民國三十六年三月二十五日蔣所撰〈二二八事件與省政治建設協會之關係〉，是這樣的：

> (二二八)上午八時，渭川赴警察總局，因局長不在，乃訪高刑事股長。將前夜(按：指二二七緝私血案)事件談談，希望警察急將開槍犯人捕獲治罪等話。
>
> 即跑到市政府會見游市長，因市商會有關於商品價格限期表示問題，與市長談判後，乃將前夜專賣局問題提起，市長對此問題大存關懷，渭川亦希望其急捕犯人治罪，並對被殺死傷的人加以撫恤或治療，以定民心。市長亦表同感，約束極力工作。談至下午一時歸店門時，已聞民眾結群，在城內專賣分局的煙物搬出燒卻，這是國家最大的損失，最大不然的行爲，實爲痛心。
>
> 下午三時，渭川要赴市商會，途次經過車站前時，看見民眾結群，見公務人員或外省人便打，且數處在燒卻物品。聽說是因民眾一齊到專賣總局，要對局長要求處理辦法，因局長不在，乃由王某(按：此「王某」應指「王民寧」)引導一部分往警備司令部，向柯參謀長陳情，大部分齊赴長官公署向長官陳情。因眾多而聲響猛烈，致使公署衛兵誤會，乃開槍打傷數名(有一說其中有死亡者)，因此民眾憤怒，遷怒於公務人員及外省人等，所以發生此不幸的流血事件。
>
> 渭川聞此，實是痛心欲絕，所流的血皆是漢民族的血，如不及早阻止，事件愈擴愈大，流血愈多，是以不顧一切，突入民眾群中，拼命制止其暴行燒物。但民眾群中皆不相識的人，彼前亦不知渭川是何

32 〈廖德雄先生訪問紀錄〉，《口述歷史4》，頁62-64。

> 物，一聞渭川大聲勸止，大怒起來，大聲說「你是陳儀走狗，才來擋止，應該打你消恨」。聲勢俱下，將被包圍毆打時，渭川急撥開血路，逃脫，赴市商會主持開催臨時理監事會，報告與市長談判經過，並目下發生暴動制止問題，討論一小時散會。是時有二位外省人在商會樓上避難，即命書記等加以保護。
>
> 回家時，已有憲兵團張團長來函，要求出來制止暴行，並收拾大局，解決事件等，但以個人力量實無辦法，欲開幹部會議(按：幹部指台灣政治建設協會的幹部)，亦無時間召集。

此處言「欲開幹部會議，亦無時間召集」，應是實情，而且二二八當天，廖德雄曾找蔣渭川廣播，遍覓蔣不得[33]。

廖進平與蔣渭川的關係密切，據廖德雄說：

> 蔣渭川在台灣光復前並未參與政治活動，當時我父親念在他哥哥蔣渭水對於台灣的貢獻，所以拉蔣渭川加入政治建設協會，他當時任常務兼總務部長。[34]

這層關係對蔣是有影響的，很容易被懷疑參與策動二二八的暴動。蔣渭川可能事後從張晴川處知道政治建設協會曾經開會發起暴動，但由二二七、二二八兩天的行程看來，可知他根本未發起暴動。

11

三月二日處委會開會，政府與民間代表均對撤消警察大隊，及先撤軍警、抑先恢復秩序，表示不同意見，並沒有達成結論。此外，民間委員提出更重大的政治改革要求：撤銷專賣及貿易兩局，秘書長及半數以上之處長人選均須由台人出任。

三月三日繼續針對三月二日提出的問題開會協商。《新生報》報導了決定情形：

---

33 〈廖德雄先生訪問紀錄〉，《口述歷史4》，頁65。

34 同上，頁60。

> 【本報特訊】本(三)日上午十一時，在中山堂開會之二二八事件處理委員會，派出代表民眾五人、工人二人、學生三人、青年四人、婦女一人、國大代表、參政員、省參議員各一人，及蔣渭川、林梧村等二十餘人，到長官公署，要求撤退市上巡邏軍隊及哨兵。有民政處長周一鶚、工礦處長包可永、警務處長胡福相、交通處長任顯群、農林處長趙連芳，及柯參謀長遠芬出席接見。討論甚久，最後解決結果：
>
> 一、軍隊于本(三)日下午六時，撤回軍營集結。
>
> 二、地方治安由憲兵、警察與學生、青年組織治安服務隊維持。
>
> 三、交通亦于六時全部恢復，民眾要保護交通員工。
>
> 四、米糧問題，撥出軍糧供應。
>
> 五、軍隊撤回後，倘有一、二因意氣激昂之人出來，可抓交柯參謀長法辦，柯氏負完全責任。
>
> 六、軍隊撤回後，民眾倘有再發生打人、燒物之事，由二十餘名代表負完全責任。
>
> 七、市民勿輕信謠言(南部軍隊絕對不上北)。
>
> 關于軍隊撤回軍營事，柯參謀長擔保下午六時實行，希望民眾保護交通，以便運糧供應民食，恢復二月二十七日以前之秩序。柯氏又云：此次之撤軍條項倘不履行，渠願負責自決以表其決心，深盼民眾安心，恢復秩序云云。

所以，地方治安改由政府(憲兵、警察)與民間(學生、青年)共同組織治安服務隊維持，軍隊後來也如約定在下午六時撤回，並由柯參謀長廣播週知[35]。

值得注意的，此次政府代表並沒有出席上午處委會的大會，而是由處委會派出蔣渭川等二十餘人代表到長官公署討論。長官公署在事後(民國三十六年三月三十日)編印的《台灣省二二八暴動事件報告》說是處委會「摒棄政府所派五代表」[36]，這是惡意醜化處委會的說辭，沒有把眞相說出，誠不足爲據。實情應在於前一天(三月二日)民間代表提出：撤銷專賣及貿易兩局，秘書長及

35 三月四日《中華日報》【本報台北專訪】，見《二二八官方機密史料》，頁56及頁58。

36 見民國三十六年三月三十日行政長官公署初編〈台灣省二二八暴動事件報告〉，陳芳明編《臺灣戰後史資料選》(台北：自立晚報文化出版部，1991年3月)，頁146。

半數以上之處長均由台人出任，令這些政府代表頗爲尷尬，遂擱置此案。

平心而論，以上要求並不是這些處長的權限所能決定，而且這也是陳儀施政方針的核心，他們能當場表示可否意見嗎？

三月三日【中央社訊】記載一段不顯眼的消息，值得揣摩：

> 二二八事件處理委員會今(三)晨十時，召開第二次會議。到全體委員，周市議長因出席公署會議，未克出席，潘渠源副議長代理主席。[37]

以及三月四日《新生報》【本報訊】也說：

> 改組後之首屆二二八事件處理委員會，於三日上午十時，假中山堂舉行。各界代表均踴躍出席，周延壽議長赴公署，進行洽商不在，由潘副議長代理。……聞現在進行處長會議，……。[38]

處委會召開第一次會議，係由周延壽議長擔任主席，按照慣例，次日第二次會議，如無任何意外，仍應由周議長擔任主席；但三月三日周議長赴長官公署「進行洽商」，正是爲了三月二日的提案而引起的。至於有「處長會議」召開，也是爲了這件事，五位處長很可能爲徵得陳儀的同意，就決議集體不再參加處委會，以迴避這類難堪的問題。所以，處委會上午開會決議由蔣渭川等代表到長官公署要求撤退市上巡邏軍隊及哨兵時，五位處長與柯參謀長皆在公署現場。

這些處長代表官方參與處委會，能夠謹守分際，不敢逾越權限決定「撤銷專賣及貿易兩局，秘書長及半數以上之處長人選均須由台人出任」的議題，固有其難言之隱，三月三日不出席處委會而使此案懸而未決，必須等待往後蔣渭川直接與陳儀談。這些處長自爲謀是可以理解的，然而，放棄了作爲處委會官方代表資格，也就等於自外於官方與民間溝通的管道，這不能不說是一大憾

37 《二二八官方機密史料》，頁26。

38 同上，頁37-38。編輯者林德龍此處誤以爲是「三月三日」的報導，其實應爲「三月四日」才是，據中央研究院近代史研究所檔案館藏《新生報》剪報影本改。

事。

《大溪檔案》內閩臺區監察使楊亮功呈報的〈調查台灣事件情形及建議善後辦法〉說處委會三月三日召開大會，「長官公署所派之五處長均出席以後即未參加」[39]，這是不正確的，實際上三月三日當天根本沒有出席。林木順的《台灣二月革命》則說是因爲「中央派兵的密電到了」[40]，更屬離譜，可不必置辯。《二二八事件研究報告》對長官公署五位處長不再出席處委會的原因，沒有任何分析與說明，僅一筆輕輕帶過[41]，因特予申說如上。

三月三日下午二時，處委會再開會，與陳儀面談的代表返回議場，報告交涉結果。並決定由王添灯及學生、青年代表負責廣播。下午四時，處委會治安組在台北市警察局召開臨時治安委員會，決定以組織忠義服務隊爲執行機關，由許德輝擔任總隊長兼治安組組長[42]。下午六時，蔣渭川對民眾廣播，略述與陳儀交涉的結果，並呼籲民眾共同遵守秩序，恢復正常生活[43]。

柯遠芬〈事變十日記〉對三月三日處委會開會的結果則說：

> 上午二二八調處委員會在中山堂開會，台下有數千百群眾在鼓譟，因此性質改變了，由調處委員會變成處理委員會，委員除國大代表、參政員、參議員而擴大爲各界代表，因此處理委員會亦全爲毫無理性而又被奸僞所把持的少數民眾所控制，政府代表不得已退出。同時他們號召全省各縣市普遍成立分會，……
>
> 下午所謂處理委員會推派二、三十位代表到長官公署向長官提出要求，長官以關係治安問題派我代表出席。我當時看了所來的代表，知道份子相當複雜，裡頭有流氓、浪人、奸僞和政治陰謀家，……。

柯氏之言有很多不實與污衊處：處委會擴大參與代表，係先經過蔣渭川與陳儀商談後同意的，絕不是有任何性質的改變。處委會那些包含有民眾、工人、學生、青年、婦女、國大代表、參政員、省參議員，以及蔣渭川等所領導的民間團體，代表各個階層的意見，怎能一竿子描述成「代表份子相當複雜，裡頭有

39 《二二八事件資料選輯(二)》，頁270。

40 《台灣二月革命》，頁23。

41 《二二八事件研究報告》，頁62。

42 《二二八官方機密史料》，頁51-52。《始末記》，頁37、39。

43 《始末記》，頁37-41。

流氓、浪人、奸僞和政治陰謀家」呢？而政府代表「不得已」退出處委會，與前一天的議題有關，柯氏沒有明白說出眞正理由，只含糊其詞帶過。

至於處委會在全省各縣市普遍成立分會，那是三月四日以後的事情(詳後)。柯氏之言不可信，諸如此類。

12

三月四日上午十時處委會在中山堂繼續開會，作成了幾項重要決議：通知十七縣市組織成立分會，處理各該地所發生之事件，並派代表參加台北全省性的處委會。派黃朝琴、張晴川、顏欽賢三人向參謀長交涉，飭令軍隊歸營，禁帶武器出門。記者工會選派記者二人參加。今後處委會對外宣傳及廣播，概由宣傳組統一發表[44]。

處委會擴大組織後，台北處委會的規模，由國防部保密局檔案，則可歸納其主要負責人如下[45]：

總務組—潘渠源(台北市參議會副議長)、謝成源、張昌圖(大同實業公司)

組織組—簡檉堉(台北市參議員)、徐春卿(台北市參議員)

調查組—吳春霖(民報社)、陳屋

宣傳組—王添灯(省參議員、政協會執委)、張晴川(政協會宣傳組長)、張武曲(台灣戲院)

聯絡組—黃朝琴(省參議會議長)、李友三(省參議員、台北縣黨部指導員、政協會宣傳處組織組長)

糧食組—劉明朝(國大代表)、陳坤木

財政組—陳春金、盧輝木(台北市商會委員)

金融組—陳逢源

鐵路聯絡室主任兼交通組—簡文發(鐵委會會計課審查課長、國大代表)

救護組—杜聰明(台北醫院院長)

---

44 參見《二二八官方機密史料》，頁64、65、66、67、70、72、74。

45 據〈台灣二二八台民叛亂台北區名冊〉整理，《二二八事件檔案彙編(十六)》，頁94-118。

在報告事項中，王添灯報告據台中來電話，一切機關已接管完竣，已組織處委會處理一切，維持治安，並請台北本會向當局勸阻出動軍隊，以免發生意外事件[46]。

另一方面，上午十一時半，處委會、政治建設協會與學生三方面代表，赴長官公署見陳儀，由蔣渭川綜合歸納三點，請長官答覆：一、長官對於此次事件之看法；二、由處委會策劃政治上之改革；三、請長官多與民眾接近[47]。關於詳細情況，蔣《始末記》對此記載：

> 各代表紛紛發言，學生講教育問題，青年講失業問題，商人講經濟問題，工人講米荒問題，乃至涉及專賣局、貿易局廢止問題。[48]……陳忻說：希望長官勿被少數特殊份子包圍，際此重要時機，須打開包圍圈套，與民眾握手。並希望長官開誠佈公，實現民主的精神。[49]

林木順《台灣二月革命》也說：

> 四日上午十時，計學生代表陳忻、蔣渭川、林梧村等四十餘人往長官公署謁見陳長官，陳長官即向代表發表談話，嗣後一部分學生先回中山堂報告，其餘代表再在公署二樓會議室與陳長官討論處理二二八事件之具體方針，代表提出意見三點：
>
> 一、長官對本事件之看法如何？蓋本事件發生之遠因，係過去一年餘之政治經濟不能依照長官之理想辦理而產生各種矛盾，因之使本省同胞失業，不能安定民生，此點可由台北發生之事件波及中南部等地可以看出。
>
> 二、關於政治上之改革，可以由本案處理委員會研究一具體辦法，乘此機會改革目前台灣政治。
>
> 三、長官現在尚被一部分部下包圍，際此嚴重時機，希望長官打開包圍陣，與民眾握手，開誠佈公商談，解決一切根本問題。

46 《二二八官方機密史料》，頁64。

47 同上，頁72-73。

48 原作「貿易公司」，疑爲「貿易局」之誤。

49 《始末記》，頁46。

陳長官對于此三條件，全部接受，並對三項分別說明稱：

(一)我的政治經濟政策是對的，這點各位都已認識，只因部下的人做事有不清楚，我也明白，而失業者的多，政府一定設法救濟。

(二)政治方面的改革，不僅是處理委員會，就是一般民眾有好的意見，我也採納的。政治方面要分國家行政和地方行政，希望各位提出意見，著重于地方行政，國家行政是屬于中央的。

(三)各位希望我與民眾握手，我也這樣希望，就是各處長也希望與民眾握手接近。[50]

陳炘當面指責陳儀施政措施，令陳儀非常地難堪，喪失了作爲長官公署主管的顏面，且說話的姿態咄咄逼人，完全沒有爲陳儀留下餘地，他最後慘遭殺戮的命運，與此應有連帶的關係。

爲了能夠發揮處委會的功能，蔣渭川向陳儀表示，「凡民眾對目前改革的要求，先提交處委會受理審議討論集中意見後，提向政府參考」，這項建議得到陳儀的支持，「對於政府的改革方案就一律提交處委會受理審議提出，政府就照這辦法做下去吧！[51]」

台中被接收之後，嘉義陷入軍民對峙激戰中。二二八事件初發生時，台灣各報占了主要的篇幅，但對整個中國而言並不是一件頭等重要的大事。由當時大陸主要報紙的頭版新聞看來，可知那時大陸局勢緊張，國共內戰正打得激烈，台灣二二八事件在整個中國大戰場看來，不過是小事一樁，根本上不了大陸新聞報紙第一版的版面。中央政府既將台灣交給陳儀治理，本不以爲意，但萬萬沒有料到星星之火燎原成台中失陷，嘉義又岌岌可危，於是南京國府中央已意識到非出兵實難以平息這場動亂。

13

三月五日上午十時，處委會組織大綱起草委員會在中山堂召開，由陳逸松擔任主席，討論組織大綱，並在下午四時半舉行成立大會，通過〈二二八事件

50 林木順《台灣二月革命》，頁146-147。

51 《始末記》，頁53-54。

處理委員會組織大綱〉[52]。觀其內容，由第一條云：

> 本會定名爲二二八事件處理委員會，以團結全省人民，處理二二八事件及改革台灣省政治爲宗旨。

與第三條云：

> 本會以達到本會宗旨之日結束。

則知處委會非僅爲處理二二八事件而已，必欲擴及日本投降之後，國軍接收台灣所衍生的種種弊端，提出了「政治改革」方向。這樣的要求與期待，對陳儀而言，恐難以短期滿足處委會的主張。這個癥結，或說是鴻溝沒有解決，以後處委會與長官公署的心理距離埋下了難以弭平的伏筆。

三月五日上午十時，蔣渭川所領導的「台灣省自治青年同盟」在中山堂舉行成立大會，到場青年數萬名，由陳學遠報告籌備經過，蔣時欽宣讀六條綱領，舉其犖犖而大者有「建設高度自治，完成新中國的模範省」，「迅速實施省長及縣市長民選，確立建國的基礎」，蔣渭川並發表演說，略謂絕對擁護中央，打倒台省舞弊官僚[53]。

台灣省自治青年同盟三月五日並發表〈宣言〉，要求撤銷行政長官公署制度、撤銷專賣制度及貿易局。

中央社【台北五日參電】密：

> ……台北之醞釀局面，今亦堪慮。往日尚無組織之暴民，今已漸有組織。今日突然出現之「台灣省自治青年同盟」，已於上午成立，據悉，包括學生派、海外派及一般職業青年。……
> 據得自官方及民間相同之情報稱，該會已號召曾受陸軍訓練之青年，今夜于台灣大學集中；曾受海軍訓練之青年，今夜于太平町集中；曾

52 三月六日《中外日報》第二版，收在《高雄市立歷史博物館典藏專輯　文獻篇1》，頁210。

53 同上。

受空軍訓練之青年，今夜于松山機場附近集中。……[54]

可知在三月五日同時，蔣渭川所領導的「台灣省自治青年同盟」還組織武裝部隊，下令台籍日本兵的陸、海、空軍分別在指定地點集合。如此舉動，引起當時的省黨部主任委員李翼中的關切，蔣渭川就回答說：「游彌堅發動組織本同盟，中途而輟，余以活躍台北市內者，殆以海南歸來之失業青年爲多，藉此同盟爲號召，然後居中指導以撫循之，或有俾于事件之寧息。」又說：「所謂建設高度自治，一時虛假之辭，無大礙也。」並時而出者有學生自治同盟、海南歸台者同盟、學生聯盟、興台同志會、警政改革新同盟、青年復興同志會等團體[55]。

經過蔣渭川與處委會的努力，對於二二八事件台北地區的動亂局勢能夠逐漸和緩平息，不僅與蔣渭川親赴各地演說勸導有關，同時也與他能夠掌握群眾，從中安撫與分散台籍日本兵可能引聚的破壞勢力活動有關。蔣渭川如此周全舉動，誠心誠意爲陳儀平息動亂而投注心力，眞是工於籌謀，用心良苦。

但台中與嘉義的情況惡化，軍民衝突激烈，已有要求中央出兵的消息甚囂塵上。於是，蔣渭川在三月五日急忙以政治建設協會的名義，致電國民黨台灣省黨部李翼中轉國府蔣主席電文：

中國國民黨台灣省黨部李主任乞急轉
國民政府主席蔣鈞鑒：查本省年來政治惡劣，經濟失策，致貪污百出，民不聊生，省民均抱不滿，故於丑(二月)感(廿七日)酉(五時)因專賣局職員斃傷人民事件發生後，翌日復於長官公署前開槍射殺請願民眾十餘人，再於三月一日於北門熱鬧地區用機槍掃射死傷民眾三十餘人，群情憤懣，怒火爆發，因之治安零亂，釀成民變，實爲國家民族之大不幸！現全省人民一致要求本省政治之根本改革以重民權，並改變經濟改革以重民生外，無其他作用，爲此懇請
鈞座剋派大員蒞台善處，以副眾望。千祈勿派軍隊鎮壓，庶免驚動民

54 《二二八官方機密史料》，頁61-62。台灣自治青年同盟宣言全文見同上書，頁85-86。

55 李翼中著《帽簷述事——台灣二二八事件日錄》，見《二二八事件資料選輯(二)》，頁381。

心，則台灣幸甚！國家民族幸甚！臨電迫切，待命之至！

台灣政治建設協會叩。寅(三月)微(五日)[56]

同時，爲了確保萬無一失，另有一函致美國駐台總領事：

美國駐台灣
總領事鈞鑑
茲爲保障台灣六百萬人民生命計，另函敬請迅代轉致
司徒大使煩轉
中國國民政府爲荷

台灣省政治建設協會
中華民國卅六年三月五日[57]

請代轉南京美國大使司徒雷登致國府蔣主席的建議電如下：

南京美國大使館
司徒大使煩轉
中國國民政府
蔣主席鈞鑒
台灣此次民變，純爲反對貪污官僚，要求政治改革，
並無其他作用，萬勿派兵來台，以免再激民心，並懇迅派
大員蒞台調處，則國家幸甚

台灣省政治建設協會寅(三月)微(五日)[58]

蔣渭川這通代轉呈電的英文譯本，的確轉達到美國司徒雷登大使手上，由現藏美國國務院國家檔案內可知(《蔣渭川和他的時代》頁319)：

DEPARTMENT OF STATE

56 《蔣渭川和他的時代》，正文前照片。
57 同上。
58 同上。

INCOMING TELGRAM

RESTRICTED

From: Nanking
To : Secretary of State
Following is 36 Mar 5 from Taipei.
Following is translated text of letter handed to Consulate today by delegation of Political Reconstruction Promotion Assn of Taiwan, an established responsible organization, taking large part in mediation for settlement of present situation.

March 5, 1947
The US Consulate Taipei Taiwan
Sir:
For the protection of the lives of the six million and more Formosans, we cordially request you to forward the enclosed letter to Ambassador Dr. Leighton Stuart for transmission to the National Govt of the Republic of China.
From (chopped) the Political Reconstruction Promotion Assn of Taiwan'

Following is translated text of enclosures: 'To His Excellency, President Chiang of the National Govt of the Republic of China through the kindness of Ambassador Dr. Leighton Stuart of the American Embassy in Nanking:

Your Excellency:

This civil commotion in Taiwan Province is purely in protest against corrupt officialdom and a demand for political reformation with no other purposes whatsoever. We entreat you not to dispatch troops to Taiwan in order to avoid further provocation of the people. We also earnestly beg that you immediately send a high official to Taiwan to settle the incident for the sake of the nation.

From (chopped) the Political Reconstruction Promotion Assn of Taiwan Province. March 5.

Consulate has agreed to forward this communication to American Embassy for its discretionary action.

STUART

其中文經由翻譯如下：

電　報

從台北美國領事緊急致南京大使館

3月5日 1947 N0479

以下是台灣政治建設協會代表今天遞給領事館的一封信譯文。此一協會是一個已成立多時，能負責任的組織，在調解處理現況中擔任重大的角色。

3月5日 1947

台灣台北美國領事館

爲了保護台灣六百多萬人民的性命，我們誠懇地要求您轉教這封信給大使司徒雷登，並請他將這封信轉達給中華民國的國民政府。

台灣省政治建設協會上

以下是這封信的譯文：

「經由美國駐南京大使司徒雷登轉達致

中華民國國民政府蔣總統閣下：

此次在台灣省的民變，純粹是爲了反對貪官污吏及要求政治改革，此外別無他圖。我們請求您不要派軍隊來台，以免更激怒民心。我們也迫切懇求您，爲了國家，請立刻派遣高層官員到台灣來，調解此一事件。

台灣省政治建設協會上3月5日」

領事館已同意轉教這封信給大使館，並由大使館自行決定處理。

Blake

在美國人的眼中，蔣渭川領導的台灣省政治建設協會是「能負責任的組織」，「在調解處理現況中擔任重大的角色」。可見蔣的風評很不錯。這份中譯本固沒有蔣的原文來得雅馴，但內容確是忠實可靠的。

蔣主席接到蔣渭川的電文，其處理方針見三月七日給陳儀的手令：

> (前略)又接台灣政治建設促進會由外國領館轉余一電，其間有請勿派兵來台，否則情勢必更嚴重云，余置之不理。此必反動份子在外國領館製造恐怖所演成。近情如何？盼立復！
>
> 中正手啓寅(三月)虞(七日)辰府機[59]

出兵赴台平亂是中央既定的方針，以蔣渭川如此大費周章謀畫之舉動，固然無法挽回已經決定的政策，但卻充分證明他不願意二二八事件惡化擴大，傷及無辜，尤其是「千祈勿派軍隊鎮壓，庶免驚動民心」一語，完全把他對群眾心理的清楚掌握與其擔憂心境表露無遺。

《二二八事件研究報告》對於陳儀邀請蔣渭川出面處理二二八事件，沒有下深入挖掘史料的工夫，遂逕以爲係欲「利用蔣渭川領導之台灣省政治建設協會勢力，以削弱處委會力量」，以達「內部的分化、瓦解」[60]，又以爲柯遠芬請蔣渭川出面，係出自於「蓄意利用」的動機[61]，對於蔣渭川曾在二二八事件中投注心血努力的貢獻視若無睹，一概給予忽略抹煞，還編造蔣「可能亦藉此難得機會立功成名」的說辭[62]，由檔案文件的出現，蔣渭川蒙受的不白之冤，可藉此澄清。

14

何以黨部主委李翼中並沒有告訴陳儀關於蔣渭川調集台籍日本兵的用意，這可能牽涉到雙方的派系之爭[63]。而在當時，台中已經被謝雪紅接收占領，嘉

---

59 《二二八事件資料選輯(二)》，頁94-95。
60 《二二八事件研究報告》，頁59。
61 同上。
62 同上。
63 李翼中對陳儀早已心存不滿，三月九日國防部長白崇禧奉蔣主席之命問「俟宣慰畢然後易長抑先易長余然後行？」李翼中先是遲疑，然後說「台人厭之矣。

義市政府政權亦岌岌可危，軍民在水上機場陷入慘烈激戰對峙狀態之中，情況頗爲緊急。陳儀見蔣渭川要召集台籍日本兵到指定地點集合，慌了手腳，遂派李翼中手下的處長徐白光打電話告訴蔣渭川，邀請立即到長官公署商談有關政治改革的問題。蔣以有要事處理及九點半要對電台廣播爲由而婉拒，但同意第二天再見面[64]。

就在同一天(三月五日)晚上六時十分，國府蔣主席已得悉台灣二二八事件難以短期平息，決定出兵支援，急速親下手令給陳儀：

> 台灣陳長官
> 已派步兵一團，並派憲兵一營，限本月七日由滬啓運，勿念。
> 中正寅(三月)微(五日)府機[65]

陳儀在當天收到這份「急令」，於是立刻通知警總參謀長柯遠芬與憲兵第四團團長張慕陶開會。所以，《始末記》才會說徐白光走了之後，晚上陳儀召開軍事會議，然後張慕陶當夜直接奔訪蔣渭川，對蔣說陳儀答應你的建議，可將長官公署改組爲省政府，詳細的辦法，及其他技術問題，待明天和長官見面會談時，再詳細討論決定[66]。

三月六日《中外日報》【本報訊】說：

> 蔣渭川氏於昨晚廣播，首先對內地同胞說明此次專賣局事件經過情形，及台灣民眾要求改革台省政治之願望。……蔣氏繼謂，得到陳長官通知，約請渠(蔣氏本人)今日會晤。陳長官已決定取銷公署而改爲省政府，至於關於台灣之各方面問題，將於今日會面時詳談。……[67]

三月五日晚上蔣渭川說「陳長官已決定取銷公署而改爲省政府」。蔣的廣播影響了王添灯在當晚漏夜就召集蘇新、潘欽信等人草擬激進的政治改革處理大

(續)

如愛陳儀，不如速爲去也」。李翼中《帽簷述事》，《二二八事件資料選輯(二)》，頁388。

64 《始末記》，頁56-57。

65 《大溪檔案》，頁70。

66 《始末記》，58-59。

67 《二二八官方機密史料》，頁101。

綱。由於誤判情勢，遂釀成不可挽回的悲劇。這點留待討論王添灯與二二八時再討論。

15

三月六日蔣渭川與陳儀會談的情形，可參考中央社【台北六日下午一時參考電】密：

> 台省局面急轉直下，今已獲得和平解決之門。今上午十一時，民間代表蔣渭川等十二人訪謁陳儀長官。陳氏先於三樓辦公室，單獨接見蔣渭川，談論約半小時後，十一時半，陳氏至二樓會議室接見全體代表。陳儀宣布對於目前問題之兩大原則：「一爲台灣必須永久爲中華民國之台灣；一爲台灣必須不爲共產黨之台灣。渠稱：「倘全體台灣同胞遵行余所提出之兩大原則，余亦必接受台灣同胞之各項合理要求。」陳氏並稱：「依據第一條原則，台胞必須快學國語、國文，儘速中國化，快和祖國結成一片；依據第二條原則，台灣必須避免共產主義化。繼由各代表陸續發言，申述意見，彼等均以愉快之滿足心情，表示遵行陳長官之兩大原則。彼等旋請陳長官取消「台灣行政長官公署」，改設「台灣省政府」，在未奉准中央批示之前，暫設改組委員會，處理過渡期間之一切政務，並請提早於今年六月以前，實行各縣市長民選，及登用台籍人才。陳儀聞言，面露笑容，立予允諾。陳氏稱：「社會秩序應即完全恢復，不應再有毀宅掠物之事；街頭共產黨之標語，今後更應絕跡。」某氏代表稱：「社會秩序即可完全恢復，此事全由民間負責。目前，台灣可能亦有共黨份子，然屬少數，今後官民合作，相信必可清除。」各代表繼請求陳長官宣佈今日之會談內容，陳氏允於明日廣播。另一代表又稱：「台胞僅係請求改革政治，別無其他作用。台灣乃中華民國之台灣，今後定可於精誠團結之下，官民合作實行民主。」並稱：「台胞請求提早實行縣市長民選，係因根據國父遺教中規定『户口調查完成，即可實行民選』(註：此語係記大意，未查原文)，台灣今已具備此項條件。」按：今日之會議，係於下午十二時四十分結束，約半小時後，台北廣播電台即已播

出此項重大新聞[68]。

這是當天蔣渭川與陳儀達成的協議。至此，民間代表所提的「政治改革」要求，幾乎已經達到長官公署所能答應的限度，難怪中央社電會有如此的結論：「台省局面急轉直下，今已獲得和平解決之門」。

可是，陳儀提出嘉義地方的民眾與軍隊尚在對峙的困境，暴動要如何才能平息？蔣渭川說他願意冒險一跑協助溝通，但並沒有說特別的方法[69]。

蔣渭川《始末記》對此事也有詳細記載，惟此書乃事後追記，惜時間先後次序頗多錯誤[70]，當以中央社電逐日時序報導爲準，這是在引用此書做爲研究當注意分辨處。柯遠芬〈事變十日記〉三月五日日記未記陳召開軍事會議，命張慕陶通知蔣，已接受長官公署改省府的要求，其三月六日日記卻記：

> 我當時擬定有政治解決的辦法數條：第一，現任各縣市長如有不能盡職的可以撤換，並准許由各縣市參議會推薦三人再由長官圈定任命；第二，長官公署請求中央改組爲省政府，而委員廳長盡量選用本省人士，第三，政治上應興應革之事，交由新省府酌量辦理。早飯後我到長官公署向長官建議上述的政治解決辦法，……長官當即告知其已如此決定，……改在下午三時廣播。

這完全往自己臉上貼金，根本是胡扯。陳儀是他的上級，沒有長官同意，他有這麼大的能耐敢「擬定政治解決的辦法」嗎？而且陳儀是在六日晚上八時半廣播，也不是在下午三時廣播。

上節已述三月五日蔣渭川有電報給國府蔣主席，請美國駐台北領事館轉美國南京大使館，美國大使在三月七日再轉交給蔣主席，請求中央「萬勿派兵來台，以免再激民心，並懇迅派大員蒞台調處」。然而，局勢危殆迫在眉梢，若不出兵何以平亂、收復台共占領台中、嘉義？這個節骨眼上，就顯示蔣渭川的計謀了。蔣渭川的台灣自治青年同盟控制了一部分台籍日本兵，他希望利用台

68 林德龍輯註《二二八官方機密史料》，頁106-107。

69 《始末記》，頁84。

70 如《始末記》頁65-83，將此次蔣陳會晤時間記於三月五日，並說單獨與陳儀在三樓會談了二個多小時，才到二樓見全體代表云云，均爲明顯誤記。

灣自治青年同盟來控制其他的台籍日本兵。所以，三月七日在新竹縣成立台灣自治青年同盟的分會，同時(三月七日)也在台中成立台灣自治青年同盟的分會[71]。台共謝雪紅等人利用的是台籍日本兵的武裝力量，台灣自治青年同盟將台籍日本兵拉攏過來，謝雪紅等人的組織力量自然就削減，便無計可施了。可見蔣渭川對付共產黨的方法是釜底抽薪。這是我個人的推測，蔣渭川要求中央不派兵要如何收復台中、嘉義的對策在此。當然，中央決策並不知道蔣渭川有如此的用意，而往後情勢的變化也不是蔣渭川本人所能料想得到的。

16

蔣渭川的人馬與王添灯一派的勢力在處委會內部本是旗鼓相當的，但陳儀與蔣渭川有較多單獨會面交涉的機會，難免引起處委會王添灯一派的吃醋，於是他們就排斥蔣渭川，因而形成兩派人馬角力，彼此明爭暗鬥，互不相讓。

〈二二八事件處理委員會組織大綱〉第四條決定委員產生的方式：

> 一、本省國大代表、參政員、省參議員及台北市參議員。
> 二、其他各縣市參議會各選出三名。
> 三、省級人民團體各選出三名，縣市級人民團體選出二名。
> 四、各縣市工會各選出兩名，但略備規模而尚未正式成立者亦準用之。
> 五、各族選出高砂族一名。
> 六、中等學校以上各校職員學生各選出二名，但大學各學院係以一單位職員學生各選出二名。
> 七、上列之外由第一號委員推選出十名至三十名。

---

71 關於台灣自治青年同盟三月七日在新竹縣與台中市成立桃園分會、中部分會，以及未明確何時成立於嘉義市、澎湖縣，可見於臺灣省行政長官公署編〈臺灣省二二八暴動事件報告〉(1947年)，收在陳芳明編《臺灣戰後史資料選—二二八事件專輯》(台北：自立晚報文化出版部，1991年3月)，頁177、187、189及193。台灣自治青年同盟中部分會以黃光衛爲組織部長，係「受台北總部蔣渭川之指揮并散發傳單」，詳見《國家安全局檔案》，收在《二二八事件檔案彙編一》，頁378-379。

表面上這條選舉辦法涵蓋面向極廣，也符合處委會的初衷，各行各業都有代表組織處委會，而實質上，這條選舉辦法對蔣渭川是很不利的。因爲蔣既不是處委會主體「本省國大代表、參政員、省參議員及台北市參議員」，也不具有「其他各縣市參議會」的資格，他只是民間團體台北市商會的理事長，而這條辦法是以民意代表爲主體，因此對政治建設協會提出代表選舉是有限制，蔣受到不公平辦法的制約也就可想而知了。

到了三月六日省級處委會召開成立大會，依照組織大綱選舉省級處委會常務委員，決定了省級常委名單。其正式常委與候補常委名單如次：

> 省參議員王添灯、黃純青、黃朝琴、蘇惟梁、林惟恭、郭國基，候補洪火煉。
> 國民參政員林獻堂、陳逸松，候補林宗賢。
> 台北市參議會周延壽、潘渠源、簡檉堉、徐春卿、吳春霖。
> 國大代表李萬居、連震東、林連宗、黃國書，候補吳國信。

共計有正式常委十七名，候補三名，透露了一項訊息：即蔣渭川系的人馬全軍覆沒，沒有任何一人當選爲省級處委會的常委。可以這麼說，兩派的競爭趨於白熱化，在三月六日以後，蔣渭川系的勢力在處委會已被完全架空，失去了影響力，王添灯系的人馬位居上風，取得主導處委會的絕對優勢。

林德龍輯註《二二八官方機密史料》錄了(三月三日—三月八日)中央社採訪摘記：

> 五日開始內閧，六日選常委，蔣渭川派竟無一人獲選。[72]

「五日開始內閧」，應是指蔣系人馬對處委會組織大綱的不滿。這是記載處委會內蔣、王兩派人馬勢力的消長，可謂實錄。

17

提出廢除長官公署要求，改爲省政府的意見，由來已久。

---

72 《二二八官方機密史料》，頁44。

早在民國三十五年三月十六日內政部即對長官公署組織章程暨編制員額等提出檢討，認爲沿襲日據時期，與中國其他各省多不符。同年五月十一日行政院明令台灣省政制可由行政長官因地制宜，但與中央法令原則不符，須經中央核定後方能實施。其餘制度承舊例，可根據需要斟酌，但仍應逐漸改進，以期與內地制度一致[73]。

到了十月七日，行政院秘書處致函長官公署，飭令根據實際利弊得失情形，呈核憑辦。但陳儀都沒有積極處理，一直延宕到次年(民國三十六年)三月四日，二二八事件爆發後，長官公署才函覆行政院，言長官制度係適應台灣實際需要，請繼續維持實施[74]。

可是在三月五日，陳儀得悉蔣渭川召集台籍日本兵時，他以爲蔣渭川要有所企圖，他不由嚇慌了。陳儀親口對蔣渭川說「只要快一點息事恢復本來的秩序」，「台北雖然平靜，沒有什麼暴動，然各地尚未完全息事，尤其嘉義、虎尾方面還是激烈續有暴行」[75]，可見當時實際情形的氣氛緊張。

雖然南京方面已經決定派兵，但三月七日才啓程，三月九日才能到達，遠水挽救不了近火，當前燃眉之急的問題如何解決？當初派遣徐白光去見蔣渭川的時候，陳儀還沒有收到南京國府蔣主席的「急令」，等到陳儀收到了「急令」，開完了軍事會議之後，才派張慕陶去向蔣渭川表明同意廢除長官公署，改爲台灣省政府[76]。所以陳儀就答應了條件。

《大溪檔案》載三月六日陳儀函呈蔣主席詳報二二八事件經過情形與處置態度，其中有謂「可依照憲法規定，予台灣以法定之自治權，縣市長可先試行民選，爲滿足一般人之希望，不妨將長官公署改組爲省政府(因許多人均以長官制度爲詬病，雖然其優點甚多)，俾容納本省人之較有能力者」。三月四日行文函覆行政院，「請繼續維持實施行政長官制度，以適應台灣政情實際需要」，言猶在耳，何以在三月六日這個時候有此急劇的轉變？如果把時間與事件演變的次序一一排列，則不難理解陳儀在國軍增援部隊沒有到達之前，迫於

73 薛月順編，《臺灣省政府檔案史料彙編・臺灣省行政長官公署(三)》(台北：國史館，民國88年2月)。

74 陳儀三月二日覆行政院函的擬稿，在三月四日的正式行文之文字略有出入，三月二日擬稿的意見，較能反映陳儀眞正的想法，因取此而捨彼。薛月順編《臺灣省政府檔案史料彙編・臺灣省行政長官公署(三)》，頁480-485。

75 《二二八事變始末記》，頁74。

76 《二二八事變始末記》，頁58、61、69。

形勢，不得不採取如此的措施。

18

假使陳儀與蔣渭川所談判的條件能爲處委會所接受，二二八事件有可能是以和平落幕收場。所以三月六日下午一點鐘中央社記者就發電說「台省局面急轉直下，今已獲得和平解決之門」[77]。

三月六日陳儀向蔣渭川說，這個關於政治改革的問題我們兩人談就可以了，可是蔣渭川在三月四日就曾經向陳儀說，我們政治改革的建議應該經過處委會提出，蔣渭川爲了遵守這個承諾，因此向陳儀說我還是將這個建議正式向處委會報告，然後由處委會出面與長官交涉。於是陳儀表示同意。

三月七日《民報》【本報訊】云：

> 台灣省政治建設協會爲應付整個台灣政治之改革，於五日作成台灣省政改革綱要，決於六日提交二二八事件處理委員會。其全文如左：
>
> (一)台灣行政長官公署制度，應改爲省政府制度，但未得中央批准以前，暫時維持現在機構。
>
> (二)秘書長及各處、局、會首長，應起用本省人，但改革委員會認爲必要時，得用外省人。
>
> (三)縣市長普選，限至本年六月以前，全部完成。
>
> (四)經濟、財政政策及日產處理問題，應請中央賦權本省政府全權處理之。
>
> (五)應請中央承認本省法官資格，本省各級法院檢察官，應儘量起用本省人。
>
> (六)以上各項具體辦法及其他興革事項，應組織台灣省政改革委員會辦理之。
>
> (七)省政改革委員會，應于三月十五日以前成立。其產生方法，由各鄉鎭區代表選舉該區候選人一名，然後再由該縣、市參議會選舉之。其名額如下：台北市二名、台北縣三名、基隆市一名、新竹市一名、新竹縣三名、台中市一名、台中縣四名、彰化市

77 《二二八官方機密史料》，頁106。

一名、嘉義市一名、台南市一名、台南縣四名、高雄市一名、高雄縣三名、屏東市一名、澎湖縣一名、花蓮縣一名、臺東縣一名。

(八)專賣局、貿易局及其他公營事業存廢或改革，應由改革委員會檢討決定之。

(九)宣傳委員會勞動訓練營及其他機關廢止或併合，應由改革委員會檢討決定之。[78]

其實政治建設協會作成的「台灣省政改革綱要」九條，是有個演進的過程。根據中央社【台北六日下午一時參考電】密報導：

> 彼等旋請陳長官取消「台灣行政長官公署」，改設「台灣省政府」，在未奉准中央批示之前，暫設改組委員會，處理過渡期間之一切政務，並請提早於今年六月以前，實行各縣市長民選，及登用台籍人才。

而關於省政改革委員會的產生的方法，是在三月六日蔣渭川、陳儀會面，蔣渭川想出來的辦法，得到陳儀很大的讚賞：(拍桌大叫)很通，很通，這是最妙而且簡捷有效的辦法，可以照辦的。[79]

「台灣省政改革綱要」第四條至第九條是廖進平、呂伯雄二人在三月六日下午蔣、陳會晤之後立刻草擬增補的。三月六日下午，蔣渭川派廖進平、呂伯雄赴中山堂，將改革原則及辦法細則總共九條提交處委會[80]。

當廖、呂二人向處委會提交時，還受到王添灯的揶揄：「昨夜在陳逸松家裡討論研究到翌晨四時，已決定二、三十條要求，這已勝過你們的九條，何必多此一舉。」[81]

---

78 《二二八官方機密史料》，頁137-138。

79 《始末記》，頁78。

80 《始末記》，頁96。《始末記》(頁79)載三月五日蔣渭川與陳儀討論決定了三條原則，這是不對的。《民報》所說「五日作成台灣省政改革綱要」九條，應該是先有三原則，然後再增改爲九條，此處一概說是三月五日，是需要修正的。

81 《始末記》，頁97。

處理大綱三十條是三月五日晚上到次日上午由王添灯等人草擬的，另外兩條是三月六日下午加上去的。三月七日《民報》對此作了報導：

> 【本報訊】二二八處理委員會省級委員會，於六日下午二時，召開大會。由王添灯氏主持，首報告該會組織大綱及該會綱領。會議中有人提出意見，討論是否分開組織省及縣市兩級委員之需要，結局照原案決定分別組織。而進行省級委員會大會，將組織大綱照原案承認外，關于綱領，採納司法界代表提案，加上各地法院院長、各地首席檢察官、推事、檢察官，以及其他司法人員，應半數以上採用本省人一項。……[82]

關於處委會提出三十二條要求與四十二條的經過始末，與其種種問題，在討論到王添灯與二二八的關係，會有詳細的說明。

三月六日下午，蔣渭川將與陳儀談判結果及條件向處委會報告。

陳儀原先決定在三月七日廣播。可是，陳儀卻提前在三月六日晚上廣播了。

葉明勳發給中央社副總編兼編輯部主任唐際清的電文說：

> 唐主任：密
>
> 今有運輸機三架飛抵此間，任務未悉。台省黨部主任李翼中，明日專機公幹。陳儀提前改于今下八時半廣播，全文另電發京。……
>
> 弟明勳。六日二十時[83]

何以會有如此驟然的轉變？原來，陳儀已經得悉三十二條內容了，到了晚上八點半，陳儀第三次廣播，正式提出「如何改善政治的問題」：

> 第一，省及行政機關，我已考慮將行政長官公署改為省政府，向中央請示，一經中央核准，即可實行改組，改組時，省政府的委員各廳長

82 《二二八官方機密史料》，頁138-139。

83 同上，頁120。

> 或各處長要盡量任用本省人士。……
> 第二，縣市級行政機關，我已預定在預備手續能完成的條件之下，縣市長於七月一日民選。……
> 至於各種行政如何改革，在省一方面，俟政府改組以後，由其決定。在縣市方面，俟縣長調整後，由他們負責。……

這是尊重新任省主席的做法。揆諸陳儀的意思，是希望處委會尊重他合理的條件。

到了三月七日上午，陳儀還正式致函處委會，希望他們好好斟酌：

> 茲啓者：二二八善後事宜，各方代表紛紛來見，建議辦法莫衷一是。惟關於善後辦法，已組織二二八事件處理委員會，該會本可容納民眾代表。今後，各方意見希均先交處理委員會討論，定擬綜合的意見後，由該會選定代表數人，開列名單向本署建議以便採擇實施。此致
> 二二八事件處理委員會
>
> 民國三十六年三月七日行政長官陳儀[84]

三月七日下午三時半，處委會加開臨時會，仍然通過了設立政務局等十條，加上原來草擬的三十二條，就成了四十二條，完全不理會陳儀。

時爲國民參政員的林茂生是處委會的當然委員，當他知道三月六日的三十二條，在三月六日很晚才從《民報》社回家，他對他的兒子林宗義說「台灣人實在把事鬧大了」[85]，大概是預見三十二條提出的後果。因此他在三月七日的《民報》上，刊布了蔣渭川領導政治建設協會的政治改革意見，並在該報社論〈熱言〉說，政府已經宣布了只要不台獨、不共產化，任何合理的條件都可以接受，蔣渭川的主張相當合理，希望處委會能接受蔣渭川的主張：

> —熱言—
> 台北市的安寧秩序已見恢復，火車、其他各交通機關，都照常運轉。

---

84 《二二八官方機密史料》，頁136。

85 林宗義〈林茂生與二二八〉，陳芳明編《二二八事件學術論文集》(台北：前衛出版社，1989年8月)，頁28。

> 唯人心尚未安靜，猜疑、臆測，種種謠傳，無法證實其眞假。
> 軍、政當局雖極力聲明，決取和平解決方策，斷不肯以武力相對付。
> 又說：除共產黨的活躍及獨立運動而[以]外，如政治上的改革意見，儘可接受。
> 然而，同胞們的政治改革意見，雖然發表不少，其如[實]還未集中。
> 處理委員會天天開會，意見多歧，泛而無統，解決方案，猶在難產之中。
> 五日曾決議通過八項的政治根本改革草案，已詳細登在昨日的本報，但並不是最後的決定。聞昨晚政治建設協會更草就較妥善的一案了。
> 此案如得處理委員會再加一番修整通過，改革目標就可確立，馬上得著首推行。
> 全省安危繫此一舉，盼望愛國家、愛臺灣的各位賢達，應捨小我，維持大局！[86]

但三月七日下午處委會仍一意孤行，照案通過了三月六日的三十二條，外加上十條。

19

既然陳儀要蔣渭川出來平息暴亂，後來爲何要捉蔣渭川呢？《始末記》載：

> 三月十日上午……，大家都在會客室談話至十時，我準備要去公署見長官，乃穿好西裝、襪子，將大衣帽子及皮鞋放在身邊，等待林梧村氏來一同出發。至十時十五分忽店員大驚小怪，入來通知有武裝警察四、五名來叫門。我即命其開門請入，白成枝君聽得就由後門跑出去。警察隊員五名內中，四名帶長槍，一名帶短槍。一入我家就厲聲要找蔣渭川，我應聲而出說：「我就是蔣渭川。你們有什麼貴事？」那帶短槍馬上走近前執住我的手說，我們奉命要來槍斃你。我即厲聲說：「豈有此理，現在我要去見長官，有事要當面解決。」但那警員

86 林德龍輯《二二八官方機密史料》，頁137。

> 不由分說，將我拖出店口大路邊將要槍殺。此時我的老妻看見這樣無理殺人就跑近那警官，將其手握住，不准他開槍。那帶長槍四名警員將我老妻推開，按在店門板，用四枝長槍分胸部、腹部分叉擋住，使其不能震動。而那帶短槍的警員一手握住我的手，另一手將短槍向我頭額開打一槍而不發火，乃將短槍遙震數次，再對準的我的頭額開打一槍而又不發火，即將槍柄向我耳邊猛打一下，幸我避開打不中，即將握住我的手放下，趕快修理該短槍。在這瞬間我也不覺恐怖，也想不到他是要打死我，靜靜看他在修理短槍。忽然我的頭上似有老人的聲叫我：「你爲何不走！」連叫數聲我才覺醒起來，即刻跑入店內。那警員追入，再打一槍而又不發，仍一面修理短槍，一面急追至事務所時，我已跑到後面轉彎，忽聞槍聲一響，我已走出後門出去。[87]

〈二二八事件報告書〉說：

> 三月十一日上午……，及至十一時，有警察隊員五名入店查問姓名，渭川即答以自己的姓名，該隊員的指揮者就大聲說：「你就是蔣渭川。你對長官說什麼，說要求什麼置換處長。」言下不由分說，將渭川拉出店前馬路邊開槍要打死，渭川乘機急於逃脫，走入店內，而該指揮者追入店內連開二槍，渭川雖幸免，而渭川的少女……[88]。

這兩種記載都是出自於蔣渭川親筆，說有五名警察要殺他。前者時間是三月十日上午十時十五分，後者是三月十一日上午十一時，細節詳略也有若干出入，很難確定何者爲是。蔣的後代出版《始末記》，最後一頁有「蔣渭川略歷」，從一九四五年八月十五日到一九四七年三月十日止，但不能據此就認定蔣險遭殺身之禍發生於三月十日，姑存疑待考。

三月八日，張慕陶見了蔣渭川，問蔣渭川願不願意擔任長官公署的教育處長。蔣渭川回答，不願做官。張慕陶問由台灣人王民寧擔任警務處長的意見如何，蔣渭川表示長官若信任都可以[89]。原來的警務處長胡福相是外省人，三月

---

87 《始末記》，頁124-125。

88 《蔣渭川和他的時代》，頁164-165。

89 《始末記》，頁108-109。

八日長官公署派王民寧擔任警務處長。警察大隊歸警務處長管轄。國軍登陸之後，陳儀下令捉人的時候，有人公報私仇，以爲蔣渭川干涉警務處長的人事任免，可能是胡福相一派的人，趁亂要把蔣渭川幹掉。

所以這裡記載「指揮者就大聲說：『你就是蔣渭川，你對長官說什麼，說要求什麼置換處長。』」就洩了底，可能是胡福相把警務處長調任歸咎於蔣渭川。如此看來，陳儀沒有必要派人殺蔣渭川。

據蔣渭川說，後來王民寧與楊亮功都曾經找過他[90]。站在蔣渭川的立場，他當然知道他與陳儀有存在的過節。因爲過去商工經濟會在辦理移交時，市商會的一筆鉅款被民政處的官僚吞沒掉，蔣渭川提出要求調查，於是他們就把蔣渭川的演講紀錄拼湊起來，利用公署的權力，以「妨害秩序等嫌疑」的罪名提出控告[91]。另外，蔣渭川曾召集台籍日本兵分別集結，這是犯了陳儀的大忌。陳儀在三月十三日所提的「辦理人犯姓名調查表」，共列了二十人，第一個是王添灯，裡面沒有蔣渭川。而在二十人之後，用草字寫了蔣渭川、白成枝、林日高、張晴川、陳屋、王萬福、呂伯雄等與台灣省政治建設協會有關的人[92]。假如蔣渭川接受了陳儀的邀請擔任教育處長，就可能沒有事了，但台灣人會罵他，以爲他與陳儀談判就是爲了當官。所以他就拒絕了。沒想到這一拒絕反而壞了事。

陳儀後來爲何要查封台灣省政治建設協會呢？因爲根據國家安全局檔案三月十一日的情報云：

> 台灣暴動案首魁蔣渭川、王添丁所組織之自治青年同盟及民主聯盟，其內部容有大量政治份子及資本家，無形中形成兩派，近爲爭取政權，發生內鬨甚烈，又該蔣、王等爲充實武力計，派遣幹部強迫學生及前在日軍服役之退伍士兵參加編成部隊，準備與增援國軍週旋，因之內部對蔣、王不滿情緒甚高。……[93]

這個情報當然是錯誤的，因爲國軍登陸之後，採取軍事行動，各地風聲鶴唳，

90 《始末記》，頁127。

91 《始末記》，頁67。《蔣渭川和他的時代》，正文前照片有民國卅五年十二月廿八日台灣台北地方法院檢察處「妨害秩序等嫌疑」案的傳票。

92 《二二八事件資料選輯(二)》，頁174-177。

93 《二二八事件檔案彙編(一)》，頁195-196。

人人各作鳥獸散，不可能有準備與國軍週旋的力量。

次日，三月十二日《新生報》有個讀者投書，指責台灣省政治建設協會必須爲這次「搗亂」負起責任：

> 【本報訊】台灣警備總司令部頃接到省民來函一件。茲將原文錄誌於下：
>
> 我爲台灣一份子，不得不愛護台灣，故祈各報館特將此書登出以救台灣人。查三月六日夜八時，台灣政治建設協會蔣渭川在電台放送云：「經與陳長官交涉結果，長官答應除不侵害中央主權及不共產化之外，均可商量。」民眾聽下無不喜慰。但三月七日，二二八事件處理委員會在中山堂開會時，台灣政治建設協會呂伯雄竟又提議另組台灣省改革委員會，意欲自作首領以盡搗亂之能事。下午會議中，呂又公然提議「取消警備司令部」等云，藉以煽動民眾；嗣又有第二人繼起提出「國軍繳械」之無常識條件，致一時無法抑制群眾之錯誤言動，而使時局越難收拾。至此，政治建設協會看到時局惡化，知已闖禍，責任重大，乃於九日夜八時，又在電台放送「反對二二八事件處理委員會所提出之條件，因非民眾意思」等云，如此言行前後矛盾，其存心搗亂，不攻自破。其陰謀奸險，焉能欺盡天下耳目。此後時局惡化，政治建設協會應負破壞責任。台灣民眾啊！起來打倒陰險野心之政客，千萬不要再受政治建設協會一班人之欺騙煽惑，致害自己的生命、財產和台灣全體的名譽。
>
> 台灣一份子[94]

這些污衊扭曲的流言，是很冤枉的。因爲政治改革委員會的委員產生辦法，被選舉人必須是鄉鎮代表，通常政治改革委員會的召集人是互選產生，就像現在的立法院院長是由立法委員互選一樣，並不是由政府指派的。蔣渭川、呂伯雄他們不是鄉鎮代表，根本沒有被選舉權，所以不可能當上領導人。

蔣渭川〈二二八事件報告書〉針對此事有所申辯：

> 又有《新生報》刊載有人投書於警備司令部的全文，謂處理委員會提

94 《二二八官方機密史料》，頁147。

> 出的警備司令部廢止問題係呂伯雄的提案，似乎將關於國防的要求責任欲轉嫁呂氏，但此絕不可信，呂伯雄當日只有說明渭川與長官商決的三原則及辦法細則六條，計九條之內容而已，其他並沒有涉及任何提案。且該處理大綱十條及要求案三十二條已於前一天(三月六日)就已決定，絕不是呂伯雄的提案，且政治建設協會也無使呂氏提出任何的案。[95]

蔣氏之言是合乎事實的。這個「台灣一份子」是何許人，是否爲警總授意而投書，不得而知。到了三月十四日，警備總部公告：就以台灣省政治建設協會曾召集台籍日本兵爲理由而將它查封了。

經過將近一年的逃亡藏匿，蔣渭川經由林獻堂與丘念台的幫助下，代向警總與高等法院請准自首，後由丘念台交保釋放[96]。嗣後經過一個多月，民國三十七年四月廿四日台灣高等法院檢察官以涉「內亂嫌疑」案，對蔣渭川作出不起訴的判決。

從三月二日到三月六日，代表台灣人民向陳儀提出討論政治改革，爲台灣人民爭取權益的，是蔣渭川與其所領導的處委會民間代表，不是王添灯這些人。這些由蔣渭川推薦出來的代表與陳儀交涉，從當時的報紙記載，在在都顯示了一個事實：他們擁護蔣渭川，都是由蔣渭川帶頭，最後也是由蔣渭川做結論的。所以，蔣渭川才是眞正代表台灣民意，而不是王添灯。王添灯等人所提出的三十二條不但沒有給台灣人帶來福利，反而壞了事，使事件釀成不可收拾的悲劇。

這件事情，先是莊嘉農著《憤怒的台灣》，然後柯遠芬著〈臺灣二二八事變之眞相〉，以及自稱「本著學術良心，超黨派立場」的《二二八事件研究報

---

95 《蔣渭川和他的時代》，頁169。

96 《二二八事件資料選輯(二)》，頁357。謝雪紅占據台中，林獻堂即設法削減謝的兵權，而丘念台是台灣省黨部主委，繼任李翼中之位，李翼中很可能將蔣渭川事告訴丘念台，所以蔣才有機會獲得保釋。廖進平之孫廖繼斌先生曾告訴彰健，他曾看見李翼中在陳儀去職後，寫信向國民黨組織部長陳立夫爲蔣渭川及廖進平申冤，因廖進平已死，故信稿將廖進平之名劃去。因美國對華白皮書，對蔣渭川有好的風評，吳國楨在台灣省主席任內，延攬蔣渭川出任民政廳長，即引起二二八受難人家屬，以受難人的姓名在《新生報》刊登道賀啓事。黃紀男《泣血夢迴錄》(P. 284-285)說：「黃朝琴、劉啓光、游彌堅一派半山台灣人，連袂向蔣總統建議撤換蔣渭川職務。」蔣渭川遂去職，改任內政部次長。

告》等，他們都沒有實事求是評價蔣渭川，他們埋沒了蔣渭川的功勞，還在文章裡罵蔣渭川，於是蔣渭川所起的作用就被後人所忽略，也扭曲了這段史實，這是要鄭重指正的。

總之，蔣渭川願意出面作爲官方與民間溝通橋樑，確是完全能夠從大局考量，希望爲台灣這場動亂儘快平息，他所做努力的苦心孤詣，沒有考慮個人的安危與政治欲望的盤算[97]，這一點，我們後人都不該忽略。其次，他所以有增加各界民眾代表的構想，主要係要擴大民眾參與，不欲使民意被少數代表所把持掌控，期待處委會開會能夠集中焦點，有效率決議解決方案，以減少會場混亂無秩序的發言，一方面讓民眾有充分宣洩民怨表達意見的機會，另一方面也正好是要加強處委會的功能，他的工於謀畫與周到設想，是很多人不知道的！本文對蔣渭川與二二八關係的研究，或可提供一些澄清的作用。

本文原寫就第一節至第九節稿，後因血壓驟升，遂擱置不克繼續，改以口述記錄方式，由吳銘能博士整理而成。

民國九十四年八月十六日初稿　八月二十二日二稿　八月二十九日三稿

97 如陳儀有意請蔣渭川掌管教育處，但蔣婉拒。詳見《始末記》，頁108。另參見李翼中撰《帽簷述事——臺灣二二八事件日錄》也說「陳儀籌劃改設省政府，欲起用丘念台、蔣渭川等，皆謝」，《二二八事件資料選輯(二)》，頁386。

十六、揭穿王添灯欺騙台灣人民

——論二二八處委會三月六日提出處理大綱三十二條、三月七日提出四十二條、三月八日提出三十二條

二二八事件爆發後，陳儀採取兩條路徑，一方面派民意代表斡旋，另一方面請人遊說蔣渭川出面協調。所以從三月二日到三月六日，民間都是以蔣渭川爲主導與陳儀直接面對面交涉。在交涉過程中，一切進展大致順利，台北地區群眾混亂局面逐步趨於和緩。

不過，二二八事件處理委員會(處委會)宣傳組組長王添灯提出了三十二條要求之後，形勢有了大逆轉，整個氣氛分外凝重，因爲第一條即要求國軍繳械，另有撤除警備總部等多條逾越地方權限的要求，陳儀態度轉爲強硬，協商完全破裂。王添灯已知闖了大禍，趕緊在三月八日《人民導報》出刊三十二條內容，編造三月七日下午四時二十分向陳儀提出條件的謊言，把欲國軍繳械的要求删略不提，也把《人民導報》的三十二條通知英、美領事館，企圖以移花接木、魚目混珠方式爲自己推卸責任。

很多人研究二二八，這一段影響事件轉折變化關鍵的始末並不甚了了，甚至有所誤解，而以代表官方見解的《二二八事件研究報告》也沒有深入探究這段經過，遂使二二八歷史眞相晦暗不明，難以理解。本文除了有拾遺補闕、發掘歷史眞相之效，同時也要指出，被供奉爲英雄人物的王添灯，不僅玩弄花樣欺騙台灣人民，而且把可能和平落幕的二二八事件，終弄巧成拙，釀成大禍，以血腥暴力悲劇收場，不禁令人浩歎。

1

本文主要是要揭發王添灯欺騙台灣人民的醜陋行徑。

研究二二八事件，不能不知道王添灯，但王添灯長久以來或被曲解，或被歌頌爲英雄人物，於是這段影響台灣歷史深遠的事件就晦暗不明，使人如墜入五里霧中，不見眞相。本文原題爲「王添灯與二二八」，爲了讀者清晰主旨，改以今名。另外，蔣渭川在二二八事件扮演重要的角色，代表民間與陳儀交涉

居於主導地位，所提改革方案也較爲務實可行，這是很多人不願深究或根本不知的另一人物，詳另作〈蔣渭川與二二八〉一文。

在進入討論之前，先看三月八日《新生報》登出處委會決議一則重大的消息，上面講得非常清楚，三月六日處委會開會，王添灯就擬訂了三十二條的處理大綱，照錄原文如下：

> 處委會闡明事件眞相
> 向中外廣播處理大綱
> 除改革政治外別無他求
> 建議案本日可正式提出
>
> 【本報訊】臺灣省二二八事件處理委員會于六日下午二時召開會議，席上除報告組織大綱及推選常務委員外，並由王添灯氏動議謂本省地處孤島，致此次所發生之事件，中外人士未能透徹明瞭，諸多曲解，特擬就二二八事件處理大綱，内容闡明發生之遠因與近果，將以國語、客語、閩語、英語、日語，向中外宣佈，俾能了解内容眞相，全體一致贊成，茲將原文誌之如次：
>
> (一)二二八事件的原因
>
> 這次本省發生的二二八事件，其發端雖然是由於專賣局查緝私煙，屢次搶奪攤販之商品財產，已不歸公，又常以槍桿毆打煙販，且於二二七夜，在臺北市查緝私煙時，開槍擊斃人命而激起公憤，生出官民衝突的事態。這事件於二二八在臺北發生，即時波及全省，到處發生軍民之衝突和流血的慘狀。現在，除台北市内暫時復歸和平狀態之外，其他各地還在繼續武裝混戰的地方也不少。
>
> 這樣廣泛而大規模的事件，是由查緝私煙擊斃人命這樣單純的原因所能發生的嗎？決不是！查緝私煙擊斃人命不過是導火線而已。這次的事件完全是全省人民對於一年餘來之腐敗政治的不滿同時爆發的結果。
>
> 本省光復一年餘來的政治狀況是一面陳長官在公開的時候說得如花似錦，說要怎樣爲人民服務要怎樣謀民生的安定。但是實際上，大小貪污互相搶奪接收之敵產者到處有之，弄文舞法或倚藉武力以欺壓人民者比比皆是。人權不能得到保障，言論出版失去自由，財政破產，物價繼續騰貴，廠礦倒閉，農村日益衰微，失業者成群，無法營生者不

可勝算。全省人民不堪其苦，敢怒而不敢言，因此次專賣局貪污官吏之暴行，全省民之不滿遂同時爆發。

由此可知此次事件根本是由腐敗政治之結果而來，已非祇因專賣局官吏之不法行爲所致，亦非由於省界觀念而發生的事件。故對此次事件，整個臺灣政府應負全部責任。

(二)二二八事件的經過

自二二七夜，專賣局官吏擊斃人民之時，即激動市民公憤，該局人員所乘卡車及所押收香煙，立時被民眾焚燬。翌(二八)日，臺北市即全體罷市，市民結隊至臺灣省專賣局請願懲凶，然該局四圍皆佈置武裝警察，不准民眾接近。其時民眾怒氣沖天，即返回專賣局臺北分局欲捕兇犯，但兇犯已逃避，群情激發，搗毀該局物件，並搬至路上焚燬，而民眾爲欲達到請願目的，轉向臺灣省行政長官公署，欲向長官請願，而該署亦以武裝之兵士及憲兵，如臨大敵戒備甚嚴，不許民眾接近，因此於吵鬧之間公署樓上之士兵竟用機槍掃射民眾，由此民眾死傷數名，民眾益發憤激，情勢又加嚴重。其時本省一部份民眾湧到城內，將官僚資本家所經營之大商店及與貪官污吏朋比爲奸之外省人所經營之店鋪搗毀，並將家具物品搬出路上焚燒。於焚燒之時，武裝警察及軍隊趕至開槍射殺民眾爲數不少，又翌(三月一)日，在鐵路管理委員會前(即北門町附近)蝟集之民眾被軍隊機槍掃射，以致死傷者達數十名，此消息一經傳出，全省各地民情頓時激變。現臺北市內雖經二二八事件處理委員會居間接洽，略已平靜，但中南部各地民眾則爲避免政府武裝部隊之屠殺，正繼續努力，冀求解除軍隊武裝，犧牲相當慘重。

(三)二二八事件如何處理

這次事件，已經是政治腐敗的結果，其處理若非政治上根本加以改革，以後難保不再發生類似或更慘重之事件。故居住本省之人民不論本省人或外省人，均應儘量提出處理意見，政府當局人員亦應以公明正大之政治家態度，誠心誠意與人民共謀解決，切勿爲保持官僚威風，而陷入錯誤觀念。

現在將所已得到的對於本事件的處理意見，綜合起來，可分爲對目前的處理，及根本的處理兩方面：

1對於目前的處理

一　政府在各地之武裝部隊，應自動下令暫時解除武裝，武器交由各地處理委員會及憲兵隊共同保管，以免繼續發生流血衝突事件。

二　政府武裝部隊武裝解除後，地方之治安由憲兵與非武裝之警察及民眾組織共同負擔。

三　各地若無政府武裝部隊威脅之時，絕對不應有武裝戒鬥[1]行動，對於貪官污吏不論其爲本省人或外省人，亦只應檢舉轉請處理委員會協同憲警拘拿，依法嚴辦，不應加害而惹出是非。

四　對於政治改革之意見可條舉要求條件向省處理委員會提出，以候全般[2]解決。

五　政府切勿再移動兵力或向中央請遣兵力，企圖以武力解決事件，致發生更慘重之流血而受國際干涉。

六　在政治問題未根本解決之前，政府之一切施策(不論軍事、政治)須先與處理委員會接洽，以免人民懷疑政府誠意，發生種種誤會。

七　對於此次事件不應向民間追究責任者，將來亦不得假藉任何口實拘捕此次事件之關係者。對於因此次事件而死傷之人民應從優撫恤。

2根本處理

甲　軍事方面：

一　缺乏教育和訓練之軍隊絕對不可使駐臺灣。

二　中央可派員在臺徵兵守臺。

三　在內陸之內戰未終息以前，除以守衛臺灣爲目的之外，絕對反對在臺灣徵兵，以免臺灣陷入內戰旋渦。[3]

乙　政治方面：

一　制定省自治法爲本省政治最高規範，以便實現國父建國大綱之理想。

1　《新生報》與《中外日報》均作「戒鬥」，「戒鬥」應爲「械鬥」。又楊亮功〈調查台灣事件情形及建議善後辦法〉亦作「械鬥」。

2　《新生報》與《中外日報》均作「全般」，「全般」應爲「全盤」。又楊亮功〈調查台灣事件情形及建議善後辦法〉亦作「全盤」。

3　《新生報》、《中外日報》與楊亮功〈調查台灣事件情形及建議善後辦法〉均作「旋渦」，「旋渦」應爲「漩渦」。

二　縣市長於本年六月以前實施民選，縣市參議會同時改選。

三　省各處長人選應經省參議會(改組後為省議會)之同意，省參議會應於本年六月以前改選，目前其人選由長官提出交由省處理委員會審議。

四　省各處長三分之二以上須由在本省居住十年以上者擔任之(最好秘書長、民政、財政、工礦、農林、教育、警務等處長，應該如是)。

五　警政處長及各縣市警察局長應由本省人擔任，省警察大隊及鐵道工礦等警察即刻廢止。

六　法制委員會委員須半數以上由本省人充任，主任委員由委員互選。

七　除警察機關之外不得逮捕人犯。

八　憲兵除軍隊之犯人外不得逮捕人犯。

九　禁止帶有政治性之逮捕拘禁。

十　非武裝之之集合結社絕對自由。

十一　言論出版罷工絕對自由，廢止新聞紙發行申請登記制度。

十二　即刻廢止人民團體組織條例。

十三　廢止民意機構候選人檢覈辦法。

十四　改正各級民意機關選舉辦法。

十五　實行所得統一累進稅，除奢侈品稅相續稅外，不得徵收任何雜稅。

十六　一切公營事業之主管人由本省人擔任。

十七　設置民選之公營事業監察委員會。日產處理應委任省政府全權處理。各接收工廠礦山應置經營委員會，委員須過半數由本省人充任之。

十八　撤消專賣局，生活必需品實施配給制度。

十九　撤消貿易局。

二十　撤消宣傳委員會。

二十一　各地方法院院長、各地方法院首席檢察官，全部以本省人充任。

二十二　各法院推事、檢察官以下司法人員，各半數以上省民充任。

其他改革事項候三月十日集中全省民意之後，交由改組後之政府辦理。

【本報訊】又昨(七)日下午三時半，處委會全體會議，由臨時主席潘渠源宣佈開會後，除原案共廿二條一致決議通過以外，並追加通過：

一　本省陸海空軍，應儘量採用本省人。

二　警備司令部應撤消，以免軍權濫用。

三　限至三月底，臺灣行政長官公署應改爲省政府制度，但未得中央核准前暫由二二八事件處理委員會之政務局負責改組，用普選公正賢達人士充任之。

四　處理委員會政務局應於三月十五日以前成立[4]，其產生方法，由各鄉鎮區代表選舉該區候選人一名，然後再由該縣市轄參議會選舉之，其名額如下：臺北市二名、臺北縣三名、基隆市一名、新竹市一名、新竹縣三名、臺中市一名、臺中縣四名、彰化市一名、嘉義市一名、臺南市一名、臺南縣四名、高雄市一名、高雄縣三名、屏東市一名、澎湖縣一名、花蓮縣一名、臺東縣一名，計三十名。

五　勞動營及其他不必要之機構，廢止或合併，應由處理會政務局檢討決定之。

六　日產處理事宜，應請准中央劃歸省政務局自行清理[5]。

七　高山同胞之政治經濟地位及應享之利益，應切實保障。

八　本年六月一日起，實施勞動保護法。

九　本省人之戰犯及漢奸嫌疑拘禁者，要求無條件即時釋放。

十　送與中央食糖十五萬噸，要求中央依時估價，發還臺灣省。

最後決議推選該會常務委員，向陳長官面交處理大綱。散會，常務委員即於六時至公署面謁陳長官。後因文件手續不備，決定今(八)日正式提出。

這就是著名的四十二條要求，所以《二二八事件研究報告》的記載就有三月六

4　《新生報》原文作「處理會之政務應于三月十五日以前成立」，疑有疏漏，據《中外日報》校勘更正。

5　《中外日報》作「應請准中央劃歸省政府自行清理」。

日的三十二條，加上三月七日的十條，就成了四十二條[6]。《大溪檔案》內楊亮功〈調查台灣事件情形及建議善後辦法〉的報告所引四十二條的次序與《新生報》完全相符合[7]。

2

可是，當我讀台灣省文獻會所編的《二二八事件文獻補錄》(頁537-538)裡頭收錄的英國領事館檔案，發現與《新生報》登載的內容有歧異，於是問題就出現了。先引原文如次：

British Consulate,
Tamsui,
8th March 1947.

No.17.
(By safe hand).

Sir,

With reference to my dispatch no.15 I have the honour to transmit here with a translation of the text of a 32-point demand presented to Govern Chen Yi at 4:20 p.m. on March 7th by representative of the Taipei February 28th Affair Disposal Committee.

I have the honour to be,
Sir,
Your Excellency's most obedient

6 行政院研究二二八事件小組由陳重光、葉明勳擔任召集人、賴澤涵爲總主筆、黃富三、黃秀政、吳文星、許雪姬等人合撰《二二八事件研究報告》(台北：時報文化，1994年2月)，頁66-71。

7 楊亮功〈調查台灣事件情形及建議善後辦法〉，見《大溪檔案—台灣二二八事件》，頁273-281，收在《二二八事件資料選輯(二)》(台北：中央研究院近代史研究所，民國八十一年五月)。

Humble Servant.
O. M. Tingle
Acting Consul.

1. To enact a law relative to provincial government in Taiwan, to serve as the highest guiding principle for the administration of province, thereby facilitating the realization of the National Father's general principles for the national foundation.
2. To hold election of heads of hsien and city governments by popular vote before June this year, simultaneously holding re-election of the hsien and municipal political councils.
3. To make it necessary for the directors of the various Government departments to be appointed with the approval of the Provincial Political Council(to be called the Provincial Assembly after re-election), and to hold the re-election of the Provincial Political Council before June this year. For the time being personnel questions affecting the various Government departments should be presented by the Government to the February 28th Affair Disposal Committee for consideration.
4. Not less than two-thirds of the Heads of the Government Departments should be persons who have been living in Taiwan for 10 years or more. It is most desirable that the Commissioners of Civil Administration, Finance, Industry and Mining, Agriculture and Forestry, Education, and Police, as well as the Chief Secretary to the Govern, should be such persons.
5. The Commissioner of Police, and the chiefs of the various hsien and municipal police offices should be Taiwanese, and the police battalion, and the police corps of the Railway Bureau and the Department of Industry and Mining should be abolished immediately.
6. The majority of members of the legislative committee should be Taiwanese, and the chairman of the committee should be elected from its members.
7. No arrests should be made by anyone other than the police.
8. The military police must not arrest any person except soldiers.

9. Arrests or detention of a political nature to be prohibited.
10. Absolute freedom of meeting of unarmed people to be permitted.
11. Absolute freedom of speech, of the press, and freedom to strike to be permitted, and the system of requiring newspapers to be registered to be abolished.
12. The regulations relative to the organization of popular bodies to be abolished immediately.
13. The system of certifying the qualification of candidates for popular bodies to be discontinued immediately.
14. The regulation relative to the election of members of the various popular-will organs to be amended.
15. A unified graduated tax on Incomes to be imposed, and no miscellaneous taxes to be imposed, except the luxury tax and the inheritance tax.
16. The management of all public enterprises should be left in the charge of Taiwanese.
17. A supervisory committee for public enterprises to be created by popular vote. The management of Japanese property to be left in the charge of the Provincial Government. Each factory or mine which has been taken over to have a management committee, the majority of its member being Taiwanese.
18. The Monopoly Bureau to be abolished, and a rationing system adopted for daily necessities.
19. The Taiwan Trading Bureau to be abolished.
20. The Publicity Committee to be abolished.
21. The Presidents of the District Courts and the Chief Procurators of the District Courts to be Taiwanese.
22. The majority of the Judge and procurators of all law courts to be Taiwanese.
23. The personnel of the land, sea, and air forces in the province to include as many Taiwanese as possible.
24. The Office of the Governor-General to be re-organized into the Provincial Government of Taiwan. Pending the approval of the re-organization the

February 28th Affair Disposal Committee to assess the responsibility for re-organizing the machinery, and officials to be elected by popular vote.

25. The Disposal Committee, for the aforementioned purpose, to create a Political Affairs Bureau by March 15th, with persons elected to represent the various local bodies, numbering 30 persons in all: 2 for Taipei city, 3 for Taipei Hsien, 1 for Keelung city, 1 for Hsinchu city, 3 for Hsinchu Hsien, 1 for Taichu city, 4 for Taichu hsien, 1 for Chunghun city, 1 for Kagi city, 1 for Tainan city, 4 for Tainan hsien, 1 for Takao city, 3 for Takao hsien, 1 for Pingtung city, 1 for Penghu hsien, 1 for Karenko hsien, and 1 for Taitung hsien.
26. The Labour Service Camp and similar organization shall be either abolished or amalgamated, and affairs pertaining thereto shall be left in charge of the Disposal committee.
27. The Central Government shall be petitioned to authorize the Provincial Government to manage the Japanese property on its own responsibility.
28. The Garrison Headquarters shall be abolished so as to prevent the abuse of military powers.
29. The political and economic status of the aborigines to be guaranteed together with the benefits which they deserve.
30. The Labour Protection Law to be enforced as from June 1st this year.
31. The Taiwanese who have been detained on suspicion of being war criminals or national traitors shall be released unconditionally and immediately.
32. The Central Government shall be requested to pay reasonable prices for the foodstuffs sent from Taiwan to the provincial treasury of Taiwan. [8]

這份文件有中譯本，同時收錄在臺灣省文獻委員會編印《二二八事件文獻補錄》(頁531-534)，迻錄如下：

臺灣淡水英國領事館致南京英國大使館

Ralph S. Stevenson C. M. G.大使

8 臺灣省文獻委員會編印《二二八事件文獻補錄》，頁537-538。

(一九四七年三月八日)

第十七號

閣下：

參閱本人第十五號電文，我很榮幸能再呈遞臺北二二八事件處理委員會於三月七日下午四時二十分向行政長官提出的三十二點要求的譯文，譯文如附件。

很榮幸成爲閣下最順從虔誠的僕人

代理領事

G. M. Tingle

附件[9]

1 制定省自治法，爲本省政治最高規範，以便實現國父建國大綱之理想。

2 縣市長於本年六月以前實施民選，縣市參議會同時改選。

3 省各處長人選應經省參議會(改選後爲省議會)之同意，省參議會應於本年六月以前改選，目前其人選由長官提出，交由二二八事件處理委員會審議。

4 省各處長至少三分之二以上須由在本省居住十年以上者擔任之(最好除了秘書長之外，還有民政、財政、工礦、農林、教育、警務等處長應該如此)。

5 警政處長及各縣市警察局長應由本省人擔任，省警察大隊及鐵路工礦等警察即刻廢止。

6 法制委員會委員須半數以上由本省人充任，主任委員由委員互選。

7 除警察機關之外不得逮捕人犯。

8 憲兵除軍隊之犯人外，不得逮捕人犯。

9 禁止帶政治性之逮捕拘禁。

10 非武裝之集合、結社，絕對自由。

11 言論、出版、罷工絕對自由，廢止新聞紙發行申請登記制度。

12 即刻廢止人民團體組織條例。

13 廢止民意機關候選人檢覈辦法。

9 臺灣省文獻委員會編印《二二八事件文獻補錄》，頁532-534。

14 改正各級民意機關選舉辦法。

15 實行所得統一累進稅，除奢侈品稅遺產稅外，不得徵收任何雜稅。

16 一切公營企業之主管人由本省人擔任。

17 設置民選之公營事業監察委員會，日產處理委任省政府全權處理，各接收工廠礦應置經營委員會，委員須過半數由本省人充任之。

18 撤消專賣局，生活必需品實施配給制度。

19 撤消貿易局。

20 撤消宣傳委員會。

21 各地方法院院長、各地方法院首席檢察官，全部以本省人充任。

22 各法院之法官、檢察官半數以上由本省人擔任。

23 駐於本省陸海空軍人員盡量以本省人擔任。

24 行政長官公署納入臺灣省政府組織內，同意改組期間由二二八事件處理委員會負責籌劃其組織，其官員由人民直選。

25 爲達前述的目的，處理委員會將於三月十五日前成立省政改革委員會，由各地分會選派代表參加，人數總計三十名：臺北市二名、臺北縣三名、基隆市一名、新竹市一名、新竹縣三名、臺中市一名、臺中縣四名、彰化市一名、嘉義市一名、臺南市一名、臺南縣四名、高雄市一名、高雄縣三名、屏東市一名、澎湖縣一名、花蓮縣一名、臺東縣一名。

26 勞動訓導營以及類似機構應予裁撤，有關事務轉由處理委員會處理。

27 請求中央政府授權臺灣省政府全權處理日產。

28 警備司令部應予廢除以免軍權紊亂。

29 原住民該有的利益與政治經濟地位應予以確認。

30 本年六月一日起實施勞工保護法。

31 以戰犯或間諜嫌疑而遭扣押的臺灣人拘應立刻無條件釋放。

32 要求中央政府以合理價格徵收臺灣米糧。

應當注意，英國領事館致南京英國大使館的文件，提及時間，是說「三月七日下午四時二十分」處委會給長官公署的三十二條要求建議。不過，這三十二條要求遞呈時間是有問題的，因爲處委會三月七日下午的會議是五點多(五時許)

散會[10]，如何能在四點二十分遞交三十二條給陳儀長官公署呢？另外，根據《大溪檔案》，陳儀呈蔣主席寅(三月)庚(八日)電：

> 昨午後七時(二二八事件處理委員會)代表十五人來見，欲提出政府各地武裝同志應交出武器、警備司令部須撤銷、陸海空軍人員一律用本省人、由處理委員會接收長官公署等四項要求，職不與討論，即嚴詞訓斥。今日午前，該會復派代表四人(係省市參議員)到職處謝罪，不敢再提此種要求。[11]

明白說出處委會代表見陳儀提出四十二條要求的時間是晚上七點，不是下午四點二十分。而且，三月七日的四十二條，第一條就是要政府軍繳械，而這裡(英國領事館檔案)卻沒有提及。按照常情推測，英國領事館沒有必要捏造不實的消息，因此我判斷這個捏造的消息是王添灯有意散布的。

3

王添灯是處委會宣傳組組長，負責對外發布處委會訊息以及宣傳主張。我要如何證明他捏造消息呢？友人黃文範先生從事美國國務院檔案翻譯與研究有年，我很感謝他爲我提供了Kerr向美國大使司徒雷登報告有關三十二條的文件，原件是這麼說的：

No. 44

AMERICAN CONSULATE
Taipei (Taihoku), Taiwan (Formosa)
March 10, 1947

CONFIDENTIAL

SUBJECT: 32 popular demands for reform in the Government of Formosa

10 林木順編《台灣二月革命》(台北：前衛出版社，1997年7月)，頁34。
11 《二二八事件資料選輯(二)》，頁110。

The Honorable
J. Leighton Stuart,
American Ambassador,
Nanking, China

Sir:

I have the honor to present a translation of the 32 demands for governmental reform presented to Governor General Chen Yi on March 7, 1947. The original text appears in the Ren Min Tao Pao of March 8,1947.

Martial law and the danger attending travel in the streets of Taipei make it necessary to prepare Taipei dispatches No. 43, 44 and 45 on behalf of the Consul and with his foreknowledge but under circumstances making it temporarily impossible for him to attach his signature before transmittal via Colonel Dau, Assistant Military Attache, Nanking

Dispatch No. 43（March 7,1947）contains eight points which were agreed upon by General Chen Yi as the basis of a truce after the violence of February 27, 28 and March 1 and 2. They were of temporary character, to stabilize conditions at Taipei pending the drafting of fundamental demands for reform.

The leading Formosan citizens who drafted these demands have been referred to by the Governor General as "Ringleaders" disturbing the public peace. It is indicated that these men are marked for arrest or "elimination".

The martial law now enforced is the occasion for acts of wanton brutality witnessed by many of the foreign community. While there is no marked distinction in classes of people bayoneted or shot in the streets as they go about their business, it has been observed that persons who appear to be of a better educated level — the white-collar class — are searched more thoroughly. Several have been seen tied together, marching at bayonet point to the suburbs. The Canadian Mission hospital has been fired upon in an attempt to kill a wounded man being carried in.

These acts of violence are General Chen's practical answer to the critics of his government. Driven by fear that the Governor would violate the agreement and bring in reinforcements before March 10, the committee for settlement of the February Incident hastened to draft the following 32 points which were handed to the governor General at 4:20 p.m. March 7. (The Committee for Settlement of the February Incident hereafter referred to as the CSFI)

1. A provincial autonomy law shall be enacted, and shall become the supreme norm for political affairs in this province, so that the ideal in the National Construction Scheme of Dr. Sun Yat-sen may be here materialized.
2. Popular elections of prefectural magistrates and city mayors shall be held before June of this year, and at the same time there shall be new elections of members of all prefectual and municipal political councils.
3. The appointment of commissioners shall have the approval of the People Political. (After a new election of the Council.) The PPC shall be newly elected before June of this year. In the meantime, such appointments shall be submitted by the Governor General to the CSFI for discussion and decision.
4. More than two thirds of the Commissioners of Administration rank shall be appointed from those who have lived in this province for more than ten years. (It is most desirable that such persons only shall be appointed to the Secretariat, and as commissioners of the Department of Civil Affairs, Finance, Industry and Mining, Agriculture and Forestry, Education, and Police.)
5. The posts of the Commissioner of the Department of Police, and Directors of all prefectural or municipal police bureaus should be filled by

Formosans. The special armed police contingents, Railway Police and Industry and Mining Police shall immediately be abolished.

6. More than half of the Committee of Legal Affairs shall be Formosans and the Chief of Committee shall be mutually elected from among this Committee membership.
7. No government organs, excepting for the police, can arrest criminals.
8. The military police shall not arrest criminals other than military personnel.
9. Any arrest or confinement of a political nature shall be prohibited.
10. Unarmed gathering and organization shall enjoy absolute freedom.
11. The complete freedom of speech, press, the right to strike shall be realized. The system of applying for registration of newspapers to be published shall be abolished.
12. The regulation on the formation of People's Organization shall be abolished.
13. The rule regarding Government scrutiny of the capacity of candidates for membership of representative organs of public opinion shall be abolished.
14. The regulations on the election of the members of various grades of representative organs of public opinion shall be revised.
15. Unified progressive income tax shall be levied. No other sundry taxes shall be levied excepting the luxury tax and the inheritance tax.
16. Managers in charge of all public enterprises shall be Formosans.
17. A committee for Inspecting Public Enterprises elected by the people shall be established. The disposal of Japanese properties shall be entirely entrusted to the Provincial Government. A committee of management of the factories taken over from the Japanese shall be established, appointing Formosans to more than half of the Committee posts.
18. The Monopoly Bureau shall be abolished. The system of rationing daily necessities shall be instituted.
19. The Trading Bureau shall be abolished.
20. The Committee of Information, which exercises censorship, shall be abolished.

21. All chiefs of local courts of Justice and Chief Prosecutors in all local courts of Justices shall be Formosans.
23. The Office of the Governor-General shall be converted into a Provincial Government. Before this reform is approved by the Central Government, the Office of the Governor General shall be re-organized by the CFSI through popular elections so that righteous and able officers can be appointed.
24. As many Formosans as possible shall be appointed to army, navy, or air forces posts in Taiwan.
25. The Political affairs bureau of the Settlement Committee must be established by March 15. Provision for its organization will be that a candidate be selected by representatives of each village, town, and district, and then newly elected by the hsien, or city PPC. The number of candidates to be elected in each city and hsien are as follows:

Taipei city ········2	Tainan city ··········1
Taipei hsien ········3	Tainan hsien ········4
Keelung city ········1	Kaohsiung city ········1
Hsin-chu hsien ······3	Kaohsiung hsien ······3
Hsin-chu city ········1	Pin-tong city ········1
Taichung city ········1	Pescadores ··········1
Taichung hsien ······4	Hua-lien hsien ········1
Chanhua city ········1	Tai-tung hsien ········1
Chia-yi city ··········1	

26. The abolition or unison of the Vocation Guidance Camps and other unnecessary institutions must be decided by the Political Affairs Bureau of the Settlement Committee after it is discussed.
27. Ask the Central Government to authorize the provincial government to dispose of Japanese properties.
28. Guarantee the political and economic rights and position of the aborigines.
29. The Garrison Headquarters must be abolished to avoid the misuse of military mighty.
30. Inaugurate the workers' protection measures on June 1this year.

31. Demand that the Central Government return funds for the sugar exported to China by the Central Government.
32. Demand the unconditional release of the detained "war criminals" and these suspected of treason.
33. Demand that the Central Government repay the cost of 150,000 tons of food exported to the Central Government, after estimating the price in accordance with the quotation at the time of exportation.

Respectfully yours,

for the Consul:

George H. Kerr
American Vice Consul

Original to Embassy, Nanking.
Two copies (one ozalid) for Department.

George H. Kerr/RJC

以上Kerr報告三十二條內容，根據黃文範的翻譯，其譯文如下：

呈南京美國大使館

台灣台北
美國領事館
發文字號：第四四號
發文時間：一九四七年
三月十日
密　　等：機密

(本件爲三月十四日呈南京美國大使館第五六三號文附件三)
主旨：民間要求台灣政府改革的三十二項要求
呈
中國南京

美國大使館
司徒雷登大使

大使鈞鑒：

謹呈一九四七年三月七日，向陳儀長官提出政府改革三十二項要求的譯文，原文載一九四七年三月八日的「人民導報」。

由於台北戒嚴，以及在街頭行走的危險，必需爲本館領事擬呈第四三、四四及四五號文，此三文領事已預知，但在環境下，(布雷登領事)暫時不可能簽字，交南京大使館副武官道中校返京轉呈。

前第四三號文(一九四七年三月七日)中含有八點，經陳儀長官同意，作爲二月二十七日、二十八日、三月一日及二日暴動後停火的基礎。

擬訂這些要求事項爲首的幾位本省人，爲陳儀長官指爲擾亂公安的「首謀份子」，指示出註記了這些人加以逮捕或者「消除」。

現在實施的戒嚴，是任性殘暴行動的時機，外國人大眾很多都親眼目擊。老百姓去幹活時，在街頭遭到刺刀捅和開槍打，並沒有顯著階級的區別。曾經有人觀察，外表正像受過較好教育水準的人—白領階級—搜身時要徹底得多。也見過好幾個人綁在一起，在刺刀尖下解往市郊。加拿大教會醫院挨槍，爲的是想打死一個正抬進去的傷患。

這些暴力行動，便是陳儀長官對那些批評政府的實際回答。他出於害怕，會違背自己的協議，在三月十日前把增援的兵力開進來。二二八事件處理委員會急急忙忙擬就了下列三十二項要求，在三月七日下午四點二十分時，遞交給陳長官。(二二八事件處理委員會，原文以後均簡稱 CSFI)

一　制定省自治法，以此法爲本省政治事務的最高規範，使孫中山先生「建國方略」的理想在本省實現。

二　各縣市長由民間選舉，在今年六月前實施，同時選出所有各縣市議會的議員。

三　在選出各議會的新議員後，省級各處長的派任，須經各議會許可。省議會在今年六月前重新選出。同時，這種派命，由行政長官呈二二八事件處理委員會討論及決定。

四　省行政處處長階層，應有三分之二指派曾在本省住十年以上的人士(最好是秘書長、民政處長、財政處長、工礦處長、農林處長、教育處長、警務處長)。

五　警政處長以及所有各縣市警察局長的職位，應由本省人擔任；特殊武警隊伍、鐵路警察、工礦警察應立即廢除。

六　法務委員會一半以上應爲本省人，主任委員應由委員中相互選出。

七　除警察外，政府任何機關不得逮捕刑事犯。

八　憲兵不得逮捕非軍人刑事犯。

九　嚴禁逮捕或拘禁政治犯。

十　無武裝的集會結社絕對自由。

十一　應實現言論、出版及罷工絕對自由，報紙出版登記申請的制度應撤銷。

十二　人民組織法規程應即廢止。

十三　由政府檢定有關輿論代表機關候選人學經歷的規定，應予廢止。

十四　有關輿論代表機關代表分級選舉的規定應加修正。

十五　徵收統一累進所得稅，除奢侈品稅及遺產稅外，不應徵收其他雜稅。

十六　應成立由人民選舉的公共企業檢查委員會，日本財產處理應整個託交省政府。對接受日本工廠的管理經營，應成立委員會，會內委員一半以上指派本省人。

十八　廢除專賣局，建立每日必需品配給制度。

十九　廢除貿易局。

二十　執行新聞報刊檢查的新聞委員會加以廢除。

二十一　所有地方法院院長、地方法院中的檢察官，應全部爲本省人。

(處理委員會提出卅二項要求，原文缺第二十二項，但多出第卅三項，可能在擬稿急迫中，數字誤移造成——譯註。）

二十三　在台灣的陸軍、海軍及空軍營區，儘可能多派任本省人。

二十四　行政長官公署改爲省政府，此項改變在中央政府批准以前，長官公署由二二八事件處理委員會經民選加以改組，俾能派任正直有能的官員。

二十五　二二八事件處理委員會務必在三月十五日前，成立政治事務處，組織條款爲，候選人由每一村、鎮及區選出，然後由縣或市各議會新選。每一市或縣就候選人選出的人數如下：臺北市二人、臺北縣三人、基隆市一人、新竹市一人、新竹縣三人、臺中市一人、臺中縣四人、彰化市一人、嘉義市一人、臺南市一人、臺南縣四人、高雄市一人、高雄縣三人、屏東市一人、澎湖縣一人、花蓮縣一人、臺東縣一人。

二十六　處理委員會政務處，對職業指導及其他不需要機構的廢止或合併，務加討論後作成決定。

二十七　請求中央政府授權省政府處理日本財產。

二十八　警備總司令部必須廢除，以免濫用軍力。

二十九　保證原住民的政治、經濟權及地位。

三　十　在今年六月一日開始工人保護措施。

三十一　要求中央政府歸還由中央政府運往中國輸出的台糖費用。

三十二　要求無條件釋放拘禁的戰犯以及涉嫌叛國的人士。

三十三　要求中央政府償付運往中央政府的十五萬噸糧食的代價，根據運往時的報價評估售價。

職　代領事

美國副領事喬治寇爾上

正本呈南京美國大使館

副本兩份(一份晒圖)呈國務院

承辦人：喬治寇爾

機密

這份文件說明處委會向長官公署提出的三十二條改革要求，是出自於《人民導報》，是在三月七日下午四點二十分提出的。這就證明了英國領事館收到的文件是來自於《人民導報》，而王添灯是《人民導報》的社長，於是我按圖索驥去尋找《人民導報》。

4

Kerr的文件賣給了台北市新公園的二二八紀念館，我在二二八紀念館找到了三月八日的《人民導報》。《人民導報》的內容與英國領事館檔案的內容完全一樣，充分印證了我原先的推測：英國領事館收到的文件內容來源與三月八日的《人民導報》同一出處。三月八日《人民導報》刊登三十二條內容，全文如下：

【本報訊】二二八事件處理委員會於昨(七日)上午十一時至十二時半，下午三時半至四時二十分，舉行大會，由潘渠源主席，經各委員熱烈討論結果，複決三十二條要求，並推舉常務委員會全部，於四時二十分立刻向陳長官提出，茲採錄三十二條要求如下：

一　制定省自治法爲本省政治最高規範，以便實現國父建國大綱之理想。

二　縣、市長於本年六月以前實施民選，縣市參議會同時改選。

三　省各處長人選應經省參議會(改選後爲省議會)之同意，省參議會應於本年六月以前改選，目前其人選由長官提出交由省處理委員會審議。

四　省各處長三分之二以上須由在本省居住十年以上者擔任之(最好秘書長、民政、財政、工礦、農林、教育、警務等處長，應該如是)。

五　警政處長及各縣市警察局長應由本省人擔任，省警察大隊及鐵道工礦等警察即刻廢止。

六　法制委員會委員須半數以上由本省人充任，主任委員由委員互選。

七　除警察機關之外不得逮捕人犯。

八　憲兵除軍隊之犯人外不得逮捕人犯。

九　禁止帶有政治性之逮捕拘禁。

十　非武裝之集合結社絕對自由。

十一　言論出版罷工絕對自由，廢止新聞紙發行申請登記制度。

十二　即刻廢止人民團體組織條例。
十三　廢止民意機關候選人檢覈辦法。
十四　改正各級民意機關選舉辦法。
十五　實行所得統一累進稅，除奢侈品稅相續稅外，不得徵收任何雜稅。
十六　一切公營事業之主管人由本省人擔任。
十七　設置民選之公營事業監察委員會。日產處理應委任省政府全權處理。各接收工廠礦應置經營委員會，委員須過半數由本省人充任之。
十八　撤消專賣局，生活必需品實施配給制度。
十九　撤消貿易局。
二十　撤消宣傳委員會。
二十一　各地方法院院長、各地方法院首席檢察官，全部以本省人充任。
二十二　各法院推事、檢察官以下司法人員，各半數以本省民充任。
二十三　本省陸海空軍，應儘量採用本省人。
二十四　臺灣行政長官公署應改爲省政府制度，但未得中央核准前暫由二二八處理委員會之政務局負責改組，用普選公正賢達人士充任。
二十五　處理委員會政務局應於三月十五日以前成立，其產生方法，由各鄉鎮區代表選舉該區候選人一名，然後再由該縣市轄參議會選舉之，其名額如下：臺北市二名、臺北縣三名、基隆市一名、新竹市一名、新竹縣三名、臺中市一名、臺中縣四名、彰化市一名、嘉義市一名、臺南市一名、臺南縣四名、高雄市一名、高雄縣三名、屏東市一名、澎湖縣一名、花蓮縣一名、臺東縣一名，計三十名。
二十六　勞動營及其他不必要之機構，廢止或合併，應由處理會政務局檢討決定之。
二十七　日產處理事宜，應請准中央劃歸省政府自行清理。
二十八　警備司令部應撤消，以免軍權濫用。
二十九　高山同胞之政治經濟地位及應享之利益，應切實保障。
三十　本年六月一日起，實施勞動保護法。

三十一　本省人之戰犯及漢奸嫌疑拘禁者，要求無條件即時釋放。

三十二　送與中央食糧一十五萬噸要求中央，依時估價撥歸台灣省。[12]

如果我們拿《人民導報》刊載的內容與Kerr的報告作比較，根據黃文範先生研究，發現Kerr向美國大使報告時，引用三十二條要求原文缺第二十二條，但多出一條，有可能在擬稿急迫中，數字誤移所致。但無論如何，多出的一條(第三十一條)「要求中央政府歸還由中央政府運往中國輸出的台糖費用」，不見於《人民導報》，而見於《新生報》，這是《新生報》關於政治處理的最後一條；這就說明了Kerr向美國大使報告的文件，不僅取材於《人民導報》，而且也取材於三月八日的《新生報》。但最嚴重的問題，在於三月八日《新生報》登載處委會向長官公署提的建議案第一條要求係欲國軍繳械，Kerr並沒有據實報告，他還刻意隱瞞，欺騙了美國大使。

黃文範的研究又指出，Kerr不但知道三月七日的四十二條內容與《人民導報》的三十二條內容不同，他偏偏不引用《新生報》的內容，卻越級繞過美國駐台北領事Blake，直接向司徒雷登大使報告，有意扯謊誤導司徒雷登大使，甚至於三月八日處委會在報紙上刊登的「聲明」更是隻字未提[13]。對於身爲外交人員來說，沒有提供完整訊息，反而隱瞞事實，就是犯了嚴重的失職，Kerr應受美國政府嚴厲的處分，我認爲這也就成爲Kerr離開外交官職務的主要原因。Kerr在後來撰寫*Formosa Betrayed*專著，隱諱他離職的原因不提，該書〈附錄一〉所收英文版三十二條，也同樣不提三月七日眞正使局勢急轉而下的四十二條。Kerr有虧職守，又不忠實歷史，予後世誤導不淺，這是必須要加以嚴厲譴責的。

王添灯三月六日公布三十二條的時候，就預備將二二八事件經過的序言及條文翻成英文，於是我判斷王添灯給英國領事館的三十二條英文譯文應該就是

12　以上三月八日《人民導報》內容，今日已不易找到，詳見《王添灯紀念輯》，頁82所附影本。另外，同一頁，編輯似有意把責任推給《新生報》，竟說「本文原載《新生報》1947. 3. 7」，今查三月七日《新生報》並無有關三十二條要求的報導消息，而且《新生報》在三月八日有關三十二條要求的內容與《人民導報》三十二條要求的內容，是有很大差別的。這些細微處，至關重要，提醒讀者注意比較。

13　以上採用黃文範的研究成果。

原文[14]。

深諳Kerr行事風格的人當不會陌生，Kerr喜歡潤飾他人文稿，以他向美國大使司徒雷登的報告有關三十二條的文件爲例，與*Formosa Betrayed*「附錄一」所收英文版三十二條(The Thirty-two Demands)的文字相比勘，就有很大的出入[15]，再與英國領事館致南京英國大使館的第十七號電文所附三十二條英文版比勘，文字表述方式也有很大不同，這部分讀者自行分辨即知，茲不贅引。美國副領事Kerr竄改三月三日台灣人民遞交請願書要求聯合國託管直至台灣獨立的內容，我在〈後記：試證Kerr竄改請願書〉一文已有所發覆，因此，我還是比較相信英國領事館所收到的三十二條英文翻譯可能較接近處委會的文字。

Kerr的檔案賣給了二二八紀念館，他的檔案裡沒有三月八日的《新生報》剪報，只有三月八日的《人民導報》。我們拿三月八日的《新生報》與三月八日的《人民導報》相互對照，就可以發現Kerr向美國大使沒有據實報告，而且是越權的，這一方面揭露了Kerr對美國政府的欺騙，也證實了王添灯對台灣人民的欺騙。

5

現在我們討論三月八日《中外日報》刊登王添灯廣播的內容：

處委會向中外廣播

闡明事件原因經過

---

14 英國領事館的第三十二條英文譯文應該要與《人民導報》的第三十二條的內容一樣，英國領事館的英文譯文漏掉了「十五萬噸」這幾個字。

15 例如第十五條原文"Unified progressive income tax shall be levied. No other sundry taxes shall be levied excepting the luxury tax and the inheritance tax."，*Formosa Betrayed* 作"A uniform Progressive Income Tax shall be levied. No other sundry taxes shall be levied except the Luxury Tax and the Inheritance Tax."，第二十條原文 "The Committee of Information, which exercises censorship, shall be abolished."，*Formosa Betrayed* 作"The Regulations in force covering the formation of popular organizations shall be abolished."，第三十條原文"Inaugurate the workers' protection measures on June 1this year."，*Formosa Betrayed* 作"Workmen's protection measures must be put into effect from June 1,1947."，注意二者之間，除了排列次序不同外，文字語法與名詞大小寫皆有差異。

並發表處理大綱二十九條

決將提交改組後政府辦理

【本報訊】臺灣省二二八事件處理委員會宣傳組長王添灯氏，于昨(七)日，下午六時二十分，在廣播電臺播講，向中外闡明事件眞相，並條述處理大綱，茲將全文誌之如下：

(一)二二八事件的原因

這次本省發生的二二八事件，其發端雖然是由於專賣局查緝私煙，屢次搶奪攤販之商品財產，已不歸公，又常以槍桿毆打煙販，且於二二七夜，在臺北市查緝私煙時，開槍擊斃人命而激起公憤，生出官民衝突的事態。這事件於二二八在臺北發生，即時波及全省，到處發生軍民之衝突和流血的慘狀。現在，除台北市內暫時復歸和平狀態之外，其他各地還在繼續武裝混戰的地方也不少。

這樣廣泛而大規模的事件，是由查緝私煙擊斃人命這樣單純的原因所能發生的嗎？決不是！查緝私煙擊斃人命不過是導火線而已。這次的事件，完全是全省人民對於一年餘來之腐敗政治的不滿同時爆發的結果。

本省光復一年餘來的政治狀況是一面陳長官在公開的時候說得如花似錦，說要怎樣爲人民服務要怎樣謀民生的安定。但是實際上，大小貪污互相搶奪接收之敵產者到處有之，弄文舞法或倚藉武力以欺壓人民者比比皆是。人權不能得到保障，言論出版失去自由，財政破產，物價繼續騰貴，廠礦倒閉，農村日益衰微，失業者成群，無法營生者不可勝算。全省人民不堪其苦，敢怒而不敢言，因此次專賣局貪污官吏之暴行，全省民之不滿遂同時爆發。

由此可知此次事件根本是由腐敗政治之結果而來，已非衹因專賣局官吏之不法行爲所致，亦非由於省界觀念而發生的事件。故對此次事件，整個臺灣政府應負全部責任。

(二)二二八事件的經過

自二二七夜，專賣局官吏擊斃人民之時，即激動市民公憤，該局人員所乘卡車及所押收香煙，立時被民眾焚燬。翌(二八)日，臺北市即全體罷市，市民結隊至臺灣省專賣局請願懲凶，然該局四圍皆佈置武裝警察，不准民眾接近。其時民眾怒氣沖天，即返回專賣局臺北分局欲捕兇犯，但兇犯已逃避，群情激發，搗毀該局物件，並搬至路上焚燬，而民眾爲欲達到請願目的，轉向臺灣省行政長官公署，欲向長官請願，而該署亦以武裝之兵士及憲兵，如臨大敵戒備甚嚴，不許民眾接近，因此於吵鬧之間公署樓上之士兵竟用機槍掃射民眾，由此民眾死傷數名，民眾益發憤激，情勢又加嚴重。其時本省一部份民眾湧到城內，將官僚資本家所經營之大商店及與貪官污吏朋比爲奸之外省人所經營之店舖搗毀，並將家具物品搬出路上焚燒。於焚燒之時，武裝警察及軍隊趕至開槍射殺民眾爲數不少，又翌(三月一)日，在鐵路管理委員會前(即北門町附近)蝟集之民眾被軍隊機槍掃射，以致死傷者達數十名，此消息一經傳出，全省各地民情頓時激變。現臺北市內雖經二二八事件處理委員會居間接洽，略已平靜，但中南部各地民眾則爲避免政府武裝部隊之屠殺，正繼續努力，冀求解除軍隊武裝，犧牲相當慘重。

(三)二二八事件如何處理

這次事件，已經是政治腐敗的結果，其處理若非政治上根本加以改革，以後難保不再發生類似或更慘重之事件。故居住本省之人民不論本省人或外省人，均應儘量提出處理意見，政府當局人員亦應以公明正大之政治家態度，誠心誠意與人民共謀解決，切勿爲保持官僚威風，而陷入錯誤觀念。

現在將所已得到的對於本事件的處理意見，綜合起來，可分爲對目前的處理，及根本的處理兩方面：

1. 對於目前的處理

一 政府在各地之武裝部隊，應自動下令暫時解除武裝，武器交由各地處理委員會及憲兵隊共同保管，以免繼續發生流血衝突事件。

二 政府武裝部隊武裝解除後，地方之治安由憲兵與非武裝之警察及民眾組織共同負擔。

三 各地若無政府武裝部隊威脅之時，絕對不應有武裝戒鬥行動，對於貪官污吏不論其爲本省人或外省人，亦只應檢舉轉請處理委員會協同憲警拘拿，依法嚴辦，不應加害而惹出是非。

四 對於政治改革之意見可條舉要求條件向省處理委員會提出，以候全般解決。

五 政府切勿再移動兵力或向中央請遣兵力，企圖以武力解決事件，致發生更慘重之流血而受國際干涉。

六　在政治問題未根本解決之前，政府之一切施策，(不論軍事、政治)須先與處理委員會接洽，以免人民懷疑政府誠意，發生種種誤會。

七　對於此次事件不應向民間追究責任者，將來亦不得假藉任何口實拘捕此次事件之關係者。對於因此次事件而死傷之人民應從優撫恤。

2.　根本處理

甲　軍事方面：

一　缺乏教育和訓練之軍隊絕對不可使駐臺灣。

二　中央可派員在臺徵兵守臺。

三　在內陸之內戰未終息以前，除以守衛臺灣爲目的之外，絕對反對在臺灣徵兵，以免臺灣陷入內戰旋渦。

四　本省陸海空軍，應儘量採用本省人。

五　警備司令部應撤消，以免軍權濫用。

乙　政治方面：

一　制定省自治法爲本省政治最高規範，以便實現國父建國大綱之理想。

二　縣市長於本年六月以前實施民選，縣市參議會同時改選。

三　省各處長人選應經省參議會(改組後爲省議會)之同意，省參議會應於本年六月以前改選，目前其人選由長官提出交由省處理委員會審議。

四　省各處長三分之二以上須由在本省居住十年以上者擔任之(最好秘書長、民政、財政、工礦、農林、教育、警務等處長，應該如是)。

五　警政處長及各縣市警察局長應由本省人擔任，省警察大隊及鐵道工礦等警察即刻廢止。

六　法制委員會委員須半數以上由本省人充任，主任委員由委員互選。

七　除警察機關之外不得逮捕人犯。

八　憲兵除軍隊之犯人外不得逮捕人犯。

九　禁止帶有政治性之逮捕拘禁。

十　非武裝之之集合結社絕對自由。

十一　言論出版罷工絕對自由，廢止新聞紙發行申請登記制度。

十二　即刻廢止人民團體組織條例。

十三　廢止民意機構候選人檢覈辦法。

十四　改正各級民意機關選舉辦法。

十五　實行所得統一累進稅，除奢侈品稅相續稅外，不得徵收任何雜稅。

十六　一切公營事業之主管人由本省人擔任。

十七　設置民選之公營事業監察委員會。日產處理應委任省政府全權處理。各接收工廠礦應置經營委員會，委員須過半數由本省人充任之。

十八　撤消專賣局，生活必需品實施配給制度。

十九　撤消貿易局。

二十　撤消宣傳委員會。

二十一　各地方法院院長、各地方法院首席檢察官，全部以本省人充任。

二十二　各法院推事、檢察官以下司法人員，各半數以本省民充任。

二十三　即臺灣行政長官公署應改爲省政府制度，但未得中央核准以前，暫由二二八處理委員會之政務局負責改組，普選公正賢達人士充任。

二十四　處理委員會政務局應於三月十五日以前成立，其產生方法，由各鄉鎮區代表選舉該區候選人一名，然後再由該縣市轄參議會選舉之，其名額如下：臺北市二名、臺北縣三名、基隆市一名、新竹市一名、新竹縣三名、臺中市一名、臺中縣四名、彰化市一名、嘉義市一名、臺南市一名、臺南縣四名、高雄市一名、高雄縣三名、屏東市一名、澎湖縣一名、花蓮縣一名、臺東縣一名，計三十名。

二十五　勞動營及其他不必要之機構，廢止或合併，應由處理會政務局檢討決定之。

二十六　日產處理事宜，應請准中央劃歸省政府自行清理。

二十七　高山同胞之政治經濟地位及應享之利益，應切實保障。

二十八　本年六月一日起，實施勞動保護法。

二十九　本省人之戰犯及漢奸嫌疑拘禁者，要求無條件即時釋放。

其他改革事項或三月十日集中全省民意之後，交由改組後之政府辦理。[16]

《新生報》刊登四十二條要求的次序、內容與福建台灣監察區監察使楊亮功的〈調查台灣事件情形及建議善後辦法〉的報告完全相吻合，證明了處委會當時提交長官公署的四十二條，《新生報》刊登了原本面貌。

處委會原本決議通過遞交給長官公署的四十二條是正式行文，應予以尊重，但王添灯廣播卻擅自更改了次序，把《中外日報》軍事方面的第四條、第五條提到前面：這原是屬於政治方面追加通過的第一條、第二條。就條文內容總體而言這種移動就文理而言，是不錯的，但他沒有經過處委會的同意而做了更動，於是政治方面原本是三十二條就變成了三十條了。

處委會代表正式遞交長官公署的有關政治改革三十二條的最後一條是：

送與中央食糖十五萬噸要求中央，依時估價，發還台灣省。

而在《人民導報》刊登的最後一條(第三十二條)卻是：

送與中央食糧一十五萬噸要求中央，依時估價播歸台灣省。

兩者略有異同。《中外日報》的內容是根據王添灯廣播而來的，應該與《新生報》的條文相符合，但與《人民導報》的內容不符合。王添灯的《人民導報》三十二條截稿時間應該是在三月八日凌晨一點或兩點，或者是三月七日晚上，是在廣播之後；而《中外日報》內容根據廣播，他們收聽到的是「食糖」，不作「食糧」，因馬上幾小時後要出刊，來不及查證，爲了謹愼起見，乾脆一概刪掉，因此就剩下了二十九條。這就是《中外日報》爲什麼是二十九條的原因。

6

16 三月八日《中外日報》剪報影本，見林尚瑛主編《高雄市立歷史博物館典藏專輯文獻篇1》(高雄：高雄市立歷史博物館，民國九十年十二月)，頁213。

回頭再看三月八日的《新生報》，其中有段話說：

> 最後決議推選該會常務委員，向陳長官面交處理大綱，散會。常務委員即於六時至公署面謁陳長官，後因文件手續不備，決定今(八)日正式提出。

這些話應該是在三月七日晚上六點二十分王添灯廣播四十二條之後，《新生報》記者去訪問王添灯時的記錄。王添灯說我們六點鐘送交處理大綱給陳長官，「後因文件手續不備」，決定明日正式提出。這是他公然欺騙《新生報》記者。

根據《大溪檔案》，實情是三月八日陳儀向中央報告：「昨午後七時(二二八事件處理委員會)代表十五人來見，欲提出政府各地武裝同志應交出武器、警備司令部須撤銷、陸海空軍人員一律用本省人、由處理委員會接收長官公署等四項要求，職不與討論，即嚴詞訓斥。」而王添灯卻以移花接木、魚目混珠編造謊言，欺騙《新生報》記者說是「手續不備」，要在八日正式提出。故三月八日《新生報》的標題是「建議案本日可正式提出」。

的確，三月八日王添灯以處委會的名義，向長官公署正式提出三十二條的建議案，見於三月十日的南京《救國日報》引據〔中央社台北八日電〕。全文如下：

> 台省二二八事件處理委員會，今以改革台省政治建議案三十二條，派遣代表送請陳儀長官採擇施行，記者發稿時，陳氏尚未核批。先誌建議案全文如下：
>
> 一　制定省自治法，爲本省政治最高規範，以便實現國父建國大綱之理想。
>
> 二　縣市長於本年六月以前，實施民選，縣市參議會同時改選。
>
> 三　省各處長人選，應經省參議會(改選後爲省議會)之同意，省參議會應於本年六月以前改選，目前其人選由長官提出，交由處理委員會審議。
>
> 四　省各處長三分之二以上，須由在本省居住十年以上者擔任之。(最好秘書長、民政、財政、工礦、農林、教育、警務等處長，應該如是)

五　警政處長及各縣警察局長應由本省人擔任，省警察大隊及鐵道工礦等警察，即刻廢止。

六　法制委員會委員，須半數以上，由本省人充任，主任委員由委員互選。

七　除警察機關之外，不得逮捕人犯。

八　憲兵除軍隊之犯人外，不得逮捕人犯。

九　禁止帶有政治性之逮捕拘禁。

十　非武裝之集合結社，絕對自由。

十一　言論出版罷工絕對自由，廢止新聞紙申請登記制度。

十二　即刻廢止人民團體組織條例。

十三　廢止民意機關候選人檢覈辦法。

十四　改正各級民意機關選舉辦法。

十五　實行所得統一累進稅，除奢侈品稅者，直接稅外，不得徵收任何雜稅。

十六　一切公營事業之主管人，由本省人擔任。

十七　設置民選之公營事業監察委員會。日產處理應委任省政府全權處理。各接收工廠礦，應置經營委員會，委員須過半數由本省人充任之。

十八　撤消專賣局，生活必需品實施配給制度。

十九　撤消貿易局。

二十　撤消宣傳委員會。

廿一　各地方法院院長、各地方法院首席檢察官，全部以本省人充任。

廿二　各法院推事、檢察官以下司法人員，各半數以上由省民充任。[17]

廿三　本省陸海空軍，應儘量採用本省人。

廿四　臺灣行政長官公署，應改爲省政府制度，但未得中央核准前，暫由二二八事件處理委員會之政務局負責改組，用普選公正賢達人士充任。

---

17 原文作「各半數以本省民充任」，依中央研究院近代史研究所藏光碟三月十一日《大公報》(長沙版)第2版校正。

廿五　處理委員會政務局，應於三月十五日以前成立。

廿六　勞動營及其他不必要之機構，廢止或合併，應由處理委員會政務局檢討決定之。

廿七　日產處理事宜，應請准中央劃歸省政府自行辦理[18]。

廿八　警備司令部應撤銷，以免軍權濫用。

廿九　高山同胞之政治經濟地位，及應享之利益，應切實保障。

三十　本年六月一日起實施勞動保護法。

卅一　本省人之戰犯及漢奸(嫌疑被拘禁者，要求無條件釋放)。

卅二　已由中央運滬之白糖十萬噸，請由中央依照市價撥款歸還台省。尚有未運之五萬噸，暫停運輸出口。[19]

以處委會三月八日提出的三十二條與《人民導報》的三十二條比較，就可以發現有不一樣的痕跡：《人民導報》是講三月七日下午四點二十分提交出去的版本，八日再呈就不能照抄原文，所以將三月八日《人民導報》所刊載的三十二條做了更改了。更改有兩處，其一是第二十五條：

> 處理委員會政務局，應於三月十五日以前成立。

條文下面內容原有關於產生方法、各地名額都刪掉了。可能是因爲陳儀三月六日晚上廣播，政治改革委員會由新任省主席來處理。其二是第三十二條：

> 已由中央運滬之白糖十萬噸，請由中央依照市價撥款歸還台省。尚有未運之五萬噸，暫停運輸出口。

這是把《人民導報》的最後一條改掉，「食糧」改成「白糖」，《大溪檔案》載白崇禧的報告說是十五萬噸[20]，可能這樣修改比較合乎事實。

7

18　原文作「清理」，依三月十一日《大公報》(長沙版)第2版校正。

19　三月十日《救國日報》引述〔中央社台北八日電〕的三十二條要求內容全文，見侯坤宏、許進發編《二二八事件檔案彙編(二)—國家安全局檔案》，頁281-282剪報影本。

20　《二二八事件資料選輯(二)》，頁244。

王添灯在三月七日廣播四十二條既可以擅改次序，三月八日《人民導報》也可以以處委會名義散布不實的消息，三月八日給長官公署的三十二條建議案，也顯然沒有經過處委會核准。

中央社記者說「記者發稿時，陳氏尚未核批」，爲什麼沒有核批呢？這要參考三月九日的《新生報》刊登三月八日處委會的一份「聲明」：

> 昨二二八處理委員會發表聲明原文如下：查三月七日本會議決提請陳長官採納施行之三十二條件，因爲當時參加人數眾多，未及一一推敲，例如撤銷警備總部，國軍繳械，跡近反叛中央，決非省民公意，又如撤銷專賣局，固爲商人所喜，然工會則不贊成，殊不足以代表本省人民利益，茲經再度商議，認爲長官既已聲明，改組長官公署爲省政府，儘量速選省民優秀份子爲省府委員或廳處長，則各種省政之改革，自可分別隨時提請省府委員會審議施行，無須個別提出要求。至於縣市方面，長官已電請各縣市參議會，斟酌情形，分別推薦縣市長候選人，圈定授職，藉以辦理民選縣市長之準備事宜，以此省政既有省民參加，縣市政府亦由省民主持，則今後省政自可依據省民公意，分別改革，亦無須個別另提建議。根據上述見解，本會認爲改革省政之要求，已初步達成，本會今後任務，厥在恢復秩序，安定民生，願我同胞，速回原位，努力工作，……。

有了三月八日處委會公開發表這樣正式的聲明，「無須個別提出要求」、「亦無須個別另提建議」、「本會認爲改革省政之要求，已初步達成」，實際上就是再次闡述遵循陳儀三月六日晚上八點半第三次廣播有關政治改革的承諾，大改過去處委會姿態高升咄咄逼人印象，與三月七日晚間處委會宣傳組組長王添灯對外廣播的激昂陳詞，有若霄壤之別。處委會既已公開「發表聲明」，說三月七日的三十二條「如撤銷警備總部，國軍繳械，跡近反叛中央，決非省民公意」、「殊不足以代表本省人民利益」，處委會自然「無須個別提出要求」、「亦無須個別另提建議」，所以當王添灯在同一天(三月八日)上午以處委會名義向陳儀另外再遞交提出三十二條時，即明顯是蛇足之舉，陳儀當然可不予理會。明白了這段插曲，「記者發稿時，陳氏尚未核批」，就可以理解個中的涵義，而陳儀呈南京國府電文所以說「處理委員會內部已起衝突，現正發生分化作用」，則可渙然冰釋，找到說這話是有所本的。

處委會三月八日這份「聲明」，可以說是代表「半山」的意見，此處不妨參照蔣渭川同日發表的〈台灣省政治建設協會告同胞書〉：

> 關于本省此次之不幸事件，乃出於人民之公憤而要求政治之改善。數日來，經本會代表蔣渭川及其他有志者，與陳長官迭次商洽本省政治改革原則：(一)長官公署制度改爲省政府制度，一切改革事宜，組織台灣省政改革委員會辦理；(二)縣市長普選，限至本年六月以前完成；(三)各處、局、會首長應起用本省人等三項經陳長官接納施行，並由長官與蔣渭川先後在廣播電台廣播聲明，且正在逐一實現。於是，我們省民所要求之政治改善，已有所循。今後，我們唯有協力促進完成陳長官之諾言，使本省政治得以修明，民生有所解決，故盼我同胞萬勿再有輕舉，共維安寧，恢復秩序，庶幾可安居樂業。至於「二二八」事件處理常務委員會所發表中之超過政治範圍條件，本會徹底反對，亦非本省人民之公意。吾人要求既如上述，倘能依照陳長官之諾言，剋速推行，完成地方自治，如期實施憲政，實現三民主義新台灣，則國家、民族幸甚！……[21]

則可知絕大多數台灣同胞對此態度，與處委會的「發表聲明」是一致的。

另外一個問題，〔中央社台北八日電〕爲什麼只有南京的《救國日報》、長沙的《大公報》登出，卻不見於台灣的任何報紙呢？因爲按照規矩，晚上中央社台北分社要發「中央社訊」通知台北的各家報社，但陳儀不核批，所以中央社就不發表任何通訊。因此，台灣沒有一家報紙登出【中央社台北八日電】。

《警總檔案》有四月八日警備總部參謀長招待記者的資料，其中提到處委會向長官公署提出四十二條云：

> 翌日，台北市之處理委員會，復向長官公署提出四十二條叛國條件(即所謂「處理綱領」，共四十二條，一般所謂三十二條，僅是政治部門)，其中要求解除國軍武裝，成立非法政府等，當經陳長官嚴詞拒絕。[22]

---

21 轉引自林德龍輯《二二八官方機密史料》，頁145。

22 〈柯參謀長對記者談話稿〉云二二八事件的發生，「可知幕後有政治陰謀家及這「翌日」，是指三月七日。柯遠芬可能並不知道三月八日王添灯以處委會的名義再次向陳儀遞交三十二條，而一般人對三十二條的理解也以爲是指楊亮功《調查報告》後面的三十二條，絲毫不知道處委會三月七日有四十二條、三月八日有三十二條的經過。在沒有看到《國家安全局檔案》的《救國日報》剪報之前，我原先也以爲柯遠芬所說的三十二條是指楊亮功《調查報告》後面的三十二條，其實這是錯誤的。後來三月八日王添灯以處委會名義向長官公署提出的三十二條，要依據《救國日報》引錄〔中央社台北(三月)八日電〕的報導，才是正確的解釋。沒有三月十日的《救國日報》剪報，這裡三十二條的意義是講不出來的。

再看《大溪檔案》，陳儀三月十三日呈蔣主席報告之附件〈辦理人犯姓名調查表〉，排序第一名即是王添灯，共列舉了四大罪狀，其中一條是：控制廣播電台，發表叛國言論，提出三十二條件，鼓動民眾附和其行動[23]。此處的三十二條是指三月六日的三十二條，三月七日另外追加通過十條的責任，公平地說，不能把帳算在王添灯的身上；但無論如何，三月六日的三十二條、三月七日的四十二條之中的第一條都是要政府軍繳械，已經超出合理要求的界限，這個部分顯然要王添灯負責。所以王添灯的罪狀是提出三月六日的三十二條。

8

其實三月五日處委會提出政治改革建議的八條，長官公署是認可的。茲據【台北六日參考電】引錄全文如下：

> 台灣省二二八事件處理委員會，昨召開籌備會議時，通過「台灣省政治改革綱領草案」八條如下：
>
> (一)二二八事件責任，一切應歸政府負責。
>
> (二)公署秘書長、民政、農林、工礦、財政、警務、教育等處長

(續)

奸僞的指揮操縱，乃是一種有計畫的叛亂，實無疑義」，不可盡信，而關於四十二條與三十二條的複雜性，也是他所不知道的。〈柯參謀長對記者談話稿〉見《二二八事件資料選輯(一)》(台北：中央研究院近代史研究所，民國八十一年二月)，頁227-232。

23 《二二八事件資料選輯(二)》，頁174。

及法制委員會委員之半數以上，須由省民充任。

(三)一切公營事業，歸由省民負責經營。

(四)依據建國大綱，立即實施地方自治，縣市長民選。

(五)專賣制度撤銷。

(六)廢止貿易局及宣傳委員會。

(七)人民應有言論、出版、集會、結社自由。

(八)保障人民生命、身體、財產之安全。[24]

當時台籍菁英份子林茂生的《民報》在三月七日有〈熱言〉一文也對此寄予厚望：

> 台北市的安寧秩序已見恢復，火車、其他各交通機關，都照常運轉。
> 唯人心尚未安靜，猜疑、臆測，種種謠傳，無法證實其眞假。
> 軍、政當局雖極力聲明，決取和平解決方策，斷不肯以武力相對付。
> 又說：除共產黨的活躍及獨立運動而[以]外，如政治上的改革意見，儘可接受。
> 然而，同胞們的政治改革意見，雖然發表不少，其如[實]還未集中。
> 處理委員會天天開會，意見多歧，泛而無統，解決方案，猶在難產之中。
> 五日曾決議通過八項的政治根本改革草案，已詳細登在昨日的本報，但並不是最後的決定。聞昨晚政治建設協會更草就較妥善的一案了。
> 此案如得處理委員會在加一番修整通過，改革目標就可確立，馬上得著首推行。
> 全省安危繫此一舉，盼望愛國家、愛臺灣的各位賢達，應捨小我，維持大局。[25]

但是，為什麼處委會三月六日忽然提出要國軍繳械的條文？這與三月五日蔣渭川的廣播有關。

三月五日晚上蔣渭川廣播，說陳儀長官已經接受了條件，同意將台灣長官

24 林德龍輯，《二二八官方機密史料》，頁87。

25 林德龍輯，《二二八官方機密史料》，頁137。

公署改爲台灣省政府[26]。很可能王添灯他們就誤判情勢，以爲陳儀已經到了窮途末日、勢孤力單的境地，因此提出更爲強悍的要求。從三月三日到三月七日在高雄的暴動，學生軍參謀長涂光明大概也是聽到蔣渭川的廣播，陳儀已經同意改長官公署爲省政府，遂誤以爲陳儀已經無計可施了，所以涂光明向高雄要塞司令彭孟緝提出條件，要求繳械。王添灯的情況也是如此，聽了廣播就要政府軍繳械。一個要求彭孟緝繳械，一個要求陳儀繳械，兩者都是嚴重誤判情勢，釀成不可挽救的後果。

蔡子民在接受葉芸芸的訪問提到：

> 事件中，朋友們分頭都參加了鬥爭，《自由報》也停了，剩下我們幾個人集中在《中外日報》，堅持每日出刊，同時也幫助王添灯，準備每天在中山堂處委會的發言提案。
>
> 三月五日，王添灯回來說要擬一個具體的處理大綱，蘇新、潘欽信、我和另一位年輕的同事，一共五個人就留下來討論，而後由潘欽信起草，在六日寫成，這就是三月七日王添灯在處委會上提出的卅二條處理大綱。[27]

蘇新是《人民導報》的總編輯，他的化名是莊嘉農，他寫了一本《憤怒的台灣》，記述王添灯提出的處理大綱時，提到三月六日的三十二條，也提到三月七日追加十條後通過的四十二條，他當然知道三月八日《人民導報》捏造不實的消息，也應該知道三月八日王添灯另外向陳儀提出三十二條，但爲何絕口不提《人民導報》的三十二條呢？這就是他隱諱之處。這是本文要特別指出的。

另外，周青接受葉芸芸的訪問也提到：

> 起初王添灯提出卅二條處理方案是很受歡迎的，但會場上毫無秩序，軍統、CC特務都混雜其中，到了下午才在吵鬧喧嘩中，通過增加成四十二條的處理大綱。後面增加的十條，其中有的是軍統、CC特務有意提出，使之成爲陳儀進行鎮壓的藉口。比如「本省人的戰犯與漢

---

26 同上，頁101。

27 〈三位新聞工作者的回憶——訪吳克泰、蔡子民、周青〉，收在葉芸芸主編《證言228》，頁99。

> 奸無條件即釋放」及「各地方法院院長及檢察官全部由本省人充任」這兩條。在會場上提案起哄的。[28]

當時目睹二二八事件，擔任《中外日報》記者吳克泰晚年撰寫回憶錄，提出他的看法：

> 一直代表民意同國民黨鬥爭的省議員王添灯先生也參加了「處理委員會」。他一如既往，利用這個公開講壇，不顧個人安危，爲人民説話，爭取作出對人民有利的決議。他主持起草的三十二條要求，是代表民意的。在這三十二條通過之後，國民黨又利用特務與流氓起鬨，強行追加了十條，其中有些條款是前面的三十二條重複的，有些是矛盾的，最壞是加入了「本省人之戰犯及漢奸嫌疑被拘者要求無條件釋放」這一條。這成了國民黨進行血腥鎮壓的藉口。[29]

實際上，周青與吳克泰的見解，並不令人覺得陌生，早在1948年林木順編的《台灣二月革命》就有類似的說法[30]，1949年莊嘉農的《憤怒的台灣》一書跟著抄襲[31]，周青等人極可能受到《台灣二月革命》的影響，胥有如此訪談口述與自撰回憶文字。

周青說「本省人的戰犯與漢奸無條件即釋放」及「各地方法院院長及檢察官全部由本省人充任」這兩條要求，或者如吳克泰所說「本省人之戰犯及漢奸嫌疑被拘者要求無條件釋放」這一條，並不構成陳儀採取鎮壓的理由。周青、吳克泰的說法，是要坐實軍統、CC特務滲透處委會，也許是確有其事[32]，但所舉的被鎮壓理由卻是牛頭不對馬嘴。這是必須要加以指正的。

---

28 〈三位新聞工作者的回憶——訪吳克泰、蔡子民、周青〉，收在葉芸芸主編《證言228》，頁99。

29 《吳克泰回憶錄》，頁211-212。

30 林木順編《台灣二月革命》，頁33-34。

31 莊嘉農(蘇新)著《憤怒的台灣》，頁139-140。蘇新後來寫〈王添灯先生事略〉，有極大的篇幅是抄襲舊作《憤怒的台灣》。

32 根據國防部保密局的檔案顯示，許德輝自述在三月三日滲進處委會，「率同隊員前往參加及監視該等行動，即於當場被選爲治安組組長，職因之乘機更得深入反間工作之良好機會，并將詳情返陳公館面報林頂立、陳達元二先生」云云，見許德輝呈毛人鳳〈台灣二二八事件反間工作報告書〉，《二二八事件檔案彙編(十六)》，頁204。

他們都把王添灯闖的禍歸罪於後面增加的十條，說是軍統、中統的人參加會議趁議場鬧哄哄，在旁聽席上提議通過的，可是據楊亮功的〈調查台灣事件情形及建議善後辦法〉報告就不是這麼說的。他說「其時處委會已爲暴徒所裹脅，無法控制群眾，至七日後提出處理大綱共計四十二條」[33]，由此可知，後面的十條是暴徒提議的。兩說有如此的不同，今並附。

現在不必再追究這追加的十條是誰提議的，但至少其中有一條是參考蔣渭川提出〈台灣省政改革綱要〉九條之內的第七條，原文如下：

> 省政改革委員會，應於三月十五日以前成立。其產生方法由各鄉鎮區代表選舉該區候選人一名，然後再由該縣市轄參議會選舉之。其名額如下：台北市二名、台北縣三名、基隆市一名、新竹市一名、新竹縣三名、台中市一名、台中縣四名、彰化市一名、嘉義市一名、台南市一名、台南縣四名、高雄市一名、高雄縣三名、屏東市一名、澎湖縣一名、花蓮縣一名、台東縣一名。[34]

處委會追加通過十條的第四條照樣抄襲如下：

> 處理委員會政務局應於三月十五日以前成立[35]，其產生方法，由各鄉鎮區代表選舉該區候選人一名，然後再由該縣市轄參議會選舉之，其名額如下：臺北市二名、臺北縣三名、基隆市一名、新竹市一名、新竹縣三名、臺中市一名、臺中縣四名、彰化市一名、嘉義市一名、臺南市一名、臺南縣四名、高雄市一名、高雄縣三名、屏東市一名、澎湖縣一名、花蓮縣一名、臺東縣一名，計三十名。

蔣渭川提出的省政改革委員會由各鄉鎮選出三十名代表組織而成，不必隸屬於處委會，而處委會的這些民意代表並不是鄉鎮代表，他們沒有被選舉權，處委會自然反對，於是就在三月六日成立省級二二八事件處理委員會時選舉常委，排斥蔣渭川系的人馬。關於王添灯與蔣渭川兩派人馬的權力之爭，以及蔣渭川

33 《二二八事件資料選輯(二)》，頁273。

34 鄧孔昭編，《二二八事件資料集》(台北：稻香出版社，民國80年2月)，頁291。

35 《新生報》原文作「處理會之政務應于三月十五日以前成立」，疑有疏漏，據《中外日報》校勘更正。

在二二八事件中所起的作用，詳另作〈蔣渭川與二二八〉一文，此處不再贅述。

9

綜觀王添灯的一生，其人在二二八之前的行爲，可以說是光明磊落，沒有可以批評的。根據新出的史料，在二月十四日陳儀爲平抑物價，電令貿易局辦理實施緊急措施，在進出口方面：嚴格限制由貿易局經理進出口貨物，僅限定基隆、高雄、臺中、馬公、花蓮五港口停泊船隻，以杜絕走私[36]。

陳儀這項經濟政策，引起頗多的民怨。王添灯經營茶葉生意，以外銷爲主，在二月二十日立即以臺灣省茶葉商業同業公會理事長的身分呈請長官公署刪除禁止茶葉出口的限制，代表全省接近百萬茶葉關係人口發言[37]。另一人物蔣渭川也以台北市商會理事長的身分於二月廿五日呈請長官公署修正平抑物價政策[38]。可見，王添灯與蔣渭川係受了陳儀管制物資進出口政策所波及，損及有關切身的利益。在二二八之後，他們二人都講政治改革的方針，都要求廢除貿易局，與此應該是有很大的關聯。

林德龍輯《二二八官方機密史料》(三月三日至三月八日)〈採訪摘記〉有關於王添灯的線索：

> 王添灯廣播：革命先烈的血不會白流的。[39]

《國家安全局檔案》三月十一日呈報有關情報云：

> 台灣暴動案首魁蔣渭川、王添丁所組織之自治青年同盟及民主聯盟，其內部容有大量政治份子及資本家，無形中形成兩派，近爲爭取政權，發生內鬨甚烈，又該蔣、王等爲充實武力計，派遣幹部強迫學生及前在日軍服務之退伍士兵參加編成部隊，準備與增援國軍周旋，因

---

36 薛月順編《臺灣省貿易局史料彙編》(台北：國史館，民國九十年十二月)，第一冊，頁289-290。其實施細則，另參見頁311-314，〈附件(一)：平抑物價限制進出口部份第一次會議紀錄〉。

37 同上，頁339-341。

38 同上，頁341-344。

39 《二二八官方機密史料》，頁44。

之內部對蔣、王不滿情緒甚高……。[40]

署名台灣民主聯盟發表〈告台灣同胞書之一〉：

(前略)對於專賣局這回搜煙殺人不法的行爲，只是政府積惡引起公憤的導火線而已，我們要認識清楚，不要被大人先生們的騙局將目標變成單純和局部化。我們要求政治上徹底的改革，要求實現民主政治，是我們決爭的目標。我們是漢民族，應該和全國被獨裁一黨專政所壓迫的同胞攜手起來，我們切不要再亂打外省中下級政府人員和商民，他們和我們一樣同一國民同一漢族同胞，現在我們要分別：爲我們台灣建設的好人，我們要保護他，殘害我們的惡蟲，要驅除他。……[41]

又署名台灣民主聯盟發表〈告台灣同胞書之二〉：

英勇的同胞們：

三天來我們表現了無比的英雄犧牲……。

同胞的血不是白流的，同胞們起來吧，高舉民主的旗幟，團結犧牲，繼續前進，奮鬥到底。對著我們此次不可忍的抵抗，不只六百萬同胞熱烈響應，四萬萬五千萬全中國同胞也一樣寄以熱烈的同情。我們必須要認清對象，集中行動，減少無謂犧牲，不分皀白毆打外省來的低中下級公務人員的行動必須迅速停止，不要孤立，不要怕，繼續前進到底。

一、打倒獨裁的長官公署！

二、打倒封建官僚資本，撤銷貿易局及專賣局。

三、打倒分裂民族歧視台胞的政策！

四、即時實施縣市長選舉，登用本省人才。

五、停止毆打無辜外省同胞。

六、不分本省外省全體人民攜手爲政治民主奮鬥到底！

---

40 《二二八事件檔案彙編(一)》，頁194-196。

41 《二二八事件資料集》，頁281。

七、民主台灣萬歲，民主中國萬歲！[42]

綜合以上材料，則知林德龍輯《二二八官方機密史料》所云「王添灯廣播：革命先烈的血不會白流的」，其出處應該係來自台灣民主聯盟三月三日的〈告台灣同胞書之二〉所謂「三天來我們表現了無比的英雄犧牲……同胞的血不是白流的……」等語，這裡說「三天來」，應是從二月二十八日算起，群眾衝向長官公署被開槍打死的人，那些是先烈(不是指二月二十七日被流彈打死的陳文溪)，接著是三月一日北門流血傷亡三十餘人和三月二日。

王添灯的〈告台灣同胞書之一〉以及〈告台灣同胞書之二〉，據中央社【台北四日參電】密說：「文字純鍊，則又必係外省人所執筆者。」[43]王添灯的幕僚很多是新聞工作者，這些文字不是台灣人所能寫得出來，是大陸人寫的，而且可能是共產黨人寫的。

三月三日【中央社訊】：「今日處理委員會上，蔣渭川曾對擾亂份子，有無幕後人物操縱一點，表示懷疑，建議徹底調查。」[44]王添灯也是政治建設協會理事，他與蔣渭川之間思想的分歧，由此大略可以窺見。兩人的行事風格，王添灯是屬於較爲激進的一派，與蔣渭川穩健務實的作風，適成強烈的對比。例如陳儀同意只要不台獨、不共產化，任何合理的條件都能接受，蔣渭川尊重中央的軍政權、司法權，爲陳儀留下餘地，而王添灯竟叫囂「殘害我們的惡蟲，要驅除他」、要「打倒獨裁的長官公署」、「打倒封建官僚資本，撤銷貿易局及專賣局」，與長官公署採取公然對抗的姿態。台中由共黨分子謝雪紅接收完成，三月四日王添灯又在處委會宣布，台中有電話來，要我傳話給長官公署，不可派兵前來，不然將以武力對付，更是充滿了威脅挑釁的口氣。三月四日王添灯的談話，見於第二天的新聞報紙[45]，也見於《大溪檔案》；三月五日張鎮呈報南京蔣主席〈台省暴動事件專報〉，引述有源自憲兵第四團團長張慕陶電：台中、嘉義市政府政權，已被所謂二二八事件處理委員會(係由政府人員、參政員、參議員及各界民眾代表組成)篡奪，並電告省參議員王添灯轉告

42　《二二八事件資料集》，頁283。

43　《二二八官方機密史料》，頁59。

44　同上，頁30。

45　見三月五日《新生報》云王添灯報告「據台中來電話，一切機關業已接管完竣，已組織處理委員會處理一切，維持治安，請本會向當局勸阻出動軍隊，以免發生意外事件」。同一天《民報》亦刊登類似報導。

公署勿派兵前往，否則以武力對付[46]。

其實，三月五日晚上蔣渭川廣播，說「陳儀長官已經決定將台灣長官公署改爲台灣省政府，其他將於三月六日會面詳談」。三月六日陳儀接受蔣所提政治改革要求，如此二二八事件本可和平落幕，因此中央社三月六日【台北六日下午一時參考電】也說台省局面急轉直下，今已獲得和平解決之門[47]。但王添灯三月五日晚聽到蔣廣播，在誤判情勢下，草擬〈處理大綱〉，而處委會在王添灯控制下通過了三月六日的三十二條、三月七日的四十二條，而且派了十五位常委代表向長官公署交涉，提出了四十二條，則是觸犯了陳儀所能容忍的底線，終釀成不可收拾的悲劇。

對於此事不明究裡的國史館館長張炎憲居然大張旗鼓主編《王添灯紀念輯》，把王添灯說成「敢作敢爲、勇往直前的人格特質」，吹捧「這是台灣人骨氣的具體表現」[48]，其是非不明、糊塗錯亂，竟至於此。尤其荒謬者，友人吳銘能博士發現，前述《人民導報》並沒有把「對目前的處理」項七條以及「根本處理」項之軍事方面三條登出，僅截取四十二條要求下段的三十二條；《王添灯紀念輯》(頁82)照錄《人民導報》影本，卻在下方列「三十二條要求內文」，居然是四十二條要求上段的三十二條，有了「對目前的處理」項七條以及「根本處理」項之軍事方面三條，顯然與《人民導報》不符。

研究二二八事件，以這段經過始末最複雜，發展之曲折詭譎也頗爲罕見，在混亂之中資料極爲零散瑣碎，很不容易理清頭緒，一般人草草看過《新生報》就妄加議論，把三月六日三十二條、三月七日四十二條講完就沒有下文，包括《二二八事件研究報告》的作者在內，完全不理會英國領事館的檔案，也完全漠視美國領事館的檔案，更不欲深究《人民導報》三十二條提出時間與內容的自相矛盾，沒耐煩經過檔案報刊等資料排比細膩工夫，不可能知道還有《中外日報》的記載，其中或有暗藏玄機的黑洞，未能深察秋毫之明，或有輾轉陳陳相因，沿襲引用舛誤而不知，把二二八歷史眞相愈弄愈糊塗，使人如墜入五里霧中，因此不憚繁冗，以披沙揀金工夫，特別予以拈出，匡正視聽。

黃文範先生對美國檔案研究下過極深的工夫，他提供研究線索，啓發了我深得這段史實肯綮，證實了王添灯欺騙了台灣良善的老百姓，欺騙了英美領事

---

46 《二二八事件資料選輯(二)》，頁68。

47 《二二八官方機密史料》，頁106。

48 《王添灯紀念輯》，頁200。

館，欺騙了處委會的同事，找到鐵證如山的根據，這是我要表示感謝的！

黃彰健口述　吳銘能整理

民國九十四年六月二十四日初稿、六月三十日二稿、
七月二十七日三稿、九月五日完稿

後　記

1

關於四十二條，我所知有三個不同的本子。

第一個本子，即其所記四十二條的內容與次序，應同於三月八日《新生報》所載，即開始爲〈處理大綱〉，然後爲〈對於目前的處理〉七條，〈根本處理・軍事方面〉三條，〈政治方面〉二十二條，這三十二條是處委會在三月六日通過的。

在三月七日，則在〈根本處理・政治方面〉二十二條後，追加十條。其第一條爲「本省陸海空軍，應儘量採用本省人」，第二條爲「警備司令部應撤銷，以免軍權濫用」。由於此追加十條附於〈政治方面〉二十二條後，故〈根本處理・政治方面〉就成爲三十二條。這是處委會通過的，故處委會繕寫進呈給陳儀的，其〈處理大綱〉四十二條的內容次序，應同於《新生報》所載。

第二個本子，即三月七日晚六時二十分，王添灯所廣播的。王添灯廣播的四十二條，有〈處理大綱〉及〈對於目前的處理〉七條，但對〈根本處理・軍事方面〉三條，則將三月七日通過的十條中的第一條、第二條，移入爲第四條、第五條，故其〈根本處理・政治方面〉，原爲三十二條的，遂減爲三十條。

現存莊嘉農《憤怒的台灣》所著錄的四十二條，其內容及次序即如此，他對〈處理大綱〉所含〈二二八事件的原因〉、〈二二八事件的經過〉、〈二二八事件如何處理〉，則均省略不提。而三月八日《中外日報》據王廣播，則未省略。

王添灯廣播本的缺點則在：未分別那些條款是在三月六日通過，那些條款是在三月七日通過。人們很容易依序數三十二條，而將三月六日通過的〈根本

處理・政治方面〉的第二十一條、第二十二條，誤認爲係三月七日通過追加十條的第一條、第二條。

處委會在三月八日發表聲明說：

> 三月七日本會決提請長官採納之三十二條，例如撤銷警備總部、國軍繳械，跡近反叛中央，絕非省民公意。

國軍繳械，在三月六日的三十二條及三月七日的四十二條，均爲第一條。而撤銷警總，在處委會議決時，係追加十條的第二條，在四十二條中依次序數爲第三十四條。

如依王添灯廣播本，則爲第十二條，正在三十二條內，不必改〈聲明〉的「三十二條」爲四十二條，而說「三」爲「四」之誤。

王添灯將三月七日追加十條的第一條、第二條，移入〈根本處理・軍事方面〉爲第四條、第五條，就文理來說，較處委會議決次序爲佳，但論四十二條進呈本內容與次序，仍應尊重三月八日《新生報》所載處委會的決議。

官方著錄四十二條，我所見最早的本子爲三十六年三月三十日長官公署所編《台灣省二二八暴動事件報告》，此書收入陳芳明所編《臺灣戰後史資料選》。該報告所收四十二條，其〈政治方面〉第二十三條爲「本省陸海空軍應儘量採用本省人」，這是與《新生報》三月八日所載這是追加十條的第一條是相合的。

但其所載「警備司令部應撤銷，以免軍權濫用」，則爲〈政治方面〉第二十八條，則與《新生報》所載這是追加十條的第二條不合。

《新生報》所載追加十條，條理次序井然，何以官書會如此改易。官書刪〈處理大綱〉冗長序文不載，就修史來說，這並不爲錯，但其改動次序必有原因。

鄙意：編〈報告〉的人，雖然看見三月八日《新生報》，但處委會進呈本則可能由於長官公署將其退回，他修書時無從得見。而從《人民導報》所載三十二條，及三月八日王添灯以處委會所進呈的三十二條，這兩個本子記追加十條的次序，正一爲二十三條、一爲二十八條。三占從二，因此他著錄四十二條的次序，就不依《新生報》所載處委會所決議了。

這位編〈報告〉的人，根本未考慮三月八日《人民導報》所載三十二條的不可信。《人民導報》說這三十二條係三月七日下午四點二十分進呈長官公署，這是錯誤的。而王添灯三月七日下午六時二十分廣播四十二條，其第一條即爲國軍繳械。《人民導報》何以隱瞞不載？

《人民導報》未載〈處理大綱〉冗長序文，亦與王廣播不合。

三月八日王添灯以處委會名義所進呈三十二條亦與三月八日《人民導報》所載內容有異同，均不足據以論定三月七日晚七時處委會進呈本〈政治方面〉三十二條內容及次序。

《台灣省二二八暴動事件報告》，刊行於三十六年三月三十日。楊亮功調查報告寫成於三十六年四月十六日。楊亮功報告的附件二即爲長官公署編印〈台灣省二二八暴動事件報告紀要〉，其稱〈紀要〉，係因楊省略了該書所附〈台灣各縣市暴亂簡表〉。楊亮功報告亦省略〈處理大綱〉冗長序文不錄。其記四十二條內容與次序，則一依《台灣省二二八暴動事件報告》。

長官公署四月三十日出版的《台灣暴動事件紀實》，行政院版《二二八事件研究報告》附有該書影印本。該書於三十二條後追加十條的次序一依《台灣省二二八暴動事件報告》，但該書(頁21)記政務局名額，缺「新竹市一名、新竹縣三名、台中市一名」十五字。《二二八事件研究報告》定本(頁70)漏補「新竹市一名」五字，而於該條「計三十名」下，注云「實爲二十九名」，這是錯誤的。

拙文〈揭穿王添灯欺騙台灣人民〉第一節謂：楊亮功報告所記四十二條的次序與《新生報》完全相合，亦係校勘疏漏。今謹訂正於此。

2

彰健最近得見民國三十六年南京《中央日報》合訂本的影印本，我發現拙文所引三十六年三月十日南京《救國日報》，其所收三月八日台北中央社電，亦見於三月十日南京《中央日報》。

《中央日報》未收三月七日台北處委會所通過的四十二條。此必因該日所通過的〈處理大綱〉及其四十二條，文章太長，根本來不及在三月七日夜晚將其譯爲電報密碼，電告南京中央社總社。而且三月八日《新生報》說：

> 因文件手續不備，決定今(八)日正式提出。

則中央社台北分社記者很可能也自王添灯處得到同一訊息。既然該建議三月八日將提出，那就等待三月八日見到正式提出的，再發電報好了。我想：這應是大陸沒有一家報紙刊載四十二條的原因。

王添灯在三月七日晚六時二十分以國語廣播〈處理大綱〉及四十二條內容，大陸報社恐亦無人收聽。

3

最近我得見《解放日報》三十六年合訂本影印本。《解放日報》記三十二條，亦係據三月十日南京《中央日報》所載中央社台北三月八日電。

延安中共當局亦不知有所謂四十二條。因所見三十二條，其第一條爲「制定省自治法」，在三月二十日《解放日報》遂撰〈台灣自治運動〉社論，其後並界定二二八事件爲自治運動，而非獨立運動，亦以此。

本文第四篇最後一節我曾引蘇新的話，要國軍繳械，這只是反蔣，而非台獨。蘇新並不知道延安中共當局未收聽到王添灯廣播，延安中共並不知有所謂四十二條。

4

司徒雷登大使並未見三月八日台灣《新生報》，他自然不知道三月六日的三十二條及三月七日的四十二條，其第一條均爲要政府軍繳械。他所見爲南京《中央日報》台北中央社記者三月八日電，其第一條爲制定省自治法。

他未向國務卿報告所見三十二條全文，因此後來美國國務院出版的對華白皮書所錄三十二條，仍然包含：

> 請求國民政府歸還輸往大陸之砂糖價款
> 請求國府給付輸往大陸之十五萬噸食物價款，其價值須依出口時之時價定之。[49]

這仍源出於Kerr給南京美國大使館的報告，見本文正文第三節。這是Kerr欺騙美國政府。

5

在本文正篇第五節，我曾指出：台北的《中外日報》根據三月七日晚六時二十

49 《台灣戰後史資料選》，頁372。

分王添灯廣播刊載〈處理大綱〉全文，因王添灯廣播將三月七日增加的十條，其中第一條、第二條移爲〈根本處理〉軍事方面第四條、第五條，故其〈根本處理〉〈政治方面〉遂由三十二條變成三十條。

因其第三十條爲「送與中央食糖十五萬噸，要求中央，依時價發還台灣省」，而三月八日《人民導報》所刊登的三十二條，其末條爲：

送與中央食糧一十五萬噸，要求中央，依時估價，撥歸台灣省。

《中外日報》的記者，在三月七日午夜十二時前，見到《人民導報》記者提供的三十二條，他沒有時間查證「食糧」與「食糖」究竟哪個才對。因此《中外日報》記者遂乾脆將這一條刪除，於是〈根本處理・政治方面〉三十條就變成了二十九條了。

頃得見中央研究院近代史所檔案館所藏〈新生報資料室剪報資料〉，其中所收台南三十六年三月八日《中華日報》剪報，收有《中華日報》台北三月七日電。此三月七日《中華日報》電所收三十二條，即源出於三月八日《人民導報》的三十二條。但他將撤銷警總這一條仍排到緊接軍士用台灣人後，與《新生報》追加十條的次序相合而與《人民導報》不合。而且其三十二條爲：

中央前運出口赤糖十五噸，應計□本省充作經費。

而《人民導報》作：

送與中央食糧一十五萬噸，要求中央依時估價，撥歸台灣省。

《中華日報》記者在七日夜發電時，校改爲赤糖，十五萬噸誤作十五噸。

《中華日報》台北記者在三月七日晚發電報時，他也看到《人民導報》記者所發稿，而他與台北《中外日報》記者一樣，無法查證，遂匆匆作不同的校改。

三月八日台南《中華日報》未刊出四十二條，大概該報台北記者也認爲《人民導報》係由王添灯爲社長，爲處委會對外發言人，遂輕信因而在三月七日晚上以專電發出，台南《中華日報》遂於三月八日刊出。

6

史明《台灣人四百年史》(頁777-779)所錄三十二條，源出於王思翔《台灣二月革命記》。史明自註云：「據林木順《台灣二月革命》及莊嘉農《憤怒的台灣》，則記載爲四十二條。」

按：王思翔所錄，亦源出於王添灯《人民導報》。王思翔及史明大概認爲：《人民導報》，王添灯爲社長，其所記應可信。他們未以《中外日報》所記王添灯廣播與《人民導報》對校。

7

彭健在宣讀本書第十六篇時，陳君愷教授提出質疑：要政府軍繳械，不見於《人民導報》，是不是陳儀僞造，用以作爲鎮壓的藉口。我的答覆是，此見於《中外日報》所載王添灯廣播，而且處委會三月八日所作聲明，亦言及他們所提繳械條文，跡涉反叛中央，則三月七日所提四十二條確有政府軍繳械條文。該條文決非陳儀僞造。

《人民導報》言三十二條，係三月七日下午四點二十分提出，此與《大溪檔案》作十五位代表晚七時來見相違。

陳君愷教授指出柯遠芬〈事變十日記〉言：

> 四時三十分左右長官來電話，告知：他已拒絕處理委員會無理的卅二條要求。

按：柯所記源出於《人民導報》，與《大溪檔案》違。不可信。

8

〈周青口述紀錄〉[50]：

> 三月七日下午約二、三點，處委會突然接獲通知說，陳長官要接見。委員和代表分乘三輛巴士至長官公署，我亦以記者身份參加。……(陳儀)拍桌子大罵處委會的代表，說這四十二條是叛亂行爲……我們

50 《二二八事件文獻補錄》，頁77。

> 下樓後，很快地搭原車返回中山堂。

此所述接見時間與《大溪檔案》違。

考《警總檔案》[51]：

> 周傳枝，《人民導報》記者，由王添灯派來高雄主持暴動。

此係情報，未知其正確與否。如果可信，則在三月六日下午二時，高雄市政府、火車站爲彭孟緝收復前，周青應在高雄。他在三月七日下午二、三時能來到台北搭上參加處委會到公署的汽車嗎？

可惜訪問周青的人，未能以此事問他。

9

李翼中《帽簷述事》所記四十二條係據王添灯廣播本，但李翼中該書說：

> 二二八事件處理委員會於中山堂集議二二八事件處理綱要，盛氣臨者如堵，於是此一提議，彼一提議，竟不知爲何許人。後由陳逸松攜至家與王添灯、劉明、陳鴻(逢)源整理條文，凡卅二條，連對目前處理七條，軍事方面三條四十二條。首綴序文，由黃朝琴等面遞陳儀，陳儀斷然拒絕之。聞吳國信言，陳儀於公署四樓接見黃朝琴等，批閱綱要序文未畢，忽赫然震怒，隨手擲地三尺之外，遂離座，遙聞厲聲，毫無禮貌而去。眾皆相顧失色。欲推吳國信修改敘文，國信辭焉，卒定俟刪去敘文後再遞。至下午六時處理委員會宣傳組王添灯卒將條文廣播綱要如下……。[52]

李翼中忽略王添灯廣播是有〈處理大綱〉序文的。

第二天三月八日王添灯所進呈的三十二條，見台北中央社三月八日電，此電則未有〈處理大綱〉序文，也未有〈對目前處理〉七條，及〈根本處理．軍事方面〉三條。

---

51 《二二八事件資料選輯》(六)，頁177。

52 《二二八事件資料選輯》(二)，頁384。

10

楊逸舟著、張良澤譯《二二八民變》(頁99-102)將〈對於目前的處理〉七條、〈根本處理・軍事方面〉三條，認爲係三月七日追加的十條，亦與王廣播本不合。

許介鱗教授《戰後臺灣史記》(頁129)將「軍隊繳械」，亦列爲追加十條中之一條，亦與三月八日《新生報》，及三月七日《中外日報》王廣播不合。

對於四十二條、三十二條，各書所記不一。這是一個糊塗公案，現在應可以結案了。

民國九十五年八月三十一日

卷四

十七、論民國三十六年三月三日台北「二二八事件處理委員會」函請美國駐臺北領事館報導二二八真相，同日，臺灣人民807人由141人簽名代署，請轉致美國國務卿馬歇爾請願書，要求聯合國託管一直至臺灣獨立

由於陳儀並無政治改革的誠意，而參加處委會的政府官員——民政、工礦、交通、農林、警務等五處處長，於三月三日集議退出；而留在處委會的民意代表，如黃朝琴、李萬居等人，係半山，來自重慶，親政府，被斥爲走狗，爲了避免迫害，在會中也不敢發言。因此，該會遂爲激進分子所操縱，在三月三日即發生處委會寫信給美國駐臺北領事館，請求報導二二八事件眞相，及臺灣人民807人由141人簽名代署的請願書，請美國領事館轉致美國國務卿馬歇爾，要求聯合國託管一直至臺灣獨立。

討論這兩封信，我們需綜合《大溪檔案》、美國政府檔案、與當時報紙及中央通訊社記者所引用的處委會的會議紀錄，才能正確了解何以陳儀將致美領館的信歸罪於廖進平，將請願書歸罪於林茂生。

爲了訪求請願書，我發現：其時任美領館副領事的George H. Kerr，在他後來所著的《被出賣的臺灣》，竟竄改請願書的結論，並將三月初三日致美國領事館的信的用意，也解釋錯誤。

這兩封信，對當時臺灣政局發生重大的影響，是我們研討二二八史事應該弄清楚的。

今詳細論述於下。

1

首先，我將《大溪檔案》(頁174-176)陳儀三月十三日呈蔣函所附〈辦理人犯姓名調查表〉，其中記廖進平、林茂生的略歷及罪跡鈔錄於下：

廖進平略歷　臺灣省政治建設協會理事兼經濟組長

罪跡(一)、陰謀叛亂首要

(二)、向美國駐臺領事館提出「將此次二二八事件眞相，向國內及全世界報導，並請予主持公道」之辱國要求。

(三)、經常利用該協會定期演講會，發表抨擊政府，不滿現狀，挑撥官民之荒謬言論。

林茂生略歷　國立臺灣大學教授

罪跡(一)、陰謀叛亂，鼓動該校學生暴亂

(二)、強力接收國立臺灣大學

(三)、接近美國領事館，企圖由國際干涉，妄想臺灣獨立

由於涉及美國駐臺北領事館，我們需查美國政府檔案。

"Foreign Relations of the United States," 1947, The Far East China, Volume VII, p. 429-430，正記有此事。

893.00／3－547 : Telegram

The Ambassador in China（Stuart）to the Secretary of State

NANKING, March 5, 1947－1 p. m.

[Received March 5－5 : 42 a. m.]

448. Following is Taipei's 32, March 3:

"Newspaper extra issued this morning announced that 'committee for settling February 28 incident' decided following:

（1）Send delegates to Governor General to inquire to what extent terms accepted by Government have been executed.

(2) Executive Committee shall be formed and shall visit American Consul to request Consul to announce incident to entire world. At same time telegram will be sent Central Government to report truth of incident.

(3) Public Security Maintenance Committee will be organized.

Committee mentioned item (2) called on Consul this afternoon and was informed that it is not Consulate's function to act as news disseminating agency and that it is in position only to transmit communications for US Government to Embassy subject latter's decision regarding onward forwarding. Committee stated it would consult General Committee for which it is acting for purpose drawing up tomorrow written communication for information US Government.

Consul has today received petition addressed to General Marshall containing 141 signatures in behalf of 807 persons stating in conclusion 'shortest way of reformation of Provincial Government (of Taiwan) is wholly to depend upon United Nations joint administration in Formosa and cut political and economic concern with China proper for years until Formosa becomes independent'.

Important message on general situation now being prepared. Blake.[1]"

STUART

林君彥〈獨家披露美國國務院二二八事件機密檔案〉曾將此電譯成中

1 Blake此一電報："Important message on general situation now being prepared"。彰健按：國立中山大學中山學術研究所收藏"Formosa internal Affairs, China 1945-1949", Reel 1. No.1收有三月三日Blake呈司徒雷登(J. Leighton Stuart)大使信，其subject是"Review of crisis in Taiwan", 其最末一段的標題是"Situation estimate, March 3."文中說："There is growing and substantial rumor that a popular appeal will be made for American or United Nations intervention or at least for an impartial investigation of governmental conditions here. The sentinent supporting this move may crystallize after the March 10 meetings. One petition bearing signatures representing 817 in dividuals has been received."則向國務卿請願函係817人署名與Foreign Relation of the United States所引Blake三月五日呈司徒雷登大使第32號電文作807人署名不同。在未見請願書中文原件前，恐應以微捲所載爲正。

文[2]，今亦鈔錄於下：

> 駐華大使司徒雷登呈國務卿
> 南京，一九四七年三月五日下午一時發
> 第四四八號電。以下係臺北領事館三月三日第三二號電文摘要。
> 「今晨報紙號外刊出：二二八事件處理委員會已做成下列決定：
> (1)、派遣代表謁見行政長官陳儀，詢問政府接受之條件業已執行至何種程度。
> (2)、組成執行委員會，拜訪美國領事館，要求美國領事館向全球公開事件眞相，同時，並以電報向中央政府報告事件眞相。
> (3)」、成立治安維持會。
> 前述二項之委員會代表今天下午拜訪本館，我方是以領館並非新聞發布機關，僅能將訊息傳至駐華大使館，至於大使館是否上報美國政府有關單位，則非領事館所知。臺人代表謂，他們將把此一情形回報奉命起草致美國政府書面函件之委員會瞭解。
> 領館今天亦收到一份致馬歇爾將軍的陳情書，這項陳情書有141人簽名，號稱代表八百零七名人士。其結論稱：「改組臺灣省政府的最迅速方法，端賴聯合國接管臺灣，切斷與中國之政治經濟連帶關係，以俟完全獨立。」
> 職刻正起草有關局勢之一項重要評論報告。布萊克」

據此，處委會請美國駐臺北領事館向全世界公布二二八事件眞相，及處委會向中國中央政府報告事件眞相，係三十六年三月三日下午發生的事。

考林德龍輯注、陳芳明導讀《二二八官方機密史料》(頁27)引：

> 三月三日
> 中央社訊。二二八事件處理委員會今(三)晨十時，召開第二次會議。……
> 廖進平稱：「事件發生後，本省與外省交通、通訊斷絕，要向國內外

2　林君彥此文，刊載於1991年3月4日《新新聞週刊》。中央研究院近代史研究所所編，《二二八事件史料彙編》第四冊收有此文。

> 宣佈此次事件之意義。」採決結果，推廖進平爲通電文起草委員，李萬居爲通電全球委員，並決定由廣播電台廣播全球。……[3]

〈中央社訊〉即明言廖進平爲電文起草委員。陳儀將此一罪狀歸咎於廖進平，應不誤。

同書，頁38又引三月三日《新生報》【本報訊】：

> 改組後之首屆二二八事件處理委員會，於三日上午十時，假中山堂舉行。……關於本案，需要周知全世界及國府之動議即刻成立，即選出林宗賢、林詩黨、呂伯雄、駱水源、李萬居五人爲委員，擬託美國領事館善爲辦理。

則三月三日下午代表處委會赴美國駐臺北領事館送信者，爲林宗賢、林詩黨、呂伯雄、駱水源、李萬居五人。

同書(頁41)又引三月三日至三月八日(中央社記者)〈採訪摘要〉：

> 三日P.M.4，派林宗賢、林傳克、呂伯雄、駱水源、(李)萬居赴美領館請拍電。

則三月三日下午四點，赴美領館的五委員，無林詩黨，而有林傳克。或者林詩黨因故未去，由林傳克代，也未可知。

這五委員見美領館領事Blake，美領事答覆說：美領館非新聞發布機關，僅負責傳訊息至大使館。大使館是否上報美國政府，則非領事館所知。此五委員遂回答說，將回報奉命起草致美國政府書面函件的委員會了解。

三月四日《中華日報》【本報臺北專訪】：

> 處理委員會會議由(四日)上午十時五分開始，十二時四十分結束。通過事件：……
> 三、對此次案件應將眞相擴大宣傳，俾國內外明瞭眞相。並推李萬居、林忠、林宗賢、陳旺成、駱水源等組委員會主辦，並請美國新聞

---

3 《二二八官方機密史料》(自立晚報，民國八十一年二月)。

處電發。[4]

請美國新聞處發電，而美國新聞處隸屬於大使館，處委會三月三日的函件，及請願書一件，領事館可送呈大使館，大使館如認爲應向美國國務卿報告，他自會報告，故處委會實無再擬電文請新聞處發電的必要。三月四日處委會的決議恐議而未施行。

2

上引【中央社訊】說：

向國內外宣佈此次事件的意義。

《新生報》【本報訊】：

要周知全世界及國府。

美國政府檔案：

要求美國領事館向全球公開事件眞相，同時，並以電報向中央政府報告事件眞相。

此「中央政府」即「國府」，指中華民國國民政府。

處委會三月三日所發出的上國府蔣主席電文，見臺北三月三日《重建日報》所發布的「號外」。林德龍《二二八官方機密史料》有該號外書影。今將其鈔錄於下：

台灣省民眾代表大會致蔣主席電原文如下：

南京國民政府主席蔣鈞鑒：二月二十七日夜，本省專賣局派員，率帶警察大隊員警十名，在台北市延平路查緝私煙，開槍搶奪，死傷

4　同上。

市民數名，民眾甚爲憤慨。翌日上午，死難家屬(林德龍按：中央社原抄文爲族)暨民眾，往專賣局要求究辦兇首〔手〕不得要領，乃轉赴長官公署請願，該公署衛兵突由樓上開機鎗掃射，民眾死傷數(林按：原抄文爲十餘)人。由是激動公憤，遂遷怒於公務人員，致發生毆打情事。警備總司令部于是日下午三時，宣佈戒嚴，四處開槍，斃傷市民甚眾，情勢更趨擴大。經國大代表、參政員、參議員暨市參議員等力向長官交涉結果，准於三月一日下午十二時解嚴，並於下午四時，本省(林按：原抄文無本省二字)陳長官親自廣播。民眾稍趨平靜，分散歸家，行經北門口鐵路管理委員會時，樓上國軍及警察大隊，竟再開機鎗掃射，死傷民眾三十餘。因之，更惹全省人民公憤，認爲政府毫無威信，舉動極爲野蠻且無紀律。是以，事態愈加擴大，此爲經過眞相。現全體民眾要求本省政治必須根本改革。蓋本省自光復以來，政治惡劣，軍、警、公務人員之不法行爲，致使省民大抱不滿，雖經迭次要求改善，仍無效果，此乃造成二．二八慘案之素〔遠〕因。爲此(林按：原抄文無爲此二字)，懇請中央速派大員蒞台調處，以平民憤，並剋速實行地方自治，實現眞正民主政治。臨電迫切，不勝待命之至。

民國九十一年三月出版的《二二八事件檔案彙編》第二冊〈國家安全局檔案〉(頁265)所收中央通訊社編印的〈參訊〉五九四號，即載有此電全文。與林德龍引中央社原抄本同，僅「死難家族」作「死傷家族」。

林德龍《二二八官方機密史料》錄此電全文後，即接著記：

三月三日

臺灣省民眾代表大會電。

中央社轉全國各機關團體、報社、暨國內外同胞鈞鑒：

二月二十七日……「中間同續至由後方五行『案之遠因』請接續以下之文句」。

此次慘劇之遠因，深恐全國同胞未明眞相，用特電請國內外賢達暨各報社主持公道，立論純正，以導使臺灣早日實現眞正民主政治，登臺胞於袵席之上爲禱。臺灣省民眾代表大會叩，寅(三月)

考林德龍書(頁46)：三月四日中央社訊：

> 二二八事件處理委員會昨(三日)下午二時，再開會議。……繼由呂伯雄宣讀通電蔣主席及全國同胞電文，經修改後，一致通過，四時始散。

則上引修改文句係三月三日下午處委會會議時所改。修改畢，四時散會。此正好說明美國檔案所說：下午至美領館，欲電知全世界及國府，係下午四時處委會散會以後事。

此修改電文始有「主持公道」四字。中央社〈參訊〉僅載修改前電文，蓋因其不重要，遂省略。而《大溪檔案》陳儀指摘廖進平罪狀，有此四字，則源出於修改後電文。

由於處委會要求美領館公布二二八事件眞相，同時，亦以電報將眞相呈蔣。故我們可據呈蔣的電文，而推知致美國領事館的信的內容，該信不僅宣布二二八事件眞相係公憤而非暴亂，同時亦宣布二二八事件的意義在政治改革，並請求國內外主持公道。

因其向國外提出此一要求，故陳儀斥此爲辱國要求。

3

致美國領事館的信，言及二二八的意義在政治改革，但號稱807人由141人簽名代署的向美國國務卿馬歇爾的請願書，對政治改革的主張卻與致美國領事館的信不同。

上引美國檔案引該請願書的結論：

> 改革臺灣省政府的最迅速方法，端賴聯合國接管臺灣，切斷與中國之政治經濟連帶關係，以俟完全獨立。

致美國領事館的信，係正式公函，由處委會署名，由處委會派員五人致送。此信意見與三月三日呈蔣電內容相同，但由於處委會與美領事館來往，會遭行政長官公署疑忌，故處委會選派送信五委員，其中即有李萬居。

李氏係半山，在陳儀接收臺灣時，任專門委員，負責接收報社。其後任國大代表、省參議會副議長，兼新生報社社長。送信委員有李萬居，可使長官公署放心。

請願書要求聯合國託管，一直至臺灣獨立，此信顯應守密，也只能利用送美國領事館的信時，設法秘密交給美領館。

由於這多人署名，簽名的人自會有處委會委員及其時政治菁英。故在美國人看來，請願書所言才眞正代表臺灣人民的眞實意願。故合眾社在臺記者即發外電，言：臺灣人民希望託管獨立。

李萬居係送信委員之一，雖知悉送信內容，但不知另有請願書，在處委會會議時，遂予以駁斥。三月五日，《民報》：

> 本報訊·二二八事件處理委員會於昨(四)日上午十時在中山堂繼續開會。……李萬居報告：
> 據上海美國合眾社對此次發生之事件，故意謠造消息謂，本省人民發生暴動，要求國際託治，意欲獨立。此次事件之動機全然是政治不良，要求改善此次政治，希望同胞認清此種目標，免致引起中央及國際人士之誤會。

三月五日《新生報》：

> 二二八事件處理委員會於昨(四)日上午十時……開會。……李萬居報告。據悉，上海及其他若干方面，故意誇張，歪曲消息載稱，「本省人民發生暴動，係要求託治」等等。切望同胞應明瞭，自身爲獨立國家之人民，此次事件之發生純粹在於要求今後政治的改進而起，並非如外間所傳，有其他企圖云云。

李萬居即不知此係處委會玩弄兩面手法。合眾社記者知悉請願書內容，所報導正確不誤。

《大溪檔案》(頁89)省參議會議長、處委會委員黃朝琴三月六日呈蔣電：

> 外傳託治及獨立，並非事實，實擁護中央，熱誠如故。

黃的消息應得自李萬居，他亦在受騙之列。

但請願書這多人簽名，消息當然會洩漏。《大溪檔案》(頁71)三月六日陳儀呈蔣函：

> 日本時代御用紳士及流氓，……其中竟有懷臺灣獨立國際共管之謬想者。(此次事變發生後，傳單中竟有「臺灣獨立、打死中國人」荒謬絕倫之語。某次集會時，竟派代表到美國領事館要求將此事報告世界。美國人中亦有暗助臺人詆毀政府者)……
> 對於奸黨亂徒，須以武力消滅，不能容其存在。……
> 希望獨立等叛國運動，必予消滅。

陳儀對二二八事件後來之採高壓政策，即受三月三日處委會致美國領事館的函件，要求託管獨立的影響。

4

致美國領事館的信，係由廖進平主稿，見於可以公開的處委會會議紀錄。給馬歇爾的請願書，由於秘密進行，會議紀錄根本不會記載。

《大溪檔案》、陳儀〈辦理人犯姓名調查表〉，列林茂生罪跡：「接近美國領事館，企圖由國際干涉，妄想臺灣獨立。」似認爲請願書由林茂生主稿。其判斷林茂生涉案，可能係根據學術背景。請願書須用英文寫作，林茂生係臺灣大學教授，其時唯一的留美文科哲學博士，而臺灣政治菁英多係留學日本，能夠用英語與美領館辦交涉的人不多。

戴國煇、葉芸芸著《愛憎二二八》(頁348，遠流出版公司，1992年12月出版)：

> (吳濁流)口述時，吳再三叮嚀，不能在其有生之年發表的是，……「林茂生與美國人的關係。……有一種說法是林的失蹤並非由於《民報》的關係，而是因林與美國駐臺(副)領事卡氏有關係，涉嫌參加臺灣由美託管的運動」。(吳著《臺灣連翹》頁182-183，前衛出版社出版)
> 吳老告訴我：臺北有幾位年輕人，包括一位林本源家(臺灣首富)的某君，前赴美國駐臺領事館請願。他們推舉林茂生爲代表，請他以英文

> 表達他們的意願。斯時唯一能講流利英文的只有他一個。林且因有教會關係，光復不久，就與美加在臺人士建立關係，人人認爲他方便溝通。……此事被長官公署探知，林茂生因而賠了命。另一位林某卻用了家產的一大部份，好不容易才贖回來一條命。

吳濁流《臺灣連翹》此一記載，正可與《大溪檔案》所記互證，並支持我對《大溪檔案》將此案歸罪於林茂生的解說。

吳濁流所說林本源家裡某君，應指林宗賢。《愛憎二二八》(頁290)說：

> 《中日外報》的發行人林宗賢(板橋林本源家人)與林詩黨、呂伯雄、駱水源、李萬居等共同被推爲處委會代表，於三月三日到美國領事館，請求「將臺灣事變眞相周知全世界及中央政府，說明臺灣人要求改革臺灣政治，別無他圖」(《楊亮功先生年譜》)。事後，林被捕，與臺中「和平日報社」社長李上根同囚一室，據李上根說，林家花費很多錢財才將他贖命。楊亮功則直指(警總參謀長)柯遠芬就是勒索鉅款的人。……

按：林宗賢爲處委會送信五委員之一，他並不是主稿者。李萬居爲五委員之一，可安然無事。那林宗賢也未嘗不可以。對送信這種行爲，軍法官如認林與犯人同黨，可以重判；如認爲盲從附和，則可以輕判。但由於林宗賢出生於豪富之家，這就給人勒索的好機會。

三十六年三月二十日保密局臺北負責人張秉承以〈二二八叛亂主要暴徒名冊〉一份寄南京言普誠，該名冊記林宗賢罪行爲：

> 策動暴動，號召亂黨，主張臺灣獨立。[5]

四月八日林宗賢至警總見柯遠芬，解釋誤會，十日以自白書交柯，即被扣押，移送警總軍法處[6]。

陳儀警總審結：林宗賢因犯共同意圖以非法方法顚覆政府，而著手實行，

5 《二二八事件檔案彙編》一，國家安全局檔案，頁210-213。

6 林夫人香雪呈情書。《二二八事件資料選輯》六，頁612。

判處有期徒刑十年，褫奪公權十年[7]。三十六年五月十日彭孟緝就任臺灣全省警備司令，十六日宣布解除戒嚴。有十三案件包含案犯二十九名，經陳儀警總審結，但未完成軍法審判程序，彭仍送請國防部覆判。其未審結者，移送法院審判。

由於此二十九人內含林宗賢，均非軍人，故參謀總長陳誠在三十六年六月十六日簽呈蔣，認爲均應移送司法審判。並經蔣批飭認可。但警備司令部則具呈國防部長白崇禧，認爲：如移送法院，則已依軍法審判並已執行之各案，必將發生重大糾紛。白氏爲此於三十七年二月二十五日上簽呈，至三月十九日，蔣始同意，仍依國防部覆判。林改處有期徒刑三年六月，褫奪公權三年。

在移送國防部覆判時，林夫人香雪三十六年六月下旬具呈國民參政會轉呈蔣及國防部長白崇禧。

三十六年七月十五日，蔣電令臺灣省主席魏道明：

> 據林香雪女士呈，以「夫林宗賢參政員，於臺變時曾參加臺北二二八事件處理委員會，嗣發現該會宗旨有異，遂避不赴會。當時雖竭力維持地方治安，並保護外省同胞，事後仍遭政府誤會，身陷囹圄。請賜明察，恩准釋放」等語，本案實情如何，希即秉公查明具報，憑辦爲要。

七月十六日國防部法規司也通知彭孟緝將林案處理情形見示，以憑報覆。七月二十三日彭孟緝覆蔣電，二十四日覆法規司代電：「林宗賢已由前警總審結，呈送國防部核示，並因患病，業准予交保醫治。」三十七年國防部的覆判，應不會影響林的交保醫治。林宗賢如移交司法審判，則很可能台灣高等法院會體中央德意，諭知無罪，或減輕其刑，並緩刑。

5

林德龍《二二八官方機密史料》(頁157)收有三月十八日六時三十分蔣經國給他父親的電報，亦言及林茂生。今鈔錄於下：

> (一)、C.P.(林德龍註：即共產黨)。臺中謝雪紅，女，四十歲(林

---

7 《大溪檔案》，頁354。

註：謝生於一九〇一年，當年應爲四十六歲)。埔里退到霧社。(林註：三月十二日二七部隊撤退埔里。三月十六日晚上十一時宣佈解散)

(二)、親美派——林茂生、廖文毅與副領事Kerr，請美供給槍枝及money，美允money。Col.Daw來，Kerr調，有關。(林德龍註：「當時廖文毅仍留居上海，尚未提出臺獨主張。林茂生在事變之初，僅曾被推舉爲向美領事館請願的代表。Col.Daw 即美國駐華大使館軍事參贊 F.G.Daw 上校[8]，他曾於三月九日自南京來臺。三月十七日 Kerr 奉命赴南京，向大使報告臺灣情勢。」)

(三)、暴徒

(四)、獨立派。新華民主國。三月十日成立。總統、軍司令未定。國旗已有(陳松堅，警務省長)。

決定八日夜暴動，七日夜有二名學生被捕，搜出密件，有準備。國軍倘遲一日，不可收拾(亦幸天雨)。

日人治安：硬軟不是。(要)(否)今後硬軟兼開。……

林獻堂很對不起國內，很感謝主席。(林註：係指三月十八日下午四時，林獻堂在白崇禧招待會上致辭，臺省發生不幸事件，……對不住全國同胞。中央今又特派白部長蒞臺宣慰，更爲感激)

原因：(1)海南島軍人，戰後在國內被壓迫。(2)青年失業太多，物價高，生活不安。(3)國內來的不肖官吏引起臺人不滿。(4)青年學生意志不堅，一(一疑應作易)受煽動。(5)最大者，言語不通，不易了解，引起隔膜。

幸好少數暴動，很快即解決，未牽動大局。希白氏召集公正士紳，求合理之解決。

海南人毆打外人，只是少數人行爲。大多數人極痛心，現在已極平安。例如：臺中暴動人少，國軍到後，人民歡迎，不同情暴徒。……官民間有隔膜，希望都能除去。

白奉主席命來宣慰，除C.P.外，一概不追究，只是幼稚行爲。〔林

---

8 承黃文範先生惠示，“Cal. Daw”應改爲“Col. Dau”。其人爲中校副武官，不可譯爲上校。

(茂生)．C.P.少數〕
主席身體好
蔣經國(6.30)(林註：六時三十分)

蔣經國將林茂生、廖文毅列爲親美派，未列林爲獨立派，他不知《大溪檔案》陳儀在三月十三日指摘林茂生「接近美國領事館，企圖由國際干涉，妄想臺灣獨立」。陳儀所知悉的情報可能未告知蔣經國。

蔣經國的電報說：林茂生、廖文毅與副領事Kerr請美供給槍枝及money，美允money。按：《二二八官方機密史料》(頁44)三月三日至三月八日中央社記者〈採訪摘記〉：

三月三日下午，臺大學生八人赴美館請援，借用槍彈，謂不堪中國人民壓迫。

中央社【三月四日參考電】：

領導臺北暴動之三大集團。流氓派現已妥協，力主恢復秩序。學生派反對恢復秩序……第三派包括海南島及日本之歸僑(一稱海外派)，亦爲反對妥協者。學生派係以臺大爲中心，知識較高，思想最激。……海外派中亦有曾任中共之挺進隊者。……
學生派代表今上十一時，往謁陳長官，……要求發給武器始願妥協。……(陳)拒不應允。

則其時臺大學生思想最激烈。三月三日下午臺大學生八人赴美領館請援，上引美領館三月三日給大使館的電報未提及此事。給予槍枝及金錢，除非美政府改變對中國政策，美領館應無權應允。蔣經國說美允money，恐係情報有誤[9]。

蔣電報中提到廖文毅，林德龍註指出：此係蔣誤記，因其時廖文毅在上

9 承黃文範先生指示，可能由Kerr逾權應允。Kerr鼓動台灣人民託管，爲長官公署探知，因而中國政府要求將Kerr調離台灣。其離開台灣，赴美國駐華大使館任職，並爲美國大使司徒雷登撰寫備忘錄，其後美國發表白皮書，書言及二二八事件，即多採Kerr的意見。

海。林德龍輯註說：「林茂生曾被推舉爲向美領事請願的代表。」其言必有根據。我上文推測請願書的英文稿係由林茂生執筆，林德龍此說正可爲拙說佐證。向美國領事館請願，自需會說流利的英文，林茂生很可能即當日遞請願書代表其中之一人。

蔣電報說：「白奉主席命來宣慰，除C. P.外，一概不追究。只是幼稚行爲。〔林(茂生)．C. P.少數〕。」蔣經國似不認林屬共黨，僅指斥其行爲幼稚。蔣經國可能不知在三月十八日蔣發此電報時，林早已處決了。

英國駐淡水領事館陸軍中校軍事助理武官K. E. F. Millar四月二十二日給南京英國大使館陸軍武官的信：

> 在被處決的人當中，有幾個臺灣人因其教育背景，而被認爲可能向聯合國組織提出申訴。當中有一人，在暴亂發生時，正好在上海。他在那裏被逮捕後，遣送回臺灣，隨即遭到處決。[10]

其因教育背景而被認爲可能向聯合國提出申訴，而被處決，疑即包含林茂生，而遣送回臺之人，則非廖文毅，也非廖文奎。

林樹枝著《白色恐怖X檔案》(頁25，1997年臺灣前衛出版社)：

> 一九四七年二月二十五日，廖文奎、廖文毅、廖史豪及一位林姓友人，爲了《前鋒雜誌》要在上海成立分社，而抵達上海。但三天後，臺灣發生二二八事件，廖文奎被上海警備總部認爲與事件有關，而予拘捕。關了一百天以後，才被釋放。他們四人同行到香港。廖文奎也留在香港大學講學。

考《警總檔案》：三十六年六月五日〈發交當地政府及原送機關、查明處理與移送法院辦理暴亂案犯名冊〉[11]：

> 廖紹儀，臺南縣人。(解送機關)由上海淞滬警備部提回。(案由)：暴動嫌疑。(結辦情形)：訊無犯罪事實，發交臺南縣政府，就近查明，責付管束。

10 《二二八事件文獻補錄》，頁517。

11 《二二八事件資料選輯》六，頁509。

則遣送回臺灣的人疑即廖紹儀。英國領事館官員說「隨即遭到處決」，可能傳聞不確。

6

《楊亮功先生年譜》：

> 三月十六日，我視察臺大回來，順路訪問在臺養病的白鵬飛先生(廣西大學校長)。白告訴我，林茂生被捕事。我問「林茂生有沒有參加暴動」，白說：「林並未參加。有人(杜聰明)曾勸他出來，說：『此時不來，尚待何時？』林並未理會。」我爲這事去見陳公洽(陳儀)，詢問林的被捕事，陳公洽卻說，林是因爲搞獨立運動被捕，他並對我講了些林怎樣搞獨立運動的話，但未答覆我處理林茂生的辦法。我回到監察使署辦公處後，再電話找公洽的顧問沈仲九，要他們愼重處理林茂生的案子，沈亦含糊答覆。後來才知道當我查問時，林已被處決了。

陳儀講了些林怎樣搞獨立運動，可惜楊亮功未清楚轉述。陳儀對蔣經國尚隱瞞重要情報不說，何況對楊亮功。就是對楊說了，而情治機構所得情報常有誤，常亂抓人，如何能提出確切證據以說服楊，這都有問題。因此，楊打電話給沈仲九，要他們審愼處理林茂生的案子。陳儀未答覆楊處理林的辦法，則在三月十六日林應已被處決了。

7

關於林茂生被指控的三項罪跡，《二二八事件研究報告》定本(頁276)於徵引《楊亮功年譜》後，即接著說：

> 關於林茂生接美國領事館，企圖尋求臺灣獨立一事，至今亦找不到具體證據。
>
> 據當時美國駐臺副領事柯爾(George H. Kerr)之說：三月三日上午十

> 時處委會派了五人請願小組到領事館請求將二二八事件眞相向華盛頓傳達，但領事館拒絕。如第二章所述，此五人……其中並無林茂生。

按該書第二章(頁62)說：

> 三月三日，……選出林宗賢、林詩黨、呂伯雄、駱水源、李萬居五人，委請美國領事館通告世界與國府有關二二八事件眞相。〔(定本作者)按：此事後訛爲請美國託管〕

《研究報告》定本作者即未以美國政府檔案與《大溪檔案》對勘。三月三日下午四點鐘美領館收到處委會致美領館的信，也收到807人由141人簽名代署的向美國務卿請求託管一直至臺灣獨立的請願書。合眾社所報導的並不誤，而《研究報告》定本竟誤從李萬居之說。

Kerr說：致美國領事館的信係三月三日上午十時處委會派員送達。按：美國政府檔案提到：

> 處委會代表下午拜訪本館。
> 要求美國領事館向全球公開事件眞相，並以電報向中央政府報告事件眞相。

很明顯地，當美國領事館收到處委會的信時，處委會呈蔣電電文已寫好。呈蔣電文係下午修改通過，而處委會於四時散會；上引採訪摘記說：下午四時派五委員赴美領館請拍電，故美領館收到信係在下午四時散會後不久。Kerr憑記憶寫作，記爲上午十時，誤。

8

《研究報告》定本(頁276)說：

> 至於(林茂生)強力接收臺大一事，按他原本即官方聘請的臺灣大學接收委員之一，不知何以反成罪名。

按：三十四年十一月三日《民報》：

> 省政府聘羅宗洛、馬廷英、陸志鴻、杜聰明、本社社長林茂生……爲臺北大學校務委員會委員。
> 昨(二)日正式接收臺北帝國大學。

林茂生於三十四年十一月二日與羅宗洛等人接收臺北帝國大學，與三十六年三月十三日〈辦理人犯姓名調查表〉所言林茂生強力接收臺灣大學，自非一事。《研究報告》定本不可將二者混爲一談。

考《大溪檔案》陳儀〈辦理人犯姓名調查表〉所舉人犯罪跡也提到強力接收，如：

> 林連宗(省參議員)
> 罪跡(一)陰謀叛亂，顚覆政府。
> (二)強力接收臺灣高等法院第一分院，並自任院長。
> 李瑞漢律師
> 罪跡陰謀叛亂首要，並強迫接收法院。
> 李瑞峰(同李瑞漢)

林連宗係臺中國大代表兼省參議員。三月二日，臺中民眾即接收臺中警察局等公家機關。林連宗於三月四日至臺北參加處委會，在會中報告：

> 二二八事件發生，臨時召集臺中地方(臺中市、彰化市、臺中縣各參議會、各團體代表)，開臨時緊急聯合會議，即席決議。……[12]

所決議事項，與蘇珩在三月一日致中央社汪代主任煥鼎密電所記相同。今將此電鈔錄於下：

> 急，汪代主任煥鼎，密。
> 臺中、彰化三縣市，今晨十時在此召開緊急會議，響應臺北事件。
> 除贊同臺北市參議會所提六項要求外，另通過：請廢止長官公署制度，改爲省制。實施省縣市長民選。改組臺省級人員，起用省內人

12 《二二八官方機密史料》，頁77。

才。將分電省署及全省各地參議會，並派員北上慰問臺胞死傷家屬。情緒頗爲激昂。但截至發電止，尚無其他行動。蘇珩叩，一日。[13]

則林連宗即係此次會議所選派。

林連宗強力接收台灣高等法院台中分院，並自任院長，當在三月二日或三日。

林連宗北上後，住於李瑞峰家。三月六日省級二二八事件處理委員會成立，林連宗被選爲常務委員。

李瑞峰、李瑞漢，與林連宗一同被捕，則李瑞峰、李瑞漢可能與林同案被捕。

林連宗強力接收臺中分院並自任院長，而林茂生強力接收臺灣大學。《大溪檔案》也用「強力接收」字樣。

杜聰明、林茂生在民國三十四年陳儀接收臺灣時，被聘爲接收臺北帝大委員，並任臺大校務委員會委員。則在三十六年三月七日省級二二八事件處理委員會向長官公署建議：由處委會政務局負責改組長官公署爲省政府，則改組後臺大校長即可能由杜聰明、林茂生其中一人出任。

民國七十七年臺大教授黃得時接受文獻會訪問。黃得時說：

林茂生、杜聰明，均爲臺大教授，當時正競爭臺大校長一職。

則當時外間有此傳言，而且臺大校長一職由誰出任，似尚未定案。

考三十六年五月二十日林夫人王彩蘩上參政會呈文說：

(林)於本年三月十一日下午一時在省會戒嚴時間內，突有六人身份不明，穿便衣，帶武器，採閩南口音者前來，以「臺灣大學校長請去談話」爲辭，自住宅挾上國字第05025號汽車載去。

則在三月十一日臺大仍有校長，校長仍爲陸志鴻。則所謂「強力接收臺灣大學」，應與林連宗之強力接收法院之已任院長不同。

考三月八日【中央社訊】：

13 《二二八官方機密史料》，頁16。

> 臺省二二八事件處理委員會頃正準備「接收」公營事業，將設監理人員。至於外省工作人員，傳聞亦將留用。總之，一切措施當如三十四年十月，政府自日人手中接收各項事業時，所採之步驟然。……

三月七日《民報》【本報訊】：

> 二二八處理委員會省級委員會，於六日下午二時，召開大會。……有人臨時動議，報告臺灣銀行昨中興輪載來現鈔八億元，因臺銀負責者避匿，請委員會派人監理，以便防止金融上之不安。……一致議決通過。

臺灣銀行，處委會尚可派人監理，而臺灣大學有校務委員會，林爲校務委員，則派林監理，亦屬可能有之事。因此，誘捕他時，是以「臺灣大學校長請他去談話」爲辭。

我這只是推測之辭，僅備一說，尙需仔細查證，並訪問經歷二二八事變現仍在世之臺灣父老。我這裡只能確定，《研究報告》定本未正確了解〈罪犯姓名調查表〉「接收」二字的含義。

《二二八事件研究報告》說：

> 林被控罪名，陰謀叛亂，鼓動該校學生暴亂。……
> 也未有證據顯示，他曾以演說或其他方式鼓動臺大學生暴動。

按：林茂生之子林宗義所著〈林茂生與二二八〉，記三月四日林宗義與林茂生的問答：

> 問：「聽說您受邀到市政府、中山堂，與臺大在開會。」
> 答：「我去了處理委員會，因我被邀擔任主席，我發表了簡短的意見。我督促他們要公平，要有建設性。我們的目標必須是長程的，使臺灣眞正重建。臺大的委員會，並無舉足輕重。」
> 問：「你對處理委員會的看法如何？」
> 答：「群龍無首。多的是有能力與熱心的人。但似乎沒有人能夠負責。」

問：「那臺大呢？」

答：「秀才造反。在中國歷史上，秀才造反，從未成功。他們只會講，只會計畫起義，卻不能使計畫付諸實現。因爲缺乏經驗、勇氣，也缺乏軍事力量的支持。我非常擔心這次事件會持續下去，直到災難降臨。」

他去臺大開會。在這天是否成立二二八事件處理委員會臺大分會，也待考。

《研究報告》定本(頁277)仍相信一般推測，「林茂生之死可能與他所辦的《民報》有關。該報抨擊公署施政不遺餘力，得罪不少官員」。定本此一結論正如吳濁流《無花果》所言，爲一流俗的看法。

就〈辦理人犯姓名調查表〉言，就《楊亮功年譜》言，林茂生的罪跡可能仍以接近美國領事館，企圖託管獨立爲重。

9

請美國領事館轉交，臺灣人民807人由141人簽名代署給美國國務卿請願書，上引美國政府檔案僅記〈請願書〉的結論，未說請願書由那些人簽名。請願書既遞交美領事館，以情理判斷，應有中文本，及英文本。

沒有中文本，如何能要求807人由141人簽名代署？沒有英文本，馬歇爾將軍看不懂請願書的內容。這一中英文本是我們研究二二八史事，應盡力訪求的。

處委會致美國領事館的信，其中文信由廖進平主稿。該信恐亦應有英文本。此一英文稿不知何人主稿。而且遞交時，雖有五委員在場，恐仍需要林茂生作中介翻譯，如吳濁流所言。

致美國領事館的信，請求向全世界公布二二八事件眞相，說明它的意義在政治改革，並請求主持公道。上蔣主席的信，其主旨同，僅只是請求向國內公布眞相，此一點不同而已。致美國領事館的信的英文全文，我們仍應訪求。

給馬歇爾的請願書，George H. Kerr所著《被出賣的臺灣》(陳榮成中譯本，頁250-252)有下列記載：

一份台灣人呈送美國國務卿馬歇爾將軍的請願書

二月中旬，一群年輕的台灣人(鄭南渭所謂「共產黨徒」)，最後終於來到領事館呈送一份致函馬歇爾將軍的請願書。按照規定，這份只呈給國務卿而非總統的函件，不一定要送達華盛頓，然而，這件事仍需要報告上峰，也許有些高級官員想要看它。

如果有人送給我們一個痲瘋病人的鈴鐺及一個乞丐的破碗，這個人將是最不受歡迎的。

這封請願書的英文詞句缺通順，但意思卻是十分透徹。全文如下：

我們是一群年輕的台灣人，爲了要向我們所尊敬的聯合國及所有外國兄弟們求情，我們將從內心的最深處叫出我們的悲傷。我們美好的土地，美麗的台灣，現在正受到中國醜惡政權的摧殘、踐踏，我們的痛苦已達到頂點……(就像是)我們以前所沒有經歷過的。

……我們自己的民主組織必須重建，這是我們所有的目標……在憲法未實施前，我們要注意到台灣人的國籍在聯合國中仍是一個未解的問題。以此不動搖的事實，難道我們還要服從他們的命令去自掘墳墓嗎？我們害怕聯合國會把我們台灣人看成與中國人一樣，我們確實與他有們有血緣的關連，但是，你們要知道我們的原本，經過日本文化及學術五十年之久的薰陶，已經提高了，特別是(由於)他們的關係，我們已學會了要愛國、反對奴役。開羅會議把我們驅入這個「人間地獄」，半世紀以來，六百三十萬的台灣人已經不再受到祝福了，開羅會議的代表們應該負起此刻我們在困苦中掙扎的責任。我們嚴重反抗把我們所有台灣人送入奴役生活的這項決定。

聯合國應該關心到荷屬印尼、法屬印度支那、緬甸及我們的鄰邦菲律賓，他們爲甚麼而掙扎？正是，他們在爲自由的生活而奮鬥，我們的情形也相同。

以革命的槍枝及原子彈反對昏庸的政府應以筆做開始，加上聯合國對我們的同情以及友善的干涉中國當局將是唯一可走的道路，因爲在聯合國與日本的和約締結之前，台灣還未完全歸還給中國……

在這些情形之下，我們幸運地發現台灣仍然存有一線希望，大多數台灣年輕人都受過教育，並有奮鬥的勇氣，這是決定我們命運最主要的兩點因素。

請給我們這些年輕的台灣人在你們保護之下有政治訓練的機會，讓他們有信心。然後我們確信能夠推翻一個錯誤的政府。

總之，我們敢說改革省政府的捷徑，就是全部依靠聯合國在台灣的聯合行政(United nations Joint Administration in Formosa)切除與中國本部的政治、經濟關係幾年。除此之外，台灣人將身無一物了。

我們希望在最近的將來得到好回音，謝謝你們的幫忙，祝好運。

柯書(*Formosa Betrayed*, P.250-251)英文原文刊布於下：

A Formosa Appeal to General Marshall,
Secretary of State

In mid-February the young Formosans (Stanway Cheng's "communists") at last brought to the Consulate the long petiton which they had addressed to General Marshall. It was addressed only to the Secretary of State, and not to the President; according to the Regulations it would not automatically have to br forwarded to Washington. Nevertheless, it would have to be reported, and someone in Higher Authority might desire to see it.

If someone had presented us with a leper's bell and begging bowl he could not have been less welcome.

The English was opaque, but the meaning was crystal clear. The text follows:

> We are young Formosans. We'll shout our sorrows from the bottom of our hearts, in order to appeal [to] our respected United Nations and all brethren abroad.

Our fine island, beautiful Formosa, now are trampled away by Chinese maladministration. The misery are full... [such as] we never experienced before.

...our own democratic organization must be reconstructed. This is all our target mark... Before the Constitution are took in effect we should take notice of the nationalities of Formosans are still a pending question among the United Nations. With this unshakeable fact, are there any [obligations that] we have to obey their order to dig our own graves?

We are afraid the United Nations recognizes Formosans as similar to Chinese. We are sure that Formosans have the blood connection with them, but you should inspect our nature [which] have already been [changed] and promoted for 50 years [through] Japanese culture in every sort of scholarship. Especially we have learnt patriotism and anti-tyranny [because] of them.

The Cairo Congress drove us into this "Living Hell." We 6,300,000 Formosans since half a century have not been blessed. The representative at Cairo should take responsibility to this fact that we struggle with our misfortune at this moment. We strictly protest the decision, which meant to put all Formosans into slavery life.

The United Nations should pay attention to overseas Dutch Indonesia, French Indo-China, Burma and our neighboring Philippines. For what are they struggling? Exactly, they are fighting for a freedom alive. In our case is the same.

The revolutional gun and atomic bomb against the incompetent government is the pen at first Adding the United Nations sympathy and friendly intervention to the Chinese authorities is the only way. Because Formosa is not yet perfectly returned to China before the Peace Treaty concludes between the United Nations and Japan...

In these circumstances we fortunately found Formosa still has a hope; the young Formosans mostly have been educated and have a fighting spirit which are the most essential in order to decide our own destiny.

Please give these young Formosans a chance in political training under your protection and let them have a self-confidence. Then we are sure that a misgovernment would be replaced.

In conclusion we dare to say that the shortest way to the reformation of the Provincial Government is wholly to depend upon the United Nations Joint Administration in Formosa, and cut the political and economical concern with China proper for some years. Otherwise we Formosans will become the stark naked.

We hope we shall have a good reaction from you in the near future. We are thankful for your kind help and wish you have a good luck.

由於美國政府檔案所記請願書的結論(stating in conclusion)是：

"shortest way of reformation of the Provincial Government (of Taiwan) is wholly to depend upon the United Nations Joint Administration in Formosa, and cut the political and economical concern with China proper for years until Formosa becomes independent."

而Kerr所引的請願書的結論辭句相同，僅Kerr將「切斷與中國大陸政治經濟的關係for years」，"for years"改爲"for some years"，改"until Formosa becomes independent"爲"Otherwise we Formosans will become the stark naked"。

這應是Kerr有意的改竄。George H. Kerr只希望臺灣由聯合國託管，不希望臺灣獨立。這樣，美國太平洋防線可經由日本、琉球、臺灣、菲律賓，聯成爲一線。

他改"for years"爲"some years"，也與原書語意嚴重不符。

Kerr所引的請願書應該就是三月三日臺灣人民807人由141人簽名代署的請願書。請願書因爲要那麼多人簽名，可能原本無寫信年月。而美國政府檔案則有收到此信的年月，此自應以美國政府檔案所記爲正。

Kerr雖保存此一請願書抄件，但他將此信繫於二月中旬，則是錯誤的。他改"for years"爲"for some years"，刪除"until Formosa becomes inde-pendent"，則係竄改公文書，非正當史家所應爲。

他說請願書英文不夠通順。而所引請願書他已有刪節，可能還被他潤色。

聽說Kerr所保存的文件現存於美國Stanford大學。

我很希望有人能檢閱他所寄存的文件，來證明我的推斷是否有誤。

> 《被出賣的臺灣》(中譯本，……
>
> 陳儀的親信鄭南渭控制廣播電台和海底電報設施。他對於運用謠言、製造故事和歪曲事實頗有一套。爲嘗試他運用宣傳伎倆的高明，他不惜誇張暴民對美國領事館丟石頭的事件。當天(三月三日)馬尼拉電台報導一節與事實大有出入的消息。該電台稱：一支頗有組織的臺灣軍攜帶機關槍向美國領事館攻擊並嚴重進攻中央政府。另一方面，日本大阪的電台則反覆這愛面子的故事；該電台稱：臺灣島上平靜無事，陳儀長官並對所有臺灣人的要求嚴予拒絕。當然，拍到日本去的通信稿的確很難承認中國人沒有管理臺灣的能力。
>
> 臺灣領導人當然發覺到這些不實報導在要求美國居間調停或當聯合國介入時，可能對臺灣人利益產生不良影響。
>
> 三月三日上午十點，處理委員會派遣一個由五個有名望的臺灣人所組成的請願團攜帶請願書到美國領事館，要求領事將眞相電告華盛頓，以糾正前此不實的報導，他們所迫切願望的是美國當局對臺灣人立場的同情與了解。
>
> 他們的請願立即拒絕。理由是：「此時臺灣已是中國領土的一部份。」

George H. kerr此處所記與上引三月三日美國領事Blake呈大使館的報告不同。

處委會致美國領事館的信與呈蔣電文，都是說明二二八的眞相，與其意義在政治改革，而非投訴馬尼拉電台的歪曲報導。

我查考Kerr的根據，我發現：三月六日《新生報》【本報訊】：

> 事件處理委員會，以三日晚零時馬尼拉電台用英語廣播謂，臺灣人民一日包圍美國駐臺總領事館，並組織軍隊使用機關槍，反抗中央等情云云，殊屬故意歪曲事實，聳惑國際視聽，特派委員於昨(五)日上午十時在臺北廣播電台，鄭重播送謂，本省民眾除要求政治之改進而外，別無任何目的，希望親愛之外省同胞及國際人士切勿誤會云。
>
> 又日本大阪電台亦廣播南京中央通訊社之電稿謂，臺北市之民眾暴

> 動，已告平靜。所提出之要求，均被陳長官拒絕云，於此可見其善於捏造消息。[14]

則處委會係三月五日反駁三月三日晚零時(亦即三月四日一時前)馬尼拉電台的不實消息。與三月三日處委會致美國領事館的信，毫不相干。

三月六日《民報》【本報訊】：

> 二二八處理委員會鑒於四日夜，馬尼拉廣播電台英語廣播謂，此次二二八事件，由民眾包圍美領事館，組織軍隊、反抗政府而生云云，此與事實不符。特於五日中午，借臺北廣播電台，向國內外報告事實經過，並宣明此事件爲一改進政治之運動。

《新生報》【本報訊】「三日晚零時」，由「晚」字看來，亦當爲四日一時前之零時。《民報》三月六日【本報訊】即明言「四日夜」可證。

Kerr可能依據《新生報》【本報訊】「三日晚零時」，而誤釋馬尼拉電台播音在三月三日，因而誤釋三月三日處委會致美國領事館的信係解釋此一誤會。

研討馬尼拉電台廣播此一不實消息之由來，得從美國合眾社【三月二日南京電】說起。

美國合眾社【南京二日電】：

> 據悉：臺灣臺北發生紛擾後，已有三四千人殞命。現有百姓多人，擬入美領館避難。[15]

這是說，臺北在二二八及三月一日，市民死三四千人，並有老百姓(亦即臺胞)多人擬入美領館避難。這應是三月一日美國合眾社在臺北記者發給在南京合眾社記者，然後合眾社在南京發此外電。

三月三日，臺北中央社分社受命更正。林德龍《二二八官方機密史料》(頁24)引：

---

14 《新生報剪報室資料》，中央研究院近代史研究所藏影本。

15 同上。

中央社【臺北三月三日參考電】：

此間抄收美國通訊社之電訊稱「臺胞現已傷亡三千人」，此訊絕對不確。據記者自可靠方面探悉，截至今日止，臺胞傷亡不足一百人。蓋巡邏之軍警，發現臺人毀屋毆人時，均先放空槍驅逐，倘臺人不擊軍警，彼等絕不開槍反擊也。而外省公教人員及眷屬，被毆傷亡者則已逾四百人。

美國通訊社又稱「臺人請求美領館保護」，此事亦非事實。據悉：一日下午五時，曾有外省人數人逃入美領事館，臺人遂將該館包圍，美方立用電話請求公署領回外省人。惟因治安不寧，公署於四小時後，始將彼等領回。

關於此次事件，美方亦未要求公署派兵保護。僅謂：「倘公署禁止外省人再入該館，即可不致再遭臺人包圍。」

(以上電訊，公署請本社代予更正。稿由記者採訪實情寫成，未經公署審閱。以下爲參電)

據傳：外省人被擊斃後，臺人即用卡車運出市外滅跡。又傳，竟有外省人被砍去一手一足，而欲死不得者。臺人攻擊外省人，不分男女老幼，其中男子死亡最多，女子亦有斃命者。臺人仍係嗜以毆人與被毆爲職業之亡命之徒。當其攻擊時，勇敢無比，亦充份顯示其殘酷無比。過去，彼輩於日人統治下，以此頑強精神反抗日人，誠可頌揚。然今竟亦如此屠殺同種之外省人，罪極大矣。

關於臺胞在二二八及二月　日的傷亡人數，處委會應不會以多報少，我們應據處委會三月三日呈蔣電：

(二十八日)公署衛兵突由樓上開機槍掃射，民眾死傷數人。

(三月一日)下午四時，民眾稍趨平靜，分散歸家，行經北門口鐵路管理委員會時，樓上國軍及警察大隊竟再開機槍掃射，死傷民眾三十餘。

中央社記者所言臺胞傷亡不逾百人，應較合乎事實。

《二二八事件檔案彙編》第一冊〈國家安全局檔案〉(頁170-172)：

> 三月五日
>
> (保密局在臺情報人員)陳東枝續報臺灣暴動之詳情：……
>
> 在臺北一地，被當局槍殺之市民約四千餘名，受傷公務員及眷屬亦三百餘名。其他各地，尚無從統計。

其謂臺北市民被當局槍殺約四千餘名，即誤據合眾社三月二日南京電。其謂受傷公務員及眷屬約三百餘名，與中央社臺北分社記者所估計逾四百人不同，這都是當時粗略的估計，不可能精確。

合眾社電：「老百姓(臺胞)多人擬入美領館避難。」其實，係三月一日大陸同胞逃往美國領事館避難，而非臺胞。故中央社臺北記者於三月三日發電更正。

三月一日係大陸同胞往美領館避難，中央社所更正，有美國政府檔案可證，下文將徵引。

由於三月三日中央社記者發電更正說：眞實事實係大陸同胞入美領館避難，故四日晨零時馬尼拉電台遂改說：「三月一日臺灣人民包圍美領館，並組織軍隊，使用機槍，反抗中央。」而引起三月五日上午十時處委會在臺北廣播：指責馬尼拉電台「歪曲事實，聳惑國際視聽」。

《新生報》三月六日【本報訊】遂刊載處委會此一消息。《新生報》【本報訊】更指出：日本大阪電台亦捏造中央社通訊稿。

Kerr寫《被出賣的臺灣》時，可能未利用美國國務院檔案。他不知道處委會三月三日派員五人致美領館函的用意，遂匆促據《新生報》的三月三日晚零時馬尼拉電台廣播立說，並將馬尼拉電台廣播詞改竄爲「有組織的台灣軍，攜帶機槍向美國領事館攻擊」，並立一專節「臺灣人進攻美國領事館」，而謂此係(長官公署秘書)鄭南渭所控制的電台造謠。

Kerr《被出賣的臺灣》(中譯本，頁260-261)：

> 「臺灣人進攻美國領事館！」
>
> 當行政長官廣播事件已由大量的金錢賠償而解決時，美國領事館第一次直接捲入此事件。我們領事館的圍牆靠近北門十字路交叉口。在領事館的東邊是郵政總局，西北方是陳清文所管轄的鐵路局。從北門圓環，有一主要街道通往城內臺灣人居住區，此區擠滿了商店及住家。從我們的陽台，我們看到群眾蜂湧入街上。

一輛載著持來福槍士兵的卡車駛過領事館時，開槍射死了二個路人，並繼續行駛。群眾圍了上來，剛要把屍體移開時，在幾碼遠的地方，幾個由鄉下來的學生進入鐵路局，詢問火車何時恢復行駛，他們於前天就在臺北流浪，他們很想回家。

鐵路局長的私人衛兵太緊張；當槍聲響起，就不再看到這些男孩了。接著，鐵路特別警察在圍牆內，將他們的槍口朝向街道，又有二個路人被射死了。

這時一大群的民眾已聚集在北門交叉口，可能衝向鐵路局，就在這時，一輛軍用卡車駛近，似是鐵路局所召來的。通道被阻塞，但機關槍及來福槍突然掃射，把人群驅散。至少有廿五人被殺，一百多人受重傷，不知道有多少人被擊，只是他們尚能逃離。後來醫生在醫療傷者時，發現有一種柔鼻彈(一種軟頭或平頭子彈，打中後即膨脹擴大)被使用，造成了可怕的傷害。

這一血淋淋的牽制性攻擊給廿五名鐵路局員工有機會跑到對街的領事館。他們各個自顧不暇，殿後的婦女或雇員活該倒霉。一些最先衝入領事館大門的人們馬上試圖在與他們同逃的同事面前關上大門。最後進來的幾個是費力爬牆過來的，當他們爬牆時，街上的群眾向他們丟石頭，擊中了領事館的圍牆。

少部份民眾仍徘徊於附近的街上，一直到黑夜來臨。我們一些臺灣籍職員由外面回來報告說，圍觀者彼此警戒，且說明他們不存心把領事館捲入此事件，並道歉把一塊石頭丟入館內的事實。

領事館內一片騷動，廿五個臉色蒼白、受驚嚇的大陸中國人被帶到二樓領事的起居室，並給予茶及一些輕淡食物。

當然領事非常憤怒。他立刻打電話給在長官公署的鄭南渭，要求他馬上把這些難民移走。這是非常格的事，況且有一塊石頭被丟入領事館內。鄭向領事保證這事將立刻被處理。

六小時後，二輛警衛森嚴的公共汽車駛入大使館的院子。此時臺灣人早已回家去哀悼死者、照顧傷者或討論下一步該做什麼了。

不久，我們察覺到何以行政長官公署的新聞官員是那麼忙祿以致無法把難民迅速移出，因爲在他接到領事電話到公共汽車來之前的五小時，長官公署的電台對外廣播臺灣人正攻擊著在臺北的美國領事館，不過所有在臺灣的美國人都在行政長官的人手保護下。實在是很漂亮的宣傳伎倆，計劃把臺灣人推入國際報端最惡劣的形象中。

當此事件被報告給南京的美國大使館時，得到的反應是簡短的一句話：「只支持現時的行政當局。」

按：三月一日、三月二日在台灣發生的事件，美國政府檔案記：

893.00／3－147 : Telegram

The Minister-Counselor of Embassy in China (Butterworth) to the Secretary of State

NANKING, March 1, 1947－11 p. m.

[Received March 1－11:50 a. m.]

414. Blake reports from Taipei that firing died down at 6 p. m. February 28 with total deaths between 10 and 15 both mainlanders and Formosans. No American of foreign casualties known, mob violence being directed solely against mainlanders. Disorder has reportedly spread to Keelung and train service south of Taipei suspended. Secretary General office reported situation under control with martial law declared.

Blake reported March 1, a. m., that 11 mainland Chi[nese], including 8 women and children, entered Consulate for refuge without his permission during his temporary absence from premises previous evening. Refugees had previously telephoned for permission but answer deferred pending Blake's return from urgent engagement. Permission to remain for night granted only after arrival of refugees, on basic possible imminent danger of mob violence in accordance section 3-4, Foreign Service regulations. Blake reported situation to Secretary General's office and induced 7 of the refugees to return to their homes.

Under date March 1, 3 p. m., Blake Reports police fired on crowd in front of neighboring railway administration headquarters, killing 2 to 4 Formosans. Fifteen new unidentified members mainland families presently taking refuge in Consulate. Blake telephoned Governor General twice to ask removal refugees from Consulate to place of safety. Later, 7 additional mainlanders climbed over Consulate wall and Formosans in street stoned Consulate once. Blake continues to urge Government to remove refugees.

Embassy is instructing Taipei to be strictly guided by Embassy's mimeographed circular No. 25, August 7 for CC 6, which set forth American policy regarding according of temporary refuge or asylum. Blake informed that situation Taipei apparently involves large scale violence against masses of people which would not make feasible, even if desirable, discretionary sanctuary envisaged in Department's policy, and that in view of this situation he should, in future, refuse such asylum. He is instructed to impress vigorously upon local authorities their responsibility for removal of any refugees presently in Consulate with suitable safeguards as a measure of protection to the Consulate in the situation that exists.

BUTTERWORTH

893.00／3－247 : Telegram

The Minister-Consulate of Embassy in China（Butterworth）to the Secretary of State

NANKING, March 2, 1947－10 a. m.

[Received March 2－2:22 a. m.]

416. Blake at Taipei reports March 2, 10 a. m. that Government removed refugees from Consulate Saturday night just after 10 o'clock without incident and that city appeared calm Sunday morning.

BUTTERWORTH

894A.00／3－547 : Telegram

The Ambassador in China（Stuart）to the Secretary of State

NANKING, March 5, 1947－2 p. m.

[Received March 5－5:05 a. m.]

449. Following telegram No. 30 dated Mar 3, 2 p. m. received from Taipei:

"Doctor owning small private hospital and one other Formosan today on own intiative exhibited conclusive evidence to Consulate of dumdum bullet fired from patrolling military truck into hospital premises yesterday and requested Consulate intercession with authorities to prevent future use such outlawed ammunition. Please instruct.

While unable prevent approaches being made, fully realize importance of not involving Consulate with either side in present struggle. For this reason have refused to permit dumdum bullet evidence being held by Consulate pending Embassy's instructions."

Embassy has informed Blake that it approves his action in refraining from involving Consulate in matter reported in above message as well as request by local committee to use Consulate to disseminate news of Taipei incident（reported Taipei's 32, Mar 3）. Consulate also instructed to continue to refrain from intercession either official or personal in such internal difficulties while reporting any further approaches of this character to Embassy.

根據美國政府檔案，則二二八日黃昏時，美國領事Blake不在館，有11個大陸中國人(內有婦人小孩8人)，進入美領館要求避難。Blake於應緊急約會後回館，僅允避難者來到後停留一晚。Blake通知長官公署秘書長辦公室。Blake勸服七人回家。

美領事有約會。檢中央社臺北分社【三月一日下午二時參考電】：

今上九時，美領事步雷克訪葛秘書長敬恩，葛氏告以實情及政府態度，希望美方瞭解。

則Blake係與長官公署秘書長三月一日上午九時約會。上引「Blake reported March 1, a. m.」，「March 1」後疑脫「10」或「11」二字。

三月一日下午三時，Blake報告，警察向鐵路局管理委員會前群眾開槍，又新來避難者十五人，稍後，又有七人翻牆進入，街上的臺灣人有一次向美國領事館投石。

三月一日晚十時後不久，長官公署將這些避難者二十六人遷走。

陳儀是在三月一日下午五時廣播。Kerr記鐵路局槍擊時間與Blake報告不合。

Kerr將避難者二十六人誤爲二十五人，而且他漏述三月一日上午有外省人十一人(包括婦孺八人)在美領館避難。

二二八事件爆發，當天公署雖下令戒嚴，但以軍力不足，故戒嚴區域仍有限。故臺北仍發生外省人十一人避難入美領館。

Blake通知長官公署，Blake並勸服其中七人回家。餘剩四人則不知何以未離開美領館。

Kerr認爲：逃入美領館避難者二十五人，均爲鐵路局員工。上午留下的四人是否也係鐵路局員工呢？

中央社臺北三日上午十二時電：

> 臺北情況仍未鬆弛，鐵路交通原定今上十時恢復，市民又往搗毀鐵路員工之住宅，並毆外省人，加以阻止。[16]

是不是這些鐵路員工回到鐵路員工宿舍，又被毆打，其住宅亦被搗毀呢？

在三月四日鐵路員工要求組織「鐵路制度調整委員會」，下午獲得陳儀核准。在上午鐵路員工代表曾向交通處長任顯群提出要求：

> 在此次事件中，走入美國領事館者，應予以開除，或押送法院辦理。[17]

爲交通處長任顯群所同意[18]。這一要求也不知是否執行。

Kerr說：事件之發生，由於鄉下來的學生想回家，進入鐵路局。但英國駐淡水領事館三月三日致南京英國大使館的函件則說：

16 《二二八官方機密史料》，頁22。

17 同上，頁77。

18 同上，頁77，78。

> 一些受僱於鐵路局的臺灣人回到火車站內，準備收拾一些個人物品，但火車站內大陸籍的原工看見他們湧入，便電話請求保護。據說，當場開槍打死了兩個臺灣人。此舉引起了大批民眾集結於鐵路面向美國大使館的大門外，與鐵路警察互相叫罵．此時二三輛滿載士兵的卡車抵達現場，士兵們隨即將群眾向兩旁驅離，並對不肯離去的群眾以機關槍掃射。一位參與傷患醫療的聯合國救濟總署醫生估計，死者至少二十四人以上。[19]

陳儀〔寅(三月)支(初四)呈蔣電〕：

> 寅(三月)東(一日)群眾又包圍鐵路委員會，竟欲劫掠駐衛警械，又激起衝突，致有死傷，幸巡邏車開到，始告平靜。

前引三月三日處委會呈蔣電：

> (三月一日，下午四時)民眾分散歸家，行經北門口鐵路管理委員會時，樓上國軍及警察大隊竟再開機槍掃射，死傷民眾三十餘人。

處委會呈蔣電竟不提國軍及警察大隊開槍原因，很可能使長官公署的人閱讀後心中不平。三月三日《重建日報》曾將呈蔣電當天印爲號外刊布。《重建日報》社長蘇泰楷爲國民黨臺灣省黨部調查室主任，被陳儀認爲「助長亂萌」，於增援國軍抵臺後，遂遭扣押。其後，因《新生報》亦曾一樣刊載，遂被釋放[20]。

對於三月一日鐵路局開槍傷人事件究竟如何引起的，三月一日上午的事件與下午的事件是否有關連，由於史料不足，我這裡不擬討論。我這裡只想指出的是：這二十六位避難入美領館的外省人，其中有四位入美領館在二二八黃昏，有二十二位入美領館在三月一日下午三時前，其被長官公署安全運離美領館，是遲至晚上十時以後。中央社記者說：這是由於「治安不寧」的關係，這

---

19 《二二八事件文獻補錄》，頁508。

20 《大溪檔案》，頁332。

應係實情。我們不應苛責長官公署。

Kerr卻指摘長官公署未迅速移走難民，是由於長官公署秘書鄭南渭正廣播「臺灣人民正在攻擊美領館」。長官公署其時正怕引起國際干涉，鄭南渭會如此廣播嗎？

如鄭南渭眞有此廣播，何以南京合眾社二日會對外造謠電稱：「臺北三四千人殞命，臺灣老百姓(臺胞)擬避難入美國領事館」呢？

竊疑南京合眾社的南京二日電，其消息來源應來自合眾社臺北記者，合眾社記者的錯誤消息的來源則來自Kerr，想引起國際干涉。

Kerr說：「(三月一日)此一不幸事件至少有二十五人被殺，一百多人受重傷。」而三月三日處委會呈蔣電僅說三月一日臺胞傷亡三十餘人。」

Kerr並報導，國軍在二月二十八日、三月一日均使用達姆彈。

> 三月二日，……我們準備向南京的大使館提出書面報告。我們的工作被一個臺籍醫生的來到所打斷。
>
> 這位醫生跟幾個朋友帶來一夥軟鼻子彈。這顆子彈是前天中午一個路過的巡邏在任意開火時射入他的醫院，剛好打穿在診所架上的一部厚厚的醫學書。他要求領事館向有關當局提出抗議。理由是國際協定上明文禁止使用軟鼻子彈。書本和子彈證實國府軍確曾使用過這種武器。

在二二八這天中午，即有巡邏車開槍。那裡有這回事？在現存中文文獻中我沒有看見這種記載。

而且三月二日遞交美領館的這顆達姆彈出自一臺籍私人醫院醫生及一台灣人之手。

據我所了解，國軍所消耗彈藥俱需造冊具報。檢今存警總檔案，這類報銷冊俱未有達姆彈一項。

日本投降時，所有武器彈藥俱移交中國政府，但日本所製造的毒氣、化學武器，俱埋入地下，不以移交。近日在黑龍江省地下發現，傷害了在現場的大陸人民，大陸人民正要求日本賠償。日本所製造達姆彈，在抗戰時，曾用以屠戮中國軍民。以違背國際法，在日本投降時，也應在埋藏不移交之列。很可能達姆彈仍遺留小部分仍爲臺籍日本兵及臺籍浪人所有。因此，美領館三月二日收到的達姆彈，不僅其發射時間在二月二十八日中午由巡邏車發射爲可疑，而此一子彈的來源亦根本可疑。

四月二十二日英國駐淡水領事館助理武官K. E. F. Millar致英國大使館陸軍武官的信：

> 美國臺灣副領事G. H. Kerr……不能因爲無法說服美國領事Black先生將中國在此地之不當施政，據實向南京方面反應，以及在暴亂之前未能加以防範，而準備辭職。Blake先生似乎認爲：任何批評國民政府的報告都與美國利益相違。[21]

則Blake與副領事G. H. Kerr的意見不和。

上引美領事Blake三月三日下午二時的電報說，此一臺籍醫生及一臺灣人所展示的子彈是無可置疑的證據。竊疑此仍係Blake敷衍Kerr的外交辭令。而Blake係以不偏向中國政府或臺灣人民，而拒絕美領館持有這一達姆彈。

現存中文文獻也未見二二八日、三月一日臺胞爲達姆彈所傷的記載。

Kerr《被出賣的台灣》(中譯本頁263)說：

> 既經(Blake)拒絕受理，他們就把這顆軟鼻子彈拿到聯合國救濟總署辦公處，把這子彈包好附上一紙條。請求將這顆軟鼻子彈送到聯合國去做指控陳儀政權不遵守國際法的明證。救濟總署駐台北的官員似對此請求很表同情，可惜駐台北的辦事處跟紐約的總部都沒有法規可提出這種請願。

按：此一聯合國救濟總署駐台北的官員，即E. E Paine,.見Kerr該書中譯本(頁18)

承黃文範先生檢示：《美國國務院台灣秘檔》台檔33,P.193爲三月七日Kerr呈南京大使館第43號電文，電文言：「美國陸軍航空軍前少校愛德華佩因(Edward E. Paine)先生，檢定中國陸軍一輛巡邏車所發射的達姆彈，結論爲：這種子彈可能爲日本造。」彰健按：中國政府兵工廠其時可能無製造達姆彈技術，而且也無製造達姆彈的必要。

Kerr該書即不提：Kerr三月七日呈南京大使館電文，言及E. E Paine檢定此

---

21 《二二八事件文獻補錄》，頁516。

彈係日本造。E. E Paine並將此子彈退還給Kerr。此可見Kerr該書記事之不忠實。

三月二日交出的此一達姆彈與其損壞的書，現正在臺北市和平公園二二八紀念館展覽。我很希望武器專家、法醫專家、警察大學刑事犯罪調查專家去參觀研究。作爲史學工作者，我得指出：Kerr不是一個誠信的史家，他改竄公文書、造謠；他說國軍用達姆彈，意在引起國際干涉。

還有一點我應該揭發的是：根據三月三日英國駐淡水領事G. M. Tingle致英國駐華大使函：

> 臺灣人……期待外國的援助，直到他們能夠自治。[22]

四月二十二日英國駐淡水軍事助理武官致南京英國大使館陸軍武官的信：

> 臺灣人希望能由聯合國組織或者盟軍之最高指揮部，甚至任何其他中國以外的政府來治理。[23]

及上引美國政府檔案：三月三日美駐臺北領事Blake報告收到臺灣人民請願書：要求聯合國託管一直至臺灣獨立。

臺灣人民希望託管，這是英美在臺領館人員及在臺合眾社記者知道的事，而與臺灣人民中的激進分子打交道的Kerr卻不知道，卻在該書第十二章的結尾說：

> 臺灣人民這時所要求於政府的是改革，不是造反。「我們應該清楚這次反抗政府的目的，除了要求政府改革，別無其他願望。」(原註)(三月五日的臺北《新生報》)

他卻引用《新生報》李萬居的談話，與Kerr平常所知應不合。

我起初還以爲，Kerr將〈請願書〉誤繫於二月中旬，這只是由於〈請願

22 《二二八事件文獻補錄》，頁511。
23 同上，頁516。

書〉無年月，因此可以有這錯誤。現在看來，他根本是爲了醜化長官公署，及美化處委會，因此將〈請願書〉移繫於二月中旬。

Kerr此書出版後，爲臺獨分子所採信。如果不是根據美國政府檔案，及當時《新生報》、《民報》所記，仔細分析，很不容易爲長官公署及鄭南渭平反。Kerr不是一個公正無私、合乎中國史學傳統的史家。

10

〈請願書〉的結論：「要求聯合國託管一直至臺灣獨立。」Kerr將「一直至臺灣獨立」刪去。該請願書要求託管的理由，應不會刪除。

該請願書既依學術背景，推測其出自林茂生之手。但仍需觀察林茂生的言論著述，是否有與〈請願書〉相合之處。

林茂生的兒子林宗義(民國七十六年)所撰〈林茂生與二二八〉，曾提到三十六年三月九日林茂生對事件的見解，今徵引於下：

> 父親對二二八事件以後的描述，極爲黯淡，他對前景也感到可悲。不過，他說得慢，間斷地抽抽他的水煙，在他的語氣裏，還是可以發現他慣有的樂觀。
>
> 一、楊亮功，以南京政府代表的身分來到，這是一個重要的因素。如果他是公正的人，對政治瞭解有遠見的話——我希望他是——就會看出陳儀統治下臺灣人的現在與未來的可能處境，也應該看出臺灣人與大陸人急需修好關係。我要盡快看到他，但我不知道他們(指國民黨政府)目前的心情會不會做如此的安排。不過，楊亮功能夠完成多少使命，端賴蔣介石的態度與政策。我一再重覆說過，戰爭期間一般人對蔣介石的尊敬，戰後以來已日益受到質疑，包括我自己與其他人。許多關於他在戰中的行爲與國家事務處理的中文、外文報導，對他的統御能力、節操，甚至國民黨政府的穩定，都表示懷疑。我誠摯希望，他的政治良心仍能引導他走向正途，糾正陳儀及其黨羽在臺灣的錯誤。
>
> 二、美國干涉的可能性極小，但是，一個不能忽視的事實是，臺灣是合法受到聯軍最高統帥麥克阿瑟的統轄，陳儀只是來此監督日本軍隊與殖民統治的投降。當然，中國人並不認爲，也不擔任麥克阿瑟

的隨從。可以確定的，要是有人提起他們政治的合法性，以及他們在臺灣的錯誤，他們就很痛恨。儘管如此，在想到或計畫臺灣的前途時，就不能忽略這點。

三、對臺灣前途而言，報紙的角色乃是重要的關鍵。報紙的主要責任，應該是忠實報導事件與發展，應該有分析性的公平社論，強調大眾的社會教育，以及臺灣人良心與臺灣文化的提昇。臺灣人在新殖民權力者的統治下，在政治上學習生存、成長之際，這是一個重要的工具。過去一、兩年裏，我致力於利用「民報」，做爲教育大陸人的一個方法，但徒勞無功。他們不但拒絕接受我們正確角度的建設性意見，而且還以負面的、仇視的態度，回應這些有事實根據的公平的評論，好像他們被蛇咬到一般。這太不幸了，所以他們現有的胸襟，也許我們應該以不同的方式來說，但怎麼做呢？

四、青年的教育，特別是下一代的領袖，很重要：尤其是共事的藝術。在本質上，臺灣人的眞正希望，寄託在下一代的素質，特別是他們的領袖人物。我們已見到，過去的教育是多麼不足，尤其在社會與政治方面。

如果我們不學習戰後十七個月以來的教訓，特別二二八事件以來的過去十天，更壞的情況還會到來。爲什麼我們不能共事？爲什麼我們對別人的批評那麼敏感？爲什麼我們固執己見全然忽視或排斥別人的看法？爲什麼我們不能以理性民主的方式來妥協？爲什麼觀點與團體之間一直是兩極化的？我們的許多基本問題，都與我們的社會、政治活動有關。

他繼續說：「日本人曾經教導我們一些特定的事，使臺灣人變成有用，而達到他們統治者的目的；另方面，在一定的程度上，也改善一般大眾的生活水準。不過，他們有意防止我們學習如何管理自己，或參加政治作業。更不幸的是，臺灣人只知道一種政治體制而已，那就是殖民的政府。這乃是悲劇。新的中國政府以征服者君臨，採用同樣的政治取向，這只有加強它封建、帝國、獨裁的傳統。要以政治民主的程序，來解放臺灣人『二等公民』的身分，就需要加倍的努力，而這需要時間與耐性。從二二八事件的行爲來看，我們誠然有很長的路要走。在這十天中，我好幾次懷疑，我們是否能應付現在的挑戰。臺灣光明前途的唯一希望，就在於教育！教育的眞正意義，在於產生

> 社會上負責的公民，他們依靠自己的能力樂於擔負起角色與任務。真正的年輕領導者，只有來自這樣的教育背景，通過民主程序，由社會上負責任的、創造性的心靈選出來。」

在三月九日林茂生的見解，其中提到「中國政府爲新殖民權力統治」、「以征服者君臨」、「臺灣人民爲二等公民身分」、「陳儀只是來此監督日軍的投降」、「其政治的合法性可疑」。這些均與〈請願書〉的「在與日本的和約締結之前，臺灣還未完全歸還中國」、「嚴重反抗(開羅會議)把我們所有臺灣人送入奴役生活的這種決定」意見相合。

在陳儀自日本手中接收臺灣時，臺灣人民歡喜若狂，陳儀竟令臺灣政治菁英對中國離心離德，實罪無可宥。(依據明清刑律：「激變良民，失陷城池者，斬。」民國時所定軍律竟無此條)

但林茂生視中國爲新殖民政權，臺灣人民爲二等公民，這顯然誤解了中國政府。蔣與中國政府不會視臺灣爲殖民地，不會視臺灣人民爲二等公民，陳儀也只是治理臺灣政策錯誤。如起陳儀於地下，他最多會承認看不起皇民奉公會人員，他也決不會視臺灣爲殖民地，視臺灣人民爲二等公民。

林茂生在三月九日仍誠摯希望蔣主席能糾正陳儀在臺灣的錯誤，他沒有希望託管與獨立。他在三月九日指摘臺灣的領袖人物，「爲什麼不能共事？爲什麼對別人的批評敏感，固執己見，全然忽視或排斥別人的看法？爲什麼不能以理性民主的方式來妥協，觀點與團體之間一直是兩極化？」顯然是針對三月六日、七日，蔣渭川臺灣政治建設協會與王添灯所領導的處委會對政治改革的意見不同，而王添灯極力排斥蔣的合理的建議。

〈林茂生與二二八〉記：三月六日至七日，父親很晚才從民報社回來，說：「臺灣人一定會被消滅，我不知道如何防止這事發生，臺灣人實在把事情鬧大了。政府與大陸人都想報復。」

按：三月七日《民報》〈熱言〉：

> 軍政當局雖極力聲明，決取和平解決方案，斷不肯以武力相對付。
> 又說：除共產黨的活躍，及獨立運動外，政治上的改革意見儘可接受。
> 然而，……處理委員會天天開著，意見多歧，泛而無統，解決方案猶在難產之中。

五日曾決議通過八項的政治根本改革草案，已詳細登在昨日的本報，但並不是最後的決定案。聞昨晚政治建設協會更草就較妥善的一案了。

此案如得處理委員會再加一番修整通過，改革標就可確立，馬上得著手推行。

全省安危繫此一舉，盼望愛國家、愛臺灣的各位賢達，應捨小我，維持大局。

三月七日《民報》【本報訊】：

臺灣省政治建設協會爲應付整個臺灣政治之改革，於五日作成臺灣省政治改革綱要，決於六日提交二二八事件處理委員會，其全文如下：

(一)臺灣行政長官公署制度，應改爲省政府制度，但得中央批准之前，暫時維持現在機構。

(二)秘書長及各處局、會、首長應起用本省人。但改革委員會認爲必要時，得用外省人。

(三)縣市長普選，限在本年六月以前，全部完成。

(四)經濟、財政政策及日產處理問題，應請中央賦權本省政府全權處理之。

(五)應請中央承認本省法官資格，本省各級法院檢察官，應儘量起用本省人。

(六)以上各項具體辦法及其他興革事項，應組織臺灣省政改革委員會辦理之。

(七)省政改革委員會應于三月十五日以前成立，其產生方法由各鄉鎮區代表選舉該區候選人一名，然後再由該縣市參議會選舉之。其名額如下，臺北市二名、臺北縣三名、基隆市一名、新竹市一名、新竹縣三名、臺中市一名、臺中縣四名、彰化市一名、嘉義市一名、臺南市一名、臺南縣四名、高雄市一名、高雄縣三名、屏東市一名、澎湖縣一名、花蓮縣一名、臺東縣一名。

(八)專賣局、貿易局及其他公營事業存廢或改革，應由改革委員會檢討決定之。

(九)宣傳委員會、勞動訓導營及其他機構廢止或併合，應由改革委員會檢討決定之。

因爲：王添灯等人並非鄉鎮區代表，無被選舉權。蔣的建議對王不利，對處委會那些半山委員也不利，而且擬成立的省政改革委員會也不隸屬於處委會。因此，蔣即被排斥，在三月六日下午舉行的省級二二八事件委員會的成立大會中，蔣及其同派系的人即被排擠，未當選該省級處委會的常務委員。在通過此一人事案後，處委會即通過王添灯所擬的「處理大綱」三十二條，其第一條即爲國軍解除武裝，交處委會保管。

《民報》於三月七日刊布〈熱言〉及蔣的建議，即希望處委會能就蔣的建議案修整通過。蔣的建議不妨礙中央政府的軍權及司法權，已爲陳儀所接受。《民報》的建議，可惜不爲三月七日處委會所採。所通過的四十二條，其第一條仍爲解除國軍武裝，因此，林茂生在三月六日七日要說「臺灣人實在把事情鬧大了」。

《民報》〈熱言〉相傳出於該報主筆黃旺成(亦即陳旺成)之手。但也代表民報社長林茂生的意見。

林茂生這種意見，可惜不爲陳儀所知。他只知道林茂生搞獨立活動。陳儀高高在上，根本沒有與臺灣政治菁英接觸、通民情的管道。

請願書有807人由141人代表署名。這一名單是否有林茂生簽名，倒是值得我們查證的。

這一請願書要求託管獨立，有這多人署名，因此後此臺北處委會實際領導人王添灯，三月六日採納共黨人員蘇新、潘欽信所起草的「處理大綱」，其第一條即要求國軍解除武裝。共黨的鬥爭策略是：聯合次要敵人，打擊主要敵人。可惜不爲處委會王添灯所知。我得鄭重指出：王添灯貽禍臺灣不淺。

三月三日臺灣人民的請願書也貽禍臺灣不淺[24]，這個請願書是否確由林茂生主稿，倒成爲次要的問題了。

---

24 頃讀李筱峰所撰《林茂生、陳炘和他們的時代》，該書頁286也引用林宗義〈林茂生與二二八〉，認爲「林茂生對國家的認同，因時過境遷已有相當的改變」。該書(頁225-230)未以《大溪檔案》與美國政府檔案參證。引用1995年刊行的〈林宗義口述〉(收入胡慧玲《島嶼愛戀》)，提到1946年5月30日林茂生對林宗義說：「臺灣少了一個李承晚。」但該〈口述〉又引林茂生的話：「外來政權」、「養成世界性的教育者和學生」，這些詞彙是否1946年就有，待考。(我比較相信民國七十六年林宗義撰的〈林茂生與二二八〉)

11

Foreign Relations, 1947, Volume VII, P. 431：

893.00／3－547 : Telegram

The Ambassador in China (Stuart) to the Secretary of State

NANKING, March 5, 1947－9 p. m.

[Received March 6－4:29 a. m.]

451. Following is Taipei's 34, March 4, 10 a.m.:

"In summary of present situation Government violated truce terms agreed upon with people's representatives to effect peaceful settlement of crisis. Such settlement was generally believed possible upon condition accepted by Government which included gradual withdrawal of armed patrols firing wantonly in streets, release of all persons seized after February 27, slayings of Formosans by Government monopoly agents, resumption of rail traffic under chief of staff, guarantee that further troops will not enter city, cancellation of martial law at midnight March 1 and payment various indemnities. Formosans in turn agreed resume normal activities pending March 10 consideration people's demands for reform in Government.

Formosans, so far unarmed, have resorted only to clubs and fists in their savage attacks on mainlanders. Government appears to have temporized by promises while maneuvering troops toward city and increased roving irresponsible patrols. There is indication Government in unable exercise firm control over army forces. Mainlanders were reported evacuating city provided with small arms.

Formosans apparently fundamentally desire peaceful settlement but as result Government's action now fear repetition alleged Fukien massacres occurring under General Chen's rule there and believe if Government augments forces hereafter full resistance by any means will be only salvation. They are improvising defenses and arms and are reported successfully to have opposed troops in pitched battle in Chureki and Toen areas. Government concession early March 4 easing situation revokes martial law and withdraws patrols, believed forced through failure to move troops nearer Taipei. Populace believes Government now attempting secure further military support from headquarters mainland and attributes present partial fulfillment truce terms to public announcement of Formosa's representation to Consul March 3."

STUART

頁433-434則爲：

893.00／3－647 : Telegram

The Ambassador in China (Stuart) to the Secretary of State

NANKING, March 6, 1947－7 p. m.

[Received March 7－2:50 a. m.]

468. Following is Taipei's 34, March 3, 10 a. m.:

"Section 2. Formosans strongly desire status as Chinese nationals but it is believed they will resist present Government if it seeks military revenue or fails to meet popular demands for reform to be discussed from March 10. They will continue to resist in varying degree all unrepresentative authoritarian governments imposed from mainland. Major economic dislocations appear inevitable and responsible elements fear continuing instability will bring communism.

Formosans stress American responsibility through Cairo decision and have published intent to appeal for American help in seeking UN intervention pending final transfer sovereignty to China. Resposible island-wide group preparing formal petition and has so advised Consulate. One such petition received addressed to General Marshall. Possibilities of interim administration under SCAP openly discussed.

After gravest consideration Consulate concludes only practicable solution would be immediate American intervention in its own right or on behalf of UN to prevent disastrous slaughter by Government forces if loosed on capital, which was imminent possibility March 3. American prestige high and intervention profoundly desired by Formosans who believe representations at Nanking and direct intervention here justifiable for UN under present Japanese de jure sovereignty status.

Then Government might yield to opportunity to be relieved of serious and continuing military liability during present mainland difficulties. China could feel assured that interim government by UN, with China represented, would terminate in Formosans's return to a responsible Chinese administration in which Formosans have large share. Formosans assume UN control would be predominantly American. They frequently express desire for democratic political training and desire ultimate government of Formosa by Formosans representing the island in Central Government. Civil war on Formosa is most probable alternative."

STUART

按：臺北領事館的34號電報，係發於三月四日上午十點鐘。其34號電報的第二段(Section 2)也應發於三月四日10 a. m.。因此，433頁「468. Following is Taipei's 34. March 3, 10 a. m.」，「March 3」應改爲「March 4」。

「Section 2」也有錯字，「it seeks military revenue」，「revenue(稅收)」應改爲「revenge(報復)」。

Section 2提到「seeking UN(聯合國) intervention pending final transfer sovereignty to China」，「One such petition rcccivcd addressed to General Marshall」這是另一個給馬歇爾的請願書，與三月三日807人由141代表署名的請願書內容不同。

陳翠蓮女士臺大博士論文《二二八事件研究》(頁378)，蘇格《美國對華政策與臺灣問題》(1998年世界知識出版社出版，頁79)引用了Section 2，均未能校改March 3爲March 4。

此應係三月四日向馬歇爾的請願書，較三月三日的請願書，主張較和緩。

據陳儀三月二十四日致國府文官長吳鼎昌電[25]：

25 《臺灣戰後史資料集》，頁205。

臺灣人七次向英美領館要求託管。

今據美國政府檔案，僅考出三月三日及三月四日兩次。

這些不同的請願書，難道也是林茂生主稿？故僅以學術背景，證林涉案，似嫌粗疏。我們不應忽視中國情治機構的能力，仍應訪求807人由141人簽名代署的請願書，看林茂生是否簽名代署。

謹附識於此。

民國九十二年十二月一日

後記一：試證「Kerr竄改請願書」

在本文第九節曾經推斷：Kerr, *Formosa Betrayed* 所收三十六年二月中旬台灣人民請願書即美國政府檔案三月三日所收台灣人民請願書，Kerr將該請願書誤繫於二月，並竄改請願書。本文則將進一步予以證實，並說明在此一請願書的遞呈過程，Kerr亦深刻介入。彰健文中另外發現：所謂處委會玩弄兩面手法，這一看法是錯誤的。今詳細論證於下。

1

在本文第九節，我曾提到Kerr的檔案寄存在美國史丹佛大學，我文章寫成後，即託中央研究院近代史研究所朱浤源教授前去查閱。朱教授歸國即告訴我：Kerr有關二二八事件的檔案已經賣給了台北新公園的二二八和平紀念館。於是，我與朱教授立刻去拜訪紀念館，承謝館長熱誠接待，並惠贈館方編印的《葛超智先生相關書信集》。我當即發現在《葛超智先生相關書信集(上)》有1947年二月所收一月十五日的台灣人請願書。葛氏(George H. Kerr)提到這份請願書大約有150人簽名，而且是超過800人代表[26]，這個數字正好與美國政府檔案所記載的請願書有807人署名、141人代簽相合。因此，這份請願書應該就是美國政府檔案所記載的三十六年三月三日收到的請願書。

26 〈台灣人請願書〉，見蘇瑤崇主編《葛超智先生相關書信集(上)》，2000年12月台北市228紀念館初版，頁306。

Kerr在信封上註記這份請願書的來歷：

> 請願書由威廉・黃草擬，遞交領事館及駐南京大使館。此份拷貝本是我從香港請求提供的，時在1948年10月。(Copy of Petition drawn up by William Huang for presentation to Consulate and Embassy, Nanking. Copy supplied at my request from Hongkong, October 1948.)[27]

這短短文字，透露不少訊息，值得深入闡述。

第一，既然Kerr自己說這份請願書是從美國駐南京大使館拷貝過來，這份請願書的結論反而跟美國政府所公布的檔案不相符合，這就證明他動了手腳，作了竄改。我現在先刊布這份請願書，然後指出這份請願書與《被出賣的台灣》(*Formosa Betrayed*)所收的請願書的異同：

> A Plea to General Marshall
>
> In February, 1947, a petition to General Marshall, appealing for action by the United States, was presented to the American Consulate at Taipei. It bore approximately 150 signatures, each signer acting as representative for a local group, numbering in all more than 800 persons. The author subsequently escaped from Formosa and joined the Hongkong group agitating for American intervention to preclude Communism. This draft of his petition was furnished from Hongkong in 1948, and has been edited only enough to make long explanatory footnotes unnecessary. GHK.
>
> January 15, 1947
>
> To General Marshall:
>
> Dear Sir:
>
> We are very pleased to give this letter to you. Please forgive us without compliment.

---

27 原文以英文打字在信封上，有Kerr的註記，此處中文由吳銘能博士翻譯，特予申謝。

We are young Formosans. We'll shout our sorrows and the lament of all Formosans from the bottom of our hearts, in order to appeal (to) our respected United Nations and all brethren abroad.

Our fine island, beautiful Formosa, now are trampled away by Chinese misadministration[28]. The misery are full in Formosa, (such as) we never experienced before. For instance, lawlessness, disorder, robbery, bribery, beggars, suicide, famine, inflation of currency, dictatorship, discriminative treatment, etc...

The walls - this obstruction - must be broken in pieces and our own democratic organization must be reconstructed. This is all our target mark. The Formosa Provincial Government has already pronounced, with sober faces, that the self administration will be handed over to us according to the settlement of the Constitution, which will take in practice on December 25 th of this year. But none of us believe that it will be realized as the program, we only believe that every policy is hypocrisy. Before the Constitution are took in effective[29], we should take notice of the nationalities of Formosans are still a pending question among the United Nations. With this unshakeable fact, are there any duties[30] we have to obey their to dig our own graves?

Wu are afraid the United Nations recognizes Formosans as similar to Chinese. We are sure that Formosans have the blood connection with them, but you should inspect our nature (which) have already been degenerated (changed) and promoted for 50 years (through) Japanese culture in every sort of scholarship. Especially we have learnt patriotism and anti-tyranny (because) of them.

The Cairo Congress drove us into this "Living Hell". We 6,300,000 Formosans since half a century have not been blessed. The representatives at Cairo should take responsibility to this fact that we struggle with our

28 *Formosa Betrayed*作“maladministration”。

29 *Formosa Betrayed*作“effort”。

30 *Formosa Betrayed*作“obligations that”。

misfortune at this moment. We strictly protest the decision, which meant to put all Formosans into slavery life.

The United Nations should pay attention to overseas - Dutch Indonesia, French Indo-China, Burma and our neighboring Philippines. For what are they struggling? Exactly, they are fighting for a freedom alive. In our case is the same.

The revolutional gun and atomic bomb against the in competent government is the pen at first. Adding the United Nations sympathy and friendly intervention to the Chinese authorities is the only way. Because Formosa has[31] not yet perfectly returned to China before the Peace Treaty concludes between the United Nations and Japan, it is said.

High handed policy rule over this island is realized. Except exploitation, they do nothing but the demolition. These mainland dependents shamelessly act as if they were the privileged class. Moreover, they look down upon us for their colonists. This unnatural situation could not be continued at the end. The explosive compound would easily blast some day as far as there is no improvement.

In these circumstance we fortunately found Formosa still has a hope: -- the young Formosan mostly have been educated and have a fighting spirit which are the most essential in order to decide our own destiny.

Please give these young Formosans a chance in political training under your protection and let them have a self- confidence. Then we are sure that a misgovernment would be replaced.

In conclusion we dare say[32] that the shortest way of the Reformation of the Provincial Government is wholly to depend upon the United Nations Joint Administration in Formosa, and out the political and economical concern with China proper for some years. Otherwise we the Formosans will apparently become the stark naked.

We hope we shall have a good reaction from you in the near future.

---

31 *Formosa Betrayed* 作“is”。

32 *Formosa Betrayed* 作“to say”。

We are thankful for your kind help and wish you have a good luck.

除了有幾處省略之外，凡是底下打橫槓者都不見於《Formosa Betrayed》，最重要的是二者結論都說：

In conclusion we dare say[33] that the shortest way of the Reformation of the Provincial Government is wholly to depend upon the United Nations Joint Administration in Formosa, and cut the political and economical concern with China proper for some years. Otherwise we the Formosans will apparently become the stark naked.

與美國政府公布檔案不一樣。如檔案說"for years"，這裡說"for some years"，檔案說"until Taiwan become independent"，Kerr把它改成"Otherwise we the Formosa will apparently become the stark naked"，這就證明了Kerr竄改公文書。《葛超智先生相關書信集(上)》收錄一九四七年一月十五日的台灣人請願書，應是作爲*Formosa Betrayed*寫作的請願書初稿，而*Formosa Betrayed*所收則爲二稿。Kerr機關算盡，萬萬沒有想到這份保存下來的初稿竟成爲他竄改公文書的鐵證。

第二，這份請願書的作者William Huang，並不是一般人猜測的林茂生。William Huang究竟是何許人呢？〈黃紀男先生訪問紀錄〉爲我們提供了重要線索：

有鑑於陳儀政府統治下台灣人的不滿情形和不幸事件的一再發生，我的看法相當悲觀，常常和一些朋友聚會談論並交換心得，後來還組了一個「台灣青年同盟」，這個團體主要的主張是：台灣經由公民投票(plebiscite)脫離國民黨統治，決定台灣將來前途的過程是經由聯合國託管(trusted under the United Nation)，然後成獨立國。

這種口吻，與美國檔案的請願書內容結論，是多麼地相像。黃紀男繼續又說道：

我之所以有這一想法，源自我在菲律賓美軍俘虜營時閱讀不少英文報

33 *Formosa Betrayed* 作"to say"。

> 章雜誌，如*Life*、*Time*、*News Week*，也常看到星條旗軍報中刊載美國人喬治・柯爾(George H. Kerr)寫有關台灣的文章，我甚至常翻譯他的文章給台灣俘虜看。我回到台灣後，正巧柯爾先生也派至台北擔任副領事，因此我常去拜訪他，和他談談有關台灣的情形[34]。

黃紀男明顯受Kerr影響很大，既主張台灣託管，而且他又能閱讀、翻譯英文報章，在處委會開會期間，Kerr很希望知道開會的詳細情形，於是他每天就到中山堂旁聽處委會開會情形，開完會即向Kerr報告他們開會的紀錄[35]。

三月三日處委會寫信給美國領事館，主要說明二二八事件是要求台灣政治改革，並不是叛亂。於是Kerr就趁這個機會把這份請願書在這一天遞交給美國領事館。

他選擇在三月三日遞上，意在使美國政府認爲，這份請願書有這麼多人簽名，這才眞正代表台灣人民的意願。這份請願書有這麼多人簽名，當然會洩漏，爲台灣情治機構所偵知，並發覺此事與Kerr有關。

本文第三節曾引述《大溪檔案》(頁71)陳儀三月六日呈蔣函：「日本時代御用紳士及流氓……其中竟有懷臺灣獨立國際共管之謬想者」、「某次集會時，竟派代表到美國領事館要求將此事報告世界，美國人中亦有暗助臺人詆毀政府者」，而這個「美國人」，就是指Kerr。因此，中國政府就開始要求把Kerr調走。這些簽名的人，陳儀認爲是日本的御用紳士及流氓，而這也就是陳儀對二二八事件的人犯採取高壓政策的原因。

林德龍《二二八官方機密史料》(頁157)引蔣經國的電報提到：美國武官Col. Dau到台北，與Kerr的調職有關。Kerr於三月十七日奉命離開台灣赴南京，就是中國政府要求把Kerr調走的結果。我爲進一步深入了解此事，曾經到台北市伊通街「國家檔案局」查閱外交部的二二八檔案，可惜並沒有找到記載Kerr這件事。Kerr被調離台灣，嚴格說，對他是件不榮譽的事。因此，他在*Formosa Betrayed*中不提他被中國政府要求調離，而將遞上於三月三日的請願書改係二月中旬。而且也方便在*Formosa Betrayed*一書中，引用三月五日李萬

34 以上兩段引文係民國八十一年九月三十日黃紀男接受許雪姬女士口述歷史訪問，見《口述歷史》第4期(二二八事件專號)，民國82年2月中央研究院近代史研究所出版，頁83。

35 同上，頁86。

居與《新生報》的話來攻擊長官公署。假如把這封信放在三月三日，豈不是證明陳儀對二二八事件人犯採取高壓政策是合理的嗎？所以他把時間挪調到二月，然後就說台灣人不是要造反，與其時英、美在台北使領館人員所知台灣人民要託管獨立的眞實情形不符。

2

事實上，這份影響深遠的請願書，是在三月三日遞上的，由於請願書係黃紀男草擬[36]，這就說明了這份請願書的主使者就是Kerr，而且可能與林茂生無關。三月三日處委會給美國領事館的信是由五個處委會委員送達，該信用英文寫成，也該附有中文的原件。而且與美國領事交涉時一定也要諳通英語，所以外界就傳說是林茂生去交涉的。

請願書既然已經在大使館內，不可能去拿出來，林茂生如何能提出證據證明自己是清白的呢？向馬歇爾要求託管獨立的信，同一天送達美領館，這就使得林茂生及五委員之一的林宗賢涉案，無以自明。

我在前文第九節並不知道請願書的作者是William Huang，原先判斷以為請願書是林茂生寫的，所以我的文章正文就說是處委會玩兩面手法，一方面跟美國領事館講我們要求政治改革，並非叛亂，另一方面遞請願書要求託管獨立。現在綜合上述材料，我覺得我當時的判斷是錯誤的，需要修正。陳儀三月二十四日致國府文官長吳鼎昌電：台灣人民曾七次要求英、美託管。這些請願書不可能都出林茂生手筆，這可見僅憑學術背景判斷請願書出於林茂生，其理由是並不充足的。

給美國領事館的信，我的文章說得很清楚，原始中文稿由廖進平起草，呂伯雄修改寫定，是三月三日下午四點鐘送到領事館，這封信的內容與當時致蔣中正電報內容都是一樣，而且廖進平、呂伯雄與蔣渭川是同一派系的。蔣渭川一向尊重中國政府的主權、軍事權與司法權，他不會向美國領事館遞交請願書要求託管一直到台灣獨立。所以我說處委會玩兩面手法之判斷是錯誤的。當然，處委會還有一些人是接近共產黨的，如王添灯之流，但可能也沒有關係，因為共產黨是反美的，絕對不會同意將台灣交由美國託管。所以，這件事情跟共產黨也沒有關係，完全是Kerr玩弄的花樣。

---

36 Kerr注記請願書的作者離開台灣，逃到香港，與〈黃紀男先生訪問紀錄〉所言一度到香港符合。

黃紀男是不是William Huang呢？這是有可能的，儘管他自己並沒有提到他有這個名字。

黃紀男說二二八事變這段期間，他在台北去旁聽處委會開會的情形，每天和Kerr見面談論，沒有參與任何的政治活動，也絕未公開談論台獨、倡言台獨，一心只想台人治台，並以爲美國人不可能幕後協助[37]；黃紀男又說他後來到南京見到了美國大使館司徒雷登(Leighton Stuart)，與之交談有關台灣發生二二八事變大屠殺的慘狀及近況，司徒雷登給他取個英文名叫「Peter」，從此他就一直使用Peter黃這個名字[38]。這些話有的還需要再進一步的查證。我希望有人繼續研究。

結語

總而言之，這請願書出於William Huang手筆，與Kerr有關。而Kerr竄改公文書鐵證如山。王景宏翻譯美國外交檔案，也知道檔案提到「有一百四十一個簽名，代表八百零七人的致馬歇爾將軍之陳情書」[39]，他也想找請願書的英文原件，而沒有找到[40]。

《大溪檔案》僅記林茂生接近美國領事館，妄想台灣獨立，沒有人取與美國政府檔案核對，更沒有人想到這一請願書與Kerr有關。今發其覆於此。

Kerr的觀點並不代表美國國務院立場，而這件事情涉及中、美外交關係，其始末之曲折變化與錯綜複雜，故台灣的中華民國政府所以對此不願深談，蓋因後來有甚多事務必須仰賴美國，遂令此事隱沒而不彰。此段公案是研究二二八事件關鍵要目，《二二八事件研究報告》竟對此亦隱諱不提，因而無法圓滿地解釋何以陳儀對二二八採取高壓政策，而台灣人民也覺得他們好像沒有錯，殊不知要求聯合國託管直至獨立爲止，正是他們犯下最大的錯誤。

史家追尋歷史眞相爲其天職所在，因此，我要呼籲政府，要求美國政府公布中、英文請願書原件，也要公布簽名者名單，因現在已是事過境遷，公布也不會影響到簽名者後代子孫的幸福與其生命財產安全，但卻可以解開歷史謎團的疑雲！

---

37 《口述歷史4》，頁89。

38 同上，頁88。

39 王景宏編譯《第三隻眼看二二八——美國外交檔案揭密》(台北：玉山出版社 2002年2月)，頁46。

40 同上，頁22，編譯者自言。

黃彰健口述　吳銘能、高偉文 整理
民九十四年五月二日錄音，五月九日完稿，五月十二日改定

後記二：William Huang即黃紀男之證明

台北市二二八紀念館編印的《葛超智先生往來書信集》上冊，頁378-381收有1947年(民國36年)9月6日Pillar Huang給George Kerr的信，今抄錄於下：

On Sep. 6，1947

My dear Mr. Kerr,

This is the first letter I have written you since you left Taiwan.

I think you are well now.

Now I am still working in the Power Co., and quite well.

I had ever telephoned to you a day after your departure and intended to inform you about my safe after the Feb.28th incident.

I feeled very sad when I heard you left Taiwan but afterwards I could understand it was the better way for the Formosan that you returned to United States, because you could do more for us there.

I am glad to inform that you have become famous and popular with the Formosan since the incident happened.

We understand you are one of the best intimate of the Formosan.

We have the best gratitude for your good aid and kind understanding and sympathy and we believe you would continue to do your best for this miserable orphan, Taiwan.

I am sure the friendship between you and us would last for a long time.

The civil war and the other great problems in China have obscured the miserable tragedy has happened in Taiwan after the incident.

It is regretable situation of Taiwan, has become worse compared with that before the incident. There are too many sad report to inform you by the letter.

With the dismissal of Chen Yi and the appointment of Wei Tao-meng we expected the peace and order would return to Taiwan but it failed entirely.

We thought despotism and imperialism would be replaced by democracy

and militarism and anarchy by legalism.
But we only earned the more oppression and unjustice by the "Blood Bath" instead of the freedom and equality.
Now still so many corrupted matters are prevailing in Taiwan.
Plenty of the new Chinese escapes from the mainland have come in Taiwan about every day and they are disturbing and spoiling this beautiful island with often the older comer.
The life of misery which we have never experienced is beyond description and would last for a long time as far as Taiwan belong to China.
We understand the Chinese and the Formosan are incompatable for ever.
We are hopless now and can do nothing in Taiwan.
It is true that ninty-nine persent of the Formosan desire Taiwan be separated from China and they are very anxious to ask for the trusteeship under the United States .
It is too heavy burden for Taiwan to support the National governments' civil war coffers, and in fact we have no interest and loyalty to China.
After the Feb 28th incident all of the Formosan excepting some puppet have thought the trusteeship is the only way to rescure Taiwan from the "Hell".
We believe we shall be able to carry out the democracy by ourselves under the aid of the United States, and of course we can do our best to cooperate against with the U.S. in every way to defend your enemy in future.
In order to carry out this important plan I handed a the statement to Lieut. Gen. Wedemeyer through Mr. Catto when Gen. came in Taiwan , and I have often informed about the matter to some American press men I have ever met .
I know I must do more and more but it is too difficult and too dangerous to do in Taiwan .
I want show you a secret plan to quicken the kind aid and the good indication.
My plan is as follows:
(1)By October several representatives be sent to the United States and

proclaim over the world that Taiwan hope to separate from China and hope her trusteeshop under the United States for some years.

(2)To describle our public opinion and these two years' true situation including the Feb. 28th incident in the White House, the Senate and the House, especially in the Far East Affairs meeting which will decides the desting of Taiwan in order to get the agreement .Of course, it is expected to use the radio, if possible.

(3)The representatives should have the close connection with you and must get your best help in the United States, they will be glad to fight till death to accomplish their purpose. In accordance with Mr.Catto's good suggestion ,I am going to go to Nanking to ask Ambassador Stuart about the matter and to get his big aid for visiting the United States. Of course, I intend to see Mr. Thomas Liau and his elder brother in Shanghai. Awaiting your kind reply to my request ! I appreciate your great kindness and thank you very very much for your favors. I wish your good luck ! Good-by !

Yours respectfully,
Pillar Huang

Pillar Huang寫這封信時，Kerr已經從南京回到美國去。頁382，是Kerr將該信摘要的打字稿。Kerr將這封信的作者署名爲“Pillar(Peter)Huang”。

Pillar Huang是黃紀男的英文名字，見於〈黃紀男先生訪問紀錄〉[41]。這封信提到，他仍在電力公司任職，也提到百分之九十的台灣人希望與大陸分開，在美國之下託管。這些都與〈黃紀男先生訪問紀錄〉相合。

該信提到他將要去南京見美國大使提出(託管)要求。這就證明他在寫這封信之前，他的英文名字就叫做Pillar Huang；〈黃紀男先生訪問紀錄〉說，他在南京見到司徒雷登大使，大使問他有無英文名字。他回答說：沒有。於是司徒雷登大使給他取了個英文名字Peter。他沒有對司徒雷登大使說實話。

《葛超智先生往來書信集》上冊，頁407，收錄了1948年(民國37年)3月20日Robert Yeh在香港寫給Kerr的信，說廖(文毅)先生與黃紀男先生都在香港

41 中研院近代史所，《口述歷史》第四期，頁68。

(Mr. Thomas Liao and Mr. Hwang Ki-nan and our some group are here)。頁305-308的〈台灣人民請願書〉，Kerr的按語說，這請願書是William Huang草擬的，並說這請願書的作者後來從台灣逃到香港"joined the Hong Kong group agitating for American intervention to preclude Communism."[42]，正好與黃紀男的行蹤相符合。這可證明，黃紀男最初的英文名字叫William Huang，到了9月6日，他的英文名字叫做Pillar Huang，後來見了司徒雷登大使，改名Peter Huang。一個人從事秘密政治活動，在不同時間使用不同英文名字，不足爲奇。

1947年9月6日Pillar Huang這封信提到"I am glad to inform that you have become famous and popular with the Formosan since the incident happened."這可見Kerr與台灣人請願書的關係，怪不得中國政府要求美國駐華大使將Kerr調離台北。他離開台北的時間在1947年3月17日，見林德龍輯《二二八官方機密史料》頁159。

莊嘉農《憤怒的台灣》說：Ｋerr、Catto、廖文毅從事託管活動「派遣情報員黃其南經常來往台、滬、京、港、日之間。」[43]、「卡度離台後(1948年3月初)……3月8日，召集廖文毅、黃其南在領事館開會」[44]。黃其南應該是黃紀男的另一漢文名字。

黃紀男口述，黃鈴珠執筆《黃紀男泣血夢迴錄》完全隱諱他在二二八事件時，曾經草擬向馬歇爾的〈請願書〉；也未提到他有「黃其南」那一個漢文名字及有Pillar Huang那一個英文名字。

《黃紀男泣血夢迴錄》說黃紀男生於1915年11月9日，日本大正天皇正好這一年即位，因此黃紀男的父親替他取了一個日本名字黃紀男。據《黃紀男先生訪問紀錄》(頁76)他在1942年他的日本名字爲照島紀男。光復後，他的漢文名字應爲黃其南；這是他父母生他時取的名字。他與廖文毅合作在日本從事台獨活動。爲了活動方便，因此改用黃紀男此一名字。

1948年8月15日，香港《新華報》刊載蘇新化名司馬謙撰〈美帝第五縱隊在台灣〉提到「卡度離台後……3月8日召集廖文毅和×××在美國總領事館開

42 《葛超智先生相關書信集》(上)(台北：二二八紀念館)，頁306。
43 莊嘉農，《憤怒的台灣》，頁180。
44 《憤怒的台灣》，頁181。

會」[45]，此時黃其南可能已改用「黃紀男」此一中文名。

我很希望有人去查黃紀男在台灣、日本唸書時候的同學錄，看他是否用黃紀男那一個名字。

民國九十五年三月七日黃彰健口述　高偉文紀錄

45 蘇新，《未歸的台共鬥魂》(台北：時報文化，1993)，頁215。

十八、論陳儀對二二八事件人犯的處置，並論其欺騙白崇禧及蔣

我們了解二二八事件，應從陳儀治台的政策錯誤開始，此可參看本書第十篇。本篇則以陳儀對二二八事件人犯的處置及其欺騙白崇禧及蔣，作為本書的終結。

1

根據《大溪檔案》，蔣在二月蒸(十日)電中提到：

> 共黨份子已潛入台灣，漸起作用。此事應嚴加防制，毋令其有一個細胞遺禍將來。台省不比內地，軍政長官自可權宜處置也。

陳儀在二月二十八日呈覆：

> 奸匪勾結流氓……聚眾暴動，傷害外省籍人員。特於二十八日宣佈臨時戒嚴。必要時當遵命權宜處置。

所謂「權宜處治」是指三十年八月十七日修正公布的〈各省高階軍事機關代核軍法案件暫行辦法〉[1]：

> 第二條　代核之機關如下：
>
> 一、已設中央軍事最高長官行營各省由行營代核。

1　軍事委員會軍法執行總監部編，《增訂現行軍法類編》(重慶：軍用圖書社，民33)，頁727。民國二十七年五月十五日軍事委員會公布，三十年八月十七日修正。

二、未設行營各省由綏靖主任公署代核。

三、未設前二款軍事機關各省由全省保安司令代核。

四、未設前三款軍事機關各省由常設之最高軍事機關代核。

陳儀爲台灣省行政長官公署長官兼警備總司令，對台灣省軍法案件有權核可。而懲治共黨所用的法令是民國二十六年九月四日修正公布的〈危害民國緊急治罪法〉[2]：

第一條　以危害民國爲目的而有下列行爲之一者，處死刑。

一、私通敵國圖謀擾亂治安者。

二、勾結叛徒圖謀擾亂治安者。

三、爲敵國或叛徒購辦或運輸軍用品者。

四、以政治上或軍事上之秘密，洩露或傳遞於敵國或叛徒者。

五、破壞交通或軍事場所者。

六、煽惑軍人不守紀律，放棄職務或與敵國或叛徒勾結者。

七、煽惑他人私通敵國或與叛徒勾結擾亂治安者。

八、造謠惑眾搖動軍心或擾亂治安者。

九、以文字，圖畫或演説爲利於敵國或叛徒之宣傳者。

受他人煽惑犯前項之罪而自首者，得減輕或免除其刑。……

第七條　凡犯本法所定各罪者，由該區域最高軍事機關審判之。

第八條　本法判處各罪，應由該區最高軍事機關附具案由，報經該管上級軍事單位核准後，方得執行。

〈危害民國緊急治罪法〉是代替民國十七年三月九日制定的〈暫行反革命治罪法〉，用以對付共產黨。所以用軍法審判，在台灣，由軍事最高長官陳儀核可

2　〈危害民國緊急治罪法〉，見同上書，頁1562。〈暫行反革命治罪法〉，見同上書，頁1557。〈危害民國緊急治罪法〉最初於民國二十年一月三十日公布，二十年四月十八日修正爲〈危害民國緊急治罪法施行條例〉。二十六年九月四日國民政府修正爲〈危害民國緊急治罪法〉；三十六年十二月二十五日修正，易名爲〈戡亂時期危害國家緊急治罪條例〉；三十七年四月二日修正第八條條文，三十八年六月二十日，因〈懲治叛亂條例〉公布施行而失效。

便可執行。〈危害民國緊急治罪法〉到三十六年十二月二十五日就由〈戡亂時期危害國家緊急治罪條例〉，在三十八年六月就由〈懲治叛亂條例〉所取代了。

2

依據警總檔案(《二二八事件資料選輯》六，頁280-283)，〈三月二日，應二二八事件處理委員會要求開釋暴動人犯名冊〉[3]，陳儀在三十六年三月二十三日以該名冊呈給白崇禧。該名冊所列二月二十八日「鳴鑼聚眾暴動，意圖攻擊長官公署」的人犯八名、「於宣佈戒嚴後闖過戒嚴區域，不聽制止」人犯四名、「在古亭町聚眾暴動嫌疑」二名，「在兒玉町聚眾暴動嫌疑」三名、「在新公園公然張貼標語煽惑叛亂」二名、……「黑夜持刀，砍傷警員，有殺人行為」一名，……共三十二名，由憲兵團交其家屬領回。

原本在三月一日緝菸血案調查委員會的委員面見陳儀，要求被捕市民立即開釋。陳儀在三月一日只同意由各被捕市民之父兄及鄰長聯名保證後釋放，可是到了三月二日陳儀為了平息暴亂，於是接受緝煙血案調查委員會委員及二二八事件處理委員會民間代表蔣渭川的建議，把二二八及三月一日所捕人犯無條件釋放，沒有追究這些人犯的刑事責任[4]。

3

三月三日晚上六點，警總參謀長柯遠芬廣播，「所有武裝崗哨及巡邏車預定在下午六點以前全部撤回營房，成立憲、警、民治安聯合辦事處，組織民眾地方服務隊，負責維持治安的責任」。

三月四日，蔣渭川與處委會的民間代表去見陳儀，要求政治改革。陳儀同意由處委會研擬政治改革意見。蔣渭川與處委會代表也提到廢除貿易局與專賣局。陳儀則認為他的政策沒有錯，只是在執行方面有問題。

---

3 中央研究院近代史研究所編，《二二八事件資料選集》，第六冊(台北：中央研究院近代史研究所，民81)，頁280-283。

4 林德龍，《二二八官方機密史料》(台北：自立晚報社文化出版部，民81)，頁107-108。

三月四日陳儀還函覆行政院，在台灣應繼續施行長官公署制度。可是三月五日，蔣渭川領導的台灣省自治青年同盟成立，發表〈宣言〉，要求改長官公署爲省政府，廢除貿易局及專賣局，並號召台籍日本兵分別在指定地點集合。雖是日下午六點十分收到中央派兵的電報。但遠水救不了近火，於是陳儀派憲兵第四團團長張慕陶見蔣渭川，告知蔣渭川，陳儀同意改長官公署爲省政府，希望蔣渭川明天到長官公署晤談。

三月六日上午，蔣渭川與民間代表共十二人前往長官公署。陳儀說：「只要不台獨、不共產化，任何合理要求都可以接受。」於是同意改長官公署爲省政府，成立省政改革委員會，商討貿易局、專賣局的存廢問題。

陳儀告訴蔣渭川，我們兩人在這裡商議就可以定案了。可是蔣渭川認爲應維持前次會面的結論，政治改革意見應經由處委會正式提出，陳儀遂應允，將會談內容於三月七日廣播。陳蔣會談於三月六日十二時四十分結束。以上請參看本書第十五篇〈蔣渭川與二二八〉。

4

三月六日下午二時中央社駐台北記者參電[5]：

> 記者昨夜往訪陳長官詳談。獲悉渠之處境異常困難。政令不出署門…而所謂二二八事件處理委員會，實爲另行設立之民間政府，該會之決議即爲當今之政令。…
>
> 在此僵局下，民間積極組織，準備武裝，共黨滲入活動，且受美方支援，堅持要求全盤政治改革，倘不獲允，即用武力對抗。
>
> 陳長官深感此種局面實已難于壓服，倘只應允部分要求，亦仍不能獲得解決，且懼問題國際化，影響台灣之領土主權，乃於苦思之下，擬定兩大必守之原則，藉以確保領土主權完整及避免共產主義化。祇需台胞遵守此兩原則，渠將允諾任何要求！
>
> 聞中央前於上月十二日曾授權陳氏「全權處理台灣之軍政大計」，渠今作此決定，即係以此命令爲根據。
>
> 事前未聞呈報中央。渠認爲此項辦法爲今日之唯一出路。渠之用心良

5 林德龍，《二二八官方機密史料》，頁108。

苦亦可見矣。

陳氏昨對記者稱：「余之去留問題早已置之度外，余今所拚力奮鬥者厥爲維護台灣主權及避免共產化。」

又稱：

「武力不能解決今日之局面，徒然引起大屠殺，大流血，惹起國際干涉，貽患無窮。故余忍辱負重，擇定和平解決之方式。」陳氏今上已將所抱態度告知民間代表。…中央似宜早日明令追認。…

陳氏所言，上月十二日中央曾授權陳儀，全權處理台灣軍政大計；實即指蔣二月十日蒸電。中央社台北記者誤作十二日，《二二八事件檔案彙編》(三)(頁271)引中央社參訊，誤作十二月。

陳儀作此決定，他自不需要告知記者，中央已有電派兵。中央社記者認陳儀應將此事報告中央，而陳儀在三月六日也的確將此事呈報蔣。

《大溪檔案》收有三月六日呈蔣函，該函係於七日上午由台灣省黨部主任委員李翼中攜帶飛京呈蔣。今將該函影印於下：

413 (1-1)

陳儀呈蔣主席三月六日函

主席鈞鑒

自二月二十八日台北事情發生以後，曾有兩電報告。今將此事詳述於左。

一、經過情形

此事發生於二十七日夜，其原因是查緝私香烟者為自衛放槍，誤斃一人。二十八日上午，聚衆多人，毀壞台北專賣分局，擊斃職員二人，擊傷分局長歐陽正宅等四人，並焚燬庫存專賣物品，及其他公物。路上遇外省人，不問何人，即肆毆打，不止對公教人員而已，商人亦遭波及，外省人開設之商店亦被搗毀。（外省人（台北市）受傷人數約計在二百人左右，且有致死者）下午羣衆到長官公署，其中有放槍者，有奪衛隊之槍者，公署衛隊不得已放槍，將羣衆驅散。但路上毆打外省人員之事，繼續發生，且有擅入外省人住宅，將其器物焚燬者。職為治安計，於當日下午六時戒嚴。三月一日，仍有聚衆集會，毆人焚物情事，軍隊出動，以武力制止。在此兩日中，軍警以武力制止暴動時，民衆有傷亡者。三月一日地方人士要求和平解決，職即徇省市參議員、國民大會代表及參政員之請，於當日夜十二時解除戒嚴。一面將緝私傷人者交法院嚴辦，對於傷亡之人民，不問本省人外省人，予以醫療撫卹。肇事民眾，從寬不予追究。被捕之人，交父兄及家屬領回，善後事宜由民意機關組織處理委員會辦理。此項辦法宣布後，秩序漸安定，交通即恢復，現在雖尚有人散布謠言，希圖再發生暴動，但據職推測，台北不致再有大問題。惟自台北事件發生後，外縣市亦有少數暴徒，煽惑民眾，以響應台北事件為名，聚眾劫奪警局及機場倉庫等軍械，包圍縣市政府，縣市長因多數台籍警察避匿不服從命令，武力太弱，無法抵抗，致縣市政府不能行使職權。同時與台北同樣發生毆傷毆死外籍人員情事。現在新竹縣市秩序已可恢復。台中台南等縣市亦已派員前往處置，如無意外事故，預計短期間內可望平息。

(二)原因分析

此次事情發生之原因，相當複雜。其一，去年從海南島歸來台僑中，因海南島曾有共黨，有不少奸黨分子。內地奸黨亦有潛來台灣者，彼等目的在隨時找尋機會，奪取武器，破壞秩序，造成恐怖局面。其二，留用日人中亦有想乘機擾亂者。此次事情發生後，日人中竟有特著和服在街上行走者，可以推見其用意。其三，日本時代御用紳士及流氓等，因接收後不能遂其升官發財之目的，隨時隨事攻擊政府，其中竟有懷台灣獨立、國際共管不滿，請願可也，提出意見可也。但此次事件發生以後，即發生下列行為：毀壞公私器物，毆打外省人(此次外省公教人員吃虧甚大)，散布謠言，奪取槍械，包圍縣市政府，可知其決非普通民眾運動可比，顯係有計畫有組織的叛亂行為。

(三)處置態度

此次事情發生後，職之處置甚感困難。就事情本身論，不止違法而已，顯係叛亂行為，嚴加懲治，應無疑義。惟本省兵力十分單薄，各縣市同時發動暴動，不敷應付。且奸黨亂徒以台人治台，排斥外省人之謬說煽動民眾，民眾為其所惑，自戒嚴後，台籍鐵路汽車員工首先罷工，電氣工人及其他工人亦有罷工之準備，而糧食即大受影響。如果依法嚴懲，勢必引起極大反響，無法收拾。為顧及特別環境，不得不和平解決。(對於毆打外省公教人員一事不予追究，外省人以為此後工作將無保障，心甚不安，但職為顧及大局，不能不如此。)但因為和平解決，奸黨亂徒更無忌憚，仍作種種破壞活動。此次事情，即使完全解決，但禍根存在，隨時可以竊發。職以為到台灣以後，如對於日本時代御用紳士等徹底剪除，一面台灣兵力比較雄厚，此次事情不至擴大至此。此後對付台灣之態度，對於多數民眾，應改變

其封建思想，並改善政治，使其對政府發生信心，不
致為奸黨所蠱惑。對於奸黨亂徒，須以武力消滅，不
能容其存在。關於前者，可依照憲法規定予台灣
以法定之自治權，縣市長可先試行民選，為滿足一
般人之希望，不妨將長官公署改組為省政府（因
許多人均以長官制度為詬病，雖然其優點甚多）
俾容納本省人之較有能力者。惟建設廳不必設，
另設農林、工礦、交通三廳，保安司令部不設，設警
務廳。但省政府主席一職，務請
鈞座另派賢能，必不得已，由職暫兼一時。關於後
者，台灣至少須有紀律嚴明、武器精良之國軍
兩師，派大員主持。職前請派湯恩伯、李良榮等
來台，亦即此意。如此軍民分治，關於政治可讓台
胞參加，關於軍事既有實力，可以對付奸黨及希
望獨立等叛國運動，必予消滅。為應付目前情勢，
在不妨碍國家民族利益之範圍內，對於台胞之
政治要求，只能從寬應許。
鈞座如以此意為然，請即指示，俾職有所遵循。必
要時
鈞座可派大員來台協同辦理，但為保持台灣，
使其為中華民國的台灣計，必須迅派得力
軍隊來台。如派大員，亦須俟軍隊到台以
後，否則亦恐難生效力。餘由李主任委員翼
中面陳，不複一一。專肅敬請
鈞安

職陳儀敬呈
三十六年三月六日於台北

陳儀此函言：「海南島歸僑有共黨份子。」按，林德龍輯《二二八事件官方機密史料》記中央社台北記者三月三日午十二時參電：「海南島返籍之台人中，亦有曾任挺進隊員者。」該電又記三月二日：陳儀與蔣渭川晤談，蔣渭川稱：「海南島遣返台人，余難指揮，但當令流氓勸導，力謀恢復秩序。」此均可為證。

陳氏三月六日呈蔣函，此函重要處在指出：二二七事件發生以後之行為，「不只違法，顯係叛亂行為，應嚴加懲治」。並指出：台灣日本時代御用紳士懷有台灣獨立，國際共管之謬想，亦應消滅。

陳儀呈蔣函雖承諾長官公署改組為省政府，但絕口不提貿易局及專賣局之應廢棄。陳儀呈蔣函言及「御用紳士及流氓因接收後不能遂其升官發財之目的，隨時隨事攻擊政府」，實即指御用紳士平日對陳儀專賣制度及官營貿易制度之攻擊。

陳儀呈蔣函言及：「職到台灣以後，如對日本御用紳士徹底剪除，一面台灣兵力雄厚，此次事情不致擴大如此。」此即委婉言及「蔣因內戰將台灣駐軍調走，致無力鎮壓」。此即使蔣內疚，其後未追究陳儀激變台民之刑責。

陳儀此函主張，「軍民分治」、「為保護台灣使其為中華民國的台灣」、「政治可讓台胞參加，對台胞之政治要求，只能從寬應許」。關於軍事，須迅派軍隊來台。必要時，可派大員來台協同辦理。而此即蔣三月八日增派二十一師第二個團，及三月八日蔣同意國防最高委員會的決議，派大員宣慰及改組長官公署為省政府所本。

陳儀呈蔣函言「如無意外事故，預計短期內可望平息」。這是他對與蔣渭川晤談後的結果保持樂觀。

但他未想到：由於蔣渭川三月五日晚上的廣播，言及陳儀已接受其改長官公署爲省政府的主張，而使王添灯於三月五日晚上召集共黨分子蘇新、潘欽信等人，草擬〈處理大綱〉，在三月六日下午處委會中通過。〈處理大綱〉原本三十條，處委會加兩條，遂成爲三十二條，其第一條即要求政府軍繳械。與陳儀呈蔣函：「爲保持台灣爲中華民國的台灣。」增派軍隊的主張抵觸，陳儀是絕不能接受的。

陳儀爲此將陳與蔣渭川晤談結果，提前於三月六日晚上八時半廣播，並於三月七日上午致函處委會，請其重新考慮各方代表政治改革意見。但不幸王添灯仍一意孤行，於三月七日下午處委會中，三十二條後另增加十條。此四十二條第一條仍爲要求政府軍繳械。而且處委會派全體十五位常務委員爲代表來見，以表示這是綜合各方代表的意見[6]。以上可參看本書第十五篇及第十六篇。

5

《大溪檔案》三月八日陳儀呈蔣電[7]：

> 昨午後七時(二二八事件處理委員會)代表十五人來見，欲提出政府各地武裝同志應交出武器、警備總部須撤銷、陸海空軍人員一律用本省人，由處理委員會接收長官公署等四項要求。職不與討論，即嚴詞訓斥。……一俟劉師長廿一師之一團開到臺北，即擬著手清除奸匪叛徒……

《大溪檔案》三月九日陳儀呈蔣電：

> 八日夜十時後，暴徒襲擊台北圓山町一帶，激戰一小時擊退。本公署

6 此處委會十五位代表其中吳國信，係候補常委。王添灯因需在三月七日晚上六時二十分廣播處理大綱，故由吳國信遞補。

7 《二二八事件資料選輯》(二)，頁110。

及總司令部亦偷襲，經還擊驅散。市內街路並有騷動。憲兵二十一團、四團各一營，已於八日夜在基隆登陸，今日拂曉五連進駐台北。

三月九日二十一師師長劉雨卿呈蔣電：「本師四三八團於九時後到達基隆。」三月九日上午六時，陳儀宣布戒嚴。三月十日下令撤銷二二八事件處理委員會。

6

三月十日，蔣主席在中央紀念週就〈台灣事件之經過及處理方針〉發表演講：

陳儀秉承中央指示，所作公開宣佈，……臺省同胞對此皆都表示歡欣，極願接受。故此次不幸事件本可告一段落。不料三月七日處委會突提出無理要求，已超出地方政治範圍，中央不能承認。而且昨日又有襲擊機關等不法行動。故中央已決派軍隊赴台維持當地治安，同時並經派遣大員赴台協助陳儀長官處理此次事件。本人已嚴電留台軍政人員，靜候中央派員處理，不得採取報復行動。以期全台同胞親愛團結，互助合作。……[8]

這篇演講《大溪檔案》沒有收錄，也失收三月九日蔣的嚴電。蔣說：「派遣大員赴台『協助』陳儀長官處理事件。」這是接受陳三月六日呈蔣函的建議，派大員協助陳儀維持地方治安，因係「協助」，故仍係命令陳儀負責處理。「嚴電不得採取報復行動」，是指不得殺害無辜的台灣人，而不是禁止他懲處共產黨人。而且後來也的確發生了無辜的台灣人遭到殺害的事件。

《大溪檔案》憲兵司令部台灣三月十一日電報：

九、十兩日國軍絡續開到，警察及警備部軍士即施行報復手段，毆打

8 秦孝儀主編，《先總統 蔣公思想言論總集》，卷二十二(台北：中國國民黨中央委員會黨史委員會，民73)。

及拘捕暴徒。台民恐慌異常。[9]

警總檔案：

三月十日陳儀手令柯參謀長：據報，本日上午已有好幾起士兵淩辱及毆打台灣人事件。現在收攬民心最爲急務。希即通令軍憲，不得隨意傷害台人，應加意保護善良民眾。各部隊排、連長以上人員應不斷四出巡視制止，並曉諭士兵不得再有此種行爲。至要。

儀 卅六.三.十，上午十一時[10]

柯遠芬馬上即發代電通知各單位：

不得對善良民眾稍涉苛擾。更不許曾因外省人被害，而對本省人有使氣報復行爲。[11]

三月十三日蔣見到憲兵司令部檢舉電報，遂致電陳儀：

請兄負責，嚴禁軍政人員施行報復，否則以抗令論罪。[12]

三月十四日陳儀電覆蔣：

當再行嚴飭遵照。[13]

爲什麼三月十日台北這些警察及警備部軍士要對無辜台民實行報復？因爲二二八事件，那些台籍日本兵、台籍流氓亂殺無辜的大陸人，而這些警察與警備部軍士奉命不准出營。他們心中的怨氣無處發洩，所以等到增援國軍一來，他們就要對無辜台民報復了。陳儀遂遵依蔣嚴電，予以制止。

9 《二二八事件資料選輯》(二)，頁146。
10 《二二八事件資料選輯》(六)，頁378。
11 《二二八事件資料選輯》(一)，頁392。
12 《二二八事件資料選輯》(二)，頁163。
13 《二二八事件資料選輯》(一)，頁383。

7

三月十日，蔣在中央紀念週演講提到：

> 本人已嚴電留台軍政人員，靜候中央派員處理。

所謂「靜候中央派員處理」，以《大溪檔案》證之，這是指中央正研擬〈處理台灣事件辦法〉。蔣演講畢，國防部長白崇禧在三月十日始繕正該〈辦法〉進呈蔣。

在三月六日，國防最高委員會決議：

> (1)政府應派大員前往台灣宣慰
> (2)改長官公署爲省政府
> (3)改組時，儘量容納當地優秀人士

三月八日，國防最高委員會秘書長王寵惠以此三項決議報請蔣核示，而三月七日台灣省黨部主任委員李翼中飛京，以三月六日陳儀呈蔣函呈蔣，陳儀函中亦言及：「接受台灣人民之政治要求，不妨改組長官公署爲省政府，俾容納本省之較有能力者。」故三月八日蔣對王寵惠呈文即批示：

> 已照決議三項原則進行。俟派定宣慰人員，出發時，再發表此項消息可也。

三月七日，蔣垂詢李翼中「台灣情勢及處理辦法」，李對以：「凡屬彼等所爭之政治、經濟與其他權利，應多與之。」蔣遂命李翼中：三月六日八時半陳儀廣播所答應與台灣人民者，可許之。以此原則可與組織部長陳立夫商定，擬具處理辦法，在三月八日十二時送來[14]。

李與陳立夫所擬具之處理辦法，見李翼中《帽簷述事》[15]。

---

14 《二二八事件資料選輯》(二)，頁384。
15 《二二八事件資料選輯》(二)，頁386

三月九日蔣內定白崇禧宣慰台灣。三月十日，白崇禧即遵蔣命，與陳立夫、李翼中共同商定〈處理台灣事件辦法〉，繕正定稿，進呈蔣。

今據《大溪檔案》，將定稿影印如下：

第二四號之附件

處理台灣事件辦法

中央對於此次台灣事件應迅速處理之以免蔓延擴大為野心者所利用在
不損害中央威信及採納人民合理要求之原則下決定處理辦法交由中央
所派大員宣布施行在辦法宣布後必須做到下列二事(一)各級二二八事件
處理委員會及臨時類似之組織應即自行宣告結束(二)地方政治常態
應立即恢復其參與此項事件有關之人員除共黨煽亂暴動者外概不
追究其辦法要點如下
一、改台灣省長官公署制度為省政府制度其組織與各省同但得依
實際需要增設廳處或局改制業請
主席於本星期國防會提出至台灣省主席人選請
主席先行決定省委及廳局長等候中央派員到台徵詢台省各
方意見後彙報請予核委
二、台灣警備總司令以不由省政府主席兼任為原則
三、省政府委員及各廳處局長儘量任用本省人士
四、台灣省各縣市長提前民選其辦法及日期由省參議會擬具呈
報內政部核准施行
五、在縣市長未舉行民選前由省政府委員會依法任用並儘量登
用本省人士
六、政府或事業機關中同一職務或官階者無論本省或外省人員
其待遇應一律同等
七、民生工業之公營範圍應儘量縮小公營與民營之劃分辦法由經
濟部資源委員會迅速審擬呈報　行政院核定請轉飭主管部
迅速擬辦
八、長官公署現行之政治經濟制度及政策其有與國民政府頒行
之法令相抵觸者應予分別修正或廢止一面由行政院查案審
議一面由中央所派之人員聽取地方意見隨時呈報作修正或廢
止之參考

由於這個〈辦法〉明文規定「由中央所派大員宣佈施行」，而且所派之大員可「聽取地方意見，隨時呈報修正」，故在三月十一日，蔣即明令派白崇禧赴台宣慰，並「代表蔣來台，查明實際情形，權宜妥善處理」[16]。

8

此一〈處理台灣事件辦法〉，在白崇禧抵台前，蔣並未公開宣布，而此一辦法實採納三月十日台灣人民團體七團體所發表〈二二八慘案告全國民眾書〉，實採納台灣人民多次所請願，亦即台灣人民眞民意，對台灣事件謀求合理之解決[17]。故在三月十日，白崇禧遂邀宴三月九日來京請願之台灣人民團體，台灣政治建設協會上海分會、台灣重建協會上海分會等七團體代表楊肇

16 《二二八事件資料選輯》(二)，頁181，185。

17 〈告民眾書〉全文見三月十二日南京《建設日報》，《二二八事件文獻補錄》，頁746。

嘉、張邦傑、陳碧笙等十三代表[18]。

三月十一日，白派遣秘書張亮祖及國防部法規司司長何孝元中將乘國防部專機飛臺，安排白赴台宣慰事宜。白允許台灣人民團體代表楊肇嘉等十三人搭此專機飛臺，協助處理宣慰事宜。

午後五時一刻抵台北，住新生活賓館。

七時三刻陳儀即派憲兵一隊，將楊肇嘉一行十三人軟禁，即便溺亦在監視之列。

所幸在此之前，有市黨部執行委員蔡某來訪，歷述二二八詳情，並供給楊等資料甚多。並自旅館服役人員處，得知陳炘、王添灯、宋斐如等二百餘人被捕拘禁[19]。

楊肇嘉等十三代表，在離京前，白崇禧曾請何孝元轉達陳儀，請陳儀保護楊肇嘉等人安全。而這些台灣人民團體代表在二二八前，二二八後。多次向中央請願，指摘陳儀失政，陳儀拒絕予以保護。

陳儀在三月十一日夜，寫信給白崇禧：

> 台灣自二十一師一四六旅之四三六、四三八兩團及憲兵兩營分批到台後，台北基隆均已平靜，惟台中、嘉義、台東各縣市尚在騷動。
> (二十一師)一四五旅尚在蘇北，大約本月十七日以後，才可到臺，……俟一四五旅到達後，全省動亂當可戡定。
> 關於改組省政府及民營縣市長等問題，原宣佈須請示中央核定。一俟廿一師全部到達，秩序大致恢復，隨即請大駕蒞臨，宣達德意。……餘託何張兩君面陳。[20]

陳儀即以秩序尚未完全恢復，要求白延期來臺。也即以此爲理由，將何孝元、

18 此七團體爲：台灣政治建設協會、閩台建設協會、台灣重建協會、台灣省革新協會、台灣同學會、台灣旅京同鄉會、旅滬同鄉會。見《二二八事件文獻補錄》頁42-44。引南京《建設日報》。此十三代表爲楊肇嘉、張邦傑、張錫均、陳碧笙、王麗明、林松模、林有泉、陳重光、張維賢、李天成、黃木邑，另外兩名爲顧問。

19 宋斐如之名見《二二八事件檔案彙編》二，頁256，引三月二十二日上述七團體請願代表團所發表聲明。

20 《大溪檔案》，頁153。《楊亮功先生年譜》，頁366，說：「十二日，何孝元來訪。何告訴我，彼曾見陳長官，陳不表歡迎，態度欠佳。」

張亮祖及楊肇嘉等十三代表，於三月十二日原機送回南京。

楊肇嘉等人回到南京，即向白報告：陳炘、王添灯、宋斐如等二百餘人，爲陳儀拘捕監禁，並於三月十四日在南京《建設日報》，刊布〈一封愛祖國斑斑血淚的書〉[21]。

9

由於三月九日蔣嚴電係命大員協同陳處理，故陳儀在三月十日辰時電令基隆要塞司令史宏熹：「該區肅奸工作，著自初十亥時開始。凡屬主謀及暴徒首領，一律逮捕訊辦。限三日內完成具報。」在十二日電令高雄要塞司令彭孟緝「肅清奸僞份子，以絕後患」。「在十二日並召開重大會議，參加者有公署秘書長、處長嚴家淦等人，警總有參謀長柯遠芬、副參謀長范誦堯。」「會議徹夜進行，凌晨(十三日)三時，陳儀終於做出決定」，「凌晨四時開始活動，由我陳儀負全部責任，與二二八事件有關的嫌疑人士，不問姓名，當場槍決」[22]。

在三月十三日清晨，即有歐陽可亮被捕，押送刑場槍決。歐陽可亮問逮捕者他犯何罪名，逮捕者不答。幸虧歐陽可亮係基督徒，以教友聚會關係，歐陽可亮友人向范誦堯求救。范遂寫一便條，請槍下留人，歐陽可亮遂倖免於死。

警總軍法處官員審訊歐陽可亮，問歐陽可亮認識林樑材否，歐陽可亮答以根本不認識林。

林爲共產黨員，一定有人誣告歐陽認識林，而共黨又多係單線領導。故陳儀對有共黨嫌疑之人，遂據人檢舉「不問姓名，當場槍決」。陳儀在會議中說：「我會負全責。」此係事後范誦堯對歐陽可亮所說，歐陽可亮所說應可信。

陳儀敢拍案說：「他負全責。」那是因爲：對共黨分子「應不遺留一個細胞」，此見前引二月十日蔣致陳儀電。

按：前引〈危害民國緊急治罪法〉第一條第二款

> 勾結叛徒，圖謀擾亂治安者，處死刑。

---

21 《二二八事件文獻補錄》，頁742，引三月十四日南京《建設日報》。

22 此據戚嘉林《台灣史》第五冊，並承惠贈歐陽可亮所著，張志銘譯，〈二二八大屠殺的證言〉，《台灣史料研究》，第十一期(台北：吳三連財團法人文教基金會，民國87年5月)。全文。警總檔案記有三月十三日逮捕歐陽可亮，以奸僞嫌疑不足，保釋。

叛徒係指共黨，需確定某人爲叛徒，並確定其勾結該叛徒始處死刑。陳儀對「嫌疑人士，不問姓名，當場槍決」，這未必符合蔣「共黨份子，不可遺留一個細胞」的原意。

在白崇禧來台，召集將領談話時，柯遠芬自承：曾引用列寧所說「寧可枉殺九十九個，只要殺死一個眞的就可以」[23]這句話。在二二八事件時有些暴徒係共黨，由於共黨分子多係單線領導，不容易確定誰是共黨，所以柯遠芬就說，「殺死九十九個暴徒，只要殺死一個眞的共產黨就可以」。

白崇禧責以「古人行一不義，殺一不辜而得天下不爲」[24]。現在由歐陽可亮這件事看來，柯所言，疑仍係兼總司令陳儀的主張。

10

《大溪檔案》：三月十三日陳儀函呈蔣：

> 台灣因非接戰區域，不能援用軍法。……司法手續緩慢，而台灣情況特殊，擬請暫時適用軍法，始得嚴懲奸黨份子以滅亂源。……曾任皇民奉公會重要幹部者均予停止公權，其情節尤重者，應令其離開台灣。日本人擬於四月間遣回，不留一人。海南島返台人民及流氓參加此次事變者，嚴辦，以儆效尤。[25]

該函後面附了一張〈辦理人犯姓名調查表〉。今影印刊布於下：

---

23 《二二八事件文獻補錄》，頁132，〈柯遠芬口述紀錄〉。

24 《白崇禧訪問紀錄》。李敖，《二二八研究》，頁310引。

25 《二二八事件資料選輯》(二)，頁166-173。

第（四）〇號之附件

此單所列均未見報來是否提出備明原因乞示

辦理人犯姓名調查表

姓名	略歷	罪迹
王添灯	一、省參議員 二、三民主義青年團台灣區團台北分團幹事長 三、台灣省政治建設協會理事	（一）陰謀叛亂首要，組織偽二二八事件處理委員會自任宣傳組長 （二）號召前在日本陸海空軍服役之青年組織以為擴大叛亂之武裝力量 （三）控制廣播電台發表叛國言論，提出卅二條件，鼓動民眾附和其行動 （四）密組偽新華民國政府
徐征	（一）私立延平學院教授 （二）中共台灣省工作委員會委員	（一）奸偽首要 （二）組織國語講習會，從事吸收社會青年以為奸偽外圍群眾 （三）組織海青社，吸收知識青年及大學學生，擴大活動 （四）策動延平學院學生叛亂
李仁貴	（一）台北市參議員 （二）台灣省政治建設協會理事 （三）偽二二八事件處理委員會委員兼調查組長	（一）陰謀叛亂首要 （二）提議將國軍武力完全解除，治安由偽處理委員會維持

徐春卿	(一)台北市參議員 (二)偽二二八事件處理委員會委員	(一)陰謀叛亂首要 (二)反對日產標售，但倡日產租人聯誼會，擴大反對政府措施
陳炘	(一)前日本皇民奉公會台中州支部生活部長 (二)台灣省政治建設協會理事	(一)陰謀叛亂首要 (二)、接收台灣信託公司
林茂生	(一)國立台灣大學教授	(一)陰謀叛亂，鼓動該校學生暴亂 (二)強力接收國立台灣大學 (三)接近美國領事館，企圖由國際干涉，妄想台灣獨立
宋斐如	(一)人民導報社長 (二)奸偽要角	(一)陰謀叛亂首要，組織台灣民主聯盟 (二)利用報紙抨擊政府施政，獨力暴露政府弱點
艾璐生	(一)大明報發行人 (二)奸偽要角	(一)陰謀叛亂首要 (二)利用報紙抨擊政府施政，強調有政治革新之必要，煽動人心不滿現實
阮朝日	(一)新生報社總經理 (二)奸偽要角	(一)陰謀叛亂首要 (二)利用報社從事於奸偽活動 (三)利用報紙發表挑撥離間軍官民情感
吳金鍊	新生報編輯	(一)陰謀叛亂首要 (二)利用報紙從事煽動群眾，挑撥離間軍官民情感

廖進平	(一)台灣省政治建設協會理事兼經濟組長 (二)偽二二八事件處理會委員	(一)陰謀叛亂首要 (二)向美國駐台領事館提出「將此次台灣二二八事件真象，向國內及全世界報導並請其主持公道」之聲明要求 (三)經常利用該協會定期講演會，發表抨擊政府不滿現狀，挑撥官民之荒謬言論
黃朝生	(一)台北市參議員 (二)偽二二八事件處理會委員兼救護組委員 (三)台灣省政治建設協會理事兼財政組組長	(一)陰謀叛亂首要 (二)勒令各公私醫院，不得為受傷外省人醫治 (三)陰謀組織偽「新華民國」政府
林連宗	(一)省參議員	(一)陰謀叛亂顛覆政府 (二)強力接收台灣高等法院第一分院並自任院長
王名朝	(一)台灣省鐵路管理委員會職員 (二)奸偽密探	(一)鼓動鐵路員工罷工，向政府叛亂 (二)鼓動控制鐵路交通，運輸叛軍向各地增援 (三)聯絡南北沿線鐵路員工擴大叛亂
施江南	臺灣建設協會理事	陰謀叛亂首要
李瑞漢	律師	陰謀叛亂首要並強迫接收法院

姓名	身分	罪狀
李瑞峯	仝右	仝　右
張光祖	台北大流氓首領	(一)策動殺害外省人首要 (二)領導爪牙協助暴亂
堀內金城	工藝研究所技師 日本留台地下工作者	(一)策動台人叛亂 (二)組織日本地下間諜網，偵探我軍政情報
楠寄寅三郎	日本留台地下工作者	仝　右
白成枝 流氓		
蔣渭川、陳屋 流氓		
林日高、王万福 共		
張晴川 民人、呂伯雄 共		

在這個表中所列的人犯，有些在三月十三日前即被捕。如：

林連宗、李瑞漢、李瑞峯係十日被捕[26]

王添灯、陳炘、林茂生、徐春卿、施江南、李仁貴係十一日被捕，

吳金鍊係十二日被捕，

廖進平係十八日被捕。

而白成枝、蔣渭川、林日高、張晴川、呂伯雄，據《二二八事件檔案彙編》(二)〈國家安全局檔案〉(頁392)〈台灣省二二八事變自新名冊〉，均名列自新，則此一〈辦理人犯姓名調查表〉，僅只是陳儀在三月十日所列擬逮捕人犯及其罪跡。而字跡潦草，所列白成枝七人姓名則係三月十三日陳儀所追加。

《二二八事件檔案彙編》(二)，《國家安全局檔案》，頁364-367，〈台灣省二二八事變正法及死亡人犯名冊〉其中列有「林連宗、林茂生、王添灯、黃朝生、李仁貴、陳屋、徐春卿、李瑞漢、李瑞峯、宋斐如、吳金鍊、阮朝日、陳炘、施江南、廖進平」。而〈辦理人犯姓名調查表〉所列徐征、艾璐生、王名朝、張光祖、堀內金城、埴崎寅三郎等六人未見名列其中，是否被捕遇害，則待考。以常理判斷，多半凶多吉少。

〈辦理人犯姓名調查表〉所添註「王萬福、共」，考《警總檔案》所列四月十九日通緝人犯作「王萬得」，恐以作王萬得爲是。

《大溪檔案》憲兵司令部報告台北三月十、十一日電：

陳長官十日令憲兵駐台特高組秘密逮捕國大代表林連強、參議員林桂端、李瑞峯(彼等聯名接收高等法院，係律師)，及奸僞首要曾壁中等。台灣自治青年同盟領導人蔣渭川，現已潛逃，其組織無形潰散。

「林連強」應係「林連宗」之誤。參議員「林桂端」，以〈辦理人犯姓名調查表〉校之，應係「李瑞漢」之誤。〈調查表〉正明言，此三人強迫接收法院。而《警總檔案》，《選輯》(六)，頁632，林連宗之妻林陳鳳呈文，正言李瑞峯、李瑞漢及林連宗三人一同被捕。

林桂端係有名的律師，其子林信一〈談林桂端被捕之謎〉，未言其父爲參議員。檢李筱峰《台灣光復初期的民意代表》書末所附名錄未見林桂端列名其中，則該情報有誤[27]。林桂瑞之死，則見於上引〈正法及死亡人犯名冊〉。

26 《大溪檔案》，頁146。

27 見阮美姝，《幽暗角落的泣聲》，頁33。

林信一言：「三月八日下午三、四點，自稱隊長的于敦焜率領四位帶槍的憲兵說：『王添灯有事商談。』從此就失蹤[28]。竊疑林氏之失蹤應係十日。因台北九日上午六時戒嚴，十日始下令捕人。」[29]

曾璧中，有便衣往抓，曾璧中遂逃往大陸，出任軍職。曾氏有〈二二八給我的災難〉一文，收入《二二八事件文獻補錄》，頁790。曾氏該文記便衣來捕係三月十一日下午。恐應以曾文所記為正。曾氏非共黨，也未參加二二八暴動，其被憲兵特高組列名，恐係遭人誣告。

11

〈辦理人犯姓名調查表〉所列人犯，其中註明「奸僞要角」，「奸」指「共黨」，「僞」指「僞二二八事件處理委員會」。

對於奸僞分子，陳儀自然可引用〈危害民國緊急治罪法〉，但對那些非共黨分子，顯然不能援用，因此他要援用〈戒嚴法〉第九條。

今錄民國二十三年十月二十九日國民政府公布之〈戒嚴法〉第九條於下[30]：

接戰地域內關於刑法上左列各罪軍事機關得自行審判或交法院審判之

一、 內亂罪

二、 外患罪

三、 妨害秩序罪

四、 公共危險罪

五、 僞造貨幣有價證券及文書印文各罪

六、 殺人罪

七、 妨害自由罪

八、 搶奪強盜及海盜罪

九、 恐嚇及擄人勒贖罪

---

28 同上。

29 見《大溪檔案》，頁146：「警備部十日晚起開始行動，肅清市內奸徒。」

30 軍事委員會軍法執行總監部編，《增訂現行軍法類編》第三冊(重慶：軍用圖書社，民國33年9月)，頁684-685。

十、毀棄損壞罪

〈戒嚴法〉第九條僅適用於接戰地區，而台北又非接戰地區，不能援用軍法。普通司法太緩慢，因此陳儀就要求：台灣雖不是接戰地區，只要是戒嚴地區也可適用。對於非軍人，爲應實際需要，軍事機關可充分利用〈戒嚴法〉第九條的規定，「凡非軍人而犯該條之罪者，可由軍法機關斟酌情形劃歸軍法機關審判」，這也見於民國二十七年十二月二十七日國府渝字第747號訓令[31]。

而且二二八事件期間，有些人犯是犯殺人、搶奪、強盜罪，犯這些罪的人有些人可能不是二二八事件人犯，本來可歸司法處理，結果陳儀爲了分別這些人究竟是不是二二八事件人犯，要求一併以軍法處理。所以我們看《警總檔案》可以發現捉了很多人而後來判的是強盜罪、搶奪罪等，而其實不是二二八事件人犯，就是因爲這個緣故。而這也應該是陳儀爲什麼要改用〈戒嚴法〉第九條而不用〈危害民國緊急治罪法〉的原因。

三月十三日陳儀呈蔣函，要依戒嚴法第九條，以軍法懲治那些不是共黨的二二八人犯，其中如陳炘，《警總檔案》，《二二八事件資料選輯》(六)，頁49。〈已決暴亂案件人犯名冊〉即明載：

> 陳炘：送案日期：三月十一日；解送機關：台北市警察局
> 案由：內亂。結辦情形：訊明共同首謀，意圖顛覆政府，而實行暴動，處死刑，褫奪公權終身。

而三月二十三日陳儀呈白崇禧報告所附〈交保開釋暴動人犯名冊〉、〈警總在押暴動人犯一覽表〉[32]即無陳炘其人之名。

林茂生，據《楊亮功先生年譜》，他三月十六日爲林茂生事見陳儀，陳儀告以林茂生從事獨立活動。楊年譜說，在他訪問陳儀之時，林即已處決了。

林茂生非共黨、非軍人，但「接近美領館，妄想台灣獨立」。陳儀將其處死，應係依〈戒嚴法〉第九條內亂罪，但該條僅限於在接戰地區所獲人犯，而且非軍人，犯內亂罪應以司法審判，故陳儀三月十三日呈蔣函，以司法緩慢，

31 民國四十一年，國防部軍法局編，《最新軍法彙編》，頁217。
32 《二二八事件資料選輯》(六)，頁284-295。

不如軍法迅速，雖非接戰地區，亦要求以軍法懲治。

陳儀〈辦理人犯姓名調查表〉所列許多人犯罪跡爲「利用報紙，從事煽動群眾」。而三月十三日呈蔣函提到：「一年以來，因新聞言論過於自由，反動份子得以任意詆毀政府，離間官民，挑撥本省人與外省人情感。」在二二八以前，陳儀以此博重視民主及言論自由之美名，而二二八以後，反以此入人罪，這眞是沒有道理。

陳儀三月六日呈蔣函僅言及接受台灣同胞的政治要求，對經濟要求改革一事則隱瞞不提；在三月十三日呈蔣函則明白宣稱：「台灣公營制度係實行民生主義之必要步驟，商人及資本家以爲妨害其自私之利。對專賣及貿易，反抗尤甚。奸黨利用之，以助長毀壞政府之聲勢。」「本年收支預算，已經省議會通過，財政經濟方針即寓於預算之中(收入上列專賣貿易收入)，可見合法的民意機關，並未反對公營的財政經濟政策。」「財政經濟爲施政的命脈」，陳儀至此函始坦承其專賣與公營貿易制度應維持原有政策，而這是與中央所定〈處理台灣事件辦法〉「民生工業之公營範圍應儘量縮小，長官公署現行之政治經濟制度及政策，應分別修正或廢止」相牴觸的。

蔣在二二八當天，曾指示陳儀應儘量採納台灣民意，而〈處理台灣事件辦法〉正是採納台灣人民的眞正民意。

陳儀三月十三日呈蔣函仍然不知自己治台財經政策的錯誤。蔣三月十六日日記[33]：

> 陳公洽(儀)主持台灣政事，不自知其短闕，而唯虛橋粉飾是尚，肇此巨變，猶不引咎自責，可爲太息痛恨也。

這應是蔣三月十六日對陳儀三月十三日呈蔣函的反應。

蔣不等陳儀來函邀請白崇禧赴台宣達中央德意，即令白崇禧於三月十七日飛台。在白行前，蔣即根據〈處理台灣事件辦法〉，廣播宣布：

> 行政長官公署改組爲省政府。民營工業之公營範圍應盡量縮小。台灣行政長官公署現行之政治經濟政策，其有與國民政府頒行之法令相牴觸者，應予修正或廢止。其參與此事件之有關人員，除共黨煽惑暴動

33 《蔣總統秘錄》，第十四冊，據李筱峰《台灣光復初期的民意代表》轉引。

者外，一律從寬免究。

林茂生之死，應在三月十三日呈蔣函後，三月十六日楊亮功訪陳儀前。陳炘之死，也當係同時，或相去不久。

陳儀原以爲他的三月十三日函，會經蔣批准。他可在白崇禧來台宣慰之前，將二二八重要人犯處理完畢，他沒想到蔣在三月十七日即作此重要宣布。因此，他在三月十七日即電蔣，祈准予辭去台灣行政長官及警備總司令本兼各職。蔣十八日覆電，「勉從尊意」，「惟行政長官公署，需待秩序完全恢復後取消，此時兄仍須負責，主持善後，勉爲其難」。

12

由於三月十日蔣演講提到：中央「派遣大員赴台，協助陳儀處理」，三月十一日蔣命令白崇禧「代表蔣來台，察明實際情況，權宜妥善處理」。故三月十七日白抵台後，當天即與陳儀晤談。

今存《警總檔案》，《二二八事件資料選輯》(六)，頁275存有「國防部便箋」一紙，記有：

司法與軍法
(一)與本事件有關之司法事件
(二)逮捕人數。(羈押人數、釋放人數、執行人數)
(三)審訊情形
(四)判決及執行
(五)軍法官人數
(六)軍事法庭之組織
(七)准予覆審機會

此即三月十七日白崇禧與陳儀晤談時，白崇禧將所記應詢問事項，以「便箋」紀錄，由陳儀交警總存檔，由警總軍法處處長徐世賢代陳撰擬報告，於三月二十三日遞呈白崇禧。

該報告極重要，今影印於下：

仰已呈
四月令核
戒子 三

報告 三月廿三日 於台北綏部

奉

諭查報本省二二八事件有關之司法事件及逮捕人數審訊經過判決及執行情形等因謹分[illegible]陳述如下：

一、關於此次事變有關之司法事件：本省此次事變完全為奸黨叛徒及少數陰謀分子煽惑鼓動以專賣局緝私人員因[illegible]衝開槍誤殺人命事件為藉口釀成不幸事件對於當日肇事之緝私人員葉得根盛鐵夫傅學通劉超群鍾延洲趙子健六名並無軍人身分所犯殺人罪嫌交由司法機關受理。又二月二十八日[illegible]

民於封閉毀損台公司時，由警察局拘送遣於劫人犯柯
土墻一名，連同證物到部，亦屬司法審判範圍，均於
三月一日及二日先後移送台北地方法院檢察處依法辦。
六、逮捕人數：自二月廿八日起截至本（廿二）日止，就台北及基隆兩地逮捕人
犯共計二百七十名，三月二日二二八事件處理委員會要
求將二月廿八日及三月一日逮捕暴動人犯之青年學生先行釋，當本
寬大為懷之旨，俯順輿情予以釋放者二十二名，訊明為無罪
據已予交保釋放者一百零六名，現仍在押候查
辦理者為數一百二十四名（詳附名冊）。其他如高雄市尚未接到。催據高雄要塞司令部電報拘獲暴徒四百餘名，移送高雄地方法院依法辦
三、審訊情形：本部對於拘捕暴民，業經均在

晝夜主時訊查，均因拘送稍閒，難以按從，不及備文

叙明，原告又未有按程拘捕人員到案陳述，經過詳

情，查無從着手，得隨時呈方查詢，迅速處理。

除查無事實及確無罪行之嫌疑人犯，隨時分

保釋放外，其情節未明，現尚在押人犯，亦均積

極詳審查，再飭原送機關檢呈事實證據，以便

即予依法辦理。

四、判決及執行：對於此次事變逮捕之人犯，除分

別辦理情形，尚未據報外，現尚在押人犯因係查

尚未完竣，及擬請准依戒嚴法第九條規定

均軍法審判，嗣擬發交法院，故現尚無判決
及執行案件。
奉諭前因，理合繕同名冊，報請
察核。謹呈
部長白
臺灣省警備總司令陳〇
附名冊三件

該報告說：

> 逮捕人數，其他各縣市尚未據報，僅據高雄要塞司令部電報捕獲暴徒四百餘名，稱送高雄地方法院偵辦。

陳儀爲什麼不提三月八日電令彭，以〈危害民國緊急治罪法〉判處涂光明、范滄榕、曾豐明以死刑。爲什麼不說三月(鹽)十四午電令彭：林界及共黨分子陳顯光亦依〈危害民國緊急治罪法〉「准予權宜處理除害」[34]？

陳儀三月二十三日報告說：

> 判刑及執行…….現尚在押人犯，因偵查尚未完竣，及擬請准依〈戒嚴法〉第九條規定，劃爲軍法審判。頃始簽奉核准，故現尚無判決及執行案件。

陳儀爲什麼不提「殺九十九個暴徒，只要殺一個眞的共產黨就可以」，依〈危害民國緊急治罪法〉對勾結共產黨危害治安二二八暴徒，在台北究竟處決了多少人？

白來台，是奉蔣命，「察明實際情形，權宜妥善處理」的。而陳也的確抓了些與二二八有關但非共產黨人犯。

陳雖已處死了林茂生、陳炘等人，但牢中畢竟有許多人犯應依《戒嚴法》第九條處理。

而且依三十八年一月十四日總統令[35]所修訂之〈戒嚴法〉，政府將二十六年所修定之〈戒嚴法〉第九條改爲第八條，並於條文末尾，加有這樣文句：

> 戒嚴時期，警戒地域內，犯本條第一項第一、二、三、四、八、九等款與第二項之罪者，軍事機關得自行審判，或交法院審判之。

此可見白崇禧答應陳改依〈戒嚴法〉第九條，應係尊重陳係長官公署長官兼總司令，中央係派大員協同陳辦理，故白遷就事實需要，而同意此舉。而白此舉，正爲〈戒嚴法〉後此修法所本。

三月十九日白呈蔣函：

> 台灣事變，起自倉促，幸陳長官公俠先生處置敏捷，秩序上大致恢復。尚有少數暴徒，奸黨煽惑，仍散處新竹、台中、嘉義等市之山

---

34 參本書第三篇引彭三月二十一日呈陳電，及《國聲報》三月二十一日槍決林界及陳顯光布告。

35 《最新軍法彙編》，頁211。

地，總數不及二千人，刻正分別剿撫，想不難就範也。

三十七年二月二十五日白崇禧簽呈蔣：

職奉命臺省宣慰時，該省警備總部請對暴動案人犯暫由軍法審判，以玆鎮懾。經職一再權衡，期於實際需要，准如所請。

則依現存史料看來，在三月十七日白與陳晤談時，陳應已說動白，故陳於十八日即正式上簽呈給白，而於十八日或十九日，白一再權衡，批准陳儀所請。

白三月十一日允台灣人民團體十三代表隨同白先遣人員來台，此即引起陳對白的不滿。

《大溪檔案》(頁23)說：

中統局長葉秀峰三月二十六日報告：
陳長官對白部長採取敷衍態度，對中央處理事變原則似不樂於接受。
對白部長行動力加包圍，凡有晉謁者，嚴受監視。

《大溪檔案》頁218，三月二十二日白呈蔣電：

台省經濟措施，專賣及貿易局制度，據陳長官面告，均經省參議會通過施行。今後應如何改善，俟詳察實況，再行報核。

此即受陳儀影響，白崇禧改變了白原定〈處理台灣事件辦法〉的意見。而與台灣人民團體的意見不同。

白崇禧來台前，三月十二日台灣人民團體已向白報告：陳炘、王添灯、宋斐如等二百餘人，已被陳儀逮捕。

三月二十三日，白得見陳儀呈送之〈在押暴動人犯一覽表〉，其中並無陳炘、王添灯、宋斐如等三個人的名字。而且陳儀〈報告〉並說：警總「現尚無判決及執行案件」，則警總根本未殺人，也未捉拿陳炘、王添灯、宋斐如等人，於是三月二十三日白即電呈蔣：

此次台變內容，並不單純。共黨暴徒操縱煽動，蔓延既廣，被害復

> 大。目下對被劫之多數槍彈，與共黨兇犯之竄匿，正待加緊追繳清剿，一切善後，尚須審愼處理。
> 職正巡行各地，詳加調查研究中。
> 對台事決定，最好待職宣慰工作整個完成，報請鈞裁，較爲適當。近閱報載國內台籍各團體人民代表，僅憑風說，提出種種要求。尚懇鈞座勿輕許諾，以免增加善後困難。[36]

蔣批示：

> 復：准待宣慰工作完成報告到後再定辦法，現並未有任何之許諾。陳長官查辦案亦已打消。勿念。[37]

白指出：「台灣各人民團體代表，僅憑風說，提出種種要求。」即指白三月二十二日養電所言：「專賣及貿易制度，尙需詳察實況。」及臺灣人民代表所言陳炘、王添灯、宋斐如等二百餘人被拘禁，係風聞之詞。須待白宣慰工作完畢，寫作報告，報請蔣裁奪。如輕據風聞之詞，而作許諾，將陳儀撤職查辦，則將增加白權宜處理善後困難。

白是蔣的宣慰特使，此係白第一線報告，蔣當然採信，於是將三月二十二日國民黨中央執行委員會所決議陳儀撤職查辦，亦運用蔣是國民黨總裁，依國民黨黨章第四章第二十六條，蔣對中央執行委員會之議決有「最後決定權」，將陳儀撤職查辦案打消。

本文第八節曾提到三月十日南京《建設日報》所載台灣人民團體〈爲台灣二二八大慘案告全國民眾書〉。

據〈二二八大慘案日誌〉[38]：

> 三月十四日，台省旅京滬七團體，向立法院請願撤換陳儀。
> 三月二十一日，七團體代表向三中全會請願，提出撤換陳儀，釋放被捕台胞，逮捕懲辦貪官污吏等要求，由谷正綱接見。三中全會六十餘

36 《二二八事件資料選輯》(二)，頁219。

37 同上。

38 鄧孔昭編，《二二八事件資料集》，頁250-253。

名中委提撤辦陳儀案。[39]

三月二十二日，旅京滬台灣請願楊肇嘉等招待記者，發表聲明如下。

按：其聲明全文見《二二八事件檔案彙編》(三)，頁256-258。此聲明正言陳炘、王添灯、宋斐如諸人，均不能以共產黨目之，他們正擔心，此諸人以〈危害民國緊急治罪法〉處死。而不知三月十三日陳儀呈蔣函，建議對非共黨人犯，改以〈戒嚴法〉第九條懲治。

請願呈文言及劉文島三十五年曾奉命組清查團，揭發專賣局局長、貿易局局長的貪污。事後均一一釋放，逍遙法外。

劉文島爲中央委員，爲此曾痛哭流涕。此次三中全會之將陳儀撤職查辦，與此事應有關。

〈二二八大慘案日誌〉：

三月二十四日，蔣主席於紀念週對三中全會所攻擊之撤辦陳儀事表示意見，謂：「……台變，固應陳儀負責，其用人也許失當，政府已派白崇禧前往處理。於察明眞相之前，三中全會遽作撤職查辦決議，未免使邊疆負責人減少責任勇氣。」

由於蔣表示意見，於是京滬記者就不敢談陳儀濫捕多人了。

13

白崇禧受陳儀包圍，輕信三月二十三日陳儀所呈〈警總在押暴動人犯一覽表〉。故發出三月二十三日呈蔣電。

白崇禧不久即發現受了陳儀的騙。這可能與丘念台的來到台灣有關。據丘念台《嶺海微飆》：

中央派白崇禧赴台宣撫，……白電請廣州張發奎轉電尋我，邀我火速同到台灣宣撫。……

39 據《國史館藏二二八檔案史料》，頁74-88，係劉文島55人所提臨時動議。〈日誌〉作六十餘中委，誤。

> 我於三月二十三日從梅縣往汕頭，二十五日搭船赴臺，二十七日晨抵達基隆。……
>
> 市長石延漢立即派人接我到他的公館吃午飯。我乘暇細問一切經過。下午又請他陪來台北，先至長官公署晉見陳長官，然後往謁白部長。……
>
> 台北的林茂生、陳炘、宋斐如和其他七位地方有力紳士，在事變幾天後，忽告下落不明，據說已被拘捕。
>
> 林氏於光復後出任台大文學院長，原很清高超然。但他每喜放言高論，諷刺省政。事變發生後，也可能被邀參加不利於長官公署的集會，以致引起當局的注意。
>
> 我對林氏的背景雖不甚詳知，可是依我的推想，以這麼一個年近耳順的書生，尚不致作出怎樣狂悖叛逆的事，因此我應地方人士的要求，親向陳長官保釋林茂生、陳炘、宋斐如等。他卻答說：「我不知道這回事，所有拘捕的名單已經送交白部長，你可去查。」看來似無誠意，只好轉談其他問題。事後打聽內情，才知道林氏等七八位紳士已經莫名奇妙失蹤了。連屍首都無法找到，罪名也始終不明白。……

此拘捕名單即三月二十三日〈警總在押暴動人犯一覽表〉。丘氏受命協同白氏宣撫，他往見白崇禧，一查〈一覽表〉，就發現〈一覽表〉所記不眞實。

三月二十三日陳儀呈白氏報告：

> (在台北)現仍在押俟查明辦理者，尚有一百二十四名(詳列名冊)，在押人犯，因偵查尚未完竣，及擬請准依〈戒嚴法〉第九條規定，劃歸軍法審判。頃始簽奉(白)核准，故現尚無判決及執行案件。

上引《警總檔案》所記陳炘事，已可證陳儀欺騙白崇禧。

三月二十三日陳儀呈白報告所附〈一覽表〉，是在三月二十二日或二十三日才編好的。《警總檔案》有三月二十二日警總第二處以該處釋放二二八人犯名單送達軍法處。該名單所列正附於陳儀報告所附〈警總交保開釋暴動人犯名冊〉最末尾。

三月二十三日，陳儀所呈報告，何以不坦承陳炘、林茂生等人已處死，這可能由於奉准以〈戒嚴法〉第九條處內亂罪，係在三月十八或十九。而陳炘、林茂生之處死在前，此即係違法。只好隱瞞不報。而且蔣廣播：「除共黨煽惑暴動者外，一律從寬免究」。陳儀也可能爲了不與蔣廣播牴觸，遂隱瞞不報。

據〈廖德雄訪問紀錄〉，他的父親廖進平係於三月十八日上午三時，在八里坌往淡水的碼頭被捕。據淡水當地的人說：「二十三日有一批人被運送往沙崙處決(或塡海)，不曉得其父廖進平是否遭槍決者之一？」由於陳儀報告是三月二十三日遞呈的，很可能陳儀將秘密處決人犯的期限定爲三月二十三日。

14

白氏發現受騙，但他並無將陳儀免職的權力，也無法像我這樣根據《警總檔案》找出陳欺騙的確證，他只能在事後補救。

三月二十八日，白氏以〈寅(三月)儉(二十八日)法一代電〉命令陳：

> 台灣警備總司令部陳總司令公洽兄勛鑒：
>
> (一)希望將此次事變貴部及所屬各機關部隊所逮捕之暴動人犯，不論當場或事後，其人數、姓名、身份、案情及處理經過及辦法造冊具報。
>
> (二)拘留人犯，除首要依法訊辦外，至盲從附和，情節輕微者，可准予開釋。
>
> (三)已經處決之人犯，亦希詳列經過，造冊刻日辦理具報。
>
> (四)逮捕此次事件人犯，只限於共黨份子及參加暴動主犯，應由貴部統一執行，依法審訊。其他任何軍警或機關，非奉貴部命令，不得擅自逮捕。
>
> 以上四項，特電查照辦理，並希見復爲荷。[40]

三月二十九日警總參謀長柯遠芬通知軍法處「遵辦並復」。

三月三十日陳儀以代電答覆白崇禧。

> (一)……其他各地區，亦經分電查報。得復，當即彙轉察核。
>
> (二)本部拘留人犯，在押在三月二十三日以前，原爲一百二十四名，

40 《二二八事件資料選輯》(一)，頁308-309。

截至本月三十日續收十八名，共計一百四十二名，……盲從附和者自本應寬大爲懷之旨，分別交保釋放，截至本(三十)日止，經訊明交保釋放者六十一名。(詳列名冊)

(三)審訊終結，依法判處死刑者六名[41]，參加暴動，惡性較深，從輕發交勞動訓導營管訓感化者十二名。所犯罪嫌，不在〈戒嚴法〉第九條規定，……移送法院辦理者五名。(詳列名冊)因主犯尚未歸案，或偵查尚未完竣，現仍在押，及發交基隆要塞司令部，依軍法職權，就地查明，依法辦理報核者五十八名(詳列名冊)。是項在押人犯正不分晝夜，積極詳察，分別依法結辦。

(四)此次事變，在本省戒嚴期內，經奉准適用〈戒嚴法〉第九條，歸軍法審判，凡逮捕之奸匪叛徒應就近送由有軍法職權之機關部隊法辦及□□，法定有權拘捕人犯之機關執行拘捕時，務須依法具備正式公文書，並於法定期間內，檢同證據解辦。曁嗣後軍警各機關，非有本部命令，不得擅自逮捕。關於必須緊急逮捕案件，隨時呈報本部，先後電飭所屬遵照各在案。

奉電前因，理合繕同〈已決暴動人犯名冊〉〈交保開釋暴動人犯名冊〉〈在押暴動人犯名冊〉各一份，電請參核。……

陳儀代電所言，「本部先後電飭所屬」，彰健檢《警總檔案》，在三月二十三日至三十日，並未見有此命令，而《二二八事件資料選輯》(一)，頁355，則有警總(36)總法字第4042號寅(三月)卅一代電全文，規定「由總部統一執行，非有命令，不得擅自逮捕」。好在白崇禧無法檢查陳儀究下過多少命令，故陳儀可顧及顏面，這樣矇混答覆。陳儀對秘密處決人犯一事，仍未向白報告。

四月二日白崇禧離台飛京，四月一日假台北賓館舉行記者招待會，發表書面談話[42]：

本席奉國府蔣主席令，來台宣慰，遵照中央寬大爲懷精神及指示原則，……並經決定以下數項辦法，交由台省軍政主管機關執行，即

41 與已決暴動人犯名冊核對，其處死刑者僅蕭明山、張芳基二名。

42 《二二八事件資料選輯》(一)，頁388。

(一)逮捕人犯須依合法手續。(二)審理務求公允迅速。(三)特殊重大案件，須呈國防部核准施行。(四)逮捕人犯應由警備總部統一辦理。(五)處決人犯應宣佈罪狀，當眾執行，以收殺一儆百之效。

由於這一明白宣布，所有重要案件，需交國防部覆判，殺人須宣布罪狀，公開執行，陳儀的軍法核可權被取消，不能將人秘密處死了。

白氏在臺，初受陳儀包圍，聽信陳儀所言；其後，白氏聽信李翼中、丘念台所言，分別單獨接見台灣父老、民意代表，聽取台灣的眞民意。他回京後，在四月十四日將所撰〈宣慰台灣報告書〉摘要簽呈，白氏所建議，均爲蔣所採納。

在經濟方面，白氏建議：

爲復興台灣之農工企業，於三年內中央似應扶助台灣，而不取給台灣，俾得日就繁榮，臻於富庶，才可收攬人心。[43]

這與陳儀治理台灣，不欲中央財政補助，完全不同。

對於台糖十五萬噸事，白氏建議：

抗戰勝利後，臺省接收封存敵糖十五萬噸。嗣奉行政院令，應運滬變價，收歸國庫，在前項食糖未售完前，限制台糖運銷內地，只准銷八分之一。

查台糖公司係中央與台省合營，規定其生產收益百分之六十歸國庫，而百分之四十補助台省。

現前項敵糖已銷出半數，似可將未售之半數，約值國幣壹千億元，撥給台糖公司，以增台省銀行法幣周轉，俾能安定台省金融，並協助台省經濟建設。[44]

白氏這項建議，蔣批交行政院照辦。《台灣光復和光復後五年省情》，頁471-481，關於臺幣準備金之往來電文，其中台灣省政府　柒卯(四月)齊(八日)府

43 《大溪檔案》，頁239。

44 《大溪檔案》，頁243。

倫字第35018號代電稱「台灣銀行以台糖公司運滬存糖棧單抵充發行台幣之現金準備」，「不得少於發行總額百分之四十」[45]，最初提二萬噸，嗣後又新增二萬噸提貨單[46]。則白氏所建議之實施情形仍待查檔案詳考。

白氏建議中央扶助台灣經濟建設，這也只能等待民國三十八年政府遷台，以運來的黃金銀元，作爲新臺幣發行之十足準備，這才眞正奠定台灣經濟由困敝而起飛的基礎。

15

由於三月十七日蔣的廣播，接受台灣人民的眞民意，包括經濟改革，這使陳儀在三月十七日即電蔣，祈允准辭去台灣省行政長官兼警備總司令。蔣三月十八日即覆電，長官公署之取消，須待二二八事件平定，此時兄仍「勉爲其難」。

陳儀獲得蔣的慰留後，於三月十九日下令貿易局取消對貿易的統制。二十日將全省分爲臺北、基隆、新竹、中部、南部、東部、馬公七個綏靖區，頒發綏靖計畫及縣市分區清鄉計畫[47]。並發表〈爲實施清鄉告全省民眾書〉[48]：

> 只要你們鼓起愛國熱情，爲人民服務，爲國家盡忠，則亂黨叛徒絕對逃不過你們的耳目。爲了家鄉，爲了國家，你們應該負起責任，協助政府收繳民間槍械，剪除本地惡民。

縣市分區清鄉計畫，准縣市視實際情形修正，然考《警總檔案》，各縣市僅於警總所定「逮捕共黨、暴徒、流氓」，刪除「流氓」二字。這因爲暴徒可以是流氓，而流氓不一定是暴徒。

清鄉計畫係規定縣市執行，由駐軍協助。而重要處在規定五家連保，使奸黨暴徒不易隱藏。

45 《台灣光復和光復後五年省情》，頁477。

46 同上，頁481。

47 《二二八事件資料選輯》(三)，頁78。

48 王曉波，《陳儀與二二八事件》，頁315，引作三月十六日。今從李敖《二二八研究》所附該書日文原件，作三月二十日，如此則與告民眾書原文「清鄉工作自三月二十一日開始」相合。

雖縣市政府、警察局、憲兵隊可依靠人民檢舉，但畢竟仍可能有逃匿，因此三月二十五日，陳儀遂下令草擬自新辦法，於三月二十九日頒行。自首辦法，亦當在此時草成。

犯罪自首者可以減刑，盲從附和自新者可免除其刑。自首人少，在三十六年十月十五日止，自新人數總計三千九百零五名。

由於有這一配套，故清鄉計畫始能完成；而所繳回槍枝，也遠超於被劫的數目，僅手槍被劫繳回者較少。

16

在三月二十三日，陳儀逃過撤職查辦的命運。而旅京滬台灣人民團體仍向中央請願。

《大溪檔案》，頁234，陳儀呈蔣主席眞電：(見次頁)

按：張邦傑向國府告發，警總繼續捕殺人民達萬餘人一案。張邦傑呈國府蔣主席原呈，今未見。《二二八事件檔案彙編》(一)，頁30-35，有三十六年四月一日台灣旅京滬七團體請願代表張邦傑等六人呈立法院長孫科呈文，內容即疑與呈國府原呈相同，僅日期後二天而已。

該原呈言「國民黨基隆市黨部書記長張振聲」，而《大溪檔案》作主任秘書。

該原呈言台南市參議會副議長葉青木，而《大溪檔案》作葉必木。

該原呈說民眾横被槍殺「爲數在五萬人以上」，而《大溪檔案》作「萬餘人」。《大溪檔案》係摘抄陳儀四月十一日眞電，請蔣批示，竊疑此或國府寅(三月)豔(二十九日)令陳儀查報電，摘錄張邦傑原呈有誤，此尙待查國府寅豔電原文詳考。

陳儀呈復說：「二二八事件發生……，全省陷於混亂狀態，無法防止。」此亦實情，舉例言之，如高等法院推事吳鴻麒之死，據其妻吳登志子呈文：

陳儀呈蔣主席四月真電

陳儀

四月十一日 卯真 總電 12258（三十六年）

事由：呈復台變時並無捕殺無辜情事謹將經過
事實陳請　鑒察
寅艷府交電奉悉遵經分別詳查(一)基隆市
黨部並無主任秘書張振聲僅有幹事張振館現仍
供職業經該部指導員連燕理書面證明
(二)台南市參議會副議長楊清現亦在職台南
信託公司董事長係劉明哲並無葉必木其人
(三)台北王添燈張晴川為倡動叛亂煽惑暴動之
主犯自二八晚策動襲擊總部等機關不迭九日
本部下令戒嚴後即已逃避無踪惟王添燈有於混
亂中被擊斃命消息各部部隊除迎擊攻擊機
關要塞等暴徒外絕無殺戮無辜之事
(四)查自二二八事件發生起至二十五日國軍一部到
達之期間內全省淪於混亂狀態奸宄暴徒仇殺狙
擊無法防止無論外省人及本省人在此期內傷亡失
踪事件迄尚無從確報據台北衛生院收埋不知姓
名之道途遺屍計有四七人可以概見
(五)自國軍到台防務加強白部長亦於寅篠蒞
台秩序即行恢復所有懲捕人犯及處理情形均經
當面詳晰陳報並承指示辦理原報所稱二十九日至
廿一日期間多人被殺及不問情由槍決格殺各節純
屬奸徒憑空捏造希圖淆惑聽聞之慣技除發表新聞
糾正外謹復

謹按此案係前據台
灣政治建設協會張邦
傑等報告台灣警備
總部繼續捕殺人民
達萬餘人等情一案奉
鈞批查報茲據呈復如
上核與白部長返京後
之報告尚屬相符合附
註明

察核

三局

三月十三日下午三時，高等法院推事處突然來了二人，尋問吳(鴻麒)推事在否。是軍法處來的，要叫他去……據大門法警說，見他二人穿私服，佩帶記章，……結果記章是省黨部廢用記章……。[49]

49 《二二八事件資料選輯》(一)，頁157-159。

試想：陳儀下令捕人，何需用廢用的記章。吳鴻麒之死，顯然有人乘亂，公報私仇。《楊亮功先生年譜》即言三月十三日這天楊曾詢問長官公署、警總及憲兵第四團，均言未逮捕吳鴻麒，而《二二八事件研究報告》定本，頁297，即指出吳氏得罪仇人有三種異說，今省略不引。

《大溪檔案》三月十三日陳儀呈蔣函所附〈辦理人犯姓名調查表〉，其旁附有蔣幕僚簽註：

> 此單所列人犯，均未見報來，是否提出詢明原因，乞示。

其簽註日期，惜模糊不清楚。竊疑此即係四月十一日簽註，而〈辦理人犯姓名調查表〉所列人犯，確實均未見陳儀報來，蔣可能下令徹查，而陳儀遂在四月十九日以(36)總法督字第5222號代電呈國防部，並附呈〈二二八事變首謀叛亂在逃主犯名冊〉[50]。報請國防部密飭所屬查緝解辦。

此在逃主犯蔣渭川、謝雪紅、張晴川、黃朝生、王添灯、白成枝、呂伯雄、李仁貴、鄧進益、廖進平、陳屋、郭國基、潘渠源、林日高、林梁材、王萬得、潘欽信、蘇新、徐春卿、王名貴、陳旺成、林連宗、駱水源、陳篡地、陳瑞安、張忠誠、張武曲、顏欽賢、廖文毅、廖文奎計三十名。

陳儀即將已死人犯七人王添灯、黃朝生、李仁貴、廖進平、陳屋、徐春卿、林連宗，列名其中。此亦其欺騙白崇禧及蔣處。監察委員丘念台三十七年一月上監察院呈文曾指摘陳儀的罪狀：

> 著名士紳被殺滅屍，並無宣罪者十三人。被殺滅屍，事後通緝者七人。無罪被殺，屍首仍存者二十三人，至其他調查未明之被殺民眾，全台殆不下二三千人(《國史館藏檔案史料》，頁92)。

「被殺，……事後通緝者七人」，即指此七人。

由於警總此處係欺騙政府，將已死之人列名通緝，這可用以掩飾非法秘密殺人之罪惡。上行下效，我讀《警總檔案》，見其列名通緝逃亡之人犯名單，即懷疑其也有類此情形，惟事隔多年，已不易查證了。

---

50 《二二八事件資料選輯》(六)，頁255-262。

16

〈二二八事變首謀叛亂在逃名冊〉是四月十九日報國防部的。楊亮功撰〈二二八事變查辦之經過〉說：

> 四月十一日，……我去向陳公洽(儀)辭行。我問陳， ……到底逮捕多少人，處決了多少人？
> 他說：我正要向你説明，外邊報紙上説我處決了一萬人，那是亂說。殺人是有屍體的。這一萬多人的屍體在哪裡。但他並未告訴我到底處決了多少人。只說要他的參謀長來見我，向我報告。
> 稍後，柯遠芬來見我，他給我一張名單，……我一看就是報紙上公佈的被通緝的三十幾人的名單。當時，我很生氣，我問柯除了名單上的三十幾人外，還有多少人被捕或處決。他並未答覆我。………[51]

此三十人名單，在四月十九日前恐不會見於台灣的報紙。楊亮功此處所記恐係記憶有誤。不過，仍可以說明，警總之發布通緝名單，仍係應付台灣人民團體所說陳儀殺戮萬人，及蔣的下令徹查。

17

魏道明是在四月二十二日行政院院會通過任台灣省主席的，陳儀改任國民政府顧問，蔣未追究陳儀刑責，一方面可能由於蔣內疚，蔣調台灣駐軍參加內戰，致陳儀無兵力可以鎮壓。而三月二十三日白崇禧的電報說：台灣人民團體代表所說係風聞，四月十一日陳儀的呈蔣電說：當時情形亂糟糟，這也是實情。因此，蔣也就未再深入追究了。

白崇禧雖知道被陳儀所騙，白回京覆命，因未有確切之證據可用以向蔣報告，而且白來台之前，就已經知道陳儀的官位不能保，他不必對此有所表示，但他對柯遠芬則四月十七日向蔣上簽呈：(見次頁)

---

51 《楊亮功先生年譜》，頁373。

次號閱摘辦來

侍從秘書[illegible]

白崇禧呈 蔣主席四月十七日發呈

姓名或機關	地址	月日 文別	內容摘要	擬辦	批示
白崇禧		四月十七日發呈	查現任台灣警備總部參謀長柯遠芬處事操切，濫用職權，對此次事變舉措尤多失當，且賦性剛愎，不知悛改，擬請予以撤職處分，以示懲戒而平民忿，當否乞核奪。	呈核。據本局於台變派往台灣視察之上校參謀陳廷縝報稱，柯參謀長於二二八事變以前對台省情況判斷錯誤，以致警備疏忽，事變既起，警察全部瓦解，實為事變擴大之主因，但此實非柯之過失，對彼未宜苛責，蓋台事文職過失多，而責重軍人僅聽命行動而已等語，謹併註陳。	應先調回候審

職 商震 呈 卅六年四月廿五日

白氏所上簽呈，指摘柯氏「舉措失當」，應指柯濫殺暴徒「殺九十九個暴徒只要有一個是眞的共產黨就可以」；「賦性剛愎，不知悛改」。由《警總檔案》看來，應指國防部法規司司長奉白之命，主持「處理二二八事件人犯小組會議」，警總軍法處長、第二處處長與彭孟緝、劉雨卿都出席，而柯氏竟不出席。白簽呈上於四月十七日，竟爲參軍長商震壓擱至四月二十五日，經上校參謀陳廷縝在台灣調查後始請蔣核示。陳廷縝言：柯氏「警備疏忽，致警察全部瓦解」，完全不理會白簽呈所言柯「舉措失當」引起「民忿」，其言「軍人僅聽命行動」，要責怪亦應責怪陳儀，亦意在爲柯脫罪。

商震上此簽呈，蔣遂批示，柯遠芬「應先調回候(軍法)審(判)」。四月二十七日下令調柯回南京，五月柯回南京，在陸軍大學任教，也未聞蔣將柯下軍事法庭審判。

鄭士鎔〈細說我所認識的陳儀〉[52]說：

> 柯遠芬離職返京賦閒，獲何應欽簽呈蔣主席請授軍職，奉批：「此人在台有不法行爲，應予查辦。」……何應欽難以處理，只好函求陳儀，請向蔣主席上書爲柯緩頰，免予議處。陳即以柯在台灣於遣回日軍、日僑工作時不無微勞，希念此功績，予以寬宥。蔣接函後立准所請，柯乃能未受懲處。
>
> 以後，國府敗遷台灣，仍受蔣錄用。

鄭士鎔此文並言，陳儀任國府顧問，仍有隨扈人員及汽車可以使喚。因陳儀清廉，乃有此照顧。

鄭氏此文言：

> 民政處長曾向我透露，長官對於特務機構濫捕、濫殺事後還要求補辦手續，像林茂生、宋斐如、陳炘等案，都非常悲痛，直斥特務人員，無法無天。

按：周一鶚此言，見於周氏所著〈陳儀在台灣〉，該文寫作已在周一鶚投共以後。

---

52 《傳記文學》，第八十八卷第三期(民國95年3月)。

林茂生、宋斐如、陳炘已名列陳儀〈辦理人犯姓名調查表〉。在白崇禧下令警總統一捕人之前，特務機構固有濫捕濫殺。但對此三人會不送交警總，聽陳儀處治嗎？

陳炘之判刑處死，已見前引《警總檔案》，應經陳儀核可，說此三人之死，引起陳儀悲痛，完全與〈辦理人犯姓名調查表〉不合。周一鶚所言係爲陳儀開脫罪名，不可輕信。

17

陳儀向白崇禧上簽呈，要求二二八人犯以軍法處理。而彭孟緝在三月十一日電陳儀，主張高雄事件主犯交軍法處理，餘犯以司法處理。彭氏此一意見未爲陳儀所採納，其詳可參看本書第二篇。

彭孟緝於五月五日被任命爲台灣全省警備司令，五月十六日魏道明就任台灣省主席。五月十六日魏道明有電呈蔣：

> 頃已囑彭司令，自今晨起，解除戒嚴，結束清鄉。

彭五月二十四日亦有電呈蔣：

> 銑(十六)日解除戒嚴。……所有前總部及本部奉准歸由軍法審判案件，已全部清結。其未能結案而案情較輕者，自銑日解除戒嚴後，即移送法院繼續偵辦。

這些移送法院繼續偵辦的，由於法官體中央德意，多從輕判，或諭知無罪。

於是這就引起問題，在解除戒嚴後，所有前警總所判者，非軍人，二二八人犯案件，經國防部覆判，並送監執行者，是否可向法院上訴？

司法行政部三十六年七月曾請行政院轉請司法院解釋[53]。彰健未見司法院解釋文。不過依情理判斷，軍法與司法不同，此既已依軍法審判結案，恐不會准許再依〈戒嚴法〉第十一條，准其依司法上訴。

陳儀警總審結案，其所判刑甚重，而國防部覆判，則將其減輕，《大溪檔

53 《二二八事件檔案彙編》(三)頁198-199司法行政部指令。

案》，頁354，即有處死刑，國防部覆判改處有期徒刑十五年、十三年、十二年、七年的。雖然已減輕，但與彭孟緝移交司法審判比較，則仍失之重。很多原判死刑的，經司法審判，即減刑緩刑，或諭知無罪。

三十八年九月十一日《新生報》[54]：

> (二二八事件人犯)經政府審訊判決拘押尚有二百餘人，……擇其思想覺悟，知所反省者保釋。五年以下徒刑者准保釋。五年以上者，由省黨部副主任委員李友邦派員調查，簽請當局，分別保釋。

三十八年十二月九日《新生報》：其五年以下，「第一批保釋者共七十餘名」，惜未見其名單。三十九年四月二十六日《新生報》：

> (二二八事件人犯)五年以上者有四十八名，獲准保釋。

此四十八人名單見三十九年五月九日《新生報》。

五年以上者是否可斟酌減刑，則不知道。像鍾逸人係二七部隊部隊長，判刑十五年，以未判死刑爲幸，他即坐牢十七年才恢復自由。

政府寬大處置，判刑五年以下者全部釋放。但是這些人已經坐了二、三年的牢，其家屬擔心受怕。有的家屬賣屋賣地，賄賂政府官員，希望其家人不要在獄中受到折磨甚至可以釋放。因此雖然獲釋，但對政府依然怨氣沖天。陳儀當時如果依照蔣的指示「寬大爲懷」，僅嚴懲共產黨，或者在三月十日(處理台灣事件辦法)定案那天，蔣就立刻告知陳儀，就不會有這麼多問題，對台灣的影響也就小多了。

中央政府遷到台灣，擔心共產黨利用對政府不滿的二二八事件人犯的支持、滲透，政府又將有勾結嫌疑的人犯逮捕，下獄，槍決。

陳儀當年沒有依照蔣「一律從寬免究」的指示，結果殺人太多，打擊面太廣。陳儀自己說：「二二八事件使他的威望名譽受損。」且他被困在長官公署不敢出來。長官公署成了一個空衙門，事情都由處委會處理，讓他顏面盡失。而處委會提出要求國軍繳械，台灣人民又上書美國國務卿馬歇爾，要求託管獨

54 此所引《新生報》係根據中央研究院近代史研究所檔案館所藏剪報資料，其所注年月日模糊，尚待查該報合訂本校正。

立，遇上增援國軍抵台，正好給陳儀嚴厲處置二二八人犯的理由。

陳儀的錯誤在沒有依照中央的指示，從寬處置，逮捕了這麼多人。後來還是都被政府釋放了。徒然造成民心不安，民怨四起。

二二八事件人犯的處置，固然是法律問題，但也可以用政治方法解決。三月二日陳儀所釋放的人犯，不就是以政治方法解決法律問題嗎？而陳儀自始至終不認爲自己治台的政策有錯誤。陳儀三月二十九日制定自新辦法，現在看來，仍是尊重蔣的從寬免究的指示。

在二二八事件當時就有人主張台獨，事件後這些人逃到國外。後來台灣實行土地改革，有些人就變賣保留地及四公司股票，移民到日本及美國去，參加台獨活動。從事美麗島事件活動的人，向國民黨政府爭取民主，這是合乎憲法的。但他們是隱性台獨。現在民進黨執政，有台獨黨綱，則係顯性台獨。民進黨人以二二八事件來攻擊國民黨，仇視中華民國，欲去中國化。他們不知道二二八事件政府、處委會與暴徒都有過失，都有責任。

蔣採納台灣眞民意，下令僅懲治共黨煽惑暴動者，餘從寬免究。此即因政府施政有缺失，不欲以軍法懲治非共黨二二八人犯。白崇禧從陳儀之請，准用〈戒嚴法〉第九條，因白係蔣命令，代表蔣來台，查明實際情形權宜處理，故白雖違蔣的廣播，蔣亦不能責怪白。但後來軍法案件國防部覆判，不經由國防部長，而改由參謀總長陳誠呈蔣，則應與三十六年六月十六日陳誠簽呈：簡檉堉、黃火定、林宗賢等三人非軍人，應送司法審判有關。請參看本書第二篇第十節。

民國九十五年八月三十日

讀侯坤宏先生新編《大溪檔案》

黃彰健　97.8.01

國史館新編《大溪檔案》（《二二八事件檔案彙編（十七）》，民國97年2月初版）較中央研究院近代史研究所《二二八事件資料選輯（二）》之《大溪檔案》所收陳儀與蔣來往的電報多了許多通，這些新資料可以訂正拙著《二二八事件眞相考證稿》的錯誤，及補充拙著《考證稿》的未備，使我們更清楚的瞭解二二八事件陳儀是如何地應付，以及他對二二八人犯的處置。今謹敘述於下：

我考證陳儀3月6日呈蔣函，「有兩電報告」是那兩個電報，我從舊本《大溪檔案》找到陳儀呈蔣〈丑（二月）儉（二十八日）電〉的摘由，從〈國防最高委員會常務會議—臺灣事變處理辦法案〉找到陳儀，（三月）支（四日）電〉這兩個電報，〈丑（二月）儉（二八日）電〉使蔣認爲事態不嚴重，而〈寅（三月）支（四日）電〉係言臺北「兩日來秩序漸較安定」，因此，我判斷陳儀在二二八至3月初五，未向蔣請兵，並駁斥野史有3月初一、初二、初三請兵之說。（詳見拙著《二二八事件眞相考證稿》卷二〈陳儀呈蔣函「兩電報告」解，並論二二八事件爆發後，3月1日至5日陳儀未向蔣請兵〉章）

現在新資料出來了，原來陳儀〈丑（二月）儉（二十八日）電〉有兩通，1通〈丑儉來電〉電報發出的時間是2月28日22時44分（新編本《二二八事件檔案彙編（十七）》，111頁），另1通〈丑儉二電〉電報發出的時間是2月28日23時00分（新編本《二二八事件檔案彙編（十七）》，112頁）。由於〈丑儉二電〉內容已包含〈丑儉未電〉，故舊本《大溪檔案》只就〈丑儉二電〉摘由。

〈國防最高委員會常務會議・臺灣事變處理辦法案〉所收〈寅（三月）支（四日）電〉的內容，與新編本《大溪檔案》〈寅（三月）支（四日）電〉內容明顯不同；新編本電文乃是呈蔣（新編本《二二八事件檔案彙編（十七）》，113頁），而國防最高委員會檔案電文是呈蔣、內政部長張厲生、國防部長白崇禧、參謀總長陳誠。而新編本開端言：「〈寅（三月）冬（二日）亥〉親電計蒙鈞鑒」，然後提到臺北市秩序逐漸好轉，然後提到各縣市尚有暴動，請派步兵一旅或一團來台，然後說「前電所請，仍請俯准」，這就證明是在3月2日〈寅冬電〉，曾有請兵要求。

新編本所收寅呈蔣寅支電是陳儀於3月4日18時25分發出，3月5日1時0分收到。這種請兵與軍事有關的機密事項，陳儀在與蔣、白、陳、張4人的電報中怎麼會提及呢？我根據〈國防最高委員會常務會議·臺灣事變處理辦法案〉，推斷3月4日陳儀尚未請兵，這根本是我欠缺軍事學這方面的知識所致，因此當新資料一出，我應該把自視爲極嚴謹的推斷，徹底訂正了。

蔣3月1日的日記提到，他很懊悔將臺灣駐軍調往大陸參加內戰，我想，二二八群眾衝向長官公署後，陳儀與蔣電話，蔣命令陳儀解決事變應尊重臺灣民意，我的那一推測仍然可信。陳儀在丑儉未電中，將此事歸咎於共產黨，然後又請民意代表「分區勸導」民眾，又請蔣渭川出面平息暴亂。

在3月2日上午，陳儀與蔣渭川會面，蔣曾提到，北部的群眾他能夠控制，而南部台籍日本兵受到共產黨的煽惑，他無法有任何的幫忙。因此，陳儀在3月2日得悉台中爲共黨謝雪紅所據，以無兵可遣，於亥時發出請兵電。

由於陳儀隱瞞事實，未說明臺灣事件的嚴重性，因此他的3月2日的電報未獲得蔣的同意。

陳儀4日的電報，3月5日10時30分譯出，仍未據實報告臺灣事件嚴重情況，可是這一天（3月5日）憲兵司令張鎮呈報的3月4日及5日臺北憲兵第四團團長張慕陶電報（新編本《二二八事件檔案彙編（十七）》，119頁），內容言台中、嘉義的實在情況，指責陳儀猶「粉飾太平」，於是蔣就在3月5日下午18時10分致電陳儀，「派步兵一團，並派憲兵一營」來台了（新編本《二二八事件檔案彙編（十七）》，115頁）。

新編《大溪檔案》所收《蔣總統事略稿》稿本，著重在宣揚蔣的功業，並表明蔣的愛國忠黨心跡，因此對二二八事件的〈丑儉電〉、〈寅冬電〉、〈寅支電〉均未記。僅提到3月5日憲兵司令張鎮呈報臺灣暴動情形，接著言「徇臺灣陳儀長官請求，指派第二十一師劉雨卿師長率所部赴台」，此即說明蔣派兵赴台，是由於看見張鎮的報告，而新編本繫張鎮報告於3月6日，這是根據《大溪檔案》所收〈情報提要〉旁書「三月六日俞濟時」簽呈。

《大溪檔案》之〈情報提要〉記張鎮報告呈蔣於3月5日，然後是3月5日陳誠呈蔣派兵代電，新編《大溪檔案》目錄怎麼可以將2件事順序弄顛倒，把張鎮報告定爲3月6日，而將陳誠呈蔣派兵代電繫於3月5日呢？

另外，新編本《大溪檔案》沿襲舊本的1個錯誤，3月12日白崇禧轉呈陳儀及柯遠芬兩函給蔣，先有白的書函，接著是柯、陳兩人的函件，竟將《臺灣新生報》3月7日的〈號外〉剪報混入其後（見新編本頁241）。因〈號外〉之內容與白崇禧呈蔣函毫不相干，這應是當時負責《大溪檔案》工作人員歸檔疏忽所致，而舊本與新本的編者均未察，此可見編纂檔案不是一件容易事。

新編《大溪檔案》所收〈丑儉未電〉、〈丑儉2電〉、〈寅支電〉，這使我必需修改拙著《考證稿》卷2第1篇。而3月6日陳儀呈蔣函，有「兩電報告」，應該是指陳儀〈寅（三月）冬（二日）電〉及〈寅（三月）支（四日）電〉。

現在談新編本《大溪檔案》可補拙著《考證稿》的未備。新編本《大溪檔案》的目錄221頁標題作「白部長赴臺宣慰發表有關政治問題及軍事問題參考資料」，按內容係陳儀呈蔣〈寅（三月）尤（十一日）函件〉，該函件係以「臺灣省行政長官公署」的公務紙書寫，因看到221頁原件括弧有注云（預備白部長赴台宣慰時發表參考之資料），致有此誤會。

新編本《大溪檔案》（頁217-218）陳儀呈蔣〈寅（三月）尤（十一日）電〉，其收到日期是當日（3月11日）18時，則陳儀接著怎麼會又用「臺灣省行政長官公署」公務紙書寫同樣內容呈蔣呢（頁219-220）？

因爲該函件係用「臺灣省行政長官公署」的公務用紙，因此我判斷219頁與221至224頁，應該是同一檔的內容。221頁內容是「臺灣政治問題善後意見」，其上有蔣批閱符號，因此我判斷221至225頁係陳儀呈報蔣「臺灣政治問題善後意見」、「臺灣軍事問題善後意見」，因此也就將「臺灣省行政長官公署」公務紙的陳儀〈寅（三月）尤（十一日）電〉也附入，也將頁241所收《臺灣新生報》的〈號外〉也附入。

所以，在其前應有陳儀呈蔣函，以簡單說明其呈文緣故，而舊本及新編本檔案竟未見收錄。檔案常有缺脫誤附，這不足怪。

新編本225頁所收艾珞生爲首的20人名單，則爲224頁末一條所擬「凡觸犯懲治盜匪條例之案犯，不論其有無軍人身份，暫劃歸軍法審判」的罪犯名單。此名單爲陳儀親筆所擬，而新編《大溪檔案》目錄標題則爲「南京國民政府掌握之陰謀叛亂份子名單」，顯然是錯誤的。

這個20人名單與3月13日陳儀呈蔣函所附名單人名次序不同，這個名單首2人爲艾珞生與宋斐如，而3月13日函所附「辦理人犯姓名調查表」的名單以王添燈與徐征爲首。

3月11日的表所附罪犯名單係引用《懲治盜匪條例》處治，而3月13日函所附名單，所呈事變原因說「臺灣因非接戰區域，不能援用軍法」，而「普通司法寬大緩慢，不足以懲巨凶」，則擬依《戒嚴法》處治，這兩者是不同的。

3月11日陳儀呈蔣函所附表，可能爲3月12日蔣收到，因此蔣3月12日日記就提到陳儀的要求他無法處理。

拙著《考證稿》（原書頁195）論陳儀處理二二八事件人犯，在3月8日係依《危害民國緊急治罪法》，其後3月13日要求改依《戒嚴法》。

拙著不知陳儀在3月11日要求依《懲治盜匪條例》處治，今謹依新編本《大溪檔案》補充拙著之未備。

最後我要說的，新編本《大溪檔案》頁102所收「臺北陳長官1430表密，據報：中共企圖在臺灣各地吸收農工壯丁及逃兵散匪等，成立武裝部隊，以擾亂地方，希注意防範。中○」。按原件是發往臺北，係蔣電令陳儀注意防範共黨建立武裝部隊。新編本《大溪檔案》總目錄說這是「陳儀呈報中共企圖在臺灣各地吸收農工壯丁成立武裝部隊」。原電所說「據報」，有何證據爲陳儀的「呈報」呢？顯然這是誤讀電報內容所致。

對於中共與國民黨的政治鬥爭，國防部長鄭爲元提到中共臺灣省工委會所定〈目前具體綱領〉爲3月6日、7日處理委員會「處理大綱」所本。討論光復後中共在臺灣的政治活動，這一部分的檔案尚未公開，這是未來史學家應注意研究的。

謝誌

本文係由黃院士彰健口述，意在補充考證稿不足；由四川大學吳副教授銘能整理，中央研究院近代史研究所朱研究員浤源代爲投稿，併此致謝！

索引

一、人名

二、書篇名

（含報刊、報告書、法令、條例及觀念、動作等）

三、其他專有名詞

（地名、軍事單位、公家機關、民間團體、武器等）

本書再版索引承朱浤源先生、黃種祥先生編製，在此致謝。

黃彰健

民國九十六年四月二十三日

院士叢書
二二八事件真相考證稿（增訂本）

2007年2月初版
2008年6月初版第三刷
2017年4月二版

定價：新臺幣600元

著者 黃彰健
總編輯 胡金倫
總經理 羅國俊
發行人 林載爵

叢書主編 沙淑芬
校對 陳龍貴
封面設計 胡筱薇

出版者 中央研究院
聯經出版公司
地址 台北市基隆路一段180號4樓
台北聯經書房 台北市新生南路三段94號
電話 (02)23620308
台中分公司 台中市北區崇德路一段198號
暨門市電話 (04)22312023
郵政劃撥帳戶第0100559-3號
郵撥電話 (02)23620308
印刷者 世和印製企業有限公司
總經銷 聯合發行股份有限公司
發行所 新北市新店區寶橋路235巷6弄6號2F
電話 (02)29178022

行政院新聞局出版事業登記證局版臺業字第0130號

本書如有缺頁，破損，倒裝請寄回台北聯經書房更換。 ISBN 978-986-05-2218-1 (平裝)
聯經網址 http://www.linkingbooks.com.tw
電子信箱 e-mail:linking@udngroup.com

國家圖書館出版品預行編目資料

二二八事件真相考證稿（增訂本）/
黃彰健著．二版．臺北市．中研院．聯經．2017.04
600面，17×23公分．（院士叢書）
ISBN 978-986-05-2218-1（平裝）
[2017年4月二版]

1.二二八事件 2.文集

733.2913 106004915